Hessen im Frühmittelalter Archäologie und Kunst

W0174045

Die Ausstellung
steht unter der Schirmherrschaft
des Hessischen
Ministerpräsidenten Holger Börner

Abbildung auf dem Einband:
Beschlagplatte eines Reliquiars von Hausen,
Lahn-Dill-Kreis (Kat. Nr. 218)

Hessen im Frühmittelalter Archäologie und Kunst

Herausgegeben von

Helmut Roth und
Egon Wamers

Ausstellung des Museums für Vor- und Frühgeschichte im Auftrag des Dezernats Kultur und Freizeit der Stadt Frankfurt am Main (Prof. Dr. Walter Meier-Arendt, Dr. Egon Wamers)

und des Vorgeschichtlichen Seminars der Philipps-Universität Marburg a. d. L. (Prof. Dr. Helmut Roth)

Jan Thorbecke Verlag Sigmaringen

Organisation der Ausstellung:
Planung und wissenschaftliches Konzept: *Prof. Dr. Helmut Roth, Marburg*, in Zusammenarbeit mit *Dr. Egon Wamers*, Frankfurt. Zu Dank verpflichtet sind wir den Damen und Herren: *R. Deckmann, H. Göldner, Ph. Ille, M. Knaut, K. Leidorf, M. Mathias, K. H. Röhrig, K. Sippel, A. Weber, D. Wolf* (alle Marburg).
Redaktion und Literaturverzeichnis: *Dr. Uta Roth,* Marburg.

Grafik Design + Ausstellungskonzeption: *Kristian Roth,* Kronberg i. T.
Layout des Katalogs: *Kristian Roth*

Der Druck des Kataloges erfolgte mit Unterstützung des Landes Hessen und der Historischen Kommission für Hessen und Waldeck
Farbtafeln wurden hergestellt mit Mitteln der Firmen:
J. A. Stargardt, Autographenhandlung Marburg (Klaus Mecklenburg)
Deutsche Vermögensberatung AG Frankfurt a. M. (Dr. Reinfried Pohl)

Darüber hinaus sind wir folgenden Institutionen zu besonderem Dank verpflichtet:
Philipps-Universität Marburg (Präsident Prof. Dr. W. Kröll; Kanzler Dr. K. Ewald)
Historische Kommission für Hessen und Waldeck (Vorsitzender Prof. Dr. W. Heinemeyer)
Universitätsmuseum für Kunst und Kulturgeschichte Marburg (Dr. C. Graepler)
Landesamt für Denkmalpflege Hessen, Abteilung für Vor- und Frühgeschichte Wiesbaden (Landesarchäologe Dr. F.-R. Herrmann)
Hessisches Landesamt für Geschichtliche Landeskunde Marburg (Prof. Dr. F. Schwind)
Landkreis Marburg-Biedenkopf (Landrat Dr. Ch. Wagner)

CIP-Kurztitelaufnahme der Deutschen Bibliothek

Hessen im Frühmittelalter. Archäologie und Kunst:
Ausstellung d. Museums für Vor- u. Frühgeschichte im Auftr. d. Dezernats Kultur u. Freizeit d. Stadt Frankfurt am Main u. d. Vorgeschichtl. Seminars d. Philipps-Univ. Marburg a. d. L. / hrsg. von Helmut Roth u. Egon Wamers. [Literaturverz.: Uta Roth]. – Sigmaringen: Thorbecke, 1984.
ISBN 3-7995-4017-2

NE: Roth, Helmut [Hrsg.]; Museum für Vor- und Frühgeschichte ⟨Frankfurt, Main⟩

© 1984 by Jan Thorbecke Verlag GmbH & Co., Sigmaringen

Alle Rechte vorbehalten. Ohne schriftliche Genehmigung des Verlages ist es nicht gestattet, das Werk unter Verwendung mechanischer, elektronischer und anderer Systeme in irgendeiner Weise zu verarbeiten und zu verbreiten. Insbesondere vorbehalten sind die Rechte der Vervielfältigung – auch von Teilen des Werkes – auf photomechanischem oder ähnlichem Wege, der tontechnischen Wiedergabe, des Vortrags, der Funk- und Fernsehsendung, der Speicherung in Datenverarbeitungsanlagen, der Übersetzung und der literarischen oder anderweitigen Bearbeitung.

Gesamtherstellung: M. Liehners Hofbuchdruckerei GmbH & Co., Sigmaringen
Printed in Germany · ISBN 3-7995-4017-2

Grußworte

Seine zentrale Lage – in der Mitte Deutschlands und im Zentrum Mitteleuropas – machte Hessen schon früh zu einer Drehscheibe für Wirtschaft und Verkehr. Diese geographische Besonderheit des Landes im Achsenkreuz des Verkehrs von Süd- nach Nordeuropa sowie vom westlichen in das östliche Mitteleuropa hatte zur Folge, daß nahezu alle ehedem in Mitteleuropa beheimateten Kulturen der Vergangenheit auch in Hessen nachzuweisen sind.

Oft genug und aus den gleichen Gründen hatte Hessen in der Vergangenheit auch Mittlerfunktion, war Hessen jener Raum, in dem aus der Synthese von Kulturen Neues entstand, Neues erprobt wurde und sich als zukunftsweisend erwies.

Im Zeitraum, den die Ausstellung »Hessen im Frühmittelalter – Archäologie und Kunst« umfaßt, also der Spanne zwischen dem 5. und 9. Jh. n. Chr., war Hessen freilich erst einmal ein Randgebiet, denn die politischen und kulturellen Zentren des Frankenreiches, das im 5. Jh. das Erbe der Römer antrat und erst im 8. Jh. vom Reiche der Karolinger abgelöst wurde, lagen weiter westlich. Dafür aber lag Hessen im Spannungsfeld zwischen Franken und Alamannen, Franken und Chatten (oder »Hessen«, wie sie 737 n. Chr. in einer fränkischen Quelle erstmals genannt werden), zwischen Heidentum und Christentum. Erst im Karolingerreich waren diese Spannungen endgültig aufgehoben und damit auch Hessens Randlage: das Land hatte seine Aufgabe als Mittler zwischen Stämmen, Kulturen und Religionen erfolgreich gelöst und war zu einem der karolingischen Kernlande geworden.

Diesen Weg Hessens, von der Peripherie in die Mitte, vom fränkischen Früh- zum karolingischen Hochmittelalter samt der Vielfalt der beteiligten Komponenten und Kräfte versucht die Ausstellung nachzugehen.

Funde der Alamannen und Franken, der Völkerwanderungs- und der Reihengräberzeit sollen dem Besucher das Leben der Menschen jener Jahrhunderte verstehen helfen, sowohl jener, die Geschichte machten als auch jener, die sie zu ertragen hatten. Die Welt der Frau findet genau so Erwähnung wie die von Kind und Mann. Darüberhinaus geben die Funde aber auch zahlreiche Hinweise auf die Sozialstruktur, Wirtschaftszweige, Siedlungswesen, Glaube und Aberglaube, Missionierung und Christentum, Handwerk und Kunst, Krankheit und Tod. Das Bild, das gezeichnet werden kann, ist umfassend und farbig.

Die Ausstellung »Hessen im Frühmittelalter – Archäologie und Kunst« ist in der Bundesrepublik Deutschland die erste, die für ein Bundesland Archäologie und Geschichte vom Ende der Römerherrschaft bis zum Reiche Karls des Großen nachzuzeichnen sucht. Sie war nur möglich dank der kollegialen Mithilfe zahlreicher hessischer Museen, die sich für die Dauer der Präsentation in Frankfurt, Marburg, Fulda und Kassel von ihren besten Fundgegenständen trennten. Ohne diese Leihgeber im einzelnen nennen zu können – es sind ihrer zu viele – sei ihnen herzlich dafür gedankt.

Die Ausstellung ist aber auch ein Leistungsbeweis der hessischen Archäologie. Die Mehrzahl der Gegenstände, die sie zeigt, sind Bodenfunde, ausgegraben von den ehedem oder heute in Hessen tätigen Archäologen oder den zahlreichen ehrenamtlichen Mitarbeitern der hessischen Archäologischen Forschung. Zwei hessische Institutionen schließlich sind die Veranstalter dieser Schau: die Professur für Frühgeschichte an der Philipps-Universität in Marburg und das Museum für Vor- und Frühgeschichte in Frankfurt am Main als eines der beiden archäologischen Fachmuseen in Hessen. Ihre besondere Unterstützung erfuhren sie durch die Historische Kommission für Hessen und Waldeck, das Hessische Landesamt für geschichtliche Landeskunde und das Landesamt für Denkmalpflege Hessen, Abteilung für Vor- und Frühgeschichte. Für ihre zum Teil umfangreichen Beiträge am Katalog sei allen nicht nur in Hessen tätigen Wissenschaftlern herzlich gedankt. Neben der Ausstellung selbst ist auch der vorliegende Katalog ein Ergebnis ihrer Mühen. Erstmals faßt er die Frühgeschichte Hessens nach Art eines Handbuches übersichtlich und verständlich zusammen und verdient schon deswegen eine gute Aufnahme.

Ich wünsche der Ausstellung überall dort, wo sie in Hessen gezeigt wird, eine große Besucherzahl und somit jene Beachtung, die den Erfolg meßbar macht.

Holger Börner
Ministerpräsident

Zu dem breiten Spektrum wissenschaftlicher Disziplinen in Marburg zählt auch eine Vielzahl sogenannter »Kleiner Fächer«, auf die die Philipps-Universität besonders stolz ist. Zu diesen »Orchideen« gehören auch die Altertumswissenschaften, denen die Universität stets besondere Bedeutung beigemessen hat: Im Jahre 1714 nahm die Philipps-Universität die erste vorgeschichtliche Dissertation in Deutschland an. Zur 400-Jahr-Feier der Philipps-Universität im Jahre 1927 stiftete der damalige Preußische Staat der Universität den ersten vorgeschichtlichen Lehrstuhl in Deutschland. 1976 schließlich wurde in Marburg die erste planmäßige Professur für Frühgeschichte (Frühmittelalterliche Archäologie) in der Bundesrepublik eingerichtet.

Die Ausstellung über »Hessen im Frühmittelalter« reiht sich ein in diese Kette der Premieren. Zusammen mit dem Museum für Vor- und Frühgeschichte in Frankfurt unternimmt die Philipps-Universität damit einen weiteren Schritt in Richtung der Öffnung der Hochschule hin zur Präsentation von Forschungsergebnissen für eine breitere Öffentlichkeit. Das weit über die Ländergrenzen hinausgehende Zusammenwirken »kleiner« Fachgebiete wie Archäologie des Frühmittelalters, Kunstgeschichte, Mittlere Geschichte, Anthropologie und Numismatik hat erstmals für ein deutsches Bundesland zu einer Ausstellung dieser Art geführt, die nicht nur die schöne Seite der Kulturgeschichte zeigt, sondern vor allem auch einen Eindruck von ihrer spannungsreichen Vielfalt vermittelt. Ich hoffe sehr, daß der Besuch der Ausstellung für alle Interessenten einen Gewinn darstellen wird.

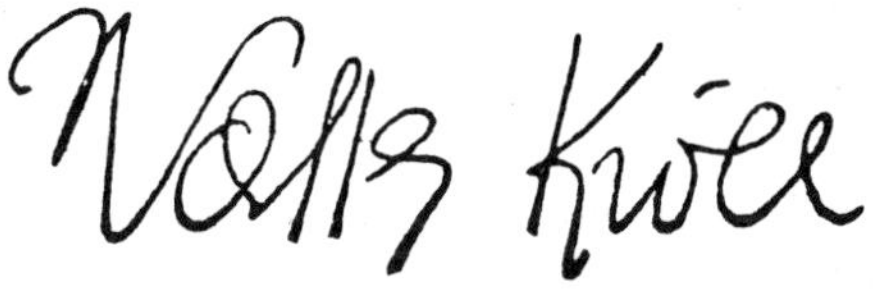

Prof. Dr. Walter Kröll
Präsident der Philipps-Universität

Vorwort der Veranstalter

Die Anfänge dieser Ausstellung gehen zurück in das Wintersemester 1981/82, auf eine Übung im Vorgeschichtlichen Seminar der Philipps-Universität Marburg zur Frühmittelalter-Archäologie in Hessen. Zu Ende des Semesters zeichnete sich die Idee ab, die damals erstellte, auf älteren Vorarbeiten beruhende Dokumentation in eine Ausstellung einfließen zu lassen. Dies, um auch den vielen interessierten Bürgern im Lande das Wichtige und Schöne zu zeigen, was die wenigen Fachwissenschaftler oft über mehrere Jahrzehnte hinweg von Berufs wegen zu bergen, zu registrieren oder wissenschaftlich zu bearbeiten hatten. Das Museum für Vor- und Frühgeschichte Frankfurt, als ein Mittler zwischen spezialisierter archäologischer Grundlagenforschung und der Öffentlichkeit, bot sich als das geeignete große Forum für eine solche Ausstellung an. Unter Berücksichtigung der Präsentationsmöglichkeiten archäologischen Materials, das zum Teil bereits im vorigen Jahrhundert ergraben wurde, erfolgte 1982 in Marburg die Erstellung der Thematiken der einzelnen Abteilungen und in Zusammenarbeit mit Frankfurt die oft schwierige Auswahl der Exponate.

Der zeitliche Rahmen umfaßt die Merowingerzeit sowie die Zeit der Karolinger, d. h. die Spanne nach dem ersten Drittel des 5. Jahrhunderts bis zum Beginn des 10. Jahrhunderts. Von jenem kaum bekannten ersten Merowinger Chlodjo also, bis hin zu Ludwig dem Kind.

Neben den vielfältigen Richtungen der frühmittelalterlichen Archäologie als einer Quelle zur Gewinnung eines Geschichtsbildes für die Anfänge der Zeit, die nicht erst seit der Aufklärung gerne als »finsteres Mittelalter« abgeschätzt wurde, steht die reine Geschichtsforschung mit ihren Ergebnissen, z. B. zur Territorialentwicklung, zur Verfassungs- und Religionsgeschichte. Hinzu treten die Kunstwissenschaft in ihrer mediävistischen Ausrichtung und die Numismatik, aber auch die Anthropologie, die uns den einzelnen Menschen des frühen Mittelalters in ungeahnter und eindringlicher Weise näherbringt. Erst das spannungsreiche Zusammenspiel dieser »kleinen« Fächer mit dem Schwerpunkt auf der Frühmittelalter-Archäologie ermöglichte die umfassende Thematik dieser Ausstellung. Das hier Vorgestellte ist eine repräsentative Auswahl dessen, was im Lande sichtbar ist, und dessen, was der Boden Hessens aus der Zeit des Frühmittelalters an archäologischen Schätzen preisgegeben hat.

Prof. Dr. Walter Meier-Arendt,
Dr. Egon Wamers
Museum für Vor- und Frühgeschichte
Frankfurt a. M.
Prof. Dr. Helmut Roth
Vorgeschichtliches Seminar
der Philipps Universität
– Professur für Frühgeschichte –
Marburg a. d. L.

Verzeichnis der Autoren:

Dr. Reinhard Andrae *(Landesamt für Denkmalpflege Hessen, Abt. für Vor- und Frühgeschichte, Außenstelle Darmstadt)*

Prof. Dr. Peter Berghaus *(Westfälisches Landesmuseum für Kunst und Kulturgeschichte Münster)*

Dr. Rolf Gensen *(Landesamt für Denkmalpflege Hessen, Abt. für Vor- und Frühgeschichte, Außenstelle Marburg)*

Prof. Dr. Klaus Düwel *(Germanistisches Seminar der Universität Göttingen)*

Dr. Joachim Gorecki *(Seminar für Griechische und Römische Geschichte der Universität Frankfurt a. M.)*

Dr. Dieter Großmann *(Herder-Institut Marburg)*

Dr. Heinrich Hahn *(Fulda)*

Prof. Dr. Günther Haseloff *(Würzburg)*

Priv.-Doz. Dr. Karl Heinemeyer *(Hessisches Staatsarchiv Marburg)*

Prof. Dr. Walter Heinemeyer *(Marburg)*

Dr. Fritz-Rudolf Herrmann *(Landesamt für Denkmalpflege Hessen, Abt. für Vor- und Frühgeschichte Wiesbaden)*

Dr. Werner Jacobsen *(Zentralinstitut für Kunstgeschichte München)*

Dr. Niklot Klüßendorf *(Hessisches Landesamt für geschichtliche Landeskunde, Marburg)*

Dr. Josef Knecht *(Fachbereich Chemie der Universität Marburg)*

Herbert Köllner *(Forschungsinstitut für Kunstgeschichte der Universität Marburg)*

Prof. Dr. Manfred Kunter *(Anthropologisches Institut der Universität Gießen)*

cand. phil. Michael Mathias *(Vorgeschichtliches Seminar der Universität Marburg)*

Dagmar von Reitzenstein M. A. *(Vorgeschichtliches Seminar der Universität Marburg)*

Prof. Dr. Hans Rössing *(Fachgebiet Sprachwissenschaft der Universität Marburg)*

Prof. Dr. Helmut Roth *(Vorgeschichtliches Seminar der Universität Marburg)*

Dr. Uta Roth *(Marburg)*

Dr. Helmut Schubert *(Seminar für Griechische und Römische Geschichte der Universität Frankfurt a. M.)*

Prof. Dr. Fred Schwind *(Hessisches Landesamt für Geschichtliche Landeskunde Marburg)*

Dr. Wolfgang Selzer *(Mittelrheinisches Landesmuseum Mainz)*

Dr. Klaus Sippel *(Vorgeschichtliches Seminar der Universität Marburg)*

Prof. Dr. Heiko Steuer *(Institut für Ur- und Frühgeschichte der Universität Freiburg i. Br.)*

Dr. Lothar Süß *(Darmstadt)*

Dr. Egon Wamers *(Museum für Vor- und Frühgeschichte Frankfurt a. M.)*

Achim Zöller M. A. *(Landschaftsmuseum Seligenstadt)*

Verzeichnis der Leihgeber:

Bad Homburg v. d. Höhe, Saalburgmuseum *(Prof. Dr. D. Baatz; Dr. B. Beckmann)*
Bad Nauheim, Deutsches Salzmuseum *(Dr. E. Alt)*
Büdingen, Fürstlich Ysenburg- und Büdingensches Schloßmuseum *(S. D. Fürst O. F. zu Ysenburg und Büdingen; Dr. K.P. Decker)*
Darmstadt, Hessisches Landesmuseum *(Dr. W. Beeh; Dr. A. Büttner)*
Dreieichenhain, Dreieichmuseum *(K. Ulrich)*
Erbach, Gräfliche Sammlungen *(S. D. Graf Franz II. von Erbach)*
Frankfurt, Museum für Vor- und Frühgeschichte *(Prof. Dr. W. Meier-Arendt, Dr. E. Wamers)*
Friedberg, Wetterau-Museum *(M. Keller)*
Fritzlar, Domschatz und Museum des St.-Petri-Domes *(Monsignore L. Vogel)*
Fritzlar, Heimatmuseum *(E. Schaberick)*
Fulda, Dommuseum *(Prof. Dr. L. Pralle)*
Fulda, Hessische Landesbibliothek *(Dr. A. Brall)*
Fulda, Vonderau-Museum *(Dr. W. Kirchhoff)*
Gießen, Oberhessisches Museum und Gail'sche Sammlungen *(Dr. F. Häring)*
Groß-Gerau, Heimatmuseum Gerauer Land *(E. Schneider)*
Hanau, Historisches Museum *(Dr. A. Merck)*
Kassel, Landesbibliothek und Murhard'sche Bibliothek *(Dr. H.-J. Kahlfuß)*
Kassel, Staatliche Kunstsammlungen *(Dr. U. Schmidt; Dr. I. Kappel)*
Korbach, Heimatmuseum *(W. Hellwig)*
London, The British Museum *(Prof. Dr. D. M. Wilson; N. Stratford F.S.A.)*
Lorsch, Lapidarium *(Staatliche Schlösserverwaltung Bad Homburg, Dr. W. Stubenvoll)*
Mainz, Mittelrheinisches Landesmuseum *(Dr. B. Roland; Dr. W. Selzer)*
Mainz, Römisch-Germanisches Zentralmuseum *(Dr. K. Weidemann; Dr. H. W. Böhme)*
Marburg, Hessisches Staatsarchiv *(Dr. Eckhardt)*
Marburg, Sammlung Küther
Marburg, Universitätsmuseum für Kunst und Kulturgeschichte *(Dr. C. Graepler; Dr. G. Junghans)*
Seligenstadt, Landschaftsmuseum *(Dr. O. Müller; A. Zöller M. A.)*
Viernheim, Heimatmuseum *(J. Roos)*
Wiesbaden, Museum Wiesbaden, Sammlung Nassauischer Altertümer *(Dr. A. Herbst; Dr. H.-E. Mandera)*
Wiesbaden, Landesamt für Denkmalpflege Hessen *(Dr. F.-R. Herrmann)* **mit den Außenstellen Darmstadt** *(Dr. R. Andrae)* **und Marburg** *(Dr. R. Gensen)*

Inhalt

Zu den Anfängen der Altertumsforschung in Hessen

Egon Wamers

»Bei dem Volk der Chatten sind kräftiger die Gestalten, sehnig die Glieder, durchdringend der Blick und größer die geistige Regsamkeit. Für Germanen zeigen sie viel Umsicht und Geschick: sie stellen Männer ihrer Wahl an die Spitze, gehorchen den Vorgesetzten, kennen Reih und Glied, nehmen günstige Umstände wahr, verschieben einmal einen Angriff, teilen sich ein für den Tag, verschanzen sich für die Nacht; das Glück halten sie für unbeständig und nur die eigene Tapferkeit für beständig. Und was überaus selten und sonst allein römischer Kriegszucht möglich ist: sie geben mehr auf die Führung als auf das Heer.« *(Tacitus, Germania cap. 30)*

Wer so Freundliches – auch heute noch Gültiges – über ein Volk zu berichten weiß, der darf sich warmherziger Aufnahme gewiß sein. Daß *Publius Cornelius Tacitus* mit seiner kleinen ethnographischen Streitschrift dreizehneinhalb Jahrhunderte warten mußte, bis man ihn in Bad Hersfeld wiederentdeckte, tat dem keinen Abbruch, denn zum einen war jetzt die zeitliche Entfernung zu den Alten ausreichend groß, um zweifelnde Frager verstummen zu lassen, und zum anderen fiel die Entdeckung 1455 und Herausgabe 1473 der *Germania* in die Zeit des erwachenden deutschen Humanismus und seiner antirömischen Identitätssuche. Die begierige Aufnahme des »goldenen Büchleins ... unseres Cornelius«, wie *Schmincke/Österling* Tacitus dankbar-vertraut nennen, formierte aber nicht nur die deutschen Humanisten der ersten Hälfte des 16. Jahrhunderts, sondern sie begleitete von nun an die deutsche Geistesgeschichte über Aufklärung, Romantik und Klassizismus hinweg bis zum Ende. Davon unberührt blieb natürlich nicht die Vorgeschichtsforschung, die sich seit dem 16. Jahrhundert auf ein rasch anwachsendes und lebhaft diskutiertes archäologisches Fundmaterial richten konnte, eine Quellengruppe, die auch im Vergleich zu den neu angelegten antiken Sammlungen Beachtung fand.

Die Wirkung der *Germania* auf die deutsche Altertumskunde in extenso auszubreiten verbietet sich hier; der Hinweis möge genügen, daß sie zumindest in den Anfängen sowie periodisch immer wieder auflebend geradezu als Leitfaden deutscher Frühgeschichtsforschung und als Primärquelle schlechthin genutzt wurde. Da Tacitus die Chatten als Vorläufer der historischen und rezenten Hessen in diesem »goldenen Büchlein« mit einem eigenen Kapitel bedacht hatte und es zudem noch im nordhessischen Bad Hersfeld entdeckt worden war, wirkte es natürlich auch auf die hessische Vorgeschichtsforschung.

So rekurrierte bereits 1605 *Wilhelm (Scheffer gen.) Dilich* (1571/72 –1650) in seiner *Hessischen Chronica* auf Tacitus, als er eine erste Darstellung der »alten Catten« gab, die sich – charakteristischer Weise – auf die Tracht bezog. Die Abbildungen (Kat.Nr. 1) zeigen den ehrlichen Versuch, Tacitus' Beschreibung der schlichten Kleidung weitgehend zu folgen (wenn auch Chatten und Germanen noch undifferenziert gleichgesetzt werden) und mit volkskundlichen Vergleichen sich historischer Wirklichkeit zu nähern. Zwar bekunden bereits die Antike und das frühe Mittelalter antiquarisches Interesse an Archaeologica und werden uns vom 8. bis zum 15. Jahrhundert immer wieder »Heyden- oder Hünengräber« genannt (Sippel 1980), doch muß festgehalten werden, daß eine kritisch-historische Auseinandersetzung mit dem Altertum und mit archäologischen Denkmälern erst im 16. Jahrhundert zögernd einsetzt (selbst wenn heute noch immer Opera unter dem spätscholastischen Motto *credo quia absurdum* erscheinen).

Die Universität Marburg, die 1927 den ersten ordentlichen Lehrstuhl für Vorgeschichte und 1976 die erste planmäßige Professur für Frühgeschichte einrichtete, war auch Vorreiter bei der Abnahme der ersten prähistorischen Dissertation Deutschlands: der *Dissertatio historica de urnis sepulchralibus et armis lapideis veterum Cattorum* (Marburg 1714; Kat.Nr. 2), »über die Graburnen und Steinwaffen der alten Chatten« (Niemeyer 1964). In dieser vom Marburger Professor für Geschichte und Beredsamkeit *Johann Hermann Schmincke* und seinem Schüler *Johannes Österling* verfaßten Schrift anläßlich der von *Landgraf Carl von Hessen-Kassel* 1708 initiierten Exkavation von Grabhügeln in der Madener Heide (Schwalm-Eder-Kreis) ging es längst nicht mehr um die alte Frage, ob es sich bei den irdenen Gefäßen um *natur gewirckte töpffe* handele, mit denen Mutter Erde in aufgewölbten Hügeln gleichsam schwanger gehe (vgl. Sippel 1980). Vielmehr erweist sie sich als durchaus kritischer Disput und Auseinandersetzung mit Interpretationsversuchen, diese und andere Gefäße ethnisch,

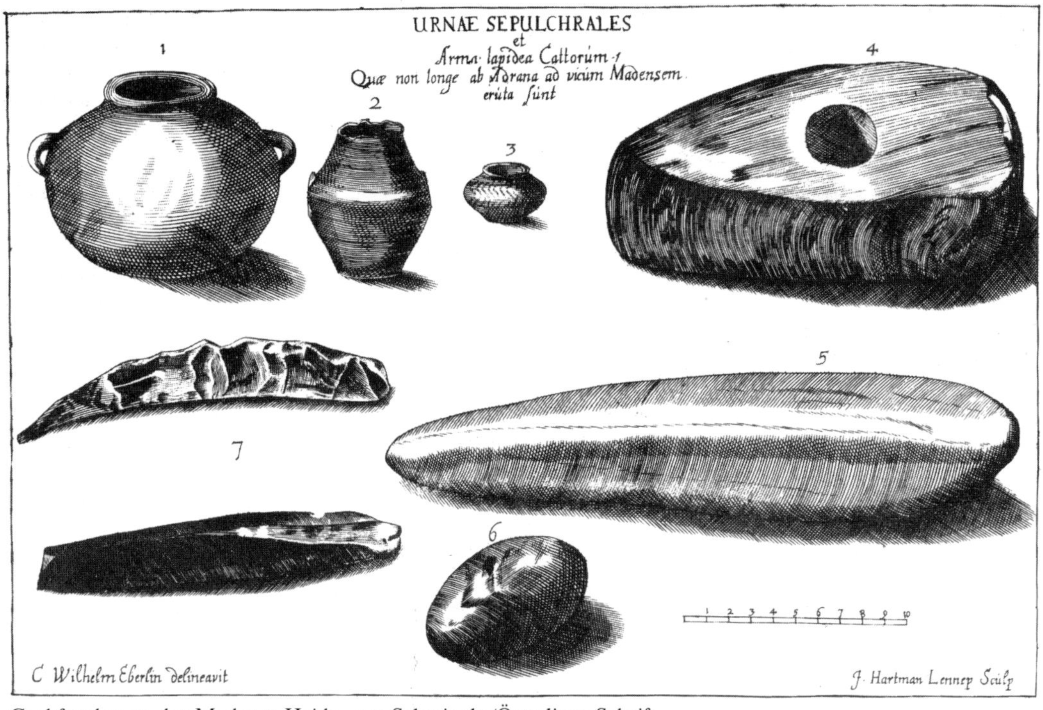

Grabfunde von der Madener Heide, aus Schmincke/Österlings Schrift

d. h. Römern, Sachsen oder Chatten zuzuweisen, wobei nicht nur antike und mittelalterliche Quellen, sondern auch die damals zugängliche europäische Literatur herangezogen wurden – dies wieder ein Beleg dafür, daß Archäologie nur international und nicht etwa als »heimische Vor- und Frühgeschichte« betrieben werden kann. Daß es sich bei den beschriebenen und abgebildeten Befunden und Funden um jungneolithische Grabhügel mit hallstattzeitlichen Nachbestattungen handelte, konnte Schmincke weder wissen noch erschließen. Er deutete jedenfalls als erster (?) die regelmäßig geformten Steine als Waffen und Geräte.

Vier Jahre später nur führt *Immanuel Weber* (1659–1726) die hessische Diskussion über *Heydnische Todten-Töpffe* fort (Gießen 1719), wobei er zwar Schmincke lobend erwähnt und zitiert, jedoch keine zusätzliche Erkenntnis gewinnen, geschweige denn eine historische Einordnung vornehmen kann.

Beide, Schmincke/Österling und Weber, ziehen nicht nur römische Quellen zur Illustration und Beweisführung heran, sondern bei ihnen ist auch die Frage virulent, wieweit es sich bei diesen Bodendenkmälern um Zeugnisse der historisch belegten römisch-germanischen Auseinandersetzungen handelt und ob sie dem einen oder anderen Part zugewiesen werden können, wobei nach der damaligen Auffassung allgemein die generell einfache Beschaffenheit der Stücke für eine Zugehörigkeit zu den »Germaniern« spräche.

Vielerorts in Deutschland und Europa war mit der Renaissance und dem Humanismus der Blick zurück zu den Alten, *ad fontes,* gerichtet worden, das heißt zur griechisch-römischen Antike. Den Pilgerfahrten nach Hellas und Italien folgten Streifzüge in die eigene Vergangenheit, vornehmlich zum damals noch nicht übersehbaren Denkmal des Limes mit seinen Wachtürmen und Kastellen und den römischen Städten. Aus den ersten Beschreibungen, Erkundungen, Grabungen und Aufzeichnungen dieses »Pfahl-, Pfol- oder Polgrabens« seit Beginn des 16. Jahrhunderts bildete sich bald eine rege, breit gefächerte Such-, Registrier- und Sammeltätigkeit heraus, die seit etwa dem zweiten Viertel des 18. Jahrhunderts, durch Publikationen verbreitet, eine immer größere Eigendynamik entwickelte.

Jetzt standen naturgemäß der Taunus, die Wetterau, das Rhein-Main-Gebiet und auch Südhessen im Zentrum des Interesses und der Aktivitäten. Sowohl fürstliche Initiativen wie die des *Grafen Franz I. zu Erbach-Erbach* (1754–1823), dessen Begeisterung für die klassische Antike zu lebhafter Sammeltätigkeit und frischen Grabungsaktionen in Wachtürmen und Kastellen führte, wie dann auch der Fleiß der vielerorts so beliebten Vereine ließen bald eine Institutionalisierung und Organisation sowohl in der Prospektion, den Ausgrabungen, dem Denkmalschutz wie auch der Auswertung notwendig erscheinen. Hier sollen, stellvertretend für viele, nur einige wenige genannt werden, die Bedeutendes für die Erforschung der Römerzeit in Hessen bewirkten: der Friedberger *Johann Philipp Dieffenbach* (1786–1860), der nach der 1829 erschienenen Schrift *Über Alterthümer in und um Friedberg* 1843 seinem Landesherrn, dem *Erbgroßherzog Ludwig,* die umfassende Bestandsaufnahme *Zur Urgeschichte der Wetterau* »in tiefster Ehrfurcht und innigster Liebe« widmete; der Mitbegründer des Nassauischen Altertumsvereins *Friedrich Gustav Habel* (1792–1867; Kat.Nr. 3), der 1823 die planmäßige archäologische Erforschung Nida-Heddernheims, der »größten archäologischen Fundstätte im heutigen Lande Hessen, des ›nassauischen Pompeji‹ des 19. Jahrhunderts« (Huld-Zetsche 1979), in Gang setzte und wichtige Kastellgrabungen durchführte. Er war entscheidend bei der Gründung des Gesamtvereins der deutschen Geschichts- und Altertumsvereine 1852 in Mainz und der ersten Limeskommission tätig; *Karl August von Cohausen* (1812–1894; Kat.Nr. 4), der nach langjährigen Limesforschungen sich als Konservator und Leiter des Museums Wiesbaden vorwiegend den Grabungen und Konservierungen des Saalburg-Kastells widmete.

Die Gründung der Reichslimeskommission 1891 mit Unterstützung *Theodor Mommsens* und der Römisch-Germanischen Kommission des Kaiserlichen Archäologischen Instituts in Frankfurt am Main 1902, nachdem zuvor 1900 die Spaltung von süd- und westdeutschem und nordwestdeutschem Verein für Altertumsforschung vorausgegangen war, brachten die feste Institutionalisierung der provinzialrömischen Forschung mit systematischen Untersuchungen und regelmäßigen Publikationen.

Waren die Forschungen und Studien im Bereich der eigentlichen Urgeschichte mit ihrer anfangs so ungewissen zeitlichen Quellenlage und ihren hermeneutisch so schwierigen kulturgeschichtlichen und anthropologischen Fragestellungen auch international eng gebunden an Grundsatzfragen und Methodendiskussionen, gleichzeitig aber auch führend in der Ausbildung von Chronologiesystemen, Grundlagenforschung und Theoriediskussion, was natürlich auch belastend war, so konnte die provinzialrömische Archäologie, von solcher Quellenproblematik weitgehend unberührt, ihre ganze Kraft auf die systematische »archäologische Erforschung derjenigen Teile des deutschen Reiches, die dauernd unter römischer Herrschaft gestanden haben« (§ 1 der Satzung der Römisch-Germanischen Kommission), wenden. Die einmalig geschlossene und erfolgreiche provinzialrömische Archäologie ist somit in mehrfacher Hinsicht ein Ergebnis der hervorragenden archäologisch-historischen Quellenlage.

Was die Geschichte der Frühmittelalterarchäologie in Hessen angeht, so sollen hier nur einige herausragende Denkmale angeführt werden. Abgesehen von den Reihengräberfunden des Rhein-Main-Gebietes, der Wetterau und des Limburger Beckens ragt Hessen durch die bedeutenden karolingerzeitlichen Sakralbauten (vgl. Kat.Nr. 205ff.) und die frühgeschichtlichen, meist karolingerzeitlichen Befestigungsanlagen und Wüstungen Nordhessens (vgl. Kat. Nr. 158ff.) heraus, letztere weitgehend, wie auch die Pfalzanlage Frankfurts (Kat.Nr. 175), erforscht in der zweiten Hälfte des 20. Jahrhunderts. Die Klosteranlage Lorsch wurde seit Ende des 19. Jahrhunderts vereinzelt, systematisch erst in den zwanziger und dreißiger Jahren dieses Jahrhunderts von *Friedrich Behn* ausgegraben (Kat.Nr. 215), der Domplatz von Fulda mit Klosteranlage seit 1897 von *Joseph Vonderau,* dem langjährigen Leiter des Städtischen Museums, das schließlich seinen für die Frühmittelalter-Archäologie höchst verdienstvollen Namen erhielt (vgl. Kat.Nr. 211).

Anspruch auf Dank und Anerkennung um die Altstraßen-Forschung in Hessen erwarben sich *Georg Landau* (1807–1865), Mitbegründer des Vereins für hessische Geschichte und Landeskunde, und in seiner Folge *Willi Görich.* Die ersten archäologischen Untersuchungen des Glaubergs durch *Heinrich Richter* fielen in die dreißiger Jahre unseres Jahrhunderts.

Sind hiermit nur punktuell wenige Unternehmungen aus den Anfängen der Frühgeschichtsarchäologie angeführt, sei abschließend auf die jüngst erschienene bibliographische und kartographische Zusammenfassung der Funde des 4. bis 9. Jahrhunderts durch *Ulrich Dahmlos* (1979) hingewiesen, weil sie eine Grundlage und einen Ausgangspunkt dieser Ausstellung und des Katalogs darstellt. In einem solchen Zusammenhang muß auch die Bibliographie von *Fred Schwind* zum hessischen Frühmittelalter aus dem Jahre 1976 genannt werden.

Aus der Geschichte der archäologischen Forschung Hessens ist die Geschichte seiner Sammlungen und Museen und die der Denkmalpflege, die meist miteinander verknüpft waren, nicht wegzudenken. An ihrem Anfang standen, wie überall, Privatsammlungen des Adels oder wohlhabender Bürger, deren Kollektionen später, im 19. Jahrhundert, unter staatliche Verwaltung kamen. Sowohl die Staatlichen Kunstsammlungen in Kassel mit ihrer Abteilung für Vor- und Frühgeschichte, die auf die Einrichtung einer »Kunstkammer« durch *Landgraf Wilhelm IV.* um 1580 zurückgeht, wie auch das Hessische Landesmuseum in Darmstadt, das aus dem Großherzoglich-Hessischen Museum, dem Großherzoglichen Kabinettmuseum und aus Sammlungen des Historischen Vereins für das Großherzogtum Hessen hervorgegangen ist, sind solche landesherrschaftlichen Gründungen, die oft durch Privatsammlungen wie Antiken- oder Münzkabinette des 15. und 16. Jahrhunderts bereichert wurden. Auch archäologische Sammlungen heimatlicher Bodenforscher wurden aufgenommen wie die Funde der *Dieffenbachs* aus dem Friedberger Raum, die 1861 und 1891 nach Darmstadt kamen.

Andere Museen entstanden aus den Sammel- und Grabungsaktivitäten herausragender Heimatforscher und der Heimatvereine, so etwa die prähistorischen Bestände des Historischen Museums Hanau, die weitgehend dem »Hanauer Bezirksverein für hessische Geschichte und Landeskunde« verdankt werden.

Hierbei ragt die »Sammlung Nassauischer Altertümer« im Museum Wiesbaden heraus, deren Grundstock mit der Konstituierung des Vereins für Nassauische Geschichte und Altertumskunde 1812/1821 gelegt wurde, und die des 1857 gegründeten Frankfurter »Vereins für Geschichte und Altertumskunde« (heute Landeskunde), die 1878 in die Bestände des neu etablierten Historischen Museums eingeführt wurden und dann durch die Heddernheimer Funde und die Tätigkeiten der Frankfurter Ausgrabungskommission sowie des »Vereins für das Historische Museum« so anwuchsen, daß eine Abtrennung der archäologischen Abteilung notwendig wurde, die 1937 mit der Gründung des Frankfurter Museums für Vor- und Frühgeschichte erfolgte.

Die Geschichte der archäologischen Sammlungen zeigt, daß sie von Anfang an mit Denkmalpflege und -schutz verbunden waren: entweder durch Pflege, Schutz und wissenschaftliche Betreuung der Altertümer oder durch Ausgrabung selbst, der oft auch die Konservierung folgte. Auch hierbei waren wieder kunstsinnige Monarchen weitschauend tätig, wie zwei Anordnungen von *Landgraf Carl von Hessen-Kassel* aus den Jahren 1710 und 1719 und die »Verordnung, die Erhaltung der im Lande befindlichen Monumente und Alterthümer betreffend« *Friedrichs II.* von 1780 zeigen. Der Einsatz von *Großherzog Ludwig I. von Hessen* (1790–1830) für die Gebäudereste des ehemaligen Klosters Lorsch (vgl. Kat.Nr. 215), die er vor dem Abriß rettete, dokumentiert dies ebenfalls. Die formellen Erlasse des Hessischen Denkmalschutzgesetzes vom 16. Juli 1902 und des preußischen »Ausgrabungsgesetzes vom 26. März 1914« mit seinen Ausführungsbestimmungen von 1920 sowie die Bestallung von *W. Soldan* am 10. April 1901 zum ersten Denkmalpfleger für die Altertümer und beweglichen Gegenstände bedeuten eigentlich nur die Institutionalisierung einer lange geübten Praxis auf einer rechtlichen Basis.

Die weitere Entwicklung der hessischen Vorgeschichtsforschung dieses Jahrhunderts im Denkmalpflege-, Museums- und Universitätsbereich durch das Labyrinth der unzähligen Namen, Grabungen und Publikationen nachzuvollziehen, bedürfte eines eigenen Bandes, wollte man der Vielfalt hessischer Archäologie gerecht werden. Darüber hinaus werden ihre Ergebnisse weitgehend in den folgenden Beiträgen – vielfach erstmals – zur Darstellung gebracht werden.

Dilich (1605); Schmincke/Österling (1714); Weber (1719); Dieffenbach (1829); Dieffenbach (1843); Lindenschmit (1880–89) 26ff.; Adamy (1897); Bieder (1921, 1922, 1925); Wolff (1922); Wolff (1924); Kutsch (1923); Stemmermann (1934); Woelcke (1937); Wahle (1950/51); Landau (1958); Niemeyer (1964); Meier-Arendt (1968) 7ff.; Jorns (1969/70a); v. See (1970); Fuhrmann (1975); Kühn (1976); Dahmlos (1979); Huld-Zetsche (1979); Sippel (1980); Herrmann (1982a); Herrmann (1982b).

Die Entstehung der Geschichtsvereine im Lande Hessen

Walter Heinemeyer

Auch wenn die ältesten deutschen Geschichtsvereine noch in die Zeit vor und um 1800 zurückreichen, so trifft es doch gewiß zu, daß die erste Gründungsphase nach den Befreiungskriegen beginnt und mit der Märzrevolution von 1848 endet. Das gesamtdeutsche Erlebnis der Befreiung von der französischen Fremdherrschaft und die romantische Zeitstimmung regten dazu an, sich der Vergangenheit und besonders dem gegenüber einer unbefriedigenden Gegenwart idealisierten Mittelalter zuzuwenden, dessen eindrucksvolle Denkmäler noch überall auf Bergen und in Städten sichtbar waren. Hinzu kam das Vorbild des *Reichsfreiherrn Karl vom Stein*, der 1819, im Jahr der Karlsbader Beschlüsse, seine *Gesellschaft für ältere deutsche Geschichtskunde* mit den *Monumenta Germaniae Historica* für die Herausgabe der deutschen Geschichtsquellen des Mittelalters gegründet hatte.

Dieses allgemeine Urteil trifft auch zu, wenn wir an die Gründung des zwar nicht ältesten, aber bis heute größten hessischen Geschichtsvereins, des *Vereins für hessische Geschichte und Landeskunde* mit dem Sitz in Kassel, denken. Die romantische Grundstimmung der drei Kasseler Vereinsgründer *Karl Bernhardi, Georg Landau* und *Johann Heinrich Christian Schubart* zeigt die reizvolle Schilderung ihres Ausfluges im Sommer 1834 von Kassel nach Zierenberg, der den äußeren Anlaß für die Vereinsgründung gab: »Inmitten der in aller Schönheit des Sommers prangenden hessischen Berg- und Waldlandschaft, umgeben von den Höhen, von denen die Trümmer einst stolzer Burgen, der Malsburg, der Weidelsburg, der beiden Gudenberge, des Scharfenbergs und des hochragenden Turms des vormaligen Benediktinerklosters Hasungen als Zeugen der Vergangenheit herniederschauen, faßten die drei patriotischen Gelehrten den Entschluß, eine Schar von gleichgesinnten Männern zu gewinnen, die mit ihnen die Erforschung der Geschichte des ganzen Hessenlandes zu ihrer Aufgabe machten«.

In dem gedruckten Zirkular, mit dem die Vereinsgründer zum Beitritt einluden, beriefen sie sich auf das Vorbild des »edlen und wahrhaft deutschen Freiherrn vom Stein«, der »durch die Gründung der Gesellschaft für Deutschlands ältere Geschichtskunde die Quellenforschung für die allgemeine Geschichte unseres Vaterlandes kräftig angeregt und neu belebt hat«; nach ihrem Vorbild seien »auch fast in allen deutschen Ländern Vereine gebildet worden, welche für die besondere Geschichte einzelner Gaue das zu leisten suchen, was dem Geschichtsforscher, welcher ganz Deutschland im Auge hat, teils entgeht, teils von ihm unberücksichtigt bleiben muß«.

In der Gründungsversammlung, die am 29. Dezember 1834 in Kassel stattfand, gedachte Bernhardi in seinem Vortrag der früheren »*Gesellschaft der Altertümer*, welche mehr allgemeinwissenschaftliche Zwecke verfolgte« und »sich der huldreichsten Unterstützung von oben zu erfreuen« hatte. »Um wieviel mehr darf nicht ein der vaterländischen Geschichte und Landeskunde ausschließlich gewidmeter Verein die gegründete Hoffnung hegen, daß ihm gestattet werde, die Verlassenschaft jener im Sturme der politischen Ereignisse untergegangenen älteren Schwester anzutreten?« Daß sich der neue Verein trotz abweichender Zielsetzungen als Nachfolger jener älteren Gesellschaft sah, beweist auch Bernhardis »Kurzer Abriß einer Geschichte der Gesellschaft der Altertümer zu Kassel« in dem ersten Bande der Zeitschrift des Vereins für hessische Geschichte und Landeskunde (Kassel 1837) unmittelbar nach den einleitenden Berichten über die Gründung des Vereins mit Statuten und Mitgliederverzeichnis und über die Tätigkeit des Vereins in den beiden ersten Jahren.

Landgraf Friedrich II. von Hessen-Kassel (1760–1785) hatte sogleich nach der Rückkehr von seiner Italienreise im Jahre 1777 die *Société des Antiquités* gegründet. Die alle vierzehn Tage unter dem Vorsitz des Landgrafen, der selbst zahlreiche Vorträge hielt, tagende Gesellschaft war eher eine allgemeinwissenschaftliche Akademie nach dem Geschmack der Zeit. Ihre Statuten sahen das »Studium der Altertumswissenschaft in der weitesten Ausdehnung« vor, wozu Bernhardi skeptisch fragt, ob die Gesellschaft nicht eher ein Verein von jungen Weltverbesserern als eine fürstliche Gesellschaft von Altertumsforschern gewesen sei. Der erste und einzige Band der gehaltenen Vorträge – »Mémoires de la Société des Antiquités« – erschien 1780; die meisten anderen Vorträge blieben ungedruckt. Die eigentliche Aufgabe der Gesellschaft sollte es jedoch sein, in Verbindung mit den gelehrtesten Fachleuten Europas einen wissenschaftlichen Katalog der Kunstaltertümer auszuarbeiten, die der Landgraf seit langem systematisch und besonders erfolgreich auf seiner Italienreise zusammengetragen hatte.

Die Gesellschaft verdankte ihr Entstehen den archäologischen Neigungen des Landgrafen, und so stand auch die Altertumskunde, wie schon der Name zeigt, im Mittelpunkt ihrer Studien, während das Mittelalter in den Statuten nur beiläufig erwähnt wird. Dennoch fällt in Landgraf Friedrichs Zeit das Erwachen des Interesses an der heimischen Geschichte. Schon sein Großvater, *Landgraf Karl,* hatte im Jahre 1709 auf der Mader Heide bei Gudensberg, im Zentrum des alten Chatten- und späteren Hessenlandes, eine Anzahl Hügelgräber öffnen lassen und die gefundenen Gegenstände in die landgräflichen Sammlungen aufgenommen. Seinem Vorbild folgend, ließ Landgraf Friedrich 1777 bis 1779 durch den Geheimen Legationsrat *Schmidt von Rossan,* hessischen Gesandten beim Oberrheinischen Kreistage zu Frankfurt, Ausgrabungen bei Praunheim und Heddernheim durchführen und sich die Funde übergeben. Deutlich zeigte sich das wachsende Interesse an der heimischen Vergangenheit in der Sorge um die Sicherung der historischen Überreste. Die Landgrafschaft Hessen-Kassel war wohl das erste deutsche Land, dessen Regierung sich der Denkmalpflege annahm. Sie erließ im Jahre 1770 die »Verordnung zur Erhaltung der Monumente und Altertümer«: Reparaturen an öffentlichen Gebäuden dürften diesen auf keine Weise Schaden zufügen; beim Einreißen von Gebäuden gefundene Münzen, Schriften oder andere Dokumente sollten verzeichnet, die Verzeichnisse an die Regierung geschickt werden.

Unter Friedrichs II. Nachfolger, *Landgraf Wilhelm IX.* (als Kurfürst Wilhelm I.), wurden die französische Sprache in der Gesellschaft durch die deutsche ersetzt, das Studium der griechischen und römischen Altertümer in den Hintergrund geschoben und die Beschäftigung mit der »alten und mittleren Geschichte Teutschlands, mit vorzüglicher Rücksicht auf Hessen, in dem Umfang, in welchem diese Gegenstände der Natur, des Staates, der Kirche, jeder Wissenschaft und der Künste des Friedens und des Krieges in sich greifen«, in den Vordergrund gerückt. Aber mit dem Tode des Landgrafen Friedrich war der eigentliche Impuls erloschen. Auch fehlten nach der Aufhebung des Kasseler *Collegium Carolinum* und dem Weggang der meisten Professoren nach Marburg qualifizierte Mitglieder. Die Gesellschaft der Altertümer, wie sie seit Wilhelm IX. hieß, wurde schließlich von der Regierung des Königreichs Westfalen im Jahre 1808 aufgehoben: sie hatte nach den Worten des Generaldirektors des öffentlichen Unterrichts, des Schweizers *Johannes von Müller,* ihr Ziel verloren, »seitdem Herr Denon die von den vorigen Fürsten gesammelten Altertümer in Augenschein genommen«, d. h. auf Befehl Napoleons I. geplündert hatte.

Ein Vierteljahrhundert später erkannten die Gründer des Vereins für hessische Geschichte und Landeskunde dankbar an, daß die Kasseler Gesellschaft der Altertümer sehr bald nach ihrer Stiftung durch Landgraf Friedrich II. die ausgezeichnetsten Altertumsforscher Europas zu ihren Mitgliedern gezählt und sich in der gelehrten Welt einen nicht unbedeutenden Ruf erworben habe; aber sie sei im Anfang des Jahrhunderts »so spurlos verschwunden, daß eine kurze Erzählung ihrer Schicksale als eine Ergänzung zu unserer vaterländischen Literärgeschichte betrachtet werden darf«. Das von Bernhardi seinem Bericht beigefügte Verzeichnis der interessantesten, handschriftlich vorliegenden Abhandlungen der Gesellschaft enthält auch eine Anzahl Themen zur hessischen Geschichte von der Antike über das Mittelalter zur Neuzeit: etwa das Chatten-Hessenproblem, mittelalterliche Klostergeschichte, politische Geschichte, ein »Raisonnierendes Verzeichniß der antiquarischen Örter in Hessen vom Mittelalter« (!), Themen über Philipp den Großmütigen und Wilhelm IV. So war es wohl berechtigt, daß die Vereinsgründer von 1834 die Gesellschaft der Altertümer zu Kassel in gewisser Hinsicht als ihre Vorgängerin ansahen und auch für ihren Verein mit »der huldreichsten Unterstützung von oben« rechneten.

Von den Altertümern als den sichtbaren Zeugnissen der römischen und daneben auch der deutschen Vergangenheit und von den sie erschließenden Ausgrabungen ging die Gründung des ältesten Geschichtsvereins in den Grenzen des heutigen Bundeslandes Hessen, des *Vereins für Nassauische Altertumskunde und Geschichtsforschung,* aus. Ausführlich und überzeugend hat *Wolf-Heino Struck* dargelegt, daß dieser Verein nicht nur in die Zeit vor den Befreiungskriegen zurückreicht, sondern auch zu den ältesten deutschen Geschichtsvereinen überhaupt gehört. Nicht die Befreiungskriege, nicht die romantische Grundstimmung der späteren Zeit und schon gar nicht die Vereinsgründung des auf Napoleons Druck entlassenen, verbitterten preußischen Reformministers vom Stein, sondern das inzwischen in weiten Kreisen des gebildeten Bürgertums verbreitete Interesse an den römischen Altertümern war, wie gesagt, das entscheidende Motiv für die Vereinsgründung. Das Interesse an der Vergangenheit und besonders auch an ihren noch sichtbaren Zeugnissen ist bis heute das oft verkannte oder gering geschätzte Grundmotiv für die Gründung von Geschichtsvereinen, in unserer Zeit besonders von lokalen Geschichts- und Heimatvereinen, geblieben.

Den Anstoß zur nassauischen Vereinsgründung gab ein Aufruf des Pfarrers *Johann Christian Reinhard Luja* (vgl. Kat.Nr. 3) von Altenkirchen bei Weilburg 1811 im Nassauischen Intelligenzblatt an »Liebhaber römischer und deutscher Altertümer«, sich zusammenzutun, um den Pfahlgraben zunächst innerhalb der Grenzen des Herzogtums Nassau zu untersuchen. Luja verfügte wie Landgraf Friedrich II. von Hessen-Kassel und wie der Freiherr vom Stein über keine archäologische oder historische Fachausbildung, sondern war wie sie ein begeisterter Dilettant im besten Sinne des Wortes. Sein Aufruf fand einen so überraschenden Anklang, daß er im Januar 1812, wieder im Intelligenzblatt, vorschlug, eine »Sozietät vaterländischer römischer und teutscher Altertümer« zu bilden. In den »Grundgesetzen der Altertums-Gesellschaft für das Herzogtum Nassau und die angrenzenden Länder«, die der nassauische Hofkammerrat *Christian Friedrich Habel* (vgl. Kat.Nr. 3) – auch er ein tätiger Altertumsforscher, wiewohl nach seiner Vorbildung Naturwissenschaftler – daraufhin vorlegte, werden als Zweck der Gesellschaft »wechselseitige Mitteilung und Belehrung, Belebung des lange vernachlässigten Studiums der Altertumskunde« an der ersten Stelle genannt; erweiternd werden nunmehr ausdrücklich auch das Studium »der älteren, mittleren und neueren Geschichte und Geographie dieser klassischen Gegend, Untersuchungen über ihre Völkerschaften, deren Staatsverfassungen, Sitten und Gebräuche« u. a. hinzugefügt. Hinzu treten schon in dem ersten Satzungsentwurf der Gesellschaft der Denkmalschutz und die Absicht, eine Bibliothek und eine Sammlung von Altertümern anzulegen.

Doch gerieten die Gründungsverhandlungen bald darauf ins Stocken. Als sie 1819 wiederaufgenommen und im folgenden Jahre erfolgreich abgeschlossen werden konnten, erhielt die Gesellschaft zwar ihren endgültigen Namen *Gesellschaft für Nassauische Altertumskunde und Geschichtsforschung*, doch schränkten die Statuten den Zweck des Vereins gegenüber dem Entwurf von 1812 wieder auf die Pflege der Altertumskunde und auf die Denkmalpflege ein: »Aufsuchung, Sammlung und Beschreibung der römischen und deutschen Altertümer im Herzogtum Nassau und die Beförderung der darauf Bezug habenden geographischen, statistischen und geschichtlichen Aufklärungen, wie nicht weniger die Sorge für die Erhaltung der vorhandenen Denkmale, auch des Mittelalters mit eingeschlossen«. Dementsprechend sahen auch die Statuten von 1820 wie jene von 1812 die Bildung eines Altertumsmuseums vor, das unter der Verwaltung und Aufsicht des Vereinsvorstandes stehen, in Wiesbaden aufgestellt und eine »öffentliche Stiftung für das Herzogtum Nassau« sein sollte.

Eingeschränkt wurde auch der Arbeitsbereich der Altertumsgesellschaft. Hatte er nach dem Statutenentwurf von 1812 »das Herzogtum Nassau und die angrenzenden Länder« umfaßt, so jetzt nur noch das Herzogtum Nassau. Die Gesellschaft verhielt sich damit nicht anders als die meisten damals gegründeten regionalen Geschichtsvereine, die als ihre Arbeitsbereiche das Gebiet ihrer Bundesstaaten festlegten.

Habel hatte die Gründung der Altertumsgesellschaft mit allgemeinen staatspolitischen Gesichtspunkten gegenüber dem nassauischen »Vaterland« begründet, wie denn dieser Begriff damals zwischen Deutschland und dem jeweiligen Bundesstaat schwankte. Seiner Gesellschaft wies er die Aufgabe zu, das durch den Rheinbund geschaffene Herzogtum Nassau historisch zu begründen. Hatte er 1812 für die Gesellschaft den Schutz des Landesherrn erbeten, so erhielt sie 1821 von der Herzoglich Nassauischen Landesregierung wertvolle Vergünstigungen, auch finanzieller Art, zugesagt, die die Gesellschaft in eine Abhängigkeit vom Landesherrn und seiner Regierung bringen konnten. 1827 erschien das erste Heft des neu gegründeten Vereinsorgans, der noch heute bestehenden »Annalen des Vereins für Nassauische Altertumskunde und Geschichtsforschung« (seit 1913: Nassauische Annalen. Jahrbuch des Vereins für nassauische Altertumskunde und Geschichtsforschung).

Auch der zweitälteste Geschichtsverein in den Grenzen des Bundeslandes Hessen und älteste hessische Geschichtsverein im engeren Sinne, der *Historische Verein für das Großherzogtum Hessen* (seit 1918/19 für Hessen), verdankt wie der nassauische Verein seine Entstehung der Initiative eines einzelnen Geschichtsfreundes. Der Advokat *Johann Wilhelm Christian Steiner* zu Klein-Krotzenburg bei Seligenstadt hatte seit seiner ersten Veröffentlichung »Geschichte und Beschreibung der Stadt und ehemaligen Abtei Seligenstadt« (1820) eine Fülle von Arbeiten zur alten, mittelalterlichen und neueren Geschichte Hessen-Darmstadts herausgegeben. Sie hatten ihre Anerkennung durch Steiners Ernennung zum großherzoglichen Hofrat und Historiographen sowie durch die Verleihung des Doktorgrades ehrenhalber durch die Juristische Fakultät der Universität Gießen gefunden. Sein eigentliches Ziel war, nach dem »Beispiel auswärtiger Geschichtsforscher und -vereine« ein »Archiv«, eine historische Zeitschrift also, herauszugeben. Der Gedanke, einen Verein zu gründen, entstand wohl erst im Laufe der Verhandlungen. Steiners erster Aufruf zur Gründung eines hessischen Vereins vom April 1832 läßt in dem beigefügten Entwurf der Statuten einer *Gesellschaft für Geschichtsforschung und Altertumskunde im Großherzogtum Hessen* das Vorbild des älteren nassauischen Nachbarn erkennen. Wie Habel in Wiesbaden sich seiner Zeit mit Erfolg um die Hilfe des dirigierenden Staatsministers *Freiherrn von Bieberstein*, der auch erster Präsident der Gesellschaft wurde, bemüht hatte, so gewann Steiner den Geheimen Staatsrat *Karl Christian Eigenbrodt*, der sich nicht minder große Verdienste als Steiner um die Vereinsgründung erwarb, sich mit eigenen Veröffentlichungen an der Vereinsarbeit beteiligte und zum ersten Präsidenten gewählt wurde.

Die Gründungsversammlung fand am 1. Juni 1833 statt. Die nach mühsamen Verhandlungen beschlossenen Statuten sahen, wie nicht anders zu erwarten, einen weiter reichenden Vereinszweck als die nassauischen vor: »Beförderung des Forschens im Gebiete der hessischen Altertumskunde und Landesgeschichte«, aber mit der ausdrücklichen Beschränkung auf die ältere Geschichte, in die höchst bezeichnenden Worte gefaßt »mit Ausschluß der Tagesgeschichte und aller Erörterungen über politische Gegenstände der neueren Zeit, sowie die Erhaltung und Bekanntmachung des Erforschten«. Umstritten war in den Gründungsverhandlungen insbesondere die zunächst vorgesehene Möglichkeit, zur Intensivierung der Vereinsarbeit für einzelne Teile des Landes Sektionen im Verein zu bilden. Der Paragraph wurde auf Veranlassung des Staatsministers *du Thil* ersatzlos gestrichen, da sich andernfalls in dem Lande Gesellschaften bilden könnten, welche nicht zu billigende Zwecke haben und deren Treiben schwer zu kontrollieren wäre. Der Großherzog übernahm das ihm angetragene Protektorat über den Verein und bestätigte die Statuten (15. Dezember 1834), nachdem seinem Verlangen entsprochen war, »in die Statuten die Bestimmung über das dem Großherzog vorbehaltene Bestätigungsrecht gegenüber den beiden Präsidenten und dem Sekretäre« aufzunehmen und den Artikel 23 (über die Sektionsbildung) zu entfernen. Schon die Statuten sahen ganz in Steiners Sinne die Gründung einer Zeitschrift, des »Archivs für Hessische Geschichte und Altertumskunde«, vor, dessen erster Band schon 1835 mit dem ersten Hefte erschien und das noch heute besteht.

Unter den seit 1819 gegründeten Geschichtsvereinen hatte sich, wie schon bemerkt, längst das Regionalprinzip durchgesetzt, allein schon aus praktischen Erwägungen. Anläßlich der bevorstehenden Gründung eines hessischen Geschichtsvereins war aber nicht zu übersehen, daß es neben dem Großherzogtum in Darmstadt noch ein Kurfürstentum in Kassel gab. So wurde denn auch bei den Statutenverhandlungen der Wunsch geäußert, »daß es dem Ausschuß vorbehalten bleiben möchte, teilweise Verbindungen mit andern gelehrten Gesellschaften und Vereinen einzuleiten oder eine Erweiterung des Vereins zu einem allgemeinen hessischen durch Ausbreitung in Kurhessen zu bewerkstelligen. Letztere möchte um so wünschenswerter sein, da die ältere Geschichte des Großherzogtums mit der von Kurhessen meist zusammenfällt und für die rein wissenschaftlichen Zwecke des Vereins die jetzige Trennung des Hessenlandes durch Staatsgrenzen nicht in Betrach kommen kann«.

Die gleiche Anregung gab aus dem kurhessischen Kassel der Privatgelehrte *Georg Landau*, dessen erster Band seines noch heute wertvollen Buches »Die hessischen Ritterburgen und ihre Besitzer« im gleichen Jahre 1832 erschien: »Ich wünschte, den Verein auf beide Hessen ausgedehnt zu sehen ... Eine solche Ausdehnung würde auch ein sicherer Bürge für den Bestand des Vereins sein. Die Stiftung eines solchen, wenn sie von Dauer sein und ihren Zweck erfüllen soll, erfordert ansehnlichere Mittel, als man von weniger als einer halben Million Bewohner erwarten darf«. Steiner lehnte Landaus Vorschlag ab. Seine Gründe, die er Eigenbrodt mitteilte, waren staatspolitischer Art: »Indessen bin ich nicht für den Antrag. Unsere Statuten wollen einen Verein für unser Hessen, der Großherzog genehmigt und sieht mit Vergnügen gern das Unternehmen für sein Land, und wir alle wollen und können, was unser Staat und wir alle vermögen, und welche Kräfte sich hier entwickeln. Ich habe daher das ehrenvolle, sonst recht schöne Anerbieten höflichst abgelehnt und alles in den Willen unseres demokratisch zu konstituierenden Vereins gestellt«. Steiners Begründung zeigt, in welchem Maße die seit Reichsdeputationshauptschluß und Rheinbund eingetretenen territorialen Veränderungen auf dem Boden des alten Reiches auch das politische Bewußtsein schon verändert hatten. Einst hatte der Darmstädter Gymnasialdirektor und landgräfliche Historiograph *Helfrich Bernhard Wenck* seinen Schüler Steiner für die Geschichtsforschung begeistert. Steiner trug sich mit dem freilich dann nicht verwirklichten Plan, Wencks bis heute unentbehrliche dreibändige »Hessische Landesgeschichte« (Frankfurt und Gießen, dann Leipzig, 1783–1803) mit einer fünfbändigen »Geschichte des Großherzogtums Hessen« fortzusetzen.

So dürfte neben der Erinnerung an die Kasseler Gesellschaft der Altertümer die Darmstädter Vereinsgründung Georg Landau und seine Kasseler Freunde zu einem entsprechenden Unternehmen für Kurhessen angeregt haben. Ihnen schloß sich sogleich der Staatsarchiv- und Landesbibliotheksdirektor *Christoph von Rommel* an, von dessen »Geschichte von Hessen« damals drei Bände vorlagen. In ihrem Zirkular aus dem August 1834 stellten sie die Notwendigkeit regionaler Forschungen und Veröffentlichungen durch Geschichtsvereine zur Ergänzung der vom Freiherrn vom Stein begründeten »Quellenforschung für die allgemeine Geschichte unseres Vaterlandes« heraus. Die in der Hauptversammlung vom 29. Dezember 1834 zu Kassel angenommenen Statuten nannten als Zweck des Vereins kurz und klar »allseitige Erforschung und Darstellung der Geschichte, Topographie und Statistik von Hessen«. In erstaunlicher Fülle werden dann die Gegenstände des vielfältigen geschichtlichen Lebens aufgeführt, denen »als Grundlage einer umfassenden Geschichte des Landes und seiner Bewohner« »deshalb vorzügliche Aufmerksamkeit zu widmen sei«. Der Arbeitsbereich sollte außer den gesamten jetzigen und ehemaligen kurhessischen Landen auch die einst mit Hessen vereinigten Nachbarländer umfassen. Eine zeitliche Beschränkung der Forschung sollte nicht stattfinden, »doch betrachtet der Verein die frühere Geschichte des Vaterlandes als seine Hauptaufgabe«.

Im Gegensatz zur Darmstädter Vereinsgründung wurde es »zur Erleichterung der Verbindung« für zweckmäßig erachtet, »Kurhessen in sechs Bezirke abzuteilen, in Niederhessen (mit Hersfeld), Oberhessen (mit Ziegenhain), Fulda, Hanau, Schaumburg und Schmalkalden«. Auf diese Weise wurde von vornherein die Möglichkeit geschaffen, daß sich unter dem Dach des Kasseler Hauptvereins in den ehemals selbständigen und erst im Laufe der geschichtlichen Entwicklung zusammengewachsenen Landesteilen Zweigvereine bildeten, die ihre landschaftlich bestimmten Forschungen betreiben konnten und doch dem Gesamtverein verbunden blieben. Die spätere Entwicklung hat dieser weitsichtigen Regelung Recht gegeben. In den schon vor Jahrhunderten mit Hessen-Kassel vereinigten Landesteilen bildeten sich im Rahmen des Gesamtvereins zahlreiche Zweigvereine, während sich in anderen, erst spät mit Kurhessen vereinigten oder abseits von Kurhessen gelegenen Landesteilen wie in Fulda, Hanau, Rinteln und Schmalkalden mit der Zeit selbständige Vereine entwickelten.

Der Gründungsaufruf fand lebhaften Widerhall. Namhafte Männer der Wissenschaft und des öffentlichen Lebens sowohl in Kurhessen als auch außerhalb seiner Grenzen schlossen sich an, darunter auch die Darmstädter Vereinsgründer Eigenbrodt und Steiner. Die kurhessische Ständeversammlung bewilligte bereits im März 1835 eine jährliche Geldzuweisung von 200 Talern für die laufenden Unkosten. Dabei verstand es der »rein wissenschaftliche Verein«, sich vom Einfluß der kurfürstlichen Regierung frei zu halten. Es zeigt sich bereits darin, daß die vier Vereinsgründer in den für die Leitung des Vereins bestimmten Ausschuß gewählt und zu Mitgliedern des geschäftsführenden Vorstandes bestimmt wurden. Bewußte Rücksichtnahme auf die historisch gewachsenen Besonderheiten der verschiedenen Landesteile führte zu der Bestimmung, daß fünf der zehn Ausschußmitglieder von den in Oberhessen, Fulda, Hanau, Schmalkalden und Schaumburg wohnenden Mitgliedern zu wählen waren.

Auch der Verein für hessische Geschichte und Landeskunde sah in seinen Statuten die Gründung einer wissenschaftlichen Zeitschrift vor, die die Mitglieder gegen ihren Mitgliedsbeitrag »frei« erhielten. Die »Zeitschrift des Vereins für hessische Geschichte und Landeskunde« besteht noch heute. Voller Erfolg war dem Verein in der Folgezeit auch mit dem Aufbau seiner Bibliothek und seiner Sammlungen, die 1927 als Dauerleihgaben den Grundstock des Marburger Universitätsmuseums für Kunst und Kulturgeschichte bildeten, beschieden.

Große Zustimmung fanden die »Periodischen Blätter«, die der Vorstand unregelmäßig, aber häufig seinen Mitgliedern seit 1845 zukommen ließ, um sie über die Tätigkeit des Vereins laufend zu unterrichten. Die gesamthessische Denkweise des Vereins zeigte sich auch darin, daß schon nach vier Nummern die Vorstände der beiden Vereine in Kassel und Darmstadt übereinkamen, »die periodischen Blätter zu einem gemeinsamen Organe zu machen, wobei sie von der Hoffnung geleitet wurden, daß Verbindung für beide ohnedem so nahe verwandten Gesellschaften einen wesentlich fördernden Einfluß üben werde«. Die Redaktion wechselte künftig jährlich zwischen Kassel und Darmstadt. 1852 schloß sich der *Verein zur Erforschung der rheinischen Geschichte und Altertümer zu Mainz* an, 1853 auch der *Verein für Geschichte und Kunst in Frankfurt a. M.* und der *Verein für Nassauische Altertumskunde und Geschichtsforschung in Wiesbaden.* Damit war für einige Jahre die seit 1960 bestehende *Arbeitsgemeinschaft der historischen Vereine in Hessen* vorweggenommen. Der Verband fand freilich sein Ende, nachdem 1857 der Mainzer und 1858 der Frankfurter Verein ihn wieder verlassen hatten und der Darmstädter Verein 1861 ausgeschieden war.

Der Verein für hessische Geschichte und Landeskunde war bewußt als eine regionale Ergänzung der gesamtdeutschen »Gesellschaft für Deutschlands ältere Geschichtskunde« gegründet worden. Aber schon in der Gründungsversammlung war Bernhardi mit dem Plan hervorgetreten, die übrigen historischen Gesellschaften Deutschlands »zur gemeinschaftlichen Lösung einer Nationalaufgabe« aufzufordern, »nämlich zur Entwerfung einer Sprachenkarte von ganz Deutschland und zur Ausarbeitung genauer Idiotiken der verschiedenen Mundarten«, ein Plan, den Bernhardi mit seiner »Sprachkarte«, von seinem Verein und auswärtigen Vereinen unterstützt, 1845 verwirklichen konnte. Der gesamthessische Verband der ältesten Geschichtsvereine dürfte insbesondere Georg Landau angeregt haben, sich tatkräftig um den Zusammenschluß aller deutschen Geschichtsvereine zu bemühen. Er wird mit Recht zu den Vätern des 1852 in Dresden und Mainz gegründeten *Gesamtvereins der deutschen Geschichts- und Altertumsvereine* und seines schon seit 1853 erscheinenden »Correspondenz-Blattes«, das als »Blätter für deutsche Landesgeschichte« (seit 1936) noch heute vom Gesamtverein herausgegeben wird, gerechnet.

Bei der Gründung der drei Geschichtsvereine in Wiesbaden, Darmstadt und Kassel ist es nicht geblieben. Das erstarkende historische Bewußtsein führte in der Folgezeit zu zahlreichen Neugründungen in den Grenzen des späteren Bundeslandes Hessen. Für noch im vorigen Jahrhundert souveräne Staatswesen wie die Freie Stadt Frankfurt a. M. und die Fürstentümer Waldeck und Pyrmont war dies zu erwarten, für historische Kleinlandschaften mit starker Tradition wie Fulda und Hanau lag es ebenfalls nahe. Daß aber vor allem in Mittel- und Südhessen so zahlreiche örtliche Geschichtsvereine neu entstanden, hatte seinen Grund wohl auch in Aufbau und Arbeitsweise der älteren Geschichtsvereine. Daß sich seit dem Zweiten Weltkrieg weiterhin allenthalben lokale Geschichtsvereine bilden, ist wohl vor allem Ausdruck des stark gewachsenen Heimatgefühls, wird auf die Dauer aber auch Fragen über ihre künftigen Aufgaben und ihre Arbeitsweise aufwerfen.

Annalen ... für Nassauische Alterthumskunde ... 1 (1827) 131ff.; Archiv für Frankfurts Geschichte ... 1 (1839) IIIff.; Archiv für Frankfurts Geschichte ... Neue Folge (1860); v. Both/Vogel (1973) 74ff., 84, 226f.; Duncker (1884); Esselborn (1934) 1ff.; Franz (1983) IIIff.; W. Heinemeyer (1978) 4f.; Hoppe (1952) 1ff.; Löwe (1853) 1f.; Mittheilungen ... Frankfurt a. M. (1860) 1ff.; Mittheilungen ... Waldeck und Pyrmont (1866) 220ff.; Periodische Blätter (1845–1861); Sante (1964) 1ff.; Schulz (1853) 3ff.; Struck (1973) 98ff.; Wagner (1901) 223ff., (1902) 209ff.; Woringer (1909) 335ff.; Zeitschrift ... hessische Geschichte 1 (1837) Iff.

Frühmittelalter-Archäologie **Helmut Roth**

Archäologie und Geschichte

Das Frühe Mittelalter ist das vielversprechende Medium zwischen der Spätantike, der Völkerwanderungszeit und der Epoche des Aufbruchs, die erstmals von der universal geprägten Weltschau des europäischen Humanismus und der Renaissance »Mittelalter« genannt wurde. Die zweite Hälfte des 1. Jahrtausends wird somit zu einer Zeit des vielfältigen zwischenzeitlichen Werdens. Auf der stets labilen Basis der germanisch-mediterranen Personenverbands-Staaten und der alten weströmischen Kultur der ausgehenden Antike bildete sich ein fester Grundbestand dessen heraus, was den Okzident in seinen Anfängen ausmacht: Westlich-lateinisches Christentum, die Schrift, das Bewußtsein, eine Geschichte zu haben und in ihr zu leben, der Staat, Frühformen des Städtewesens, des Adels aber auch Vorformen des neuen europäischen Bürgertums – abgehoben vom spätantiken Zwangsstaat – nahmen für immer prägende Umrisse an.

Die wechselseitigen Beziehungen dieser oft widersprüchlichen Komponenten mit ihren traditionsbedingten räumlichen und zeitlichen Verschiedenheiten und manchmal schicksalhaften Verzahnungen haben trotz dessen bei den germanischen Völkern zu einer erstaunlich einheitlichen materiellen Kultur geführt. Aus den divergierenden zeitgenössischen Schriftquellen kann diese jedoch nur sehr lückenhaft erschlossen werden. So erlauben zwar zum Beispiel die wohl besten erzählenden Quellen der Merowingerzeit – die Frankengeschichte des Gregor von Tours (Buchner 1970; M. Weidemann 1982) – oft erstaunliche und tiefe Einblicke in das tägliche Leben, in das uns heute oft fremdartige Denken, in die Gefühle, die Ängste und den unverständlichen Aberglauben der Menschen. Über ihre materielle Kultur jedoch wissen wir aus diesen Quellen immer nur am Rande.

Das Verhältnis zwischen Archäologie und Geschichtswissenschaften (Jankuhn 1976) weiter betrachtend, soll vermerkt werden, daß im alten Europa nördlich der Alpen zwei unterschiedlich strukturierte Räume im frühen Mittelalter nebeneinander bestehen mußten; zum einen ist es die traditionsbeladene Zone der vom neuen Aufbruch in manchen Fällen kaum berührten römischen und römisch-germanischen Stadtkultur im alten Gallien und in den anschließenden Gebieten ehemals römischer Herrschaft, zum anderen aber im Osten ein ländlich-einfach bestimmtes germanisches Lebensgefüge, in dem die wenigen romanisch Gebildeten den Ton angaben. Ebenso zweigeteilt stellt sich die spärlich erhaltene schriftliche Überlieferung dar, die vor allem zur Merowingerzeit nur für den ehemals römischen Westen wesentlich ist. Das Schweigen Gregors von Tours, eines der besten Kenner seiner Zeit und eines stets eloquenten Schilderers von Details, sein auffallendes Schweigen also besonders über den Osten und den Südosten des Reiches sollte Illustration genug sein. Über alles oft Anekdotenhafte hinaus, beschreibt Gregor in den allerwenigsten Fällen Realien oder profan Alltägliches. Vielmehr ist sein Werk bestimmt durch »... Kirche und christliche Welt- und Geschichtsansicht, senatorisches Aristokratentum, gallisches Heimatgefühl, fränkisches Reichsbewußtsein. Ihr Zusammenspiel macht die Welt aus...« (Buchner 1970).

Für die Karolingerzeit verbessert sich die Situation der Schriftquellen gegenüber den archäologischen Mitteln stark. Für uns wichtige Zeugnisse sind neben einigen Bilddenkmälern wie dem Stuttgarter und Utrechter Psalter zahlreiche Heiligenviten und Klosterinventare (Knögel 1936), die sogenannten Kapitularien – Königsgesetze, »Symptome des karolingischen Staatszentralismus« (Klauser/Meyer 1966) –, Gesetzesvorschriften, die etwa gute Einblicke in die Waffenverordnungen erlauben. Berühmte Dokumente, wie der ideale Klosterplan von Sankt Gallen (Hecht 1983), sind auch für den Archäologen, besonders wegen seiner detailliert genannten Handwerkerateliers, hochwichtige Quellen. Das gleiche gilt für die sogenannten germanischen Volksrechte.

Der frühmittelalterlichen Archäologie kommt also wegen der zeitlich und räumlich unterschiedlichen schriftlichen Quellengattung eine besondere, gelegentlich ergänzende, stets aber vollkommen selbständige Aufgabe zu: Sie stellt die Frage nach den Lebensumständen, dem Aussehen und der Tracht des Menschen dieser Zeit, sie will etwas erfahren über die Technik, das Handwerk, den Handel und den Verkehr. Formen des Siedlungswesens und damit Einblicke in das soziale Miteinander sind ebenso Inhalte der Frühmittelalterforschung wie der schwierige Versuch, in die geistige Welt und in die Kunstäußerungen einzudringen.

Die Quellenlage der Archäologie

Bei allen Versuchen der Erfassung und Rekonstruktion dieser vielfältigen Seiten des täglichen Lebens während des frühen Mittelalters sind aussagekräftige Bodenfunde und sorgfältige Ausgrabungen also die Hauptquellen. Die Archäologie sieht sich bei dieser Tätigkeit allerdings vor Erhaltungsprobleme gestellt, da sie bei ihren Grabungen im allgemeinen lediglich auf die widerstandsfähigen Materialien trifft, welche die Zeiten, die Unbilden des Erdreiches und die stets fortschreitende Bodennutzung durch den Menschen überdauert haben. So Edelmetalle, Bronze und Eisen. Organisches Material hingegen wie Textilien, Knochen, Speisen und Holz sind in den meisten Gegenden unseres Landes kaum in wünschenswertem Maß und ausreichender Zahl erhaltungsfähig, daß man etwa, um nur ein Beispiel zu nennen, über das Drechsler-Handwerk des 6. bis 8. Jahrhunderts ausreichend Bescheid wüßte.

Ein weiteres Problem stellt die bisherige Einseitigkeit der archäologischen Quellengattungen dar, d. h. es sind heute in erster Linie immer noch die Grabfunde, die das Bild der materiellen Seite des frühen Mittelalters bis in die Zeit um 700 geprägt haben. Dies aus schätzungsweise über 50000 Bestattungen, von denen die meisten mit Beigaben in die Erde kamen. Das bedeutet natürlich, daß die erhaltungsfähige materielle Kultur aus dem unmittelbar persönlichen Bereich des Menschen des frühen Mittelalters als gut bis sehr gut bekannt gelten darf.

Ganz gegensätzlich ist es bestellt mit der zweiten archäologischen Quellengattung: den Siedlungsbefunden. Man hat diese als praktisch ausfallende Fundkategorie bezeichnet. Dies stets unter Hinweis auf die möglicherweise unter den heutigen Dörfern und Städten liegenden alten Kerne, die normalerweise nicht ergrabbar sind. Hinzu kommen wohl auch die fehlenden oder zumindest mangelnden Möglichkeiten weitläufiger Wüstungsforschungen, die zu diesem Bild geführt haben. Diese Feststellungen galten zunächst bis an das Ende der 60er Jahre. Sie müssen aber auch noch heute aufrecht erhalten werden, wenn man bemerkt, daß seit 1970 eine einzige ländliche, in Holzbauweise aufgeführte Siedlung der Merowingerzeit mehr oder minder völlig ausgegraben und monographisch bearbeitet wurde, nämlich die von Brebières im Departement Pas de Calais (Demolon 1972). Daneben sind bislang von größter Wichtigkeit Gladbach bei Neuwied (Wagner/Hussong u. a. 1939), Leibersheim im Elsaß (Schweitzer 1975/76, 67ff.), Geismar bei Fritzlar (vgl. Kat.Nr. 158 und S. 67ff.) und als Höhenanlage der Runde Berg bei Urach (Christlein 1974). Mit dieser Anlage direkt vergleichbar ist der in Hessen allseits bekannte Glauberg (vgl. Kat.Nr. 168), dessen Grabungsunterlagen durch Kriegseinwirkungen allerdings weitgehend verloren gingen. Seit 1970 wurden überschlagsweise 90 ländliche Siedlungen im gesamten Merowinger- und Karolingerbereich zum Teil recht umfangreich angegraben. Alle diese Siedlungsgrabungen konnten unser Geschichtsbild nicht zu Gunsten gänzlich neuer Strukturen erweitern. Hingegen haben die Grabungen in Höhenanlagen neue Erkenntnisse, besonders wirtschafts- und verfassungsgeschichtlicher Art erbracht. Man muß trotzdem feststellen, daß die aus strukturellen Gründen vollkommen dominierende Gräberarchäologie im fränkisch-alamannisch-bajuwarischen Raum seit dem Ende der 40er Jahre keineswegs ein nur einseitiges Bild der kulturellen Verhältnisse im frühen Mittelalter erarbeitet hat.

Anders sind hingegen die groß angelegten Grabungen in den frühen karolingischen Zentren etwa im Nordseeküstenbereich zu beurteilen, die mannigfaltigen Kirchengrabungen (vgl. Kat.Nr. 205ff.) sowie die in den karolingischen Pfalzanlagen (vgl. Kat.Nr. 175ff.) und Klosterbezirken (vgl. etwa Kat.Nr. 210). In diesen zentralen Bereichen ergaben sich – von der Geschichtswissenschaft nicht zu gewinnende – neue Einsichten in architektonische Strukturen sowie in deren Alter und Entwicklung ebenso wie in wirtschaftliche Funktionen und damit verbundene Fernbeziehungen. Die Herausbildung früher Herrschaftsbezirke, das Vordringen der fränkisch-karolingischen Reichskultur nach Nordhessen etwa in Anlagen wie dem Christenberg (vgl. Kat.Nr. 167) oder den »Höfen« bei Dreihausen (vgl. Kat.Nr. 164) wirklich greifbar werden zu lassen, ist das schöne Privileg der Archäologie.

Archäologie und tägliches Leben

Trotz allen Fortschrittes in der Handhabung der Quellengattungen der Archäologie und der Geschichtswissenschaft bleiben beide Disziplinen auch heute noch weitgehend in der Hypothese stecken, wenn es darum geht, die ganze Palette des frühmittelalterlichen Lebens auch nur annähernd zu erfassen. Der ständige Kampf um Einfluß und um die Wahrung und Vermehrung dessen, was an wirtschaftlichem Besitz von den Vätern ererbt war, neben dem zusätzlichen Erwerb durch oft halbprivate Raubzüge und den Krieg, haben den wohl größten Raum im Leben des freien Mannes eingenommen. Die Betonung des Kriegerischen von seiten der Archäologie beruht somit mit Sicherheit nicht nur auf der ihr zur Verfügung stehenden Hauptquellengattung (Waffenbeigabe im Grab; Reiterausrüstung und all das, was auf die Wehrhaftigkeit hinweist). Es zeigt sich etwa auch in den äußerst lebensnahen und farbigen Titeln der germanischen Rechtsquellen (Kroeschell 1972), daß diese Dinge ständige Realität und allzuoft zentraler Lebensinhalt, ja sogar eine Notwendigkeit in der sonst bäuerlich agrarischen Struktur gewesen sind. Insofern erfaßt die Archäologie von heute in diesen Bereichen tatsächlich Wesentliches und wohl auch Richtiges für die Zeit, über die wir schreiben und die wir ausstellen.

Unserer Wissenschaft obliegt es nun im Einzelnen, unsere Vergangenheit zu erhellen, zu fragen also, wie es gewesen ist, die zeitlichen Veränderungen und Strukturen der Siedlungen, der Mode, die formalen Entwicklungen etwa von Waffen, von Trinkgeschirr, Eßgeschirr, von Geräten, von Schmuck und Keramik zu registrieren, zu gliedern und zeitlich einzuordnen. Die kulturelle Wirksamkeit von zum Teil sehr profanen Objekten des täglichen Gebrauches über weite Räume hinweg zu verfolgen und großräumige Kulturbeziehungen aufzudecken ist Teil der ständig wachsenden Erkenntnis in der Kulturgeschichte des frühen Mittelalters. Und hier zeigt es sich nun, daß das alte Europa bereits in seiner Frühzeit international zu handeln und zu denken pflegte. Großzügigkeit und weiträumige Verbindungen, die auf der persönlichen Initiative des meist anonym gebliebenen einzelnen beruhen, stehen neben den großangelegten politischen und diplomatischen Aktivitäten des nur zum Teil namentlich bekannten Adels der Zeit. Sie belegen, welche Rolle dem Individuum, das sich dann im Verband seiner Verwandten und Mitbürger auf den heimischen Friedhöfen hat bestatten lassen, im täglichen Leben zukam.

Die Friedhöfe und das Recht der Toten – Männer, Frauen, Kinder –

Daß es nun die zum Teil sehr umfangreichen Friedhöfe sind, die eine Hauptquelle für einen Bereich der Frühmittelalterforschung darstellen, hängt mit bestimmten Teilbereichen der geistigen Welt auch dieser Zeit zusammen: Es ist als ein allgemeines Phänomen besonders in frühen Kulturstufen der Menschheit zu beobachten, daß man sich mit dem Tode als einer endgültigen Größe nicht abfinden kann. Die Flucht in die Vorstellung vom – gewissermaßen – lebenden Toten stellt eine der Folgeerscheinungen dar. Sie manifestiert sich in der weltweiten Sitte, den Verstorbenen im besten Falle nicht nur in der Tracht, mit dem Schmuck und den Waffen der Lebenden zu bestatten, sondern ihm auch fürsorglich ausgesuchte Speisen und Getränke mit ins Grab zu geben. Gleich ob der Leichnam auf dem Scheiterhaufen verbrannt oder ob er als Körper ins Grab gelegt wurde.

Im germanischen Bereich bildet sich nach ungefähr vier Jahrhunderten der Sitte, den Toten zu verbrennen, im 4. Jahrhundert n. Chr. eine neue, auf sich wandelnden Glaubensinhalten beruhende Gewohnheit heraus, den Toten unverbrannt ins Grab zu legen. Die Vorstellung vom Recht der Toten auf die Ausstattung der Lebenden hat folglich dazu geführt, daß die freien und besitzenden Männer auch im germanischen Frühmittelalter mit ihren Waffen und Pferden und die Frauen mit ihrem Schmuck und Gerät bestattet wurden. Man muß in allen diesen Fällen annehmen, daß die Toten im 6. und 7. Jahrhundert zumindest mit der Kleidung des täglichen Lebens, wenn nicht sogar mit einem Festgewand bekleidet ins Grab kamen. Speise und Trank sowie gelegentlich ein Geldstück für die Fahrt ins Jenseits gehören zu den wirklichen Grabbeigaben, die wohl auch garantieren sollten, daß der Tote die Überlebenden nicht als gefahrbringender Wiedergänger belästigte. Erst in der Zeit um 700 geht man unter dem Vorzeichen des sich nun mit allen Konsequenzen durchsetzenden christlichen Glaubens von der oft fürstlichen Totenausstattung in Süd- und Mittelhessen wie auch im übrigen Reihengräberkreis ab. In Althessen hingegen, das starke Beziehungen in die anschließenden westfälischen und sächsischen Räume hat, wird auch noch zur Zeit des heiligen Bonifatius, der die Gewohnheiten stark bekämpft hat, mit Beigaben bestattet (vgl. Kat.Nr. 205).

Wissen wir aus den Funden über die Frauen- und Männerwelt gut Bescheid, so zeigt sich eine besondere Erscheinung darin, daß Kindergräber während der Merowinger- und Karolingerzeit gegenüber denen Erwachsener in einer auffallenden Minderheit stehen. Dies ist sicherlich nicht nur auf die allgemeinen Erhaltungsmöglichkeiten feineren organischen Materials zurückzuführen, sondern hängt mit Sicherheit auch oder sogar in erster Linie mit erstaunlichen Glaubensvorstellungen zusammen: So wird aus der Zeit des Regino von Prümm (gestorben 915) überliefert, daß ungetauft verstorbene Kinder, die also noch nicht zur kirchlichen Gemeinschaft gehörten, auch keinen unbedingten Rechtsanspruch besaßen, auf einem geweihten Friedhof bestattet zu werden (Kyll 1972). Diese prekäre Situation trat vor allem deswegen häufig ein, weil auf dem flachen Lande während des frühen Mittelalters lediglich zweimal im Jahr – an Ostern und Pfingsten – getauft wurde. Im Volksglauben sind ungetauft verstorbene Kinder und die bedauernswerten Mütter, die der Tod im Kindbett ereilte, Wiedergänger und werden deswegen *locis secretis* (geheime Orte) begraben, was auch eine Bestattung von Säuglingen im Hause unter dem Fußboden bedeuten kann (vgl. S. 69).

Die wenigen Kindergräber von Ortsfriedhöfen zeigen, daß kleine Mädchen neben Speisen und Getränken Amulette und ihren Perlenschmuck erhielten (vgl. Kat.Nr. 7). Bei Knaben findet man gelegentlich ein Messer, eine Miniaturwaffe (vgl. Kat.Nr. 10) oder aber Pfeil und Bogen. Wirkliches Kinderspielzeug kennen wir – wahrscheinlich aus Erhaltungsgründen organischen Materials – bislang aus dem frühen Mittelalter überhaupt nicht.

Die Sitte, den Toten wie zu Lebzeiten ausgestattet, in einem Holzkasten, einem Baumsarg, in einer Grabkammer aus Holz oder Stein (vgl. Kat.Nr. 123) oder auch auf einem einfachen Holzbrett (vgl. Kat.Nr. 124) zu begraben, setzt den Archäologen nun in die glückliche Lage, die vielfältigen Modeströmungen des Frühmittelalters zu analysieren. Es sind vor allem die Metallbeschläge der Männergürtel, die eine Entwicklung von einfach geformten Schilddornschnallen am Beginn des 6. Jahrhunderts bis hin zu kunstvollen silbertauschierten Gürtelbeschlägen des 7. Jahrhunderts erkennen lassen (vgl. Kat.Nr. 103). Bei den Frauen ist es vor allem der silbervergoldete Fibelschmuck des 6. Jahrhunderts, über den man gut unterrichtet ist: Zwei Kleinfibeln (vgl. Kat.Nr. 38f.) hielten wohl ein Kopftuch oder ein Schultertuch zusammen und zwei Bügelfibeln (vgl. Kat.Nr. 25ff.) vielleicht einen Wickelrock. In der Zeit um 600 kommt diese sogenannte Vierfibeltracht außer Mode und wird durch mittelmeerische Einflüsse von aufwendigen Edelmetallfibeln (vgl. Kat.Nr. 45a), die als Einzelstücke getragen wurden, abgelöst. Die Verwendung einer einzigen runden Brosche, oft aus Gold oder Silber, bleibt bis an das Ende des 7. Jahrhunderts gebräuchlich. Daneben werden Glasperlen, diverse Amulette, Anhängetaschen, Ohrringe, Armreifen und Haarnadeln getragen.

Nach anfänglicher Ausrichtung der Grabgrube in Süd-Nord-Richtung ist spätestens in der Zeit um 500 eine Richtungsänderung im Sinne der Orientierung zu beobachten, d. h. Kopf im Westen, Blick nach Osten. Man hat diese auffallende Erscheinung wohl richtig mit der endgültigen Hinwendung zum lateinischen Christentum zu erklären versucht, die in unserem Bereich unter spektakulären und zum Teil vordergründigen Umständen durch den Frankenkönig Chlodwig am Ende des 5. Jahrhunderts vollzogen wurde (496/7 Christus als der stärkere Sieghelfer in der Entscheidungsschlacht gegen die Alamannen; Begegnung Chlodwigs mit dem Martinskult in Tours 498; Taufe Chlodwigs zusammen mit mehr als 3000 Kriegern wohl zu Weihnachten des Jahres 499 durch Remigius von Reims).

Vielfältig ist die Form der Friedhöfe. Neben den mit der Zeit ständig anwachsenden Ortsfriedhöfen (vgl. Kat.Nr. 122), die zu verschiedenen Hofgruppen, Ausbausiedlungen und später auch zu dorfartigen Gebilden gehörten, gibt es die dem adeligen Bereich zuzuschreibenden Grablegen in frühen Kirchen, d. h. Urkirchen (vgl. Kat.Nr. 205). Die Verlagerung der allgemeinen Friedhöfe zu einer dieser frühen Kirchen wird meist erst in der zweiten Hälfte des 7. Jahrhunderts vollzogen, als der Kirchhof zum eigentlichen Begräbnisplatz wird. Neben Flachgräbern, die hier in der Mehrzahl auftreten, gibt es auch in Hessen bis in das 8. Jahrhundert hinein die altertümliche Erscheinung von hügelüberwölbten Grablegen (vgl. Kat. Nr. 126ff.): Es sind die *tumuli paganorum* – die Grabhügel der Heiden –, die in Kapitularien zu Ende des 8. Jahrhunderts zusammen mit der Sitte, den Toten auf einem Scheiterhaufen zu verbrennen, unter Androhung empfindlicher Strafen ausdrücklich verboten wurden (v. Uslar 1972; Ament 1975).

Das Siedlungsbild

Das durch die denkmalpflegerischen Forschungen oft vieler Jahrzehnte gewonnene Verbreitungsbild der Reihengräberfriedhöfe und ihrer zeitlichen Schichtung ist ein ziemlich genauer Spiegel der Besiedlungsgeschichte des Landes (Gensen 1979).

Man wird nun für das westliche, bis zum Rhein reichende Südhessen und für das Rhein-Main-Gebiet sowie für die fruchtbare Wetterau sagen müssen, daß sich hier seit der Römerzeit intensive Siedlungsaktivitäten während des gesamten frühen Mittelalters abzeichnen (vgl. auch S. 64) (Böhner 1983). Auch vom Mittelrhein her über das Lahntal ist es vor allem das loßführende Limburger Becken und das Gebiet bis über Wetzlar hin, das mit siedlungsanzeigenden Reihengräbern bestückt ist.

Schwieriger und anders zu beurteilen sind die Verhältnisse in den anschließenden Gebieten im Norden, wo nur verschwindend wenige Grabfunde zur Verfügung stehen. Flachgräber des 6. und 7. Jahrhunderts fallen in den meisten Gebieten Nordhessens im Gegensatz zu Hügelgräbern praktisch aus. Eine wesentliche, d. h. dichtere Besiedlung dieser Räume nun mit rigoroser Rodungstätigkeit und nachfolgender Auelehmbildung ist demnach erst wieder in der Zeit nach 700 festzustellen. Diese zeigt sich nun weniger in Grabfunden (vgl. Kat.Nr. 92), als vielmehr in einer großen Zahl von Burganlagen (vgl. Kat.Nr. 160ff.), die nicht allein mit dem Vordringen der fränkischen Reichskultur und dem damit verbundenen Landausbau zu erklären sind. Mit Sicherheit kann man sie auch den alteingesessenen Bewohnern zuschreiben, die Bonifatius – nach seinem Verständnis – in schrecklich heidnisch-christlicher Verwirrung antraf. Über Lage, Aussehen und die zeitliche Stellung ländlicher Flachlandsiedlungen geben vor allem die Grabungen in Geismar (vgl. Kat.Nr. 158) und Holzheim (vgl. Kat.Nr. 159), über Zentralhöfen und befestigte Herrschaftszentren Dreihausen (vgl. Kat.Nr. 164) und die Kesterburg (vgl. Kat.Nr. 167) Auskunft.

Die wirtschaftlichen Verhältnisse

Wenn die Archäologie zur Wirtschaft des frühen Mittelalters Stellung nehmen soll, so sieht sie sich unvermittelt ins Hintertreffen gesetzt, blickt sie auf die Schriftquellen der in Rede stehenden Zeit (Claude 1981; Kellenbenz 1977) oder gar auf Handelsdefinitionen und Theorien der heutigen Wirtschaftswissenschaft. Termini, wie etwa Produzentenhandel, Kaufmannshandel oder gar Kommissionsgeschäfte, die sämtlich eine auf Überschußproduktion abgestellte, gut organisierte Gewerbetätigkeit voraussetzen, jene Begriffe auch nur annähernd mit archäologischem Leben zu erfüllen, muß auch heute noch weitgehend Versuchscharakter haben.

Das zur Erschließung eines Gewerbes zur Verfügung stehende archäologische Material läßt zunächst zwei Hauptproduktionszweige, die neben der Landwirtschaft stehen, erkennen, wobei sich mannigfaltige Verzahnungen ergeben können. Eine Sparte dient außerhalb des hauswirtschaftlichen Bereiches der überregionalen Deckung des Bedarfes an Gebrauchsgütern wie Textilien, Keramik, Glas und Mühlsteinen; Erzeugnisse von Drechslern, Kammachern, Gürtlern und Waffenschmieden gehören ebenfalls hierher. Eine zweite Berufsgruppe stellt vor allem Kunstgewerbe- und Luxusartikel her, die zur metallenen Ausstattung und zum Zubehör von Trachten bei Kind, Frau und Mann dienen (H. Roth 1971).

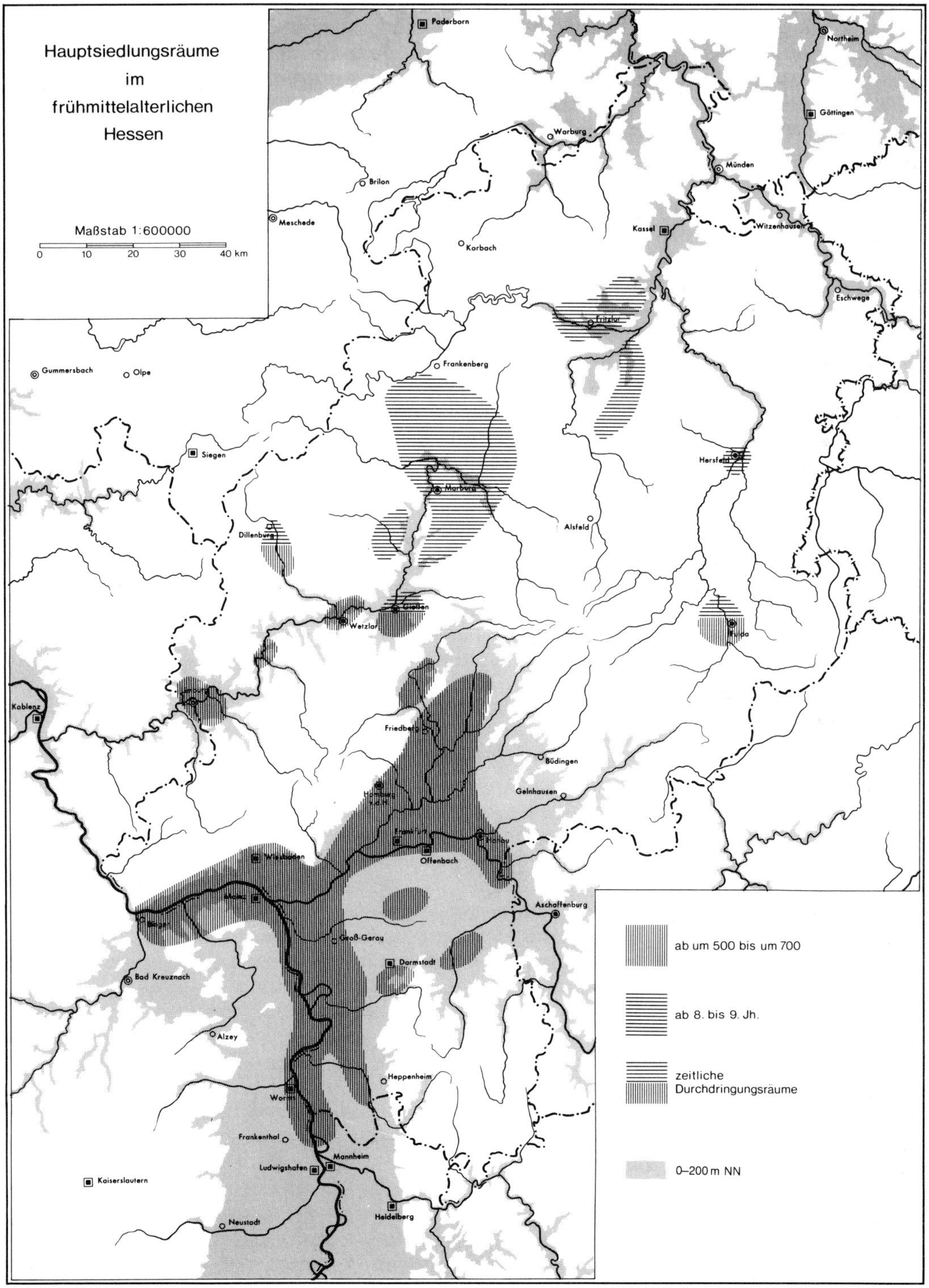
Hauptsiedlungsräume
im
frühmittelalterlichen
Hessen
Maßstab 1:600000
0 10 20 30 40 km
Paderborn
Northeim
Göttingen
Warburg
Münden
Brilon
Meschede
Kassel
Korbach
Witzenhausen
Eschwege
Fritzlar
Gummersbach
Olpe
Frankenberg
Siegen
Hersfeld
Marburg
Alsfeld
Dillenburg
Gießen
Wetzlar
Fulda
Koblenz
Friedberg
Büdingen
Gelnhausen
Frankfurt
Offenbach
Hanau
Wiesbaden
Mainz
Bingen
Aschaffenburg
Groß-Gerau
Darmstadt
Bad Kreuznach
Alzey
Heppenheim
Worms
Frankenthal
Mannheim
Ludwigshafen
Kaiserslautern
Neustadt
Heidelberg
ab um 500 bis um 700
ab 8. bis 9. Jh.
zeitliche
Durchdringungsräume
0–200 m NN

Die Feststellung und Lokalisierung solcher Gewerbebetriebe mit Hilfe archäologischen Materials stößt – wie oben bemerkt – auf große Schwierigkeiten, da immer noch ausgedehnte Siedlungsgrabungen fehlen, die uns derartige Anlagen samt deren Strukturen, vor allem für den Merowinger- und Karolingerraum, aufschlüsseln könnten. So geht man heute in erster Linie – und dies auch mangels ausreichender und umfangreicher technologischer Untersuchungen am ausgegrabenen Material – immer noch von der nicht bewiesenen und problematischen Annahme aus, eine archäologische Fundkonzentration lokalisiere auch die Produktionsstätte. Zur Zeit bessere Einblicke in Fragen der Wirtschaft und Wirtschaftsformen des frühen Mittelalters bieten natürlich Werkzeugfunde (vgl. Kat.Nr. 141ff.), die Funde von Handwerkergräbern (vgl. Kat.Nr. 139f.) und sogenannte Depotfunde, die mit wandernden Gewerbetreibenden in Verbindung gebracht werden können (vgl. Kat.Nr. 147). Ganz wesentliche Quellen, die uns einen Distanzhandel (Fernhandel) erschließen, sind neben einigen Tongefäßtypen (vgl. Kat.Nr. 144a) vor allem exotische Produkte, deren Herkunftsgebiet wir sicher eingrenzen können (vgl. Kat.Nr. 148). Gute Aufschlüsse gewinnt man zu Problemen der Wirtschaft besonders durch Münzfunde, deren Typenkartierung unter Umständen Handelsaktivitäten widerspiegelt (vgl. Kat.Nr. 153).

Es gilt für das eigentliche Mitteleuropa an dieser Stelle noch einmal festzuhalten, daß wir vor allem während der Merowingerzeit mit zwei gänzlich unterschiedlich strukturierten Reichsteilen zu rechnen haben. Auf der einen Seite stehen das alte Gallien und die ehemals römischen Gebiete rechts des gleichermaßen teilenden wie verbindenden Rheins mit einem seit dieser Zeit überkommenen Straßensystem und oft noch entsprechenden Organisationsformen von Handel und Handwerk; auf der anderen Seite die Gebiete »altgermanischer« Struktur. Fragen des Verhältnisses zwischen Naturalwirtschaft und den alten römisch überlieferten Wirtschaftsformen (J. Werner 1961a) stellen sich ständig, wobei fast selbstverständlich gesagt werden muß, daß die agrarische Produktionsweise, einschließlich der intensiven Viehhaltung, im gesamten frühen Mittelalter und über die verschieden strukturierten Reichsteile hinweg die entscheidende Basiswirtschaftsform gewesen ist, vor deren Hintergrund die handwerklichen Erzeugnisse und der Handel zu sehen sind.

Das alte Kulturland dürfte seit der Römerzeit im wesentlichen gleich geblieben sein. Allerdings bestehen in Bezug auf überlegte Auswahl und gezielte Nutzung ehemals römischen Ackerlandes durch die neuen germanischen Herren erhebliche regionale Unterschiede. So verwaldeten mit Sicherheit etwa im Rheinland große Teile einst römischer Fluren, andere wurden auch im frühen Mittelalter intensiv genutzt (Ennen/Janssen 1979), bei weiteren – etwa in Rheinhessen und im Taunusvorland – besteht eine topographische Diskordanz (K. Weidemann 1972a; b; Müller-Wille/Oldenstein 1981). In der äußerst fruchtbaren Wetterau jedoch dürften Nutzungskontinuität und Nutzungsintensität weitgehend gewahrt worden sein, wie aus dem dichten und auffallenden Verbreitungsbild der Reihengräberfriedhöfe in diesem Raume geschlossen werden kann. Dies vor allem auch auf Grund der Beobachtung, daß sie fast sämtlich innerhalb des ehemaligen Limesgebietes liegen. Eine fortschreitende Verwaldung wohl bereits in nachrömischer Zeit ist auch im südhessischen Raum für die meisten Gebiete etwa östlich der Römerstraße Nidda–Heidelberg/Neuenheim anzunehmen. Westlich hiervon bis zum Rhein vollzog sich – nach Aussage der Gräberfelder – eine mit der Wetterau vergleichbare, ins Frühmittelalter hineinreichende Besiedlungskontinuität. Die Frage, ob hier eine direkte örtliche Fortführung der römischen Nutzungsgebiete vorliegt, oder ob eine Bevorzugung ewas tiefer gelegener Räume, etwa von Talauen festzustellen ist, wie in Rheinhessen, entzieht sich noch unserer Kenntnis.

Neuerungen gegenüber den innergermanischen Wirtschafts- und Anbauformen werden durch den intensiven Obst- sowie durch den Weinbau eingetreten sein. Aus dem Gesamtkomplex Wirtschaft sind Funde wie die der frühmittelalterlichen Saline in Bad Nauheim (vgl. Kat.Nr. 150) und die der klösterlichen Saline in Bad Hersfeld (Kat.Nr. 149) zu den glücklichen Ausnahmen im archäologischen Fundmaterial zu zählen. Der intensive landwirtschaftliche Anbau und die Viehhaltung im größeren Stil erwirtschafteten erst die Mittel, die erforderlich waren, um die Produkte dieses spezialisierten Handwerks durch den Handel zu erwerben.

Glaube und Aberglaube

Nach der Hinwendung König Chlodwigs zum Christentum (vgl. S. 49) und der intensiven Ausbreitung der neuen Religion im Zuge der weiteren rigorosen fränkischen Expansionspolitik unter Chlothar II. (584–629) und dessen Sohn Dagobert I. (623–638) war der Kirche im fränkischen Reich, vor allem auch durch umfangreiche Stiftungen, freie Bahn gegeben. Die für die Missionierung unserer Gebiete östlich des Rheins verantwortlichen Bistümer bestanden in den alten Römerstädten Mainz und Worms (vgl. S. 47). Hierbei ist Worms für den südhessischen, Mainz hingegen für die weitere Christianisierung des nordhessischen Raumes von entscheidender Bedeutung (vgl. S. 48). Man darf bei der Beurteilung dieser Vorgänge jedoch nicht vergessen, daß in Mainz-Kastel, dem vorgeschobenen Brückenkopf jenseits des Rheins, und in Wiesbaden mit Sicherheit römisches Christentum, das nun eine Wiedergeburt erlebte, die Wirren der Zeit überdauert hatte (vgl. S. 47).

Es gilt nun anzureißen, welchen Beitrag die frühmittelalterliche Archäologie zur Beantwortung der vielen verbleibenden Fragen leisten kann (H. Roth 1981b). Von besonderem Interesse sind für Hessen zunächst frühe Funde des 6. und 7. Jahrhunderts und natürlich diejenigen aus der Zeit des Bonifatius aus den Nordregionen (vgl. Kat.Nr. 92). Wie bei der Rekonstruktion anderer Facetten des täglichen Lebens im frühen Mittelalter sind hier wiederum Grabfunde die Hauptquelle. Die christlich interpretierbaren Baubefunde (vgl. Kat.Nr. 205ff.) stammen sämtlich aus der Zeit nach 700.

Besonders interessant sind die archäologischen Funde, die uns eine frühe Schicht des Christentums erschließen. Hier ist die christliche Kennzeichnung vor allem durch Kreuzritzungen auf Metallgegenständen wie Waffen (vgl. Kat.Nr. 203f.), Gürtelteilen (vgl. Kat.Nr. 196f.), Keramik (vgl. Kat.Nr. 191), von Pferdegeschirr (vgl. Kat.Nr. 195) oder aber von Schmuckstücken (vgl. Kat. Nr. 200f.) zunächst einmal nur ein vollkommen äußeres Indiz; sie zeigt das Bekanntsein der neuen Religion. Man kann daher diese Funde von vornherein nicht vorbehaltlos als Zeichen des Christentums interpretieren. Es müssen noch weitere Anzeichen hinzutreten, die es erlauben, auf den wie auch immer gearteten Glauben des Bestatteten zu schließen.

An dieser Stelle sei bemerkt, daß die Grablegung in Tracht und Bewaffnung an sich nicht grundsätzlich für das Heidentum spricht; denn es gibt durchaus beigabenführende Gräber in Kirchen aus dem gesamten Merowingerbereich. Andererseits kann man auch nicht auf das Heidentum derjenigen Leute verweisen, die keinerlei christlich verzierte Gegenstände aus ihrem täglichen Gebrauch mit ins Grab nahmen; denn auch zweifelsfrei christlich-frühmittelalterliche Bestattungen in Kirchengebäuden enthalten oft keine derartigen Zeichen.

Es ist also kaum möglich, über Intensität und Bekanntsein des Christentums allein aus archäologischen Quellen zu urteilen. Funde mit christlicher Symbolik sind zunächst einmal nur äußerliche Anzeichen für die Kenntnis des Christentums. Das Tragen solchen Zubehörs setzt hingegen das Wissen um die Heilskraft christlicher Symbolzeichen voraus, die man im frühen Mittelalter auf Amulette übertrug. Auf Waffen und Gürtel geritzte christliche Sinnbilder sollten magische Kraft verleihen, sie sollten ihren Besitzer einfach stärker machen. In diese Phase gehört auch eine ganze Reihe von Amuletten, die eindeutig im Nichtchristlichen angesiedelt sind wie Bärenzähne, Herkuleskeulen und Geweihrosen (vgl. Kat.Nr. 185ff.).

Es ist der schillernde Bereich des Synkretismus, der merkwürdigen Vermischung von christlichem mit heidnischem Gedankengut; dies war im frühen Mittelalter tägliche Realität. Die Zeichen und Wirkungen der neuen Religion waren also nicht an die Stelle alter Bräuche getreten, sie traten vielmehr neben sie und gingen mit ihnen vielschichtige Symbiosen ein, die bald zur Reformbedürftigkeit der fränkischen Kirche führen mußten.

Daß den Menschen die hohe Wirksamkeit von Amuletten besonders christlicher Art weitgehend bekannt gewesen ist, zeigt auch überdeutlich, daß diese vom Grabraub verschont geblieben sind. Jene überaus häufige, für uns heute abstoßende Erscheinung der Ausplünderung von Gräbern durch die Zeitgenossen ist ein auffallendes Phänomen im frühen Mittelalter, das noch der weiteren Aufklärung bedarf (H. Roth 1978). Diese zuerst im Kraichgau beobachteten Erscheinungen der Verschonung christlich verzierter Gegenstände (U. Koch 1973) lassen sich auf den übrigen Merowingerbereich ausdehnen. Die Scheu vor der amuletthaften Wirkung dieser Objekte gewährleistete ihr Verbleiben im Grab, auch wenn es sich um kostbare Goldgegenstände handelte.

Bei zahlreichen Bestattungen, die sich also mit christlichem Gedankengut durchsetzt zu erkennen geben, können gleichermaßen altheidnische, in der vorchristlichen germanischen Tradition stehende Gegenstände, echte Amulette also, hinzutreten. Dies ist ein beredtes Zeichen einer halbheidnischen Übergangsphase auf dem Wege zur beigabenlosen Bestattung der Toten in einer allem Zierat entbehrenden Totenkleidung. Das allmähliche, einige hundert Jahre dauernde Fortschreiten von der Beigabe zur Beigabenlosigkeit verdeutlicht sehr genau den Vorstellungswandel vom Germanisch-Dinglichen zur christlichen Abstraktion des Jenseitsglaubens.

Daß wir in den nordhessischen Gebieten mit einem längeren Beharren in heidnischen Glaubensvorstellungen zu rechnen haben, dies geht aus der dort häufiger beobachteten Sitte der Verbrennung der Toten hervor und ihrer anschließenden Bestattung unter einem Hügel (vgl. Kat.Nr. 127f.).

Christliche Amulette sind im übrigen nicht auf die Merowingerzeit allein beschränkt, sondern sie kommen in unserem Raume weit bis in die Karolingerzeit hinein vor. Gute Beispiele hierfür sind Kreuzfibeln aus Nordhessen (vgl. Kat.Nr. 200f.) sowie die mannigfaltigen Schlüssel des 8. und 9. Jahrhunderts mit christlicher Symbolik (vgl. Kat.Nr. 76f.). In diese Zeit gehören dann auch die ersten erhaltenen Gegenstände des liturgischen Gebrauchs in Hessen (vgl. Kat.Nr. 216ff.) sowie Kirchenbauten und Klosteranlagen (vgl. Kat.Nr. 206ff.).

Chatten – Alamannen – Franken – Hessen

Die Frage nach der Stammeszugehörigkeit der Kultur des frühen Mittelalters, die wir hier für Hessen ausstellen, muß zeitlich und räumlich unterschiedlich beantwortet werden.

Die Chatten, die man gern und wohl auch zu Recht mit den späteren Hessen in Verbindung gebracht hat, werden zum ersten Mal in der antiken Überlieferung im Jahre 11 v. Chr. genannt. Die nicht nur für die Geschichte unseres Raumes wichtigen Zusammenstöße mit den Römern unter Kaiser Domitian fallen in die Jahre 83–85 n. Chr., in deren Folge die Wetterau römisch wird. Weitgehend unberührt von diesen Vorgängen bleiben die alten Siedlungsräume der Chatten in den Beckenlandschaften, die durch Diemel, Werra, Fulda, Lahn und Eder begrenzt werden (Mildenberger 1981). Diese ausgeglichenen Siedlungsverhältnisse ändern sich grundlegend zu Beginn des 3. Jahrhunderts, als verschiedene, unter dem Namen Alamannen auftretende elbgermanische Völker in römisches Reichsgebiet einbrachen. Die zum Teil katastrophalen Zustände dieser Zeit führten in den Jahren 259/60 zum gänzlichen Zusammenbruch der über Jahrhunderte gewachsenen Grenzbefestigungen des Limes.

In diesem Zusammenhang wird man annehmen dürfen, daß auch Chatten, die für sie ungeheure Gunst der Zeit nutzend, aus der hessischen Senke nach Südwesten ziehen, um sich dort das anzueignen, was sie über Jahrhunderte hinweg fasziniert hatte. In der Folge dieser Umsiedlungen kam es zur Herausbildung der großen nordhessischen Waldgebiete über ehemaligem Siedlungs- und Ackerland.

Die römischen Grenzforts mußten nun bis an die leichter zu verteidigende Rheinlinie zurückgenommen werden; Mainz mit dem Brückenkopf Mainz-Kastel bildete in unserem Raum einen wichtigen Stützpunkt im noch verbleibenden römischen Grenzsystem. Die Wetterau und das heute hessisches Gebiet zwischen Neckar und Main wurden alamannisches Siedlungsland, in dem Chatten mit Sicherheit ihre Rolle zu spielen wußten. Aber auch jenseits des Rheins traten sie als Söldner in römische Dienste, aus denen sie – reich geworden – in ihre Heimat zurückkehrten, wie der Fund von römischen Goldmünzen und dem Teil eines aufwendigen silbernen Militärgürtels aus Obervorschütz bei Fritzlar zeigen. In dieser Zeit hatten die Alamannen und von Westen kommend die Franken längst ehemals römischen Landbesitz annektiert. Bis an das Ende des 5. Jahrhunderts scheinen also die Alamannen Rheinhessen, die Pfalz und das Elsaß in ihren Besitz gebracht zu haben; Städte wie Mainz und Köln wurden fränkisch.

Es war schließlich Chlodwig, der machtpolitisch ungewöhnlich motivierte König der Franken, der das Gesetz des Handelns für die Folgezeit diktierte: Im Jahre 486 brachte er bei Soissons das Reich des Syagrius, des letzten römischen, aber wohl auf eigene Rechnung regierenden Machthabers zu Fall. Auf dieser zunächst scheinbar unsicheren, da oft mit Mißerfolg praktizierten machtpolitischen Basis gelang es ihm wider Erwarten, mühelos die einflußreichsten Leute des frühfränkischen Adels teils mit Gewalt, teils durch politische Überzeugungskraft in einem fränkischen Reich zu vereinen, das zunächst aus dem nördlichen Teil des alten Gallien bestand.

Eine breite Zone links des Rheins, einschließlich des Elsaß, war im Besitz der Alamannen, deren Macht sich dem weiteren Expansionsbestreben Chlodwigs entgegenstellte. In einer Schlacht an unbekanntem Ort des Jahres 497 vollzog sich das Schicksal zu Ungunsten der Alamannen. Ihr Rückzug nach Südwestdeutschland auf eine Linie südlich des mittleren Neckar und die Bildung eines starken Stammesherzogtums waren die Folgen. Für die ehemals alamannischen Gebiete zwischen Taunus, mittlerem Neckar und einem linksrheinischen Streifen bedeutete der fränkische Sieg lediglich das Auswechseln und die Neuverteilung des Besitzes an Ländereien, wie es sich einige Generationen zuvor zwischen den Römern und den Alamannen vollzogen hatte.

War es schon für das 4. Jahrhundert mit archäologischen Methoden kaum möglich, frühalamannisches Material auszuscheiden, so noch viel weniger in der Zeit nach der alamannisch-fränkischen Auseinandersetzung: Die Einheitlichkeit der materiellen Kultur bei beiden Stämmen ist soweit fortgeschritten, daß es schwer fällt, zwischen Fränkischem und Alamannischem im archäologisch faßbaren Kulturbereich zu unterscheiden. Die wirklichen und offensichtlichen Unterschiede, die jedem Menschen im frühen Mittelalter sofort erkenntlich waren, haben sich vielmehr in der Sprache, im Dialekt, in der Haartracht, in der Kleidung und im Brauchtum niedergeschlagen, Dinge die sich der Archäologie wie auch der Geschichtsforschung weitgehend entziehen.

Im Norden des Landes, in Althessen, ist die archäologische Aussage einer nur äußerst spärlichen Besiedlung bis hin zur Siedlungsverdünnung zwischen dem 4. Jahrhundert und der Zeit um 700 ein beredtes Zeugnis.

Wenn wir vor diesem Hintergrund der vielfältigen geschichtlichen Ereignisse, die auch von der Archäologie her beleuchtbar sind, schließlich noch einmal die Frage nach den Stämmen stellen, die im frühen Mittelalter das heutige Hessen bewohnt haben, so wird man für Südhessen und das Rhein-Main-Mündungsgebiet einschließlich der Wetterau zunächst von Alamannen und seit der Zeit um 500 von Franken sprechen müssen. Nördlich dieser Gebiete, in den verschiedenen Beckenlandschaften, siedeln – allerdings gegenüber der germanischen Frühzeit zahlenmäßig stark reduziert – mit Sicherheit immer noch jene Leute, welche die antiken Schriftsteller der Römischen Kaiserzeit als Chatten bezeichnet haben. Diese erscheinen nun seit dem 8. Jahrhundert in den Briefen des heiligen Bonifatius, des Willibald und in Urkunden der Abtei Fulda unter dem Namen Hassi, Hessi oder Hassones.

Ament (1975); Böhner (1983); Buchner (1970); Christlein (1974); Claude (1981); Demolon (1972); Ennen/Janssen (1979); Gensen (1979); Hecht (1983); Jankuhn (1976); Kellenbenz (1977); Knögel (1936); U. Koch (1973); Kroeschell (1972); Kyll (1972); Mildenberger (1981); Müller-Wille/Oldenstein (1981); H. Roth (1971); H. Roth (1978); H. Roth (1981b); Schweitzer (1975/76) 67ff.; von Uslar (1972); Wagner/Hussong u. a. (1939); K. Weidemann (1972a und b); M. Weidemann (1982); J. Werner (1961a).

Zur Geschichte des heute hessischen Raumes im Frühmittelalter

Fred Schwind

Der von einem Mediävisten verantwortete Beitrag zu einer der Archäologie des frühen Mittelalters in Hessen gewidmeten Ausstellung verfolgt vor allem zwei Ziele: Durch einen Abriß der Ereignisgeschichte und der Verfassungsgeschichte möchte er den allgemeinen politischen Hintergrund für die veranschaulichten Sachthemen andeuten; und durch die Skizzierung der inneren Zustände und ihrer Wandlungen für den von der Ausstellung erfaßten Raum – gedacht ist an ethnische Verhältnisse, an ständische und soziale Differenzierung der Bevölkerung, an Siedlungs-, Agrar- und Wirtschaftsgeschichte – möchte er die Bereiche hervorheben, für deren Erforschung besonders die Zusammenarbeit von Archäologie und Geschichtswissenschaft erfreuliche Fortschritte gebracht hat und auch für die Zukunft neue Erkenntnisse verspricht.

Im Hinblick auf die angesprochene interdisziplinäre Arbeitsweise bildet das frühe Mittelalter, über das hier gehandelt wird, zumindest im rechtsrheinischen Gebiet des Frankenreichs keine Einheit, da die Quellenlage eine Zweiteilung bewirkt. Etwa bis zur Mitte des 8. Jahrhunderts sind die wenigen zeitgenössischen Schriftquellen karg und zum Teil schwer zu deuten, während das reiche archäologische Material hohe Aussagekraft besitzt und eindeutig im Vordergrund steht. Der Wandel, der das Schwergewicht immer stärker zugunsten der Schriftquellen verschiebt, fällt bezeichnenderweise etwa mit dem Übergang der fränkischen Königsherrschaft von den Merowingern zu den Karolingern zusammen. Er ist hauptsächlich bedingt durch das von der Ausbreitung kirchlicher Niederlassungen, vor allem von Klöstern, in das rechtsrheinische Gebiet bewirkte Einsetzen der Schriftlichkeit und durch das allmähliche Aufhören der Reihengräberfriedhöfe (vgl. S. 31).

Der geographische Raum, den die Ausstellung erfaßt, bildet ebenfalls kein einheitliches Ganzes. Das Rhein-Main-Gebiet, in das wir auch das heute nicht mehr zu Hessen gehörige Rheinhessen einschließen, und die Wetterau sind als Bestandteile der oberrheinischen Tiefebene nach Süden und Südwesten ausgerichtet. Das eigentliche Hessen im Norden hat schon durch seine Landesnatur als Bergland mit mehreren Beckenlandschaften einen eigenständigen Charakter. Hier, im Raum von Büraburg/Fritzlar (vgl. Kat.Nr. 166) über Maden/Gudensberg bis nach Kassel, haftet ursprünglich der Name Hessen, der erst durch die spätmittelalterlichen territorialen Erwerbungen der hessischen Landgrafen seinen Geltungsbereich weit nach Süden ausgedehnt hat.

Dieser geographischen Differenzierung entspricht eine historisch bedingte Süd-Nord-Polarität. Sie geht zurück auf die Einbeziehung des Rhein-Main-Gebiets in das Römische Reich und die damit verbundene intensive Berührung mit römischer Kultur und Zivilisation, während der Norden, dem freien Germanien zugehörig, von römischen Einflüssen weitgehend abgeschlossen blieb. Dieser Gegensatz zwischen Süd und Nord läßt sich durch das ganze Mittelalter verfolgen. Er wurde seit dem frühen Mittelalter lediglich abgemildert durch den Charakter Hessens als Straßen- und Durchgangsland, wobei die Verkehrslinien aus dem Rhein-Main-Gebiet nach Norden, also nach Westfalen, und in nordöstlicher Richtung nach Thüringen die größte Bedeutung hatten. Die frühmittelalterliche Geschichte Hessens (obwohl der Ausdruck, auf das gesamte behandelte Gebiet bezogen, für diese Zeit anachronistisch ist, soll er der Einfachheit halber in diesem Sinne gebraucht werden) wird über lange Zeit geprägt durch die sich in Etappen vollziehende Einfügung dieses Raumes in den fränkischen Herrschaftsbereich. Dabei sind die Anfänge dieses Vorgangs offenbar abhängig von der fränkischen Großreichsbildung auf gallischem Boden durch Chlodwig, und auch in der Folgezeit wirkten sich Perioden der Stärke und der Schwäche des fränkischen Königtums positiv und negativ auf die fränkische Machtstellung in den Gebieten östlich des Rheins und also auch in Hessen aus.

Die Ausgangslage vor der fränkischen Ostexpansion ist nicht deutlich zu erkennen. Das mittlere und südliche Hessen gehörte offenbar zunächst zum Bereich der Alamannen, die hier die führende Rolle bei der Überwindung des römischen Limes gespielt hatten und auf dem Glauberg (vgl. Kat.Nr. 168) ein befestigtes und über längere Zeit besiedeltes Herrschaftszentrum hatten, während die Chatten damals bereits auf ihr Kerngebiet im nördlichen Hessen beschränkt gewesen sein dürften (vgl. S. 31f.).

Am Zusammenbruch der Römerherrschaft am Rhein waren auch die Franken beteiligt, die offenbar gegen Ende des 4. Jahrhunderts bereits das untere Lahngebiet in Besitz genommen hatten. Wenn es richtig ist, daß gegen Ende des 5. Jahrhunderts im Rheintal die Grenze zwischen Alamannen und Franken zwischen Worms und Mainz verlief, dann dürften um diese Zeit auch im mittleren Hessen die Alamannen bereits von den Franken abgelöst worden sein, und zwar möglicherweise von Rheinfranken, die sich im Rheinland und rechts des Rheins ausbreiteten und vielleicht zum Reich des in Köln residierenden Königs Sigibert gehörten. Insgesamt ist für das 5. Jahrhundert rechts des Rheins mit beweglichen und veränderbaren Verhältnissen zu rechnen, in denen auch die Siedlungen offenbar noch nicht so dauerhaft waren wie später.

Eine gewisse Stabilisierung dürfte im Mittelrheingebiet um die Wende vom 5. zum 6. Jahrhundert eingetreten sein, und zwar einmal durch die Siege Chlodwigs über die Alamannen 496/97 bei Zülpich und 506 vielleicht im Raum Straßburg, wodurch diese weiter nach Süden zurückgedrängt wurden, und zum anderen durch die Beseitigung des in Köln residierenden Königs Sigibert durch Chlodwig, der durch die Ermordung Sigiberts die Herrschaft über die *Francia Rinensis*, also wahrscheinlich auch über das Mittelrheingebiet und das mittlere Hessen, an sich brachte. Damit waren diese Gebiete unangefochten in der Hand des von Chlodwig repräsentierten fränkischen Großkönigtums. Bei der nach dem Tode Chlodwigs 511 erfolgten Teilung des Merowingerreiches unter dessen vier Söhne fiel das fränkische Rheinland an den Reichsteil Theuderichs I., des ältesten Sohnes, der seinen Königssitz in Reims hatte. Zu diesem Reimser Königreich gehörten auch die Gebiete östlich des Rheins, soweit sie schon von den Franken in Besitz genommen worden waren – und es gehörte gewissermaßen dazu der Anspruch auf alle zukünftigen fränkischen Gebietserwerbungen östlich des Rheins. Das bedeutet, daß sich die Geschichte Hessens in den Rahmen dieses Reimser Teilreichs einfügte, das sich etwa bis zum Anfang des 7. Jahrhunderts unter Gebietsgewinnen und -verlusten zum Königreich Austria (Austrasien) mit dem Schwerpunkt im Raum zwischen Maas und Rhein konsolidierte und dessen Hauptresidenz von Reims nach Metz verlegt wurde. Das Rheingebiet bildete in diesem Teilreich die Ausgangsbasis für den weiteren fränkischen Ausgriff nach Osten.

In diesen Zusammenhang gehört auch ein für die Geschichte Hessens wichtiges Ereignis: die Vernichtung des Thüringerreiches im Jahre 531, die König Theuderich mit Hilfe seines Bruders Chlothar und der Sachsen erreichte. Denn die Voraussetzung für diesen erfolgreichen Kriegszug und für die Behauptung der fränkischen Position in Thüringen dürfte eine dauerhafte fränkische Herrschaft im Untermaingebiet, ja vielleicht mainaufwärts bis in den Raum Würzburg gewesen sein. Das nördliche Hessen grenzte jetzt im Westen und im Osten an fränkische Herrschaftsgebiete, und obgleich wir keine Nachrichten von einer kriegerischen Unterwerfung haben, ist doch mit fränkischem Einfluß auf dieses Gebiet und seine chattische Bevölkerung zu rechnen. Es bleibt der Schluß, daß die fränkische Erfassung Nordhessens, deren Charakter und Intensität noch zu erörtern sein werden, auf friedlichem Wege vor sich ging.

Hier halten wir zunächst inne und betonen nachdrücklich, daß diese umrißhafte Darstellung für den hessischen Raum vor allem auf Rückschlüssen aus den Nachrichten zur allgemeinen Geschichte des fränkischen Reiches beruht. Wir bekennen ferner, daß sich für diese Zeit hinter Begriffen wie »fränkischer Herrschaftsbereich«, »Einflußgebiet«, »Machtbereich« häufig nur vage Vorstellungen über die Art und die Stärke des fränkischen Zugriffs verbergen. Diese weitgehende Unsicherheit darf uns jedoch nicht hindern, den von der politischen Geschichte vorgegebenen Rahmen mit weiteren, auf den engeren landesgeschichtlichen Bereich gerichteten Überlegungen zu füllen.

Dabei geht es zuerst um die Frage, in welcher Weise sich die von West nach Ost gerichtete Ausbreitung der fränkischen Herrschaft auf das Mittelrheingebiet ausgewirkt hat, ob die fränkische Macht sich in diesem Raum auf eine breite Volkssiedlung stützen konnte oder ob die Staatsgewalt von einer dünnen stammfränkischen Oberschicht getragen wurde, die sich über eine trotz der kriegerischen Wirren des 5. Jahrhunderts seßhaft gebliebene einheimische Bevölkerung legte. Diese Konsolidierung der fränkischen Herrschaft im mittleren und südlichen Hessen dürfte vor allem im 6. Jahrhundert erfolgt sein, sich aber auch noch ins 7. Jahrhundert hinein erstreckt haben. Für diesen Prozeß fehlen zeitgenössische Schriftquellen nahezu ganz; so bleiben nur die Aussagen der Archäologie und das Zeugnis der Ortsnamen sowie der mit Behutsamkeit anzuwendende Rückschluß aus späterer Zeit.

Das von der Archäologie bereitgestellte Quellenmaterial besteht, da systematisch durchgeführte Siedlungsgrabungen und Siedlungsbefunde selten sind (vgl. S. 25), vor allem aus Grabfunden, und zwar aus dem Niederschlag der in Nordgallien entstandenen Reihengräberzivilisation. Eine Auswertung dieser Bestattungssitte und des ihr zu verdankenden Fundmaterials für die Gesellschaftsordnung der Merowingerzeit wird an anderer Stelle dieses Bandes gegeben (vgl. S. 78ff.), so daß es hier vor allem darum geht, ob die Reihengräbersitte, die seit dem 6. Jahrhundert auf das östliche Vorland des Mittelrheins übergriff, den Rheingau, das Untermaingebiet und die Wetterau erfaßte sowie im Lahntal mit dem Schwerpunkt um Limburg einen dichten Niederschlag fand, als Zeugnis fränkischer Volkssiedlung zu werten ist oder in der Hauptsache die Übernahme eines von Westen nach Osten ausstrahlenden Kulturelements durch die eingesessene Bevölkerung anzeigt. Wenn auch eine endgültige Klärung dieses Problems durch die Archäologie erfolgen muß, so scheint es doch jetzt schon sicher, daß die Reihengräber im hessischen Gebiet vor allem auf stammfränkische Bevölkerung zurückgehen und damit durch ihre Verbreitung und zeitliche Schichtung die Ausdehnung und Intensivierung stammfränkischer Siedlung andeuten. Im Zuge dieser dem politischen Ausgriff folgenden Landnahme wurden sowohl ehemalige römische Orte – Städte und Kastelle am Rhein, Siedlungen auf dem flachen Land – wieder besetzt als auch zahlreiche ländliche Siedlungen neu gegründet. Dabei war die Übernahme römischer Einrichtungen sicher von Ort zu Ort verschieden, darf jedoch insgesamt wegen der zeitlichen Lücke zwischen Römer- und Frankenzeit nicht überschätzt werden. Es gibt jedoch Hinweise, daß vorfränkische, zum Teil romanische Bevölkerungsreste von den neuen Herren überlagert wurden.

Die Deutung der Reihengräber als Niederschlag fränkischer Siedlung im Mittelrheingebiet wird in gewisser Weise durch die Ortsnamenforschung gestützt, die seit W. Arnolds 1875 erschienenem Buch über »Ansiedelungen und Wanderungen deutscher Stämme zumeist nach hessischen Ortsnamen« heftig darüber diskutiert, ob vor allem die mit dem Grundwort -heim gebildeten Ortsnamen als Hinweise für fränkische Siedlung zu gelten hätten. Dabei hat sich die Erkenntnis, daß die -heim-Ortsnamen nicht allein den Franken vorbehalten waren, heute allgemein durchgesetzt; es wird jedoch auch nicht bestritten, daß im Kontakt von romanischer und germanischer Sprache eine charakteristische Form der Namengebung entstand und daß von daher eine »fränkische« Namenmode großen Einfluß auf den frühmittelalterlichen Ortsnamenbestand ausgeübt hat. Dieser Art der Namenbildung – Verbindung eines Personennamens, eines Appellativums oder eines Adjektivs mit einem Grundwort – folgen auch die -heim-Namen, deren massiertes Auftreten in einem relativ klar abgegrenzten Verbreitungsgebiet des südlichen und mittleren Hessens nahelegt, daß ihre Entstehung eher auf fränkische Siedlung und Raumerfassung als auf die Ausstrahlung einer Namengebungsmode zurückzuführen ist. Der Bereich der -heim-Namen stimmt auffällig mit dem Verbreitungsgebiet der Reihengräberfelder überein, so daß es erlaubt sein dürfte, beide Erscheinungen in ihrem Kern auf eine gemeinsame Ursache zurückzuführen: auf die fränkische Landnahme in dem beschriebenen Raum. Eine unanfechtbare Sicherheit allerdings läßt sich in dieser Frage nicht gewinnen. Es kommt hinzu, daß die fränkische Erfassung des Rhein-Main-Gebietes und der angrenzenden Landschaften nicht in einem planmäßigen, in wenigen Jahren abgeschlossenen und den Raum gleichmäßig erschließenden Siedlungsvorgang vollzogen wurde. Vielmehr spricht vieles dafür, daß die Besiedlung besonders in ihrem Vorschreiten auf rechtsrheinisches Gebiet allmählich vor sich ging, daß die Initiative nicht allein bei der fränkischen Reichsgewalt lag, daß verschiedene Kräfte und Gruppen beteiligt waren und daß die vorhandene einheimische Bevölkerung in die entstehende Ordnung integriert wurde. Weitere Komponenten der fränkischen Durchdringung des hessischen Raumes und der Konsolidierung fränkischer Herrschaft stellen die Ausbreitung des Christentums und der Aufbau einer Kirchenorganisation dar, die jedoch in einem besonderen Beitrag behandelt werden (vgl. S. 47ff.).

Die Namenforschung hat für einen Großteil der Ortsnamen – auch dabei stehen die -heim-Namen im Vordergrund – eine Differenzierung nach den Bestimmungswörtern vorgenommen und den mit Personennamen gebildeten Ortsnamen eine Gruppe mit sachbezogenen Namen (z. B. Bergheim, Talheim, Stockheim) gegenübergestellt. Aus dieser unterschiedlichen Benennungsweise wird vielfach auf die Gründer der Siedlungen geschlossen: Siedlungen, die einen personennamen-bestimmten Ortsnamen tragen, seien als Gründungen größerer, zum Teil adliger Herren anzusehen, während die sachbezogenen Ortsnamen Gründungen auf Königsgut bzw. durch königliche Initiative anzeigten.

Diese Deutung dürfte in groben Zügen zutreffen, die aus ihr häufig erschlossene Scheidung in Orte, ja sogar Landstriche mit überwiegend grundherrlichem bzw. königlichem Besitz läßt sich jedoch in der Karolingerzeit mit dem Einsetzen der Schriftquellen nur in seltenen Fällen deutlich erkennen. Wir werden auf diese Frage noch zurückkommen. Jetzt lenkt diese Differenzierung der Ortsnamen unseren Blick auf die für die fränkische Raumerfassung und Landnahme entscheidenden Kräfte: auf das fränkische Königtum, das offenbar nicht nur die politischen Voraussetzungen schuf, sondern sich selbst an der Erschließung und Besiedlung des Landes beteiligte, und auf die fränkische Oberschicht, die sich in den neu ins Frankenreich eingefügten Landschaften solide und zum Teil umfangreiche Besitz- und Machtgrundlagen schuf. In welchem Umfang an diesem Landnahmeprozeß auch einfache fränkische Bauern und Krieger selbständig beteiligt waren, muß der Historiker offenlassen, da zu diesem Problemkreis schriftliche Quellen ganz fehlen und bis zum Einsetzen der Überlieferung in der zweiten Hälfte des 8. Jahrhunderts offenbar starke Besitzverschiebungen stattgefunden haben. So viel jedoch kann gesagt werden: Für die Rolle, die das Rhein-Main-Gebiet mit der Wetterau seit der Karolingerzeit als eine der Kernlandschaften des fränkischen und dann des deutschen Reiches spielte, wurden in der Merowingerzeit die Grundlagen gelegt.

Das nördliche Hessen bleibt dem Blick des Historikers im 6. und 7. Jahrhundert nahezu ganz verschlossen, während für die Frühmittelalterarchäologie die für dieses Gebiet früher so heftig beklagte Fundleere bzw. Fundarmut durch Zufallsfunde und systematische Untersuchungen inzwischen stark gemildert ist. So ist auch die frühere Diskussion, ob die Fundleere in Nordhessen auf eine Siedlungsleere zurückzuführen sei oder ob die Sachhinterlassenschaft der Bewohner nicht erhalten bzw. nicht erkannt sei, heute weitgehend gegenstandslos geworden, wenn auch wohl davon ausgegangen werden kann, daß die Besiedlung des Landes in weiten Teilen sehr dünn war und sich nur an wenigen Schwerpunkten verdichtete (vgl. S. 28).

Es wird allgemein angenommen, daß der Kern des chattischen Stammes sich an der Völkerwanderung nicht beteiligte, sondern seine Stammessitze im nördlichen Hessen behauptete. Nicht geklärt ist das Verhältnis der Chatten zu den Franken. Auf der einen Seite wird die Meinung vertreten, daß die Chatten schon früh zur Bildung des fränkischen Stammes beigetragen, also zum sogenannten Frankenbund gehört hätten, während andererseits die Eigenständigkeit der Chatten gegenüber den Franken betont wird. Das Problem wird sich nicht zweifelsfrei lösen lassen, man wird jedoch bei der Abwägung der verschiedenen Möglichkeiten die bereits angeführte Schlußfolgerung nicht außer acht lassen dürfen, daß das nördliche Hessen auf offenbar friedlichem Wege in den Einflußbereich des fränkischen Reiches geraten war und daß sich während des 6. und 7. Jahrhunderts an diesem Zustand nichts änderte. Auch die Einwirkung fränkischer Zivilisation auf Nordhessen läßt sich aus dem archäologischen Fundmaterial ablesen – zugleich jedoch zeigt dessen Spärlichkeit, daß Nordhessen nicht zum Bereich der fränkischen Reihengräberkultur gehörte. So bleibt es letztlich fraglich, ob die wenigen fränkisch geprägten Funde auf die Anwesenheit von Stammfranken zurückzuführen sind oder ob sie nur die Ausstrahlung fränkischer Reichskultur anzeigen.

Besondere Erwähnung verdient eine Nachricht aus der Chronik des Fredegar zum Jahre 639: An einem Kriegszug des fränkischen Königs Sigibert III. gegen Thüringen beteiligten sich alle Stämme aus dem östlich des Rheins unter fränkischer Herrschaft stehenden Gebiet *(gentes undique de universis regni sui pagus ultra Renum)*. Da der Zug offenbar von Mainz ausging und eine Schlacht stattfand, bevor man durch die Buchonia, das große osthessische Waldgebiet, marschierte und nach Thüringen gelangte, dürfte sich diese Quellenstelle vornehmlich auf Hessen beziehen. Der Schlachtort ist nicht auszumachen, aber auch für die hessische Landesgeschichte von geringerer Bedeutung. Sehr viel wichtiger wäre es zu wissen, ob hinter der Nennung von *gentes* und *pagi* konkrete Kenntnis des Chronisten von der inneren Gliederung der Reichsteile östlich des Rheins und damit vielleicht auch Hessens steht. Nur zu gerne würde der Historiker eine Verbindungslinie zu den in einem Papstbrief von 738 genannten nordhessischen Kleinstämmen ziehen, aber die Unsicherheiten sind dafür zu groß.

Wohl gegen Ende des 7. Jahrhunderts tritt das Verhältnis Nordhessens zum Frankenreich in eine neue Phase, die eingeleitet wird durch die Errichtung der archäologisch gut untersuchten Großburgen Büraburg bei Fritzlar (vgl. Kat.Nr. 166) und Christenberg bei Marburg (vgl. Kat.Nr. 167). Es sind dies die ersten Anzeichen für eine intensivere Erfassung des nordhessischen Raumes im 8. und 9. Jahrhundert durch das fränkische Reich, jetzt unter der Führung der Karolinger, die zunächst als Hausmeier der letzten merowingischen Könige die tatsächliche Herrschaft innehatten und 751 selbst das fränkische Königtum erlangten.

Überhaupt läßt sich seit dem 8. Jahrhundert ein Wandel des fränkischen Herrschaftssystems in den Gebieten östlich des Rheins feststellen. Hatte sich die fränkische Reichsgewalt bis dahin im allgemeinen damit begnügt, die Führungsspitze der ostrheinischen *gentes* – betroffen waren vor allem Thüringer, Alamannen und bis zu einem gewissen Grade Baiern – in Abhängigkeit zu halten, aber in die innere Struktur dieser Stämme nicht eingegriffen, so ging man jetzt daran, durch die Errichtung von Burgen und, wie im Hassegau und in der thüringischen Germarmark, ganzer Burgensysteme die fränkische Herrschaft stärker in den einzelnen Stammesgebieten zu verankern und auch durch die Einführung fränkischer Verfassungseinrichtungen wirkungsvoller abzusichern.

In diesem Prozeß ging anscheinend das zwischen den großen Stämmen liegende mittlere Maingebiet voran, wo 704 und 716 der über die Burgen Würzburg und Hammelburg gebietende Herzog Heden erscheint. Sein Herzogtum reichte offenbar mehrere Generationen weit zurück und war seinem Ursprung nach eher ein fränkisches Amtsherzogtum auf regionaler Grundlage als eine gentil geprägte Institution. Mit diesem Herzogtum oder gar mit dem fränkischen Königtum wird eine Anlage in Verbindung gebracht, die bisher für das nördliche bzw. östliche Hessen einen besonderen Rang in Anspruch nehmen darf: An der Stelle des 744 gegründeten Klosters Fulda (vgl. Kat.Nr. 211) gab es einen Herrenhof, dessen Ruinen mit den möglicherweise daran haftenden Besitzrechten bei der Standortwahl für das Kloster eine entscheidende Rolle gespielt haben dürften. Nach den Erkenntnissen mehrerer archäologischer Untersuchungen war dieser große Hof aufwendig gebaut; er besaß Steinbauten, ein palastartiges Gebäude und eine recht große Kirche. Die Vorbilder für diese Bauweise müssen im Reichsgebiet westlich des Rheins gesucht werden, so daß es sich um einen fränkischen Herrschaftsmittelpunkt im Grenzraum zwischen Hessen und Thüringen gehandelt haben dürfte, der offenbar weit ins 7. Jahrhundert zurückreichte. Es wird angenommen, daß der Ort bei einem sächsischen Angriff – vielleicht zu Beginn des 8. Jahrhunderts – zerstört wurde und bis zur Ankunft der ersten Fuldaer Mönche unter Abt Sturmi wüst lag.

Für die schon angesprochene und seit dem 8. Jahrhundert deutlich erkennbare intensive Einbeziehung Nordhessens in das Frankenreich war der äußere Anlaß zweifellos der zunehmende Druck, den die seit dem Ausgang des 7. Jahrhunderts nach Süden und Westen drängenden Sachsen auf die Grenzgebiete des fränkischen Reiches ausübten. Seit dieser Zeit standen die Franken im Abwehrkampf gegen die Sachsen, und Karl Martell und Pippin unternahmen zahlreiche Feldzüge, zum Teil als Vergeltungsaktionen für sächsische Angriffe, gegen das Stammesgebiet der Sachsen. Es scheint jedoch nicht ausgeschlossen, daß auch in Hessen aus innenpolitischen Überlegungen heraus eine stärkere fränkische Durchdringung des Landes ins Werk gesetzt wurde, etwa um die Machtbasis der karolingischen Hausmeier innerhalb des Frankenreiches zu verbreitern.

Im folgenden soll nun der Prozeß der sogenannten Frankisierung Nordhessens bis etwa zum Tode Karls des Großen beschrieben werden. Dabei kommt uns zustatten, daß dank der hier nicht zu behandelnden, mit dem Namen des Bonifatius verbundenen Christianisierung Nordhessens ein helleres Licht auf dieses Gebiet fällt. Anschließend wird für den gesamten hessischen Raum eine knappe Analyse der sich in der Karolingerzeit herausbildenden und durch die relativ gute schriftliche Überlieferung sichtbar werdenden inneren Verhältnisse gegeben.

Nachdem für das 6. und 7. Jahrhundert nur mit der sporadischen Anwesenheit von Franken in Nordhessen und mit dem Durchzug fränkischer Abteilungen gerechnet werden kann, erfolgte die Festsetzung der fränkischen Reichsgewalt zunächst an bestimmten Schwerpunkten, die offenbar bewußt auf alte Siedlungskammern bezogen waren. Büraburg und Christenberg wurden schon genannt, es kommt noch die Amöneburg (vgl. Kat.Nr. 165) hinzu, von deren Befestigungen und Gebäuden es wegen der späteren Überbauung zwar keine archäologischen Befunde gibt, die aber bezeichnenderweise 721 als erster Ort in Hessen von Bonifatius aufgesucht wurde und schon deshalb zu den fränkischen Hauptstützpunkten gehört haben dürfte. Im Fritzlar-Waberner Becken fand

Bonifatius dann die noch heidnischen Hessen vor, die als die Nachfahren der seit Jahrhunderten nicht mehr erwähnten Chatten zu gelten haben. Die Hessen werden auch in der Adresse des schon erwähnten Papstbriefes von ca. 738 genannt *(... Thuringis et Hessis, Bortharis et Nistresis, Wedreciis et Lognais, Suduodis et Graffeltis...)*, der an die im Missionsgebiet des Bonifatius lebenden Stämme bzw. Bevölkerungseinheiten gerichtet ist. Man erkennt eine Gliederung, die teilweise auf bestimmte Landschaften bezogen ist (z. B. Lahngebiet, Grabfeld), aber insgesamt die gentile Struktur dieses Gebietes unterstreicht. Da die Hessen zusammen mit den Thüringern in der paarweisen Aufzählung voranstehen, möchte man zu gerne den Hessen einen den Thüringern vergleichbaren Rang zusprechen und beide Stämme nach ihrer Bedeutung von den anderen (Klein?-)Stämmen bzw. Bevölkerungseinheiten abheben. Es ist jedoch zu bedenken, ob eine solche Einschätzung der Hessen zu diesem Zeitpunkt statthaft ist, da sie sicherlich von unserem Wissen um die frühere Bedeutung des chattischen und um die spätere Rolle des hessischen Stammes beeinflußt wird.

Durch die Errichtung der großen Befestigungen Amöneburg, Christenberg und Büraburg mit ihren starken fränkischen Besatzungen wurden die politischen und machtmäßigen Voraussetzungen für eine auch größere Räume erfassende Inbesitznahme des Landes geschaffen. Vor allem aber mußten mit Rücksicht auf die dauernden Spannungen mit den Sachsen die Hauptstützpunkte der fränkischen Macht fest in der Landschaft verankert werden, und es mußten die Hauptverkehrslinien so ausgebaut werden, daß es möglich wurde, größere Truppenkontingente durch das Land zu führen, sie dabei zu verpflegen und sie vielleicht hier längere Zeit zu stationieren.

Damit wird unter vorwiegend militärischen Gesichtspunkten die Bedeutung der Verkehrslinien sichtbar, deren Erforschung sich besonders W. Görich gewidmet hat. Wir geben eine knappe Skizze seiner Grundgedanken. Aus dem vielgestaltigen frühmittelalterlichen Verkehrsnetz ragen, wie schon angedeutet, einige wichtige, zum Teil aus mehreren Trassen bestehende Straßenzüge heraus, so die Weinstraße, vom Rhein-Main-Gebiet nach Paderborn führend, Straßen aus dem Rhein-Main-Gebiet nach Köln sowie ebenfalls aus dem Mittelrheingebiet nach Thüringen und Sachsen (Lange und Kurze Hessen) führende Verkehrswege. Schließlich gab es mehrere West-Ost-Straßen, die aus dem Rheintal kamen und in die Langen oder Kurzen Hessen mündeten. Im Zuge dieser Straßen lokalisiert W. Görich eine große Zahl sogenannter fränkischer *curtes*, »fester Königshöfe«, die als Etappen- und Raststationen für durchziehende Truppen jeweils etwa einen Tagesmarsch voneinander entfernt gewesen seien. Diese *curtes* waren nach W. Görich über das ganze Land verteilt und mußten deshalb über ihre Funktion innerhalb des Straßenwesens hinaus zusammen mit den großen Burgen eine herausragende Bedeutung für die Organisation und Stabilisierung der fränkischen Herrschaft gewinnen, zumal sie wohl nicht isoliert in der Landschaft lagen, sondern in der Regel jeweils den Mittelpunkt eines auf sie bezogenen, wie auch immer strukturierten »Burgbezirks« gebildet haben werden.

Als Anlagen in dem beschriebenen Sinne werden von W. Görich unter anderen genannt: das sogenannte Gronauer Schloß nördlich von Gießen (vgl. Kat.Nr. 172), das archäologisch untersucht wurde und durch seine Lage an der Weinstraße gewissermaßen zum Schlüssel für das ganze »System« wurde, die Hunburg bei Burgholz und die Höfe bei Dreihausen (vgl. Kat.Nr. 164), beide im Amöneburger Becken, das Burggelände von Frankenberg, der Burgring bei Goddelsheim, die Melsunger Karlsschanze, Ermschwerd und die Burg Laar bei Zierenberg. Neben diesen heute wüst liegenden Plätzen werden derartige Höfe in Städten und Dörfern erschlossen, z. B. in Großen Linden, Wetzlar, Weilburg, Limburg, Herborn, Wetter, Bromskirchen, Korbach, Altenburg bei Alsfeld, Homberg/Ohm, Treysa, Berge bei Homberg/Efze, Fritzlar. Von W. Görich und auch von E. E. Stengel wird betont, daß diese Königshöfe in Anlehnung an wichtige Verkehrslinien planmäßig und in relativ kurzer Zeit von der fränkischen Reichsgewalt angelegt worden seien und daß dabei strategische Erwägungen und die Erfordernisse einer straffen Landesorganisation und Herrschaftssicherung eine ausschlaggebende Rolle gespielt hätten. Eine Karl dem Großen zugeschriebene Erweiterung des Systems wird auf die Erfordernisse der Sachsenkriege zurückgeführt.

Eine ausführliche Diskussion des von W. Görich propagierten Systems von befestigten Königshöfen als Rast- und Etappenstationen kann an dieser Stelle nicht erfolgen. Eine Kritik müßte von der

Analyse jedes einzelnen Platzes ausgehen und würde wohl ergeben, daß zwar auf einige Plätze (z. B. Gronauer Schloß [vgl. Kat.Nr. 164], Höfe bei Dreihausen [vgl. Kat.Nr. 172], Ermschwerd) die Charakteristik zutrifft, daß andere jedoch nicht sicher genug datiert werden können, um als unanfechtbare Glieder in das System eingeordnet zu werden, und daß bei manchen die Schlußfolgerungen auf einer zu schmalen Basis aufgebaut sind. Bei einigen der heute wüst liegenden Plätze konnte eine Benutzung über längere Zeit bisher nicht nachgewiesen werden (so z. B. bei dem imposanten Burgring von Goddelsheim). Bei den heute noch sichtbaren Anlagen stand schließlich der Befestigungscharakter eindeutig im Vordergrund, die von W. Görich stets angenommene wirtschaftliche Komponente dieser Anlagen läßt sich häufig nicht nachweisen. Insgesamt wird man davon ausgehen dürfen, daß die Grundidee richtig ist, welche die Bedeutung der Verkehrsverbindungen für die fränkische Reichsgewalt betont und die Notwendigkeit hervorhebt, diese und damit das ganze Land durch feste Stützpunkte unter Kontrolle zu halten. Was uns nicht erwiesen scheint, sind die angenommenen Planmäßigkeiten des Vorgehens und das daraus abgeleitete, das gesamte nordhessische Gebiet nahezu gleichmäßig erfassende Organisationsprinzip.

Dennoch müssen – und das sei nachdrücklich betont – während des 8. Jahrhunderts als Ergänzung der Großburgen zahlreiche kleinere fränkische Befestigungen entstanden sein. Alle diese Anlagen müssen in enger Verbindung mit der sie umgebenden Landschaft gesehen werden; das bedeutet konkret, daß ein Teil der seit dem 8. Jahrhundert verstärkt einsetzenden Besiedlung des Landes den fränkischen Burgen zugeordnet war. Wiederum ermöglichen die von der Archäologie gewonnenen Erkenntnisse und der Ortsnamenbestand einen Einblick in diesen Prozeß, der in der Umgebung der drei großen Befestigungsanlagen am besten erforscht ist und daher an Hand dieser Beispiele verdeutlicht werden soll. Im Amöneburger Becken sind für das 8. und 9. Jahrhundert etwa 30 Orte urkundlich nachgewiesen, außerdem wurden für diesen Zeitraum durch intensive Absuche von Wüstungsplätzen nach Keramik zahlreiche weitere Siedlungen erkannt. Dagegen gibt es bisher kaum Keramik, die eindeutig vor das 8. Jahrhundert zurückreicht (allerdings liegt Scherbenmaterial aus heute noch bestehenden Orten nur in ganz geringem Umfang vor). Das bedeutet, daß offenbar im 8. Jahrhundert eine starke Besiedlung einsetzte, die zu einer großen Siedlungsdichte während der Karolingerzeit führte. Der Ortsnamenbestand weist eine große Mannigfaltigkeit und Uneinheitlichkeit auf, woraus der Schluß auf eine wenig geordnete, sich über einen längeren Zeitraum erstreckende Besiedlung erlaubt scheint. Auch im Burgwaldgebiet, besonders im Raum südlich des Christenbergs (vgl. Kat.Nr. 167), ist eine große Zahl frühmittelalterlicher Siedlungsplätze entdeckt worden, von denen unverhältnismäßig viele wieder wüst geworden sind. Da sich hier eine umfangreiche Siedeltätigkeit auch auf weniger günstiges Gelände erstreckte und da zahlreiche Plätze offenbar noch in der Karolingerzeit wieder verlassen wurden, nachdem der Christenberg nach dem Ende der Sachsenkriege seine militärische Bedeutung verloren hatte, scheint es erlaubt, die Besiedlung des Burgwaldgebiets in einen direkten Zusammenhang mit der großen Befestigung auf dem Christenberg zu bringen.

Eine ähnliche Bedeutung für die Siedlungsausweitung hatte im Fritzlar-Waberner Becken die Büraburg (vgl. Kat.Nr. 166). Hier reichten im Kern dieser Beckenlandschaft einige Siedlungen in die Merowingerzeit und weiter zurück. In der ersten Hälfte des 8. Jahrhunderts erfolgte dann eine erste Vermehrung der Siedlungsplätze in der Ebene, während seit dem ausgehenden 8. Jahrhundert auch die Randgebiete des Beckens von der Siedlung erfaßt wurden. Da die Zunahme der Siedlungen und damit auch der Bevölkerungszahl offenbar mit der Errichtung der Büraburg einsetzte oder kurz darauf folgte, darf auch hier auf einen planmäßig gelenkten Landesausbau im Einzugsbereich der Büraburg geschlossen werden.

Einen weiteren Schwerpunkt der Besiedlung wohl im 8. Jahrhundert dürfte das Kasseler Becken darstellen. Hier sind es vor allem der relativ einheitliche Ortsnamenbestand mit dem vorherrschenden Grundwort -hausen und die Beobachtung, daß jüngere Ausbausiedlungen in den Gemarkungen alter Orte angelegt wurden, die auf einen großzügigen, sicherlich grundherrlich organisierten Landesausbau hindeuten, der regelmäßig und in einer gewissen Ordnung vorangeschritten zu sein scheint. Ausnahmsweise erhalten wir im Kasseler Raum urkundliche Nachrichten über den Siedlungsvorgang gegen Ende des 8. Jahrhunderts, als 811 und 813 den Söhnen zweier sächsischer Emigranten durch

Karl den Großen die von ihren Vätern als Rodungssiedlungen gegründeten Orte Escherode und Benterode bestätigt wurden und sie vom Kaiser zusätzliches Land erhielten. Zwei Momente verdienen in diesem Zusammenhang Beachtung: Die Beteiligung von bedeutenden Adelsfamilien – hier von emigrierten Sachsen – an der Rodung und Besiedlung des Landes und die Unterstützung des Königtums für diesen Vorgang.

Überblickt man die hier angesprochenen Siedlungskammern insgesamt und nimmt weitere Hinweise auf den Siedlungsvorgang während des 8. Jahrhunderts hinzu, so läßt sich eine starke Vermehrung der Zahl der Orte, das Ausgreifen der Besiedlung auf weniger begünstigte Randgebiete und möglicherweise die Vergrößerung bestehender Ortschaften erkennen. Darüber hinaus kann wahrscheinlich gemacht werden, daß im Umkreis von Burgen zahlreiche Siedlungen in einem organisatorischen Zusammenhang mit diesen Befestigungen standen. Man wird dabei die Möglichkeit geschaffen haben, nicht nur die Versorgung der Burgen aus der unmittelbaren Umgebung zu sichern, sondern auch für den Notfall die Bauern als zusätzliche Verteidiger aufbieten zu können.

Das alles muß mit einer starken Vermehrung der Bevölkerung einhergegangen sein. Wir wissen nicht, woher die große Zahl der neuen Siedler und Bauern kam. Ein Teil von ihnen stammte sicherlich aus dem Frankenreich, war möglicherweise zuerst als Krieger ins Land gekommen, um sich dann im Zuge des Landesausbaus hier niederzulassen oder angesiedelt zu werden. Daneben dürfte jedoch eine starke Vermehrung der einheimischen Bevölkerung anzunehmen sein, zumal von der Etablierung der fränkischen Reichsgewalt sicherlich starke wirtschaftliche Impulse ausgingen, die Anreize zur Erhöhung der landwirtschaftlichen Produktion und damit zur Ausweitung der besiedelten Fläche boten.

Bevor auf den konkreten Anteil des Königtums an der Frankisierung Nordhessens eingegangen wird, sollen am Beispiel des weit nach Norden vorgeschobenen Herrschafts- und Siedlungsschwerpunkts Büraburg (vgl. Kat.Nr. 166) einige Auswirkungen der fränkischen Präsenz und der Auseinandersetzung mit den Sachsen dargestellt werden. Da sich die ersten Missionsversuche des Bonifatius auf dieses Gebiet richteten, wird hier ein Kult- und Bevölkerungsschwerpunkt des hessischen Stammes vermutet; und da die Fällung der Donar-Eiche in Geismar durch Bonifatius (vgl. S. 73) keinen offenen Widerstand der anwesenden einheimischen Bevölkerung auslöste, wird bei diesem demonstrativen Akt mit dem massiven Schutz fränkischer Truppen von der nahegelegenen Büraburg gerechnet. Durch den Bau der Peterskirche in Fritzlar und die nachfolgende, sich in Etappen vollziehende Gründung des Klosters Fritzlar wurde dieser vorher schon bestehende Ort in seiner Bedeutung stark aufgewertet. Aus der Lebensbeschreibung Gregors von Utrecht läßt sich herauslesen, daß in Fritzlar vornehme Herren, die als Franken bezeichnet werden, Grund und Boden für die Ausstattung des Klosters zur Verfügung stellten. Daraus scheint sich zu ergeben, daß, während sich die Büraburg in der Hand des Königtums befand, in Fritzlar der Adel – ob es sich ausschließlich oder überhaupt um Franken handelte, mag offenbleiben – eine gleichgewichtige oder gar überwiegende Stellung gehabt zu haben scheint.

Für diese Machtverteilung mag auch sprechen, daß 741/42 das nordhessische Bistum seinen Sitz auf der Büraburg und nicht in Fritzlar fand, da ja die Kirchenorganisation in stärkerem Maße als die Mission unter der Kontrolle der Reichsgewalt bleiben sollte. Dieser Zweiheit Büraburg/Fritzlar ist seit den jüngsten Ausgrabungen bei Geismar (vgl. Kat.Nr. 158) dieser Ort zuzuordnen, der offensichtlich seit dem 1. Jahrhundert n. Chr. kontinuierlich besiedelt war und sich durch seine Größe und eine stark ausgebildete handwerkliche Komponente von normalen ländlichen Siedlungen unterschied.

Rechnet man zu den drei genannten Plätzen noch die in nächster Nähe liegenden Orte (es sei hier nur an die Ausgrabungen auf der Wüstung Holzheim [vgl.Kat.Nr. 159] erinnert), dann ergibt sich eine sehr dicht besiedelte und stark von der fränkischen Machtposition und fränkischer Zivilisation geprägte Kleinlandschaft.

Auf diesen Komplex richtete sich im Jahre 774 der Angriff der Sachsen, und es ist wahrscheinlich, daß er bewußt auf den Kern der fränkischen Herrschaft in Nordhessen, wo auch der christliche Glaube einen festen Halt gefunden hatte, zielte. Die Überlieferung gestattet uns, Stärken und Schwächen der fränkischen Stellung zu erkennen. Da Karl der Große mit dem Heer in Italien weilte, war die Zahl der fränkischen Krieger an der Sachsengrenze offenbar gering. Das flache Land konnte nicht verteidigt werden und wurde verwüstet; nur die steinerne Kirche in Fritzlar widerstand allen Versuchen, sie in Brand zu stecken. Die Büraburg jedoch konnten die Sachsen nicht einnehmen; sie erfüllte ihre Funktion nicht nur als Bollwerk der fränkischen Militärmacht, sondern auch als Fluchtburg für die Bewohner der Umgebung: Diese flüchteten sich beim Herannahen des Feindes hinter die Mauern der Befestigung, und auch die Mönche des Klosters fanden dort samt den Reliquien ihres ersten Abtes, des heiligen Wigbert, Zuflucht. Die Gebeine des heiligen Wigbert kehrten nicht mehr nach Fritzlar zurück: Sie wurden nach Hersfeld transferiert, und das Kloster Fritzlar ging aus den Händen des Bischofs Lul, der es als Erbe des Bonifatius erhalten hatte, in den Besitz des Reiches über. Es hat den Anschein, als ob nach den Erfahrungen des Sachsen-Einfalls mit dieser Übernahme des Klosters durch Karl den Großen die Position der fränkischen Reichsgewalt im Fritzlarer Raum gestärkt werden sollte.

Damit kommen wir auf die schon angeschnittene Frage zurück, welchen Anteil die fränkische Reichsgewalt an der Erfassung Nordhessens hatte und welche Kräfte überhaupt für die im Laufe etwa eines Jahrhunderts geschaffenen Veränderungen verantwortlich waren. Selbstverständlich schuf die Reichsgewalt zunächst die politischen Voraussetzungen für die fränkische Ausbreitung. Nicht nur die großen, sondern auch die kleineren Befestigungen dürften sich in der unmittelbaren Verfügungsgewalt des Königtums befunden haben. Diese Plätze waren die Kristallisationspunkte der Herrschaft. Das darüber hinausgehende Engagement der Reichsgewalt in Nordhessen muß erschlossen werden, und zwar einmal aus dem Umfang, der Verteilung und der Nutzung des Reichsgutes, zum anderen aus sonstigen Maßnahmen, die der Stärkung der königlichen und damit der fränkischen Position dienten.

Die Problematik der Erforschung des Königsgutes ist allgemein bekannt. Wir sehen zwar Einzelheiten deutlich, aber wir sehen nur Bruchstücke des Ganzen; es kommt hinzu, daß der urkundliche Nachweis für Reichsgut in der Regel erst zu dem Zeitpunkt erbracht werden kann, in dem es weggegeben wurde. In Nordhessen gibt es im 8. Jahrhundert nur ganz wenige Schenkungen von Reichsgut. An der Spitze steht der umfangreiche Königsgutkomplex an der Fulda, durch dessen Tradition der Hausmeier Karlmann die Gründung des Klosters Fulda (vgl. Kat.Nr. 211) ermöglichte. Die Spärlichkeit der königlichen Schenkungen in Nordhessen steht im Gegensatz zu Ostfranken und Thüringen, wo die Klöster Fulda und Hersfeld (vgl. Kat.Nr. 210) umfangreiche Ländereien erhielten, während das Kloster Lorsch (vgl. Kat.Nr. 214) vor allem in Südhessen bedacht wurde. Diese auf Nordhessen beschränkte auffällige Zurückhaltung Karls des Großen (auf ihn beziehen sich unsere Ausführungen, weil jetzt die urkundliche Überlieferung sehr viel breiter ist als vorher) ist nicht etwa darin begründet, daß dort kein Reichsgut zur Verfügung stand, sondern es läßt sich deutlich zeigen, daß Karl bestrebt war, das Reichsgut zu erhalten und noch zu vermehren. So ließ er zu einer uns nicht näher bekannten Zeit im Kasseler Raum die Güter eines *dux* Gerhao einziehen, und im Zuge der gleich zu besprechenden Klosterpolitik erwarb er von Bischof Lul Güter im Fritzlarer Raum, die er erst dann an das Kloster Fritzlar weitergab, nachdem dieses Reichskloster geworden war.

Über die wenigen urkundlich belegten Stücke hinaus kann weiteres Reichsgut nach bestimmten Kriterien oder aus Rückschlüssen aus späterer Zeit wahrscheinlich gemacht werden. So dürfte möglicherweise schon im 8. Jahrhundert im Raum Kassel/Kaufungen ein großer Reichsgutbezirk bestanden haben, zu dem zumindest auch ein Teil der *silva Buchonia*, des Buchenwaldes, gehörte, nachdem diese aus dem Erbgut des *dux* Gerhao für das Reich eingezogen worden war. Auch für das Burgwaldgebiet, in dem ja die Kesterburg auf dem Christenberg (vgl. Kat.Nr. 167) lag, ist wahrscheinlich gemacht worden, daß es ein königlicher Forst war. Weiteres Reichsgut, wenn auch von bescheidenerem Ausmaß, gab es offenbar auf der Korbacher Hochfläche, wo im Grenzgebiet gegen die Sachsen ein besonderer Schutz der wichtigen Straße nach Westfalen nötig war, und im Raum Homberg/Efze. Da auf einzelne Reichsgüter hier nicht eingegangen werden kann oder sie uns wegen fehlender Anhaltspunkte verborgen bleiben, muß insgesamt mit einem beträchtlichen Umfang und einer weiten Verbreitung des Königsgutes gerechnet werden. Eine Massierung an strategisch wichtigen Punkten zeichnet sich dabei ab.

Ein weiteres Element königlicher Einflußnahme auf die neu erschlossenen Gebiete dürfen wir in der Klosterpolitik Karls des Großen erblicken. Die Gründung der Klöster Amöneburg, Fritzlar und Fulda und später auch Hersfelds bedeutete für Nordhessen neben anderem das Aufholen eines kulturellen Rückstandes gegenüber dem übrigen Frankenreich. Auch sie bildeten ein Moment der fränkischen Durchdringung des Landes. Die nordhessischen Klöster waren offenbar Eigenklöster von Bonifatius bzw. Lul, während das 764 gestiftete südhessische Lorsch (vgl. Kat.Nr. 215), das wir hier mit berücksichtigen wollen, adeliges Eigenkloster war. Die Initiative bei den frühen Klostergründungen in Hessen ging also nicht von den Karolingern aus, wenn sie auch Unterstützung leisteten. Die Haltung gegenüber den Klöstern änderte sich bald nach dem Regierungsantritt Karls des Großen. Wenige Jahre zuvor, 765, war Fulda Reichskloster geworden – wohl wegen seiner ungeklärten Rechtsstellung und nicht als Folge planmäßiger Erwerbspolitik König Pippins. Der Übergang der Klöster Lorsch, Hersfeld und Fritzlar und möglicherweise Amöneburgs an das Reich innerhalb weniger Jahre erfolgte jedoch in einer zu kurzen Zeitspanne, als daß sich daraus nicht ein planmäßiges Vorgehen des Königs ableiten ließe, um die hessischen Klöster unmittelbar in seine Hand zu bekommen und dadurch die eigene Machtbasis zu verbreitern. Daß den Klöstern auch für den inneren Landesausbau eine wichtige Rolle zugedacht war, zeigt die Übertragung der großen Mark Heppenheim an Lorsch am deutlichsten. »Eher eine Aufgabe als eine Gabe«, so wurde diese königliche Schenkung charakterisiert.

Es soll noch einmal betont werden, daß alle Maßnahmen der Erfassung und Sicherung des nordhessischen Gebiets auf einer breiten, kontinuierlichen Ausweitung der Wirtschaftsflächen, auf einer Vermehrung und Vergrößerung der Siedlungen und einem starken Bevölkerungswachstum aufbauten. Landesausbau und Rodung in diesem Umfang aber erforderten Organisation und in der Regel die Bereitstellung von Kapital bzw. einer Anfangsausstattung der Bauern. Diese Starthilfe konnte von weltlichen und geistlichen Grundherren und von der fränkischen Reichsgewalt geleistet werden. Damit sind diejenigen Kräfte genannt, die nicht nur den Landesausbau organisierten, sondern dabei auch große Grundherrschaften erwarben. Dies jedoch ist ein Prozeß, der in seinen Auswirkungen im südlichen und mittleren Hessen deutlicher zu erkennen ist.

Das gesamte Nordhessen war am Ende des 8. Jahrhunderts fest in das Frankenreich eingegliedert. Dabei hatte der in seinen Grundzügen geschilderte und etwa seit dem Anfang des Jahrhunderts in Gang befindliche Einfrankungsprozeß unter Karl dem Großen einen großzügigeren und planmäßigeren Zuschnitt erhalten. Vom Beginn des 9. Jahrhunderts an, mit dem Ende der Sachsenkriege und dem Tode Karls des Großen, begannen sich die Verhältnisse zu ändern. Die großen Burgen verloren mit der militärisch-strategischen Aufgabe ihre Funktion, und nur ihre Kirchen wahrten ihre Bedeutung in der sich ausbildenden Pfarrorganisation. Zu gleicher Zeit vollzog sich ein deutlicher Aufstieg des Adels, der gegenüber dem Königtum ein stärkeres politisches Gewicht erhielt.

Die besprochene intensive Einbeziehung Nordhessens in das Frankenreich war von einer soliden fränkischen Machtstellung im südlichen und mittleren Hessen und in den angrenzenden Gebieten westlich des Rheins ausgegangen. Die Ausdehnung dieses Bereichs dürfte, wie angedeutet, im wesentlichen mit der Ausbreitung der Reihengräberzivilisation und der Reichweite der -heim-Ortsnamen übereinstimmen. Wie die fränkische Machtposition im Rhein-Main-Gebiet und den angrenzenden Landschaften beschaffen war und von welchen Kräften sie getragen wurde, läßt sich mit hinreichender Deutlichkeit seit der zweiten Hälfte des 8. Jahrhunderts erkennen, weil zu dieser Zeit nicht nur die Königsurkunden einsetzen, sondern durch den umfangreichen Grunderwerb der neu gegründeten Abteien auch zahlreiche Schenkungsurkunden bzw. von ihnen abgeleitete klösterliche Aufzeichnungen erhalten sind. Seit dieser Zeit wird das Rhein-Main-Gebiet treffend als eine der Kernlandschaften des fränkischen Reiches bezeichnet. Es war in seiner Bedeutung durch die stärker nach Osten gerichtete Politik der Karolinger gewachsen und erfuhr eine weitere Aufwertung durch die Reichsteilung nach dem Tode Kaiser Ludwigs des Frommen, bei der es ganz dem Ostreich unter Ludwig dem Deutschen zugeschlagen wurde.

Die Grundlagen und die Hauptstützpunkte der königlichen Macht lassen sich vor allem durch das königliche Itinerar, den Reiseweg des Herrschers, der uns die Aufenthaltsorte des königlichen Hofes zeigt, und durch die Erforschung des Königsgutes bestimmen. Danach waren für die Karolinger im Rhein-Main-Gebiet die wichtigsten Orte die beiden Bischofssitze Mainz und Worms sowie die königlichen Pfalzen Frankfurt (vgl. Kat.Nr. 175), Ingelheim und Trebur. Zu einer Königspfalz gehörten im allgemeinen ein repräsentatives Gebäude, das *palatium* im eigentlichen Sinn als Ort königlicher Regierungshandlungen, eine Kirche, in der der König den sakralen Charakter seiner Herrschaft demonstrieren konnte, und ein Wirtschaftshof. Ein besonderes Pfalzgebäude gab es wahrscheinlich auch in Mainz und mit Sicherheit in Worms, das in der ersten Regierungshälfte Karls des Großen fast zu einer Art Residenz wurde. Erst der Brand der dortigen Pfalz 790/91 unterbrach diese Entwicklung und leitete gewissermaßen den Aufstieg von Aachen ein. Im Rhein-Main-Gebiet gewann Frankfurt eine führende Position und wurde besonders unter Ludwig dem Deutschen, der hier an der Pfalzkapelle ein Kanonikerstift einrichtete, zusammen mit Regensburg zum Vorort des ostfränkischen Reiches.

Diese königlichen Aufenthaltsorte waren eingebettet in ein Gebiet mit umfangreichem Reichsgut, durch das nicht nur die Versorgung des königlichen Hofes sichergestellt wurde, solange er im Rhein-Main-Gebiet weilte, sondern durch das auch die karolingische Herrschaft fest in der Landschaft verankert war. Durch die Dotationsurkunden des Bistums Würzburg und des Frankfurter Salvatorstifts, durch weitere Königsurkunden sowie vor allem durch das sogenannte Lorscher Reichsurbar, ein wertvolles Verzeichnis von Reichsgut von Kaiserslautern über Worms, Gernsheim, Nierstein, Trebur, Frankfurt bis nach Florstadt in der Wetterau, kennen wir in groben Zügen die Verteilung und die innere Struktur der königlichen Güter. Danach waren diese Grundherrschaftskomplexe im allgemeinen so gegliedert, daß einem Haupthof mehrere Nebenhöfe und allen diesen Wirtschaftshöfen zahlreiche Bauernstellen, in den Quellen in der Regel als Hufen bezeichnet, zugeordnet waren. Diese Hufen lagen zum Teil nicht unmittelbar am Ort des Hofes, zu dem sie gehörten, sondern sie waren – vielfach in Gemengelage mit nichtköniglichem Grundbesitz – auf zahlreiche Orte der Umgebung verteilt. Die Wirtschaftsweise stellt sich etwa folgendermaßen dar: Von den Haupt- und Nebenhöfen aus wurde das sogenannte Herrenland bewirtschaftet, und zwar durch unfreie Knechte und Mägde, die auf diesen Höfen lebten, und durch Fronarbeit der Hufenbauern. Neben dem Ackerland gab es vielfach einen großen Anteil an Wiesen, das spricht ebenso für eine verbreitete Viehzucht wie die Beobachtung, daß die Größe der Wälder durch die Zahl der Schweine angegeben wurde, die in sie zur Eichelmast getrieben werden konnten. Die Hufen der abhängigen, aber weitgehend selbständig wirtschaftenden Bauern werden in freie und unfreie Hufen geschieden, die in der Art und Höhe von Abgaben und Diensten differierten. Diese verschiedene Art der Hufen ist darauf zurückzuführen, daß sie ursprünglich für persönlich freie und unfreie Leute eingerichtet wurden, was bedeutet, daß am Anfang freie und unfreie Hufenbauern innerhalb einer Grundherrschaft lebten. Zur Zeit der Aufzeichnung des Lorscher Reichsurbars (830/50), an dem diese Beobachtungen gewonnen sind, müssen die Qualität der Hufen und der persönliche Rechtsstand der Inhaber nicht mehr übereingestimmt haben.

Neben dem Reichsgut spielte der Grundbesitz weltlicher Herren, die zum Teil dem hohen Adel angehörten, und in zunehmendem Maße auch der von kirchlichen Institutionen, insbesondere der Bistümer und großen Klöster, eine wichtige Rolle. Wenn wir auch über das Alter des Grundbesitzes der fränkischen Oberschicht ebenso wie des Königtums im südlichen und mittleren Hessen nur wenig wissen, so ist doch zu erkennen, daß vor allem die großen Adelsfamilien die Grundlagen ihrer starken Position in diesem Gebiet schon in der Merowingerzeit gelegt haben müssen. Sie waren die wichtigsten politischen Helfer des Königtums; sie waren auch an dem fränkischen Ausgriff nach Norden beteiligt und schufen sich dabei neue Besitzschwerpunkte, wie es sich beispielsweise an der mittleren Lahn im Bereich der Wanendorfer Mark gut erkennen läßt.

Von den Faktoren, die für die weitere Ausformung der karolingerzeitlichen Gesellschaftsordnung im hessischen Raum ausschlaggebend waren, sollen hier zwei herausgehoben werden. Das ist einmal die enge Verbindung, welche die grundbesitzende Oberschicht mit den neu entstehenden Klöstern einging. Offenbar rekrutierten sich deren Konvente zu einem guten Teil aus Angehörigen der Grundherrenfamilien, die außerdem durch ihre Zuwendungen zusammen mit dem Königtum die materielle Basis der Klöster schufen. Diese Güterschenkungen waren mitverantwortlich für eine starke Mobilität des Grundbesitzes, von der wir in den Schriftquellen den Aufbau der großen klösterlichen Grundherrschaften besonders gut erkennen können. Die Klöster wurden also nicht nur zu Zentren des religiösen und kulturellen Lebens, sondern sie wurden auch zu gewichtigen Wirtschafts- und Machtfaktoren. Und da die Abteien Fulda, Hersfeld, Fritzlar und Lorsch noch im 8. Jahrhundert Reichsklöster wurden, gewann das Königtum dadurch zusätzliche Stützpunkte.

Als zweites wichtiges Moment führen wir die Gewinnung neuen Siedlungslandes an, die nicht nur in Nordhessen, sondern in dem gesamten von uns betrachteten Gebiet während der Karolingerzeit stetig voranschritt. Damit wurden nicht nur neue Wirtschaftsflächen geschaffen, sondern auch für die hauptsächlichen Träger der Binnenkolonisation, die geistlichen und weltlichen Grundherren einschließlich des Königtums, neue Herrschaftsbereiche erschlossen. Vielfach wurde diese Rodungsarbeit innerhalb großer Wald- und Forstgebiete, wie der große Teile des Odenwaldes erfassenden Heppenheimer Mark oder im Hünfelder Raum in der Buchonia, planmäßig organisiert und betrieben.

Wir sind oben auf die Organisationsform der königlichen Grundherrschaftskomplexe eingegangen. In ähnlicher Weise – mit gewissen Modifikationen – war auch der Grundbesitz der Klöster und der führenden Adelsgeschlechter gegliedert. Als Charakteristikum sei noch einmal die große Ausdehnung bei zum Teil starker Streulage des Besitzes betont. Auch Herrenfamilien bescheideneren Zuschnitts besaßen Grundherrschaften – entsprechend geringer in ihrem Umfang und von kleinerer Reichweite. Auf die Streuung des Grundbesitzes ist es zurückzuführen, daß offensichtlich nur wenige Orte in der Hand eines einzigen Grundherren waren, was die Ausbildung einer einheitlichen Ortsherrschaft sehr erschweren mußte. Ob es innerhalb der frühmittelalterlichen Bevölkerung in nennenswerter Zahl freie Bauern gegeben hat, also Leute, die ihren eigenen Grund und Boden mit eigener Hände Arbeit bestellten, ist in der Forschung umstritten und läßt sich von den Schriftquellen her nicht entscheiden. Unbestritten ist jedoch, daß der Anteil der persönlich unfreien Personen an der Bevölkerung sehr viel größer war als der freien Leute und der Grundherren.

Zu diesem Zusammenhang sei noch eine an den Traditionsurkunden und -notizen der Klöster gewonnene Beobachtung mitgeteilt: Wenn man die Schenkungsakte des 8. Jahrhunderts mit denen des 9. Jahrhunderts vergleicht, so zeigt sich, daß in dem späteren Zeitraum die Zahl der Schenkungen zwar abnahm, daß in vielen Fällen aber der Umfang der Traditionen zunahm. Welche Folgerungen aus diesem Befund, der noch durch eine genaue Statistik abgesichert werden muß, für die Sozialgeschichte der Karolingerzeit gezogen werden können, kann an dieser Stelle nicht erörtert werden. Dennoch deutet sich die Möglichkeit an, daß vom 8. zum 9. Jahrhundert eine Besitzkonzentration stattgefunden hat oder daß der Personenkreis, der im 8. Jahrhundert die vielen kleinen und mittleren Schenkungen machte, dazu später nicht mehr in gleichem Umfang gewillt oder in der Lage war.

Sucht man sich für die Karolingerzeit aus den Schriftquellen ein Bild von der Größe und Struktur der Siedlungen zu machen, so gewinnt man den Eindruck einer großen Mannigfaltigkeit. Neben einer hohen Zahl großer Dörfer mit 20, 30 und mehr Bauernhöfen gab es kleinere Orte, insbesondere im Ausbauland, und auch Einzelhöfe. Die Wirtschaftshöfe der Grundherrschaften, die ebenfalls in der Größe stark voneinander abwichen, lagen in der Regel innerhalb der Ortschaften. Es gab Dörfer, in denen mehrere dieser Herrenhöfe nachzuweisen sind, und andere, in denen nur von hörigen Bauern bewirtschaftete kleinere Betriebe vorhanden waren. Zu dem Problem der Zusammensetzung der Bewohnerschaft der Siedlungen muß darauf hingewiesen werden, daß viele der grundherrschaftlichen Wirtschaftshöfe nicht von einer Herrenfamilie bewohnt waren, da sie von Verwaltern geleitet wurden, und daß auf diesen Höfen zahlreiche unfreie Knechte und Mägde leben konnten, denen gegenüber selbst die hörigen Hufenbauern einen besseren sozialen Status hatten.

Die vorgetragenen Beobachtungen zur Struktur der Grundherrschaften und Siedlungen sowie zur Zusammensetzung der Bevölkerung mit ihrem überwiegenden Anteil an Unfreien fordern zum Vergleich mit den von der Frühmittelalterarchäologie nach den Bodenfunden für die Merowingerzeit geschilderten Verhältnissen heraus. Eine solche, eingehende Analysen erfordernde vergleichende Betrachtung kann an dieser Stelle nicht durchgeführt, es kann nur darauf hingewiesen werden, daß sie noch zu leisten ist. Sie erscheint gerade für den hessischen Raum besonders vielversprechend, weil hier nicht nur die praktische Zusammenarbeit zwischen Archäologie und mittelalterlicher Geschichte seit langem gut funktioniert, sondern weil auch die jeweilige Quellensituation und der Forschungsstand der beiden Disziplinen eine gute Ausgangsbasis für methodische Überlegungen bieten. Da hier für den selben Raum die Verhältnisse der Merowingerzeit denen der Karolingerzeit gegenübergestellt werden können, und zwar in der Gewißheit, daß diese ja aus jenen hervorgegangen sind, wird ersichtlich, ob die von den beiden Disziplinen entworfenen Bilder im Sinne einer zeitlichen Aufeinanderfolge vereinbar sind. Falls dabei größere Diskrepanzen erscheinen, wird zu erwägen sein, ob dafür Unterschiede in der Methode oder der Terminologie der beiden Wissenschaftszweige verantwortlich sind, ober ob die Entwicklung Brüche aufweist, vielleicht durch bisher nicht erkannte massive Beeinflussung von außen. Es ist zu hoffen, daß die Ausstellung und die von ihr angeregte Bestandsaufnahme der frühmittelalterlichen Archäologie in Hessen neue Impulse für die interdisziplinäre Erforschung des Frühmittelalters in Hessen geben.

Zum Abschluß soll noch in aller Kürze auf die während des 9. Jahrhunderts zu beobachtenden politischen und verfassungsrechtlichen Veränderungen eingegangen werden. Auslösende Momente dafür waren offenbar vor allem das Ende der Sachsenkriege, das die militärisch-strategische Bedeutung Nordhessens und insbesondere der großen fränkischen Befestigungen zurückgehen ließ, und der Tod Karls des Großen, auf den eine Zeit der politischen Instabilität, der kriegerischen Auseinandersetzungen innerhalb des königlichen Hauses und der Reichsteilungen folgte. Dadurch wurde insgesamt ein Aufstieg des Adels begünstigt, eine Kräfteverschiebung zugunsten der großen Adelsfamilien und zuungunsten des Königtums eingeleitet. Diese neue Konstellation fand ihren Niederschlag wahrscheinlich in einer Anzahl kleinerer Burgen, die nach den Erkenntnissen der Archäologie wohl im 9. Jahrhundert als Befestigungen des Adels entstanden sein dürften, und vor allem in der wachsenden politischen Aktivität einiger Adelsgeschlechter. Diese konnten die Grafschaften, auf denen im wesentlichen Rechtsprechung und Verwaltung aufgebaut waren und die ursprünglich vom Königtum amtsweise besetzt worden waren, zu ihrem erblichen Besitz machen und zum Teil mehrere Grafschaften in einer Hand vereinigen. Aus diesen mächtigen Familien ragten zunächst die Rupertiner heraus, deren Besitz- und Machtschwerpunkte im Mittelrheingebiet lagen und die 764 das Kloster Lorsch gründeten. Noch größere Bedeutung für die hessische Geschichte erlangten die Konradiner, deren Position im Lahngebiet verankert war, wo sie mehrere Grafschaften besaßen und in den Jahren 897, 910 und 912 in Wetzlar, Limburg und Weilburg Kanonikerstifte gründeten. Das Haupt der Familie wurde 911 als Konrad I. zum König erhoben. Er designierte zu seinem Nachfolger den Sachsenherzog Heinrich, der 919 in Fritzlar zum deutschen König gewählt wurde.

Arnold (1875); Bach (1953/54); Bach (1973) 183ff.; K.E. Demandt (1953) 35ff.; Fritzlar im Mittelalter (1974); Gockel (1970); Görich (1936/48); Görich (1952) 473ff.; K. Heinemeyer (1971); Knöpp (1973/77); Metz (1960); Niemeyer (1952) 13ff.; Schalles-Fischer (1969); Schlesinger (1965) 487ff.; Schlesinger (1975); Schmid (1978); Schwind (1977) 444ff.; Schwind (1979) 1ff.; Staab (1975); Stengel (1960) 355ff.; Struck (1972) 28ff.

Die Missionierung Hessens **Karl Heinemeyer**

Die Ausbreitung des Christentums in Hessen war ein langwieriger Vorgang. Er zog sich am Beginn des Mittelalters über mehrere Jahrhunderte hin, bis alle Bewohner des Landes endgültig das Heidentum mit den angestammten Göttern aufgegeben und sich der Lehre Christi zugewandt hatten. Einen Höhepunkt bedeutete hierbei das Wirken des hl. Bonifatius, mit dessen überragender Gestalt die Ausbreitung des Christentums in Hessen häufig verbunden wird. Doch als der Angelsachse im Jahre 721 im alten chattischen Stammland, im Norden des heutigen Bundeslandes, seine Tätigkeit aufnahm, hatte der christliche Glaube vor allem im Süden schon seit langem Eingang gefunden. Während aber seit dem Auftreten von Bonifatius in zunehmendem Maße die literarische und urkundliche Überlieferung Auskunft gibt, stehen für die vorangegangene Zeit überwiegend archäologische Quellen zur Verfügung. Daher muß das Bild gerade für die Anfänge, aber auch für die erste Zeit der zunächst noch mageren schriftlichen Überlieferung lückenhaft und vielfach unsicher bleiben; zudem wirken sich die recht erheblichen Unterschiede im Stand der archäologischen Erforschung der einzelnen Landesteile nachdrücklich aus.

Bereits in der Spätantike hatte die Lehre Christi zusammen mit anderen, in den östlichen Randgebieten des Mittelmeeres entstandenen religiösen Kulten die römischen Provinzen der Rheinlande erreicht. Nachdem schon in der Mitte des 3. Jahrhunderts in Trier, der zeitweiligen Kaiserresidenz, die nicht mehr unterbrochene Reihe der christlichen Bischöfe eingesetzt hatte, werden für die Civitates am Rhein die ersten Bischöfe seit dem 4. Jahrhundert in den schriftlichen Quellen überliefert: in Köln, der Hauptstadt der Provinz Germania II, zuerst am Anfang des Jahrhunderts, um 340 dann in dem Vorort der Germania I Mainz ebenso wie im benachbarten Worms und auch in Speyer und Straßburg ebenfalls noch im 4. Jahrhundert. Doch christliche Gemeinden lassen sich am Mittelrhein nicht nur in den Hauptorten der Civitates Mainz und Worms, sondern auch außerhalb in kleineren befestigten Orten anhand von Kirchenfundamenten und Grabfunden nachweisen oder begründet vermuten, so schon im 4. Jahrhundert in Boppard und in der ersten Hälfte des 5. Jahrhunderts in Rheinhessen in den Kastellorten Kreuznach, Alzey und Bingen sowie rheinabwärts in Koblenz und Andernach. Auch in dem ausgedehnten spätrömischen Brückenkopf rechts des Rheines gegenüber von Mainz lassen sich nördlich der Mainmündung in Kastel und auch in Wiesbaden, also auf dem Boden des heutigen Hessen, christliche Gemeinden vermuten, wenngleich bisher nicht sicher erweisen. Älter noch scheinen im Land am unteren Main Spuren christlicher Einwirkung zu sein, die aus der anscheinend planmäßigen Zerstörung der Mithrasheiligtümer von Dieburg, Stockstadt am Main und Großkrotzenburg erschlossen wurden. Sie reichen jedoch nicht über das 4. Jahrhundert hinaus, als in diesem nach dem Fall des Limes alamannisch besiedelten Gebiet der letzte römische Einfluß verschwand, und blieben ohne jede Nachwirkung. Insgesamt gesehen, hielt sich bis zum Ende der römischen Herrschaft am Rhein das Christentum sichtlich innerhalb der Reichsgrenzen, d. h. im wesentlichen im linksrheinischen Gebiet, während die rechtsrheinischen Landstriche und somit auch das heutige Hessen bis auf die genannten Ausnahmen noch unberührt blieben.

Mit dem endgültigen Zusammenbruch der römischen Herrschaft am Mittelrhein in der ersten Hälfte des 5. Jahrhunderts hörten auch die Rheinbistümer zu bestehen auf. Erst nach rund einhundert Jahren wurde um die Mitte des 6. Jahrhunderts, nunmehr unter fränkischer Herrschaft, in Mainz der Bischofsstuhl wieder besetzt, während für Worms ein Bischof gar erst wieder im Jahre 614 bezeugt ist. An beiden Orten kam die Wiederbesetzung der Bischofssitze Neugründungen der Bistümer als kirchlichen Institutionen gleich, wobei von Anfang an die nachhaltige Förderung durch das merowingische Königshaus zu beobachten ist. Die enge Bindung gerade der mittelalterlichen Mainzer Bischöfe an das fränkisch-deutsche Königtum hatte ihre Wurzeln in dieser Frühzeit.

Doch auch während der langen Unterbrechung der Bistümer lebte das Christentum bei den vornehmlich galloromanischen Bewohnern der Städte Mainz und Worms sowie der rheinhessischen Kastellorte weiter. Ihre Gemeinden überdauerten die großen politischen Umwälzungen des 5./6. Jahrhunderts und führten in das Frühmittelalter hinüber, wie es außer für Mainz und Worms vor allem für Bingen durch christliche Grabsteine gut bezeugt ist. Außerdem gewann das Christentum schon seit dem Anfang des 6. Jahrhunderts außerhalb der Städte nun auch Anhänger unter der germanischen Bevölkerung, die sich damals hier niederließ. Gerade die Angehörigen der fränkischen

Oberschicht begannen offensichtlich schon wenige Jahrzehnte nach der Taufe König Chlodwigs durch Bischof Remigius von Reims im Jahre 498 (499) (vgl. S. 30) auch in Rheinhessen, sich zu dem neuen Glauben zu bekennen.

Während rechts des Rheines seit der Landnahme der Alamannen im Untermaingebiet die frühesten Einflüsse römischen Christentums, wie erwähnt, längst verschwunden waren, lebten im ehemaligen Mainzer Brückenkopf in der Zeit der Unterbrechung des Bistums Mainz mit Sicherheit Christen unter der Bevölkerung. Hiervon künden mehrere Grabsteine aus Wiesbaden, die in das 5./6. Jahrhundert zu datieren sind, wie etwa die für *Municerna* oder *Ingildo*. Auch der in Kastel gefundene Grabstein für *Mumula* (?) (vgl. Kat.Nr. 131), den ein offensichtlich des Schreibens unkundiger Steinmetz mit einer kaum zu entziffernden Inschrift versah, dürfte aus dieser Zeit stammen. Die Wurzel dieses rechtsrheinischen Christentums ist sowohl in den in Kastel und Wiesbaden zu vermutenden älteren christlichen Gemeinden als auch in dem unmittelbaren Einfluß der fortbestehenden Mainzer Gemeinde zu suchen. Erstmals für dieselbe Zeit bezeugt der Grabstein für eine *matrona Remica* in Goddelau (südwestlich Darmstadt) (vgl. Kat.Nr. 130) nun auch Christen in der südlich des Mains gelegenen rechtsrheinischen Ebene, dem hessischen Ried; auch sie mögen von Mainz aus zu ihrem Glauben angeregt worden sein.

So fand Bischof Sidonius, mit dem in der Mitte des 6. Jahrhunderts nunmehr unter fränkischer Herrschaft das Bistum Mainz wieder begründet wurde, östlich des Rheines an der Mainmündung erste christliche Ansätze vor, an die er und seine Nachfolger anknüpfen konnten. Sidonius errichtete nicht nur neben anderen Bauten in seiner Bischofsstadt ein Baptisterium bei der Kathedrale – sie verdankte übrigens ihr Patrozinium des hl. Martin, das später charakteristische Mainzer Bistumspatrozinium, wohl ebenfalls diesem Bischof –, sondern er erbaute vor 566/567 sehr wahrscheinlich auch gegenüber in Kastel eine Kirche und weihte sie dem hl. Georg. Mit ihrem Bau und ihrer Weihe ist zum ersten Mal das seelsorgerische und kirchenorganisatorische Ausgreifen der Mainzer Bischöfe über den Rhein nach Osten zu erkennen.

In den folgenden eineinhalb Jahrhunderten, verstärkt wohl seit der Wende zum 7. Jahrhundert, strahlte die christliche Mission von Mainz aus in die zunächst alamannischen, seit König Chlodwigs Sieg über die Alamannen 496 fränkisch gewordenen Gebiete beiderseits des unteren Mains und der Wetterau und damit in das heutige Hessen. Die Richtung wiesen ihr zum einen der Main, an dessen Ufer in Höchst wohl schon früh ein bischöflicher Mittelpunkt entstand, und zum anderen die großen Straßen, die von Mainz nach Osten und Nordosten ausgingen. Ohne daß sich der Fortgang der Mission im einzelnen aufhellen ließe, bezeugen ihre Wirksamkeit neben Grabbeigaben mit Kreuzzeichen und der zunehmenden Ost-West-Ausrichtung der Bestattungen in den Reihengräberfriedhöfen des südlichen und östlichen Taunusvorlandes wiederum mehrere Grabsteine, so der für *Roteldis* vom Gimbacher Hof bei Fischbach im Taunus (bei Kelkheim) aus dem 7. Jahrhundert und ein Stein des 7./8. Jahrhunderts ohne Inschrift, aber mit christlichen Symbolen aus Hochheim am Main, aber auch die Spuren einer Holzkirche auf dem fränkischen Reihengräberfriedhof bei Griesheim (westlich Darmstadt) (vgl. Kat. Nr. 122). Um 711/716 dann weihte Bischof Rigibert von Mainz in Nilkheim (heute Nilkheimer Hof) gegenüber von Aschaffenburg eine Dionysiuskirche, die der Priester Adalhuno errichtet hatte, wie eine heute verlorene Inschrift mitteilte. Diese zweite – nach der Georgskirche in Kastel – überlieferte Weihe einer rechtsrheinischen Kirche durch einen Mainzer Bischof zeigt deutlich, daß seine Amtsgewalt sich zu Beginn des 8. Jahrhunderts bereits über das gesamte Land zwischen den Gebirgszügen von Odenwald, Spessart, Vogelsberg und Taunus erstreckte.

Im Süden, aber später als die Mainzer Mission erst im 7. Jahrhundert einsetzend, trug der Bischof von Worms den christlichen Glauben ebenfalls über den Rhein nach Osten. Auch für ihn bildeten eine große Straße, die, von Metz kommend, in Worms den Rhein überschritt und nach Osten zur Donau strebte, und vor allem der Neckar flußaufwärts die Leitlinien. Nach einem frühen Zentrum in Ladenburg in der rechtsrheinischen Ebene hatte die Wormser Mission wohl vor 700 Wimpfen erreicht.

Ebenso war nördlich des Mainzer Bereiches das Bistum Trier an der Christianisierung heute hessischer Gebiete beteiligt. Der Einfluß des Trierer Bischofs, der seit dem 4. Jahrhundert moselabwärts vorgedrungen war, hatte vermutlich noch vor dem Ende der römischen Herrschaft bei Koblenz den Rhein erreicht. Von hier aus folgte die Trierer Mission nunmehr dem Lauf der Lahn aufwärts und christianisierte beiderseits des Flusses. In Dietkirchen bei Limburg, dessen Name die ursprüngliche Bedeutung des Platzes als »Volkskirche« festgehalten hat, entstand früh die Grundlage für den späteren kirchlichen Mittelpunkt der Trierer Erzbischöfe im Land nördlich des Taunus, auch wenn der älteste archäologisch bisher nachgewiesene Kirchenbau wohl erst um 730 errichtet wurde. An der mittleren Lahn um Wetzlar-Gießen, wo Lahntal und Wetterau einander sich nähern, trafen die Missionsbestrebungen von Trier und Mainz aufeinander und führten hier zu der späteren Aufteilung unter die Diözesen Mainz und Trier.

Wie vor allem die Grabsteine als die ersten Zeugnisse christlicher Überlieferung in den Gebieten östlich des Mittelrheins zeigen, erreichte die Mission hier zunächst besonders die adligen Grundherren. Dies entspricht den auch sonst aus dem Frankenreich bekannten Verhältnissen. Denn während sich das Christentum in seinen ersten Anfängen im Römischen Reich gerade in den unteren Bevölkerungsschichten ausgebreitet hatte, wirkte die Mission im Frankenreich offensichtlich vor allem »von oben her«. Schon bei der Taufe Chlodwigs in Reims war eine große Zahl seiner Gefolgsleute und Großen gemeinsam mit dem König zu dem neuen Glauben übergetreten, und anschließend fand das Christentum schnell Eingang in den führenden Schichten des fränkischen Reiches. So ist damit zu rechnen, daß sich im Zuge der fränkischen Siedlung in den bisher alamannischen Gebieten Hessens auch schon vorher christlich gewordene Grundherren niederließen. Aber auch das Königtum selbst und seine örtlichen Amtsträger dürfen in diesem Zusammenhang nicht übersehen werden. Daher sind für die Ausbreitung des Christentums in Süd- und Mittelhessen neben der gleichsam amtlichen Mission der Bischöfe auch andere Wurzeln zu berücksichtigen, ohne daß sich freilich angesichts der fehlenden Überlieferung die einzelnen Anteile gegeneinander abgrenzen ließen.

Gleichermaßen lassen sich die Anteile der Bischöfe, des Königtums und der adligen Grundherren an der Gründung der ersten Kirchen bisher nicht näher bestimmen. Sicher ist jedoch, daß bei dem allmählichen Aufbau der ersten Pfarrorganisation, wie sie in den altbesiedelten Landschaften Süd- und Mittelhessens schon für die erste Hälfte des 8. Jahrhunderts in den Grundzügen zu erkennen ist, alle drei Kräfte durch die Anlage von Eigenkirchen zusammenwirkten. Ferner besteht kein Zweifel an dem frühzeitigen Bau von Kirchen gerade durch das Königtum sowohl bei den großen fränkischen Stützpunkten, etwa der Festung auf dem Glauberg bei Stockheim (nordwestlich Büdingen) (vgl. Kat. Nr. 168), als auch bei den Verwaltungsmittelpunkten des reich vorhandenen Königsbesitzes.

Doch auch der Osten des heutigen Hessen blieb schon in der Frühzeit vom Christentum nicht völlig unberührt. Nachdem bereits vor 530 in dem östlich angrenzenden, noch selbständigen Thüringerreich erste Christen in der Königsfamilie anzutreffen waren, herrschten im 7. Jahrhundert in Thüringen nicht nur christliche Herzöge, sondern fanden sich auch unter den Großen des Landes Anhänger des Christentums. Die politischen und kulturellen Verbindungen aus dem Innern des Frankenreiches nach Thüringen aber führten durch Hessen. Ebenso waren die seit der zweiten Hälfte des 7. Jahrhunderts auf der Marienburg bei Würzburg nachweisbaren Herzöge Heden Christen. Vermutlich durch sie, vielleicht auch durch das fränkische Königtum unmittelbar, gelangte das Christentum erstmals auch in das Land zwischen Vogelsberg und Rhön. Denn in Fulda, am Schnittpunkt einer frühen Fernstraße von Mainz durch die Wetterau nach Thüringen mit einer anderen zum Grabfeld und nach Würzburg, konnte bei dem schon länger bekannten, durch seine reich ausgestatteten Steinbauten ausgezeichneten Herrenhof des 7. Jahrhunderts unlängst auch eine zugehörige Steinkirche nachgewiesen werden, die zusammen mit dem Hof zu Anfang des 8. Jahrhunderts zugrunde gegangen ist (vgl. Kat. Nr. 211,1). Waren demnach die Erbauer und die Bewohner des pfalzartigen Herrenhofes in Fulda im 7. und frühen 8. Jahrhundert auch bereits Christen, so hatte das Christentum andererseits in dieser Landschaft noch nicht tiefere Wurzeln geschlagen.

Während die Mission, die von den rheinischen Bischofsstädten ausging, bis zur Wende vom 7. zum 8. Jahrhundert kaum über die Mitte des heutigen Hessen hinausdrang, ist die Christianisierung des Nordens mit dem oberen Lahngau und dem althessischen Kerngebiet an Eder und unterer Fulda sowie des Nordostens an der unteren Werra, der thüringisch besiedelt war, in der Überlieferung an das

Wirken des hl. Bonifatius geknüpft. Die aber auch hier vorhandenen älteren Ansätze drängte seine überragende geschichtliche Gestalt so weit in den Hintergrund, daß sie nur noch schwer auszumachen sind. Immerhin traf Bonifatius zu Beginn seiner Tätigkeit in Hessen im Jahre 721 auf der Amöneburg im oberen Lahngau schon Christen an, die freilich nicht seinen Anforderungen entsprachen.

Ergänzt wird diese einzige Nachricht der schriftlichen Überlieferung über vorbonifatianisches Christentum im nördlichen Hessen durch archäologische Quellen. Mehrere Friedhöfe lassen insoweit christliche Einflüsse erkennen, als ihre Bestattungen durchweg in Ost-West-Richtung angelegt wurden. Nach dem frühen Kriegergrab 1 von Werkel bei Fritzlar schon aus der Zeit um 600 entstammt die Mehrzahl der Gräber von Amöneburg (vgl. Kat. Nr. 111), vom Christenberg bei Münchhausen (vgl. Kat. Nr. 129), von Goddelsheim bei Korbach (vgl. Kat. Nr. 84), Mardorf bei Homberg/Efze, Liebenau bei Hofgeismar und Niederhone bei Eschwege (vgl. Kat. Nr. 92) dem ausgehenden 7. und beginnenden 8. Jahrhundert. Sie stehen damit zwar dem Beginn des Wirkens von Bonifatius in diesen Gegenden zeitlich nahe, gleichwohl können sie als deutliche Zeugnisse für ältere christliche Einwirkungen gelten. Dies gilt ebenso für die unlängst unter der Kirche von Kirchberg bei Niedenstein (nördlich Fritzlar), also im althessischen Kerngebiet, aufgedeckten Gräber aus der Zeit um 700 (vgl. Kat. Nr. 205). Darüber hinaus aber trat in einem von ihnen als Beigabe eine silberne Kreuzfibel zutage (vgl. Kat. Nr. 200). Diesem Fund kommt dadurch eine besondere Bedeutung zu, als es sich bei ihm um den ersten eindeutig christlichen Grabfund im nördlichen Hessen handelt, wo bisher derartige Grabbeigaben nicht bekannt waren.

Auf welchem Wege das nunmehr sowohl schriftlich wie archäologisch zweifelsfrei bezeugte vorbonifatianische Christentum in das nördliche Hessen gelangt ist, kann nur vermutet werden. Da seit dem ausgehenden 6. Jahrhundert gerade in den östlichen Gebieten des Frankenreiches in größerer Zahl iroschottische Missionare wirkten, suchte die ältere Forschung diesen Wanderpredigern, die sich durch ihre Askese besonders auszeichneten, auch in der Christianisierung Hessens insgesamt eine erhebliche Rolle zuzumessen und Spuren ihres frühen Wirkens an verschiedenen Orten zu erkennen. Im Gegensatz zu Süddeutschland, etwa den Gebieten um den Bodensee, aber auch zur Würzburger Gegend, wo 688/689 Kilian und seine Gefährten den Tod fanden, gibt es jedoch keine sicheren Hinweise auf das Wirken von Iroschotten in Hessen vor dem 8. Jahrhundert. Auch das Brigidenpatrozinium der Kirche auf dem Büraberg bei Fritzlar (vgl. Kat. Nr. 166), wiederholt als deutliches Zeichen für einen iroschottischen Einfluß in Althessen vor der Zeit des Bonifatius angesehen, kann hierfür nicht in Frage kommen. Zweifelsfrei bezeugt sind Iroschotten in Hessen vielmehr erst in der zweiten Hälfte des 8. Jahrhunderts, als der irische Abt Beatus von Honau 778 mehrere Kirchen in Mainz und in Mittelhessen, darunter in Wieseck bei Gießen, in der Wüstung Hausen bei Lich (vgl. Kat. Nr. 206) und in Schotten, das nach diesen Wanderpredigern genannt ist, seinem elsässischen Kloster übertrug. Zu dieser Zeit aber war die bischöfliche Kirchen- und Pfarrorganisation in Hessen bereits errichtet.

Abgesehen von möglichen Ausstrahlungen aus Mittelhessen in den oberen Lahngau, werden die ersten Anfänge des Christentums im nördlichen Hessen am ehesten auf Einwirkungen der fränkischen Herrschaft und der fränkischen Kultur beruhen, die hier seit der zweiten Hälfte des 7. Jahrhunderts zunehmend zu beobachten sind. Als Vermittler dürften vor allem das Königtum selbst und seine örtlichen, ohne Zweifel schon christlichen Vertreter in Betracht kommen, insbesondere in den Großburgen, die das Königtum gegen Ende des Jahrhunderts auf dem Büraberg (vgl. Kat. Nr. 166), dem Christenberg (vgl. Kat. Nr. 167) und zweifellos auch auf der Amöneburg (vgl. Kat. Nr. 165) errichtete, aber auch in anderen Plätzen unmittelbarer königlicher Herrschaft im Lande.

Planmäßig dem Christentum erschlossen wurde das nördliche Hessen seit den frühen zwanziger Jahren des 8. Jahrhunderts durch den Angelsachsen Winfried-Bonifatius. Hierüber unterrichten vor allem seine großenteils erhaltene reiche Korrespondenz und seine Lebensbeschreibung, die um 765 der angelsächsische Kleriker Willibald in Mainz verfaßte. Bonifatius begann nach einer ersten zweijährigen Tätigkeit an der Seite seines älteren Landsmannes Willibrord in Friesland im Jahre 721 die selbständige Missionsarbeit, für die ihn schon vorher der römische Papst autorisiert hatte. In der fränkischen Festung auf der Amöneburg, dem natürlichen Mittelpunkt der altbesiedelten Beckenlandschaft des oberen Lahngaus, traf er, wie erwähnt, bereits Christen an. Er führte sie zum rechten

Glauben zurück, bekehrte weitere, begann wohl schon jetzt, in der Burg eine erste Kirche des hl. Michael zu errichten, und gründete hier sogleich eine Niederlassung von Geistlichen. Von diesem rückwärtigen Stützpunkt aus dehnte er sodann seine Mission in das althessische Gebiet südlich der Grenze zu den heidnischen Sachsen aus.

Nach ersten Erfolgen bei den Hessen weihte ihn Papst Gregor II. Ende 722 in Rom zum Missionsbischof, d. h. zum Bischof ohne festen Sitz und ohne Diözese. Als künftiges Tätigkeitsfeld wies ihm der Papst »einige Stämme in Germanien östlich des Rheines«, die sich teils schon zum Christentum bekannten, aber noch heidnischen Bräuchen anhingen, teils noch gänzlich Heiden waren, und insbesondere die Thüringer zu. Außerdem empfahl er den Missionar auch dem fränkischen Hausmeier Karl Martell, der ihm und seinen Helfern daraufhin Anfang 723 seinen Schutz und die Unterstützung aller staatlichen Amtsträger im gesamten fränkischen Reich gewährte. Nunmehr verfügte Bonifatius über die rechtlichen Möglichkeiten, selbständig in seinem Missionsgebiet die Voraussetzungen für eine kirchliche Organisation zu schaffen, mit Billigung und Unterstützung durch die fränkische Staatsgewalt. Denn anders als die iroschottischen Missionare, die sich meist mit Predigt und Taufe begnügten, strebten die Angelsachsen auf dem Kontinent neben der Bekehrung der Menschen zum christlichen Glauben zugleich auch den Aufbau kirchlicher Einrichtungen zur dauerhaften Sicherung des Erreichten an.

Anschließend wirkte Bonifatius weiterhin in Nordhessen. Als Zentrum seiner Tätigkeit hebt sich das ehemals chattische, nunmehr hessische Kerngebiet in der Ebene von Fritzlar-Wabern heraus. Hier fand jenes aufsehenerregende Ereignis statt, das Willibald in seiner Bonifatius-Biographie eindrucksvoll geschildert hat: Auf den Rat einheimischer Christen fällte Bonifatius inmitten einer großen Volksmenge in Geismar die dem Donar geweihte Eiche und baute aus ihrem Holz eine kleine Peterskirche. An der lange umstrittenen Identifizierung des Ortes mit dem dicht bei Fritzlar gelegenen Geismar wird heute nicht mehr gezweifelt, zumal durch jüngste Ausgrabungen hier ein bedeutender Siedlungsplatz mit kontinuierlicher Benutzung bis in das 8. Jahrhundert nachgewiesen wurde (vgl. Kat. Nr. 158). Deshalb ist die Peterskirche, die Bonifatius aus dem Holz der Eiche errichtete, im benachbarten Fritzlar zu suchen, und zwar als ältester Kirchenbau an der Stelle des heutigen Petersdomes; doch haben sich anscheinend keine Spuren dieses ersten Holzbaues erhalten. Wie in Amöneburg gründete Bonifatius vermutlich schon jetzt auch in Fritzlar eine ständige Niederlassung von Geistlichen. Der Vorgang zeigt beispielhaft das Verfahren vieler christlicher Missionare, die ihre ersten Gotteshäuser mit Vorliebe bei heidnischen Kultplätzen oder auch an anderen Stellen errichteten, die von der Bevölkerung häufig aufgesucht wurden, wie etwa auch alte Gerichts- und Versammlungsplätze außerhalb der Siedlungen. Ferner werden hier die Umstände sichtbar, unter denen sich die Mission jener Tage vollzog. Denn Bonifatius beseitigte das heidnische Heiligtum einerseits vor den Augen einer Menschenmenge, die ihm weitgehend feindlich gegenüberstand, andererseits aber im sicheren Schutz der Festung auf dem nahe gelegenen Büraberg und damit der fränkischen Staatsmacht.

Offensichtlich erzielte Bonifatius mit seiner Missionsarbeit in Nordhessen rasche und dauerhafte Fortschritte, so daß sich bald eine räumliche Festigung des Christentums abzeichnete. Hierauf weist die Auseinandersetzung mit einem benachbarten Diözesanbischof hin, der jetzt das hessische Missionsgebiet als Teil seines Amtsbereiches beanspruchte. Zwar ist die Frage noch nicht abschließend geklärt, ob es sich um den Bischof von Trier oder um den Bischof von Mainz handelte, die beide aufgrund der oben besprochenen frühen Ausdehnung ihrer Diözesen nach Mittelhessen in Betracht kommen, doch dürfte vielleicht eher an den Mainzer Bischof zu denken sein.

Erst Anfang 725 dehnte Bonifatius seine Mission nun auch nach Thüringen aus. Dort traf er nicht nur Christen, zumal in den führenden Kreisen, sondern sogar länger schon im Lande wirkende Geistliche an, und auch dort gründete er in Ohrdruf bei Gotha eine erste Niederlassung von Geistlichen. Dabei gab er aber offensichtlich sein hessisches Arbeitsgebiet nicht auf, sondern widmete sich seitdem Hessen und Thüringen gemeinsam. Doch lassen sich über das schon Berichtete hinaus keine weiteren Einzelheiten seines Wirkens feststellen, etwa über den Bau von Gotteshäusern an bestimmten Orten, wie von der lokalen Forschung immer wieder versucht wird, da die Quellen hierüber vollständig schweigen. Deutlich zu erkennen ist aber, wie Bonifatius aus den Gegenden, die den Missionsgebieten der rheinischen Bischöfe vorgelagert waren, nach Norden und Osten planmäßig vorwärtsschritt und jeweils sichere geistliche Stützpunkte anlegte.

Zu Beginn der dreißiger Jahre, nach nunmehr zehn Jahren eigener – und seiner stets zahlreichen Helfer – unermüdlicher Missionsarbeit sah sich Bonifatius den inzwischen ganz erheblich angewachsenen seelsorgerischen Aufgaben allein, d. h. als Bischof, nicht mehr gewachsen. Bei Hessen und Thüringern war das Christentum jetzt so weit verankert, daß die Zeit für eine zusammenfassende feste Kirchenorganisation gekommen schien. So erhielt Bonifatius 732 von Papst Gregor III. mit der Übersendung des Palliums und der Ernennung zum Erzbischof den Auftrag, in seinem Tätigkeitsbereich seinerseits Bischöfe einzusetzen, also Bistümer als die übliche, über den Pfarreien stehende großräumige Gebietsorganisation aufzubauen. Gleichwohl vergingen bis zur Verwirklichung noch einmal nahezu zehn Jahre, vermutlich weil vor allem die für die Gründung von Bistümern notwendige Unterstützung der fränkischen Staatsgewalt zunächst nicht zu erlangen war.

So führte Bonifatius in der Folgezeit im wesentlichen seine bisherige Arbeit in Hessen und Thüringen fort, dehnte sie aber nun auch auf das schon länger und umfassender christianisierte Mainfranken aus. Hier hatte bereits 716/717 der in Würzburg residierende Herzog Heden mit Hilfe von Bonifatius' Lehrer Willibrord beabsichtigt, in Hammelburg an der Fränkischen Saale ein Kloster zu gründen, ohne daß der Plan damals verwirklicht werden konnte. Wie bisher blieb weiterhin die geistliche Niederlassung in Fritzlar für Bonifatius ein wichtiger Stützpunkt. Wohl nach seiner Ernennung zum Erzbischof 732 ersetzte er hier die Holzkirche durch einen Steinbau; auf ihn sind vermutlich die ältesten unter dem Dom gefundenen Fundamente zu beziehen. Zudem diente Fritzlar mit seiner früh eingerichteten Schule als Ausbildungsstätte für den Nachwuchs an Geistlichen, die durch die Erfolge der Mission in zunehmender Zahl benötigt wurden. Auch der aus einer vornehmen bayerischen Familie stammende Sturmi war in Fritzlar ausgebildet worden, bevor er hier fast drei Jahre lang als Priester in der Seelsorge tätig war, wie sein Biograph Eigil berichtet. Vermutlich im Jahre 736 brach der seinem Lehrer Bonifatius besonders vertraute Sturmi aus Fritzlar auf, um inmitten des großen Waldlandes der *Buchonia* als Eremit zu leben. Er gründete mit zunächst zwei Gefährten in Hersfeld an der Fulda seinerseits eine *cella;* Spuren ihres Gotteshauses in Form einer kleinen Saalkirche mit halbrunder Apsis konnten unter der heutigen Hersfelder Stiftsruine nachgewiesen werden (vgl. Kat. Nr. 210).

Rund zwanzig Jahre nach dem Beginn seines Wirkens im nördlichen Hessen, nachdem er inzwischen auch zum päpstlichen Legaten für Germanien ernannt worden war und unlängst das schon länger christianisierte Herzogtum Bayern kirchlich neu geordnet hatte, unternahm es Bonifatius endlich im Jahre 741 oder 742, in seinem mitteldeutschen Tätigkeitsbereich Bistümer zu errichten. Mit Genehmigung des Papstes Zacharias bestimmte er für Mainfranken Würzburg und für Thüringen Erfurt zu Bischofssitzen; der für Althessen zuständige Bischof erhielt seinen Sitz in der Festung Büraburg bei Fritzlar. Zu ersten Bischöfen weihte Bonifatius drei Angelsachsen: Witta für Büraburg und Burchard für Würzburg, während Willibald, der später als Bischof in Eichstätt lebte, vielleicht für Erfurt vorgesehen war. Die Tatsache, daß die Bischöfe von Büraburg und Würzburg ihren Amtssitz in fränkischen Kastellen erhielten, zeigt deutlich die Mitwirkung des Staates bei der Einrichtung der Bistümer. Im Falle von Würzburg wird dies durch die Ausstattung mit Kirchen, Gütern und Einkünften durch den fränkischen Hausmeier Karlmann unterstrichen; dagegen liegen weder für das Bistum Büraburg noch für Erfurt irgendwelche Nachrichten oder Hinweise auf eine derartige Ausstattung als wirtschaftliche Grundlage vor. Ebensowenig läßt sich Näheres über die Abgrenzung ihrer Diözesen feststellen, auch nicht über die von der Forschung immer wieder erörterte Ausdehnung des Bistums Büraburg nach Südwesten in Richtung auf das Bistum Mainz. Sowohl das Bistum Büraburg als auch das Bistum Erfurt bestanden nämlich nur kurze Zeit und wurden noch im 8. Jahrhundert wieder aufgehoben; allein das Bistum Würzburg blieb auf die Dauer erhalten.

Mit der Errichtung des Bistums Büraburg 741/742 war für Hessen die eigentliche Missionszeit beendet, und auch der Norden wurde nunmehr in die reguläre kirchliche Organisation eingegliedert. In diesen Zusammenhang gehört, von Hessen aus gesehen, der anschließende Versuch des Bonifatius, die drei neuen mit den alten Bistümern am Rhein organisatorisch in einer eigenen Kirchenprovinz unter seiner Leitung zusammenzufassen. Obwohl Hausmeier und Papst den Plan gebilligt hatten und Köln bereits zum Sitz des Erzbischofs und Metropoliten Bonifatius bestimmt war, scheiterte das Vorhaben am Widerstand des fränkischen Episkopates; dieser widersetzte sich immer stärker der Reform und Neuordnung der fränkischen Reichskirche insgesamt, die Bonifatius seit dem Anfang der vierziger Jahre im Einvernehmen mit den Hausmeiern betrieb. Bonifatius wurde daher nach 745 mit dem inzwischen frei gewordenen Bistum Mainz abgefunden, das er fortan, selbst weiterhin im Range eines Erzbischofs, als Diözesanbischof leitete. Wahrscheinlich bald darauf, vielleicht noch von ihm selbst, wurden sodann die Bistümer Büraburg und Erfurt mit dem Bistum Mainz vereinigt, so daß Althessen und Thüringen mit den schon bisher von Mainz aus kirchlich betreuten rechtsrheinischen Gebieten zu einer einheitlichen Diözese zusammengeschlossen wurden. So bildete sich die weit nach Norden und Nordosten ausgreifende mittelalterliche Mainzer Diözese, die noch einmal am Ende des 8. Jahrhunderts um Teile des südlichen Sachsen erweitert wurde.

Zu den Maßnahmen, mit denen Bonifatius seine missionarische und kirchenorganisatorische Tätigkeit im heutigen Hessen abschloß, gehört auch die Gründung des Klosters Fulda im Jahre 744 (vgl. Kat. Nr. 211), über die Eigil in der Lebensbeschreibung des Gründungsabtes Sturmi eingehend und anschaulich berichtet. Inmitten der *Buchonia* ließ Bonifatius den für Siedlung und Verkehr sehr günstig gelegenen Platz am Ufer der Fulda mit den Ruinen jenes oben erwähnten, zu Anfang des 8. Jahrhunderts samt Kirche untergegangenen pfalzähnlichen Herrenhofes als geeigneten Standort für ein Kloster durch seinen Schüler und vertrauten Helfer Sturmi ermitteln. Wiederum war die fränkische Staatsgewalt unmittelbar beteiligt; denn der Hausmeier Karlmann übertrug den Platz mit einer umfangreichen Landschenkung an Bonifatius und veranlaßte zudem die Großen des Grabfeldes, auf ihr dortiges Grundeigentum ebenfalls zu verzichten, so daß Bonifatius ein Eigenkloster errichten konnte. In dem zunächst noch *Eihloha* (Eichenwald) genannten Ort begann Sturmi am 12. März 744 mit sieben Brüdern von Hersfeld aus seine Tätigkeit. Leiter des neuen Klosters blieb Bonifatius selbst, indem er Sturmi als seinen ständigen Vertreter einsetzte.

Zweck der Fuldaer Klostergründung war es nicht, wie früher vielfach angenommen, ein Zentrum für die weitere Mission zu errichten, sondern Bonifatius beabsichtigte, abgesehen von seiner eigenen Grablege, für das östliche Frankenreich ein monastisches Zentrum streng im Sinne der Benediktinerregel zu schaffen, um hier seine Vorstellungen vom Klosterleben beispielhaft zu verwirklichen. Dies schloß freilich den weltlichen und kirchlichen Landesausbau wie bei allen Benediktinerklöstern jener Tage mit ein. Demgegenüber hatte es sich bei seinen früheren Gründungen Amöneburg, Fritzlar und Ohrdruf, die gewöhnlich ebenfalls als Klöster bezeichnet werden, nicht um solche im eigentlichen Sinne, sondern eher um Missions- und Seelsorgestationen gehandelt, an denen Priester und Mönche gemeinschaftlich lebten und wirkten.

Am 5. Juni 754 starb Bonifatius bei Dokkum in Friesland den Märtyrertod. Seinem Wunsch gemäß wurde er nach Fulda überführt und in seinem Kloster beigesetzt. Die Nachfolge als Bischof von Mainz trat sein Schüler Lull an, den er 752 zum Bischof geweiht hatte. Sein Schüler Sturmi übernahm die selbständige Leitung des Klosters Fulda. Nachdem Bischof Lull in einem erbitterten Streit mit Abt Sturmi um das Erbe ihres gemeinsamen Lehrers in Fulda unterlegen war, gründete er noch zu Sturmis Lebzeiten in Hersfeld, wo jener einst acht Jahre als Einsiedler gelebt hatte, seinerseits ein Eigenkloster. Wie Bonifatius in Fulda, so ist Lull nach seinem Tode in Hersfeld bestattet worden.

Die Klöster Fulda und Hersfeld wurden seit ihrer Gründung in besonderem Maße von einheimischen großen und auch kleineren Grundherren durch die Übertragung von Grundbesitz gefördert. Die Schenker entstammten denselben Kreisen, die seit den Anfängen der Mission rechts des Rheines von ihr als erste erreicht worden waren und die ihrerseits zur Verbreitung des Christentums seit langem beigetragen hatten, nicht zuletzt durch den Bau eigener Gotteshäuser auf ihren Besitzungen. Sie hatten auch Bonifatius bei seiner Missions- und Aufbauarbeit im nördlichen Hessen tatkräftig unterstützt. Wie in anderen Teilen des fränkischen Reiches, wurde bald auch in Hessen ein Kloster durch Angehörige des fränkischen Reichsadels gegründet. Graf Cancor aus dem Geschlecht der Rupertiner und seine Mutter Williswint stifteten im Jahre 764 in Südhessen im Ried das Kloster Lorsch (vgl. Kat.

Nr. 215). Sie übergaben es ihrem Verwandten, Erzbischof Chrodegang von Metz, und dieser setzte seinen Bruder Gundeland als Abt ein, der sodann 772 die Stiftung seiner Familie dem fränkischen König übertrug. Karl der Große nahm das Kloster 772 in seinen Königsschutz und verlieh ihm die Immunität sowie das Recht der freien Abtwahl; Lorsch war nunmehr Reichskloster geworden. Auch Fulda und Hersfeld nahmen dieselbe Entwicklung zu Reichsklöstern, die Karl der Große 774 mit der Verleihung der Immunität an Fulda und 775 in derselben Weise für Hersfeld abschloß.

In den Benediktinerklöstern Fulda, Hersfeld und Lorsch – sämtlich mit reichem Grundbesitz, Immunität und dem Recht der freien Abtwahl ausgestattete Reichsklöster – entwickelten sich in der Folgezeit im Bereich des heutigen Hessen drei hervorragende kirchliche, aber auch politische und kulturelle Mittelpunkte des ostfränkischen und des mittelalterlichen deutschen Reiches. Gemeinsam mit ihnen bestimmte der Bischof, seit 780/782 Erzbischof von Mainz als der für den größten Teil des Landes zuständige Diözesanbischof über Jahrhunderte hinweg entscheidend das kirchliche Leben in den Landschaften des heutigen Bundeslandes Hessen.

Andrae (1977); Boppert (1971) 80ff., 143ff., 168ff.; Briefe des Bonifatius; Büttner (1948–1963/1975) 9ff., 38ff., 54ff., 75ff., 79ff., 102ff., 185ff., 207ff., 237ff.; Classen (1929) 3ff., 40ff., 43ff.; Codex Laureshamensis; Dahmlos (1979); B. Demandt (1966) 10ff.; Eigil, Vita Sturmi; Engelbert (1968) 5ff., 69ff.; Gensen (1979) 75f.; Göldner-Sippel (1981) 73, 75; Hahn (1980) 55ff.; K. Heinemeyer (1979) 7ff., 27ff., 31ff., 51ff.; K. Heinemeyer (1980) 1ff.; K. Heinemeyer (1983) 38ff.; Kleinfeldt-Weirich (1937) 3ff., 97ff.; Kutsch (1927) 24ff.; Lindner (1972) 52ff., 91ff., 93ff., 126ff.; Mainzer UB; Oswald (1974) 61f.; W. Schäfer (1966) 46, 53ff. (W. Görich); Schieffer (1954) 139ff., 156ff., 199ff., 264ff.; Schwind (1974) 69ff.; Schwind (1979) 16ff.; Semmler (1973) 75ff.; Semmler (1980) 181ff.; Semmler (1982) 813ff.; Staab (1975) 162f., 193ff.; UB Fulda; UB Hersfeld; N. Wand (1974a); K. Weidemann (1972a) 57ff.; M. Werner (1982) 242ff., 297ff.; Willibald, Vita Bonifatii.

Hof, Dorf und Burg im frühen Mittelalter besonders Nordhessens

Rolf Gensen

Begriffe

Bevor wir auf die vielfältigen gegenseitigen Beziehungen von Hof und Dorf und deren Verhältnis zur oft sehr verschieden gearteten Burg oder Befestigung eingehen, soll eine Begriffsbestimmung versucht werden, die aufzeigen soll, was unter den im Titel genannten Gemeinwesen – denn das sind sie ja auch alle – für das frühe Mittelalter gemeint ist. Am einfachsten ist dies noch bei dem Begriff *Hof*. Ein Hof ist hier eine bäuerliche Siedlungseinheit unter der Führung einer Familie. Diese Familie kann frei oder abhängig sein, sie kann auch über andere Abhängige – Hörige – gebieten. Der Haupterwerb der Hofgemeinschaft resultiert aus der landwirtschaftlichen Nutzung des zur Verfügung stehenden Bodens. Es können auf dem Hof oder mit ihm verbunden auch handwerkliche Produktionen – also ein Hauswerk wie etwa Spinnen und Weben –, ja auch echte spezialisierte Fertigungen vorgenommen werden. Natürlich kann auch eine Mühle, deren Lage durch den entsprechend ausreichendes Wasser führenden Bach vorgegeben ist, zu einem Hof gehören.

Sind mehrere andere Höfe von einem Hof abhängig, stehen sie unter der Aufsicht dieses Hofes, haben sie nach dort (etwa für den Grundherren) Abgaben zu entrichten, so meine ich einen Herren- oder Amtshof. Ein solcher Herren- oder Amtshof kann befestigt gewesen sein. Wie weit er dann zugleich unter den Begriff »Burg« fällt, gilt es näher zu bestimmen. Ob nun der Hof aus einem einzigen Gebäude, also aus einem Wohn-Stall-Haus bestanden hat oder ob mehrere Gebäude zu einem Hof gehörten, bleibt nach den schriftlichen Quellen und den archäologischen Befunden zu untersuchen. Auch die Frage, ob ein den Hof auch rechtlich kennzeichnender Zaun den Hof umgeben hat, sollte beachtet werden.

Schwieriger zu beantworten ist die Frage, wie eine Siedlung ausgesehen haben muß, um sie *Dorf* zu nennen. In der geographischen Diskussion tritt die Forderung nach einer festzusetzenden Mindestgröße immer mehr zurück zugunsten von funktionalen Merkmalen. Es sind also eher die von der Dorfgemeinschaft geschaffenen gemeinsamen Anlagen wie etwa Brunnen, Anger, Wege, Gräben, Landwehren und gemeinsam zu bewältigende Aufgaben und Planungen aus dem wirtschaftlichen, rechtlichen und wohl auch sozialen Bereich, die ein Dorf kennzeichnen. Mehrere dicht beieinanderliegende Höfe müssen also noch kein Dorf ausmachen, wenn sie nicht durch die gemeinsam zu bewältigenden, beinahe als genossenschaftlich zu bezeichnenden Aufgaben miteinander verbunden sind.

Hingegen können schon zwei Höfe ein Dorf sein, wenn gewisse Bereiche der Administration von beiden Höfen gemeinsam wahrgenommen werden. Dabei können natürlich einzelne Aufgabenbereiche innerhalb der Dorfgemeinschaft an bestimmte Höfe gebunden sein. Die für kleinere Ansammlungen von mehreren benachbarten Höfen oft verwendeten Begriffe wie Weiler und Drubbel sind hier ausgeklammert worden. Besonderen Schwierigkeiten sieht man sich gegenüber, wenn man in Nordwestdeutschland den Begriff der Bauernschaft auf seine Qualität für den Dorfanspruch untersucht.

Hier soll der Begriff Dorf ganz allgemein verwendet werden und allenfalls läßt sich, nimmt man auf schriftliche Nachrichten oder archäologische Befunde Bezug, von einem Klein- oder Großdorf sprechen, wobei die Übergänge fließend sein müssen. Oftmals ist dann nach der Christianisierung ein Dorf mit einem Kirchspiel identisch, in dem dann die Kirche den Mittelpunkt des Dorfes bildet, doch sehen wir grade aus der Frühzeit der Christianisierung, daß die Kirchspiele mit ihren dann zu Mutterkirchen werdenden Gotteshäusern mehrere Dörfer umfassen. Die Kirche muß also keinesfalls integrierender Bestandteil eines Dorfes sein.

Der Begriff der *Burg* ist sicherlich noch schwerer zu umreißen, da es in der Frühgeschichte vielfältige Erscheinungsformen des Befestigungswesens gegeben hat. Die Spanne reicht von der einem wie auch immer gearteten Kollektiv zuzuordnenden Fluchtburg, deren Benutzung vielleicht nie erfolgte, über die verschiedensten stark befestigten Anlagen bis zum kleinen, den Bewohnern eines Herrenhofes dienenden Turmhügel.

Neben den Anlagen, die primären Schutzcharakter hatten, muß es sicher auch andere Befestigungen gegeben haben, die vor allem dazu dienten, Macht auszuüben. Der Begriff der Zwingburg ist im

Sprachgebrauch ja durchaus geläufig. Burgen können natürlich auch zu einem militärischen System gehören, und sie können auch als Verwaltungsmittelpunkte dienen. In jedem Fall aber bleibt der Schutzcharakter für die sich in der Burg aufhaltenden Menschen und die dort gelagerten Sachen die gemeinsame Klammer.

Die Schriftquellen

Es soll hier der zusammengedrängte Versuch unternommen werden, die Angaben über Hof, Dorf und Burg darzustellen, die sich aus den Schriftquellen einerseits und aus dem archäologischen Befund andererseits gewinnen lassen, wobei das Schwergewicht in diesem Rahmen den archäologischen Aussagen eingeräumt wird. Dabei wird es gelegentlich nicht zu vermeiden sein, Anleihen an an Hessen unmittelbar angrenzende Gebiete zu machen.

Die Aussagen der antiken Autoren verraten zur Siedlungsweise der Germanen sehr wenig oder nichts. Im 16. Kapitel seiner Germania (vgl. S. 13) berichtet Tacitus lediglich von der für ihn auffällig erscheinenden Streusiedlung, beziehungsweise von unregelmäßigen Haufendörfern. Als Baumaterial wird Holz genannt, und der Hinweis auf den Lehmverstrich deutet wohl auf verstrichene Flechtwände hin. Besonders hervorgehoben werden von ihm die in die Erde eingegrabenen »Wohngruben«, bei denen es sich um die aus dem archäologischen Befund in großer Zahl bekannten eingetieften Grubenhäuser handeln muß.

Die aus den Nachrichten antiker Autoren zu gewinnenden Hinweise auf germanische Burgen sind äußerst dürftig. Wenn Caesar von germanischen Befestigungen im Sinne von Oppida spricht, so sind wohl auch im rechtsrheinischen Gebiet Plätze gemeint, deren Anlage auf die vorangegangene keltische Bevölkerung zurückgeht. Immerhin hätten die Ubier (bell. Gall. VI 10) und die Sueben (bell. Gall. IV 19) dann doch solche übernommenen Anlagen für eine gewisse Zeit in Nutzung. Neben den von Tacitus (hist. V 19) genannten Oppida der Bataver nennt er auch die Burg des Marbod. Räumlich näher liegt die Nachricht von der Belagerung des Cheruskerfürsten Segestes (ann. I 57) durch Arminius, die als deutlicher Hinweis auf eine Befestigung anzusehen ist. Dagegen scheint seine Bemerkung, daß sich das Heer der Chatten nachts verschanzte (Germania 30), doch mehr auf befestigte Nachtlager hinzudeuten. Auch die Nachricht von der Zerstörung des chattischen Hauptortes Mattium sagt nichts darüber aus, ob der Platz befestigt war (ann. I 55). Da aus der jüngeren Römischen Kaiserzeit kaum Nachrichten über das Innere Germaniens vorliegen, können auch keine Hinweise auf Befestigungen erwartet werden. Ob die hohen steilen Berge, auf die sich die Alamannen vor römischen Angriffen zurückziehen, wirklich zusätzlich befestigt waren, ist nach der Nachricht des Ammian (XXVII 10,9 und XXXI 10,12) nicht zu entscheiden.

Erst in der Merowingerzeit gibt es die nächste Nennung einer Burg außerhalb des ehemals römischen Gebietes. Herzog Radulf zieht sich 641 vor dem Angriff König Sigiberts in ein über der Unstrut gelegenes *castrum* zurück (Fredegar IV). Vom 7.–10. Jahrhundert häufen sich dann die Nennungen von befestigten Plätzen, die in den zeitgleichen Quellen als *castrum, castellum* oder *oppidum* bezeichnet werden, während Bonifatius bei der Nennung eines Platzes für ein Bistum (Erfurt) diesen als *olim urbs paganorum* bezeichnet. Dabei wird er den für Bischofssitze im westlichen Frankenreich geläufigen Begriff übernommen haben, was auch für das *oppidum* Büraburg (Buraburg) (vgl. Kat. Nr. 166) gelten wird. Im 9. Jahrhundert werden dann für die Befestigungen auch die Begriffe *urbs* und *civitas* benutzt, ohne daß damit Bischofssitze gemeint sind. Die deutschen Namen für eine Befestigung sind mit dem Grundwort »= burg« gebildet, was auch für die beim Angriff der Franken am Ende des 8. Jahrhunderts bereits bestehenden sächsischen Burgen gilt (Eresburg, Iburg, Sigiburg). Angaben über die Art der Burgen sind den Schriftquellen jedoch kaum zu entnehmen. Weder über die Bauweise noch über die Größe der Burgen sind den Schriftquellen wesentliche Angaben zu entnehmen. Allenfalls die Tatsache, daß an Eroberungen, Belagerungen oder Verteidigungen ganze Heere beteiligt sind, läßt auf eine beträchtliche Größe der Burgen schließen.

Am Ende der Merowingerzeit und in der Karolingerzeit setzen dann die schriftlichen, auf Dorf und

Hof bezogenen Nachrichten vermehrt ein. Zunächst sind es vor allem die westgermanischen Volksrechte, die eine Fülle von Einzelheiten über Haus, Hof und Dorf vermitteln, wobei der Raum des heutigen Hessens wohl als Grenzgebiet zwischen dem Gültigkeitsbereich der Gesetze der salischen und ribuarischen Franken, der Alamannen, Bayern, Thüringer und Sachsen zu betrachten ist. H. Dölling (1958) hat in ihrer Bearbeitung zu Haus und Hof in überzeugender Weise die vielhäusige Anlage der Höfe als allen Gesetzen gemeinsam herausgestellt.

Zur inneren Struktur des karolingischen Dorfes hat F. Schwind (1977) ein umfangreiches Quellenmaterial untersucht. Es stammt aus dem Bereich des Rechts- und Wirtschaftslebens und bezeugt in den Schenkungs-, Kauf- und Tauschurkunden und Traditionsnotizen einen Vorgang der Güter- oder Besitzverlagerung vom König, dem Adel und anderen Tradenten an kirchliche Institutionen. Und auch die Güterverzeichnisse der Klöster und Kirchen spiegeln das Ergebnis dieser Güterverlagerung.

Diese Quellengattungen beleuchten naturgemäß nur bestimmte Seiten des ländlichen Lebens, andere Bereiche werden, da sie nicht Gegenstand dieser Rechtsgeschäfte sind, in diesen Quellengattungen nicht genannt. Während etwa bei den Schenkungsurkunden die übertragenen Güter in dem Zustand genannt oder beschrieben werden, in dem sie sich zum Zeitpunkt ihrer Übergabe befinden und damit einen gewissen Schluß auf die vorherige Organisationsform zulassen, sind die dem Bereich der wirtschaftlichen Organisation der geistlichen Grundherrschaften zuzuweisenden Güterverzeichnisse oft schon Zeugnisse eines Umwandlungsprozesses, in denen die nach der Übertragung von den Hofstellen zu tragenden Lasten genannt werden.

Für den an heutige kommunale Verwaltungsorganisationen mit ihren flächendeckenden Gliederungen gewöhnten Betrachter ist eins der auffälligsten Phänomene das der Grundherrschaft. Häufig werden von dem selben Schenker bedeutende Ländereien mit vielen abhängigen Leuten an mehreren Orten geschenkt. Da ein oder mehrere andere Schenker mit Besitz an den gleichen Orten auftreten, ist der Besitz dieser grundherrlich lebenden und vor allem dem Adel angehörenden Schicht völlig unabhängig von den vorhandenen Dorfbildungen. Allerdings scheint dieser grundherrliche Besitz in diesem Quellenmaterial überrepräsentiert zu sein, da die Ausstattung der großen Klöster vornehmlich von dieser Schicht geschah. Mit der diesen Grundherrschaften eigenen Organisationsform werden Gliederungen deutlich, die mit der Organisation der Dörfer nichts zu tun haben müssen.

Die Grundherrschaften sind in größere Haupt- und oftmals auch von ersteren abhängige Nebenwirtschaftshöfe unterteilt, die unter der Leitung eines Verwalters *(villicus, maior)* stehen. Von diesen Wirtschaftshöfen aus wurde das Herrenland durch zur Hofgemeinschaft gehörende unfreie Knechte und Mägde, aber auch durch die Fronarbeit abhängiger Bauern bewirtschaftet. Gleichzeitig waren die Wirtschaftshöfe Mittelpunkte der zugeordneten Bauernstellen. Diese wurden von Unfreien, Halbfreien und auch Freien gegen Abgaben und Dienstleistungen selbständig bewirtschaftet. Da diese Bauernstellen wiederum an verschiedenen Orten liegen konnten, müssen in den Dörfern verschiedene Mischungen des Besitzes bestanden haben. Keinesfalls also muß die zu einem Wirtschaftshof gehörende und in einer Gemeinschaft lebende *familia* mit den Einwohnern eines Dorfes gleichzusetzen sein.

Die Lageangabe der geschenkten Güter vermittelt eine große Zahl von Siedlungsnamen, die oft mit den Appelativa wie *villa, vicus, marca, wilare* verbunden erscheinen. Das besonders häufig erscheinende Wort *villa* kann ein Dorf, aber auch einen Einzelhof oder einen Hofverband, also einen Wirtschaftshof bezeichnen und auch durch Wörter wie *locus, marca, vicus* und *wilare* ausgetauscht werden. Für den eigentlichen Hof werden *curtis, curia, curtile indominicatum,* aber auch *mansus dominicatus* angegeben. Den Problemkreis Hof und Mansus hat W. Schlesinger (1979) gesondert behandelt. Der seltener erscheinende Begriff *vicus* wird vornehmlich bei bedeutenderen Orten verwendet. Unter *marca* ist ein verschieden großer Bezirk zu verstehen, der ursprünglich oft mit dem Land eines Siedlungsplatzes, vielleicht auch eines Großdorfes identisch ist. Durch nachträglich entstandene Ausbausiedlungen können dann weitere Siedlungen in einer *marca* entstanden sein. Außerdem muß es aber *marcae* als planmäßige Bezirke für politisch-wirtschaftliche Einheiten gegeben haben. Das Wort *wilare,* das ebenso wie *marca* öfter mit *villa* ausgetauscht wird, ist zumindest in einer

Reihe von Fällen mit der Wohn- und Wirtschaftsstelle einer reicheren Familie identisch. Diese ganz auf F. Schwind (1977) zurückgehende Begriffsbestimmung birgt natürlich die Gefahr der hier vorgenommenen Vereinfachung in sich und basiert auf einem Quellenmaterial, das über Hessen hinaus Südwestdeutschland mit behandelt.

Die Angaben zu den topographischen Lagen der Höfe innerhalb der Orte bleiben recht spärlich. In einigen Fällen grenzt ein Hof auf drei Seiten an einen oder mehrere andere und an der vierten an eine *via publica,* eine allgemeine Straße. Die Hofstätten grenzen also in dem entsprechenden Dorf unmittelbar aneinander und sind über eine öffentliche Straße zugänglich. Mehrfach wird die Umfriedung der Höfe durch Zäune genannt. Offensichtlich liegen auch Herrenhöfe vermischt mit anderen Gehöften innerhalb der Dörfer. Aus weiteren Angaben ergeben sich erhebliche Größenunterschiede der Hofstellen, die von den im *Brevium exempla* beschriebenen Königshöfen bis zu den *mansi indominicati* reichen, wobei letztere kaum größer als die Bauernstellen der Hörigen gewesen sein werden.

Die Größenangaben zu den Hofstellen unterliegen kaum vorstellbaren Schwankungen. Von 105 mal 72 = 7560 m^2 und 60 mal 60 = 3600 m^2 bis zu 36 mal 19 = 680 m^2 oder gar 12 mal 8 = 96 m^2 reichen die angegebenen Maße, womit offensichtlich die ganze Variationsbreite vom Herrenhof bis zur Hausstelle eines unfreien Bauern gemeint sein mag. Dazu gehört als integrierender Bestandteil der Hofstatt der Obst- und Nutzgarten, in der Regel wohl vom Zaun eingehegt.

Als auf von Hörigen bewohnten *mansi* und *areae* werden oft an Gebäuden *casa* und *scuria* oder *horreum* genannt, neben dem Wohnhaus also gesondert ausgewiesene Vorrats- und Speichergebäude. Der Unterstellplatz für das Vieh ist nicht gesondert aufgeführt und *scuria* kann auch Stall bedeuten, andererseits könnte *casa* auch ein Wohnstallhaus bezeichnen.

Innerhalb der Sozialstruktur (vgl. S. 78ff.) eines Dorfes ganz unten, aber mit einem hohen zahlenmäßigen Anteil müssen die Unfreien *(mancipia, servi)* angesiedelt werden, die sich durch Geburt von den Freien unterschieden, unter denen es aber beträchtliche Unterschiede gegeben hat. Die untere Schicht lebte als Knechte und Mägde auf den Wirtschaftshöfen der Grundherrschaft, ohne wohl in der Regel über einen eigenen Hausstand zu verfügen. Daneben bewirtschafteten andere Unfreie eigene zugewiesene Bauernstellen, die als *huba, mansus* usw. bezeichnet werden und deren Gesamtgröße im Durchschnitt 30 *iurnales* bzw. *iugera* (Morgen) betragen haben mag. Ihre Zugehörigkeit zu der ihnen zugewiesenen Bauernstelle ist so groß, daß diese auch durch einen Besitzwechsel der Herrschaft nicht berührt wurde. Diese unfreien Inhaber der Bauernstellen konnten ihrerseits wiederum unfreie Knechte und Mägde haben, die dann zu ihrer persönlichen Habe zählten und also auch mit ihnen geschenkt werden konnten. Daneben gab es Halbfreie, die Liten oder Laten, deren Hofstellen als Latenhufen genannt werden.

Die an den Rechtsgeschäften der Schenkungen, Käufe und Tausche aktiv Beteiligten sind schwerer einzuordnen und haben sehr unterschiedlichen Besitz. Von der weit verstreuten Grundherrschaft ist schon berichtet worden. Daneben aber wird mit der Schenkung des gesamten Besitzes an einem Platz und mit der Selbsttradition eine Schicht sichtbar, die nicht eigentlich als grundherrlich zu bezeichnen sein wird. Sie werden mit den aus den Kapitularien bekannten *liberi* identisch sein. Möglicherweise hat sich die in den Schenkungen seltener auftretende Schicht freier Bauern in ihrer Zahl und in ihrem Wirtschaftsvermögen in der Karolingerzeit verändert.

Schließlich sei noch zu erwähnen, daß an ein und dem selben Ort – also wohl in einem Dorf – 20, 40 und mehr Bauernstellen genannt werden. Die bekanntgewordenen Schenkungen können immer nur Mindestgrößen angeben, nicht aber, wie klein ein Dorf war. Und Hinweise auf Einzelhöfe lassen sich nur dann gewinnen, wenn dies aus den Texten hervorgeht.

Dieser kurze Überblick, der viele Einzelheiten ausklammert, zeigt recht deutlich, daß aus den Schriftquellen immer nur für gewisse Teilbereiche Aussagen zu gewinnen sind und uns Hof und Dorf in ihrer gegenseitigen Beziehung nur lückenhaft entgegentreten.

Die Archäologie

Die Aussagemöglichkeiten der Archäologie zu Hof und Dorf sind mangels entsprechend großer und vollständig ausgegrabener Siedlungen ebenfalls lückenhaft. Sie sind auch ganz anderer Art, denn sie vermitteln sehr konkrete Hinweise auf sächliche Zustände wie Hausbau und Hofgliederungen, oft bis in Einzelheiten oder vor allem diese. Über die Rechtsstellung der Hof- und Dorfbewohner hingegen kann die Archäologie keine Aussagen machen. Dagegen ist etwa die räumliche Größe einer Siedlung gewöhnlich schon durch die sorgfältige Oberflächenabsuche zu gewinnen. Ausgangspunkt müssen wieder die germanischen Siedlungen der Römischen Kaiserzeit sein, die vor allem aus Nordhessen bekannt sind und die von G. Mildenberger (1972; 1982) bearbeitet worden sind. Gewöhnlich liegen diese Siedlungen im unteren Teil flacher Hänge in der Nähe eines Flusses, Baches oder einer Quelle. Oft reichen sie bis auf den Rand der Talaue hinab und liegen mit Teilen noch im heutigen Überschwemmungsgebiet. Bestimmender Faktor für die Anlage der Siedlungen ist offensichtlich immer die Wassernähe, wobei häufig das Einmündungsdreieck zweier Bäche, bzw. der Einflußwinkel eines Baches in einen Fluß charakteristisch ist. Einige Siedlungen liegen auch am höheren Hang, wobei in den Mulden austretende Quellen die Wasserversorgung sicherten. Ein Fundplatz bei Niederhone (Eschwege) (vgl. Kat. Nr. 92) besetzt mehr eine Hochfläche, falls man das ebene Gelände über dem steilen Hang zur Werra hin so bezeichnen will. Auch die neu bekannt gewordenen Siedlungen im Amöneburger Becken liegen unten auf den Niederterrassen der Ohm und ihrer Zuflüsse.

Die gewöhnlich jüngerkaiserzeitlichen Funde von einigen Höhen geben größere Rätsel auf. Neben ein paar rädchenverzierten Scherben von der Amöneburg, die hier eine Weiterbenutzung des spätkeltischen Oppidums im ersten nachchristlichen Jahrhundert anzeigen, sind es zunächst vor allem die kaiserzeitlichen Funde von der Büraburg bei Fritzlar (vgl. Kat. Nr. 166). Bisher handelt es sich dabei ausschließlich um Metallfunde, vor allem um drei Fibeln des 3. Jahrhunderts und wenige Terra-Sigillata-Scherben, während kaiserzeitliche germanische Keramik völlig fehlt. Je eine Terra-Sigillata-Scherbe stammen von den Burgruinen Heiligenberg bei Felsberg-Gensungen (Schwalm-Eder-Kreis) und Schauenburg bei Schauenburg-Hoof (Kreis Kassel). Von allen drei Bergen sind mögliche gleichzeitige Befestigungen nicht nachgewiesen, was angesichts der jüngeren Bebauung auch schwierig erscheint. Es stellt sich die Frage, ob spätere aus den Schriftquellen unbekannte Feldzüge der Römer dieses Gebiet erreicht haben können oder ob herrschaftliche Burgen, wie wir sie aus dem alamannischen Bereich des mittleren Hessen für das 4. und 5. Jahrhundert kennen (vgl. Kat. Nr. 168), auf solchen Plätzen bereits ihre Vorläufer hatten.

Die Lebensdauer der kaiserzeitlichen Siedlungen in Nordhessen ist sehr unterschiedlich, so daß innerhalb der Siedlungslandschaft mit einer starken Fluktuation zu rechnen ist. Angaben über die Größe der bebauten Plätze sind zunächst aus der Streuung der Lesescherben zu gewinnen, doch kann ein Pendeln der Haus-, bzw. Hofflächen innerhalb eines Siedlungsplatzes zu falschen Schätzwerten führen. Soweit eine vollständige Oberflächenabsuche durchgeführt wurde, lassen sich jedoch für die meisten Siedlungen verläßliche Größenangaben ermitteln. Der größte Teil hat bei oft unterschiedlicher, geländebedingter Form eine größte Ausdehnung von 100 m bis 250 m, doch sind einige wie die von Berge, Geismar (vgl. Kat. Nr. 158), Gensungen (Mittelhof), Gudensberg, Fritzlar (Holzheim) (vgl. Kat. Nr. 159) und Werkel III erheblich größer und erreichen fast die Größe der benachbarten heutigen Dörfer.

Auffällig ist, daß auf einem Teil der kaiserzeitlichen Siedlungsplätze immer wieder auch karolingische Keramikscherben aufgelesen werden. Es erhebt sich die Frage, ob an diesen Plätzen eine Kontinuität von der Römischen Kaiserzeit bis zum frühen Mittelalter erwartet werden darf.

Zum Fundmaterial ist dazu zu bemerken, daß bedingt durch die Forschungsentwicklung die Keramik des 1. bis 3. Jahrhunderts sehr viel besser bekannt ist als die der folgenden Jahrhunderte, bzw. daß deren Formen und Macharten sehr viel länger in Gebrauch sein können. Die gewöhnlich von Hand geformte »einheimische« Keramik des 5.–8. Jahrhunderts ist sehr viel schlechter gebrannt als etwa die karolingerzeitliche Drehscheibenkeramik (vgl. Kat. Nr. 151) und sie zerfällt daher im zerscherbten Zustand sehr viel schneller. Dadurch ist eine Kontinuität von der Römischen Kaiserzeit sehr viel schwerer zu erkennen. Die für das 6. und 7. Jahrhundert besonders charakteristische Knickwandkeramik (vgl. Kat. Nr. 68), die als typische Grabkeramik besonders gut bekannt ist, ist in den wenigen bisher leidlich ausgegrabenen Siedlungen der Reihengräberzivilisation nur mit einem ganz geringen Anteil vertreten. Immerhin ist sie in etlichen Exemplaren aus Siedlungen Nordhessens und des Amöneburger Beckens bekannt und belegt neben anderen Funden die merowingerzeitliche Besiedlung dieser Plätze. Da von einigen Plätzen gleichfalls Terra-Nigra-Keramik des 5. Jahrhunderts vorliegt, ist hier eine echte Kontinuität als gesichert anzunehmen.

Ein besonderer Rang muß einer Siedlung auf der Flur »Hofstatt« bei Gudensberg-Obervorschütz (vgl. S. 31) zugewiesen werden. Auf einer kleinen kaum mehr als 50 mal 50 m großen Fläche auf der südlichen Terrassenkante des Emsbaches findet sich ein ungewöhnlich reiches Fundmaterial, das wohl am Ende des 2. Jahrhunderts nach Chr. beginnt, dessen besonderer Reichtum aber im 4. und vor allem 5. Jahrhundert mit Terra-Nigra-Keramik, römischen Münzen und einem vergoldeten Beschlagstück hervortritt und das über die Merowinger- und Karolingerzeit bis ins hohe Mittelalter reicht. Die geringe Größe des Siedlungsplatzes spricht hier für einen einzeln gelegenen und nach dem Fundmaterial absolut herrschaftlichen Hof.

Wirklichen Aufschluß über die innere Struktur einer Siedlung vermag die in einem größeren Ausschnitt ausgegrabene Siedlung von Fritzlar-Geismar (vgl. Kat. Nr. 158) zu vermitteln, obgleich für endgültige Aussagen die gesamte Siedlung ausgegraben werden müßte. Die Siedlung liegt auf einer hochwasserfreien Terrasse im Bogen des Elbebaches. Ihr Gelände steigt dann nach Westen zur Biening genannten Höhe hin an. Von ihrer Mindestgröße von 5 ha sind bisher zwei Fünftel ausgegraben worden. Das Fundmaterial reicht vom letzten vorchristlichen Jahrhundert bis in spätkarolingisch-ottonische Zeit und in Teilbereichen auch weit darüber hinaus und ist in der bisher ausgegrabenen Fläche völlig gleichmäßig verteilt, so daß hier kaum mit größeren Hofverschiebungen im ersten Jahrtausend nach Chr. zu rechnen ist. Die Anlage der Höfe muß vielhäusig gewesen sein, wobei die eingetieften sehr zahlreichen Grubenhäuser auf vielseitige dem Bereich des Hauswerkes zuzurechnende Produktionen hinweisen.

Um sich ein Bild von der Anlage merowinger- und karolingerzeitlicher Höfe machen zu können, müssen wir Anleihen aus den Nachbarräumen machen. Zuerst in der Siedlung auf dem linken Emsufer bei Warendorf erkannt und nachgewiesen, inzwischen in zahlreichen weiteren Siedlungen des Emsmünsterlandes, aber auch auf dem Gebiet der Geest an der Nordseeküste und mit ganz ähnlichen Gebäudetypen innerhalb der Befestigung von Roßtal in Franken, ergibt sich für das frühgeschichtliche Gehöft ein fast überall gleichartiges Bild, das dem aus den Volksrechten entspricht: Um ein oft über 20 m langes Wohnhaus gruppieren sich ebenerdige Ställe, Scheunen, Vorratsgebäude und Getreidespeicher. Dazu gehören jeweils mehrere gewöhnlich unterschiedliche Hauswerke, vor allem der Weberei zuzuweisende Grubenhäuser. Dieses Bild ist nach den bisherigen Ausgrabungsergebnissen völlig auf die Siedlung von Geismar zu übertragen. Aus den Befunden ist auf ein großes Dorf zu schließen, das aus einer Vielzahl von vielleicht 40 Höfen bestanden haben mag. Im Außenbereich der Siedlung gab es über das wohl auf allen Höfen betriebene Hauswerk, zu dem auch Metallverarbeitung gehörte, hinaus noch Eisenverhüttung, die innerhalb des Dorfes damit auf bestimmte eigene Bereiche konzentriert war. Vergleicht man von der Größe her die wenigen merowingerzeitlichen und die sehr große Zahl der karolingerzeitlichen Siedlungen aus ganz Nordhessen, so ergeben sich für das frühe Mittelalter unterschiedlich große dorfartige Siedlungen, deren kleinste aus Hofgruppen bestanden, während die größten Dörfer bildeten, die ebenso wie die der Römischen Kaiserzeit die Ausdehnung der heutigen rein bäuerlichen Dörfer erreichten.

Anders liegen die Verhältnisse in Mittel- und Südhessen, wo die germanische Besiedlung erst nach dem Fall des Limes durch den neu gebildeten Stammesverband der Alamannen einsetzte. Nach den erst wenigen bekannten Grabfunden und den noch selteneren Siedlungsfunden muß sie recht zögernd begonnen haben. Einstweilen hat es den Anschein, als ob die Alamannen bei ihrer Landnahme zum Teil römische Villen weiterbenutzten und zum Teil mit trocken gemauerten Gebäuden ergänzt hätten, wie das Beispiel auf dem Ebel bei Frankfurt-Praunheim andeutet. Doch wird es daneben auch die

Gehöftanlage mit vielen aus hölzernen Gerüsten mit lehmbeworfenen Wänden bestehenden Gebäude gegeben haben.

Um 500 nach Chr. wird dieser Raum nach den Ausweichen der Alamannen nach Süden und Südwesten fränkisch. Ausgegrabene Siedlungen aus dieser fränkischen Epoche fehlen bislang fast ganz. Hingegen sind die Friedhöfe des 7. und 8. Jahrhunderts in recht beträchtlicher Zahl bekannt. Auch aus ihnen sind Rückschlüsse auf die Siedlungen, die oftmals unter den heutigen Orten gelegen haben werden, möglich (vgl. S. 25). Leider ist kaum ein Friedhof vollständig ausgegraben worden. Setzt man voraus, daß ein Friedhof in der Regel nur zu einer Siedlung gehört und daß andererseits die Verstorbenen aus einer Siedlung jeweils auf dem gleichen Friedhof bestattet wurden (vgl. S. 27f.), so ergeben sich für die Merowingerzeit Mittel- und Südhessens sehr unterschiedliche Größen dieser Siedlungen. Gewöhnlich sind es kleine aus einer Gruppe von Höfen bestehende Dörfer und nur gelegentlich lassen größere Gräberfelder wie das von Eltville (vgl. etwa Kat. Nr. 17f.) auf entsprechend größere Siedlungen schließen. Aus den Friedhöfen mit wenigen Bestattungen auf zugehörige Einzelhöfe zu schließen, erscheint mir unzulässig, da nicht sicher ist, daß diese Friedhöfe vollständig ergraben sind.

Sieht man von den wenigen »burgverdächtigen« Fundstücken auf der Büraburg, auf dem Heiligenberg bei Gensungen und auf der Schauenburg bei Hoof ab, so sind Befestigungen von der Römischen Kaiserzeit bis zur zweiten Hälfte des 7. Jahrhunderts in Nordhessen unbekannt. Anders verhält es sich mit dem mittleren Hessen.

Auf dem Glauberg etwa 8 km westlich von Büdigen (vgl. Kat. Nr. 168) wurde bei den Ausgrabungen von 1933–1939 eine vielperiodige verschiedenen vorgeschichtlichen Kulturen angehörende mächtige Befestigungsanlage ausgegraben. Auf den Trümmern des das langgestreckte Plateau umziehenden Walles wurde eine etwa 1,50 m breite durch Pfosten versteifte Trockenmauer angetroffen, die zur jüngsten Befestigung des Gesamtplateaus gehört. Dazu gehören im Innenraum reihenartig angelegte Gebäude, die nach dem zugehörigen Fundmaterial als Handwerksbetriebe mit spezialisierter Metallverarbeitung anzusehen sind. Das sehr reichhaltige Fundmaterial mit einem großen Anteil an spätrömischen Altsachen datiert diese Befestigungsphase in das 4. und 5. Jahrhundert nach Chr. J. Werner (1965) hat darauf hingewiesen, daß uns hier eine alamannische Stammesburg von ganz beträchtlichen Ausmaßen (etwa 6 ha) begegnet.

Auch das spätkeltische Oppidum des Dünsberges bei Gießen wurde in spätrömischer Zeit wieder besetzt, wobei sich die Funddichte auf der Ostseite innerhalb des mittleren Beringes auffällig häuft. Auch hier muß es sich um eine alamannische Burg handeln, obgleich eine Wiederherrichtung der keltenzeitlichen Befestigung noch nicht nachgewiesen worden ist. Die spätrömische Keramik und die zahlreichen Metallfunde des 4./5. Jahrhunderts sprechen recht eindeutig für eine alamannische Befestigungsanlage auf dem die Umgebung beherrschenden Dünsberg.

Burgen aus dem 6. und aus der ersten Hälfte des 7. Jahrhunderts sind in Hessen bisher nicht nachgewiesen worden. In der 2. Hälfte oder am Ende des 7. Jahrhunderts beginnend und im 8., 9. und 10. Jahrhundert sehr schnell anwachsend, erfolgt dann ein Bau von Befestigungen in vielgestaltiger Form, von denen nur ein geringer Teil in den zeitgleichen Schriftquellen genannt ist. Zwar ist diesen etwa 70 Befestigungen seitens der Archäologie und der Geschichtswissenschaft immer eine große Bedeutung zugemessen worden, eine annähernd vollständige Bestandsaufnahme ist jedoch niemals erfolgt. Einen einigermaßen vollständigen, wenngleich vom archäologischen Standpunkt noch nach modernen Gesichtspunkten zu überprüfenden Überblick der frühmittelalterlichen Befestigungen vermittelt die Zusammenstellung von U. Dahmlos (1979), die aber noch zu ergänzen ist. Vor allem die Untersuchungen der letzten 20 Jahre in Nordhessen haben die Vielfalt dieses Befestigungswesens erkennen lassen.

Zu den ältesten Anlagen zählt die Büraburg bei Fritzlar (vgl. Kat. Nr. 166). Die schriftlichen Nachrichten aus der ersten Hälfte des 8. Jahrhunderts und die Berichte vom Sachseneinfall von 744 zeigen an, daß die Befestigung damals bereits intakt vorhanden war. Das sollte auch für die Amöneburg gelten, auf der Bonifatius seine Missionstätigkeit in Hessen begann (vgl. S. 49f.) und von der Gräber des späten 7. Jahrhunderts bekannt sind. Zwar in den Schriftquellen erst viel später als

Kesterburg genannt, aber mit mächtigen Wehrmauern, Türmen und Toranlagen ergraben, beginnt die Befestigung auf dem Christenberg bei Münchhausen (vgl. Kat. Nr. 167) auch nach dem Fundmaterial am Ende des 7. Jahrhunderts. Sie erfährt wie die Büraburg während des 8. Jahrhunderts zahlreiche Ausbauten. W. Görich (1952) hat für diesen Burgentypus wohl wegen der Dauerbesiedlung vom Ende des 7. Jahrhunderts an die Bezeichnung Stadtberg gebraucht, die er allerdings nicht ganz auf diesen Typ beschränkt hat. Der ebenfalls von ihm benutzte Ausdruck Landesfeste umreißt den Befestigungstyp sicher besser, zumal in ihm der Charakter als befestigte Mittelpunkte von Landschaftsbezirken enthalten ist. Die Größe von oft mehr als 4 ha Innenfläche und ihre aufwendigen Befestigungsanlagen dienen in der bisherigen Diskussion dazu, sie als Befestigungen der sich in diesem Gebiet neu konsolidierenden Reichsgewalt anzusehen.

Bedingt dazu gehörig, da weder durch ausreichendes Fundmaterial als Dauerbesiedlung datiert noch in ihren Befestigungen hinreichend nachgewiesen, sind die Anlagen auf den Plateaus des Dörnberges nordwestlich von Kassel, der Boyneburg südlich von Eschwege und des Schiffenberges bei Gießen (vgl. Kat. Nr. 170), während auf dem genannten Glauberg bei Büdigen vielleicht nur ein Teil des Höhenplateaus wieder befestigt war. Weitere Anlagen im mittleren und südlichen Hessen wie der Kapellenberg bei Hofheim können hinzukommen, doch reicht auch hier das bekannte Fundmaterial noch nicht aus (vgl. S. 25).

Hauptsächlich während des 8. Jahrhunderts kommen dann weitere Befestigungen in unterschiedlicher Lage hinzu. Diese sind alle kleiner, ihre innere Nutzfläche ist nicht über 2 ha groß, oft kleiner. Selten besetzen diese Befestigungen die krönenden Höhen wie etwa der Totenberg bei Treis an der Lumda. Gewöhnlich liegen sie in abgerundeter oder Schildform dem Gelände angepaßt auf einem nach drei Seiten abfallenden Bergsporn und sind auf der gefährdeten vierten Seite durch eine mächtigere Befestigung und oft durch einen Vorwall zusätzlich geschützt. Die heute als Erdwälle erscheinenden Befestigungen enthalten Mauern, die oftmals hinterschüttet waren, während die Gräben als Spitzgräben ausgeführt sind. Die genannten Mauern – gewöhnlich kaum 2 m breit – können Mörtelmauern sein, sie können aber auch als holzversteifte Trockenmauern errichtet worden sein. Zu den Toren hin biegen die Mauern in der Regel nach innen zum eigentlichen Tor hin ein. Dieses kann eine oder auch zwei Durchfahrten haben. Zu diesem Typ gehören, um nur einige zu nennen, die Wahlsburg bei Lippoldsberg, der Hahn bei Trendelburg-Deisel, die Eberschützer Klippen nördlich von Hofgeismar, der Burgberg bei Ermschwerd, die Burg auf der Laarer Wand bei Zierenberg, der Burgring bei Goddelsheim, die Fetzgesburg bei Kloster Haina, die Hunburg bei Burgholz, der Schanzenkopf bei Marburg, das Gronauer Schloß im Salzbödetal (vgl. Kat. Nr. 172), die Anlage auf dem Kirchberg bei Burg zwischen Herborn (vgl. Kat. Nr. 176) und Dillenburg, die Alteburg im Schlingswald bei Lorsbach und die Burg auf dem Holdersberg bei Idstein-Niederauroff (vgl. Kat. Nr. 174). Ist der Bergsporn entsprechend breiter ausgeprägt, so kann die Befestigung auch quer über den Sporn liegen wie bei der Grasburg bei Mansbach (vgl. Kat. Nr. 162).

Der äußeren Gestalt nach ganz ähnlich, jedoch in tiefer Lage auf den Bach- oder Flußterrassen gelegen, sind Befestigungen wie die Hünscheburg bei Hofgeismar, die Forkenburg nördlich Fritzlar oder die heute im Gelände nicht mehr sichtbare Anlage beim Weingut Böddiger bei Felsberg. Dazu gehören sicher auch weitere, die unter heutigen Orten liegen.

Eine Sonderform ist in der Doppelrechteckanlage der Höfe bei Dreihausen (vgl. Kat. Nr. 164) gegeben. Sie mag geländebedingt so angelegt sein, wobei für die höher gelegene kleinere Oberburg eine intensive Innenbebauung nachgewiesen worden ist, die Unterburg dann die Funktion der Vorburg erfüllte. Auch die genannten Anlagen des Gronauer Schlosses im Salzbödetal und die auf dem Kirchberg bei Burg sind dauernd bewohnt gewesen. Für viele andere Anlagen ist das mangels Untersuchungen nicht zu entscheiden. Von einigen Befestigungen, in denen kleinere Probegrabungen oder entsprechend intensive Oberflächenabsuchen gemacht wurden und bei denen kein oder kaum Fundmaterial gewonnen wurde, ist anzunehmen, daß sie nicht ständig bewohnt waren, sondern vielmehr für einen möglicherweise nie eingetretenen Konfliktfall vorsorglich angelegt worden sind.

Die Funktion dieses Befestigungstyps der mittelgroßen Burgen, wenn wir überhaupt von einem einheitlichen Typ sprechen wollen, ist zunächst unklar. W. Görich (1952) hat versucht, sie unter dem

Namen *curtis* als planmäßig von der königlichen Reichsgewalt angelegte befestigte Etappenstationen zu bezeichnen.

Aus diesem Rahmen heraus fällt die Schwalenburg bei Willingen im Upland (vgl. Kat. Nr. 163), die zweiperiodig ist. Der ältere Teil des mittleren Beringes umschließt eine Fläche von 2 ha, der äußere, mit dem kleineren inneren Mauerring gleichzeitig genutzte, eine Fläche von etwa 6 ha.

Daneben gibt es eine Reihe von kleineren Anlagen, die eigentlich als befestigte Höfe anzusprechen sind. Als in größeren Bereichen untersucht, sei die Anlage des Hünenkellers bei Korbach-Lengefeld (vgl. Kat. Nr. 161) genannt. Ihr Oval ist nur etwa 0,3 ha groß. Zu einem 23 m langen Schwellbalkenhaus mit leicht ausschwingenden Längswänden gehören etliche ebenerdige und zwei eingetiefte Gebäude, so daß die Innenbebauung wohl der eines frühmittelalterlichen Hofes entspricht.

Schließlich seien ganz kleine auf Bergkuppen gelegenen Anlagen genannt, von denen so viel Fundmaterial bekannt ist, daß ihre karolingisch-ottonische Zeitstellung gesichert ist. Dazu gehören im nördlichen Hessen der Hahn bei Holzhausen nördlich Gudensberg (vgl. Kat. Nr. 230a), der Stenderberg bei Liebenau und auch die Schauenburg bei Hoof, im Marburger Land der Weiße Stein, die Burg bei Caldern (vgl. Kat. Nr. 160) und die bei Seelbach sowie der Rickelskopf bei Stedebach. Sicher verbergen sich unter etlichen bisher ausschließlich dem hohen und späten Mittelalter zugerechneten Burgen weitere des frühen Mittelalters, wie Funde von Burgen aus dem Taunus und von der Ruine Greifenstein südlich von Herborn vermuten lassen. Unklar bleibt, welche politischen Kräfteverschiebungen sich hinter dem Nacheinander und Nebeneinander der so verschiedenen Befestigungstypen verbergen. In dem Aufkommen der kleinen, auf steilen Kuppen gelegenen Höhenburgen, aber auch in der karolingerzeitlich angelegten Niederungsburg von Hundshausen bei Jesberg mögen sich Auflösungstendenzen der Zentralgewalt widerspiegeln, in denen sich der ortsansässige Adel, der uns in den Schriftquellen als grundherrliche Schicht der Schenker entgegentrat, »privaten« vorher dem Königtum vorbehaltenen Burgenbau aneignete.

Dahmlos (1979); Dölling (1958); Gensen (1975a); Gensen (1979); Gensen (1983); Gensen (1984); Görich (1952); Jacobi (1977); Mildenberger (1972); Mildenberger (1982); Patze (1976); Schlesinger (1975); Schlesinger (1979); Schwind (1975); Schwind (1977); Uenze (1953); v. Uslar (1964); K. Weidemann (1972a); K. Weidemann (1975a); K. Weidemann (1982); J. Werner (1965).

Frühgeschichtliche Befestigungen in Mittel- und Südhessen

Fritz-Rudolf Herrmann

Die intensiven archäologischen Forschungen vor allem auch des letzten Vierteljahrhunderts zur frühgeschichtlichen Siedlungs- und Burgenentwicklung im nordhessischen Raum (siehe Beitrag R. Gensen, S. 55ff.) haben zwangsläufig dieses Gebiet, Althessen, in den Vordergrund verschiedener Betrachtungen gestellt. Es ist vorauszusetzen, daß sich hier nur ein forschungsmäßiger Schwerpunkt gebildet hat und gleiche oder ähnliche Entwicklungen auch im mittleren und südlichen Hessen stattgefunden haben und nachzuweisen sind. Beim weitgehenden Fehlen von Grabungsbefunden sind wir in diesen Bereichen noch mehr auf den Geländebefund wie die topographische Situation einer Burg, die Führung ihrer Befestigungslinien und ihre oberflächig erkennbare Bauart angewiesen, um sie von vorgeschichtlichen Anlagen unterscheiden und als Befestigung des frühen Mittelalters einordnen zu können.

Schon den Pionieren der Ringwallforschung im fraglichen Gebiet war klar, daß nicht alle Ringwälle in die vorgeschichtliche Zeit gehörten. K. A. v. Cohausen schreibt 1879: »Es ist kein Grund vorhanden und keine Fundstücke bestätigen es, dass jene Wallburgen und insbesondere die Ringwälle des Taunus, ausschliesslich einer den Römern vorausgegangenen Zeit zuzuschreiben seien, im Gegentheil war das Bedürfniss für solche Zufluchtsstätten vielleicht nie grösser, als nach dem Zusammenbruch der Römermacht und bestand fort und fort durch alle Kriegszeiten bis auf unsere Tage, ...« (v. Cohausen 1879, 346). E. Anthes bemerkt wiederholt: »..., dass wir damit rechnen müssten, manches der in den Wäldern versteckten Erdwerke aus der Liste der vorgeschichtlichen Ringwälle zu streichen; was die Praehistorie verliere, das komme dem frühen Mittelalter zu gut« (Anthes 1912). Ch. L. Thomas schließlich hat bei seinen Untersuchungen um die Jahrhundertwende eine wenn auch geringe Anzahl der Befestigungen als frühgeschichtlich bzw. mittelalterlich erkannt (Thomas 1908/09b).

Doch fehlten weitgehend die Kriterien zur Unterscheidung, so daß in späteren Arbeiten aus dem gesamten Gebiet außer dem *Glauberg* (vgl. Kat. Nr. 168) nur wenige Wallanlagen als frühmittelalterlich zu Vergleichen herangezogen werden konnten. Nur für einen Teilraum liegt ein erster Versuch der Einbindung der Befestigungen in die frühgeschichtliche Siedlungsentwicklung vor (K. Weidemann 1972). Es ist auch heute noch nur möglich, einige Beispiele für diese Befestigungen herauszugreifen. Der größte Teil der Anlagen ist uns sicher noch gar nicht bekannt, weil nur von wenigen Burgen bisher moderne topographische Vermessungspläne vorliegen und erst ein kleiner Bestand der überhaupt erfaßten Ringwälle nach den genannten Kriterien im Gelände überprüft wurde. Zudem ist ständig mit Neuentdeckungen zu rechnen, wie Beispiele aus dem Kinzigtal (*Altenburg bei Schlüchtern-Vollmerz,* Main-Kinzig-Kreis) (Behrends 1973, 360) und selbst der Gegend um Wetzlar (*Bilstein bei Wetzlar-Nauborn,* Lahn-Dill-Kreis) (Schubert 1979/80) aus jüngster Zeit zeigen. Eine genauere zeitliche Einordnung innerhalb des Frühmittelalters ist nur selten durch Funde möglich, zur Funktion kann kaum etwas ausgesagt werden.

Germanische Burgen des 4./5. Jahrhunderts sind als befestigte Plätze bis jetzt außer auf dem Glauberg (vgl. Kat. Nr. 168) noch nicht nachgewiesen. Es gibt eine Reihe von Fundstücken von Höhen, die Ringwälle aus vorgeschichtlicher Zeit trugen oder im Frühmittelalter befestigt waren, ohne daß sich ein direkter Zusammenhang mit den Befestigungen erweisen ließe. In der Mehrzahl handelt es sich um einzelne Stücke, die aber auf jeden Fall eine Besetzung der Höhe erkennen lassen. So spätrömische Münzen von der *Dornburg bei Frickhofen*, Kreis Limburg-Weilburg (Kolb 1830; Troost 1873 – Hinweis Frau Dr. O. Kriesel –; Mildenberger 1978), und vom *Altkönig im Hochtaunus* (Schlott 1982), Keramik (Mayener Ware und Rädchensigillata) und eine Eisenaxt vom *Königsteiner Burgberg,* Hochtaunuskreis (Elbel 1982), Rädchensigillata und weitere Keramik von der *Heuneburg auf der Altscheuer bei Fischbachtal-Lichtenberg,* Kreis Darmstadt-Dieburg (zur – fälschlich als vorgeschichtlich bezeichneten – Heuneburg: Anthes 1917; Behn 1925; 1936. – Das entsprechende Fundmaterial aus den alten Grabungen konnte kürzlich im Magazin des Hessischen Landesmuseums Darmstadt aufgefunden werden. – Mitteilung Dr. R. Andrae, vgl. Kat. Nr. 173), ein germanisches Drehscheibengefäß von der *Alteburg bei Biebergemünd-Kassel,* Main-Kinzig-Kreis (Schoppa 1964; Mende 1970). Zahlreiches Fundmaterial liegt vom *Dünsberg bei Biebertal,* Lahn-Dill-Kreis vor, zumindest auf dessen Ostsporn offenbar ähnlich wie auf dem *Glauberg* (vgl. Kat. Nr. 168) eine im gesamten 4. und

5. Jahrhundert bewohnte größere Ansiedlung bestand (Jacobi 1977 denkt nach den Funden an eine alamannische – befestigte? – Siedlung im 4. und 5. Jahrhundert und eine Neubesetzung des Berges im späten 5./frühen 6. Jahrhundert, also schon in fränkischer Zeit. Demgegenüber erwägt Mildenberger 1977/78 eine zusammenhängende Besiedlung vom 4. bis zum frühen 6. Jahrhundert, deren Ende mit dem politisch-militärischen Ausgriff der Franken auf der rechten Rheinseite in Verbindung zu bringen wäre). Wie in anderen Landschaften enden diese alamannischen Höhensitze, gleich ob sie nun befestigt waren oder nicht, spätestens in der Zeit um 500 oder im frühen 6. Jahrhundert, offensichtlich mit der Ausweitung der fränkischen Macht. Eine Entwicklungslinie zu den Burgen der Merowinger- und Karolingerzeit ist auch hier nicht zu sehen.

Der Bau von Befestigungen beginnt nachweisbar erst wieder im Verlauf der zweiten Hälfte des 7. Jahrhunderts. Wird er im nordhessischen Raum in Zusammenhang mit der Festigung der fränkischen Reichsgewalt und dem Druck sächsischer Stämme auf die Nordgrenze des Reiches gesehen, so gibt diese Betrachtung nur einen Teilaspekt. Denn die gleiche Entwicklung zeigt sich in den schon länger frankisierten Gebieten Mittel- und Südhessens, so daß wir allgemein von einer »Neustrukturierung der Siedlungslandschaft in unmittelbarem Zusammenhang mit der verstärkt nach Osten ausgreifenden fränkischen Verwaltung seit dem Anfang des 7. Jahrhunderts« (K. Weidemann 1975a, 119; Schlesinger 1975, 61) sprechen können, mit Burgen als (Verwaltungs-)Mittelpunkte der einzelnen Landschaften. Auf die Existenz dieser frühen fränkischen Burgen auch dort, wo keine archäologischen Zeugnisse vorhanden waren, hat in mehreren Arbeiten W. Görich hingewiesen (Görich 1952; 1954; 1960). Solche »merowingischen Landfesten« oder »›Stadtberge‹ der Merowingerzeit«, die von R. Gensen so bezeichneten »Großburgen«, setzte er – wieder neben dem *Glauberg* (vgl. Kat. Nr. 168) am Ostrand der Wetterau – voraus für den *Schiffenberg bei Gießen* (vgl. Kat. Nr. 170) am Rande des mittleren Lahntals, für *Limburg an der Lahn,* den *Johannisberg bei Bad Nauheim* (vgl. Kat. Nr. 169) am Westrand der Wetterau, schließlich den *Kapellenberg (Rabenberg) bei Hofheim am Taunus* (Main-Taunus-Kreis) über dem Untermaingebiet. In der Tat haben sich diese Vermutungen für Schiffenberg und Johannisberg durch Funde der Zeit vor und um 700, für den Kapellenberg durch topographische Beobachtungen bestätigt, wobei eine Erforschung im einzelnen noch kaum begonnen wurde.

Auf dem *Schiffenberg* (Kat. Nr. 170) trug der breite Bergsporn mit dem Augustinerchorherrenstift, später Deutschordenskommende auf der Höhe eine Befestigung von etwa 150 m Länge und 120 m Breite. Sie bestand aus einer Mörtelmauer rund um die Bergspitze, der auf der flacheren Ostseite drei Gräben vorgelegt waren. In der Nordostecke befand sich ein einfaches Kammertor (Blechschmidt/Herrmann 1975). Der weit in die Wetterau vorspringende Taunusausläufer des *Johannisberges* (Kat. Nr. 169) mit seiner im 8. Jahrhundert belegten Kirche ist etwa 300 m vor seinem Ende durch einen mächtigen, 180 m langen Abschnittswall abgeriegelt. Das frühmittelalterliche Fundmaterial wurde bei der Ausgrabung des römischen Wachtturmes auf der Bergspitze geborgen (Herrmann 1977). Vom *Kapellenberg bei Hofheim am Taunus,* Main-Taunus-Kreis, fehlen bisher Funde. Die Bauart der Befestigung auf dem schmalen, in die Untermainebene ragenden Bergrücken mit scharfen Knicken und umlaufenden Hanggräben weist sie aber deutlich in das frühe Mittelalter. Mit 1300 m Länge bei bis zu 500 m Breite und einem Flächeninhalt von 46 ha ist sie die größte derartige Anlage (Hermann 1983). Zu diesen Befestigungen wollen wir auch die *Dornburg bei Frickhofen/Wilsenroth,* Kreis Limburg-Weilburg, mit ihrer frühen Kirche rechnen. Was von den Wallanlagen zu einem keltischen Oppidum, was zu einer frühmittelalterlichen Burg gehören könnte, ist allerdings noch in keiner Weise geklärt (Schoppa 1961; Gensicke 1958).

Im 8. und 9. Jahrhundert entstand eine große Anzahl weiterer Burgen verschiedener, meist unbekannter Funktion. Zum Teil handelt es sich bei ihnen wohl um königliche befestigte Etappenstationen im Zuge des Ausbaus des karolingischen Straßensystems, zum andern sind es offenbar die Burgen von Adligen, die Mittelpunkte kleinerer Grundherrschaften (Görich 1952; 1954; 1960; Schwind 1975. – Unsere Vorstellungen vom Aussehen karolingischer Königshöfe wurden auch durch die Ausgrabungen vor W. Jorns am *Zullenstein bei Biblis-Nordheim,* Kreis Bergstraße, erweitert; es ist dort allerdings nur der zentrale Teil ergraben worden. Zuletzt: Jorns 1979). Ob und wieweit sich darunter »Fluchtburgen« im eigentlichen Sinne befinden ist gänzlich unbekannt, doch u. E. eher unwahrscheinlich. Aus dem Bereich nördlich der Lahn seien hier nur das oft herangezogene *Gronauer Alte Schloß* (vgl. Kat. Nr. 172) über der Schmelzmühle im Salzbödetal und die Befestigung von *Burg bei Herborn* (Kat. Nr. 176) genannt. Beide sind teilweise ergraben und haben genügend Fundmaterial geliefert, um eine Datierung für den Bau der Anlagen im 8. Jahrhundert mit Ausbau in der zweiten Jahrhunderthälfte zu sichern (Görich 1951; Bauer 1971; 1972). Hierher gehören, ohne daß sich einstweilen eine genauere Datierung geben ließe, die meisten der frühgeschichtlichen Taunusringwälle, die noch kaum vermessen oder gar gegraben sind. Als Beispiele führen wir nur an die verschiedenartigen Anlagen der *Schanze bei Lipporn* im Rhein-Lahn-Kreis, Rheinland-Pfalz, dicht jenseits der heutigen hessischen Landesgrenze, des *Brüler Berges bei Butzbach* (Wetterau-Kreis), des *Holzberges* mit seiner Kapelle *im Usatal,* der *Rentmauer bei Rod an der Weil* und der bei Reichenbach, der *Alteburg bei Lorsbach* (Main-Taunus-Kreis), wohl der *Gickelsburg nahe der Saalburg,* des *Burgberges von Königstein* (Hochtaunuskreis) und nicht zuletzt des *Hünerberges bei Kronberg* (Kat. Nr. 171) (Literatur siehe unten). Hier konnten ältere Grabungen zwar keinen sicheren Befund zur Befestigungslinie geben, doch liegen inzwischen genügend Funde karolingischer Zeit vor (Thomas 1910/11; v. Uslar 1964; K. Weidemann 1972b; Schummer 1976; Schlott 1982). Zu diesen Befestigungen sind offensichtlich auch die bekannten Ringwälle im hessischen Spessart zu zählen (Thomas 1904; Uenze 1976). Aus Starkenburg ist die *Heuneburg bei Lichtenberg* (Kat. Nr. 173) zu nennen, die nach Gelände- und unzureichendem Grabungsbefund in das 8. Jahrhundert gestellt werden kann (siehe oben).

Neue Burgentypen, zugleich eine Vielfalt unterschiedlichster Befestigungen, finden wir dann im 9./10. Jahrhundert, bisher ganz ungenügend erforscht und noch kaum abzugrenzen gegen Anlagen des beginnenden Hochmittelalters. Wieder nur als Beispiel greifen wir heraus die Spornburg auf dem *Holdersberg bei Niederauroff* (Kat. Nr. 174) (Herrmann 1983d); wir kennen von ihr noch kein Fundmaterial, die Anlage ist aber fast deckungsgleich mit einer Befestigung auf dem *Kinzenhardt bei Bad Honnef,* die nach den Funden in der zweiten Hälfte des 9. Jahrhunderts entstanden ist (Laskowski 1982). Oder die *Schwedenschanze bei Kelsterbach,* Kreis Groß-Gerau, als Typ einer stark befestigten kleinen Burg, aus der Funde vom 8. bis zum 11. Jahrhundert bekannt wurden und die in der überkommenen Form wohl aus dem 10. Jahrhundert stammt (Herrmann 1983a). Wie weit die Form der Turmburgen schon in karolingische Zeit zurückgeht, wäre für unser Gebiet noch zu klären. Auch bei anderen Befestigungen in Tallage wie der öfter erwähnten *Altenburg* nahe des Kinzigheimer Hofes *bei Hanau-Mitelbuchen,* Main-Kinzig-Kreis, mit doppelter Umwallung und Wassergräben, scheint uns frühmittelalterliche Zeitstellung noch nicht gesichert (Wolff 1913; K. Schumacher 1925; v. Uslar 1964). Für das Gebiet von Bergstraße und Odenwald hat jüngst H. W. Böhme eine »Abfolge unterschiedlich konstruierter Befestigungsanlagen« am Übergang vom frühen zum hohen Mittelalter wahrscheinlich machen können, die von einer frühmittelalterlichen Spornburg auf dem *Heiligenberg bei Jugenheim,* Kreis Bergstraße (9./10. Jahrhundert) über die in der Ebene liegende Turmhügelburg »Weilerhügel« (11. Jahrhundert) zur zu Beginn des 13. Jahrhunderts erbauten Höhenburg (heute Alsbacher Schloß) führt (Böhme 1983). Auch hier wird deutlich, daß wir trotz vieler Fortschritte und Klärungen im einzelnen immer noch am Beginn der Erforschung des frühgeschichtlichen Burgenbaues stehen, bei der die Archäologie ein gewichtiges Wort mitzureden hat.

Anthes (1912) 508ff.; Anthes (1917) 151; Baatz (1956) 81f.; Baatz (1973) 195ff.; Bauer (1971) 100ff.; Bauer (1972) 1ff.; Beckmann (1972) 186ff.; Behn (1936); Blechschmidt/Herrmann (1975) 79ff.; Böhme (1983) 503ff.; Brenner (1913/14) 33ff.; v. Cohausen (1879) 343ff.; Elbel (1982); Görich (1951) 25ff.; Görich (1952) 473ff.; Görich (1954); Herrmann 1977, 1ff.; Herrmann (1983a); Herrmann (1983b); Herrmann (1983c); Herrmann (1983d); Jacobi (1977) 50ff.; Jorns (1979) 111ff.; Kolb (1830) 110ff.; Laskowski (1982) 449ff.; Mende (1970) 88ff.; Mildenberger (1977/78) 157ff.; Mildenberger (1978); Schlesinger (1975) 9ff.; Schlott (1982); Schubert (1979/80) 83ff.; K. Schumacher (1925); Schummer (1976) 27ff.; Thomas (1904) 179ff.; Thomas (1908/09a) 71ff.; Thomas (1908/09b) 97ff.; Thomas (1909/10) 81ff.; Thomas (1910/11) 1ff.; Troost (1873); v. Uslar (1964); K. Weidemann (1972b) 60ff.; K. Weidemann (1975a) 95ff.; K. Weidemann (1975b) 361ff.; J. Werner (1965) 439ff.; Wolff (1913).

Die ländliche Siedlung bei Geismar (Fritzlar, Schwalm-Eder-Kreis)

Rolf Gensen

– Ein besonderes Beispiel der Frühmittelalterarchäologie in Hessen –

Seit dem Herbst 1973 werden vom Landesamt für Denkmalpflege Hessen in der frühgeschichtlichen Siedlung südlich von Fritzlar-Geismar (vgl. Kat. Nr. 158) umfangreiche Flächengrabungen unternommen. Sie begannen als Notgrabungen, um das von einer geplanten, inzwischen längst fertiggestellten Umgehungsstraße betroffene Siedlungsareal vor der Zerstörung zu untersuchen. Inzwischen haben die Ausgrabungen weitere Teile der Siedlung erfaßt. Die Ausgrabungen sind Bestandteil des Forschungsschwerpunktes »Nationes – Die Entstehung der europäischen Nationen im Mittelalter« und wurden weitgehend von der Deutschen Forschungsgemeinschaft finanziert.

Schon bei den ersten kleinen Testgrabungen im Frühjahr 1973 erschien das Siedlungsareal für eine großflächige Untersuchung geeignet, und es zeigte sich immer deutlicher, daß diese Siedlung vom letzten Jahrhundert v. Chr. bis ins frühe und hohe Mittelalter kontinuierlich bestanden hat.

Erstmals im mittleren Deutschland wird in Geismar eine bedeutende frühgeschichtliche Siedlung in großzügiger Planung ausgegraben. Die Ausgrabungen von Fritzlar-Geismar lieferten bereits das bisher größte wissenschaftlich gewonnene frühgeschichtliche Fundmaterial im freien Germanien, sieht man von den Grabungen im Nordseeküstenbereich ab.

Eines der Hauptziele dieser Ausgrabung ist es, Einblick in das Baugefüge der langlebigen Siedlung zu bekommen und anhand der zugehörigen Fundstücke Auskünfte über Beharrung und Wandlung des Zivilisationsgefüges zu erlangen.

Die Siedlung liegt auf der eben noch hochwasserfreien Terrasse im Bogen des Elbebaches, der von Westen aus dem Züschener Tal kommend am heutigen Ort vorbeifließt, dann nach Süden umbiegt und in die Eder mündet. Nach Westen erstreckt sich die Siedlung dann zum sanft ansteigenden »Biening« hangaufwärts. Im Süden ist sie von der hochwasserbedrohten Niederung der Ederaue natürlich begrenzt. Die genaue Größe der Siedlung ist nur durch Ausgrabungen sicher zu ermitteln. Die Mindestgröße beträgt über 5 ha, nach den Lesefunden und den im heutigen Hochwasserbereich des Elbebaches und der Eder zutage gekommenen Bebauungsspuren kann sie auch erheblich größer gewesen sein.

Die bisherige in Einzelabschnitten untergliederte Ausgrabung erfolgte als Flächengrabung. Nach dem maschinellen Abtragen der durch dauerndes Überpflügen gestörten obersten Schicht zeigen sich im gewachsenen Lößboden alle siedlungszeitlichen Eingriffe von entsprechender Tiefe als dunkle Flecken, denn beim Verfüllen dieser Eingriffe – seien es nun Abfallgruben, eingetiefte Hütten oder aus statischen Gründen eingegrabene Pfosten von Gebäuden – gelangte immer dunkleres Erdreich aus der »Kulturschicht« in die Verfüllungen. Diese Kulturschicht enthält nun die überwiegende Menge des Fundmaterials. Es gibt aber auch Fundstücke, die noch in ihrer funktionsgebundenen Lage erhalten sind. Die größere Standfestigkeit der eingegrabenen Pfosten erübrigte eine entsprechend aufwendige Verzimmerung und Verstrebung des aufgehenden hölzernen Hausgerüstes, wofür man die kürzere Lebensdauer der Pfosten im Erdreich in Kauf genommen hat. Falls alle Pfosten entsprechend tief in den gewachsenen Boden eingegraben sind, kann man im sorgfältig geputzten Planum die Hausgrundrisse im Maßstab 1:1 erkennen. Eine später oft veränderte Oberfläche und die zahlreichen Überschneidungsspuren verhindern oft das Erkennen der einzelnen Gebäude. Schließlich hat die lange Lebensdauer der Siedlung, die in der ausgegrabenen Fläche im letzten Jahrhundert v. Chr. gleichmäßig beginnt und – nach der bisherigen Fundanalyse – ebenso gleichmäßig bis in die spätkarolingisch-ottonische Zeit und in Teilbereichen auch weit darüber hinaus bestanden hat, zu unzähligen Überschneidungen geführt.

Besonders auffällig sind eingetiefte Grubenhäuser, die in ihrer unterschiedlichen Funktion fast alle als Werkstätten angesprochen werden müssen. Sie gehören als Nebengebäude offensichtlich zu jedem Hof. Im bisher ergrabenen Teil der Siedlung sind es, zählt man die an den Grabungsgrenzen angeschnittenen Verfärbungen entsprechender Größe und Form mit hinzu, knapp 300, von denen 227 vollständig untersucht wurden. Die Grubenhäuser sind unterschiedlich groß und haben verschiedene Konstruktionsmerkmale. In 102 Grubenhäusern ist keine das Dach tragende Pfostenkonstruktion zu erkennen. Entweder sind sie nicht erkannt worden oder die entsprechenden Verfärbungen sind durch andere jüngere Überschneidungen nicht erhalten oder reichen nicht bis in die Planumstiefe herab, oder es handelt sich um Schwellbalkenkonstruktionen, in die dann die aufgehenden, vor allem das Dach tragenden, nun als Ständer zu bezeichnenden Hölzer eingezapft gewesen sind. In einer ganzen Reihe von Grubenhäusern sind diese Schwellbalken als Verfärbungen zu erkennen. Bei 37 Grubenhäusern steht jeweils ein Pfosten in der Mitte der schmaleren Seite, um den First zu tragen. Bei einem ist nur jeweils ein Pfosten in der Mitte der beiden Längswände zu erkennen, was auf eine besondere technische Funktion hindeuten mag. Zweimal kommt zu den beiden Firstpfosten ein dritter unterstützender in der Mitte hinzu. Wir bezeichnen diese Grubenhäuser als Zwei- bzw. in den zwei Sonderbeispielen als Dreipfostengrubenhäuser.

Bei 31 gewöhnlich recht kleinen Grubenhäusern befinden sich die Pfosten in den vier Ecken (Vierpfostengrubenhäuser). Die den First tragende Stütze muß dann auf von den Eckpfosten getragenen Querbalken aufgezapft gewesen sein. Weiter kommen 27 Sechspfostenhäuser vor, bei denen zusätzlich zu den Eckpfosten auf der Mitte der Stirnseite ein zusätzlicher Pfosten steht. Oft steht dieser Firstpfosten nicht in der Verbindungslinie der Eckpfosten. Er ist dann offensichtlich außen vor den die Eckpfosten verbindenden Querbalken gesetzt und mit diesem verzimmert worden.

Daneben gibt es Sonderformen, unter denen ein sehr großes mit neun Pfosten bei einer Länge von 9,50 m und einer Breite von 4,50 m besonders auffällt.

In acht Grubenhäusern befinden sich Steinmauern als Wände, die mit einer gemörtelten Ausnahme als Trockenmauern ausgeführt sind. Dabei sind dreimal alle vier Seiten des Grubenhauses als Mauern ausgeführt, wobei bei einem, das zudem einen »Kellerhals« besitzt, Kalkmörtel verwendet worden ist. Bei drei weiteren Grubenhäusern ist jeweils nur eine Wand oder eine Gebäudeecke als Trockenmauer ausgeführt.

Über die Konstruktion der Wände wissen wir nur wenig. In etlichen Beispielen zeigen sich in der Verbindungslinie der Eckpfosten Reihen von kleinen eingegrabenen, eingeschlagenen oder eingedrückten senkrechten Hölzern, die sicher zum Flechtwerk der Wände gehören. Oftmals aber ist im unteren, bei der Ausgrabung erkennbaren Bereich keine Wandverkleidung erkennbar. Da der abgegrabene Lößboden im durch das wohl überstehende Dach erreichten trockenen Zustand eine natürliche feste Wand bildet, wird dann im unteren Bereich keine zusätzliche Wandverkleidung nötig gewesen sein. Darauf deuten auch die in vielen Fällen erkennbare sorgfältige Glättung der Wände und in einem Fall eine blaue Bemalung der aus glattgestrichenem Löß bestehenden Grubenhauswand hin.

Wie schon erwähnt, ist es sehr viel schwieriger, vollständige Grundrisse von ebenerdigen Häusern zu erkennen. Es bedarf dazu noch der Durcharbeitung der gesamten Befunde und des Fundmaterials. In einigen Fällen erscheint es schon möglich, die Grundrisse von bis über 20 m langen und 6 m breiten Häusern zu erkennen. Es muß sich um vielhäusige Gehöftanlagen mit einem Haupthaus und etlichen ebenerdigen Nebengebäuden und eingetieften Grubenhäusern handeln, wie sie aus den wenigen germanischen frühgeschichtlichen Siedlungen archäologisch bekannt und nach den Schriftquellen auch historisch für die spätmerowingisch-karolingische Zeit nachweisbar sind. Wir denken dabei neben den zahlreichen Schenkungsurkunden der Klöster, in denen ja der Zustand des Schenkungsobjektes zur Übergabezeit dokumentiert wird, vor allem an die Angaben in den westgermanischen Volksrechten.

Weiter gibt es etwas über 500 Eingrabungsspuren, die hier als Gruben bezeichnet werden. Einige sind ganz flach, andere länglich oder unregelmäßig begrenzt. Teilweise sind sie erst in einem tieferen Planum unter Grubenhäusern und anderen Gruben zu erkennen. Die größten haben einen Durchmesser von bis zu 2,00 m, in der Regel sind sie jedoch kreisrund und reichen noch bis zu 1,40 m unter Planumshöhe hinab. Sie sind dann gewöhnlich zylindrisch, und manchmal ist die Seitenwand in der Mitte durch nachdrückenden Löß verengt, wodurch ein sanduhrförmiges Schnittbild entsteht. Meistens haben diese kreisrunden Gruben einen flachen Boden, auf dem in wenigen Fällen noch vollständige Gefäße oder größere Tierknochen in situ stehen oder liegen, die unmittelbar über die Funktion als Vorratsgruben zur Zeit vor der Aufgabe Aussagen ermöglichen.

Zur Siedlung gehören trotz der Bachnähe auch Brunnen. Einer ist in Trockenmauertechnik rund gemauert und sicher am Ende des 9. Jahrhunderts noch in Benutzung, wie das am Boden lagernde Fundmaterial zeigt. Angelegt wurde er jedoch wohl schon in der späten Römischen Kaiserzeit oder bald danach. Ein anderer Brunnen besitzt eine Holzverkleidung.

Hinzu kommen vor allem im Nordosten und weniger häufig im Südosten am Rande des Siedlungsbereiches in Bachnähe kreisrunde, eingetiefte Eisenschmelzöfen hinzu. Ebenfalls eingetieft sind einige runde oder abgerundet rechteckige Öfen mit verziegeltem Boden und den Wandansätzen der gekuppelten Ofenwandung. Ob es sich dabei immer um Backöfen handelt, bleibt offen, denn es können auch technische Öfen sein, zumal wir beim Fundmaterial auch Schmelztiegel und Halbfertigfabrikate zur Bronzeherstellung haben.

Damit sind wir beim Fundgut. In den bis jetzt ausgegrabenen Flächen sind über 5000 Fundzettelnummern vergeben worden, wovon jede etwa 40–60 Fundstücke beinhaltet. Ein sehr großer Anteil des Fundmaterials besteht aus Tierknochen, wobei im kalkhaltigen Löß auch die Knochen von Kleintieren erhalten sind. Diese Tierknochen, die als Abfallprodukte in die Kulturschicht und in die Gruben- und Grubenhausfüllungen gelangt sind, werden zur Zeit bearbeitet. Sie geben Auskunft über den Fleischkonsum in den einzelnen Siedlungsphasen. Schwein, Rind und auch Pferd sind besonders oft vertreten, aber wohl auch solche von Schaf, Ziege und Geflügel. Der Anteil der Wildtiere ist dagegen offensichtlich gering. Die Jagd spielte für die Fleischversorgung eine geringe Rolle. Auffällig sind Geweihteile vom Elch und das Horn eines Auerochsen und weitere Knochen beider Tierarten, die nach bisheriger Auffassung westlich der Elbe um Chr. Geb. nicht mehr vorhanden sein sollten.

Knochen- und Geweihteile spielten aber auch eine große Rolle bei der Geräteherstellung, die in der Siedlung durch Halbfertigfabrikate nachweisbar ist. Neben Nadeln und Pfriemen wurden Knochen vor allem zur Herstellung von aus drei Lagen bestehenden Knochenkämmen verwendet, aber auch für mit eingeritzten Ornamenten versehene Schmuckscheiben. Zum Kreis der symbolartigen Donar-Amulette gehört ein prismatischer Knochenanhänger, der bisher nur aus Frauen- oder Kindergräbern des 5.–7. Jahrhunderts bekannt ist. Aus Knochen besteht auch ein Spielwürfel der heute noch gebräuchlichen Zahlenaufteilung.

Zum Kultbereich dürften die Bestattungen eines großen Hundes und eines Pferdes und auch die Niederlegung mindestens eines Pferdekopfes gehören.

Einige Skelette von Neugeborenen oder ganz früh gestorbenen Säuglingen sind in Grubenfüllungen mit vergraben. Es mag sein, daß sie noch nicht berechtigt waren, auf dem bislang noch nicht aufgefundenen, vermutlich westlich der Siedlung zu suchenden Bestattungsplatz beigesetzt zu werden (vgl. S. 27).

Die andere ebenso häufige Fundgattung bildet die Keramik. Die schier unendlich groß erscheinende Menge der Gefäßscherben erlaubt für die einzelnen Bebauungsphasen die Zusammenstellung ganzer Küchengarnituren an Geschirr. Bei den Keramikformen der Römischen Kaiserzeit und wohl auch der Völkerwanderungszeit haben schalen- und schüsselartige Gefäße ein starkes Übergewicht. Der Vergleich mit den gleichzeitigen Gefäßen aus Gräbern dieser Landschaft zeigt, daß der Anteil der weitmündigen Schalen und Schüsseln im Siedlungsmaterial viel höher ist. Auch der Anteil der verzierten Gefäße ist in der Siedlung entsprechend kleiner. Natürlich kommen in der Siedlungskeramik auch einige Zweckformen vor, die bei der Grabkeramik selten oder gar nicht auftreten. Es sind vor allem die oft übergroßen Vorratsgefäße mit einer Schlickaufrauhung auf dem Unterteil und einem kurzen leicht einziehenden Oberteil mit oft wieder nach außen gebogenem Rand. Sie ähneln sehr stark den »Harpstedter Rauhtöpfen« der vorrömischen Eisenzeit Nordwestdeutschlands, die in Nordhessen ja auch schon in hallstattzeitlichen Gräbern auftreten.

Im übrigen entsprechen die kaiserzeitlichen Formen und Verzierungen denen der germanischen Rhein-Weser-Gruppe, ohne daß zunächst eine eigene, etwa chattische Komponente in den Formen und Verzierungen zu erkennen ist. Allenfalls bei wenigen älteren Gefäßtypen mag man an elbgermanische Parallelen denken, die dann auf einen suebischen Anteil bei der Germanisierung hindeuten.

Römische Importkeramik tritt vor allem in Form von Terra-Sigillata-Schüsseln, Reibschalen und Amphoren auf.

Einige dieser Importgefäße leiten über zur Völkerwanderungs- und Merowingerzeit. Hinzu kommen Bruchstücke von Terra-Nigra-Fußschalen des entwickelten 4. und vor allem des beginnenden 5. Jahrhunderts vor, die aber vereinzelt noch am Beginn des 6. Jahrhunderts zu beobachten sind. Der Anteil dieser Terra-Nigra-Ware ist allerdings im Verhältnis zur Gesamtmenge der Keramik erstaunlich niedrig, vor allem, wenn man diesen Anteil mit den Lesefunden von einem offensichtlich »fürstlichen« Siedlungsplatz wie Gudensberg (Obervorschütz, Schwalm-Eder-Kreis) Flur »Hofstatt« vergleicht.

Eine andere Keramikgattung ist von dem Bearbeiter der völkerwanderungs- und merowingerzeitlichen Keramik, W. Best, als dem 5. und der ersten Hälfte des 6. Jahrhunderts zugehörig herausgestellt worden. Es handelt sich um kalkgemagerte recht dünnwandige, gewöhnlich gut geglättete Keramik, wobei die weiße Kalkmagerung auch durch solche aus feingemahlenem Quarzit oder Quarzsand ergänzt oder ersetzt sein kann. Die Gefäße haben gewöhnlich leicht bauchige Unterteile und nach einem markanten Umbruch stark einziehende zum Rand wieder ausschwingende Oberteile mit Verzierungen aus Riefen auf dem Umbruch und vor allem auf dem Oberteil. Hinzu kommen unter anderem leicht plastische, breite, in Reihen schräg stehende Wülste. Diese besondere Magerung kommt aber auch bei weniger charakteristischen bauchigen Schalen mit eingezogenen Rändern vor, die sich damit von ähnlichen der Römischen Kaiserzeit abheben. Neben den noch zu behandelnden Kleinfunden ist damit eine breitere Materialbasis gefunden worden, die zunächst für die Siedlung von Geismar ein Weiterbestehen nach der Römischen Kaiserzeit aufzeigt.

Daneben gibt es sicher gleichzeitig auch andere Keramikarten und -formen. In den Formen langlebiger ist die Grobkeramik mit vor allem vielen Varianten von Kumpfformen. Sie zeigen in der Tendenz eine Entwicklung an, die von den kaiserzeitlichen weitmündigen Schalen über diese steilwandigeren und trotzdem bauchigen Kumpfformen zu Gefäßen mit oft kaum noch erkennbaren Böden und ausladenden Randlippen führt und die zu den frühen handgeformten Kugeltöpfen überleiten.

Als Import aus einem bislang unbekannten, vielleicht gar nicht so fernen Raum sind die scheibengedrehten Gefäße mit dicken Standböden und umgelegten Rändern zu bezeichnen, die allgemein Wölbwandtöpfe genannt werden und die aus den Großburgen, dem benachbarten Büraberg (vgl. Kat. Nr. 166) und dem Christenberg (vgl. Kat. Nr. 167), in stratigraphischem Zusammenhang bekannt sind und die dort erst ab dem Ende des 7. Jahrhunderts mit dem Beginn der Befestigungen auftreten. In Geismar treten diese Gefäßtypen schon erheblich früher auf und sind hier öfter mit der nicht grade häufig vorkommenden Knickwandkeramik vergesellschaftet. Ob sich dabei durch entsprechende Fundvergesellschaftungen gegenüber der Keramik der Großburgen ältere Typen der Wölbwandtöpfe herausarbeiten lassen, muß einstweilen offen bleiben.

Bei den Knickwandgefäßen muß die Frage gestellt werden, ob sich aus Macharts-, Formen- und Verzierungsgleichheit mit den anderen nordhessischen Funden und denen aus den anderen Nachbargebieten, vor allem aus der Wetterau, geschlossene Absatzgebiete und Produktionsplätze oder -räume nachweisen lassen. Der relativ kleine Anteil der Knickwandkeramik an der zeitgleichen Siedlungskeramik, die in der Hauptsache aus den beschriebenen handgeformten Kümpfen und relativ frühen Wölbwandtöpfen besteht, zeigt recht deutlich, daß den Knickwandgefäßen eine Sonderrolle zuzuweisen ist, die in den Grabbeigaben völlig überrepräsentiert sind. Diese Beobachtung wird durch einen ähnlich geringen Anteil auch in den wenigen merowingerzeitlichen Siedlungen aus dem Gebiet der Reihengräberfelder gestützt.

Im 8. und vielleicht noch im 9. Jahrhundert geht der Anteil der handgeformten Keramik immer mehr zurück, und aus der scheibengedrehten Wölbwandkeramik entwickeln sich neue Formen. Die Gefäße werden immer kugeliger, die Gefäßböden werden dünner und sind nun immer öfter linsenförmig nach unten gebogen. Die kurzen Ränder der nun dünnwandigen Gefäße sind ganz stark nach außen gebogen und berühren oft die flachen Gefäßschultern. Es sind jene Gefäße der Typenreihe 11–13 vom Christenberg (vgl. Kat. Nr. 167) und der von der Büraburg (vgl. Kat. Nr. 166), die an beiden Plätzen zu den jüngeren Befestigungsperioden gehören. Auf den Schultern und in Einzelbeispielen auch auf den Rändern kommen verschiedenartige Rollstempelmuster vor. Entweder sind es ein- oder mehrzeilige, rechteckige oder quadratische Stempeleindrücke, wie sie auf der Badorfer

Keramik des Rheinlandes bekannt sind, oder es sind Stempelreihen, die wie ein Muster aus aneinandergereihten römischen Zahlen anmuten oder es sind Bänder von einzelnen, häufiger gebündelten Rauteneindrücken. Daneben kommen oft mehrzeilige Wellenbandlinien vor, die sich gelegentlich auch auf den Rändern befinden können. Daß solche Gefäßtypen nicht immer Importgut aus den fränkischen Kerngebieten an Rhein und Main sein müssen, zeigt die jüngst erfolgte Untersuchung eines Töpferofens von Zimmersrode (vgl. Kat. Nr. 151).

Die weitere Keramikentwicklung führt dann zu gewöhnlich zweihenkligen, wieder etwas schlankeren Kannen mit runden, unter dem Rand eingelassenen Ausgußtüllen, wie sie repräsentativ in der letzten Einfüllschicht des genannten, trocken gemauerten Brunnens vorhanden sind. Schließlich treten auch häufiger in Pingsdorfer Manier bemalte Gefäße auf, die oft die Gefäßformen der oben genannten Kannen weiterführen. Endlich wird der Anteil an Kugeltöpfen mit runden Böden und mehr oder minder starken Deckelfalzen immer größer. Die vorher helltonige Keramikfarbe wird immer mehr zu einem dunklen Grau, und die Tradition der handgeformten Keramikware setzt sich fort in einer nun öfter braunen Kugeltopfware mit oft langen kolbenförmig erscheinenden Rändern, deren Parallelen viel häufiger im nördlich anschließenden Gebiet zu finden sind.

Die Keramikentwicklung ist hier nur in groben Zügen skizziert worden. Detaillierte Ergebnisse sind in den Bearbeitungen von R. Heiner (Römische Kaiserzeit) und W. Best (Völkerwanderungs- u. Merowingerzeit) und einer weiteren Bearbeitung der karolingisch-ottonischen und folgenden Zeit zu erwarten. Sie sollen Auskunft geben über Beginn und Ende der Siedlung, aber auch über Siedlungskonzentrationen innerhalb der großen Siedlungsfläche. Gelingt es, das keramische Fundmaterial zeitlich immer genauer zu trennen, so geben die Mengen der Scherbenfunde sicher einen viel repräsentativeren Einblick in die Siedlungsvorgänge als es die mehr zufällig in den Boden gelangten sogenannten Kleinfunde vermögen, obgleich die absolute Datierung der genannten Keramikgruppen erst durch eine Vergesellschaftung mit eben diesen Kleinfunden gestützt wird.

Aus gebranntem Ton, also der Keramik zugehörig sind neben den übrigens nicht sehr häufigen Spinnwirteln auch die Webgewichte, die in großer Zahl vorkommen. Neben den vielen mehr oder minder hart gebrannten Gewichten mit ovalem Querschnitt und wenigen pyramidenförmigen sind als ovale »Tonklumpen« auch zahlreiche ungebrannte Webgewichte in Nutzung gewesen, die nur bei sorgfältiger Beobachtung auch an der zentralen Durchbohrung zu erkennen sind. Schließlich muß natürlich der zu Flechtwänden und zu Ofenkuppeln gehörende verziegelte Wandverputz erwähnt werden, der nur entsteht, wenn die Wand einer entsprechend starken Wärmeausstrahlung ausgesetzt war. In der Regel deutet die Verziegelung des Hüttenlehms auf eine Brandkatastrophe hin. Zum keramischen Material gehören schließlich auch noch etliche Tonperlen und -bruchstücke, auf die hier nicht näher eingegangen werden soll.

Im Fundmaterial kommen natürlich auch recht viele Gegenstände aus Metall vor. Dabei muß man davon ausgehen, daß nur solche Metallteile in die Erde gelangten, die entweder verloren gegangen sind oder deren Wiederverwendung auch als Altmetall nicht lohnend erschien. Die genaue Einordnung der Metallfunde wird, soweit diese chronologisch entsprechend empfindlich sind, sicherlich dazu beitragen können, geschlossene Keramikkomplexe im Sinne von Grubeninhalten absolut chronologisch einzuordnen. Doch leider erfüllen diesen Anspruch nur ein Teil der Fundstücke, die zudem oft auch nicht zu geschlossenen Grubeninhalten gehören.

Unter den Gegenständen aus Eisen sind natürlich etliche ihrer Funktion nach nicht zu bestimmen. Sie gehören gewöhnlich zu Beschlägen von Hausrat, Wagen und Verzimmerungen. Einen erheblichen Anteil machen dann Nägel ganz verschiedener Größe und Form aus. Sehr groß ist die Zahl der ganz oder in Bruchstücken erhaltenen Messer, deren typenmäßige Untergliederung bisher nicht möglich erscheint, da offensichtlich in frühgeschichtlicher Zeit die Gestalt der Messer jeweils von den Funktionen abhängig ist und einmal entwickelte Zweckformen ihre Gestalt kaum ändern.

Die Scheren in der Form von Bügelscheren sind ebenfalls typologisch kaum zu unterteilen, zumal bis auf ein ganzes Exemplar immer nur Bruchstücke erhalten sind. Es ist auch möglich, daß sich unter den zunächst als Messer angesprochenen Eisenteilen noch Schneidenbruchstücke von Scheren befinden. Aus Eisen besteht auch ein Schlüssel mit beidseitigem Hakenende, während die recht zahlreichen karolingisch-ottonischen Schlüssel in der Form den heutigen Türschlüsseln entsprechen. Der Gerätevorrat wird ergänzt durch eine Sichel. An Reitzubehör aus Eisen sind im Fundmaterial neben vielen Ringteilen, die zum Pferdegeschirr gehören können, auch eiserne Sporenbruchstücke vorhanden. In die Spätphase gehört ein Sporn mit recht langem, am Übergang zum Sporenbügel profilierten Dorn, bei dem die Bügelenden hinter den innen angebrachten Riemendurchlässen nach außen gebogen sind. Weiter sind eine ganze Reihe von Schnallen zu nennen und schließlich als einzige Waffe eine eiserne geflügelte Pfeilspitze.

Daß Eisen in der Siedlung geschmolzen worden ist, wurde oben schon bei der Nennung der Schmelzöfen erwähnt. Natürlich ist es auch am Ort weiterverarbeitet worden, wie die sehr vielen Schlacken beweisen. Kommen solche Anhäufungen von Schmiedeschlacken gelegentlich in den Einfüllungen der Grubenhäuser vor, so muß vor der Verfüllung ganz in der Nähe eine Schmiede betrieben worden sein.

Unter den Bronzefunden ist zunächst die Serie der kaiserzeitlichen Fibeln zu nennen, die eine kontinuierliche Besiedlung des Platzes in den ersten Jahrhunderten n. Chr. nachweisen. Von besonderem Interesse ist eine kleine Bügelfibel mit spitzovaler Fußplatte, die noch keine Kopfplatte besitzt. Sie dürfte ins 5. Jahrhundert gehören und zeigt den Übergang von den kaiserzeitlichen zu den merowingerzeitlichen Fibeln an. Auch etliche kerbschnittverzierte Fibeln und einige Sonderformen von Scheibenfibeln gehören in die späteste Kaiserzeit oder Völkerwanderungszeit. Schließlich gehört eine gleicharmige Fibel mit kreisrunden Platten und ganz flachem kurzem Bügel in das 7. Jahrhundert.

Aus Bronze gibt es kaiserzeitliche Stuhlsporen und einige lange Nadeln, von denen eine einen profilierten Kopf aufweist. Auch ein kerbschnittverzierter runder Anhänger zeigt den Übergang von der Römischen Kaiserzeit zur völkerwanderungs- und merowingerzeitlichen Epoche an. Daneben gibt es vielerlei bronzene Beschlagteile und auch Abfallteile, die zu einer eigenen Bronzeverarbeitung gehören. Diese Bronzeverarbeitung am Platz wird dann auch durch Schmelztiegel und Bronzeschlakken nachgewiesen. Es würde zu weit führen, in diesem Rahmen auf die Bronzefunde näher einzugehen.

Glasscherben, zum Teil mit Fadenauflagen sind vor allem beim Ausschwemmen der unteren Schichten der Bachbettschnitte im Südosten der ergrabenen Fläche gefunden worden. Es gibt aber auch verschmolzene Rohglasbrocken in Zusammenhang mit verziegelten Resten wohl eines kleinen Ofens, die auf Eigenverarbeitung am Platz hinweisen. Aus Glas sind weiter Bruchstücke von zwei runden, im Querschnitt nierenförmigen »Glättern« (vgl. Kat. Nr. 66) vorhanden.

Als Importgut, wohl aus dem Gebiet westlich des Rheins, ist eine Mühle aus Basalt (vgl. Kat. Nr. 143a) anzusehen. Schließlich ist die Zahl der Wetzsteine aus Flußgeröll schier unübersehbar. An einigen dieser Gerölle ist die Verwendung als Wetzsteine durch oxydierte Bronzespuren nachweisbar.

In etlichen Gruben und vor allem Grubenhäusern findet sich ausreichendes Holzkohlematerial für eine C 14-Datierung, doch kann oftmals nicht sicher gesagt werden, ob diese Holzkohle zur Benutzungs- oder Verfüllungszeit der jeweiligen Grube gehört.

Umfangreich ist dann organisches Fundmaterial aus den beiden Schnitten durch das ältere Bachbett der Elbe. In beiden Schnitten zeigt sich eine untere, stark mit organischem Material durchsetzte Ablagerungsschicht. Sie hat in sich vielschichtige fluviale Überlagerungen. Insgesamt ist diese Ablagerungsschicht von einer weniger fundreichen späteren, durch ein Stein- und Geröllband getrennten Schicht überdeckt, aus der dann nur spätmerowinger- und karolingerzeitliche Scherben stammen. Die untere Ablagerungsschicht enthält dagegen nur Funde der Römischen Kaiserzeit und der Völkerwanderungszeit. Aus dieser Schicht gibt es aber auch sehr viel organisches Material. Einmal sind es die verschiedenen, zum Teil bearbeiteten Hölzer, aber auch eine große Fülle an Samen und Fruchtkernen, die zur Zeit noch bestimmt werden. Das gleiche gilt für die Pollen aus diesen Schichten.

Diese summarische kurze Zusammenstellung der Befunde und Funde vermag zu zeigen, welche Aspekte die Untersuchung der Siedlung von Geismar schon jetzt nach einer nur teilweisen Ausgrabung und nur für Teilbereiche erfolgten Fundbearbeitung bietet. Sollte es gelingen, die Siedlung vollständig auszugraben und vielleicht auch die zugehörigen Bestattungsplätze, die wohl weiter westlich zum Hang des »Biening« liegen sollten, zu finden und zu untersuchen und auch Ergebnisse zur frühgeschichtlichen Flureinteilung zu gewinnen, so ergeben sich für die Siedlung bei Geismar einzigartige Möglichkeiten der archäologischen Forschung.

Dieser Platz im Kernland der Chatten muß schon die Feldzüge des Germanicus mit dem gewaltsamen Übergang der römischen Legionen über die Eder und die Zerstörung Mattiums erlebt haben. Außer einigen Nachrichten über die Chatten, die mit dem Zusammenstoß des Stammes mit dem römischen Kaiser Caracalla im Jahre 213 enden, schweigen die Schriftquellen für die folgenden Jahrhunderte vollständig. Eine Nachricht über einen Feldzug des fränkischen Königs Sigibert III. gegen Thüringen zum Jahre 639 (vgl. S. 37) mag das heutig Nordhessen berühren, bezieht sich aber sicherlich mit der Nennung der Buchonia mehr auf den osthessischen Raum beiderseits der Fulda.

Die ersten Nachrichten von der Missionstätigkeit des Bonifatius in Hessen nennen nach dem Vorspiel seines ersten Besuches auf der Amöneburg (vgl. Kat. Nr. 165) gleich den Ort Geismar, an dem der Missionar 723 das heidnische Heiligtum der Donareiche fällte. Es bleibt unklar, was dabei unter Geismar *(Gesmere)* verstanden werden muß. Es kann ein Ortsname, aber ebensogut auch der Name einer mehr oder minder großen Gemarkung oder eines Bezirkes gemeint sein, zu dem auch Fritzlar gehört haben mag. Mittelpunkt dieses Geismars ist zweifellos der hier behandelte Siedlungsplatz im Elbebogen südlich des heutigen gleichnamigen Dorfes.

Gensen (1974) 34ff.; Gensen (1978); Gensen (1979) 24ff.; H. Roth (1979/80) 795ff.

Zur Anthropologie der frühmittelalterlichen Bevölkerung Hessens

Manfred Kunter

Einleitung

Hauptaufgabe der prähistorischen Anthropologie ist die Bearbeitung der bei archäologischen Grabungen geborgenen menschlichen Überreste mit dem Ziel, biologische Strukturen vergangener Bevölkerungen zu rekonstruieren.

So können Skelettüberreste des Menschen als biohistorische Urkunde interpretiert werden. Bei geeigneter Quellenlage ergeben sich für Skelettpopulationen Hinweise auf Isolate, Heiratskreise, auf sozialbiologische und ethnogenetische Zusammenhänge.

Darüber hinaus ist es möglich, Alters- und Geschlechtsaufbau, Sterbeverhalten und Sterbeursachen zu untersuchen. Bis zurück in die frühesten Perioden der Menschheitsgeschichte sind Nachweise über das Auftreten und die Häufigkeit von verschiedenen Krankheiten erbracht und Aussagen über Einflüsse verschiedenster Umweltfaktoren gemacht worden. Krankhafte Veränderugnen hängen oft von der Ernährung, der ökologischen bzw. spezifischen historischen Lebenssituation vergangener Bevölkerungen ab.

Am Beispiel frühmittelalterlicher Skelettfunde aus Hessen seien einige Perspektiven und Ergebnisse anthropologischer Arbeitsweisen dargestellt.

Quellenlage

Für keine Periode der Vor- und Frühgeschichte liegt in Hessen so reiches Skelettmaterial vor wie für das frühe Mittelalter. Allerdings ist die regionale Verteilung der Funde und der Publikationsstand sehr unterschiedlich. Während der Süden mit Funden aus der Wetterau, dem Rhein-Main-Gebiet mit Starkenburg und dem Rheingau relativ gut dokumentiert ist (Matthäus 1940; Schwidetzky 1953; 1961; Keil 1972; 1982; Kunter 1974; Rösing/Schwidetzky 1977; Kunter in Vorbereitung), war Nordhessen bis auf eine Ausnahme (Perret 1938) bisher noch nicht erfaßt. Diese Dokumentationslücke wird aber in Kürze geschlossen werden (Kunter 1985).

Vergleichende Morphologie

Nach Aussage der wichtigsten cranialen und postcranialen Variablen ist die morphologische Variabilität der hessischen Bevölkerungsgruppen im Frühmittelalter relativ groß. Für den statistischen Durchschnittstyp ergibt sich ein Merkmalsbild, wie es von Hug (1940) für den nordischen Reihengräbertypus beschrieben wurde, welcher durch große, kräftige, hochgesichtige, lange bis mittellange Schädel charakterisiert ist. Altertümliche, cromagnide Affinitäten fehlen indessen – vor allem in Nordhessen – nicht.

In der multivariaten Analyse mit Bündelung untereinander ähnlicher Komplexe lassen sich Ähnlichkeitsbeziehungen zwischen frühmittelalterlichen Gruppen Europas deutlich machen (Kat. Nr. 116). Dabei zeigt sich, daß die germanischen Bevölkerungen Mitteleuropas – einschließlich hessischer Gruppen – untereinander hochgradige morphologische Ähnlichkeiten aufweisen (Penrose-Gesamtabstand bis 0,3 = signifikant ähnlich, 0,3–1,5 = ähnlich, über 1,5 = unähnlich), die als genetische Verwandtschaftsbeziehungen gedeutet werden dürfen.

Demographie

Aufbauend auf den individuellen Alters- und Geschlechtsdiagnosen lassen sich für Skelettserien demographische Profile erarbeiten, in denen Aussagen über Überlebenschancen, Lebenserwartung, Sterbewahrscheinlichkeit und das zivilisatorische Niveau von Bevölkerungen gemacht werden können.

Für die Serie Griesheim (Kreis Darmstadt-Dieburg) (413 Individuen, 6.–10. Jahrhundert) und das gesamte Skelettmaterial aus Nordhessen (105 Individuen, 7.–9. Jahrhundert) seien einige demographische Merkmale angegeben.

In beiden Serien liegt die Sterbefrequenz der Kinder und Jugendlichen bei 21% bzw. 30%, was im Vergleich zu standardisierten Modellsterbetafeln aus der Bevölkerungsstatistik der Vereinten Nationen einem noch nicht allzu weit entwickelten ökonomisch-zivilisatorischen Niveau entspricht. D. h., die Lebenserwartung ist relativ gering, und die Sterblichkeit in der Kindheit ist relativ hoch. Hohe Sterbewahrscheinlichkeiten sind für die spätmatur-senilen Altersklassen (50–65 Jahre) zu errechnen (Kat. Nr. 171). Das hohe Greisenalter, in dem heute in Europa die meisten Menschen sterben, hat damals kaum jemand erlebt. Individuen über 70 Jahre sind in beiden hessischen Serien eine Seltenheit. Die Überlebenschancen für Männer waren im allgemeinen höher als die der Frauen (Kat. Nr. 118). Vor allem im Zeitraum zwischen 25 und 65 Jahren ist für Männer die Chance zu überleben gegenüber den Frauen deutlich erhöht.

Die Lebenserwartung bei der Geburt beträgt – ohne Trennung nach Geschlechtern – in Griesheim (Kreis Darmstadt-Dieburg) 40,4 und in Nordhessen 36,4 Jahre. Diese Werte entsprechen Verhältnissen, wie sie bei anderen frühmittelalterlichen Serien Europas beobachtet wurden. Bis etwa zum 45. Lebensjahr liegt die Lebenserwartung der Männer in beiden hessischen Serien um durchschnittlich 4 Jahre höher als bei den Frauen (Kat. Nr. 119). Dies kann durch das höhere Sterberisiko der Frau während der Fertilitätsperiode erklärt werden, denn das weibliche Geschlecht war durch Schwangerschaft und Geburtsfolgen bei wenig effektiver medizinischer Versorgung besonders gefährdet. Nach dem 45. Lebensjahr zeigt die Kurve der Lebenserwartung in beiden Geschlechtern einen fast kongruenten Verlauf (Kat. Nr. 119). In unserem Jahrhundert liegt die Lebenserwartung in allen Altersklassen erheblich höher als im Frühmittelalter (vgl. UN-Kurve). Unter den heutigen (1978/80) Sterbeverhältnissen in der Bundesrepublik Deutschland haben neugeborene Knaben eine durchschnittliche Lebenserwartung von 69,6 und neugeborene Mädchen von 76,4 Jahren. Es sollte nicht vergessen werden, daß hinter den mehr trockenen demographischen Aussagen auch menschliche Schicksale stehen (z. B. häufiger Tod von Kindern), die etwas über hygienische Verhältnisse und die gesellschaftliche Stellung der Frau ahnen lassen.

Die frühmittelalterliche Gesellschaft hatte nur einen sehr kleinen Anteil sehr alter Männer und Frauen, so daß sich offenbar andere Kleingruppenbeziehungen, andere Formen des Familienlebens und Traditionsmöglichkeiten ergaben, als wir sie heute kennen. Krankheit und Tod mußten in jedem Lebensabschnitt als akute Realität empfunden werden.

Körperhöhe

Aus der Länge der Langknochen läßt sich die Körperhöhe rekonstruieren. Für frühmittelalterliche Gruppen in Europa wurden Durchschnittswerte von 171 cm im männlichen Geschlecht und von 162 cm im weiblichen Geschlecht berechnet. In den einzelnen Gräberfeldern ist die individuelle Variabilität recht groß (Kat. Nr. 120). In der südhessischen Serie von Griesheim (Kreis Darmstadt-Dieburg) waren die Männer durchschnittlich 174 cm, die Frauen 162 cm groß. Die entsprechenden Werte für Nordhessen lauten 174 cm bzw. 158 cm.

Insgesamt muß man die Körperhöhe im Frühmittelalter als hoch bezeichnen. Bis in die Neuzeit gibt es im Hinblick auf die Körperhöhe in Mitteleuropa beträchtliche zeitliche Schwankungen. So sinken im Spätmittelalter und in der frühen Neuzeit die Durchschnittswerte deutlich ab (Kat. Nr. 120). Da das Merkmal Körperhöhe im Rahmen der genetischen Variabilität wesentlich durch Umweltfaktoren während der Individualentwicklung modifiziert wird, ist davon auszugehen, daß der das Wachstum am stärksten beeinflussende Faktor, die Ernährung, in der Zeit des Frühmittelalters großräumig gleichartig gewesen ist. Die einheitliche Ernährungswirtschaft, die sehr stark auf einem hohen Konsum von tierischen Nahrungsmitteln (vor allem Milcheiweiß) basierte, darf im wesentlichen für die hohen Körperhöhenmittelwerte dieser Epoche verantwortlich gemacht werden.

Karies

Eine der am häufigsten untersuchten krankhaften Veränderungen bei menschlichen Fossilfunden ist die Karies, ein im wesentlichen parasitochemischer Prozeß, der auch als Zahnfäule bzw. Zahnfraß bezeichnet wird (vgl. Kat. Nr. 110). Die Feststellung der Häufigkeit steht im Vordergrund der Untersuchungen. Dabei lassen sich im frühmittelalterlichen Mitteleuropa Unterschiede zwischen den Bevölkerungen verschiedener Orte erkennen, wobei die Häufigkeiten (ohne die intravitalen Zahnverluste) zwischen 5% und 16% variieren. Für hessische Serien waren folgende Werte zu ermitteln: Griesheim = 10,4%, Eltville am Rhein (Rheingau-Taunus-Kreis) 11%, Holzheim, Fritzlar (Schwalm-Eder-Kreis) = 9%, Nordhessen = 11,6%. Das heißt, im Durchschnitt war nur etwa jeder 10. Zahn von Karies befallen. Heute wird in Hessen ein Vorkommen von zum Teil über 50% registriert, so daß die Karieshäufigkeit seit dem Frühmittelalter durchschnittlich um das 5fache gestiegen ist. In der Gegenwart ist nahezu jeder zweite Zahn kariös. Das geringere Kariesvorkommen im frühen Mittelalter hängt hauptsächlich mit der anderen Ernährung zusammen. Die starke Abkauung der Zahnkronen bei frühmittelalterlichen Gebissen weist auf eine grobe, an Ballaststoffen reiche Nahrung hin. Durch ständigen Abschliff der Zahnkronen konnte sich Karies weniger gut ausbreiten. Wie die starken Zahnbeläge in Form von Zahnstein nahelegen, war eine wirksame Zahnhygiene damals unbekannt. Es ist davon auszugehen, daß die kariösen Defekte selbst und die starken Schmerzen, die durch Zerstörung der Zähne und anschließende Entzündung des Zahnbettes entstehen, ohne Behandlung blieben.

Gewaltverletzungen

Neben degenerativen und entzündlichen Veränderungen lassen sich am Skelettmaterial besonders gut Knochenbrüche und -verletzungen diagnostizieren (vgl. Kat. Nr. 111f.). Von besonderer Bedeutung ist die Möglichkeit, anhand von Art und Form der Knochenverletzungen auf Entstehungsmechanismen zurückzuschließen (Kunter 1981). Im hessischen Fundgut fallen neben Läsionen, die auf Unfälle des täglichen Lebens zurückzuführen sind, besonders solche Veränderungen auf, die man am besten als Agressionsverletzungen bezeichnet. Viele dieser Läsionen lassen sich auf die Wirkung scharfer Waffen (z. B. Schwert) zurückführen. Zahlreiche Verletzungen wurden überlebt, oft führten sie jedoch zum Tode des Opfers (Kindler 1957).

Im vorliegenden hessischen Material sind nur Männer Opfer der Waffenverletzungen, was ein Bild auf die kriegerische Lebensweise dieser Zeit wirft. Gewalttätigkeit verschiedenster Ausprägung war ein aus dem täglichen Leben nicht wegzudenkender Faktor. Gelegentlich wie bei einer prothetischen Versorgung nach einer Amputation oder der Behandlung von Knochenwundrändern läßt sich die Existenz ärztlicher Hilfe erschließen.

Entzündliche und tumeröse Prozesse

Obwohl entzündliche und tumoröse Befunde im frühmittelalterlichen Skelettmaterial bisher relativ selten nachzuweisen sind, werfen doch einzelne Fälle ein weiteres Licht auf die allgemeine Krankheitsbelastung dieser Zeit und vermitteln uns neue Informationen über die Manifestationsweise spezifischer Erkrankungen (Kat. Nr. 115). Für diese Zusammenstellung wurden einige Beispiele aus dem fränkischen Reihengräberfeld von Eltville am Rhein, Rheingau-Taunus-Kreis ausgewählt.

Gelegentlich ist es möglich, Knochenalterationen entzündlichen Ursprungs differentialdiagnostisch z. B. als Tuberkulose zu identifizieren. Andere Deformitäten entzündlichen Ursprungs müssen einfach als Ostitis, Periostitis oder Osteomyelitis bestimmt werden.

Tuberkulose z. B., im älteren Schrifttum auch als Tabes, Scropheln, swineder Siechtag bezeichnet, ist eine systemische, granulomatöse Infektionskrankheit, die seit prähistorischen und protohistorischen Zeiten im Skelettmaterial Europas, des Nahen Ostens und Amerikas nachweisbar ist. Sie wird durch das Mycobacterium tuberculosis verursacht. Dieser Bazillus kommt in einer menschlichen und in einer bovinen Form vor. Die menschliche Form dürfte wohl eine Variante der bovinen sein, die seit der Neolithisierung und Domestizierung von Haustieren zur endemischen Verbreitung der Tuberkulose beim Menschen beitrug.

Knochentumoren – auch in bösartigen Formen – sind relativ selten im prähistorischen Skelettmaterial der Alten und Neuen Welt nachweisbar. Die Differentialdiagnose an Skeletten ist dabei immer schwierig. Tumoren werden nach den Geweben klassifiziert, in denen sie ihren Urprung haben wie z. B. Osteosarkome des Knochens bzw. Carcinome, wenn die weichen Gewebe betroffen sind. Solche Carcinome können sekundär durch Metastasen auch auf die Knochensubstanz übergreifen.

Die im Vergleich zur heutigen Zeit geringere Frequenz von Carcinomen und multiplen Myelomen mag ihre Hauptursache auch darin haben, daß die Lebenserwartung in allen vor- und frühgeschichtlichen Perioden niedriger war als heute. Nur wenige Individuen wurden in alter Zeit älter als 50 Jahre, erreichten also nur selten das Alter, in dem sich maligne Tumoren überwiegend manifestieren. Dies Faktum reicht aber sicher nicht zur Erklärung des relativ geringen Vorkommens von Tumoren im Skelettmaterial aus. Erst die Anwendung modernster Untersuchungsmethoden bei ganzen Skelettpopulationen wird in Zukunft zu gesicherten Vergleichsdaten führen.

Aber schon heute (Uhlig 1982) sind so viele Fälle von malignen Tumoren aus prähistorischem Skelettmaterial bekannt, daß die Feststellung von Pales (1930), daß »Krebs kein trauriges Privileg des heute lebenden Menschen ist, sondern daß er seit ältester Zeit von diesen Leiden heimgesucht wurde« voll bestätigt wird.

Hug (1940) 359ff.; Keil (1972) 152ff.; Keil (1977/78) 195ff.; Keil (1982) 45ff.; Kindler (1957) 41ff.; Kunter (1971) 94ff.; Kunter (1974) 305ff.; Kunter (1981) 221ff.; Kunter (1985) Kunter (in Vorbereitung); Matthäus (1940) 155ff.; Pales (1930); Perret (1938) 1ff.; Rösing/Schwidetzky (1977) 65ff.; Schollmayer (1983) 173ff.; Schwidetzky (1953) 171ff.; Schwidetzky (1961) 110ff.; Uhlig (1982).

**Herrn Dr. Dr. M. Schultz, Anatomisches Institut der Universität Göttingen, verdanke ich die pathologischen Befunde aus dem fränkischen Gräberfeld von Eltville, Rheingau-Taunus-Kreis. Herr Schultz hat mit großem Entgegenkommen Aufnahmen und Differentialdiagnosen zur Verfügung gestellt. Frau Dr. F. Langenscheidt, Anthropologisches Institut der Universität Mainz, danke ich für die Bereitstellung des Eltviller Knochenmaterials.*

Die frühmittelalterliche Gesellschaftsstruktur im Spiegel der Grabfunde

Heiko Steuer

Bestattungsbrauch und Sozialstruktur

Es gibt keine Gesellschaft aus völlig gleichen und gleich geachteten oder gleich einflußreichen Menschen. Jede Bevölkerungsgruppe ist in sich gegliedert und dem Range nach gestaffelt. Auch die Stammesgesellschaften der Völkerwanderungszeit, der Merowingerzeit und der Karolingerzeit waren nach Ansehen, Rang und politischer Bedeutung vielfältig in sich differenziert. Männer, Frauen, Kinder, Erwachsene, alte Menschen, gesunde und kranke Menschen spielten eine jeweils spezifische Rolle im Familien- und Stammesgefüge. Hinzu kamen unterschiedliche religiös-kultische Zugehörigkeit oder auch der Gegensatz zwischen alteingesessenen und aus der Ferne zugewanderten Menschen.

Neben dem unterschiedlichen Rang der großen Familiengruppen vom Adel und den Amtsträgern im merowingischen Königtum bis zu den einfachen, in einem abgelegenen Waldtal lebenden Bauern stehen ganz entscheidend auch Rangunterschiede innerhalb der einzelnen Familiengruppe. Die Stellung in der Familie, wobei auch nicht verwandte Knechte und Mägde dazu gehören, ist für den Hausherrn, dem Mann im Alter zwischen 30 und 40, eine ganz andere als die des alten Vaters, der jüngeren unverheirateten Brüder. Eine Vielzahl von Bezugspunkten bestimmte die gesellschaftliche Stellung des einzelnen, die sich zudem im Laufe des Lebens wandelte; die Summe des gesellschaftlichen Ranges der einzelnen bestimmte dann das Sozialgefüge der Stammesgruppen.

Die Menschen jener Jahrhunderte lebten fast alle in einer ländlichen, von Agrarwirtschaft bestimmten Umwelt (vgl. S. 29). Städtisches Leben der Antike war weitgehend – zumindest im Rheinland – längst erloschen. Doch über diese von der Landwirtschaft ausgefüllten Lebensweise hinaus bestimmten Waffen und goldglänzender Schmuck ganz zentral die Lebensauffassung jener Menschen (vgl. S. 95). Krieg und Kampf, Schmuck- und Prunksucht, Festgelage und Totenehrung spielten eine entscheidende Rolle im Lebensstil.

Ob schon christlich oder noch heidnisch eingestellt, gerade dieser Lebensstil hat auch zu einer Bestattungssitte geführt, deren Kennzeichen mehr oder weniger reiche Beigaben sind. Die Ausstattung des Toten mit seiner Tracht, mit Waffen oder Schmuck, mit Trink- und Eßgeschirr, ganz selten mit handwerklichen Geräten und nie mit Geräten aus dem Bereich der Landwirtschaft unterstreicht die wichtige Rolle gerade der von der bäuerlichen Welt gelösten Aspekte des Lebens. Noch im Tode gilt es, seinen Anteil an der kriegerischen und prunkvollen Facette des Daseins durch die Mitnahme von Waffen und Schmuck zu belegen; oder besser gesagt, die Familie des Gestorbenen legt Wert darauf, den Toten repräsentativ mit diesen wertvollen Gegenständen auszustatten, und zwar so, daß die anderen das auch registrieren können. Die vielen beraubten Gräber belegen durch die Art ihrer Beraubung, daß tatsächlich bekannt war, was jemandem mit ins Grab gegeben worden war (H. Roth 1978; Steuer 1982). Art der Gräberfelder und Beigabenbrauchtum haben die Bezeichnung »Reihengräberzivilisation« hervorgerufen, um ein charakteristisches Kulturelement des östlichen Merowingerreiches zu bezeichnen, nämlich den starken wirtschaftlichen Aderlaß an wertvollem Besitz durch die Ausrüstung des Toten. Einerseits wird auch eine Totenausstattung mit kostbaren Waffen und Edelmetall nur einen Bruchteil des eigentlichen Familienvermögens ausmachen; andererseits aber wird der Zwang zu dieser Art von Repräsentation, kontrolliert durch die Nachbarn, manche Familie an den Rand des wirtschaftlichen Ruins gebracht haben.

Man bestattete gemeinsam auf einem Friedhof in Nachbarschaft zum Hof, zum Weiler oder zum Dorf (vgl. S. 26), wobei jedoch zumeist die Gräber einer Familie auch über Generationen in einem Gruppenzusammenhang angelegt worden sind. Jedenfalls lassen viele vollständig untersuchte Friedhöfe der Merowingerzeit diese Gliederung nach Familienverbänden deutlich erkennen. Der Tod hält sich nicht an Regeln. Die Zugehörigen zu einer Familie starben als Kinder, als Erwachsene oder als alte Leute, wie der Zufall, Krankheit oder Kampf dies verursachten (vgl. S. 76). Der Archäologe aber kann am Skelett und an den Grabbeigaben erkennen, ob ein älterer Kranker, ein Gefallener oder ein Hofherr, auf dem Höhepunkt seines Lebens an einer plötzlichen Krankheit gestorben, bestattet worden ist (vgl. Kat. Nr. 111 ff.). Somit spiegeln die Gräber der Merowingerzeit die gesellschaftlichen Strukturen in vielen Facetten wider, nicht zuletzt durch Art, Wert und Menge der mitgegebenen Gegenstände.

Die Gesellschaft der Merowingerzeit als offene Ranggesellschaft

Die archäologischen Funde können über die rechtliche Position der Gestorbenen eigentlich nichts aussagen, sondern nur etwas über die reale – und damit vielleicht wichtigere – gesellschaftliche Position aufgrund des Wertes und der Bedeutung der Beigaben, z. B. kostbarer Schwerter und gewichtigen Goldschmucks. Die schriftlichen Quellen haben ein überaus buntes, rasch sich wandelndes und oft nicht eindeutiges Bild der Sozialstruktur der merowingerzeitlichen Bevölkerung überliefert (M. Weidemann 1982). An der Spitze steht die Dynastie der Merowingerfamilie, weit verzweigt, oftmals – so unter Chlodwig – durch Machtrivalitäten stark dezimiert, aber immer bis zur Ablösung durch die Karolingerdynastie uneingeschränkt an der ranghöchsten Position.

In ihrem Dienst stehen Amtsträger mit ihren Familien, Kern eines neu entstehenden Adels, beispielsweise Herzöge *(duces),* Grafen *(comites),* Kanzleibeamte aller Art. Wenige aus alten Adelsfamilien und die meisten aus neu zu Macht und Einfluß gelangten Familien bilden eine schmale Gruppe ranghoher und über das ganze Land verteilter Familien. Weiterhin gibt es freie Bauern auf großen Höfen mit vielen abhängigen Mitgliedern in ihrer *familia,* auch freie Bauern auf kleinen Höfen; manche leben im Herzen alter Kulturlandschaften rundum Köln oder im Pariser Becken oder in Rheinhessen, andere in den südhessischen Bergländern. Es soll hier aber nur beschrieben werden, welch differenziertes Bild die Gräberfelder erkennen lassen, während die Diskussion über die rechtliche Struktur der damaligen Gesellschaft hier nicht weiter verfolgt zu werden braucht. Entscheidend ist, daß Schriftquellen und archäologische Überlieferung parallel eine offene Gesellschaft ohne feste Klassengrenzen beschreiben. Erst mit dem Reich der Karolinger setzten sich strenge Schicht- und Standesstrukturen durch, zu einer Zeit, zu der Beigaben im Bestattungsbrauch keine Rolle mehr spielen (vgl. S. 28). Für die Jahrhunderte davor charakterisieren Grabbeigaben von bescheidenem Wert bis zum wertvollen Schatz eine offene Ranggesellschaft, die ihr Selbstbewußtsein und ihren Rang zur Schau stellte, auch im Totenkult.

Rangabfolgen gab es innerhalb der großen Familien und zwischen den Familien. So ist die Beigabenausstattung eines Toten auch nur relativ zu bewerten: Die gleiche Waffenausrüstung kann in einem ranghohen, sehr vermögenden Familienverband nur ein bescheidenes Familienmitglied untergeordneter Bedeutung kennzeichnen, während sie im Rahmen einer Familie in einem abgelegenen Waldtal den Hofherrn bezeichnet. Die räumliche oder machtpolitische Entfernung zum königlichen Hof, zu den Sitzen der Amtsträger oder zu wirtschaftlichen Zentren ist daher von wesentlicher Bedeutung für die Position einer Familie in der offenen Ranggesellschaft der Merowingerzeit.

Das war und blieb nicht so, was auch am Wandel der Grab- und Beigabensitte von der Spätantike bis zur Karolingerzeit abzulesen ist. In den Jahrhunderten der Spätantike, verstärkt im 3. und 4. Jahrhundert, lösen sich sowohl die römische als auch die germanische Gesellschaftsordnung auf, die vorher herrschend waren. Die römische Klassengesellschaft wandelt sich, und die alten, seit der Zeit um Chr. Geb. überlieferten germanischen Stämme verschwinden. Die Auflösung der alten Stammesstrukturen (vgl. S. 31), die zunehmende militärische und politische Rolle von Gefolgschaften und der Niedergang der alten ranghohen Familien gehen Hand in Hand mit den Wanderbewegungen der »Völkerwanderungszeit« und der Bildung neuer Stammes-Großverbände mit neuen Namen. Aus den festgefügten Gesellschaftsformationen der Antike wird die offene Gesellschaft der Merowingerzeit, die aus zahllosen Familienverbänden unterschiedlicher Ranghöhe besteht und in die sich im Westen auch die großen römischen Senatorenfamilien mit ihrer Klientel einreihen. Am Ende, seit der ausgehenden Merowingerzeit und zu Beginn der Karolingerzeit, hat sich dann wieder eine Standesgesellschaft herausgebildet.

Im archäologischen Quellenmaterial heben sich vier Phasen heraus, die sich nicht nur durch eine unterschiedliche Grabsitte gegeneinander abgrenzen lassen, sondern die zugleich ganz verschiedene politische Epochen widerspiegeln.

Es sind die Phase (1) des 4. und frühen 5. Jahrhunderts, in der erstmals Germanen auf ehemals römischem Reichsgebiet und auch weit östlich davon die Sitte annehmen, ihre Toten mit Waffen und Schmuck nach einem festgelegten Schema auszustatten, die Phase (2) vom zweiten Drittel des

5. Jahrhunderts bis zu den Jahrzehnten um 500, in der östliche Einflüsse der Attila-Zeit auf Bewaffnung und Schmuck wirken und am Ende das Frankenreich der Merowinger gegründet wird, die Phase (3) des 6. und 7. Jahrhunderts, in der im konsolidierten, zumindest in der Oberschicht christlichen Reich der Franken mit den eingegliederten Gebieten der Thüringer, Alamannen und Baiern vom Totenkult her die Reihengräberzivilisation sich ausbreitet, und die Phase (4) des späten 7. und 8. Jahrhunderts, in der das Reich der Karolinger-Dynastie entsteht und die Beigabensitte im Totenkult aufgegeben wird.

Die Anlage eines Grabes und die Ausstattung des Verstorbenen mit Beigaben ist Aufgabe der Familie oder einer Gruppe, beispielsweise der Gefolgschaft von Kriegern. Diese sind verantwortlich für den Bestattungsvorgang und für den Schutz der Grabstelle. Doch setzt schon im 6. Jahrhundert im Bereich der Reihengräberzivilisation die Beraubung der Toten ein, in einem Umfang, wie er in keiner anderen Epoche der Ur- und Frühgeschichte wieder zu beobachten ist. Bis zu 50% und mehr aller Gräber eines Friedhofes können beraubt sein (H. Roth 1978). Als Verbrechen, zu büßen mit hohen Geldstrafen, findet dieser Vorgang auch in den germanischen Stammesrechten seinen Niederschlag. Grabberaubung ist in vielen Fällen sicherlich ein rein krimineller Akt zum Zwecke der Bereicherung gewesen. Wird er jedoch zur Regelerscheinung, dann hat das noch andere Ursachen: Die Gräber sind von den Angehörigen nicht mehr zu schützen. Das kann verschiedene Ursachen haben. Zum einen sind die Familien verschwunden, ausgestorben oder weggezogen, und die Gräber sind »herrenlos« geworden. Zum anderen können Familien nicht mehr das Recht und die Möglichkeit gehabt haben, die Gräber der verstorbenen Angehörigen zu schützen. Die Ausbreitung des Christentums, die Aufgabe der Beigabensitte sowie die Verlegung der Friedhöfe zu Kirchen sind nicht in erster Linie als Gründe für den Grabraub anzusehen; denn die Reihengräberzivilisation,die sich erst zur Zeit des zum Christentum übergetretenen Frankenkönigs Chlodwig voll entwickelt hat, steht gewissermaßen für eine christlich gewordene germanische Gesellschaft. Die Beigabensitte ist unabhängig vom christlichen Glauben zu sehen. Trotz Verlegung der Gräberfelder werden gerade die ältesten und am reichsten mit Beigaben versehenen Bestattungen der alten Friedhöfe nicht beraubt, sondern weiterhin beschützt. Die entscheidende Ursache scheint im Wandel der gesellschaftlichen Position und der rechtlichen Situation der meisten Familien gesehen werden zu können. Während in der ausgehenden Merowingerzeit aus einem alten Amtsadel ein neuer Geburtsadel wird, mit allen Erscheinungen einer standesgemäßen Abschließung nach »unten«, geraten immer mehr Familien in Abhängigkeit, verlieren ihre Freiheit und damit beispielsweise wohl auch das Recht zur Kriegführung, zum Waffentragen, der Freizügigkeit und das Recht auf ein eigenes Begräbnisareal. Auf Veranlassung der neuen Adelsfamilien werden abhängig gewordene Familien umgesiedelt, verlieren die Möglichkeit, über wertvolle Gegenstände z. B. als Grabbeigabe zu verfügen, und die Gräber der Familie zu schützen.

Der Adel hat auch schon längst aufgehört, seine Toten mit Beigaben zu bestatten. Es war nicht mehr notwendig, die rechtlich gesicherte Standesposition durch derartige Repräsentativhandlungen zur Schau zu stellen wie früher in der offenen Ranggesellschaft, als sich Rang und Einfluß der Familien und der einzelnen noch ständig ändern konnten. Nur noch eine kleine Gruppe der ehemals breiten, unabhängigen »Schicht« kann die alte »Freiheit« bewahren, und sie ist es, die bis ins 8. Jahrhundert hinein durch Ausstattung ihrer Toten bewußt zeigen will, daß sie einen alten Rang noch halten kann, traditionsbewußt eine Grabsitte pflegt und die Gräber der Familie schützen kann. Die Gräber des 8. Jahrhunderts mit Beigaben gehören zu der Bevölkerungsgruppe, die nicht den neuen Adel bildet (Stein 1967), auch nicht zur neuen Schicht der Abhängigen gerechnet werden muß, sondern eine Sonder- und Zwischenstellung mit restlichen »Freiheiten« aus der Vergangenheit herüberretten konnte.

Wert und Qualität der Beigaben

Da Art, Wert und Qualität der Beigaben Rückschlüsse auf die ehemalige gesellschaftliche Position des Toten erlauben, haben Archäologen die Beigaben der Gräber gezählt und bewertet und danach Ranglisten aufgestellt.

R. Christlein (1973; 1978) hat dabei die überzeugendste Gruppierung erarbeitet, die auch in den beigegebenen Diagrammen (vgl. Kat. Nr. 133ff.) hier als Grundlage dient. Die Reihe von den beigabenlosen oder ärmlich ausgestatteten Gräbern der Qualitätsgruppe A über mittelmäßig und »kanonisch« mit Beigaben versehene Gräber der Gruppe B zu reich ausgestatteten der Gruppe C bis zu den herausragenden Grablegen ranghöchster Personen der Gruppe D wandelt sich ihrem Inhalt nach über die vorher geschilderten Phasen 1 bis 4 und muß daher aus chronologischen, aber auch aus regionalen Gründen noch differenzierter beurteilt werden (Steuer 1982, 315ff.).

Bei Aufstellung der Beigaben-Ranglisten werden seltene und häufige Beigaben unterschieden, beispielsweise die Beigabe einer Leier oder eines Bratspießes (vgl. Kat. Nr. 80) oder die Beigabe von Tongefäßen. Es entscheidet einfach das Vorhandensein oder Fehlen von Gegenständen im normalen Beigabenspektrum über Sprünge in der Rangliste. Dagegen läßt sich bei anderen Beigabenarten weiter staffeln. Es gibt z. B. Fibelschmuck aus Gold (vgl. z. B. Kat. Nr. 25ff.; 45a), aus vergoldetem Silber, aus Bronze oder gar keinen Fibelschmuck. Während zwischen Gold und Silber ein großer Wertabstand zu verzeichnen ist, ist dieser zwischen silbervergoldeter Fibel und Fibel aus Silber kaum meßbar, größer ist dann der Wertabstand wieder zwischen Silber- und Bronzefibel. Gravierend wird der Abstand dann erst bei der Feststellung Fibelschmuck oder kein Fibelschmuck.

Während der Phase (3), dem 6. und 7. Jahrhundert, kennzeichnet beispielsweise die Spatha die Qualitätsstufe B vor allen anderen Beigaben in Männergräbern; und die Stufe C wird durch die Beigabe von Bronzegefäßen (vgl. Kat. Nr. 108) und Pferdegeschirr (vgl. Kat. Nr. 195) definiert. In dieser Stufe der Beigabenrangliste erscheinen manchmal auch seltene Ausstattungsstücke wie ein Helm oder auch ein Bratspieß, Gegenstände, die – neben schwerem Gold – in größerer Anzahl die wenigen Spitzen-Bestattungen der Stufe D markieren.

In der damaligen Währung (vgl. Kat. Nr. 152ff.) auf der Grundlage der Goldmünze, des Solidus mit einem Gewicht von 4,5 g, läßt sich die Reihe der Qualitätsstufen etwa folgendermaßen bewerten: Der Wert der Beigaben der Qualitätsstufe A liegt unter 5 Solidi, der Stufe B bei rund 15–20 Solidi, der Stufe C etwa doppelt so hoch bei 30 bis 40 Solidi, während die Spitzenstufe D Werte von über 500 Solidi erreicht, wobei oft an purem Gold solche Gewichtsmengen vorliegen. Natürlich sind das nur Schätzungen, denn allein bei der Bewertung des Schwertes, der Spatha gibt es Angaben von 7 Solidi für die normale Eisenwaffe und von über 60 Solidi für die mit Gold und Edelsteinen verzierte Waffe.

Entscheidend für die Bewertung der Grabbeigaben sind dann aber Landschaft und Zeitphase, aus der sie stammen.

Das heutige Bundesland Hessen liegt wie ein Riegel zwischen den in der Merowingerzeit dicht besiedelten und durch eine große Anzahl von Reihengräberfriedhöfen markierten Gebieten Thüringen einerseits und Rheinhessen und Rheingau andererseits. Während dort der Stamm der Thüringer – seit 534 als Teil des Merowingerreiches – lebte und die fränkische Reihengräbersitte voll übernommen hatte und hier ein Machtschwergewicht des ostfränkischen Stammesgebietes sich abzeichnet, im Grenzraum zu den südlich siedelnden Alamannen, ist das Zwischengebiet – das heutige Hessen – weniger gleichmäßig im archäologischen Fundstoff vertreten (vgl. S. 28). Mag streckenweise auch der Forschungsstand dabei eine Rolle spielen, so ist nicht zu übersehen, daß dichter besiedelte Landschaften mit größerer Funddichte erst im mittleren Lahntal, an den südlichen Taunushängen, im Maintal und in der nördlichen Oberrheinischen Tiefebene einsetzen und weit im Nordosten im Leinetal und östlich der Werra in Thüringen (Schoppa 1966; 1969; Jorns 1961; Böhner 1956; Ament 1970/71–1980; Dahmlos 1979).

Eine Beschreibung der gesellschaftlichen Struktur jener damaligen Bevölkerung in Hessen läßt sich somit nicht allein durch Berücksichtigung der hessischen Funde gewinnen, sondern der Blick muß über die Grenzen Hessens hinaus das zentrale Gebiet der Reihengräberzivilisation berücksichtigen, die

Prunkgräber in den Nachbarlandschaften im Vergleich zu den reich ausgestatteten Gräbern und den Gräberfeldern in Hessen sehen.

Die am umfangreichsten mit Waffen, Schmuck und anderen Beigaben ausgestatteten Gräber Hessens erreichen nur in einigen Fällen die Qualitätsstufe C, den Rang wohlhabender einflußreicher Familien des 6./7. Jahrhunderts, jedoch bisher kaum den Rang der Stufe D, die Spitzengruppe damaliger Bevölkerung und meist Amtsträger des Merowingerreiches (vgl. Kat. Nr. 83; 93; 93a; 101). Wenige Einzelfunde und einige Bestattungen lassen jedoch vermuten, daß in Ausnahmefällen im Rheingau auch mit Prunkgräbern gerechnet werden kann.

Es wurde gesagt, daß Nähe zum König oder zu Sitzen der Amtsträger Macht und Wohlhabenheit mitbestimmen. Die Verteilung der sehr reich ausgestatteten Prunkgräber der frühen Merowingerzeit, der Qualitätsstufe D, spiegelt das deutlich, denn sie sind nicht in allen Landschaften gleichmäßig verbreitet. Hessen befindet sich dabei in einer Randlage, und zwar in doppeltem Sinn, was wiederum die Beurteilung des archäologischen Fundstoffes zusätzlich erschwert. Zum einen liegt Hessen, auch schon der Rheingau, aber vor allem das hessische Bergland in der Randzone der Reihengräberzivilisation, d.h. die Grabsitte, den Toten mit Beigaben zu bestatten, ist hier längst nicht so ausgeprägt wie weiter im Westen und Süden. Die Gräberfelder des Rheingaus haben daran gerade noch wirklichen Anteil. Zum anderen scheinen die Landschaften Althessens noch keine entscheidende Rolle in der Verwaltung des merowingerzeitlichen Herrschaftssystems gespielt zu haben.

Die gesellschaftliche Rangstaffelung vom 4. bis zum 8. Jahrhundert

Grabbrauch und Beigabensitte wandeln sich vom 4. bis zum 8. Jahrhundert mehrfach. Während in der Phase (1) germanische Gräber zu einem wachsenden Prozentsatz mit durchschnittlich wertvollen Beigaben ausgestattet werden, Waffen und Schmuck, und nur wenige Prunkgräber nachgewiesen sind, also die Qualitätsstufen B und in Ausnahme C vorliegen, erscheinen in der Phase (2) häufiger Prunkgräber der Stufe D neben Bestattungen der Stufen A und B. Während des 6./7. Jahrhunderts, der Phase (3) erreicht die Zahl der mit Beigaben ausgestatteten Gräber den höchsten Prozentsatz und alle Qualitätsstufen von A bis D sind vertreten. In der Phase (4) geht der Brauch, die Toten mit Beigaben zu bestatten, rasch zurück und nur wenige, mittelmäßig mit Beigaben versehene Gräber der Qualitätsstufe B im Übergang zu C fallen auf.

Die Phase (1)

Das 4. und 5. Jahrhundert wird durch die neue Grabsitte, dem Toten Waffen oder Schmuck mitzugeben, gekennzeichnet (Böhme 1974), Beigaben, die in römischem spätantiken Zusammenhang ungebräuchlich waren, was Art der Beigabe – nämlich Waffen – oder Gestalt der Beigabe – nämlich Fibeln und Haarschmuck germanischer Eigenheit – angeht. Zu den häufigsten Beigaben gehören – in römischen Werkstätten hergestellte und später auch in germanischer Umgebung nachgeahmte – Militärgürtel als Bestandteil der Tracht, deren Metallteile in sogenannter Kerbschnittmanier verziert sind.

Gräber mit derartigen Beigaben gibt es auf ehemals römischem Gebiet auf Friedhöfen einer galloromanisch-germanischen Mischbevölkerung; sie finden sich aber auch in rein germanischen Landschaften, massiert beispielsweise im Elbe-Weser-Winkel, und auch im hessischen Raum. Bei einem Vergleich des Wertes der Grabausstattung fällt auf, daß im linksrheinischen Gebiet manche Beigabenarten wie Gläser, Bronzegefäße, aber auch Keramik – in römischer Tradition stehend – wesentlich häufiger vorkommen als im rechtsrheinischen Gebiet. H. W. Böhme hat (1974b) diese Grabfunde zusammengestellt und dabei auch die hessischen berücksichtigt.

Die Zahl der Gräber mit Beigaben ist gering; da jedoch die Zahl der Bestattungen aus diesem Zeitraum, die bekannt geworden ist, ebenfalls niedrig ist, läßt sich eine Relation zur Gesellschaft noch nicht begründet ziehen. Jedoch zeigen Art und Qualität der Beigaben, daß die Gräber nur mäßigen Reichtum widerspiegeln. Bestattungen einer ranghohen Führungsschicht scheinen zu fehlen.

Die Phase (2)

Die zweite Phase ist im hessischen Gebiet bisher nur sehr sporadisch nachgewiesen. Dies hat besondere Ursachen. Auch im übrigen Gebiet der späteren Reihengräberzivilisation sind Grabfunde selten. Denn es hat den Anschein, als ob keine ungebrochene Entwicklung von den Laeten- und Foederatengräbern, den Gräbern des 4./5. Jahrhunderts mit Waffenbeigabe und germanischer Schmuckausstattung, zur Reihengräbersitte führt, sondern daß am Ende des 5. Jahrhunderts und um 500 überall mit neuer Siedlungsbewegung auch eine neue Sitte, die Toten mit Waffen oder Schmuck zu bestatten, entwickelt wird. Und diese geht von der ranghöchsten Gruppe aus, was aus der größeren Zahl gerade besonders aufwendig ausgestatteter Gräber abzulesen ist. An der Spitze steht das Grab des Frankenkönigs Childerich, dessen Waffen üppig mit Gold und Almandin verziert sind; im fernen Rumänien gehören die Gräber von Apahida mit Mengen an Gold dazu und in Thüringen das Grab von Großörner, bei denen vor allem das vergoldete Reitzeug erwähnt sei. Gräber ranghoher Krieger enthalten zu dieser Zeit Schwerter mit goldbelegtem Griff und zusätzlicher Verzierung aus einem Besatz von Almandinsteinen. Der Zeithorizont der Goldgriff-Spathen ist nun auch im südlichen Hessen durch einige Funde belegt (vgl. Kat. Nr. 93; 93a), während im benachbarten Rheinhessen und in der anschließenden Pfalz eine ganze Reihe von sehr aufwendig ausgestatteten Gräbern mit derartigen Schwertern bekannt sind, die unter dem Namen Flonheim zusammengefaßt werden: Zu den Gräbern von Flonheim kommen die Bestattungen von Planig, Kreis Alzey, von Eich und Alzey, von Rommersheim, Kreis Oppenheim und aus dem hessischen Gebiet die Einzelstücke von Groß-Karben (vgl. Kat. Nr. 93), von Wiesbaden-Erbenheim (Riemendurchzug von einer Spatha) und aus dem Gebiet von Frankfurt (vgl. Kat. Nr. 93a). Werden damit Fundkomplexe erfaßt, die dem Range nach zur Qualitätsgruppe D gehören können, so lassen sich auch einige Beispiele für die Stufen B und C nennen.

Hierher gehört das Frauengrab A vom Gräberfeld I bei Weilbach (vgl. Kat. Nr. 11), mit den beiden silbervergoldeten Dreiknopffibeln, aber auch das Männergrab von Wiesbaden-Biebrich (vgl. Kat. Nr. 80) (Kutsch 1921) mit Spatha, Ango, Sax, Franziska, Lanze, zwei Pfeilspitzen und einem Schildbuckel und darüber hinaus vor allem mit Bratspieß, Dreifuß, Bronzeteller und Bronzekessel, Ausstattungsstücke, die sonst nur in Gräbern der Qualitätsstufe D erscheinen. Grab 9 von Gonzenheim (vgl. Kat. Nr. 12), (Böhner 1956; U. Koch 1969, 188) mit einem silbernen Kolbenarmreif, einem bronzenen Perlrandbecken, Kamm, Perlen und mehreren Tongefäßen gehört in dieser Zeitphase der zweiten Hälfte des 5. Jahrhunderts zur Qualitätsstufe C.

Einige der genannten Bestattungen liegen schon im Zusammenhang mit größeren Friedhöfen, die sich ins 6. und 7. Jahrhundert hineinerstrecken. So werden auch einfach mit Beigaben versehene Gräber, die nur ein Messer, Perlen oder andere wenig gut datierbare Beigaben enthalten haben sowie beigabenlose Gräber zeitlich zu den Bestattungen der ranghohen Qualitätsstufen gehören. Doch läßt sich dies nicht so einfach erkennen.

Die Phase (3)

Das 6. und 7. Jahrhundert, die Phase (3), sind nun die eigentliche Zeit der Reihengräberzivilisation und gekennzeichnet durch einen extensiven Beigabenbrauch, der ungeahnte Mengen an Vermögen verschlungen hat, wenn man allein an die zahllosen qualitätvollen Eisenwaffen und den Edelmetallschmuck denkt. Auf diesen Abschnitt geht auch in erster Linie die Rangstaffelung der Beigabenkombinationen zurück, die oben beschrieben sind und als Grundlage der graphischen Darstellungen gedient haben (Christlein 1973; 1978). Für diese Phase sind auch aus Hessen zahlreiche Gräberfelder bekannt und zum Teil auch umfangreich ausgegraben, wenn auch bisher kein vollständig untersuchter Friedhof publiziert ist, der die Analyse der gesellschaftlichen Gliederung innerhalb von und zwischen Familien ermöglicht, die in einer Siedlung beieinander gewohnt haben. Doch entspricht die

Zusammenschau der Gräberfelder wie Weilbach (Main-Taunus-Kreis) I und II, Eltville (Rheingau-Taunus-Kreis), Gonzenheim (Hochtaunus-Kreis), Griesheim, Kreis Darmstadt–Dieburg (Andrae 1977), wie Oberwalluf (Rheingau-Taunus-Kreis) und Steeden (Kreis Limburg-Weilburg), Löhnberg (Kreis Limburg-Weilburg), Holzheim, Schwalm-Eder-Kreis (Krüger 1970) und Naunheim an der Lahn (Wetzlar) dem üblichen Bild der ranggestaffelten merowingerzeitlichen Gesellschaft, die sich im Beigabenspektrum widerspiegelt (Schoppa 1950; 1959; 1969; Dahmlos 1979).

Was bisher in größerem Maße fehlt sind Gräber der Spitzengruppe, der Qualitätsstufe D, die durch prunkvolle Waffen wie Helm, Panzer, Goldgriffspatha (vgl. Kat. Nr. 93a) und Ringknaufschwert (vgl. Kat. Nr. 83) ausgestattet sind.

Gibt es auch aus den früher geschilderten Gründen derartige reiche Gräber kaum im Hessischen, so ist die Zahl der Bestattungen der nächsten Rangstufe, der Qualitätsstufe C, deutlich größer und überall im südlichen Landesteil auch verbreitet. Kennzeichen sind für die Männer neben der vollständigen Waffenausrüstung vor allem Bronzegefäße und Reitzeug (vgl. Kat. Nr. 108; 139) und für die Frauen mit Bronzeblech beschlagene Holzkästchen (vgl. Kat. Nr. 73ff.)

Aber auch silbervergoldete Bügelfibeln des 6. Jahrhunderts (vgl. Kat. Nr. 25ff.) oder Goldscheiben-Fibeln (vgl. Kat. Nr. 45a) mit farbigen Einlagen und Filigranverzierung charakterisieren durch das Edelmetall, aber auch durch die kunsthandwerklich bemerkenswerte Qualität die Stufe C. Ranggleich können die teilweise hervorragend gestalteten durchbrochenen Zierscheiben (vgl. Kat. Nr. 52ff.) angesehen werden, auch die seltenen Amulettkapseln aus Bronze (vgl. Kat. Nr. 182f.). Vielleicht sind auch die wenigen Feinwaagen ein Hinweis auf diese Ranggruppe C; denn sie sind ein Indiz für die Verwendung und den Besitz von Edelmetall, kommen jedoch kaum in den Gräbern der Spitzengruppe vor (vgl. Kat. Nr. 139; 144).

Gräber, in denen zwar eine Menge Beigaben, aber all die geschilderten besonderen Gegenstandsgruppen nicht gefunden worden sind, bilden dann die Qualitätsgruppen B und A.

Da kaum ein Gräberfeld ausreichend vollständig untersucht worden ist, finden sich auch nicht immer an jedem Ort die Bestattungen der Qualitätsstufe C, die die Spitzenvertreter der ranghöheren Familien repräsentieren. Doch zeigt wiederum die Zusammenschau, daß ein Netz derartiger Familien das Land im Süden Hessens überdeckt, daß mehr oder weniger gleichrangige Familien in den Siedlungen gelebt haben und daß eigentlich kaum ein Bestattungsplatz einer deutlich niedrigen Rangstufe zugewiesen werden kann. Der statistische Querschnitt der auffallenden Funde belegt in seiner Zahlengröße diesen Befund: Etwa zwei Dutzend silbervergoldete Fibelpaare gibt es, darunter die aus den Gräbern von Wiesbaden-Dotzheimer Straße und Wiesbaden-Schiersteiner Weg oder auch Eltville Grab 144 (vgl. Kat. Nr. 17), wozu auch das Grab 184b von Eltville mit einer goldenen, dicht mit Almandin besetzten Scheibenfibel zu zählen ist (vgl. Kat. Nr. 25ff.). Auch etwa zwanzig durchbrochene Zierscheiben lassen sich aufzählen. Ein metallbeschlagener Eimer ist aus Ockstadt (vgl. Kat. Nr. 82) bekannt, ein mit verzierten Beinplatten beschlagenes Holzkästchen aus Weilbach Grab 29 (vgl. Kat. Nr. 75), eine bronzene Amulettkapsel aus Steeden (vgl. Kat. Nr. 182). Edelmetall-Feinwaagen fanden sich etwa in Gräbern von Wallerstädten (vgl. Kat. Nr. 139).

Die Angonen aus dem schon genannten Grab von Ockstadt (vgl. Kat. Nr. 82) aus dem Grab von Wiesbaden-Biebrich (vgl. Kat. Nr. 80) und einige andere Funde aus dem hessischen Raum belegen ebenfalls hohen Rang, dem vielleicht auch Grab 25 von Eltville entspricht, das unter den Waffen einen Schildbuckel mit vergoldeten Bronzebeschlägen und einen Sporn aufweist (vgl. Kat. Nr. 204).

Alle diese genannten Bestattungen der Qualitätsstufe C haben ein ganz anderes auffälligeres Erscheinungsbild als die Gräber mit Beigaben, die für das 8. Jahrhundert nachgewiesen sind.

Die Phase (4)

Die Beigabensitte endet im Reihengräberbereich von Westen nach Osten fortschreitend im späten 7. oder erst im 8. Jahrhundert (Ament 1978). So sind für Hessen nur noch einige Bestattungen des 8. Jahrhunderts mit Waffen- oder Schmuckbeigabe zu nennen, die im Zusammenhang mit einer Gesamtbearbeitung aller Grabfunde dieser Zeitstufe zumeist als Adelsgräber (Stein 1967) bezeichnet werden, deren gesellschaftliche Beurteilung jedoch anders gesehen werden muß, wie schon erläutert wurde.

Als entscheidendes Kriterium der Bewertung des Ranges dient wieder die Bewaffnung des Toten. Sie fällt natürlich unter sonst beigabenlosen oder nur spärlich mit einer Schnalle, einem Messer oder einigen Perlen ausgestatteten Gräbern auch besonders auf. Langschwert, Langsax, Lanze und Schild bilden zudem eine Reiterbewaffnung, die in einigen Bestattungen durch die Beigabe von Sporen oder Steigbügeln sowie von Reitzeug wie Trensen auch unmittelbar belegt ist, wenn nicht gar Pferde in benachbarter Lage mitbestattet worden sind (Müller-Wille 1970/71). Edelmetall erscheint an den Waffen eigentlich nur als Versilberung der Nieten am Schildbuckel, die in Bronze hergestellt worden sind.

Auf einigen hessischen Gräberfeldern, jedoch öfter in Nachbarschaft der im 6. und 7. Jahrhundert belegten Friedhöfe wurden auch Bestattungen des 8. Jahrhunderts gefunden, die eine Reiterbewaffnung enthalten haben, wenn auch zumeist nicht in der beschriebenen Vollständigkeit.

Erst die Zusammenschau dieser unvollständig ausgestatteten Gräber ergibt ein überzeugendes Bild der schwerbewaffneten Reiter, die ihre gesellschaftliche Position als letzte noch unabhängige große Bauern auch im Grabkult zum Ausdruck gebracht wissen wollten.

Das »Adelsgrab« von Eschwege-Niederhone (vgl. Kat. Nr. 92) (Gensen 1969/70) – es konnte nur teilweise untersucht werden – enthielt einen prächtigen Kamm mit Futteral, eine Bronzepinzette, Bruchstücke eines Saxes, ein Messer und zwei eiserne Pfeilspitzen. In den Rang eines Adelsgrabes wird die Bestattung durch den Ausgräber aufgrund der nahebei bestatteten zwei großen Hunde und des Pferdes gehoben. Ein eiserner Wirbel im Männergrab könnte tatsächlich von einer Jagd-Hundeleine stammen.

Im nördlichen Hessen sind Gräber mit Beigaben überhaupt sehr selten. Auf der Amöneburg und auch rundum auf dem Christenberg wurden einige nachgewiesen (vgl. Kat. Nr. 111,1). Gerade die Spärlichkeit der bekannten Gräber und die seltenen Beigaben haben den Eindruck des Besonderen hervorgerufen und die Assoziation zu einem Adelsgrab angeregt, obwohl schon der erste Vergleich mit »normal« ausgestatteten Gräbern der Merowingerzeit der Qualitätsstufe B erkennen läßt, daß einem Adel entsprechende Werte nirgends in diesen Gräbern gefunden worden sind. Zeitgleiche Bestattungen der ranghohen Führungsschicht im Norden, im skandinavisch-wikingischen Bereich oder im Osten im Gebiet des Großmährischen Reiches mit goldgeschmückten Waffen und Reitzeug belegen, was zur damaligen Zeit oder auch noch später vorhanden gewesen ist. Einige Sporen des 8. Jahrhunderts, verziert im sogenannten Tassilokelch-Stil, aus Bronze und vergoldet geben auch im Westen eine Ahnung davon, was in einem adligen Milieu zu erwarten ist. Doch es gab hier keinen Anlaß mehr für die etablierte Oberschicht, diese gesicherte gesellschaftliche Position auch noch im Grabkult zu beweisen.

Den Rang eines Adelsgrabes der Rangstufe C im Übergang zu D hat als seltene Ausnahme die Doppelbestattung aus der Kirche in Kirchberg (vgl. Kat. Nr. 205), die dem 8. Jahrhundert angehört. Zur beraubten Grablege eines Mannes und einer Frau sind ein Sporenpaar, ein Glasbecher und ein Kamm sowie goldene Anhänger und Nadelköpfe, ein goldener Fingerring und eine silberne Gürtelgarnitur zu zählen sowie reiche goldbrokatbesetzte Kleidungsreste (vgl. ferner Kat. Nr. 100).

Zusammenfassung

Die Beigaben der hessischen Gräberfelder des 4./5. bis 8. Jahrhunderts spiegeln gesellschaftliche Realitäten, was Rang und Reichtum angeht. Die geschichtete Gesellschaft der Spätantike wird durch eine offene Gesellschaft der Merowingerzeit abgelöst und wandelt sich wieder zu einer geschichteten, nach Ständen gegliederten Gesellschaft; ein Ablauf, wie er die Regel im Spiel der Weltgeschichte ist.

Sozialstruktur und Schichtung bestimmen den Lebensstil, die Lebensweise bestimmt auch Grabkult und Beigabenauswahl. Es ist Kennzeichen der Merowingerzeit, daß sich die Reihengräbersitte mit dem auffallenden Beigabenbrauch entwickeln konnte. Zum Ausdruck gebracht wird der hohe

Wert der Unabhängigkeit germanischer Familienhäupter als Krieger. Die Widerspiegelung dieses Lebensgefühls und dieses Lebensstils durch die Beigabe der Waffen des unabhängigen, nicht zum Kriegsdienst zu zwingenden Kriegers ins Grab steht für eine Gesellschaftsordnung, wie sie sich seit jener Zeit nicht wieder entwickelt hat, wie sie aber in vorgeschichtlichen Epochen mehrfach entstanden und wieder vergangen war. Die Gesellschaft ist »offen«, d. h. jede Familie hat ihre eigene Rangposition und der einzelne hat seine Rangposition innerhalb des Familienverbandes. Klassen- und Standesbewußtsein entwickeln sich erst später; eine Klasse »Gesinde« gibt es noch nicht. Der gesellschaftliche Rang des Gesindes hängt vom Rang des Familienverbandes ab, und die Bindung des Gesindes an die Familie ist wesentlich stärker als jede Beziehung der Gruppen von Gesinde untereinander.

Die Skizzierung einer solchen offenen Ranggesellschaft beschreibt eine Realität, die, was Reichtum und Einfluß angeht, immer wieder gegeben ist. Ein Vergleich mit der Neuzeit sei gestattet. Im späten 19. Jahrhundert spiegeln Friedhöfe in gleicher Weise Rangunterschiede der Familien wie zur Merowingerzeit, jetzt nicht durch die Menge der Beigaben, sondern im Aufwand der Mausoleen und der Grabplastik. Noch gab es eine Standesgesellschaft. Aber sie war wieder einmal in der Auflösung begriffen. Neben die führende Rolle des Adels trat die der Fabrikbesitzerfamilien, der neuen Unternehmer. Einfluß und Reichtum sind unabhängig geworden vom rechtlichen Stand und sollen gezeigt werden, was zur Vielgestalt der Grabbauten auf Friedhöfen jener Zeit führt. Eine im wesentlichen standes- und klassenlose Gesellschaft wie unsere kann auf die Spiegelung des Ranges auch auf dem Friedhof inzwischen wieder verzichten.

Zur Merowingerzeit war das anders, die Bestattung des Familienoberhauptes regelt die Familie nach festen Richtlinien, die Bestattung eines Gefolgschaftsführers wird vom Nachfolger und den Gefolgsleuten ausgerichtet. Der tote König oder Gefolgschaftsanführer bekommt sein Grabzeremoniell von dem ausgerichtet, der nach seinem Tod die größte Autorität und damit Anspruch auf die Nachfolge in der politischen Machtposition hat, so wie es in der Familie der älteste Sohn des verstorbenen Familienhauptes sein wird.

In festgefügten militärähnlichen, gefolgschaftsartig strukturierten politischen Kadern hat sich derartiges Verhalten bis heute bewahrt. Nach dem Tode des Staats- und Parteichefs, des Vorsitzenden des Zentralkomitees der Kommunistischen Partei der UdSSR, J. Andropow im Februar 1984 wurde das zum Vorsitzenden der Begräbniskommission ernannte Mitglied des Politbüros K. Tschernenko parallel auch zum Nachfolger gewählt.

Im Trauerzug des im November 1963 ermordeten Präsidenten der USA, J. F. Kennedy, wurde ein Schimmel, Symbol des Streitrosses und Lieblingspferdes mitgeführt. So wie z. B. in vielen Bereichen der Reihengräberzivilisation dem ranghohen Toten ein Pferd als Beigabe mitbestattet wurde.

Andrae (1977); Ament (1970); Ament (1970/71–1980); Ament (1978) 377ff.; Böhme (1974b); Böhner (1956) 102ff.; Christlein (1973); Christlein (1978); Dahmlos (1979); U. Fischer (1971); Gensen (1969/70) 92ff.; Gensen (1972) 34ff.; Jorns (1961) 82ff.; U. Koch (1969) 162ff.; Krüger (1970) 9ff.; Kutsch (1921) 27ff.; Müller-Wille (1970/71) 119ff.; H. Roth (1978) 53ff.; Schoppa (1950) 1ff.; Schoppa (1959); Schoppa (1966) 1ff.; Schoppa (1969); Stein (1967); Steuer (1982); M. Weidemann (1982).

Katalog

Vorbemerkung:
In den Katalog sind auch Funde aufgenommen, die heute zum Teil oder überhaupt nicht mehr vorhanden sind. So etwa Kriegsverluste, oder aber Funde vor allem aus Edelmetall, die in den Nachkriegswirren abhanden kamen. Wenn es möglich war, haben wir dank der freundlichen Hilfe der Darmstädter Museumsarchäologen alte Plattenaufnahmen verwendet, um zumindest diesen oft sehr wichtigen Bestand dennoch dokumentieren zu können.

In einigen anderen Fällen, wie etwa bei den in Privatbesitz befindlichen Stücken verzichteten wir auf Abbildungen und natürlich auch auf die Ausstellung dieser Funde. Dies haben wir auch dann getan, wenn es unverhältnismäßige Kosten verursacht hätte, die wenigen aus Hessen stammenden Stücke aus dem Ausland herbeizuschaffen (etwa Kat.Nr. 233). Wir haben dann (wenn möglich) auf Nachbildungen zurückgegriffen oder zumindest eine textliche Vorlage im Katalog gegeben, der damit den Anspruch der Repräsentanz erhebt.

In den wenigen Fällen der Nichtausstellbarkeit von Objekten aus denkmalpflegerischen Gründen verfuhren wir ebenso.

H. Roth
E. Wamers

A. Geschichte der Forschung: 1–4

1 Chatten-Darstellung von Wilhelm (Scheffer gen.) Dilich (1605)

Diese Abbildung in Dilichs *Hessischer Chronica*, die 1605 in Kassel gedruckt wurde, ist der erste bekannte Versuch einer Darstellung von Chatten. Sowohl bei dem *alten Catten* (1), dem *Catten weib* (2) wie auch bei dem *Catten in seiner krigßrüstung* (3) hat Dilich sich eng an Tacitus' Beschreibung der germanischen Tracht gehalten (Germania, cap. 17), wonach Männer wie Frauen lediglich einen einfachen, von einer Fibel oder Nadel gehaltenen Umhang trügen, dazu auch Pelze. Tacitus' Erwähnung, daß Ober- und Unterarme der Frau nackt und das Dekolleté frei blieben, findet ebenso Berücksichtigung wie sein Hinweis auf den Brauch, Haar und Bart bis zur ersten Feindestötung wachsen zu lassen (cap. 31). Die Ausrüstung der Krieger mit Schild, Speer und bisweilen einem Schwert sowie vereinzelt mit einem Helm oder einer Lederkappe (cap. 6) hat Dilich möglichst genau wiedergegeben. Selbst der eiserne Ring der chattischen Kult-Krieger (cap. 31) ist hier – am rechten Arm – dargestellt.

Dilich (1605).

E. Wamers

2 Johann Hermann Schminckes und Johannes Österlings Dissertation über die Graburnen und Steinwaffen der alten Chatten (1714)

Hierbei handelt es sich um die erste prähistorische Dissertation Deutschlands, die 1714 in Marburg angenommen wurde. Sie ist allerdings weitgehend als Arbeit des Marburger Professors für Geschichte und Beredsamkeit Johann Hermann Schmincke (1684–1743) anzusehen, eines gebildeten und weitgereisten Mannes, der sich vorwiegend mit der älteren hessischen Geschichte befaßte.

Diese Abhandlung ist die kritische Publikation der auf der Mader Heide (Schwalm-Eder-Kreis) 1708 im Auftrag und Beisein von Landgraf Carl von Hessen-Kassel durchgeführten Grabung. Wenn auch der Grabungsbericht und die Materialvorlage für heutige Verhältnisse dürftig erscheinen, sind sie doch geeignet erkennen zu lassen, daß jungneolithische Grabhügel mit hallstattzeitlichen Nachbestattungen angegangen worden waren.

Lindenschmit (1880–89) 31f.; Bieder (1921) 80; Stemmermann (1934) 125; Niemeyer (1964) 58ff.; Herrmann (1982a) 1ff. Abb. 1.

E. Wamers

3 Friedrich Gustav Habel (1792–1867)

Der Archivar F. G. Habel war mit seinem Vater, dem Wiesbadener Christian Friedrich Habel, dem Dotzheimer Pfarrer Johann Christian Reinhard Luja und dem Frankfurter Geheimrat Freiherr Johann Isaak von Gernig Begründer des 1812/1821 konstituierten »Vereins für nassauische Alterthumskunde und Geschichtsforschung«, war dessen erster Sekretär und maßgeblich beteiligt am Zustandekommen der »Sammlung Nassauischer Altertümer«, der Vor- und Frühgeschichtsabteilung am Museum Wiesbaden. Ferner war er Mitbegründer des Gesamtvereins der deutschen Geschichts- und Altertumsvereine 1852 und Initiator der ersten Limeskommission, deren Vorsitzender er wurde.

Gleichermaßen bedeutsam war F. G. Habel für die Archäologie Hessens durch die von ihm 1823 eingeleitete wissenschaftliche Erforschung Nida-Heddernheims, deren zivilen Charakter er als erster erkannte. Er leitete ferner die Ausgrabungen im Kastell Wiesbaden 1838/39 und begann – neben anderen Grabungen – die ersten wissenschaftlichen Untersuchungen auf der Saalburg 1853–62.

Habel betrieb vorbildliche Denkmalpflege in Forschung, Dokumentation und Bewahrung.

Huld-Zetsche (1979) 5ff.; Herrmann (1982b) 23, 25 Abb. 6.

E. Wamers

4 Karl August von Cohausen (1812–1894)

Wie F. G. Habel gehört auch der Pionieroberst Karl August von Cohausen zu den vielseitigen Vätern der hessischen Vorgeschichtsforschung, vor allem der provinzialrömischen Archäologie, der sich nebenbei auch nicht scheute, dem in der Mitte des Jahrhunderts verstärkt hörbaren Germanen-Geraune mit Spott entgegenzutreten. Seine langjährigen Limesforschungen, die er als Mitglied in der ersten, weitgehend ergebnislos gebliebenen Limeskommission nicht verwerten konnte, fanden ihren schriftlichen Niederschlag in seinem umfangreichen, 1884 erschienenen Werk »Der römische Grenzwall in Deutschland«. 1871 übernahm er die Leitung der Sammlung Nassauischer Altertümer in Wiesbaden bei gleichzeitiger Ernennung zum Konservator der Altertümer im Regierungsbezirk Wiesbaden. Mit Louis Jacobi, dem späteren Direktor des Saalburg-Museums, ging er die systematische Grabung und Konservierung des Saalburg-Kastells an.

Bieder (1922) 124; Herrmann (1982b) 26f. Abb. 8.

E. Wamers

B. Das Zeitgerüst: 5

	Arch. Stufengliederung	Historische Ereignisse
400	Völkerwanderungszeit	**432** Clodjo 1. erwähnter merowingischer König
		453 Tod Attilas und Rückzug der Hunnen aus Westeuropa
500	Frühe Merowingerzeit	**482** Tod Childerichs
		496-7 Sieg der Franken über die Alamannen
		531 Unterwerfung des Thüringerreichs
		567-8 Einfall der Awaren/ Einwanderung der Langobarden nach Italien
600	Mittlere Merowingerzeit	
		638 Tod Dagoberts I.: beginnender Zerfall des Merowinger-Reiches
700	Späte Merowingerzeit	**687** Schlacht bei Tetry
		714-41 Karl Martell
	Ältere Karolingerzeit	**737** erste Erwähnung der »Hessen«
		743 Childerich III. letzter Merowinger-König
		751 Pippin I., 1. Karolingischer König
		768 Karl der Große König
800		**800** Kaiserkrönung Karls des Großen
	Jüngere Karolingerzeit	**814-40** Ludwig der Fromme
		843-76 Ludwig der Deutsche
900		

5 Chronologie-Tabelle zum Frühmittelalter

Beim Versuch, archäologisch erschlossene Perioden mit historisch überlieferten Daten zu koordinieren, ist in dieser wie in anderen Zeiten festzustellen, daß geschichtliche Epochen mit tiefgreifenden Veränderungen oft in gleichem Maße Wandlungen im Sachgut der Kulturen, d. h. an Waffen, Schmuck und Gerät sowie ihrer Verwendung, mit sich gebracht haben. Archäologische Stufengliederungen, wie für die Merowingerzeit z. B. die jüngste von H. Ament (1977) sind ein verläßliches Mittel, auch zu einer historischen Untergliederung zu kommen, d. h. zu einer sinnvollen Erfassung historischer Strukturen. Dabei hat sich gezeigt, daß diese Systeme für den gesamten Bereich der merowingischen Reihengräberkultur von Nordfrankreich bis Bayern und die Schweiz mit lokalen Unterschieden und Besonderheiten gültig sind, also auch für Hessen. Sind die absoluten Zeitangaben für archäologische Perioden naturgemäß nur als Richtdaten anzusehen, so entsprechen doch auch die allmählichen Übergänge dem tatsächlichen Verlauf historischer Veränderungen und dem Wesen des Wandels. Fixe Daten für Epochenwechsel sind eher gedankliche Stützen und Richtpunkte, lenken andererseits aber auch schlaglichtartig den Blick auf bedeutende Ereignisse, die Wenden einleiten, so wie etwa 453 Attilas Tod und der Rückzug der Hunnen nach der Schlacht auf den Katalaunischen Feldern in Gallien den Weg freimachten für die Herausbildung der merowingischen Reihengräberkultur mit den weiter unten spezifizierten charakteristischen Männer- und Frauenbeigaben, an deren Beginn das berühmte und prächtig ausgestattete Grab des 482 verstorbenen Frankenkönigs Childerich aus Tournai (Belgien) steht, ein Grab, das bereits 1653 gefunden wurde und das wie kein zweites Forschungs- und Kulturgeschichte gemacht hat.

Gleichermaßen erweisen sich die am Wandel im archäologischen Sachgut gewonnenen Stufeneinteilungen in »frühmerowingisch« (bis 560/70), »mittelmerowingisch« (bis 630/40) und »spätmerowingisch« (bis ca. 700/720) als durchaus parallel laufend mit einschneidenden historischen Ereignissen wie der folgenreichen Einwanderung der Langobarden 568 von Pannonien nach Italien und ihrer nun einsetzenden Mittlerfunktion zwischen der mediterranen und der transalpinen Kultur oder etwa mit dem Tod Dagoberts I. 638 und dem anschließend beginnenden Zerfall des fränkischen Reiches.

Auch die archäologischen Zeitstufen der späten Merowinger- und älteren Karolingerzeit sind begleitet von historischen Ereignissen und Entwicklungen wie dem Aufstieg der karolingischen Hausmeier nach der Schlacht bei Tetry 687, dem Herrschaftsantritt Karl Martells 714 und der Königssalbung Pippins I. 751. Die Kaiserkrönung Karls des Großen im Jahre 800 markiert einen Höhepunkt karolingischer Macht und die Übernahme der antiken Reichsidee mit dem breit in Gang gesetzten Programm der *renovatio imperii.*

Ament (1977).

E. Wamers

C. Kindheit: 6–10

Kinderbestattungen stehen während der Merowinger- und Karolingerzeit gegenüber denen Erwachsener in einer auffallenden Minderzahl. Dies ist sicherlich nicht nur auf die Erhaltungsbedingungen feineren organischen Materials zurückzuführen, sondern hängt mit Sicherheit auch oder sogar in erster Linie zusammen mit erstaunlichen Glaubensvorstellungen: So wird aus der Zeit des Regino von Prümm (gestorben 915) überliefert, daß ungetauft verstorbene Kleinkinder, die also noch nicht zur kirchlichen Gemeinschaft gehörten, auch keinen unbedingten Rechtsanspruch besaßen, auf einem geweihten Friedhof bestattet zu werden. Diese Situation trat deswegen häufig ein, weil auf dem flachen Lande während des frühen Mittelalters lediglich zweimal im Jahr, an Ostern und Pfingsten getauft wurde. Im Volksglauben sind ungetauft verstorbene Kinder sowie die bedauernswerten Mütter, die im Kindbett verstarben, Wiedergänger und werden deswegen *locis secretis* (geheime Orte) in aller Heimlichkeit bestattet.

H. Roth

6, 1–2 Kindergräber

(1) Anfang 6. Jh.; Bischofsheim (Kreis Groß-Gerau) Grab 6; Mittelrheinisches Landesmuseum Mainz (während des Krieges verschollen);
(2) Anfang 7. Jh.; Biebesheim (Kreis Groß-Gerau) Grab 4; Hessisches Landesmuseum Darmstadt

(1) Aufgrund der in Bischofsheim angetroffenen geringen Skelettgröße handelt es sich bei der Bestattung um ein Kind. Die wenigen Glasperlen, die zu einer Halskette gehörten, zeigen, daß hier ein kleines Mädchen bestattet wurde, dem in einem Kleeblattkrug noch ein Getränk für die Fahrt ins Reich der Toten mitgegeben wurde. Die kleine eiserne Schnalle dürfte zum Zusammenhalten eines einfachen Gewandes gedient haben. Der Fuß einer fragmentierten römischen Glasflasche sowie die zu einer altertümlichen spätrömischen Militärgarnitur gehörende scheibenförmige Riemenzunge verweisen in den Bereich der Amulette, die das Mädchen zu Lebzeiten vor Schaden bewahren sollten (vgl. Kat.Nr. 178ff.). Die Fundstelle liegt am Südwestausgang des Ortes auf den Fluren »Himmelspfad« und »Im Klinker«, wo bereits zu Ende der 60er Jahre Funde getätigt wurden. Das Gräberfeld gehört zu den bislang umfangreichsten in der Landschaft Starkenburg. Das Grab ist während des Krieges verschollen.
(2) Das Grab 4 von Biebesheim (Flur »Weingärten«) fällt durch seinen Kreuzanhänger (vgl. Kat.Nr. 193,2) auf, den das mit etwa 5 Jahren verstorbene Mädchen als Amulett getragen hatte. Die Glasperlenkette, die exotische Meeresschnecke und das Glasgefäß, das sich in einem Knickwandtopf befand, zeigen, daß die Eltern des hier bestatteten Mädchens über einen gewissen Wohlstand verfügten, der es ihnen erlaubte, Fernhandelsprodukte wie die Schnecke zu erwerben (vgl. Kat.Nr. 148).

(1) Behn (1936) 41 Taf. 81–82; Schnellenkamp (1936); Jorns (1969/70b) 190; Dahmlos (1979) 101 Nr. 5; (2) Jorns (1961) 87, 92 Abb. 6; Dahmlos (1979) 100f. Nr. 4b.

H. Roth

7 Kindergrab

6. Jh.; Hochheim am Main (Main-Taunus-Kreis) Grab 1; Museum Wiesbaden, Sammlung Nassauischer Altertümer

Kindergräber, die von den allgemeinen frühmittelalterlichen Ortsgräberfeldern stammen, wie in unserem Falle, sind normalerweise spärlich ausgestattet. Hier jedoch nicht, wo jenem Kinde neben einem schön verzierten, schalenförmigen Gefäß mehrere Eisenringe, die zu einem Gürtelgehänge gehören sowie ein Messer mitgegeben wurden. Als Schmuck besaß das Kind – wahrscheinlich handelt es sich um ein kleines Mädchen – eine äußerst dekorative und vielleicht nicht wenig kostbare Perlenkette.
Die Bestattung stammt vom großen bekannten Gräberfeld auf der Flur »Eselsberg«, das von der zweiten Hälfte des 5. Jahrhunderts bis ins 8. Jahrhundert hinein belegt wurde.

Schoppa (1956) 44 Taf. 3; Dahmlos (1979) 141 Nr. 8b.

H. Roth

8 Kindergrab

2. Hälfte 7. Jh.; Griesheim (Kreis Darmstadt-Dieburg) Grab 60; Landesamt für Denkmalpflege Hessen, Abteilung für Vor- und Frühgeschichte, Außenstelle Darmstadt

Ein kleines Mädchen mit dem Schmuck einer fast erwachsenen Frau, nämlich mit Ohrringen mit Glasanhängern und einer vielfarbigen Perlenkette, aber ohne den Fibelschmuck der Großen. Daß zwei kleine Ringe aus Bronze als Amulette gedacht waren, ist wohl anzunehmen, da eines dieser an einem Bronzedraht befestigten, sicher billigen Gehängsel mit Kreuzspeichen versehen ist. In der Zeit des ausgehenden 7. Jahrhunderts dürfte kaum ein Zweifel an der von allen lesbaren christlichen Symbolik (vgl. Kat.Nr. 191ff.) bestanden haben. Im Leben wie im Tode erfüllte sie ihre Funktion als Heilsbringer in einer Welt, in der die Allgegenwart des Göttlichen Realität war.

Unpubliziert; freundliche Mitteilung von R. Andrae, Darmstadt.

H. Roth

9 Kindergrab

6.–7. Jh.; Eltville am Rhein (Rheingau-Taunus-Kreis) Grab 267; Landesamt für Denkmalpflege Hessen, Abteilung für Vor- und Frühgeschichte Wiesbaden

Als Beispiel für ein sehr spärlich ausgestattetes Grab eines Kleinkindes sei Grab 267 vorgestellt. Die Angehörigen gaben dem kleinen Jungen sein zu Lebzeiten sicher für mancherlei Kurzweil sorgendes Eisenmesser mit. Beim rechten Fuß fanden sich ferner ein Gefäß für eine Totenspeise sowie die Reste eines Kammes, wobei diesem wohl eine besondere Bedeutung für den Totenkult zukam. Dinge dieser Art sind aus späteren Zusammenhängen bekannt (Kamm- und Schüssel-Beigabe in Gräbern des 19. und 20. Jahrhunderts in Ostdeutschland und Polen); Sinn und Bedeutung entziehen sich allerdings weitgehend unserer heutigen Kenntnis.

Unpubliziert.

H. Roth

10 Knabengrab

Mitte 7. Jh.; Groß-Karben (Karben, Wetteraukreis) Grab 11; Hessisches Landesmuseum Darmstadt

In das Grab eines bereits mit 8–10 Jahren verstorbenen Knaben legten seine Angehörigen eine eher kindlich zu nennende Bewaffnung in Form einer Miniaturlanzenspitze von nur 12,7 cm Länge sowie ein kleines Eisenmesser: Die Grabgrube, die mit Sandsteinen umstellt war, enthielt auch einen Knochenkamm, der in der Nähe des Schädels niedergelegt worden war. Das kindliche Alter des Bestatteten wird noch durch eine Bernsteinperle unterstrichen, die wir aus Gräbern von Erwachsenen nicht kennen.
Das Grab wurde im September 1955 im Bereich des seinerzeit neu geplanten Schulsportfeldes entdeckt. Der dort liegende Friedhof des frühen Mittelalters ist jedoch bereits seit dem Anfang des 19. Jahrhunderts bekannt (vgl. Kat.Nr. 93).

Jorns (1961) 98f. Abb. 9, 25–31; Dahmlos (1979) 67 Nr. 12.

H. Roth

D. Die Welt der Frau:

Geschlossene Grabfunde: 11–24 Schmuck: 25–60 Gerät: 61–77

Die gleichmäßigste »Beigabe« aus Frauengräbern sind Schmuckstücke – offensichtlich weil Mädchen und Frauen in ihrer vollständigen Tracht und dem Gerät ihres täglichen Lebens beigesetzt wurden.

Über Unterkleidung im heutigen Sinn wissen wir aus archäologischen Quellen nichts. Auch jahreszeitlich wechselnde Trachtbestandteile sind gemeinhin nicht nachzuweisen. Die Obergewandung bestand im Gegensatz zur neuzeitlichen hautnah gearbeiteten Kleidung aus schlichten rechteckigen Stoffbahnen, welche – mangels moderner Befestigungsmittel wie Knöpfen, Reiß- und Klettverschlüssen, Band- und Gummizügen – mit Fibeln (Broschen) zusammengehalten und gerafft werden mußten.

Die für das 5. und 6. Jahrhundert gültige *Vier-Fibel-Tracht* in Form von zwei Fibelpaaren (vgl. S. 27) legt die Trageweise von zwei Gewändern nahe: Diese Fibelpaare werden bei den Toten mehr oder weniger parallel im Bereich von Hals und Brust angetroffen, dabei die Kleinfibeln (z.B. Vogel- oder S-Fibeln) in der Nähe von Hals und Kinn, wo sie vermutlich auch mit einer Kopfbedeckung (Schleier?) befestigt waren. Die schweren Bügelfibelpaare, geradezu »Leitformen« des 5. und 6. Jahrhunderts (vgl. Kat.Nr. 25ff.), die anfangs wohl einen mantelartigen Überwurf auf den Schultern hielten, liegen später fast ausschließlich im Hüftbereich der bestatteten Frauen. Dort hing an ihnen ein Band mit Amuletten, Toilettegerät und Zierat. Gegen Ende des 6. Jahrhunderts verschwinden die Fibelpaare, an ihre Stelle tritt eine einzelne Fibel, meist die runde *Scheibenfibel*, die nun im Bereich von Hals oder rechter Schulterseite getragen wird.

Hier dokumentiert sich in der Tracht der Anschluß der germanischen Völker an die spätantike Kultur des Mittelmeerraums. Die einzelne runde Scheibenfibel, mit Preßblech, Filigranverzierung, massiv gegossen oder eisern mit Tauschierung und Plattierung, ist das zentrale Schmuckstück des 7. Jahrhunderts, und sie ist es auch während des 8. und 9. Jahrhunderts, als nach Aufgabe der Beigabensitte die Gräber verstummen, nun allerdings häufig mit Emailverzierung.

Ein *Gürtel*, mit Schnalle oder einfach geknotet, raffte das Gewand in der Taille und betonte die weibliche Figur. *Schuhwerk* und *Wadenbekleidung* wurden im 7. Jahrhundert mit kleinen verzierten Schnallen und Riemengarnituren geschnürt, während sie vordem wohl nur geknotet waren.

Zur Tracht der Frau, wenn auch funktional nicht so festliegend, ist auch der *Ringschmuck* zu zählen: Seit alters her Armringe, Fingerringe, die einzeln oder paarweise getragen wurden, und Ohr- bzw. Schläfenringe, die, aus mediterranem Bereich übernommen, wahrscheinlich wie die Haarpfeile zusammen mit einer Kopfbedeckung fungierten. Um den Hals, auch an Fibeln befestigt, hingen *Perlenketten* aus vielfarbigem Ton, Glas und Knochen, oft auch mit Münzen oder anderen Metallpendilien.

Da unter den Beigaben der Frauengräber *Keramik-* und *Glasgefäße* regelmäßig auftreten, werden sie gemeinhin der vermuteten Domäne der Frau: dem häuslichen Bereich in Zusammenhang gebracht, wenngleich sie als echte Beigaben zur Aufnahme von Speise und Trank und als jenseitiges Eßgeschirr ebenso in Männergräbern zu finden sind. Gleichwohl werden das charakteristische Gefäß der Merowingerzeit, der Knickwandtopf sowie der rundliche »Kochtopf« eine wesentliche Rolle im Alltag der Hausfrau gespielt haben.

Kleine *Eisenmesser*, eines der häufigsten Anhängsel der Frauen, kommen gleichermaßen in Männergräbern vor, sind also nicht eindeutig dem häuslichen Bereich zuzuweisen. Gerade *Schabmesser* könnten eher hierhinein passen.

Zur Domäne der Frau gehörte offensichtlich auch die *Textilverarbeitung*. Als deren Ausweis trugen viele Frauen den Spinnwirtel in einer Tasche oder als Anhänger; hinzu kam bisweilen eine Schere, seltener ein Webschwert.

Besondere Beachtung wegen ihrer Seltenheit im Frühmittelalter Hessens und darüber hinaus gebührt den *Textilglättsteinen* aus Glas (vgl. Kart.Nr. 66), einer frühen Form des Bügeleisens.

Als *Toilettegeräte* wurden kleine Messer mit dreieckigem Blatt, tordiertem Schaft und Hängeöse angesprochen, was sicher auch für die oft schön verzierten beinernen Kämme gilt, die auch in Männergräbern vorkommen. Zum persönlichen Besitz der Frau gehörten auch kleine hölzerne, verschließbare *Kästchen* mit eisernen oder – in seltenen Fällen – mit verzierten Bronzebeschlägen und -griffen (vgl. Kat.Nr. 73f.). Sie dienten wohl als Schmuckschatulle und Behältnis für Amulette und allerlei privates Sammelsurium. Einfache unbeschlagene Holzkästchen sind wohl nur in Ausnahmefällen archäologisch nachweisbar. Zu den Kästchen gehörten *Schlüssel*, meist einfache kleine eiserne Exemplare, die oft nur fragmentarisch erhalten sind. Ab der späten Merowingerzeit und frühen Karolingerzeit sind zunehmend dekorative Bronzeschlüssel bekannt (vgl. Kat.Nr. 73f.), die offensichtlich auch die allgemeine Schlüsselgewalt der Frau bekunden.

Böhner (1958); Hinz (1966); R. Koch (1967); U. Koch (1968); Zeller (1974); Clauß (1976); Dannheimer (1976); Schulze (1976); Möller (1976/77); U. Koch (1977); Menghin (1977); Christlein (1978); Vierck (1978); v. Freeden (1979).

E. Wamers

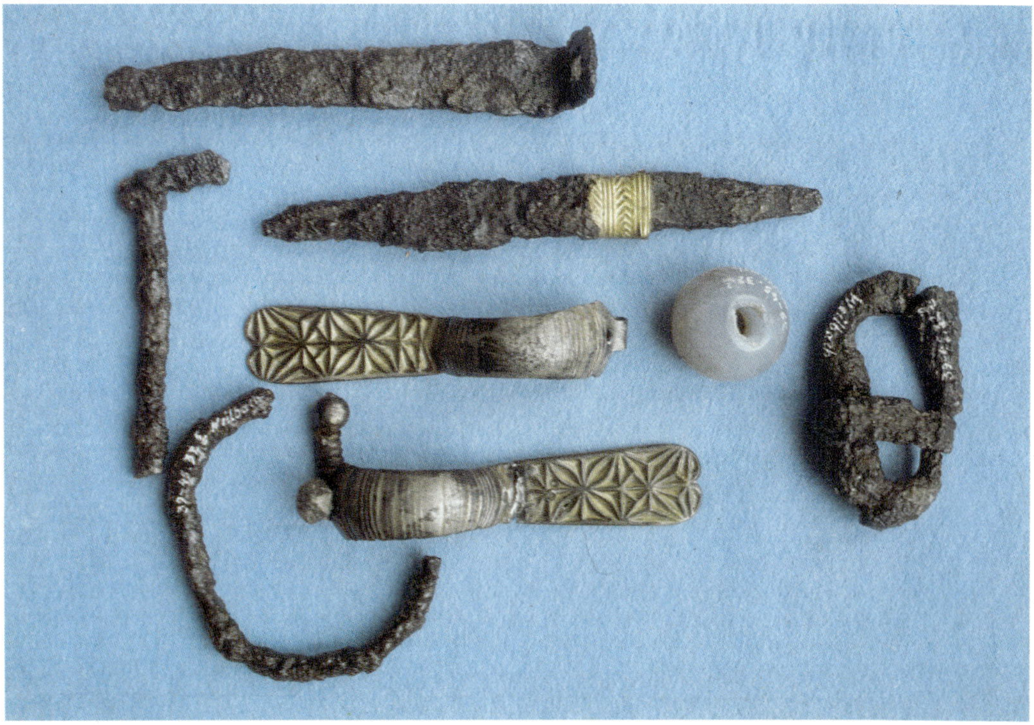

11 Frauengrab

1. Hälfte 5. Jh.; Weilbach (Flörsheim, Main-Taunus-Kreis) Grab A; Museum Wiesbaden, Sammlung Nassauischer Altertümer

Eines der beiden ungestörten und unberaubten Gräber vom ursprünglich wohl mehr als 100 Bestattungen umfassenden »ersten« Weilbacher Friedhofs ist das Frauengrab A. Es gehört mit den beiden silbervergoldeten Bügelfibeln mit Kerbschnittdekor, die denen aus Wiesbaden (vgl. Kat.Nr. 25) nahestehen, zu den ältesten dieses Gräberfeldes und auch dieser Ausstellung. Die Fibeln weisen auf die noch lebendigen mitteldeutschen Beziehungen der im Mittelrheingebiet seit einigen Generationen ansässigen Alamannen hin.

Von den übrigen Beigaben ragen nur das Messer mit dem goldenen Scheidenrandbeschlag und die Chalcedonperle, ein Amulett, als Anzeichen eines beträchtlichen Wohlstandes der Bestatteten heraus. Der eiserne Armring und die schlichte eiserne Gürtelschnalle gehören hingegen zur Durchschnittsausstattung, während die beiden eisernen Schlüsselfragmente immerhin auf verschließbaren Besitz hinweisen.

Schoppa (1949/50) 266ff. Abb. 1, 2. 8. 11. 13 Taf. 16,5–8; Schoppa (1959) 20, 52, 73 Taf. 5; J. Werner (1981) 236f. Taf. 28,4.5; Dahmlos (1979) 144 Nr. 18a.

E. Wamers

12 Frauengrab

Mitte 5. Jh.; Gonzenheim (Bad Homburg vor der Höhe, Hochtaunuskreis) Grab 9; Saalburg-Museum Bad Homburg vor der Höhe

Im Bad Homburger Stadtteil Gonzenheim wurde bei mehreren Grabungen seit Ende des letzten Jahrhunderts ein mehr als 25 Bestattungen umfassendes merowingerzeitliches Gräberfeld angetroffen, das sich offensichtlich an einen spätrömischen Friedhof mit dazugehöriger Siedlung anschloß. Wie auf dem Frankfurter Domhügel, auf dem Ebel bei Praunheim (Frankfurt am Main) oder in Niederursel (Frankfurt am Main) scheint hier die alamannische Landnahme seit der zweiten Hälfte des 3. Jahrhunderts römische Siedlungen und Einrichtungen bevorzugt übernommen zu haben. Ab der Wende zum 6. Jahrhundert wird dann auch der Mittelrhein immer stärker fränkisch bestimmt (vgl. S. 35).

Aus der ältesten Belegungsphase des Gräberfeldes von Gonzenheim, nämlich aus der Mitte des 5. Jahrhunderts, stammt das Frauengrab Nr. 9. Neben einem silbernen Kolbenarmring, einer Kette mit 10 Glas- und Bernsteinperlen und einer gelochten Silbermünze Marc Aurels, einem Knochenkamm und einem Eisenmesser ragen besonders die reichen Gefäßbeigaben hervor. Vom bronzenen Perlrandbecken (vgl. Kat.Nr. 108) ist nur noch ein Bruchstück erhalten (daher nicht ausgestellt), vollständig sind ein kleiner schwarzer Knickwandtopf mit eingewölbter geriefter Oberwand, eine spätrömische Terra-Sigillata-Schüssel mit Rädchenverzierung – ein Importstück aus den Argonnentöpfereien – und ein doppelkonischer, schwarz gebrannter Becher mit Wulstverzierung, Rillen- und Stempelmustern. In Form und Verzierungsweise stimmt er mit mitteldeutsch-böhmischen Stücken überein, wenn er auch nach der mineralogischen Untersuchung im Taunusvorland hergestellt wurde; er bekundet so wie auch andere Funde (vgl. Kat.Nr. 16) den fortdauernden Kontakt der hier angesiedelten Alamannen zu ihren östlichen Stammesbrüdern.

Böhner (1956) 110ff. Abb. 7, 30–47; 11, 5; Dahmlos (1979) 175 Nr. 1a.

E. Wamers

◁ 11

13 Frauengrab

2. Hälfte 5. Jh.; Eichen (Nidderau, Main-Kinzig-Kreis); Privatbesitz

Durch Baggerarbeiten schon weitgehend gestört, konnte das Frauengrab von Eichen nur zum Teil geborgen werden. Offensichtlich vollständig erhalten blieben die Gefäßbeigaben, die wahrscheinlich die Wegzehrung für die Tote enthalten hatten: ein Henkelkrug aus den in spätrömischer Tradition arbeitenden Mayener Töpfereien, ein flacher, rotüberzogener Teller mit Standring und Griffrand und eine gut 9 cm hohe Flasche aus farblosem Glas mit engem, hohem Hals und eingewölbtem Boden, ebenfalls ein spätrömisches Erzeugnis. Als alamannische Frau ist die Tote ausgewiesen durch eine kleine bronzene Dreiknopffibel aus dem Aushub (ursprünglich ein Paar) vom sogenannten »Typ Krefeld« (H. Kühn), der in die zweite Hälfte des 5. Jahrhunderts datiert wird. Dieser Typ ist vorwiegend am Mittelrhein und im alamannischen Raum verbreitet, selten in fränkischem Gebiet, kommt dafür aber auch im mittel- und südosteuropäischen Raum vor, so daß man im Grunde von einem mitteldeutsch-alamannischen Trachtbestandteil sprechen kann.

Fundberichte aus Hessen 13, 1973, 334 Abb. 33, 1–4; Dahmlos (1979) 116 Nr. 4.

E. Wamers

14 Frauengrab

Ende 5. – 1. Hälfte 6. Jh.; Massenheim (Hochheim am Main, Main-Taunus-Kreis); Museum Wiesbaden, Sammlung Nassauischer Altertümer

Zur Schmuckausstattung reicher alamannischer Frauen des ausgehenden 5. und der ersten Hälfte des 6. Jahrhunderts gehören ein Bügelfibelpaar, ein Kleinfibelpaar, ein Haarpfeil und ein massiver silberner Armreif. Diese Standartausrüstung besaß auch die Dame von Massenheim, bei der diese Schmuckstücke aus vergoldetem Silber bestehen. Die Bügelfibeln mit ihrer kerbgeschnittenen Winkelbandverzierung und den Perlleisten sind sowohl im rheinfränkischen wie im alamannischen Raum vertreten, ebenso die kleine Pferdchenfibel (ursprünglich wahrscheinlich ein Paar), während der massive Silberarmring mit strich- und almandinverzierten Kolbenenden eher ein alamannischer Typ ist. Solche massiven Kolbenarmringe wurden am linken Handgelenk getragen und wiesen ihre Trägerinnen als herausragende, vermutlich adelige Personen aus. Auch der 14 cm lange silbervergoldete Haarpfeil und die Halskette mit Glas- und Bernsteinperlen, verzierten Bronzeröhrchen und dem Haus einer exotischen Purpurschnecke (vgl. Kat.Nr. 148) unterstreichen ihre hohe Stellung.
Das Grab wurde bei Kanalisationsarbeiten »mitten im Dorf« Massenheim entdeckt; weitere, vermutlich adlige, Grablegen dürfen hier vermutet werden.

Schoppa (1949/50) 271ff. Abb. 1,1.3–7. 10. 12. 14 Taf. 16,1–4; Nassauische Annalen 61, 1950, 201; Schoppa (1950) 22 Nr. 27; U. Koch (1968) 50ff., 251; Kühn (1974) 600, 603 Abb. 15 Taf. 240:2,11; Dahmlos (1979) 143 Nr. 12.

E. Wamers

14 ▷

15 Frauengrab

Anfang 6. Jh.; Friedberg (Wetteraukreis) Grab 20; Wetterau-Museum Friedberg (während des Krieges verschollen)

Mit der silbervergoldeten Bügelfibel, der goldenen almandinverzierten Rosettenscheibenfibel, der Nadel, dem Kamm und den kleinen Glasperlen sowie dem einfachen bronzenen Ringschmuck hebt sich die in Grab 20 von Friedberg Bestattete in ihrer Tracht nicht aus dem üblichen merowingerzeitlichen Bestand vom Anfang des 6. Jahrhunderts heraus. Auffällig reichhaltig ist aber ihr Besitz an Amuletten wie einem durchlochten Bärenzahn (vgl. Kat.Nr. 185), einer großen farbigen Glasperle mit Federmuster und einem mit Kreisaugen verzierten Knochenanhänger, zu denen wohl auch die ungewöhnliche sechseckige Beinflöte und das verzierte Silberplättchen zu zählen sind.
Grab 20, das wir hier in einer alten Plattenaufnahme wiedergeben, gehört zu einem mindestens 30 Bestattungen umfassenden merowingerzeitlichen Gräberfeld, das südlich von Friedberg »Im kleinen Wartfeld«, ehemals Netz'sche Sandgrube, bereits im 19. Jahrhundert entdeckt wurde.

Behrens (1939) Abb. 71; Kühn (1974) 1090ff. Abb. 146; Dahmlos (1979) 65f. Nr. 9b.

E. Wamers

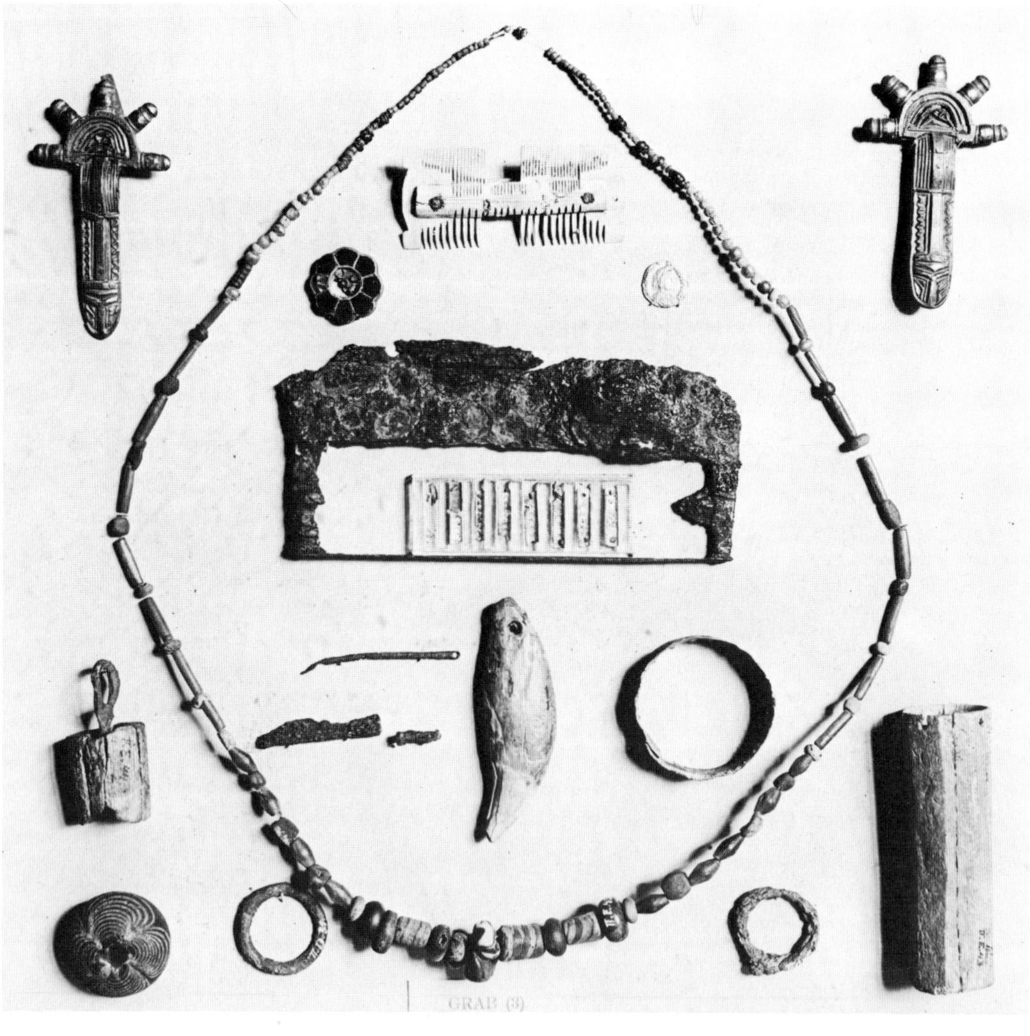

16 Frauengrab

1. Hälfte 6. Jh.; Bischofsheim (Kreis Groß-Gerau) Grab 8; Mittelrheinisches Landesmuseum Mainz

Die in Grab 8 des mehr als 200 Gräber großen Friedhofes von Bischofsheim Bestattete trug nach Ausweis der hier gefundenen Fibeln zwar noch die alte Vier-Fibel-Tracht (vgl. S. 27; 95), wobei das kleine Paar aus vergoldetem Silber mit Almandindreipaß thüringischer Herkunft im Bereich von Hals und Brust untereinanderliegend angetroffen wurden, die zwei Bügelfibeln (davon offensichtlich ein silbervergoldetes Verluststück später durch eine kleinere Bronzeimitation ergänzt) jedoch waren bereits in der Beckengegend der Frau angeheftet worden, um dort an einem Lederband ein Eisenmesser, eine Bernsteinperle, einen Spinnwirtel, ein Bronzestück (Münze?) und vielleicht eine Ledertasche zu halten. Diese Anhängsel fanden sich im Knie-/Wadenbereich. Um den Hals trug sie eine Glasperlenkette, und um die Taille war ein Gürtel mit eiserner Schnalle gezogen. Neben anderen schlecht bestimmbaren Gegenständen wie Ring und Beschlagreste waren der Frau als echte Grabbeigabe ein Knickwandgefäß mit Strich- und Stempeldekor mitgegeben worden.
Das Gräberfeld von Bischofsheim, von dem mindestens 54 Gräber aufgedeckt werden konnten, lag am Südwestausgang des Ortes im Bereich von Rheinstraße und Ginsheimer Straße.

Schnellenkamp (1936); Behn (1936) Taf. 82; Dahmlos (1979) 101 Nr. 5.

E. Wamers

17 Frauengrab

Anfang 6. Jh.; Eltville am Rhein (Rheingau-Taunus-Kreis) Grab 144; Museum Wiesbaden, Sammlung Nassauischer Altertümer

Obwohl Grab 144 von Eltville bereits im Altertum beraubt worden war, erbrachte es eine ganze Anzahl von Funden, die die hier Bestattete aus der Masse der Gräber heraushebt.

Als Gefäßbeigaben sind zu nennen: eine rotgestrichene Schale, ein reduzierend gebrannter Knickwandtopf mit Rosettenstempeln auf der eingezogenen Schulter, ein handgemachtes Rippengefäß, das Fragment eines hartgebrannten Bechers und eine etwa halbkugelförmige Schale aus entfärbtem hellgrünem Glas mit eingeschmolzenem Federmuster; zur Tracht gehörten: ein Paar silbervergoldeter Pferdchenfibeln, ein silberner Ohrring mit almandinverziertem Scheibenende, Kreuzmuster und zentralem, mugelig geschliffenem grünen Stein, Fragmente einer eisernen Gürtelgarnitur samt Eisenmesser, ein Spinnwirtel, eine Bernsteinperle, drei Glasperlen und ein Bronzeröhrchen vom Halsschmuck sowie Fragmente eines doppelseitigen Knochenkamms.

Von besonderem Interesse ist die silbervergoldete Bügelfibel vom nordischen Typ, deren Bügel stark abgenutzt ist, die also häufig oder längere Zeit getragen wurde. Sie trägt eine äußerst qualitätvolle Tierstil-I-D-Verzierung (nach Haseloff 1981), bei dem die einzelnen Tierdetails »additiv« hintereinander gereiht sind. Der um 90° gedrehte menschliche Profilkopf im unteren Rundel könnte anzeigen, daß diese Fibel waagerecht getragen wurde. Fibeltyp und Verzierung erweisen das Schmuckstück als skandinavischen »Import«, d. h. seine Trägerin war vermutlich eine eingeheiratete Frau aus dem südskandinavischen Raum. Die kunsthistorisch-archäologische Bedeutung dieses Grabes liegt darin, daß es mit der gesicherten Datierung des übrigen Inventars in den Anfang des 6. Jahrhunderts ein festes Datum für den nordischen Tierstil I gibt.

Das Gräberfeld von Eltville, das zeitlich den Bereich vom Ende des 4. Jahrhunderts bis um 700 abdeckt, umfaßte mehr als 300 Bestattungen, die teilweise beigabenlos, oft aber auch alt beraubt sind.

Schoppa (1950) 54f. Taf. 34–36; Böhner (1956) 110 Anm. 15; Haseloff (1981a) 417ff. Abb. 276–280 Taf. 57,1; Dahmlos (1979) 191 Nr. 1a.

E. Wamers

18 Frauengrab

6. Jh.; Eltville am Rhein (Rheingau-Taunus-Kreis) Grab 163; Museum Wiesbaden, Sammlung Nassauischer Altertümer

Auch Grab 163 von Eltville wurde bereits im Frühmittelalter gestört und beraubt (vgl. S. 30), so daß die erhaltenen Beigaben nur fragmentarisch und unzureichend Auskunft über die hier Bestattete geben. Mit der silbervergoldeten Vogelfibel – einem nordfranzösisch-mittelrheinischem Typ –, den zwei Riemenzungen vom Schuhwerk, der blauen fadenbelegten Glasperle und den Resten eines beinernen Kamms fassen wir aber eine durchgängige Schmuckausstattung einer Dame des 6. Jahrhunderts. Ungewöhnlicher ist dagegen schon die Beigabe eines auf spätantike Formen zurückgehenden sogenannten Perlrandbeckens (hier nur noch als Bruchstück erhalten – vgl. Kat.Nr. 108) und das Fragment eines spätlatènezeitlichen Armreifens aus blauem Glas, der zu Lebzeiten der Dame bereits mehr als ein halbes Jahrtausend alt war.

Schoppa (1950) 61 Taf. 40; Dahmlos (1979) 191 Nr. 1a.

E. Wamers

19 Frauengrab

2. Drittel 7. Jh.; Eltville am Rhein (Rheingau-Taunus-Kreis) Grab 459; Landesamt für Denkmalpflege Hessen, Abteilung für Vor- und Frühgeschichte Wiesbaden

Eins der vielen reichen, noch unpublizierten Gräber vom Eltviller Friedhof ist Frauengrab 459. Es konnte 1969 vom Landesamt für Denkmalpflege in Wiesbaden geborgen werden.
Geradezu exemplarisch für eine reiche Fränkin vom Mittelrhein ist die üppige Ausstattung, zu der der Trachtenschmuck mit einem Paar silbervergoldeter und niellierter Bügelfibeln, zwei silbervergoldeten und gewaffelten Almandinrosettenscheibenfibeln, zwei Ketten mit Bernstein- und Glasperlen, davon eine mit drei filigran- und almandinverzierten Goldscheibenpendilien, gehört. Die kleine Bronzeschnalle repräsentiert einen schlichten (Stoff-?)Gürtel, die Hand schmückte ein einfacher silberner Fingerring.
Ein massiver silberner Kolbenarmring mit Gelenk betont die herausragende Stellung der Dame (vgl. Kat.Nr. 14), die der am langen Band mit Hilfe der Bügelfibeln getragenen Amulette – gläserne Melonenperle, Bernsteinscheibenperle, eine alte, sekundär aufgehängte Bronzeschnalle aus der Mitte des 5. Jahrhunderts, zwei Eisenringe und ein alamannischer Bronzeknotenring – weitgehend heidnisch geprägt war.
Die »Weltläufigkeit« der hier bestatteten Dame unterstreichen auch das Bronzebecken, welches auf dem Rand statt Perlbuckeln Halbmondpunzen trägt und in dem Weintrauben und feines Tuch (Serviette?) beigelegt worden waren sowie der fränkische, grünlich-gelbe Glasbecher mit Fadenauflage, ein kleiner handgemachter Tonbecher und ein Kamm. Daß ihr dennoch Hausarbeit nicht fremd war, belegt das eiserne Schabmesser (vgl. Kat.Nr. 64).

Fundberichte aus Hessen 9/10, 1969/70, 194; Dahmlos (1979) 191 Nr. 1.

E. Wamers

19

20

20 Frauengrab

Mitte 6. Jh.; Niederselters (Selters/Taunus, Kreis Limburg-Weilburg); Mittelrheinisches Landesmuseum Mainz (zum Teil verschollen)

Von dem einst ungewöhnlich reich ausgestatteten Grab einer Dame (es fehlen heute: Goldring, zwei Goldmünzen und ein Paar mit Almandin belegte kleine Scheibenfibeln wie Kat.Nr. 42) sind lediglich noch ein Paar silbervergoldete Bügelfibeln mit Haken- und Mäanderband-Dekor, eine große Bernsteinperle, zwei Nadeln (im ursprünglichen Inventar nicht genannt) sowie eine Perlenkette (Zugehörigkeit ist ungewiß da im alten Bestand als verschollen genannt) und eine Cypraea (vgl. Kat.Nr. 148) erhalten. Die überdurchschnittliche Wohlhabenheit jener Frau zeigt sich auch in der Gefäßbeigabe: Bronzebekken (bei der Grabung zerstört), Glasbecher und Tongefäß deuten auf einen gewissen Glanz in der Haushaltung der Familie hin. Der goldene – in der Spätantike dem Rittertum vorbehaltene – Fingerring läßt vermuten, daß die Dame einer adelsähnlichen oder einer Schicht zugehörte, die zu den Vorformen des späteren mittelalterlichen Geblütsadels zu zählen sein dürfte. Die im Grabe gefundenen beiden Goldmünzen (vgl. Kat.Nr. 152, 1–2) vom Beginn des 6. Jahrhunderts sind bei der Grablegung sicherlich knapp eine Generation alt gewesen, trotzdem waren sie praktisch stempelfrisch, was zeigen kann, daß sie, um als Grabobolus zu dienen, aus dem »Schatz« der Familie beim Tode der Dame entnommen wurden.
Das Grab wurde bereits am Ende des vorigen Jahrhunderts beim Hausbau W. Krekel II auf der Straße nach Niederbrechen gefunden.

Mitteilungen des Vereins für Nassauische Altertumskunde und Geschichtsforschung 1897, Nr. 1 und 2, Spalte 41f.; J. Werner (1935) 88 Nr. 22 M 8 und 13.

H. Roth

21 Frauengrab

Um 600 – Anfang 7. Jh.; Gonzenheim (Bad Homburg vor der Höhe, Hochtaunuskreis) Grab 2; Saalburg-Museum Bad Homburg vor der Höhe

Grab 2 vom Gräberfeld Gonzenheim ist als ein charakteristisches Frauengrab vom Mittelrhein und Rheinhessen aus der Zeit um 600 oder kurz danach zu betrachten. Die bronzevergoldete Bügelfibel lag als Einzelstück mit der Kopfplatte schräg nach unten knapp oberhalb des Beckens. Um das linke Handgelenk war ein offener tierstilverzierter Bronzearmreif geschoben, der seit 1945 ebenso verschollen ist wie ein Eisenmesser, das zwischen den Knien lag und an einem langen Band von der Bügelfibel herabhing. Im Bereich des Kopfes fanden sich die silbernen Ohrringe mit Polyederabschluß, während eine heute ebenfalls verlorene Kette mit Glas-, Knochen- und Bernsteinperlen, mit einem kegelförmigen ritzverzierten Knochenanhänger (vgl. Kat.Nr. 187), zwei durchlochten Bronzemünzen und einem Bronzering rechts vom Kopf niedergelegt war. Dort lag auch eine kleine zylindrische Bronzekapsel (vgl. Kat.Nr. 182f.), zu der wahrscheinlich auch die beiden punzverzierten Bronzebeschläge gehörten. Sie diente vermutlich als Behältnis für heidnisch-christliche Amulette. Diese Sitte und wohl auch die Kapsel selbst entstammen dem Mittelmeergebiet, ebenso die Bronzeschnalle mit einer schlichten Blütenverzierung. Die Dame aus Grab 2 von Gonzenheim hat also in irgendeiner Weise, und sei es nur durch Handel, Beziehungen zu diesem Raum gehabt.
Die Fundlage der kleinen bronzenen Riemenzunge mit Querstrichen ist unbekannt, doch dürfte sie zur Bein- oder Fußbekleidung gehört haben. Rechts neben dem Kopf war ein geglätteter, schwarz gebrannter, riefenverzierter Knickwandtopf abgestellt worden.

Böhner (1956) 105ff. Abb. 4; 7,25; 8; Kühn (1974) 1268ff. Abb. 195; Dahmlos (1979) 175 Nr. 1a.

E. Wamers

22 Frauengrab

1. Drittel 7. Jh.; Leeheim (Riedstadt, Kreis Groß-Gerau) Grab 19; Hessisches Landesmuseum Darmstadt

Die neue fränkisch-alamannische Frauentracht des 7. Jahrhunderts, die die spätantik-mediterrane Trageweise eines von einer einzigen Fibel gehaltenen Obergewandes übernommen hatte (vgl. S. 95), ist im Grab 19 von Leeheim dokumentiert. Hier ersetzte die bronzene Scheibenfibel mit Goldpreßblechauflage, geperltem Flechtbanddekor und kreuzförmig angeordneten Perlmutt- und Steineinlagen die im 6. Jahrhundert weitgehend üblichen Fibelpaare.
Die gleichzeitig angebrachte Kreuzzier, die ein gewisses – zumindest äußerliches – Bekenntnis zum Christentum offenlegt, erweist wieder einmal, daß archäologisch feststellbare Veränderungen im Sachgut von Kulturen auch immer Indikatoren für tiefer reichende geistige, politische und soziale Veränderungen sind. Das ebenfalls zur Tracht der Dame von Leeheim gehörige Amulett in Form eines blechgefaßten Steins offenbart andererseits die noch fortlebende Bindung am althergebrachten »Volksglauben«.
Die verlaufende Glasperlenkette mit Bronzeröllchen, der zweizeilige Knochenkamm, die einfachen Silberohrringe mit Polyederverschluß sowie die Scherben eines Gefäßes repräsentieren die Durchschnittsbestattung einer Frau des ersten Drittels des 7. Jahrhunderts. Wie vollständig das originale Grabinventar auf uns gekommen ist, läßt sich allerdings nicht sagen.

Fundberichte aus Hessen 15 (1975) 572f. Abb. 65; Dahmlos (1979) 108 Nr. 17a.

E. Wamers

23

23 Frauengrab

2. Drittel 7. Jh.; Fritzlar (Schwalm-Eder-Kreis); Heimatmuseum Fritzlar

Zwischen Dom und Fraumünster in Fritzlar konnte 1972 ein reiches nord-südlich gerichtetes Frauengrab geborgen werden, das durch Aushubarbeiten bereits teilweise gestört war. Seiner Preßblechscheibenfibel, der durchbrochenen Zierscheibe (vgl. Kat.Nr. 52ff.), den drei Paaren verschieden großer Riemenzungen und Beschlägen von Wadenbindengarnituren (vgl. Kat.Nr. 51) nach wurde es etwa im zweiten Drittel des 7. Jahrhunderts angelegt. Weitere Beigaben waren Kamm, Messer, Perlen, Spinnwirtel, drei sorgfältig gearbeitete Knickwandgefäße, Gürtelschnalle, Knochenstab und diverse Kleinteile.
Die geritzte Perlleistenverzierung auf den bronzenen Riemenbeschlägen und der durchbrochen gearbeitete stempelverzierte Beschlag belegen für das Grab rheinhessiche Verbindungen, die vielleicht in einer Einheirat aus diesem Raum bestanden. Hier, am Nordostrand des merowingischen Reiches, hat sich die fränkische Ausdehnung ins Nordhessische archäologisch auch in dieser Form niedergeschlagen.
Die Nord-Süd-Orientierung des Grabes und die Tierbeigaben zu Füßen der Toten erweisen eine eindeutig heidnische Bestattungssitte aus der vorbonifatianischen Zeit.

Gensen (1972); J. Werner (1974) 390ff. Abb. 1, 8; K. Weidemann (1982) 197f.; Dahmlos (1979) 76 Nr. 6d.

E. Wamers

24 Frauengrab unter einem Hügel

2. Drittel 7. Jh.; Gießen (Kreis Gießen) Hügel 1909, Trieb; Oberhessisches Museum und Gail'sche Sammlungen Gießen

Außer heute verschollenen Glasperlen und Wadenbinden (vgl. Kat.Nr. 51) mit Schnallen, Beschlägen und punzierten Riemenzungen besaß die Dame ein Gürtelgehänge, an dem eine durchbrochene Zierscheibe (vgl. Kat.Nr. 52ff., 178ff.), eine einzelne Riemenzunge und das Bruchstück eines spätlatène- oder frühkaiserzeitlichen Knotenringes befestigt waren. Diese Trachtbestandteile unterschieden sich in keiner Weise von denen anderer Frauen der Merowingerzeit. Ungewöhnlich sind jedoch vier Tongefäße von teilweise singulärer Form, nämlich zwei Fußschalen, ein nur als Nachbildung erhaltenes 31,5 cm hohes Zylindergefäß mit sogenannten »Möwenstempeln«, die im Rhein-Main-Gebiet eine häufige Gefäßverzierung darstellen sowie ein flaches Becken mit Stempelverzierung. Sein ausladender Rand ist in unregelmäßigen Abständen von unten eingestochen worden, so daß sich der noch ungebrannte Ton auf der Oberseite hochgewölbt hat; damit ahmte der Töpfer offensichtlich metallene Perlrandbecken (vgl. Kat.Nr. 108) nach, die auch die gleichen Umrißproportionen besitzen.
Die Tatsache, daß die Bestattung unter einem Hügel vorgenommen wurde (vgl. Kat.Nr. 126ff.), stellt das Grab in den Bereich traditionsbewußter Bevölkerungsgruppen, die noch nach der Art der Heiden bestatten (vgl. S. 28).

Kramer (1910a); Kramer (1910b); Kramer (1925); Dahmlos (1979) 94 Nr. 6a.

K. Sippel

25, 1–2 Bügelfibeln

1. Hälfte 5. Jh.; Silber, vergoldet; L. 6,5 cm bzw. 5,2–5,5 cm; Kastel (Wiesbaden); Museum Wiesbaden, Sammlung Nassauischer Altertümer

Im Bereich des spätrömischen »Kastells« im heutigen Stadtgebiet von Wiesbaden wurden mehrere Gräber des 4. und 5. Jahrhunderts aufgedeckt, von denen unter anderem diese zwei Paare Silberblechfibeln als Bestandteile von zwei Frauenbestattungen stammen.
Gemeinsam ist beiden die rhombische Fußplatte, der hohle, gewölbte Bügel mit vier Perldrähten und eine mittels eines Querstifts befestigte Nadel mit Spiralfeder. Das erste Paar (Kat.Nr. 25,1) von 6,5 cm Länge zeichnet sich durch Teilvergoldung des Bügels und der Fußplatte sowie Nielloinkrustationen und reichen geometrischen Punzdekor auf der Fußplatte aus. Das einfacher gehaltene und kleinere (Länge 5,2–5,5 cm) Paar (Kat.Nr. 25,2) weist nur eine schlichte rautenförmige Rahmung der sonst glatten Fußplatte auf, die aber einen herzförmigen Abschluß hat.
Von diesem sogenannten Fibeltyp »Wiesbaden« sind mittlerweile 25 Paare oder Einzelstücke in größerer Variationsbreite bekannt geworden. Mit Schwerpunkten im Mainmündungsgebiet, in Mitteldeutschland und Hinterpommern liegt hier ein elbgermanischer (alamannisch/thüringischer) Fibeltyp der ersten Hälfte des 5. Jahrhunderts vor, der einerseits in spätrömischen Formen und Verzierungsweisen wurzelt, andererseits aber auch Träger einer besonderen germanischen Kunstrichtung dieser Zeit, des Punzdekors in geometrischen Mustern wie Sternen, Rosetten, Kreisen und Spitzovalen, war, des sogenannten »Sösdala-Stils«, der von der mittleren Donau bis ins südliche Skandinavien verbreitet war. Die Wiesbadener Fibeln belegen nicht nur wie auch andere Schmuckstücke und Gräber die noch lebendigen Beziehungen der Alamannen im Mainmündungsgebiet der ersten Hälfte des 5. Jahrhunderts zu ihren Stammesbrüdern in Mitteldeutschland, sondern sind auch sinnfälliger Ausdruck der weitgespannten gemeingermanischen Koine der Völkerwanderungszeit.

Kühn (1974) 568ff. Taf. 238:53,4–6; J. Werner (1981) 229, passim, Taf. 27,1–4, Beilage 2,1.4; Dahmlos (1979) 221 Nr. 14a.

E. Wamers

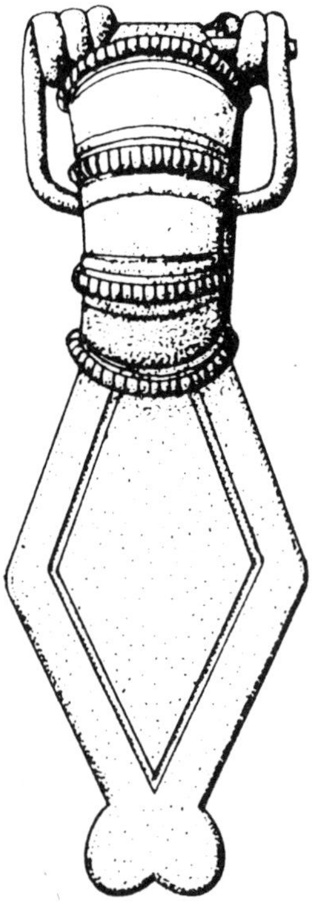

26 Bügelfibeln

Mitte 5. Jh.; Silber, vergoldet; L. 5 cm; Wiesbaden; Museum Wiesbaden, Sammlung Nassauischer Altertümer

Das vorliegende Bügelfibelpaar besteht wie die vorigen aus Wiesbaden-Kastel aus vergoldetem Silber, ist aber gegossen. Von einer Fibel fehlt ein Knopf, der anderen ist die Fußplatte weitgehend weggebrochen. Sie haben eine halbrunde Kopfplatte mit drei Knöpfen, einen hohen gewölbten Bügel mit Mittelleiste und gegossenen (?) Perldrähten zu Füßen und eine länglich rautenförmige Fußplatte. Die Verzierung besteht aus rahmenden Perlleisten und Kreispunzen.
Dieses Fibelpaar schließt sich eng an die frühen Silberblechfibeln der ersten Hälfte des 5. Jahrhunderts von Wiesbaden-Kastel (vgl. Kat.Nr. 25) an, die in Bügel- und Fußpartie ähnlich gestaltet sind. Neu ist die halbrunde Kopfplatte und die Herstellungstechnik des Gusses, geblieben sind rahmende Perlleisten, Perldrähte über dem Bügel und Punzornamentik. Es gibt nur wenige, durchweg schlechter gearbeitete Parallelen in Mitteldeutschland und in den Rheinlanden. Es dürfte sich um ein alamannisches Schmuckstück der Mitte des 5. Jahrhunderts handeln.

Unpubliziert; zum Typ vgl. J. Werner (1981) 237ff.

E. Wamers

27 Bügelfibel

2. Hälfte 5. Jh.; Silber, vergoldet; L. 5 cm; Nieder-Florstadt (Florstadt, Wetteraukreis); Hessisches Landesmuseum Darmstadt (vermutlich 1944 verbrannt)

1944 bei dem Museumsbrand in Darmstadt verlustig gegangen, kann diese Bügelfibel von Nieder-Florstadt nur in einer alten Plattenaufnahme vorgestellt werden. Sie hat eine dreieckige Kopfplatte mit eingezogenen Seiten und einen schmalen, gleichbreiten Fuß. Die Kopfplatte mit drei vorspringenden Knöpfen trägt Strichverzierung, der Fuß ist gekerbt und endigt in einen Tierkopf. Bei dieser Fibel handelt es sich um einen recht seltenen Typ, der vor allem im hessisch-alamannischen Raum und in Südosteuropa in der ersten Hälfte des 5. Jahrhunderts auftritt und wahrscheinlich auch durch dortige Einflüsse zu erklären ist.

Dannheimer (1962) 23; Kühn (1974) 571ff. Taf. 238:54,6; Dahmlos (1979) 69 Nr. 19.

E. Wamers

28 Bügelfibel

Mitte – 2. Hälfte 5. Jh.; Silber, vergoldet; L. 6,5 cm; Wiesbaden, Boseplatz (?); Museum Wiesbaden, Sammlung Nassauischer Altertümer

Im Bereich der Dotzheimer Straße – Schiersteiner Straße – Rheinstraße – Karlstraße – Boseplatz – Lyzeum in Wiesbaden wurde ein umfangreiches Gräberfeld (zwei?) mehrfach angeschnitten, das zahlreiche, oft kostbare Beigaben erbrachte, die aber häufig nicht mehr eindeutig zuweisbar sind. Von diesem Reihengräberfeldkomplex liegen ungewöhnlich viele silbervergoldete Bügelfibeln erster Qualität und exemplarischen Charakters vor, von denen einige hier stellvertretend für die ganze Breite der Bügelfibel-Kunst und für die herausragende Stellung dieses Friedhofs vorgeführt sein sollen.
Silbervergoldete Bügelfibel mit halbrunder Kopfplatte und drei Knöpfen sowie schwalbenschwanzförmigem Fuß. Sie gehört zur kleineren Gruppe meist einfacherer Ausführung, deren Verbreitungsschwerpunkt im mittleren und unteren Rheingebiet liegt. Diese Fibeln gehen typologisch auf solche wie Kat.Nr. 25 von Wiesbaden zurück und sind in die Mitte bis zweite Hälfte des 5. Jahrhunderts zu datieren. Durch die aufwendige Verzierung mit fünf mugelig geschliffenen Almandinen auf Kopf- und Fußplatte und Nielloeinlagen auf dem Bügel ragt unsere Fibel aus der Gruppe heraus. Ganz einmalig aber ist die Verzierung mit voll ausgebildeten Weinranken auf den Zierplatten, die von spätantik-mediterraner Weinrankenornamentik übernommen wurde. In vollendeter und eigenwilliger Weise sind hier germanische Trachtsitten/-formen mit antiken Zierweisen verschmolzen. Eine stilisierte und vereinfachte Variante des Weinrankenmotivs dürften die Fibeln mit Spiralranken auf der Kopfplatte (z. B. Kat.Nr. 31) sein.

Kühn (1940) 198f. Taf. 83:20,13; Kühn (1974) 608f. Taf. 241:56,10; Dahmlos (1979) 224 Nr. 141.

E. Wamers

29 Bügelfibeln

2. Hälfte 5. Jh.; Silber, vergoldet; L. 7 cm; Wiesbaden, Boseplatz, Dotzheimer Straße, Lyzeum; Museum Wiesbaden, Sammlung Nassauischer Altertümer

Aus demselben Fundbereich wie Fibel Kat.Nr. 28 stammt dieses silbervergoldete Bügelfibelpaar. Die halbrunde Kopfplatte mit fünf rundlichen Knöpfen, der gleichbreite Fuß und auch der Bügel tragen scharfe Kerbschnittverzierung, auf Bügel und Fuß in Winkelbändern, zwischen die ein schmales Silberband mit halbmondförmigen Nielloeinlagen eingesetzt ist. Ein Tierkopf schließt den Fuß ab; als Trennleisten dienen gepunzte Perlbänder.

Auch die Fibeln dieses Typs, die auch im Grab von Massenheim (Kat.Nr. 14) auftreten, haben eine weitgehend mittel- und unterrheinische Verbreitung, können aber nicht ethnisch zugewiesen werden.

Kühn (1940) 89 Taf. 62 Abb. 2,1; Kühn (1974) 599 Taf. 240:2,10; Dahmlos (1979) 222f. Nr. 14g.

E. Wamers

30 Bügelfibeln

1. Hälfte 6. Jh.; Silber, vergoldet; L. 7,5 cm; Wiesbaden, Dotzheimer Straße; Museum Wiesbaden, Sammlung Nassauischer Altertümer

Aus einem Frauengrab vom großen Wiesbadener Gräberfeld kam dieses silbervergoldete Fibelpaar, ferner eine fast gleiche dritte Bügelfibel, wobei die letzte wahrscheinlich als Amulett-Träger (Bergkristallkugel) im Hüftbereich befestigt war.

Die beiden Bügelfibeln haben eine halbrunde Kopfplatte mit fünf provilierten Knöpfen und einen gleichbreiten Fuß mit Tierkopfabschluß. Die Kopfplatte trägt ein variiertes schräggesetztes Mäandermuster, Bügel und Fuß einen Mittelstreifen mit nielliertem »Paragraphenband« und Dreiecken sowie Seitenstreifen mit gestaffelten Treppenmustern.

Fibeln dieser Art sind vorwiegend im alamannisch-mittelrheinischen Raum verbreitet, wobei das Mäandermuster letztlich mediterranen Ursprungs sein dürfte.

Kühn (1940) 320f. Taf. 105:42,2; J. Werner (1962) 62, 168; Kühn (1974) 1076ff. Taf. 302:42,10; Schoppa (1974) 161 Abb. 47; Dahmlos (1979) 222f. Nr. 14g.

E. Wamers

31 Bügelfibel

1. Hälfte 6. Jh.; Silber, vergoldet, Almandineinlagen; L. 6,5 cm; Wiesbaden, Boseplatz, Dotzheimer Straße; Museum Wiesbaden, Sammlung Nassauischer Altertümer

Die silbervergoldete Bügelfibel mit mugeligen Almandineinlagen auf dem Mittelstreifen über Bügel und Fuß hat eine halbrunde Kopfplatte mit fünf pilzförmigen, gerieften Knöpfen und einen gleichbreiten Fuß. Die Randleiste der Kopfplatte trägt gepunzte und niellierte gegenständige Dreiecke, die Zierfelder haben Perlleistenrahmung, die Seitenstreifen des Bügels Achterschleifen, die des Fußes Winkelbänder, und auf der Kopfplatte, die alt schon einmal repariert wurde, ist eine symmetrische Ranke zu erkennen. Das Rankenmotiv ist sicherlich eine vereinfachte Weinranke mediterranen Typs (vgl. Kat.Nr. 28).
Solche rankenverzierten Fibeln wie die vorliegende wurden im gesamten fränkisch-alamannischen Raum während der ersten Hälfte des 6. Jahrhunderts getragen.

Kühn (1940) 109 Taf. 69:6,48; Kühn (1974) 644 Nr. 33 Taf. 247:6,33; Dahmlos (1979) 223 Nr. 14g.

E. Wamers

32 Bügelfibel

Mitte 6. Jh.; Silber (?); L. 9,8 cm; Nieder-Florstadt (Florstadt, Wetteraukreis); Hessisches Landesmuseum Darmstadt (vermutlich 1944 verbrannt)

Bügelfibel mit halbrunder Kopfplatte, ovalem Fuß- und Tierkopfabschluß. Elf mit- und zusammengegossene Knöpfe umschließen die Kopfplatte. Die Verzierung von Kopf- und Fußplatte besteht aus geschnittenen geometrischen Kerb- und Strichmustern, die auf dem Fuß ihre Abkunft von stilisierten Tierdarstellungen erkennen lassen, und aus Nielloeinlagen auf den rahmenden Stegen in Form kleiner gegenständiger Dreiecke.
Diese Fibel gehört zur fränkischen Variante des sogenannten »Typs Müngersdorf« (nach Kühn 1940), dessen Verbreitungsschwerpunkt im Mittelrheingebiet liegt und der in die Jahrzehnte um die Mitte des 6. Jahrhunderts zu datieren ist.
Unsere Fibel stammt von einem merowingerzeitlichen Gräberfeld im Westteil von Nieder-Florstadt, dessen ursprüngliche Größe nicht bekannt ist, das aber spätestens in der zweiten Hälfte des 5. Jahrhunderts angelegt wurde.

Kühn (1940) 250 Taf. 95:29,2; Kühn (1974) 1108 Taf. 306:29,18; Haseloff (1981a) 544 Abb. 361 (zum Typ); Dahmlos (1979) 69 Nr. 19.

E. Wamers

33 Bügelfibel

1. Hälfte – Mitte 6. Jh.; Silber, vergoldet; L. 13,9 cm; Fundort unbekannt, wahrscheinlich Wiesbaden; Museum Wiesbaden, Sammlung Nassauischer Altertümer

Der Fundort des silbervergoldeten Bügelfibelpaares, von dem eine Fibel gebrochen ist, ist unbekannt, doch dürften sie vom großen Wiesbadener Gräberfeld kommen. Die erhabenen Leisten tragen gepunzte und niellierte Dreiecke. Die Schmuckstücke wurden zunächst gegossen, die eingetiefte Verzierung ist von Hand geschnitten. Sie gehören zu einer kleinen Untergruppe der sogenannten »Bügelfibeln vom nordischen Typ« mit rechteckiger Kopfplatte, rhombischer Fußplatte mit hängenden Tierköpfen und Randtieren (vgl. Kat.Nr. 17). Es handelt sich dabei um vier Fibel(paare)n vom Ober- und Mittelrhein und einer aus Südostengland, die entweder skandinavische »Importe« sind oder kontinentalgermanische Nachahmungen. Sie wurden in der ersten Hälfte und in der Mitte des 6. Jahrhunderts getragen.
Das Fibelpaar aus dem Museum Wiesbaden ist eine recht getreue Kopie des Fibeltyps von Kirchheim unter Teck Grab 85, Baden Württemberg, seine »mißverstandene und verballhornte« (Haseloff 1981, 296) Tierornamentik erweist jedoch, daß der Künstler dieser Stücke – wahrscheinlich ein Alamanne oder ein für Alamannen arbeitender Romane – die Formelsprache des germanischen Tierstils I nicht zu lesen und zu »schreiben« in der Lage war.

Kühn (1940) 309 Taf. 103:40,6; Kühn (1974) 1168 Taf. 315:91,9; Haseloff (1981a) 289, 294ff. Abb. 197 Taf. 40.

E. Wamers

▷

33

34 Bügelfibel

1. Hälfte – Mitte 6. Jh.; Silber, vergoldet, Almandineinlagen; L. 8 cm; Schierstein (Wiesbaden); Museum Wiesbaden, Sammlung Nassauischer Altertümer

Silbervergoldete Bügelfibel mit gleichbreitem Fuß und halbrunder Kopfplatte, Niello- und Almandineinlagen. Sieben gekerbte, laternenförmige Knöpfe, 10 eingetiefte runde Fassungen in der Mittelleiste und drei rechteckige Zellen am Fuß sind mit planen Almandinscheibchen gefüllt. Die Bogenleiste der Kopfplatte trägt gegenständig eingepunzte und niellierte Dreiecke, der Bügel Kerbleisten und die Fußpartie geschnittene Winkelbänder neben Perlleisten. Gegossen und nachgeschnitten sind die linsenförmigen Zierelemente auf dem Halbrund der Kopfplatte, die stilisierte Rankenmotive darstellen und als Weiterentwicklung bzw. schlechte Kopie der Rankenmuster von Fibel Kat.Nr. 31 gelten können. Fibeln wie diese hier finden sich im gesamten alamannisch-fränkischen Raum mit reichem Vorkommen auch in Nordfrankreich und Belgien.

Das Gräberfeld von Schierstein, von dem diese Fibel stammt, lag im Gebiet nördlich des Bahnhofs. Mehr als 30 Bestattungen vom 5. bis 7. Jahrhundert konnten beobachtet werden, doch dürfte die ursprüngliche Anzahl um ein vielfaches größer gewesen sein.

Kühn (1940) 109 Taf. 69:6,40; Kühn (1974) 672 Taf. 252:61,21; Dahmlos (1979) 220 Nr. 13.

E. Wamers

35 Bügelfibel

Mitte – 2. Hälfte 6. Jh.; Silber, vergoldet; L. 9,2 cm; Biblis-Wattenheim (Kreis Bergstraße); Hessisches Landesmuseum Darmstadt

Zu den Kriegsverlusten des Hessischen Landesmuseums durch den Museumsbrand 1944 gehören auch zahlreiche Funde vom Gräberfeld zwischen Biblis und Wattenheim, Flur »Entenpfad«, das mindestens 13 Gräber umfaßt hat.
Eine dieser Bestattungen hatte zwei silbervergoldete Bügelfibeln und eine Almandinrosettenfibel enthalten. Von dem modellgleichen Fibelpaar mit halbrunder Kopfplatte und rhombischem Fuß blieben eine Kopfplatte mit einigen Knöpfen und eine weitgehend vollständige Fibel erhalten. Bei diesem hier ausgestellten Schmuckstück handelt es sich um das bei Kühn 1974, Taf. 124: 384a abgebildete Exemplar, wie unschwer an der linken unteren Randleiste der Kopfplatte erkennbar ist.
Durch den Brand verflog die dünne Feuervergoldung, und die dann verstärkt einsetzende Oxydation machte den hohen Kupfer-/Bronzeanteil der ehemals glänzenden Silberfibel offenbar. Das Stück ist zudem leicht verbogen, das linke Fußplattenrundel zum Teil abgebrochen, vier der ehemals planen Almandine sind ganz herausgefallen, die anderen vom Feuer beschädigt. Die nach dem Guß nachgeschnittene Verzierung ist noch gut erkennbar: auf der Kopfplatte in zwei Zonen Rankenmotive, auf dem Bügel Kerbleisten und Kreisaugenpunzen, auf der Fußplatte von Kerbleisten umgebene Rauten mit je vier eingeschriebenen kleinen Rauten.
Es wird angenommen, daß dieser weitverbreitete Fibeltyp gepidischen Ursprungs sei, und sein Auftreten in fränkisch-alamannischen Gräbern vorwiegend der Mitte und der zweiten Hälfte des 6. Jahrhunderts könnte gut mit der Niederlage der Gepiden 565 durch die Langobarden und ihrer Abwanderung in den Westen zusammenhängen.

A. Koch (1937) 83 Taf. 52,276; Kühn (1940) 158 Taf. 80:12,39; Kühn (1974) 429, 802f. Taf. 124; Dahmlos (1979) 14 Nr. 2a.

E. Wamers

36 Bügelfibeln

2. Hälfte 6. Jh.; Silber, vergoldet; L. 8,4 cm; Nieder-Mörlen (Bad Nauheim, Wetteraukreis) Grab VII; Wetterau-Museum Friedberg

In der traditionellen Fundlage der zweiten Hälfte des 6. Jahrhunderts wurde das Bügelfibelpaar aus vergoldeter Weißbronze in Grab VII des kleinen Gräberfeldes von Nieder-Mörlen angetroffen: im oberen Beckenbereich. Mit halbrunder, gitterverzierter Kopfplatte, fünf laternenförmigen, almandinverzierten Knöpfen und gleichbreitem Fuß mit Winkelbändern gehören diese Schmuckstücke zu den am häufigsten vertretenen Bügelfibeln. Als ausgesprochen fränkischer Typ mit Verbreitungsschwerpunkt an Mittel- und Niederrhein sowie in Nordfrankreich liegen unsere Exemplare aus der Wetterau deutlich außerhalb des Kerngebietes und können in Zusammenhang mit dem wachsenden fränkischen Einfluß seit Beginn des 6. Jahrhunderts gebracht werden.

Sangmeister (1951) 52f. Abb. 4,4; Kühn (1974) 903f., 912f. Taf. 278:21,32; Dahmlos (1979) 69 Nr. 20.

E. Wamers

37 Bügelfibel

Ende 6. Jh.; Bronze; L. 10,5 cm; Provinz Starkenburg; Hessisches Landesmuseum Darmstadt

Die Fundumstände dieser Bügelfibel sind unbekannt. Sie ist aus Bronze gegossen; der gebrochene Fuß wurde bereits im Altertum mit zwei Nieten repariert. Auf die rechteckige Kopfplatte sind acht kräftige, profilierte, eigens gegossene Knöpfe aufgesetzt. Die ovale Fußplatte endigt in einem länglichen Tierkopf.

Die Verzierung besteht aus meist dreizeiligen Flechtbändern mit einkomponierten Tierkörperteilen wie Köpfen und Extremitäten, ohne daß eine in sich geschlossene Tier-Flechtband-Komposition, also der germanische Tierstil II erreicht wäre. Wir fassen hier möglicherweise das noch unverarbeitete Zusammentreffen mediterraner Flechtband- mit germanischer Tierornamentik oder aber ein ikonographisch minderes Stück.

Das Verbreitungsgebiet dieses Fibeltyps ist im wesentlichen der alamannische und rheinfränkische Raum, die Ornamentik dürfte von einem alamannischen Handwerker stammen.

Kühn (1940) 269, 273 Taf. 99:31,18; Kühn (1974) 443f., 1121 Taf. 308:31,11; Haseloff (1981a) 586ff. (zur Ornamentik).

E. Wamers

38, 1–4 Vogelfibeln

Ende 5. – 1. Hälfte 6. Jh.; Silber, vergoldet, Almandineinlagen; (1) Biblis-Wattenheim (Kreis Bergstraße); Hessisches Landesmuseum Darmstadt (verschollen); (2) Wiesbaden; Museum Wiesbaden, Sammlung Nassauischer Altertümer; (3–4) Friedberg (Wetteraukreis); Nieder-Mörlen (Bad Nauheim, Wetteraukreis) Grab 7; Wetterau-Museum Friedberg

Zu den meist paarig getragenen Kleinfibeln, die das Obergewand der Frau in Schulter- und Halsbereich hielten, gehören auch die Vogelfibeln. Sie waren vorwiegend in der Zeit um 500 und in der ersten Hälfte des 6. Jahrhunderts in Mode. Der Typ der Vogelfibel entstand offensichtlich unter gotischem Einfluß in Südrußland und an der unteren Donau und gelangte dann im Zuge der Umwälzungen durch das Attila-Reich gegen Ende des 5. Jahrhunderts zu den Franken. Die Hauptverbreitung liegt auch im altfränkischen Bereich. Meist bestehen sie aus vergoldetem Silber und tragen Almandineinlagen, die stets das große runde Auge hervorheben. Gebogener Schnabel und Krallen betonen den Raubvogelcharakter der Tiere. Wahrscheinlich handelt es sich um Adlerdarstellungen.

Lindenschmit (1870) Taf. 5,11; Behrens (1939) Abb. 77,2; Thiry (1939); Sangmeister (1951) 52 Abb. 4,10; Böhner (1958) 98f.; J. Werner (1961b) 42ff. Taf. 54–55.

E. Wamers

39, 1–4 S-Fibeln

6. Jh.; Silber, vergoldet, Steineinlagen; (1–2) Seligenstadt (Kreis Offenbach); Friedberg (Wetteraukreis); Hessisches Landesmuseum Darmstadt; (3–4) Nieder-Weisel (Butzbach, Wetteraukreis); Nieder-Mörlen (Bad Nauheim, Wetteraukreis) Grab 6; Wetterau-Museum Friedberg (39, 1–2 verschollen)

Charakteristisch für diese Fibeln ist ein S-förmig geschwungener bandförmiger Tierleib, der in zwei gegeneinander versetzte Tierköpfe endigt. Der Leib ist meist in Kerbschnittmanier gegliedert und mit Almandineinlagen versehen. Die Köpfe mit betontem runden, almandinverzierten Auge sind im Profil entweder mit geöffneten Kiefern als unbestimmbare Tierköpfe dargestellt (z. B. Nieder-Mörlen) oder als Raubvogelköpfe mit gebogenem Schnabel.

Wie die Vogelfibeln wurden die S-Fibeln meist paarig im Hals-Schulterbereich getragen. Sie sind zwar im gesamten 6. Jahrhundert vertreten, doch liegt ihr zeitlicher Schwerpunkt etwa ein bis zwei Generationen nach dem der Vogel-Fibeln. Offensichtlich wurde der Typ der S-Fibel schon von den Langobarden in Pannonien weitgehend entwickelt. Er gelangte – wohl über die Alamannen vermittelt – in den süddeutschen Raum, in das Mittelrheingebiet und nach Nordfrankreich. Nur ausnahmsweise finden sich S-Fibeln östlich des Rheins und nördlich des Mains wie unsere Beispiele.

A. Koch (1937) 79 Taf. 50,253; Behrens (1939) Abb. 77; Sangmeister (1951) Abb. 4,23 Taf. C; J. Werner (1961b) 48ff. Taf. 56; J. Werner (1962) 75ff.; Betzler/Küthe (1964) 123f. Taf. 43 B; Nahrgang (1967) 197 Abb. 202; U. Koch (1977) 65ff.

E. Wamers

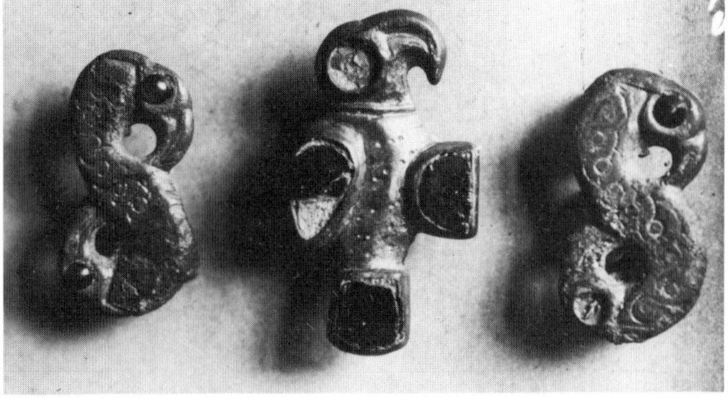

40 Gleicharmige Fibel

Ende 6. – 1. Hälfte 7. Jh.; Bronze; L. 4,8 cm; Groß-Gerau, »Galgenberg« (Kreis Groß-Gerau); Heimatmuseum Gerauer Land Groß-Gerau (während des Krieges verschollen)

Vom großen, mehr als 100 Bestattungen umfassenden merowingerzeitlichen Gräberfeld »Auf dem Galgenberg«, jedoch ohne bekannten Fundzusammenhang, kommt eine gleicharmige Fibel aus Bronzeblech mit runden Armen (Kopf- und Fußplatten) und halbrundem Bügel. Rand und Bügel sind durch rückseitig getriebene Buckel markiert.

Gleicharmige (Bügel-)Fibeln sind im Gegensatz zu ungleicharmigen (vgl. Kat.Nr. 25 ff.) oder Scheibenfibeln (vgl. Kat.Nr. 41 ff.) nur sehr selten im merowingerzeitlichen Fundstoff vertreten. Man kann sie als Sonderform der ungleicharmigen Bügelfibeln ansehen, die während der zweiten Hälfte des 6. Jahrhunderts entwickelt und bis in die Karolingerzeit hinein, als sie eine erneute Blüte erlebten und Anregungen für wikingerzeitliche Exemplare gaben, getragen wurden. Ihr Verbreitungsschwerpunkt liegt vornehmlich in Nordfrankreich, einzelne Typen streuen bis nach Mitteldeutschland, Oberitalien und Jugoslawien sowie nach Südwestfrankreich. Es scheint also ein originär fränkischer Schmucktyp zu sein.

Fibeln mit runden Armen gibt es glatt und unverziert oder mit meist einfachem Ritz- und Punzdekor. Sie sind in das Ende des 6. Jahrhunderts und in die 1. Hälfte des 7. Jahrhunderts zu datieren. Die Hauptmasse dieser Stücke liegt in Nordfrankreich und am Mittel-/Niederrhein, wobei das Exemplar aus Groß-Gerau zu den singulären Stücken östlich des Rheins gehört.

Gleicharmige Fibeln wurden sowohl von Frauen wie von Männern getragen, vereinzelt in Verbindung mit Zierketten.

A. Koch (1937) 80 Taf. 50, 260; Hübener (1972) 229; Dahmlos (1979) 106 Nr. 14b.

E. Wamers

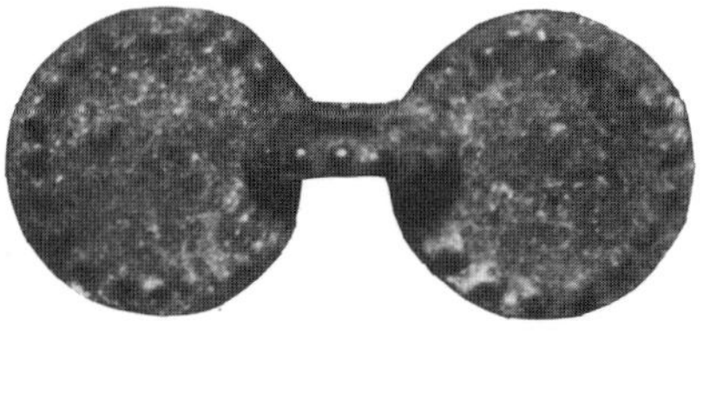

41 Vierpaßfibeln

2. Hälfte 6. Jh.; Bronze; Dm. 2,3 cm; Nieder-Mörlen (Bad Nauheim, Wetteraukreis) Grab III; Wetterau-Museum Friedberg

Scheibenfibeln des vorliegenden Typs werden wegen ihres aus vier Rundeln angeordneten Grundmusters Vierpaßfibeln genannt. Am äußeren Rand gruppieren sich zwischen den größeren, in die Bronzeplatte eingepunzten oder geschnittenen Rundeln vier kleinere und in der Mitte ein weiteres Rundel.

Man nimmt an, daß die Vierpaßfibeln aus größeren runden Almandinscheibenfibeln mit Tierwirbeln und Tierköpfen auf dem Rand entwickelt wurden, die im Donauraum beheimatet sind, und lediglich vereinfachte Varianten zu ihnen seien. Die Verbreitung der Vierpaßfibeln ist aber im wesentlichen auf Nordfrankreich und den Mittelrhein beschränkt, in alamannischem Gebiet finden sie sich nur selten.

Sie wurden hauptsächlich in der zweiten Hälfte des 6. Jahrhunderts und meist paarweise getragen wie von der Dame aus Grab III von Nieder-Mörlen, wo sie am Kinn und auf der Brust der Toten angetroffen wurden. Sie waren wahrscheinlich durch eine Glasperlenkette miteinander verbunden. Die meisten Vierpaßfibeln bestehen aus Silber.

Sangmeister (1951) 50 Abb. 3,7; Böhner (1958) 97; J. Werner (1961b) 59; Dahmlos (1979) 69 Nr. 20.

E. Wamers

42 Rosettenscheibenfibel

2. Drittel 6. Jh.; Silber, vergoldet, Almandineinlagen auf Goldfolie; Dm. 3,2 cm; Groß-Rohrheim (Kreis Bergstraße) Grab 1; Hessisches Landesmuseum Darmstadt

Rosettenscheibenfibel aus vergoldetem Silber. Ein Kranz von 12 Zellen mit Almandineinlagen auf gewaffeltem Blech umgibt ein rundes eingetieftes Mittelfeld mit sieben gedrehten, doppelten, S-förmig geschwungenen Filigrandrähten. Auch der äußere, gewellte Rand ist mit Filigrandraht umzogen.

Almandinrosettenscheibenfibeln mit tellerförmiger Eintiefung in der Mitte wurden entweder einzeln getragen – sie fanden sich dann in den Gräbern rechts vom Kopf oder in rechter Kinnnähe – oder zu zweit (als Paare oder mit einer zweiten, ähnlichen Fibel): Dann lag die zweite Fibel stets auf der Brust.

Rosettenfibeln mit Almandineinlagen sind auch im fränkischen Gebiet vertreten, doch scheint der hier vorliegende Typ mit zentraler Filigranverzierung eine eher alamannische Variante zu sein.

Unser Exemplar stammt aus Grab 1 des größeren Gräberfeldes von Groß-Rohrheim im Bereich der Ludwigstraße, von dem mindestens 59 Gräber mit Inventar bekannt sind.

Jorns (1961) 101ff.; Meier-Arendt (1968) 57 Taf. 94,9; Dahmlos (1979) 15 Nr. 4a.

E. Wamers

43 Scheibenfibel

Anfang 7. Jh.; Eisen, silber-messing(?)-tauschiert; Dm. 3,5 cm; Oberwalluf (Walluf, Rheingau-Taunus-Kreis); Museum Wiesbaden, Sammlung Nassauischer Altertümer

Kleine eiserne Scheibenfibel mit Silber- und Bronze(Messing-)tauschierung. Die Eisenplatte wurde auf einer bronzenen Nadelplatte mit einem Mittelniet und drei Randnieten befestigt, wobei das Bronzeblech nach oben umgeschlagen wurde. Die Verzierung besteht aus eingetriebenen (tauschierten) Silber- und Bronze-/Messingfäden in konzentrischen Kreisen, Wellen- und Winkelbändern sowie Leiterband. Die heute verlorenen Nietköpfe waren von Silberdrähten eingefaßt. In den Bronzerand wurden Querstriche in Dreiergruppen geritzt.

Silbertauschierte Eisenfibeln auf bronzenen Grundplatten sind eine temporäre modische Erscheinung überwiegend des Anfangs des 7. Jahrhunderts. Oft werden die Zellenmuster von Almandinscheibenfibeln im Tauschierverfahren wiederholt. Zwei technisch-formale Grundmuster sind bekannt: Fibeln mit drei und Fibeln mit vier äußeren Nieten. Der Verbreitungsschwerpunkt liegt im Mittelrheingebiet.

Unsere Fibel kommt von einem Gräberfeld mit mindestens 59 Bestattungen vom 6. bis zum 8. Jahrhundert aus dem Gebiet um die alte Kirche von Oberwalluf.

Schoppa (1969) 46 Nr. 186; Dahmlos (1979) 196 Nr. 9.

E. Wamers

43 44 45

44 Scheibenfibel

Anfang 7. Jh.; Eisen, Silberplattierung; Dm. 7,3 cm; Rüdesheim (Rheingau-Taunus-Kreis); Museum Wiesbaden, Sammlung Nassauischer Altertümer

Der Scheibenfibel von Oberwalluf (Kat.Nr. 43) steht im Aufbau die Fibel aus Rüdesheim nahe. Ein zentraler und drei äußere, ehemals silberplattierte Kupferniete halten die Eisenplatte auf der bronzenen Nadelplatte, deren Rand wiederum nach oben umgeschlagen und mit geritzten Strichgruppen versehen ist. Das Zierfeld ist aber großflächig mit Silberblech plattiert, aus dem dann die Muster ausgeschnitten und mit tauschierten Silberpunkten und Messingfäden betont sind. Es wurden dargestellt ein lockerer Zweibandflechtring um den Mittelniet herum sowie symmetrisch angeordnete Körperteile einer aufgelösten Tierornamentik: In jedem Drittel der runden Zierfläche trennt (verbindet?) ein Vierpaß-Flechtknoten zwei Schenkel mit Bein und Fuß sowie zwei einfache Ringaugen mit schnabelartigem Kiefer als verkürzte Kopfdarstellung.

Solche silberplattierten Scheibenfibeln mit Tierornament finden sich im wesentlichen konzentriert im Raum des Rhein-Main-Knies; sie gehören an den Anfang des 7. Jahrhunderts. Ganz ähnliche Stücke kommen auch vom Gräberfeld von Griesheim.

Lindenschmit (1858) Heft 9 Nr. 1 Taf. 8,1; Schoppa (1969) 45f. Nr. 185; Dahmlos (1979) 197 Nr. 11a.

E. Wamers

45 Scheibenfibel

Anfang 7. Jh.; Silberplattierung; Dm. 7,0 cm; Bierstadt (Wiesbaden); Museum Wiesbaden, Sammlung Nassauischer Altertümer

Wie die Fibel von Rüdesheim (Kat.Nr. 44) gehört dieses Exemplar zu den silberplattierten Scheibenfibeln mit Tierornament vom Beginn des 7. Jahrhunderts. Es ist aber mit seinen vier Randnieten und dem Mittelniet kreuzförmig gegliedert wie viele der Eisenfibeln mit Silbereinlage und wie auch ganz ähnliche angelsächsische Scheibenfibeln des 8. Jahrhunderts. Den Rand und die Kreuzarme überzieht ein quergestricheltes Band, während die vier Quadranten ein ähnlich aufgelöstes Tierornament tragen wie die Rüdesheimer Fibel und wie es auf tauschierten Gürtelschnallen dieser Zeit angebracht ist: ein Kopf mit zur Mitte geöffnetem Kiefer und rundem Auge, ein kurzer bandförmiger Leib und in den Ecken je ein Schenkel in Form eines Kreisauges mit vielzehigem Fuß.

Die Fibel stammt von dem ausgedehnten Gräberfeld im Bereich Bierstädter Straße und Wiesbadener Straße, das wiederholt angeschnitten wurde.

Schoppa (1969) 46 Nr. 187; Dahmlos (1979) 213f. Nr. 3b.

E. Wamers

45a, 1–2 Scheibenfibeln

Um 600 – 1. Drittel 7. Jh.; Goldblech, Filigran, Edelsteineinlage, Glasfluß, Meerschaum (?); Dm. 6 cm bzw. 3 cm; (1–2) Griesheim (Kreis Darmstadt-Dieburg) Grab 400, Grab 43; Landesamt für Denkmalpflege Hessen, Abteilung für Vor- und Frühgeschichte, Außenstelle Darmstadt

Einzeln getragene große Goldblechscheibenfibeln als elegante modische Neuheit lösen seit dem Beginn des 7. Jahrhunderts die schweren gegossenen Silberbügelfibeln ab. Die Anstöße hierfür liegen vor allem in älteren Vorformen (vgl. Kat.Nr. 42), aber auch mediterran-byzantinische Moden dürften ihre Rolle gespielt haben.

Das aus Grab 400 stammende Exemplar gehört in eine größere Gruppe, die im Mittelrheingebiet, an der Mosel und in Süddeutschland verbreitet ist. Sie sind auf dem flachen Lande einer sehr wohlhabenden Bauernschicht zuzuschreiben, deren Mittel vor allem aus der landwirtschaftlichen Produktion, die über den Eigenbedarf hinausging, stammen.

Die kleine Fibel aus Grab 43, eine insgesamt feinere Arbeit, ist ebenfalls allgemein merowingisches Kunsthandwerk, das sich nicht stammlich differenzieren läßt.

Unpubliziert; zum Typ Thieme (1978) 381ff.

H. Roth

46 Scheibenfibel

Mitte 7. Jh.; Bronze; Dm. 5 cm; Mittelbuchen (Hanau, Main-Kinzig-Kreis) Grab 9; Historisches Museum Hanau

Aus Grab 9 vom kleinen Gräberfeld am Nordwestrand Mittelbuchens, einem relativ reichen Frauengrab mit Riemenbeschlägen, Ohrringen, Glasperlenkette und Keramikgefäßen, kommt auch eine gegossene Bronzescheibenfibel. Die konzentrisch gegliederte Schauseite trägt in der Mitte einen weitgehend vergangenen Bronzebukkel (?), dann von konzentrischen Leisten eingefaßt ein umlaufendes Flechtband-Tierornament in Form des sogenannten »laufenden Hundes« mit einfachen Punkten als Augen.

Massiv gegossene Scheibenfibeln mit »Tierwirbeln« finden sich vorwiegend am Mittelrhein, im Neckargebiet und in Thüringen und erweisen sich damit als ein technisch einfacher alamannisch-mitteldeutscher Fibeltyp der Mitte des 7. Jahrhunderts.

Kutsch (1926) 148 Taf. 27,9.6; R. Koch (1967) 212 Taf. 87,5; Dahmlos (1979) 119 Nr. 13a.

E. Wamers

45a,1

47 *Preßblechscheibenfibel*

2. Hälfte 7. Jh.; Bronze; Dm. 5,75 cm; Dotzheim, »Im Ruhehaag« (?) (Wiesbaden); Britisches Museum London

Zu den für Hessen herausragenden Scheibenfibeln mit Preßblechauflage, die gegen Ende des 7. Jahrhunderts Mode werden, gehört ein Exemplar, das vom sonst unbekannt gebliebenen Gräberfeld von Wiesbaden-Dotzheim stammen soll und 1853 in England auftauchte. Das Bronzeblech wurde auf die Nadelplatte aufgenietet. Die figürliche Abpressung stellt eine zentral thronende Roma mit Langszepter in der linken und Victoria-Figur in der rechten Hand dar. Seitlich von ihr die Umschrift: INVICTA ROMA VTERE FELIX (»unbesiegtes Rom – benutze (sie) glücklich«).
Für die Patrize bei der Herstellung des Preßbleches können spätrömische Medaillen und Münzen als Vorbilder gedient haben. Die Formel INVICTA ROMA VTERE FELIX ist bei ihnen jedoch unbekannt und zudem unsinnig. Sie erweist sich als eine für diese Zeit erstaunliche Rückbesinnung auf spätrömische magische Glücksformeln, die vor allem auf Militärgürteln vorkamen.
Man kennt mittlerweile gut zwei Dutzend solcher Scheibenfibeln mit gleichen oder anderen Abpressungen. Ihr Verbreitungsschwerpunkt liegt im fränkischen Raum. Auf Grund ihrer Herstellungstechnik und Ikonographie kann man sie in die zweite Hälfte des 7. Jahrhunderts stellen.

Lindenschmit (1858) Heft 1 Taf. 8,1; Veeck (1931) 43f.; Behrens (1944/45) 17 Abb. 1b; Dahmlos (1979) 214 Nr. 4; zur Legende frdl. Hinweis Dr. H. Schubert, Frankfurt a. M.

E. Wamers

48 Scheibenfibel

2. Hälfte 7. Jh.; Bronze, Eisen, silbertauschiert; Dm. 6,5 cm; Groß-Gerau, »Galgenberg« (Kreis Groß-Gerau); Heimatmuseum Gerauer Land Groß-Gerau (während des Krieges verschollen)

Auf einer Bronzeplatte mit Nadelhalterung wurde eine Eisenplatte mit Hilfe eines umbördelnden und genieteten Randblechs sowie des zentralen Niets mit großem halbkugeligem Kopf befestigt. Diesen Nietkopf umzieht ein gezwirnter Silberdraht. Die Eisenplatte wurde mit Silberblech belegt, das Ornament herausgeschnitten. Eine zweite, im Querschnitt halbrunde und astragalierte Wulst gliedert das Zierfeld in zwei Zonen: die innere mit einem Kreuzmuster mit ausgezogenen Armen wie bei der Fibel von Groß-Rohrheim (Kat.Nr. 199, 1), wobei die Arme – je spiegelbildlich – rudimentärhaft in Gliedmaße zerstückelte Tierornamentik aufweisen; die äußere Zone zeigt in vier Abschnitten eine ähnlich zerstückelte Kombination aus Tier- und Flechtbandornamentik.
Diese Fibel, die eine schlecht erhaltene Parallele in Seligenstadt hat (Kat.Nr. 49), stellt ganz offensichtlich eine vergrößerte Version der Fibel von Groß-Rohrheim (vgl. Kat.Nr. 199, 1) dar, wobei hier die äußere Zone mit Tier-Flechtbandornamentik nicht vom Umfassungsring überdeckt wird, und abgesehen davon, daß hier Silberplattierung und nicht Preßblechtechnik angewandt wurde.

A. Koch (1937) 80 Taf. 50,257; Reinerth (1940) Bd. 1, Taf. 76,3; Dahmlos (1979) 106 Nr. 14b.

E. Wamers

49 Scheibenfibel

2. Hälfte 7. Jh.; Eisen, silbertauschiert; Dm. 8 cm; Seligenstadt (Kreis Offenbach); Hessisches Landesmuseum Darmstadt

Bei dieser Scheibenfibel, die mit einer Glasperlenkette, einem runden goldenen Preßblechanhänger und zwei einfachen Bronzeohrringen als einziger Grabfund aus den merowingerzeitlichen Funden aus der Kiesgrube am Galgenberg in den Kunsthandel gelangte, handelt es sich um ein Gegenstück zu der Fibel vom Galgenberg in Groß-Gerau (Kat.Nr. 48). Allerdings ist sie in weitaus schlechterem Erhaltungszustand als diese. Wegen der geringen Entfernung der beiden Stücke zueinander dürften es Produkte der selben Werkstatt sein, die vermutlich für einen begrenzten Markt in Südhessen arbeitete.

A. Koch (1937) 79 Taf. 50,251; Nahrgang (1967) 197 Abb. 201; Dahmlos (1979) 187f. Nr. 18c.

E. Wamers

50, 1–2 Scheibenfibeln

2. Hälfte 8.–9. Jh.; Bronze, Email; L. 2,3 bzw. 2,4 cm; (1) Kirchberg (Niedenstein, Schwalm-Ederkreis) Heimatmuseum Fritzlar; (2) Lengefeld (Korbach, Kreis Waldeck-Frankenberg); Heimatmuseum Korbach

Runde Scheibenfibeln aus Bronze mit Grubenemail. Aus der bronzenen Fibelplatte mit Nadelhalterung wurde das Ornament (1) Kreuz und (2) Tier herausgegraben. In diese ausgehobenen Felder wurde farbiges Email eingebracht. Das Exemplar aus (2) Lengefeld stammt aus der befestigten Anlage vom Hünenkeller (vgl. Kat.Nr. 161). Die etwa seit dem Beginn des 7. Jahrhunderts aus dem mediterranen Raum übernommene Trachtsitte, das Obergewand mit einer einzigen (Scheiben-)Fibel zu verschließen, wird auch in der Karolingerzeit, d.h. im 8. und 9. Jahrhundert beibehalten. Zahlreiche Abbildungen in zeitgenössischen Miniaturen wie etwa dem Utrechter und Stuttgarter Psalter vom Beginn des 9. Jahrhunderts belegen dies. Jedoch sind wir wegen der seit dem 8. Jahrhundert weitgehend erloschenen Beigabensitte der reichsten archäologischen Quellengruppe des frühen Mittelalters beraubt: der Grabfunde mit der vielfältigen, historisch und sachkundlich ergiebigen Grabausstattung. So sind die meisten karolingerzeitlichen Tracht- und Schmuckstücke – wenigstens im Land Hessen – Siedlungs- und Verlustfunde, wie z. B. die vorliegende Fibel von Kirchberg oder die sogenannten Heiligenfibel von der befestigten Siedlung Büraberg bei Fritzlar (vgl. Kat.Nr. 166) und vom frühmittelalterlich befestigten Heineberg bei Heinebach, einer Wallanlage mit möglicherweise karolingischer (abgegangener) Kirche. Runde Emailscheibenfibeln sind mittlerweile in recht großer Anzahl aus dem nord- und ostfränkischen Raum und in dichter Konzentration aus dem Mainmündungsgebiet bekannt geworden. Unter ihnen gibt es solche mit Kreuzmustern wie die aus Kirchberg oder mit geraden Kreuzarmen, aber auch solche mit Darstellungen eines menschlichen (weiblichen?) Brustbildes, bisweilen mit Andeutung eines Nimbus, die sogenannten »Heiligenfibeln«, wie das verlorengegangene Exemplar von der Büraburg und dem von Heinebach (3). Alle Typen gibt es in Gruben- und in Zellenemailtechnik. Sind die Kreuzmuster schon auf merowingischen Almandinscheibenfibeln angebracht worden, wenn sie auch im 8. Jahrhundert gängiger Ziertopos im christlichen Raum bis nach Ägypten waren (Haseloff 1978), so gehen die »Heiligen«-Darstellungen eindeutig auf byzantinisch-mediterrane Darstellungsweisen zurück. Die Emailtechnik in Bronze ist dabei der preiswerte Ersatz für die rar gewordenen Rohstoffe Gold und Almandin. Die am häufigsten verwendeten Farben sind rot, grün, gelb, weiß und blau.

(1) Unpubliziert; zu Emailscheibenfibeln: R. Müller-Karpe (1949) 66ff.; Stein (1967) 95ff.; Capelle (1978) 24ff.; Giesler (1978); Haseloff (1978) 28ff. (2) Gensen/Hellwig/Küthe (1973) 221 Abb. 8,1; Dahmlos (1979) 204 Nr. 6.

E. Wamers

50,1

51 *Wadenbindengarnitur*

Mitte 7. Jh.; Bronze, vergoldet; Klein-Welzheim (Seligenstadt, Kreis Offenbach; Dreieich-Museum Dreieichenhain

Im Neubaugebiet von Klein-Welzheim wurden 1971 acht gestörte Gräber eines Reihengräberfeldes geborgen, darunter aus einem ursprünglich wohl reicheren Frauengrab auch die hier abgebildeten Riemenbeschläge.
Es handelt sich dabei um sechs Riemenenden ungleicher Länge, zwei Riemendurchzüge und ein etwa trapezförmiger Beschlag mit Tierstilverzierung, einen etwa dreiseitigen Beschlag und um zwei etwa quadratische Beschläge, davon einer mit kreuzförmiger Aussparung. Fast alle tragen eine schlichte Ritz- oder Punzverzierung, doch ist ersichtlich, daß hier eine Garnitur aus weitgehend verschiedenen Einzelstücken zusammengetragen wurde.
Wie aus Vergleichsfunden bekannt ist, wurden solche Beschlagteile für die Bein- und Fußbekleidung von Frauen verwendet, wobei vermutlich ein um die Wade geschlungenes Tuch unterhalb des Knies und oberhalb des Knöchels festgeschnallt. Die im Grab von Klein-Welzheim nicht aufgefundenen Schnallen sind entweder Grabräubern oder den Bauarbeiten zum Opfer gefallen, wenn nicht die Bänder einfach verknotet wurden.
Man hat vermutet, daß wegen des aufwendigen Beinschmucks die Rockmode jener Zeit etwa knielang gewesen sei, doch dürfte die Rocklänge auch von der jahreszeitlichen Witterung abhängig gewesen sein.

Fundberichte aus Hessen 13, 1973, 333; Dahmlos (1979) 183 Nr. 9a; zur Funktion: Clauß (1976).

E. Wamers

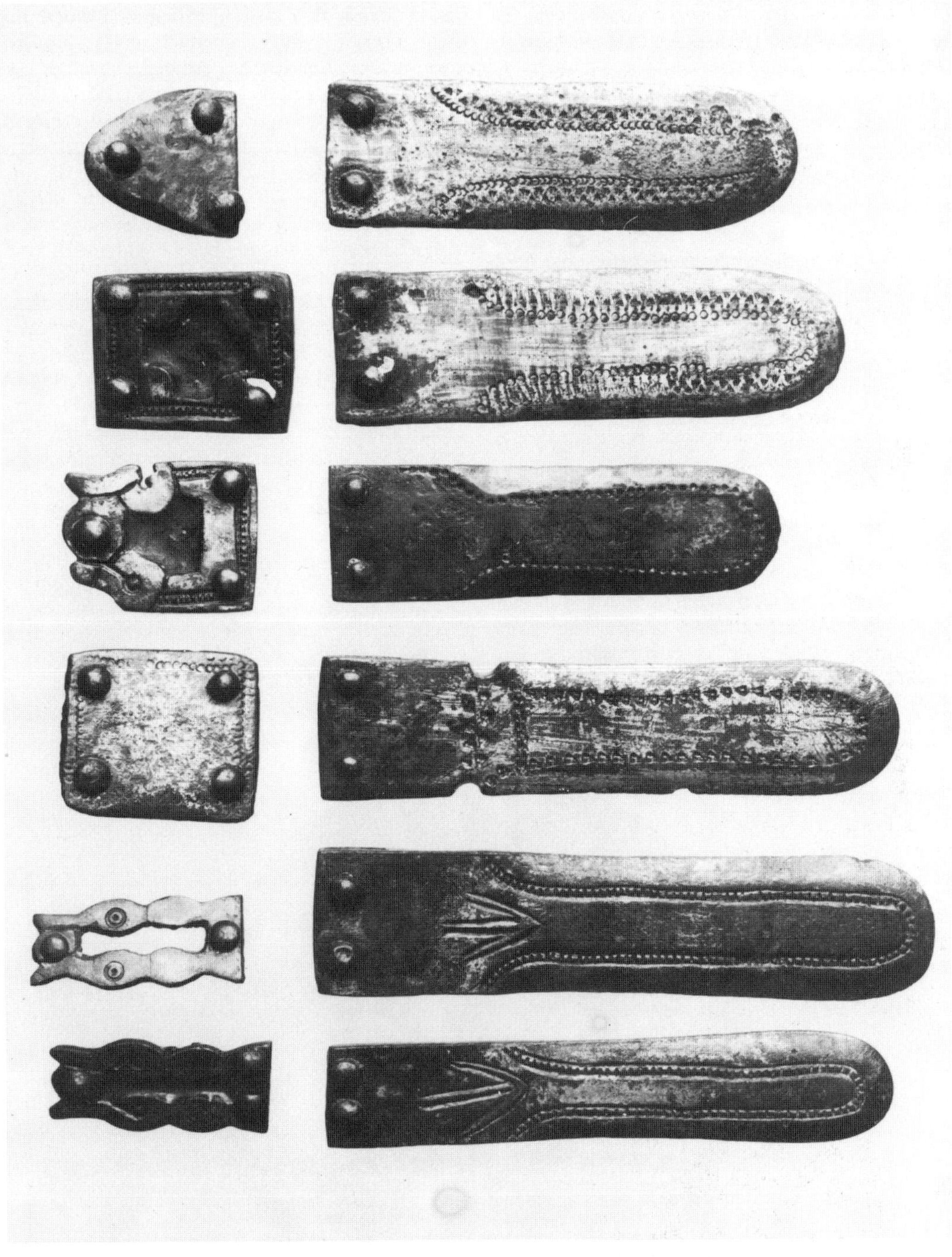

52 Durchbrochene Zierscheibe

7. Jh.; Bronze; Dm. 8,6 cm; Biblis-Wattenheim (Kreis Bergstraße); Hessisches Landesmuseum Darmstadt

Seit der zweiten Hälfte des 19. Jahrhunderts traten beim Sandgraben zwischen Biblis und Wattenheim auf der Flur »Entenpfad« immer wieder Einzelfunde der Merowingerzeit zutage, die anzeigten, daß sich hier ein größeres Reihengräberfeld befinden mußte. Einer dieser Einzelfunde ist die vorliegende Zierscheibe, die dem Hessischen Landesmuseum Ende des letzten Jahrhunderts von Hofrat Kofler geschenkt wurde.
Die Zierscheibe befand sich ursprünglich in einem leicht verbogenen Umfassungsring aus Elfenbein (A. Koch 1937; Renner 1970), der im Zweiten Weltkrieg verbrannte. Die Scheibe aus Bronze ist in zwei Zonen gearbeitet. Das Durchbruchsmuster ist rein geometrisch: Die beiden Kreise werden durch eine Längs- und eine Querachse verbunden, an deren Enden sich in beiden Zonen Rundgabeln mit Mittelsteg befinden; in der äußeren Zone alternieren diese mit Rundgabeln ohne Mittelsteg. Am oberen Ende des Längsstegs befinden sich zwei Bronzenieten zur Aufhängung der Scheibe.
Diese finden sich ausschließlich in Frauengräbern, und zwar im Kniebereich, oft zusammen mit anderen Funden mit Amulettcharakter, so z.B. in Friedberg (Wetteraukreis) Grab 8 (Behrens 1939) mit einem Bronzeglöckchen und einem als Anhänger gefertigten fossilen Seeigel (vgl. Kat.Nr. 188).
Entgegen der in der älteren Literatur immer wieder zu findenden Meinung, daß es sich bei den Zierscheiben um Taschenbeschläge handele und die selteneren mit Umfassungsring als Taschenbügel gedient hätten, spricht nach neueren Untersuchungen und Grabungsbefunden alles dafür, daß sie eine Art Hängeschmuck gewesen sind (Renner 1970; Dannheimer 1976). Sie werden – oft zusammen mit anderen Amuletten – frei an einem Band vom Gürtel herunter getragen und sowohl Schmuck als auch Talisman gewesen sein. Allerdings läßt sich, besonders bei den geometrisch verzierten Scheiben, ein ursprünglicher Bedeutungsinhalt nicht mehr entschlüsseln.
Diese Art geometrisch durchbrochener Zierscheiben hat ihren Verbreitungsschwerpunkt im rheinfränkischen Gebiet.

A. Koch (1937); Meier-Arendt (1968); Renner (1970); Dahmlos (1979) 14 Nr. 2a.

D. v. Reitzenstein

53 Durchbrochene Zierscheibe

7. Jh.; Bronze; Dm. 8,3 cm; Biebesheim (Kreis Groß-Gerau); Hessisches Landesmuseum Darmstadt

1960 wurden beim Kiesabbau in der Flur »Weingärten« sechs merowingerzeitliche Gräber zerstört, so daß der Fundzusammenhang der vorliegenden Zierscheibe unklar ist. Um einen zentralen durchbrochenen Kreis sind drei Tierköpfe mit langem, breitauslaufendem Hals in einem Wirbel angeordnet. Der Hals kommt aus einer Speiche, die den inneren mit dem äußeren Ring verbindet. Die Tierköpfe haben ein leicht abgewinkeltes Kinn, ein weit geöffnetes Maul und durch Punktkreise gezeichnete Augen. Auf beiden Seiten ist die bronzene Zierscheibe verziert: die eine Seite mit Punktkreisen und gewaffelten Dreiecken, die andere nur mit Punktkreisen.
Da der äußere Umfassungsring an drei Stellen starke Abnutzungsspuren zeigt, ist es als sicher anzunehmen, daß der Ring an einem Band hängend getragen wurde. Auch diese Zierscheibe wird sicherlich kein reines Schmuckstück gewesen sein (vgl. Kat.Nr. 178ff.), sondern eine tiefergehende Bedeutung für ihre Trägerin gehabt haben. Diese Art durchbrochener Zierscheiben hat ihr Hauptverbreitungsgebiet im fränkischen Bereich (Mittelrhein und Main).

Jorns (1961); Renner (1970) Nr. 498; Dahmlos (1979) 101 Nr. 4b.

D. v. Reitzenstein

54, 1–2 Durchbrochene Zierscheiben

7. Jh.; Bronze, Elfenbein; Dm. 8 cm; (1) Seligenstadt (Kreis Offenbach); Hessisches Landesmuseum Darmstadt; (2) Klein-Welzheim (Seligenstadt, Kreis Offenbach); Dreieichmuseum Dreieichenhain

Über die Fundumstände der fragmentarischen Zierscheibe aus (1) Seligenstadt ist nichts bekannt. Um einen innen offenen Kreis sind vier Tierköpfe auf langen, gebogenen Hälsen in einen Wirbel geordnet. Die Tierköpfe haben lange ausgezogene und weit geöffnete Mäuler; der Oberkiefer geht in den Außenring über, der Unterkiefer stößt an den Hals des folgenden Tieres. Ohren (?) verbinden den Tierkopf mit der Umrandung. Die Augen sind auf beiden Seiten durch Punktkreise dargestellt.
Da die Scheibe auf beiden Seiten sauber ausgearbeitet ist, liegt es nahe, daß sie frei hängend getragen wurde, wobei es keine ausgesprochene Schauseite gab.
Tierköpfe, ganze Tiere, Vögel stellen sehr beliebte Verzierungselemente des Frühmittelalters dar, wie auf der Scheibe aus (2) Klein-Welzheim. Sicherlich besitzen sie neben ihrem rein dekorativen Charakter eine sehr viel größere und tiefergehende Bedeutung, die uns weitgehend unbekannt ist. Der Wirbel – hier aus vier Tierköpfen gebildet – ist eventuell mit dem »Sonnenrad« in Verbindung zu bringen und dann in den Umkreis eines solaren Kultes zu stellen, für den es im Frühmittelalter allerdings kaum Belege gibt. Bei dieser Scheibe ist es jedenfalls als sicher anzunehmen, daß sie für ihre Trägerin entweder apotropäische Bedeutung hatte oder, was wahrscheinlicher ist, von ihr als Heilszeichen verstanden wurde.
Dieser recht häufige Zierscheibentyp findet sich vor allem im fränkischen Bereich an Mittel- und Niederrhein; daneben gibt es auch ein kleines Zentrum im alamannischen Raum.

(1) A. Koch (1937); Renner (1970) Nr. 471; Dahmlos (1979) 187f. Nr. 18c; (2) unpubliziert.

D. v. Reitzenstein

▷

54,2

55 Ohrringe

1. Hälfte 9. Jh.; Silber und Bronze; Dm. 4,5–7,9 cm; Hilmes (Schenklengsfeld, Kreis Hersfeld-Rotenburg) Gräber 1, 2, 6, 11, 14, 16, 17; Städtisches Museum Bad Hersfeld (z. Z. ausgelagert)

Im ortsnahen Gräberfeld von Hilmes, das seit 1933 in verschiedenen Grabungskampagnen archäologisch untersucht worden ist, fanden sich in sieben Mädchen- und Frauengräbern paarige Ohrringe aus Silber- und Bronzedraht. Ein Ende dieser meist 6–7 cm großen Ringe ist im allgemeinen flachgehämmert und S-förmig umgebogen, das andere oft stumpf oder mit einem kleinen Gegenhaken versehen. Die Ringe fanden sich stets beiderseits des Schädels und dürften am Ohr oder an einem Kopfband getragen worden sein. Weitere Funde in diesen Gräbern sind bandförmige Fingerringe aus Bronzeblech, Glasperlen, Messer und einmal auch ein Tongefäß. Durch mehrere Überfangperlen, die erst um 800 auftreten (Andrae 1973), kann der Bestattungsplatz in das 9. Jahrhundert datiert werden.
Die Ausstattung der Gräber von Hilmes entspricht völlig zahlreichen Grabfunden im östlich anschließenden Thüringen (H. Rempel, Reihengräberfriedhöfe des 8. bis 11. Jahrhunderts aus Sachsen-Anhalt, Sachsen und Thüringen. Dt. Akad. Wiss. Berlin. Schr. Sektion Vor- u. Frühgesch. 20 [1966]). Damit ist der vorliegende hessische Fundplatz der westlichste in der Verbreitung jener karolingischen Friedhöfe und zeugt von der früheren Anbindung jener osthessischen Region an das thüringische Siedlungsgebiet, von der Zufälligkeit der späteren territorialen Entwicklung und von der Vielfalt der archäologischen Hinterlassenschaften innerhalb des heutigen Bundeslandes Hessen.

v. Merhart (1935) 172 und Taf. 24,3; Gensen (1979); Dahmlos (1979) 123 Nr. 3.

K. Sippel

56, 1–5 Armringe

Ende 5.–7. Jh.; Silber, Bronze, gelegentlich Almandineinlagen; verschiedene Fundorte in Hessen; Museum Wiesbaden, Sammlung Nassauischer Altertümer

In reichen fränkischen und alamannischen, aber auch in thüringischen Frauengräbern des späten 5. und der ersten Hälfte des 6. Jahrhunderts werden massive silberne Armreifen angetroffen, deren Enden kolbenförmig verdickt sind. Im fränkischen Bereich sind glatte unverzierte Ringe üblich, im alamannischen, d. h. am Mittelrhein und in Südwestdeutschland sind die Enden häufig in Kerbschnittechnik mit Querrippen, Facetten, Riefen und Punkten verziert. Sie wurden fast ausschließlich am linken Handgelenk getragen, und waren – wenn aus Gold gefertigt – sicher Rangabzeichen fränkisch-alamannischen Hochadels (vgl. Kat.Nr. 14), so wie kostbare goldene oder silberne Arm- oder Handgelenkringe bei germanischen Männern und Frauen seit der älteren Kaiserzeit ganz offensichtlich herausragenden, wohl adligen Personen vorbehalten waren. Im Verlauf des späten 6. und besonders im 7. Jahrhundert werden Armringe, nun vorwiegend aus Bronze, auch der breiteren Bevölkerung zugänglich; bronzene Kolbenarmringe mit Strich- und Punzverzierung sowie Almandineinlagen sind dabei sicher Kopien der silbernen Exemplare, so wie »Hofkultur« allgemein Eingang in die »Volkskultur« fand, während dünne blechartige Armringe mit Tierkopfenden auf spätrömische Formen zurückgehen dürften.

Zum Armringschmuck allgemein: R. Koch (1967) 39; U. Koch (1968) 47ff.; J. Werner (1980).

E. Wamers

57 Armring

7. Jh.; Silber, vergoldet, Almandineinlage; Dm. 7 cm; Schierstein (Wiesbaden); Städtisches Museum Worms (verschollen)

Der massive zweigliedrige Reif wird durch einen versenkbaren Haken an den verdickten Enden verschlossen; das Scharnier liegt gegenüber. Die Enden sind als Tierköpfe mit umrandeten almandingefüllten Augen und quadratischen, ebenfalls almandinverzierten Nüstern gestaltet. D-förmige Ohren und Spiralranken schließen sich an.
Der Armring gehört zu den besten seiner Art; er hat in einem prächtigen Goldring aus Andernach und Ungarn eine nahe Parallele (H. Roth 1979).

Lindenschmit 4 (1900) Taf. 53, 1; H. Roth (1979) Abb. 31b; Dahmlos (1979) 220 Nr. 13

E. Wamers

58, 1–3 Fingerringe

4.–7. Jh.; Gold, bzw. Bronze; (1–2) Trebur (Kreis Groß-Gerau); Seligenstadt (Kreis Offenbach); Hessisches Landesmuseum Darmstadt; (3) Niederursel (Frankfurt am Main); Museum für Vor- und Frühgeschichte Frankfurt am Main

Zum nicht immer auffälligen Schmuck der Merowingerzeit gehören Fingerringe. Bereits aus der ersten Hälfte des 4. Jahrhunderts und damit wohl in Zusammenhang stehend mit Gräbern des 4. Jahrhunderts von der Hauptstraße in (1) Trebur stammt ein durchbrochen gearbeiteter feiner goldener Fingerring. Er ist aus konzentrischen, teilweise tordierten Drähten zusammengelötet, die ein schlaufig geflochtener Draht umgibt. Die freie Mittelzone überspannt ein Dreierwirbel aus gekerbten Spiraldrähten. Wahrscheinlich handelt es sich hierbei um ein mediterranes Schmuckstück.
Die geläufigsten Fingerringe waren aus Bronze, oft einfache, geschlossene Reife mit runder, ovaler oder eckiger Ringplatte, die meistens eine schlichte Ritz- oder Kerbverzierung aufweisen wie die Ringe aus (2) Seligenstadt und (3) Niederursel.

A. Koch (1937) 79 Taf. 50, 252a. b; Nahrgang (1967) 197 Abb. 202; (58,3) unpubliziert.

E. Wamers

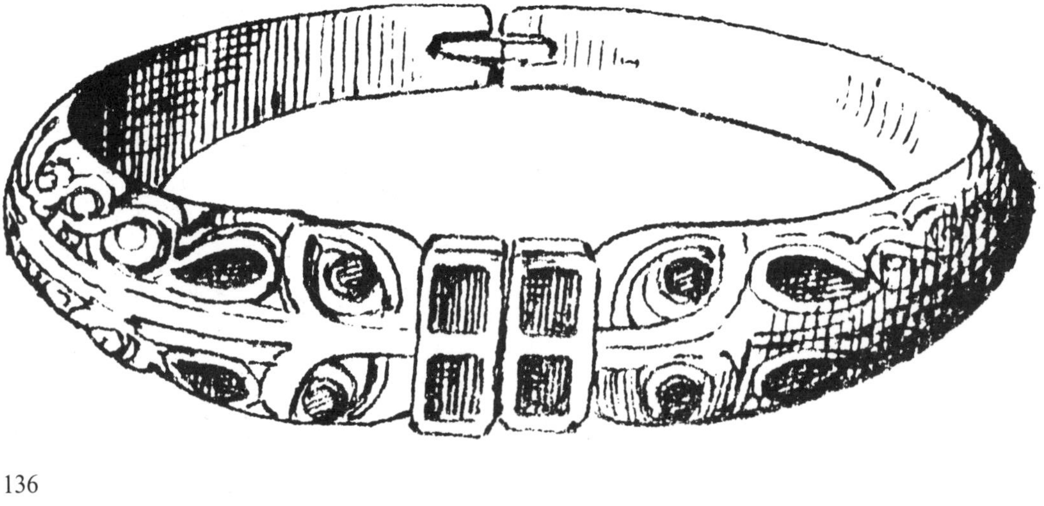

59 Fingerring

1. Hälfte 6. Jh.; Gold; Dm. 1,9 cm; »Lorsch« (Kreis Bergstraße); Hessisches Museum Darmstadt

Angeblich vom Gelände der karolingischen Klosteranlage Lorsch (vgl. Kat.Nr. 215) oder aus der Umgebung von Lorsch kommt dieser reich verzierte goldene Fingerring. Seine innere Weite beträgt 19 mm, die Höhe seines Aufbaus 13 mm, sein Gewicht 11,8 g. Der im Querschnitt schwach dreiseitige Reif verbreitert sich zu einer quadratischen Ringplatte, auf die zwei flache, quadratische – übereckgestellte – Kästen aus Goldblech von 15 und 12 mm Seitenlänge gelötet wurden. Darüber befindet sich eine filigrangerahmte Kastenfassung mit einem mugelig geschliffenen rundlich-ovalen Amethyst. Auf den freigebliebenen Ecken der Stufen stehen aus gewelltem Goldblech gerollte Röhrchen, die von getriebenen Goldblech-Halbkugeln und Granulationsperlchen bekrönt sind – und wahrscheinlich von inzwischen herausgefallenen Steinen. Zu ihren Füßen wurden Granulationsperlen aufgelötet. Mit Filigran- und Granulationszier sind auch die etwa halbrunden Felder seitlich der Ringplatte bedeckt.

Der Ring von Lorsch wurde bislang stets karolinger- bis ottonenzeitlich datiert – wahrscheinlich, weil man ihn mit der karolingischen Klosteranlage in Verbindung bringen wollte. Aus Grab 78 einer adligen Frau der ersten Hälfte des 6. Jahrhunderts von Donzdorf (Kreis Göppingen) und aus Gräbern aus dem Neuwieder Becken, ebenfalls der ersten Hälfte des 6. Jahrhunderts, liegen aber ganz gleichartige Goldringe vor, die mit dem Lorscher Ring den dreieckigen Querschnitt des Reifs, den stufenweisen Aufbau übereckgestellter Goldblechquadrate und die flankierenden profilierten Goldblechröhrchen mit Granulationsbekrönung teilen. Der Lorscher Ring dürfte damit ebenfalls in die erste Hälfte des 6. Jahrhunderts fallen und gehörte wegen seiner noch aufwendigeren Verzierung einer sehr begüterten Dame jener Zeit. So gewinnt auch die erste, von Henkel bezweifelte Fundortangabe: »auf einem Acker in der Nähe des von Lorsch an der Bergstraße nach Kleinhausen führenden Weges« wieder an Wahrscheinlichkeit gegenüber dem Wunsch einer Herkunft von der Klosteranlage.

Henkel (1896); Degen (1955) 37; Steingräber (1956); Elbern (1965) 383 Nr. 564a; Dahmlos (1979) 21 Nr. 9 b9; zu den Vergleichsfunden: Neuffer (1972) 25, 87 Taf. 22,3; 62,1a.b; Neuffer-Müller/Ament (1973) 80 Taf. 9,2; 52,2.

E. Wamers

60, 1–7 Schmuck- und Haarnadeln

5.–7. Jh.; Bronze (1) Gonzenheim (Bad Homburg vor der Höhe, Hochtaunuskreis); Saalburg-Museum Bad Homburg vor der Höhe (verschollen); (2) Büttelborn (Kreis Groß-Gerau); Hessisches Landesmuseum Darmstadt (verschollen); (3) Friedberg (Wetteraukreis); Wetterau-Museum Friedberg; (4–7) Groß-Gerau (Kreis Groß-Gerau); Heimatmuseum Gerauer Land Groß-Gerau

Seit der Völkerwanderungszeit gehören Nadeln zum germanischen Trachtenschmuck. Nur vereinzelt in Männergräbern angetroffen, dienten sie der Frau zum Verschluß des Gewandes, oft auch als Kopfschmuck, wahrscheinlich in Verbindung mit einem Schleier oder ähnlichem.
Als ein solcher Haarpfeil läßt sich die Bronzenadel vom Gräberfeld Gonzenheim bei Bad Homburg vor der Höhe identifizieren, die bei einer Länge von 20 cm einen als stilisierten Adlerkopf ausgebildeten Kopf hat (1). Das obere Schaftende ist astragalierend gekerbt. Die Adlerkopfnadeln sind am häufigsten im alamannischen, aber auch im ostfränkischen Raum verbreitet und gehören etwa in die Mitte des 7. Jahrhunderts.
Vom Gräberfeld (2) Büttelborn stammt ein Haarpfeil mit einem scheibenförmigen, gekerbten und tierkopfverzierten Kopf und einer Öse, in der ein Ring hängt. Vermutlich war er an der Kopfbedeckung befestigt.
Zu den häufigsten Nadeltypen gehören einfache glatte Exemplare, bei denen nur das obere Schaftende gerillt, schraffiert oder wie beim Stück von (3) Friedberg astragaliert ist. Besonders variabel in der Ausgestaltung des Kopfes sind die Stücke aus Gräberfeldern um Groß-Gerau (4–7).

A. Koch (1937) Abb. 219; Behrens (1939) Abb. 67,3; Böhner (1956) 126 Abb. 14,28; Möller (1976/77) 14ff.; U. Koch (1977) 69.

E. Wamers

60,4–6

60a Schließe

Ende 7. Jh.; Silber; L. 3 cm; Naunheim (Wetzlar, Lahn-Dill-Kreis); Hessisches Landesmuseum Darmstadt

Eines der ungewöhnlichsten Verschlußstücke der Merowingerzeit stammt aus einem Grabe mit heute verschollenem Goldbrokatresten und einer nach 580 geprägten Goldmünze (vgl. Kat.Nr. 152, 27). Der lang-rechteckige Beschlag (mit zum Teil eingezogenen Seiten), dessen Gegenstück heute verloren ist, besitzt eine knapp 10 cm lange Kette, die mittels eines Stiftes beide Beschläge miteinander verbindbar machte. Vierpaßflechte und Tierornamentik, die gute Parallelen auf Saxscheidenknöpfen der 2. Hälfte des 7. Jahrhunderts hat, verweisen den Verschluß (für den es nur in Sutton Hoo, England, ein entfernt vergleichbares und weit größeres Vergleichsstück gibt) in die späte Merowingerzeit.

J. Werner (1935) 105 Nr. 52 Taf. 33 B; Janke (1978) 29 Taf. 7,21; Dahmlos (1979) 210 Nr. 10.

H. Roth

61, 1–2 Toilettemesser

2. Hälfte 6. Jh.; (1) Gonzenheim (Bad Homburg vor der Höhe, Hochtaunuskreis); Saalburg-Museum Bad Homburg vor der Höhe; (2) Büttelborn (Kreis Groß-Gerau); Hessisches Landesmuseum Darmstadt

Nur aus Frauengräbern bekannt sind etwa 8 bis 10 cm lange nadelartige Anhänger, die offensichtlich an Halsketten oder Gürteln hingen. Sie haben wie die Stücke aus Gonzenheim und Büttelborn eine lanzettförmige Spitze mit Schneide und einen gedrehten Schaft mit Bronzedrahtring. Ihrer Schneide wegen wurden sie als »Toilettemesserchen« angesprochen, wenngleich ihre genaue Verwendung unbekannt bleibt. Sie sind im gesamten alamannisch-fränkischen Gebiet verbreitet und gehören überwiegend in die zweite Hälfte des 6. Jahrhunderts.

A. Koch (1937) Abb. 218; Böhner (1956) 126 Abb. 14,27; zum Typ: Böhner (1958) 219; U. Koch (1977) 74.

E. Wamers

62, 1–4 Beinkämme

5.–7. Jh.; (1) Praunheim (Frankfurt am Main); Museum für Vor- und Frühgeschichte Frankfurt am Main; (2) Eltville am Rhein (Rheingau-Taunus-Kreis) Grab 53; Landesamt für Denkmalpflege Hessen, Abteilung für Vor- und Frühgeschichte Wiesbaden; (3) Weilbach (Flörsheim, Main-Taunus-Kreis); Museum Wiesbaden, Sammlung Nassauischer Altertümer; (4) Griesheim (Kreis Darmstadt-Dieburg); Landesamt für Denkmalpflege Hessen, Abteilung für Vor- und Frühgeschichte, Außenstelle Darmstadt

Beinere Kämme gehören zu den gebräuchlichsten Beigaben in Männer- und Frauengräbern, und sie waren gleichermaßen zur Haarpflege von Mann und Frau notwendig. Im Gegensatz zu den heutigen meist schmucklosen Kämmen waren sie jedoch in aller Regel sorgfältig gearbeitet, aus mehreren Teilen zusammengesetzt (Dreilagenkämme), handgesägt – meist in zwei Stärken – und in Schnitz-, Ritz- und Punztechnik verziert. Zur Anwendung kamen dabei vor allem Zirkelschlag-, Kreisaugen-, Punkt- und Strichmuster seltener Tierornamente.

Im 5. Jahrhundert herrschen einzeilige, d. h. mit einer Zahnplatte versehene Kämme vor, die wie der Kamm aus (1) Praunheim (Frankfurt) eine dreiseitige verzierte Griffplatte haben.

Im 6. und 7. Jahrhundert sind zweizeilige Kämme gebräuchlich, die oft in einem doppelseitigen Futteral – ebenfalls aus Knochen – stecken. Mit Hilfe dieser reich verzierten Futterale konnten sie an Bändern vom Gürtel herabhängend getragen werden: In entsprechender Fundlage werden sie in Frauengräbern angetroffen. So besitzt auch das Futteral des Kamms von Grab 53 aus (2) Eltville eine Schlitzöse im dachförmigen Rücken, an der das Band befestigt war. Weitere reich verzierte Kämme in unserer Ausstellung kommen aus (3) Weilbach sowie aus Gräbern von (4) Griesheim.

Zum Teil unpubliziert; Behrens (1939) Abb. 65, 73.

E. Wamers

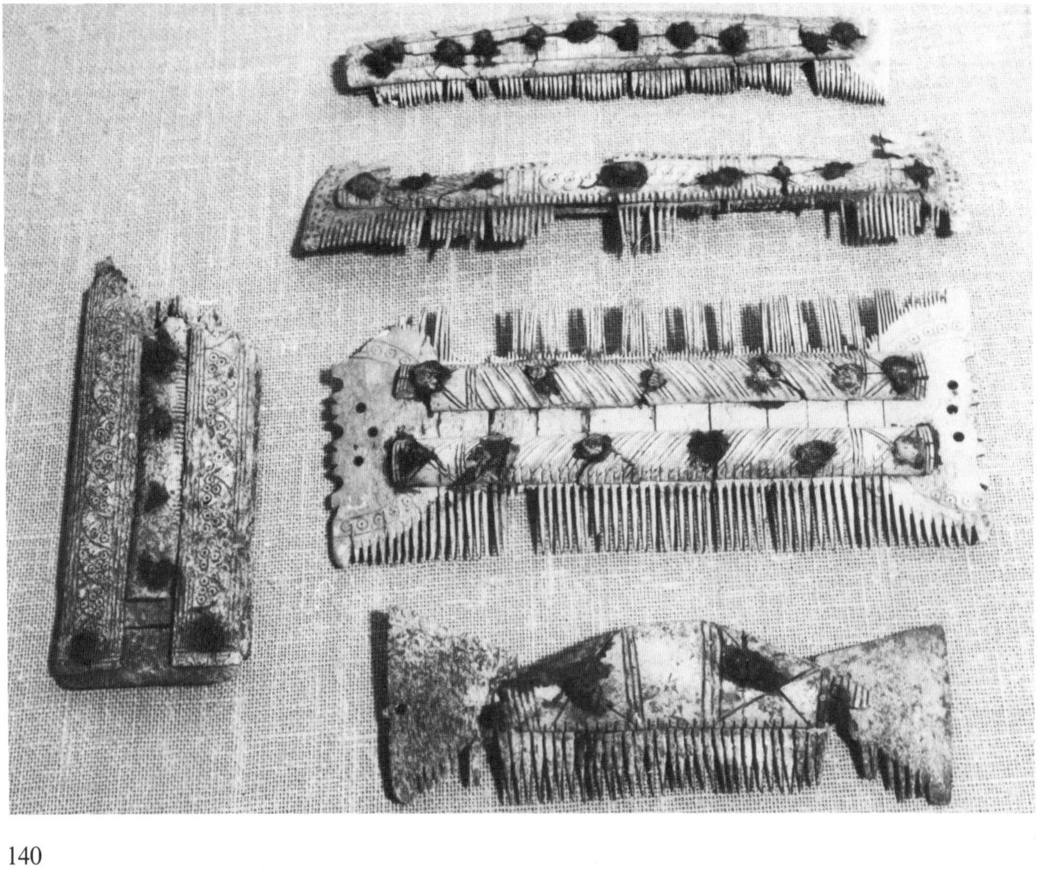

63 Messer

6.–7. Jh.; Eisen; Dauborn (Hünfelden, Kreis Limburg-Weilburg); Museum Wiesbaden, Sammlung Nassauischer Altertümer

Zum Alltagsgerät der Frau, das auch in der Tracht und damit in den Gräbern seinen Platz fand, zählen kleinere eiserne Messer. Sie wurden wie anderes Gerät auch am Gürtelgehänge getragen: Sie lagen in den Gräbern entsprechend im Bereich des Beckens, auf der linken Seite oder zwischen den Beinen. Vereinzelt wurden sie mit anderen Objekten in einer Tasche aufbewahrt, solche mit vorzeigbarer Messerscheide wie die goldblechbeschlagene aus Weilbach Grab A (vgl. Kat.Nr. 11) trug man sicher offen. Treten sie paarweise auf, dienten sie wahrscheinlich als Eßbesteck.

Unpubliziert.

E. Wamers

64, 1–4 »Küchenmesser«

Mitte – 2. Hälfte 6. Jh.; Eisen; (1) Friedberg (Wetteraukreis) Grab 9; Hessisches Landesmuseum Darmstadt; (2) Gonzenheim (Bad Homburg vor der Höhe); Saalburg-Museum Bad Homburg vor der Höhe; (3) Eltville am Rhein (Rheingau-Taunus-Kreis) Grab 108; Landesamt für Denkmalpflege Hessen, Abteilung für Vor- und Frühgeschichte Wiesbaden; (4) Weilbach (Flörsheim, Main-Taunus-Kreis) Grab 23; Museum Wiesbaden, Sammlung Nassauischer Altertümer

Als »Küchenmesser« werden Geräte bezeichnet, die eine breite, gerade Schneide und an den Enden stabartige Fortsätze haben, bisweilen auch einen Mittelvorsprung. Reste von Holzfasern zeigen, daß eine hölzerne Handhabe zwischen den Stegen saß. Das Messer aus Friedberg Grab 9 besaß darüber hinaus noch einen bronzenen ritzverzierten Rückenbeschlag, während das aus Weilbach Grab 23 mit erhaltener Holzzwinge auch eine querlaufende Stielschäftung belegt. Da solche Messer nur in Frauengräbern gefunden wurden, überwiegend der Mitte und zweiten Hälfte des 6. Jahrhunderts, dürften sie für die Hausarbeit verwendet worden sein, vielleicht zum Zerteilen von Fleisch oder als Schabmesser.

Behrens (1939) Abb. 68; Schoppa (1950) 46 Taf. 28,108:6; Böhner (1956) 128 Abb. 14,29; Schoppa (1959) 24 Taf. 21:23,2, zum Typ: Böhner (1958) 215; U. Koch (1968) 104f.; U. Koch (1977) 93.

E. Wamers

65, 1–3 Wirtel, Spinnwirtel, Perlen

6.–7. Jh. (1) Friedberg (Wetteraukreis) Grab 7; Hessisches Landesmuseum Darmstadt; (2–3) Frankfurt-Rödelheim; Frankfurt-Praunheim; Museum für Vor- und Frühgeschichte Frankfurt am Main

Wirtel, d. h. große gelochte Perlen, finden sich in Frauengräbern der gesamten Merowingerzeit. Dabei waren die meist konischen oder doppelkonischen aus Ton mit oft konischer Durchbohrung Spinnwirtel wie die Exemplare aus (1) Friedberg Grab 7, (2) Frankfurt-Rödelheim und (3) Praunheim, die – als Schwungrad auf eine hölzerne Spindel gesetzt – beim Spinnvorgang unentbehrlich waren. Spinnwirtel (wahrscheinlich mit vergangener Holzspindel) als Grabbeigabe betonen also die Teilnahme der Bestatteten an der häuslichen Textilarbeit, ähnlich wie wahrscheinlich Scheren und mit Sicherheit Webschwerter, mit denen der Schußfaden im Webstuhl an das Gewebe angeschlagen wurde. Spinnwirtel sind oft in Fundlagen anzutreffen, wo auch sonst Tascheninhalte vorkommen, z. B. seitlich vom Kopf oder am Arm.

Zwischen den Beinen oder oft auch am linken Bein lagen große Wirtel aus Glas oder in selteneren Fällen aus Geweihrosen oder Bergkristall. In Analogie zu den durchbrochenen Zierscheiben (vgl. Kat.Nr. 52ff., 178ff.), Cypraea-Schneckengehäusen (vgl. Kat.Nr. 148) und anderen Pendilien mit derselben Fundlage werden sie gemeinhin als Amulette nicht näher bestimmbarer Bedeutung gewertet. Die wertvollen Bergkristallperlen wie die aus Grab 7 von Friedberg (verschollen) gehören überwiegend der älteren Merowingerzeit, also dem 6. Jahrhundert an.

Behrens (1939) Abb. 65,11.10; 68,1; Hinz (1966) 230.

E. Wamers

66 Glättstein

8.–9. Jh.; Glas; Dm. 6–8 cm; Bad Nauheim (Wetteraukreis); Deutsches Salzmuseum Bad Nauheim

Handstücke aus nur durchscheinendem dunklen Glas, etwa faustgroß mit gewölbter Oberseite, dienen im frühen Mittelalter dem Glätten von Textilien, besonders von Säumen und Borten. Bis ins 19. Jahrhundert sind solche frühen Formen des Bügeleisen noch in Holland benutzt worden. Dies deutet bereits ihr Hauptverbreitungsgebiet an, das auch in der späteren Phase des frühen Mittelalters Skandinavien und der Nord- und Ostseeküstenbereich gewesen ist. Im Inland gehören sie hingegen zu den Seltenheiten. Ob sie auf den Wegen des Handels in die Saline nach Bad Nauheim gelangten, oder ob sie etwa in den – allerdings bislang erst später belegten – Spessartglashütten hergestellt wurden, kann heute noch nicht geklärt werden.

Süß (1978) 155ff. (mit älterer Literatur).

H. Roth

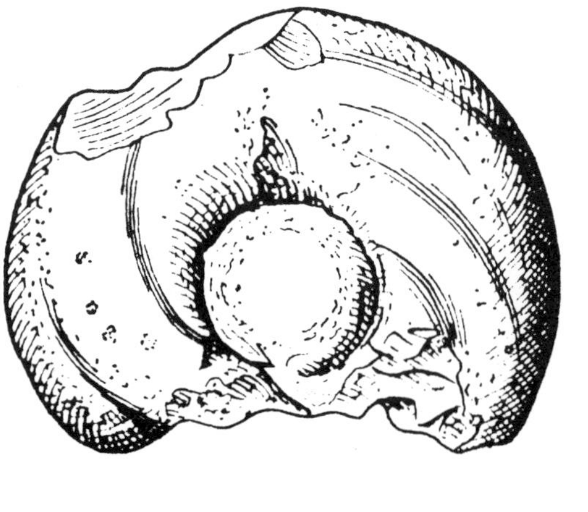

67, 1–3 Scheren

5.–7. Jh.; Eisen; L. 20–30 cm; (1–2) Niederursel (Frankfurt am Main); Sindlingen (Frankfurt am Main); Museum für Vor- und Frühgeschichte Frankfurt am Main; (3) Dauborn (Hünfelden, Kreis Limburg-Weilburg); Museum Wiesbaden, Sammlung Nassauischer Altertümer

Eiserne Scheren wurden sowohl Männern wie auch Frauen mit ins Grab gegeben. Es handelt sich dabei stets um einfache einteilige Bügelscheren, wie sie bis in unsere Tage hinein für die Schafschur verwendet wurden. Zum Schafe scheren wird man aber nur die großen, etwa 30 cm langen Scheren genommen haben, die kleineren, etwa 20 cm langen Scheren gehörten offensichtlich zur persönlichen Ausstattung, vielleicht zum Toilettegerät (Haare schneiden?). Anwendung werden sie natürlich auch bei der Textilverarbeitung gefunden haben, wenn zum Beispiel kleinere Stoffstücke für stückweise gewebte Rechtecktücher benötigt wurden.

Zum Teil unpubliziert; Behrens (1939) Abb. 69,4.

E. Wamers

68, 1–2 Knickwandgefäße

6.–7. Jh.; Ton; H. 13–18 cm; (1) Frankfurt a. M.-Niederursel; Museum für Vor- und Frühgeschichte Frankfurt am Main; (2) Niedervellmar (Vellmar, Kreis Kassel); Staatliche Kunstsammlungen Kassel, Abteilung Vor- und Frühgeschichte

Der Knickwandtopf ist die neue charakteristische Form des guten merowingerzeitlichen Gebrauchsgeschirrs. Er trägt seinen Namen wegen des scharfen Wandungsknicks im Bereich der Gefäßmitte. Abgeleitet von spätrömischer Nigra-Keramik, offensichtlich auch in fortproduzierenden provinzialrömischen Töpfereien, wurde auch die Verzierung der Oberwandung mit Rollstempeln geometrischer und linearer Art bei geglätteter, meist schwärzlicher Außenhaut beibehalten.
Mit etwa gleichhoher Ober- und Unterwand bei scharfem Umbruch und ausgezogenem Rand, der vom Körper durch einen Wulst abgesetzt ist, gehört das Gefäß von Niederursel in die Zeit von der 2. Hälfte des 6. bis in das 7. Jahrhundert hinein. Der von Riefen eingefaßte Fries auf der Oberwandung zeigt mit Rollstempel eingetiefte Halbkreise mit senkrechten Strichen, offensichtlich verkürzte Lebensbaum-Darstellungen.
Aus der Zeit um 600 bis erste Hälfte 7. Jahrhundert stammt der Knickwandtopf von (2) Niedervellmar, der als Einzelfund zutage trat. Bezeichnend ist der Dekor der Oberwand, der aus einer gewellten Perlschnur und vertikalem Rollstempelmuster aus Dreierpunktreihen und Omega-Mustern besteht, letztere wohl aus mediterranem Bereich übernommen.

Unpubliziert; Niemeyer (1957) 209ff; Fundberichte aus Hessen 1, 1961, 152; Dahmlos (1979) 73 Nr. 34; 129 Nr. 5.

E. Wamers

69 Henkelkanne

7. Jh.; Ton; H. 25 cm; Groß-Rohrheim (Kreis Bergstraße) Grab 25–30; Hessisches Landesmuseum Darmstadt

Wie die Schüsseln und Töpfe erhielten auch Kannen vereinzelt eine geknickte Wandung. Das Exemplar aus Groß-Rohrheim ist auf der Schulterpartie mit geometrisch gemusterten Rädchenbändern verziert. Mit ihrer kleeblattförmigen Ausgußtülle und dem Henkel erweist diese Kanne, daß sie zum Aufbewahren und Ausschenken von Flüssigkeiten vorgesehen war. Auch ins Grab dürfte sie mit Wasser oder eher mit Wein gefüllt gestellt worden sein. Die rauhe, graue Oberfläche dieses auf der Scheibe gedrehten Geschirrstücks bewirkte eine langanhaltende Kühlung des Inhalts.
Die Kanne stammt aus Grab 25–30 des Gräberfeldes von Groß-Rohrheim im Bereich der Bahnhofstraße, die nicht in geschlossenen Fundzusammenhängen geborgen werden konnten.

Jorns (1961) 101ff. Abb. 15,1; Meier-Arendt (1968) 58 Taf. 97,3; Dahmlos (1979) 15 Nr. 4.

E. Wamers

70 Sturzbecher

6. – Anfang 7. Jh.; Glas; H. 11,3 cm; Viernheim (Kreis Bergstraße); ehemals Heimatmuseum Viernheim, jetzt Hessisches Landesmuseum Darmstadt

Einziger Fund aus einem Frauengrab vom merowingerzeitlichen Gräberfeld »Kapellenberg« ist ein grünlicher Sturzbecher mit konischer Wand und besenstrichartigen Ritzungen auf der Außenseite. Der Rand ist leicht wulstig, der Boden unterhalb eines kräftigen Hohlwulstes schwach gewölbt eingezogen.
Diese Becher konnten wegen des rundlichen Bodens nur umgestürzt abgestellt werden (»Sturzbecher«), waren also möglichst schnell zu leeren. Allein schon wegen des kostbaren Materials Glas waren sie begüterten Personen vorbehalten, und sie wurden sicherlich nur für den Genuß von Wein – das wohl wichtigste Getränk der Wohlhabenden im Frühmittelalter – verwendet.

Jorns (1961) 110 Abb. 3,8; Meier-Arendt (1968) 102 Taf. 111,7; Dahmlos (1979) 23 Nr. 12b.

E. Wamers

71 Kugelbecher

2. Hälfte 6. – 1. Hälfte 7. Jh.; Glas; H. 6 cm; Steinfurth (Bad Nauheim, Wetteraukreis); Wetterau-Museum Friedberg

Kugeliger Becher aus dunkelgrünem Glas mit leicht eingedelltem Boden, gedrungene, fast trapezoide Wandung mit schwach ausgezogenem Rand. Vertikalrippung bis in die Bodenfläche. Solche handlichen, etwa 6 cm hohen Trinkbecher besaßen im Gegensatz zu den Sturzbechern (vgl. Kat.Nr. 70) eine sichere Standfläche. Sie wurden vorwiegend während der zweiten Hälfte des 6. und in der ersten Hälfte des 7. Jahrhunderts im Bereich der gehobenen Trinkkultur benutzt.

Behrens (1939) Abb. 74,3; Dahmlos (1979) 73 Nr. 34.

E. Wamers

72, 1–2 Tummler, Becher

6.–7. Jh.; Glas; H. 5,9 cm (1); 7,8 cm (2); Griesheim (Kreis Darmstadt-Dieburg) Grab 449, Grab 441; Landesamt für Denkmalpflege Hessen, Abteilung für Vor- und Frühgeschichte, Außenstelle Darmstadt

Schalenartige Glasgefäße mit umgelegtem Rand ohne eigentlichen Standboden, Gefäße, die also in vollem wie in leerem Zustand hin- und hertaumeln, sind unter den fränkischen Glasformen relativ häufig. Wie die kugelförmigen Becher auch, sind sie aus römischen Vorformen ableitbar. Dies in der Folge des Überganges römischer Glashütten in fränkische Hand. Wie sich jene Verhältnisse im einzelnen darstellen lassen, ist noch weitgehend unklar, da bislang keine einzige Glashütte merowingischer Datierung bekannt geworden ist. Aus der Karolingerzeit kennen wir hingegen im Trierer Land (Kordel) eine stationäre Glashütte als Vorgänger der später archäologisch und schriftlich überlieferten Waldglashütten. Zu den nur temporär arbeitenden Glashütten in Zusammenhang mit begrenzten Bauvorhaben ist eine Glashütte des 9. Jahrhunderts aus Regensburg zu nennen, die dort neben dem Dom entdeckt wurde.

Unpubliziert; freundlicher Hinweis R. Andrae, Darmstadt; zu den fränkischen Gläsern immer noch Rademacher (1947) 285ff.

H. Roth

73 Kästchen mit Bronzebeschlägen

6. Jh.; L. 26,4 cm; Bessungen (Darmstadt); Hessisches Landesmuseum Darmstadt

Im Jahr 1860 veröffentlichte Oberlieutnant Leiß die von ihm untersuchten merowingerzeitlichen Gräber aus Bessungen. Zu dem Material gehörten auch Bronzebruchstücke eines Kästchens. Die erhaltenen Bronzebleche befanden sich auf seiner ehemaligen Vorder-(Schau-)Seite.
Die Hauptansicht zeigt in der Mitte einen großen konzentrischen Kreis. In jeder Ecke befindet sich ein kleinerer Kreis, der ebenfalls mit plastischen Einzelkreisen gefüllt ist. Die Zwischenräume tragen sternförmige, x-förmige, perlstabförmige sowie stabtordierte Punzverzierungen. Die Deckelvorderseite ist analog verziert.
Im Frauengrab unter dem Kölner Dom ist ein fast kompletter Holzkasten dieser Art gefunden worden. Aus ihm kann man allgemeine Aussagen über den Kastentyp ableiten. Er bestand aus einem hohen Behälter, auf dem ein niedriger kastenförmiger Deckel saß. Die Stirnseiten sind mit verzierten Bronzeblechen verkleidet, dort befand sich auch das Schloß. Auf dem Deckel war in der Regel ein beweglicher Metallbügelgriff angebracht.
Diese Kästchen finden sich nur in überdurchschnittlich ausgestatteten Frauengräbern des 6. Jahrhunderts. Bislang sind 26 dieser Kästchen bekannt, die mit wenigen Ausnahmen im fränkischen Rheinland und seinen Nachbargebieten auftreten. Wenn etwas über den Inhalt bekannt wurde, handelt es sich um persönliche Dinge, für uns oft scheinbar ohne Wert. Man vermutet, daß sie zu Lebzeiten auch als Schmuckkästchen dienten. Der Typ der Kästchen geht eindeutig auf spätantike Vorbilder zurück, die gleichfalls mit geometrisch verzierten Bronzeblechen auf der Stirnseite verkleidet waren (Martin 1976, 99ff.). Aus spätantikem Zusammenhang sind auch Kästchen gleicher Machart bekannt, die außer geometrischer Verzierung figürliche Darstellungen und Szenen – oft biblischen Charakters – zeigen (Buschhausen 1971). Im Grabbrauch bestand der Inhalt aus profanen Gegenständen (Schmuckkästchen) (Dinkler-von Schubart 1980), im sakralen Bereich werden sie auch als Reliquienbehälter genutzt worden sein (Ilakovac 1978, 333ff.).

A. Koch (1939) Nr. 249; R. H. Schmidt (1975) 231ff.; Menghin (1977) 15; Dahmlos (1979) 28 Nr. 2a.

D. v. Reitzenstein

74 Kästchen mit Bronzebeschlägen

6. Jh.; L. 25,5 cm; Biblis-Wattenheim (Kreis Bergstraße); Hessisches Landesmuseum Darmstadt

Auf dem Reihengräberfeld zwischen Biblis und Wattenheim kamen im letzten Jahrhundet verzierte Bronzebleche zutage, die ursprünglich auf einem Holzkasten befestigt waren. Das große Blech befand sich auf der Vorderseite des Kastens. In der Mitte sieht man einen großen, mehrfach gegliederten Kreis, der in einem durch Linien abgetrennten, quadratischen Feld sitzt. Die Zwischenräume sind mit zahlreichen Verzierungen aus unterschiedlichen Elementen gefüllt: Dreiecke, Seilbänder, ein Doppelperlstab und ein breites Leiterband.
Das Blech, das die Deckelvorderseite zierte, zeigt vier eingepreßte Zirkelkreise in einzelnen punzverzierten Feldern.
Wahrscheinlich stammt dieser Kasten aus der gleichen Werkstatt wie der von Bessungen (vgl. Kat.Nr. 73). Dies gilt auch für andere im Rhein-Main-Gebiet gefundene Schmuckkästchen.

Meier-Arendt (1968) 103 Taf. 111,9; Menghin (1977) 13, 16; Dahmlos (1979) 13 Nr. 2.

D. v. Reitzenstein

75 Kästchen mit Beinbeschlägen (Rekonstruktion)

6. Jh.; L. 39,4 cm; Weilbach (Flörsheim, Main-Taunus-Kreis) Grab 29; Museum Wiesbaden, Sammlung Nassauischer Altertümer (Nachbildung im Römisch-Germanischen Zentralmuseum Mainz)

Wie der größte Teil der Gräber von Weilbach war auch das Grab 29 beraubt. Trotzdem fanden sich noch neben einer Bronzeschale mit omegaförmigen Henkeln, Beinbeschläge sowie Eisen- und Bronzereste, die von einem vergangenen Holzkästchen stammen. In dem Kästchen dürften eine eiserne Schere, die Reste eines Beinkammes, ein Eisenring, ein mugelig geschliffener Karneol und eine durchbohrte Cypraea tigris (vgl. Kat.Nr. 148) aufbewahrt gewesen sein.
Eine Rekonstruktion ist weitgehend durch Fundlage und Korrosionsspuren gesichert. Das sehr einfache eiserne Schloß war etwas zur Seite hin versetzt angebracht; es konnte mit einem einfachen Stab geöffnet werden. Auf dem Deckel sind beiderseits des Schlosses Ösen angebracht, an denen ein Griff befestigt war. Die ehemalige Holzkonstruktion wurde mit einer Eisenklammer, die über die ganze Länge ging, und Bronzeecken mit Eisenstiften zusammengehalten. Schmale Beinplatten, die mit Beinstiften aufgenietet waren, bedecken den Körper des Kästchens. Der Dekor besteht gänzlich aus Zirkelschlagmustern.
Aus den Beinleisten wurde ein Muster rekonstruiert, bei dem alle Teile verwendet werden konnten. So entstand ein harmonisches, im Verzierungskanon des Frühmittelalters integriertes Dekorationsschema. Seine Form lehnt sich an merowingische Taschenbeschläge und an den Buchdeckel der Theodolinda in Monza an (Schoppa 1953, 48f.). Auch bei diesen Objekten ist ein Kreuz in einem Feld zu sehen, das aus vier Winkeln gebildet wird.
Kästchen sind in Gräbern wohlhabender Frauen recht häufig (vgl. Kat.Nr. 73ff.). Sie wurden wie im vorliegenden Fall meist profan gebraucht. Man kennt sie allerdings auch aus dem sakralen hochmittelalterlichen Kontext (Kohlhausen 1949, 1ff.).
Wenn die nicht unwahrscheinliche Rekonstruktion des Deckels zutrifft, so wird die in Grab 29 bestattete Tote enge Beziehungen zum Christentum gehabt haben, da eine so deutliche Kreuzdarstellung als Bekenntnis angesehen werden sollte. Allerdings steht der Kasteninhalt hierzu im Gegensatz, denn das Schneckenamulett (vgl. Kat. Nr. 148) ist sicher heidnisch. Dieses Beieinandersein von Christlichem und Heidnischem in einem Grab zeigt deutlich die religiöse Situation des Frühmittelalters.

Schoppa (1953); Schoppa (1959) 27ff., 63 Taf. 16–17; Dahmlos (1979) 144 Nr. 18a.

D. v. Reitzenstein

76 Schlüssel

8.–9. Jh.; Bronze; L. 8,4 cm; Groß-Gerau (Kreis Groß-Gerau); Heimatmuseum Gerauer Land Groß-Gerau (während des Krieges verschollen)

Bronzeschlüssel, trapezoide Griffplatte mit runden und schlüssellochähnlichen Durchbrüchen, kurzer Schaft. Kreisaugenpunzierungen auf Griff, Schaft und Bart.
Schlüssel dieser Art sind im gesamten frühmittelalterlichen Mittel- und Nordeuropa verwendet worden. Sie gehen wohl auf spätrömische Schlüsselformen zurück.

Keßler (1932) 98 Nr. 25 Abb. 3,25; Behn (1936) Taf. 88; Almgren (1955) 46, 101 Tab. I, A/4; Dahmlos (1979) 106 Nr. 14b.

E. Wamers

77, 1–2 Schlüssel

8.–9. Jh.; Bronze; L. 10 cm, 6 cm; (1) Darmstadt, Windmühle (?); Hessisches Landesmuseum Darmstadt; (2) Fundort unbekannt; Museum für Vor- und Frühgeschichte Frankfurt am Main

Bronzener Hohlschlüssel mit großer ovaler Griffpartie in feiner Durchbruchsarbeit mit Kreuz, dessen Arme durch Stege mit dem Griffrand verbunden sind; runde Kopföse; kurzer Hohlschaft mit gezähntem Bart.
(2) Bronzehohlschlüssel mit quadratischer durchbrochener Griffplatte, Öse abgebrochen. Zwei kreuzförmige Durchbrüche, Kreisaugenpunzen auf Griffplatte und Bart.
Schlüssel mit Kreuzverzierungen sind häufig unter den frühmittelalterlichen Schlüsseln. Sie gehören in das Ende der Merowingerzeit und in die Karolingerzeit. Ihr Hauptverbreitungsgebiet liegt in den großen Handelszentren am Rhein-Main-Mündungsgebiet, in Friesland und am Niederrhein.

Unpubliziert; zum Typ vgl. Keßler (1932) 97f. (Gruppe II) Abb. 2,7–10; Almgren (1955) 47 Tab. I, E; Keßler (1932) 97 Nr. 17 Abb. 2.

E. Wamers

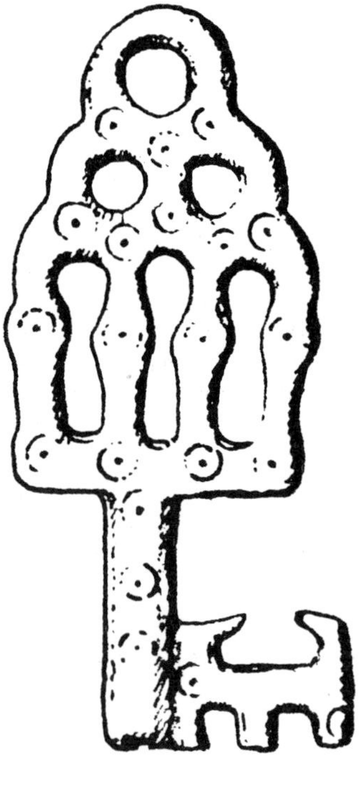

E. Die Welt des Mannes:

Geschlossene Grabfunde: 78–92 Waffen und Waffenteile: 93–98 Gürtelmode: 99–107 Gerätschaften: 108–109

In die Welt des Mannes des frühen Mittelalters einzudringen, ist dem Archäologen fast nur mit Hilfe von Grabfunden möglich. Spätere schriftliche Quellen beleuchten dieses Bild zum Teil außerordentlich grell, denken wir etwa an die Rechtsaufzeichnungen, die in ihren Hauptteilen die tägliche Realität von Selbstjustiz und Gewalt darstellen.

So ist nun auch die Bewaffnung mit Schwert, Lanze, einschneidigem Hiebmesser und Schild Ausdruck der Zeit mit ihrer Standesgesellschaft, die jedoch keineswegs mit der Starrheit der vorausgehenden spätrömischen Epoche verglichen werden kann, denn soziale Mobilität ist ein Zeichen der frühmittelalterlichen Gesellschaft. Aufstieg und Fall des einzelnen ist vielfach überliefert. Seine Wehrhaftigkeit ist Lebensanschauung und gehört zum Bild des Menschen der Zeit.

Andere Facetten des Lebens, vor allem des Erwerbes des täglichen Brotes, erschließen sich hingegen nur indirekt mittels des Indizienbeweises, an dessen Stelle in der Karolingerzeit zum Teil schriftliche Nachrichten treten.

Gut unterrichtet sind wir zu den männlichen Akzessoires, wie etwa den Ledergürteln mit oft kostbarem Metallbesatz, die angefangen von einfachen Schnallen hinführen zu überladenen vielteiligen Garnituren im 7. Jahrhundert, deren Aufkommen ein Zeichen der Internationalität der Zeit ist.

H. Roth

78 Männergrab

Ende 5. Jh.; Groß-Karben (Karben, Wetteraukreis); Wetterau-Museum Friedberg (Waffen zur Zeit nicht auffindbar)

Zwei Langwaffen, eine Spatha und ein Sax, die Bronzepinzette zur Körperpflege, ein Feuerzeug sowie vor allem eine prächtige, mit dem aus Indien kommenden Halbedelstein Almandin (H. Roth 1980) eingelegte Gürtelschnalle (vgl. Kat. Nr. 99) stellen die Grabausstattung eines reichen Kriegers dar. Der lange, schmale Sax und die kostbare Gürtelschnalle zeigen, daß der Krieger vor 500 verstorben sein muß.
Das Grab wurde 1932 am östlichen Dorfrand von Groß-Karben aufgedeckt. Dies 200 m nördlich der Kiesgrube Buß und östlich der Straße nach Burg-Gräfenrode auf dem Gut des Grafen Degenfeld. Der dort liegende Friedhof beginnt wohl in der Zeit um 450 und reicht ins 7. Jahrhundert hinein. Der eine kostbare Almandinschnalle besitzende Krieger gehört wohl zur Gründergeneration der dazugehörigen Hof-Siedlung, deren alter Kern sich vielleicht unter dem heutigen Ort Groß-Karben befindet.

Behrens (1933) 201 Abb. 2; Behrens (1939) 15 Abb. 62; Böhner (1948) 235ff.; Dahmlos (1979) 67 Nr. 12.

H. Roth

79 Männergrab

Ende 5. Jh.; Trebur (Kreis Groß-Gerau); Hessisches Landesmuseum Darmstadt

Das Grab fällt besonders durch die umfangreiche Gefäßbeigabe auf. So fanden sich eine Tonkanne, zwei Tonschalen, davon eine mit geriefter ausladender Oberwand, ein seltener, tulpenförmiger Glasbecher sowie ein Bronzekessel.
Daß es sich um die Bestattung eines ehemals stark bewaffneten Mannes handelt, geht aus der Lanzenspitze hervor, die als einziger Teil der Bewaffnung erhalten blieb. Der Krieger dürfte in der Zeit des Königs Childerich I., also gegen Ende des 5. Jahrhunderts, verstorben sein. Weiträumige Beziehungen zeigen sich besonders im Bronzebecken, dessen Typ vor allem in Skandinavien vorkommt (vgl. Kat.Nr. 147).
Die Funde stammen vom Grundstück Hauptstraße–Astheimer Straße 7, wo sie 1954 mit zwei weiteren Gräbern aus einer Baugrube geborgen wurden. Möglicherweise liegen hier die Überreste eines weit ausgedehnten Friedhofes, der seine Anfänge in völkerwanderungszeitlichen Körpergräbern besitzt, die noch 200 m nordwestlich angetroffen wurden.

Behn (1936) 40 Taf. 74; Dahmlos (1979) 111 Nr. 22a.

H. Roth

80 *Männergrab*

Ende 5. Jh.; Biebrich (Wiesbaden); Museum Wiesbaden, Sammlung Nassauischer Altertümer

Die Beigaben aus dem Grab eines Mannes kennzeichnen diesen als einen wehrhaften und wohlhabenden Krieger, der neben seiner Spatha mit einer kurzen, gedrungenen Lanzenspitze und zwei Pfeilspitzen sowie einer geschwungenen Wurfaxt (Franziska) und vor allem einem Ango (v. Schnurbein 1974) ausgestattet war. Diese Waffe ist eine Art überlange Lanze, die ohne Holzschäftung bereits meist ca. 1 m Länge mißt. Sie wird ferner durch eine kleine, aber starke und widerhakenbewehrte Spitze gekennzeichnet. Der antike Schriftsteller Agathias (Historien II,5) hat die Wirkungsweise dieser vom römischen Pilum herkommenden Waffe erklärt: Sie dient dazu, auf den gegnerischen Schild geschleudert zu werden, in den sie sich einbohrt. Durch die schwere und lange Holzschäftung bedingt, biegt sich jene dünne Eisenlanze zu Boden, so daß es dem Gegner zumeist unmöglich wird, seinen Schild weiterhin zu benutzen, vor allem, wenn die Widerhaken ein Herausziehen der Lanze verhindern. Er muß sich also – um beweglicher zu bleiben – seines Schildes entledigen.

Die Franziska, eine für die Franken – der Name sagt es – typische Wurfaxt wird ebenfalls aus dem Truppenkörper heraus abgeworfen, und zwar derart, daß sie um ihre Querachse rotiert. Auf ihrer bogenförmigen Flugbahn kann sie dem Gegner schweren Schaden zufügen (Dahmlos 1977). Der Schild mit niederem eisenbewehrten Schildbuckel sollte unseren Krieger vor solchen Angriffen schützen.

Zum persönlichen Gerät gehören Messer und Schere. Das Grab fällt aber auch durch seine Gefäßbeigabe auf; hierunter sind vor allem ein bronzener Kessel (vgl. Kat.Nr. 147) sowie ein Bronzeteller zu nennen, zu dem wohl der niedere Dreifuß gehört. Ein langer, eiserner Bratspieß – eine seltene Beigabe – ergänzt diese »Feldküche«. Ango und Bronzegeschirr zeigen, daß das Grab in der frühen Merowingerzeit angelegt wurde. Der hier bestattete Krieger war wohl ein Zeitgenosse Chlodwigs (gestorben 511).

Das Grab wurde an der ehemaligen Waldstraße, an der heutigen Abfahrt Biebricher Allee des Rhein-Main-Schnellweges, entdeckt.

Kutsch (1930a) 82 Abb. 82; Kutsch (1930b) Abb. 58; v. Schnurbein (1974) 429 Nr. 4; Dahmlos (1979) 212 Nr. 2b.

H. Roth

81 *Männergrab*

Um 500; Langen (Kreis Offenbach); Dreieich-Museum Dreieichenhain

Der in diesem Grab bestattete Mann besaß im Tode neben kleinem Gerät wie einem eisernen Messer und einem Feuerzeug, von dem lediglich der Feuerstahl erhalten ist, ein zweischneidiges Langschwert, eine große Lanzenspitze mit rautenförmigem Blatt sowie eine Axt als zusätzliche Bewaffnung. Eine einfache eiserne Schnalle mit rechteckigem Beschlag diente der Aufhängung des Langschwertes. Das Schwert selbst steckte in einer hölzernen Scheide, von der sich jedoch nur der kostbare Metallbesatz in Form eines silbernen Mundbleches (Scheidenoberteil) (vgl. auch Kat.Nr. 93) und eines silbernen Ortbandes (Scheidenendbeschlag) erhalten haben. Dieses Detail, eine Zwinge mit seitlich davon ausgehenden, U-förmigen Blechen und einem Dekor aus drei konzentrischen Kreiselementen zeigt, daß die Grablegung in der Zeit um 500 erfolgt sein muß, jener Zeit also, die durch die Könige Childerich (gestorben 481) und Chlodwig (gestorben 511) bestimmt wurde.

Möglicherweise gehört das Grab an den Beginn umfangreicher, von Westen kommender fränkischer Siedlungsaktivitäten in den Gebieten östlich des Rheins nach der Zeit der Alamannenniederlage von 496.

Das Grab stammt aus dem Bereich Ernst-Thälmann-Straße, Goethestraße, wo es im Jahre 1955 entdeckt wurde.

Nahrgang (1967) 115f. Abb. 111; Menghin (1974) 468 Nr. 101; Dahmlos (1979) 183 Nr. 11a 1.

H. Roth

82 *Männergrab*

Anfang 6. Jh.; Ockstadt (Friedberg, Wetteraukreis); Hessisches Landesmuseum Darmstadt

Unter den Beigaben dieses Kriegergrabes fällt neben dem Ango (Abb.; vgl. Kat.Nr. 80) besonders ein Eimer auf, der mit bronzenen Reifen und einem mit Kreisaugen verzierten Bügel versehen ist (vgl. Nr. 109). Welche Funktion jener Eimer hatte, muß unbekannt bleiben. Wegen seiner geringen Größe wird er jedoch kaum als Getränkeeimer für ein Tier in Frage kommen. Der Krieger besaß ein nur als Bruchstück erhaltenes, reich verziertes Schwert. Dies geht aus einem bronzenen, ehemals goldglänzenden Beschlagstück hervor, das als Ortband den unteren Teil der hölzernen Schwertscheide zusammenhielt. Ähnlich kunstvolle Beschläge wird es auch am Mundblech, dem oberen Teil der Schwertscheide, gegeben haben.
Eine kurze Lanzenspitze ergänzt die Bewaffnung des Mannes, der sicherlich auch über einen Schild verfügt haben wird, der nicht überliefert ist, da jenes Grab 1959 von einem Bagger zu zwei Dritteln zerstört wurde.
Das Grab wurde 1959 auf der Flur »Am Eselsweg« im Neubaugebiet von Ockstadt geborgen. Es gehört auf Grund der Beigabe des Ango zu den hervorragenden Kriegergräbern vom Beginn des 6. Jahrhunderts. Ob jenes Grab als Hinweis dafür gedeutet werden kann, daß sich auf jener Gemarkung ein größerer Friedhof befindet, der bislang nicht bekannt ist, muß dahingestellt bleiben.

Jorns (1961) 103f. Abb. 13,1–6; Menghin (1974) 469 Nr. 102 Abb. 12,2; v. Schnurbein (1974) 430 Nr. 57; Dahmlos (1979) 70f. Nr. 25.

H. Roth

83 Männergrab

1. Hälfte 6. Jh.; Kastel (Wiesbaden); Mittelrheinisches Landesmuseum Mainz

Es handelt sich um die Bestattung eines Mannes, der vor allem über ein außergewöhnliches Schwert mit silberbesetzter Scheide verfügte. Daneben bekam er weitere Bewaffnungsteile mit ins Grab, so einen Schild mit niederem knopfbewehrtem Schildbuckel und eine Lanze mit langem Schaft und kurzer rautenförmiger Spitze; eine Schnalle mit rechteckigem Beschlag diente zur Schwertgürtung. Zwei Glasgefäße – Flasche und Trinkbecher – sowie ein bronzenes Perlrandbecken (vgl. Kat.Nr. 108) enthielten Speisen und Getränke (vgl. Kat.Nr. 177)

Das Schwert, das den Krieger zu den führenden Leuten der Merowingerzeit stellt, wurde bislang in nur wenigen Exemplaren bekannt; denn es ist ein sogenanntes Ringknaufschwert, das durch zwei ineinandergegossene Silberringe am Schwertknauf gekennzeichnet wird. Die Verbreitung dieser Ringknaufschwerter ist international. Bei Franken und Alamannen, in Südengland, Skandinavien, Schweden und Finnland findet sich dieser Schwerttyp wieder. Auch auf bildlichen Darstellungen aus Süddeutschland (Schwertscheide von Gutenstein) und Schweden (Helmplatten von Vendel Grab 14; Preßmodeln von Torslunda) sind solche Schwerter gezeigt. In der schriftlichen Überlieferung, allerdings aus jüngerer Zeit – so im Beowulf sowie in nordischen Sagas –, wird jener Typ offensichtlich beschrieben.

Alles dies zeigt , daß die Ringknaufschwerter in ihrer Zeit eine ganz ungewöhnliche Bedeutung gehabt haben müssen. Wahrscheinlich sind sie kriegerische Rangabzeichen, die mit magischen Männerbünden in Verbindung stehen dürften. Die ältesten Ringknaufschwerter sind bei den Franken zu finden. Unser Grab aus Kastel gehört hierzu, d.h. in die erste Hälfte des 6. Jahrhunderts, also in die Zeit nach Chlodwig. In Schweden kommen sie jedoch noch bis in das 7. Jahrhundert vor.

Der Krieger wurde vor dem ehemaligen Wiesbadener Tor im Bereich des Ludwigsplatzes bestattet, wo sich ein merowingerzeitliches Gräberfeld mit zum Teil anderen reich ausgestatteten Kriegergräbern bereits am Ende des vorigen Jahrhunderts gefunden hat.

Kofler (1890) 41 Nr. 4, 6c; Lindenschmit 5 (1911) 165ff. Taf. 30,512a–c; Evison (1967); Christlein (1973) 177 Nr. 73; Dahmlos (1979) 217 Nr. 9b.

H. Roth

84 Männergrab

1. Hälfte 6. Jh.; Goddelsheim (Lichtenfels, Kreis Waldeck-Frankenberg) Grab 30; Heimatmuseum Korbach; Staatliche Kunstsammlungen Kassel, Abteilung Vor- und Frühgeschichte

Im hauptsächlich 1935 und 1937 untersuchten Gräberfeld von Goddelsheim, das vor allem karolingische Bestattungen des späten 8. und frühen 9. Jahrhunderts freigab (Naß 1938; Stein 1967), fand sich auch ein Grab, das bereits in der ersten Hälfte des 6. Jahrhunderts angelegt worden war. In ihm hatte man einen – nach der anthropologischen Bestimmung des Skelettes (M. Kunter, Gießen) – nur 20 bis 25 Jahre alten Mann bestattet, der eine errechnete Körperhöhe von 187 cm erreicht hatte, was alle Auffassungen widerlegt, der Mensch früherer Zeiten sei grundsätzlich kleiner gewesen (vgl. Kat.Nr. 120). Dem Toten war die volle und für diese Zeit charakteristische Waffenausrüstung ins Grab gelegt worden, nämlich eine Wurfaxt in der Form einer nach den zeitgenössischen Quellen so genannten »Franziska« (vgl. Kat.Nr. 96) sowie Pfeil und Bogen, wovon eine Auswahl von drei eisernen Pfeilspitzen zeugt. Außer Gürtel, Messer, Nadel, Kamm und Feuerzeug waren auch zwei Tongefäße ins Grab gefolgt, die wohl Speise für die Reise ins Jenseits enthalten hatten, von der auch drei Tierknochen zeugen, die zu Füßen des Toten lagen (vgl. Kat.Nr. 177). Als Wegegeld war dem jungen Krieger eine alte, bereits 162/163 n. Chr. geprägte römische Münze unter die Oberlippe in den Mund geschoben worden – eine nicht seltene Fundlage für den sogenannten »Charonspfennig« (Steuer 1970).

Im Gegensatz zu den jüngeren Bestattungen des Goddelsheimer Friedhofs lag der Tote dieses Grabes in Süd-Nord-Richtung, also mit dem Kopf im Süden und dem Blick in nicht-christlicher Weise nach Norden. Diese Ausrichtung verbindet das Grab mit zahlreichen anderen im benachbarten westfälischen Gebiet, die man dort als Niederschläge altsächsischer Vorstöße nach Süden interpretiert hat (Winkelmann 1977; 1980; N. Wand 1982), die folglich auch das nordöstliche Gebiet des heutigen Hessen erreicht haben (vgl. Kat.Nr. 132).

Hundt (1937); Gensen (1981a); Gensen (1982); Dahmlos (1979) 203f. Nr. 4a.

K. Sippel

85 Männergrab

Um 600; Wölfersheim (Wetteraukreis); Wetterau-Museum Friedberg

Der mit Schwert, Hiebmesser, Lanze, Pfeil und Bogen (zu ergänzen) sowie Schild vollbewaffnete Bauernkrieger dürfte auf Grund der mit ins Grab gegebenen bronzenen Gürtelgarnitur in der Zeit Chlotars II. gestorben sein. Neben einem heute zerbrochenen Kamm und einer Schere traf man zu Beginn dieses Jahrhunderts während der Ausgrabung des Gräberfeldes an der Straße nach Södel auf altertümlich wirkende handgemachte Keramik sowie auf einen kostbaren grünlichen Glasbecher mit Wackelboden (vgl. Kat.Nr. 70ff.). Das besondere an der Grabausstattung ist jedoch eine unleserliche »Goldmünze« als Grabobolus. Ob es ein betrügerischer Münzmeister gewesen ist oder der fromme Betrug am Toten, begangen durch seine Verwandten, ist nicht mehr feststellbar: Jedenfalls besitzt die Münze von der Größe eines Triens nur einen dünnen Goldüberzug; ihr Kern jedoch besteht aus Eisen (vgl. Kat.Nr. 152,26).

Behrens (1937) 270ff.; Behrens (1939) 16 Abb. 79–80; Dahmlos (1979) 72 Nr. 36a.

H. Roth

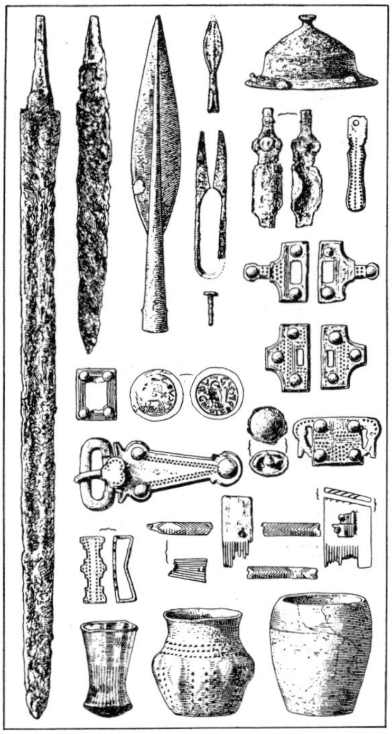

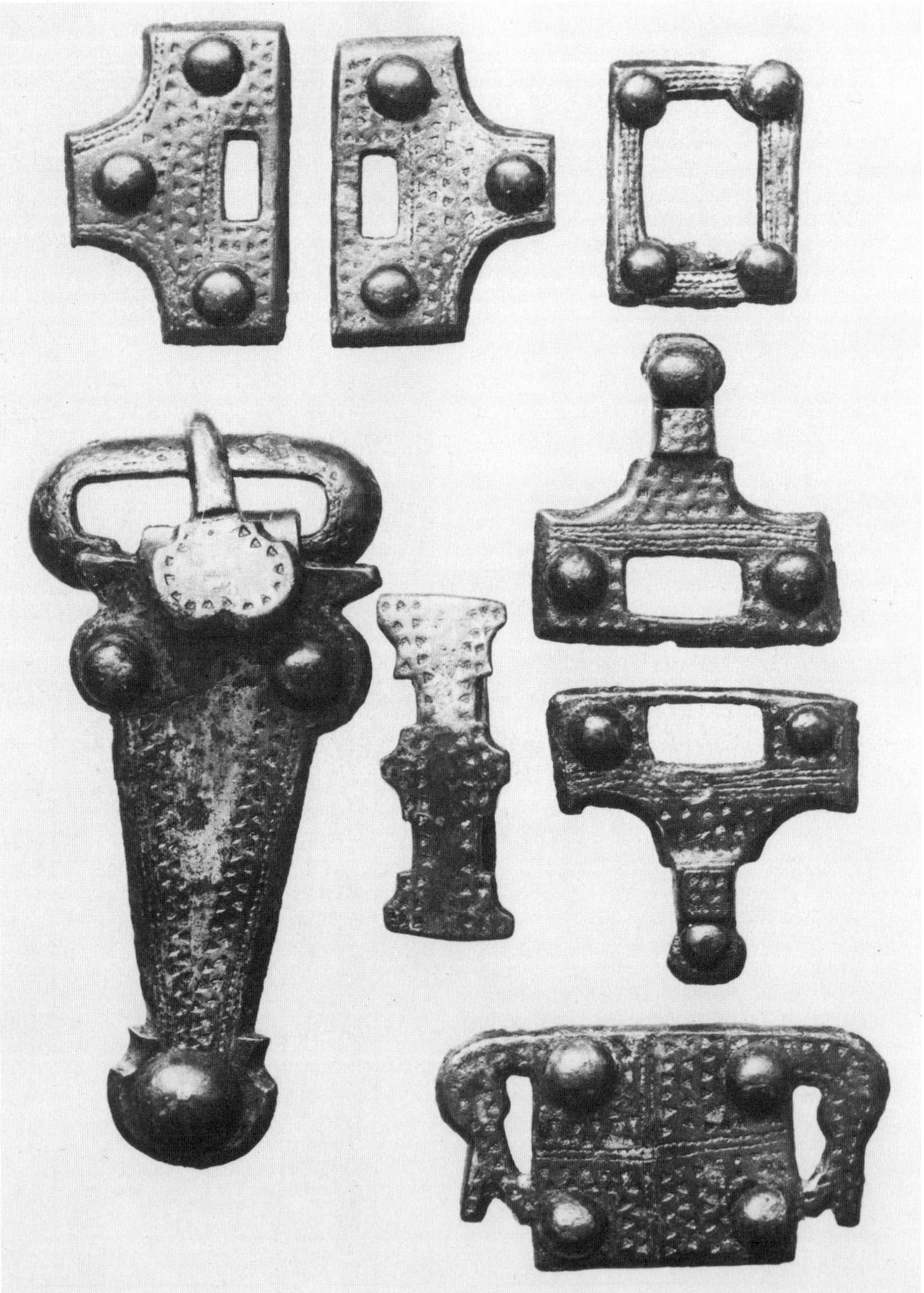
85

86 Männergrab

2. Drittel 7. Jh.; Gonzenheim (Bad Homburg vor der Höhe, Hochtaunuskreis) Grab 1; Saalburg-Museum Bad Homburg vor der Höhe

Es handelt sich um das Grab eines wohlhabenden Kriegers, der mit voller Bewaffnung, einer Spatha, einem schweren einschneidigen Sax, einer Lanze und seinem Schild, bestattet wurde. Darüber hinaus besaß er Pfeil und Bogen, der allerdings – da aus Holz – vergangen ist. Neben persönlichem Gerät wie einer Pinzette, einem Kamm und einem Feuerzeug, gab man ihm als Wegzehrung in das Reich der Toten heute nicht mehr erhaltene Speisen mit. Diese lagerten in zwei schön verzierten, tönernen Knickwandgefäßen und – in flüssiger Form – in einer großen weitmündigen Kanne. Daß dieser Krieger, der im zweiten Drittel des 7. Jahrhunderts, zur Zeit Clothars I., bestattet wurde, modisch auf der Höhe seiner Zeit war, zeigt eine vielteilige, bronzene Gürtelgarnitur, die zum Tragen der Hiebwaffen diente. Ein aus drei Teilen bestehender, zusätzlicher Gürtel mit Bronzebeschlägen, die zum sogenannten langobardischen Typ gehören und die in Hessen von nur wenigen Fundplätzen belegt sind, zeigt möglicherweise, daß der Krieger direkte persönliche Beziehungen nach Italien besaß.

Das Gräberfeld von Gonzenheim ist mit mehr als 25 Bestattungen bereits am Ende des vorigen Jahrhunderts aus dem Bereich Frankenstraße, Römerstraße, Frankfurter Landstraße, »Auf dem Schützbrett« bekannt geworden. Die Belegung des Gräberfeldes reicht von der ersten Hälfte des 5. Jahrhunderts bis in das 7. Jahrhundert hinein.

Mitteilungen des Vereins für Nassauische Altertumskunde und Geschichtsforschung 3, 1899–1900, 54f.; Böhner (1956) 102ff. Abb. 7; Dahmlos (1979) 175 Nr. 1a.

H. Roth

87 Männergrab

2. Drittel 7. Jh.; Bad Vilbel (Wetteraukreis) Grab 2; Wetterau-Museum Friedberg

Bereits im frühen Mittelalter ausgeraubt, enthielt dieses Männergrab dennoch drei Pfeilspitzen und eine vielteilige bronzene Gürtelgarnitur mit zum Teil profilierten Beschlägen, die auf ihrer Oberseite eine Kreuzdarstellung (vgl. Kat.Nr. 197) tragen. Die übrigen Teile stellen schlichte zungenförmige Riemenendstücke dar. Ursprünglich handelte es sich um ein reiches Waffengrab, das im zweiten Drittel des 7. Jahrhunderts angelegt wurde. Die Gürtelgarnitur war Teil des Wehrgehänges und verblieb wegen ihrer christlichen Darstellung im Grab, da, wie viele andere Beispiele zeigen, die Grabräuber des frühen Mittelalters eine beträchtliche Scheu vor christlichen Amuletten (vgl. Kat.Nr. 192ff.) zeigten (U. Koch 1973; H. Roth 1978). Die gegossenen vielteiligen Gürtelgarnituren aus Bronze haben ihre Hauptverbreitung in Rheinhessen und im Neuwieder Becken. Dies im Gegensatz zu den eisernen Gürtelbeschlägen mit Silbereinlegearbeiten, die vor allem in Süddeutschland zu Hause sind (vgl. Kat.Nr. 104). Der in Bad Vilbel bestattete Mann dürfte seine ehemals goldglänzende Gürtelgarnitur aus Bronze deswegen an Ort und Stelle erworben und nicht aus dem Distanzhandel bezogen haben.

Die auffallende Dreizahl der Pfeilspitzen in frühmittelalterlichen Gräbern gehört offensichtlich zum festen Bestand der Grabausstattung; sie ist wohl mit speziellen Grabsitten erklärbar.

Das Grab wurde zusammen mit einer weiteren Bestattung 1951 in der Sprengersiedlung, heute Taunusstraße, Siesmaier-, Goethestraße bei Ausschachtungsarbeiten gefunden.

Jorns (1961) 88ff. Abb. 4; Giegerich (1969) 78f. Abb. 28; Dahmlos (1979) 63 Nr. 3.

H. Roth

88 *Männergräber unter einem Grabhügel*

2. Drittel 7. Jh.; Gießen (Kreis Gießen) Hügel 1907, Trieb; Oberhessisches Museum und Gail'sche Sammlungen Gießen

Aus den ganz ungewöhnlichen Brandgräbern mit Männerbestattungen (vgl. Kat.Nr. 127) wurden unter anderem ein bronzener Pyramidenknopf von einer Spathascheide, zwei gelochte Saxscheidenniete, einzelne Beschläge, eine Riemenzunge und Schnallen zweier vielteiliger Gürtel, die um die Mitte des 7. Jahrhunderts in Mode waren, ferner weitere Gürtelteile, ein Kamm, Nägel und anderes mehr geborgen. Abgesehen davon, daß alle Überreste von Waffen, Gürteln und anderen Dingen nur unvollständige Teile eines Ganzen sind, zeugen die Objekte selbst doch von mehreren Männerausstattungen, wie sie in vielen Reihengräbern Südhessens vorkommen könnten und hier schon besser ausgestattete Gräber kennzeichnen würden.

Kramer (1908a); Kramer (1908b); Zeiß (1934); Dahmlos (1979) 94 Nr. 6a.

K. Sippel

89 Reitergrab

2. Drittel 7. Jh.; Windecken (Nidderau, Main-Kinzig-Kreis); Historisches Museum Hanau

Das Grab enthielt die Überreste eines schwer bewaffneten Reiterkriegers, der mit seinem Langschwert (Spatha), einem großen einschneidigen Hiebmesser (Sax), einer Lanzenspitze sowie – als Abwehrwaffe – einem hölzernen Schild mit zentralem eisernen Schildbuckel ausgestattet war. Der Fund einer zweiteiligen Pferdetrense sowie mehrere eiserne, winkelförmige Sattelbeschlagstücke und ein omegaförmiges Schnallenfragment vom Sattelgurt lassen darauf schließen, daß dieser Krieger zu Lebzeiten ein Pferd besaß, das ihm bei Jagd und Kampf zur Verfügung stand. Jener Reiterkrieger führte ein aufwendiges Wehrgehänge (für Schwert bzw. Hiebmesser) mit sich, das sich in den eisernen Resten einer sogenannten vielteiligen Gürtelgarnitur zeigt, die mit Silbereinlegearbeiten dekoriert wurde: Neben feinen, spiraligen Elementen und einem Vierpaßband fällt besonders die Adlerkopfverzierung auf (vgl. Kat.Nr. 105). Das Grab gehört in die Reihe reich ausgestatteter Reiterkrieger des zweiten Drittels des 7. Jahrhunderts mit dem Verbreitungsschwerpunkt im süddeutschen Raum. Die vielteiligen Gürtelgarnituren, die in dieser Zeit modisch sind, gehen wohl auf awarenzeitliche Vorbilder zurück, die über byzantinisch-oberitalisch-langobardische Kulturvermittlung in den nordalpinen Raum gelangten, um dort auch zu einer eigenen handwerklichen Produktion von metallenem Gürtelbesatz anzuregen.
Das Grab wurde in den zwanziger Jahren im Bereich der Friedrichstraße 10 in der Ortsmitte von Windecken gefunden. Auf diesem Gelände liegt möglicherweise ein größeres merowingerzeitliches Gräberfeld, von dem neben Gerät, Glas, Keramik und Waffen noch Münzen und eine Bronzeschüssel bekannt geworden sind.

H. Müller-Karpe (1949) 58ff.; Christlein (1973) 179 Nr. 129; Dahmlos (1979) 120 Nr. 17a.

H. Roth

90 Männergrab

1. Hälfte 8. Jh.; Eltville am Rhein (Rheingau-Taunus-Kreis) Grab 13; Museum Wiesbaden, Sammlung Nassauischer Altertümer

Wahrscheinlich in einer hölzernen Grabkammer bestattet, besaß dieser Krieger zu Lebzeiten als Hauptwaffe einen fast 70 cm langen, schweren Sax und als Abwehrwaffe einen hölzernen Schild, versehen mit einem zuckerhutförmigen Schildbuckel. An persönlichem Gerät gaben seine Angehörigen ihm ein Klappmesser (wohl ein Rasiermesser), einen Wetzstein und einen Kamm mit ins Grab, das wohl in der ersten Hälfte des 8. Jahrhunderts, also in der Zeit des heiligen Bonifatius, angelegt wurde.
Die Fundstelle südlich des Steinheimer Hofes an der Bahnlinie und Bundesstraße 42 birgt ein in der Merowingerzeit beginnendes Gräberfeld mit ca. 40 Bestattungen, von denen die jüngsten in der Mitte der fünfziger Jahre bekannt wurden.

Schoppa (1950) 21ff.; Stein (1967) 306 Taf. 43, 15–16; Dahmlos (1979) 192 Nr. 1b.

H. Roth

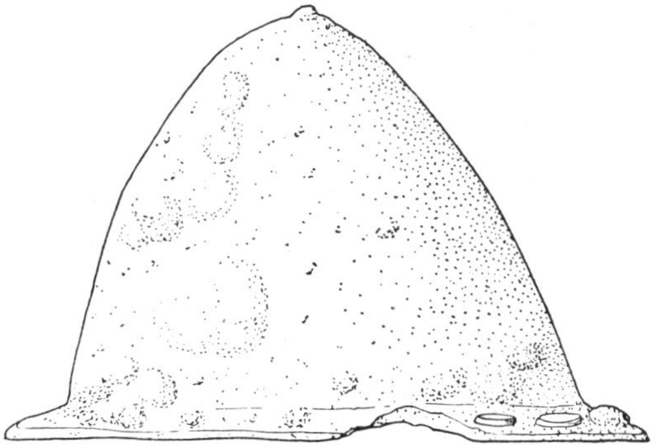

91 Männergrab

Mitte 8. Jh.; Dörnigheim (Maintal, Main-Kinzig-Kreis); Historisches Museum Hanau

Die Funde aus diesem wohl nicht vollständig auf uns gekommenen Grab bestehen aus einer Flügellanzenspitze (vgl. Kat. Nr. 98) mit dazugehörigem Lanzenschuh, einem zuckerhutförmigen Schildbuckel (vgl. Kat.Nr. 90), einem Goldblechband sowie zwei Bronzegefäßen, wovon das eine zum Typ der gegossenen koptischen Bronzebecken (vgl. Kat.Nr. 146) mit durchbrochenem Standfuß gezählt wird; das kleinere Gefäß ist aus dünnem Bronzeblech getrieben.
Die weitläufigen Beziehungen der Zeit spiegeln sich in den Metallgefäßen besonders gut wider, denn jenes getriebene Becken gehört zu einem in England und Irland wohlbekannten Typ, den sogenannten Hanging Bowls (vgl. Kat.Nr. 145), wohingegen das sogenannte koptische Bronzebecken aus dem frühchristlichen Ägypten stammt, von wo es durch den Fernhandel vor allem in der Zeit um 600 nach dem Westen gelangte (vgl. Kat.Nr. 146). Dieses Becken weist zwei alte Reparaturstellen auf, die ebenfalls auf das hohe Alter des Gefäßes schließen lassen. Der Tote, der diese Dinge besaß, war zweifelsohne ein wohlhabender Mann. Dies zeigt auch der Goldblechstreifen, der zur Schildverzierung gehört. Der zuckerhutförmige Schildbuckel und die Flügellanzenspitze sind typische Waffen der Zeit um 750 und danach.
Der Grabfund stammt vom Gelände der Schillerstraße 17, wo er im Jahre 1939 entdeckt wurde. Möglicherweise befindet sich hier ein größeres Gräberfeld, dessen Belegung bis in die Karolingerzeit hineinreicht.

H. Müller-Karpe (1949) 58ff.; Stein (1967) 303f. Nr. 195; Vierck (1970) 34ff. Abb. 9; Dahmlos (1979) 116 Nr. 3.

H. Roth

92 Männergrab

8. Jh.; Niederhone (Eschwege, Werra-Meißner-Kreis); Staatliche Kunstsammlungen Kassel, Abteilung Vor- und Frühgeschichte

Trotz der nur teilweisen Überlieferung oder der bereits im frühen Mittelalter erfolgten Ausraubung stellt dieses Grab in Nordhessen einen der wichtigen und seltenen Belege für die erst spät durchgeführte intensivere Besiedlung des Raumes dar. Die Besitztümer für das Jenseits des hier Bestatteten, von dessen Bewaffnung lediglich das Bruchstück eines einschneidigen Hiebschwertes und vier Pfeilspitzen erhalten geblieben sind, bestanden ferner aus einem Feuerzeug (Feuerstahl) mit den dazugehörigen Flintsteinen, einer bronzenen Pinzette, die der Körperpflege diente, einer gebogenen Bronzenadel, einem Kamm im Futteral sowie einem Eisengerät, das am ehesten als Knebel einer kräftigen Hundeleine anzusprechen ist. In der Tat fanden sich bei der Bestattung nicht nur ein Pferd mit der ungewöhnlichen Widerristhöhe von 158 cm, sondern auch die Überreste zweier außerordentlich großer Hunde. Ob die Knochen einer Kröte, die ebenfalls aus diesem Grabe stammen, zufällig dorthin gekommen sind, oder ob es sich um eine Amulettbeigabe handelt, sei dahingestellt. Das Grab datiert ins 8. Jahrhundert, dies auf Grund des Kammtyps, der seine nächsten Parallelen im archäologischen Material Frieslands hat. Vielleicht war der hier Bestattete ein Zeitgenosse des heiligen Bonifatius.
1969 bei einem Wasserleitungsbau im Spalgrubenweg neben beigabenlosen Gräbern gefunden, gehört der Komplex wohl zu einer kleineren Friedhofsanlage, die der Bevölkerung angehört, die seit dem 8. Jahrhundert von Westen kommend den weiteren agrarischen Ausbau Nordhessens vorangetrieben hat.

Gensen (1969/70) 92ff.; Müller-Wille (1970/71) 208f. Nr. 122; Dahmlos (1979) 46 Nr. 2.

H. Roth

93 Mündungsbeschlag einer Schwertscheide

Um 500; Goldblech, Halbedelsteineinlage, grünblaue Glaspaste; L. 6,2 cm; Groß-Karben (Karben, Wetteraukreis); Gräfliche Sammlungen Erbach

In geometrischer Anordnung sind dünne Stege mit einem Rahmen verlötet, in die Almandinplättchen eingelegt sind. Unter jeder Steineinlage befindet sich eine dünne gewaffelte Goldfolie, um die optischen Eigenschaften des nur durchscheinenden Halbedelsteines zu heben. Das getreppte Mittelfeld ist mit grünem Glasfluß gefüllt.
Mundbleche dieses Types gehören zu aufwendig verzierten Schwertscheiden, in denen wertvolle Schwerter steckten, deren Handhabe oft mit Goldblech überzogen und deren Parierstangen und Knäufe mit Gold- und Steineinlagen ausgestattet waren. In unserem Falle sind all diese Teile verlorengegangen, zumal der Gegenstand bereits im Jahre 1811 auf dem Gut des Grafen Degenfeld am östlichen Dorfrand von Groß-Karben entdeckt wurde.
Waffen der beschriebenen Art, von denen man bislang nur 16 Exemplare kennt, gehören in die Zeit des Königs Childerich I. und in die Regierungsjahre Chlothars I., d.h. in die Zeit zwischen dem Ende des 5. Jahrhunderts und den ersten Jahrzehnten des 6. Jahrhunderts. Besitzer solcher Repräsentationswaffen sind zu den führenden Leuten des Merowingerreiches zu zählen, deren Gräber – meist einzeln liegend – vor allem in Rheinhessen, im Taunusvorland, am oberen Neckar, im alamannischen Raum sowie im inneren Gallien zwischen Seine und Rhein aufgedeckt wurden.

Böhner (1948) 235ff.; Jorns (1961) 100 Abb. 10, 15; Ament (1970) 52 Anm. 76; Dahmlos (1979) 67 Nr. 12.

H. Roth

93a Goldgriffspatha

Um 500 (480–530); L. noch 20 cm; »Umgebung Frankfurt am Main«; Museum für Vor- und Frühgeschichte, Frankfurt am Main

»Unter absichtlicher Verschleierung der Fundumstände« (Woelcke) gelangte dieses Bruchstück eines ehemals prunkvollen zweischneidigen Langschwertes (Spatha) 1913 in das Frankfurter Museum. Nach Erwerb nur notdürftig restauriert, handelt es sich um eine der 17 bekannt gewordenen sogenannten »Goldgriffspathen«, deren Hauptcharakteristikum ein zur Schauseite hin mit Goldblech verkleideter sechseckiger Griff ist. Fünf hochgetriebene Querwülste gliedern ihn in vier Griffzonen für die Finger der Schwerthand. Knauf und Querstange der Handhabe unseres Stücks sind nicht mehr erhalten, dafür aber neben Holzresten auch Beschläge der Scheide: ein silbervergoldeter und in Streifen-, Floral- und Fiedermustern niellierter Mundsaum sowie das Fragment eines von ursprünglich wohl sechs silbervergoldeten »halbmondförmigen« Ziernieten mit herz- oder achterförmigem Ausschnitt.
Die allein schon wegen der aufwendigen Verzierung kostbaren Goldgriffspathen gehörten Männern der obersten fränkisch-alamannischen Schicht der Gründerjahre des merowingischen Reiches, die sich – nicht nur in dieser Schwertsitte – eng an das Vorbild König Childerichs anlehnen. Diese Männer waren seine, seines Sohnes Chlodwigs und seiner vier Enkel Zeitgenossen. Einerseits in der plakativen Prägnanz des goldbeschlagenen Griffes von großer Einheitlichkeit, lassen sich die Spathen andererseits nach der Scheidenverzierung mit cloisonnierten oder mit silbervergoldeten Mundblechen und »halbmondförmigen« Ziernieten in eine fränkische und eine alamannische Gruppe untergliedern, wobei unser »Frankfurter« Exemplar als einziger hessischer Fund zu den alamannischen Stücken gehört.
Die kulturgeschichtliche Deutung dieser nach archäologischen Datierungskriterien mit Childerich einsetzenden und gegen 530 auslaufenden »Goldgriffspatha-Sitte«, die in Nordeuropa nachgeahmt worden zu sein scheint, als Repräsentanten hohen fränkisch-alamannischen Adels wurde allgemein akzeptiert. Die weitergehende Interpretation als Rangabzeichen (Christlein 1978) erscheint sinnfällig und verlockt zu weiteren Überlegungen: Sollte sich die enge Bindung an das merowingische Herrscherhaus durchgängig belegen lassen und sich die südrussisch-donauländische Deszendenz dieser Prunkwaffen als nicht stichhaltig erweisen (Menghin 1983), so könnte der Zusammenhang zwischen ihrer alamannischen Verbreitung und der fränkischen Inbesitznahme des alamannischen Gebietes seit etwa 496 nicht zufällig sein. Dann fänden die Goldgriffspathen als Herrschaftszeichen und Amtssignum durchaus ihre Entsprechung in ähnlichen neuzeitlichen Erscheinungen, wenn man die »ethnischen« Unterschiede bei der Schwertscheidenverzierung nicht zu hoch bewertet.

Woelcke (1925) 76f. Böhner (1948) 234f.; Ament (1970) 51; U. Fischer (1971) 222 Abb. nach S. 216; Christlein (1978) 69f. (zu Goldgriffspathen allgemein); Menghin (1983) 33, 90f., 98, 155f., 173, 214 (Kat.Nr. 42 mit Abb.), 329, 338, 344.

E. Wamers

94 Sax

Ende 6. – Anfang 7. Jh.; L. 31 cm; Löhnberg (Kreis Limburg-Weilburg); Museum Wiesbaden, Sammlung Nassauischer Altertümer

Der Sax, das einschneidige Hiebschwert, das während der gesamten Merowinger- und Karolingerzeit die zweite Hauptwaffe des freien Mannes gewesen war, entwickelte sich von schmalen, langen Exemplaren der Childerichzeit bis hin zu breiten, schweren Waffen, die gelegentlich am Ende des 7. Jahrhunderts und im 8. Jahrhundert die zweischneidigen Hiebschwerter an Gewicht und Größe erreicht hatten. Das vorliegende Stück gehört zu einer kleinen, nur wenige Exemplare aufweisenden Gruppe, die figürlichen und geometrischen Dekor tragen. Trotz der relativ mangelnden Erhaltung kann man auf einer Seite S-förmig und flechtbandförmig stilisierte Tiere, so etwa Raubvogeldarstellungen erkennen. Auf der Gegenseite befinden sich mehrere streifige Zonen, in denen Winkel- und Zickzackbänder sowie zur Klingenspitze hin ein Flechtband eingraviert sind. Ob dieser Dekor einst inkrustiert gewesen ist, entzieht sich unserer Kenntnis.
Vergleichbare Saxe finden sich vor allem im alamannischen Bereich Süddeutschlands, von denen zwei eine Runeninschrift tragen. Wenn die dazugehörigen Saxscheiden in diesen Fällen auch keine aufwendigen Zierknöpfe aus Metall getragen haben, so dürften sie doch mit einer gepreßten Lederdekoration versehen gewesen sein. Die Waffe, die in die Zeit des ausgehenden 6. Jahrhunderts, bzw. in die Zeit um 600 gehört, könnte durchaus im alamannischen Teil Süddeutschlands erworben worden sein.

Unpubliziert; zum Typ: U. Koch (1968) Liste 19 mit Karte 18.

H. Roth

95 Streitäxte

6. Jh.; Dauborn (Hünfelden, Kreis Limburg-Weilburg); Museum Wiesbaden, Sammlung Nassauischer Altertümer

Streitäxte mit weit ausschwingender Schneide gehören zu den seltenen Waffen, die fast ausschließlich während des 6. Jahrhunderts ins Grab kamen. Weitaus gebräuchlicher als jene Breitäxte sind hingegen Formen, die zu den Wurfäxten gehören (vgl. Kat.Nr. 96). Um die Wirksamkeit dieser schweren Äxte zu erhöhen, wird man sich eine lange Holzschäftung vorstellen müssen, wie man sie aus späteren Darstellungen, etwa dem Teppich von Bayeux, kennt. Die dort gezeigten Waffen, die oft mit beiden Händen über dem Kopf geschwungen werden, haben also eine Tradition, die mindestens ins 6. Jahrhundert zurückgeht.
Die Äxte von Dauborn kommen vom Gräberfeld nordwestlich des Ortes an der Straße nach Niederbrechen.

Meyer (1974) 115ff.; Dahmlos (1979) 132 Nr. 2a.

H. Roth

96 Wurfäxte

6.–7. Jh.; Dauborn (Hünfelden, Kreis Limburg-Weilburg); Museum Wiesbaden, Sammlung Nassauischer Altertümer

»Franziska«, die »Fränkische«, ist die wohl bekannteste Streitaxt, die in den spärlichen Schriftquellen des frühen Mittelalters ursächlich mit den Franken in Verbindung gebracht wird. Es handelt sich hierbei stets um eine elegant geschwungene Waffe, die auf ein Kommando aus dem Truppenkörper heraus gegen den Feind geworfen wurde. Während des Fluges rotierte sie um ihre Querachse.
Franzisken gehören zur normalen Waffenausstattung, vor allem in den Gebieten zwischen Seine und Rhein, an der Mosel und im Rhein-Main-Mündungsgebiet; im alamannischen Raum und bei den Bajuwaren tritt sie nur gelegentlich auf. Dieser seit der Zeit des Königs Childerich bekannte Axttyp verschwindet während des weiteren Verlaufes des 7. Jahrhunderts und im 8. Jahrhundert gänzlich aus der Bewaffnung.

Dahmlos (1977) 141ff.; Dahmlos (1979) 132 Nr. 2.

H. Roth

97, 1–2 Lanzenspitzen

6.–7. Jh.; (1) Dauborn (Hünfelden, Kreis Limburg-Weilburg); Museum Wiesbaden, Sammlung Nassauischer Altertümer; (2) Griesheim (Kreis Darmstadt-Dieburg) Grab 303; Landesamt für Denkmalpflege Hessen, Abteilung für Vor- und Frühgeschichte, Außenstelle Darmstadt

Lanzenspitzen der verschiedensten Formen gehören zur üblichen Waffenausstattung neben Spatha, Sax und Schild während der gesamten Merowinger- und Karolingerzeit. Besonders aufwendig verzierte Lanzen können durchaus auch als Fahnenlanzen Verwendung gefunden haben (v. Hessen 1971). Mit der Lanze scheinen bestimmte Vorstellungen im geistigen Bereich verbunden zu sein, da sie im Gegensatz zu Schwert und kostbarem Schwertgurt vom Grabraub (H. Roth 1978) während der Merowingerzeit stets verschont bleibt.
Die vorliegenden Lanzen stammen vom merowingerzeitlichen Gräberfeld im Nordwestteil (1) Dauborns vom Gelände Herbergstraße, Neuherbergstraße, Acker Hepp, »Auf der Lyck« sowie aus (2) Griesheim.

Nassauische Annalen 41, 1910–11, 343ff.; Dahmlos (1979) 132 Nr. 2a; (97, 2 unpubliziert).

H. Roth

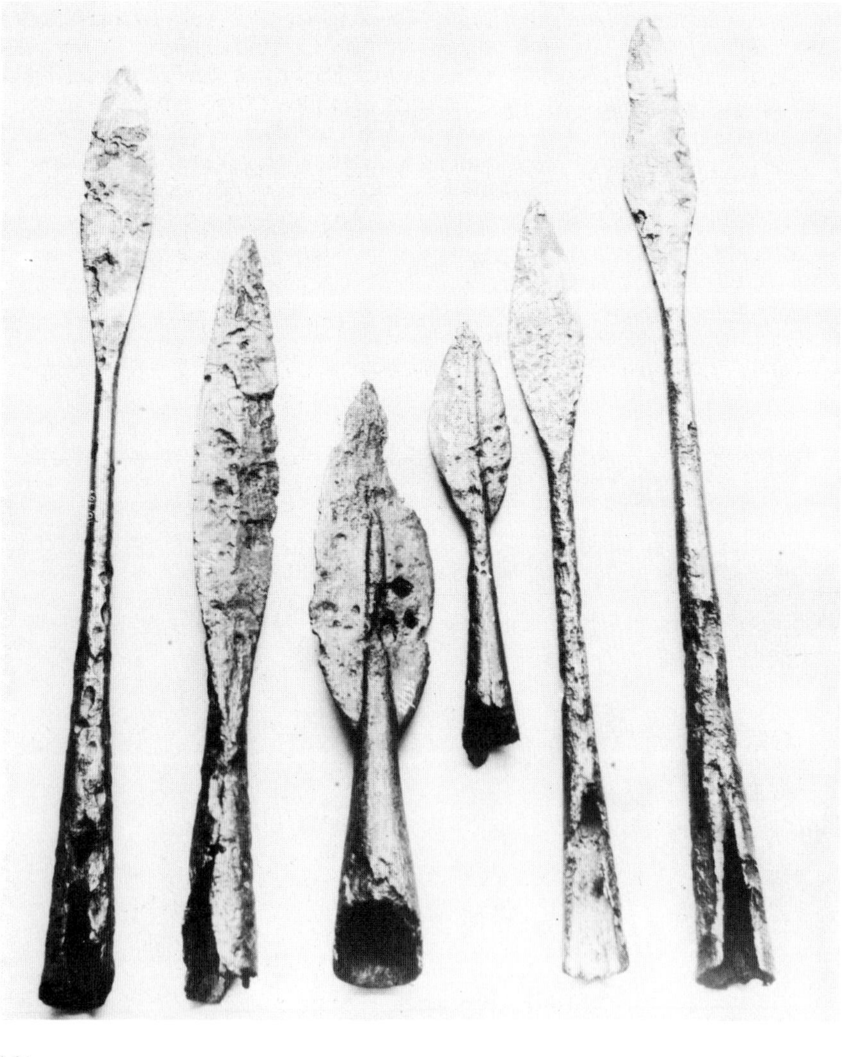

98, 1–2 Flügellanzenspitzen

8. Jh.; L. ca. 30 cm; (1) Kesselstadt (Hanau, Main-Kinzig-Kreis); Historisches Museum Hanau; (2) Dauborn (Hünfelden, Kreis Limburg-Weilburg); Museum Wiesbaden, Sammlung Nassauischer Altertümer

Lanzenspitzen mit oft facettierter Tülle, an der kleine, geschweifte Fortsätze (»Flügel«) sitzen, sind typische Waffenformen, die erst in der Karolingerzeit aufkommen. Exemplare der vorliegenden Art werden während der ersten Hälfte des 8. Jahrhunderts in Süddeutschland beigegeben. Im niederdeutschen Raum, vor allem im sächsischen Gebiet, kennt man sie noch bis an das Ende der Beigabensitte um 800.
Es ist auffallend, daß eine ganze Reihe von Flügellanzenspitzen aus Flüssen bekannt wurden. So auch die beiden vorliegenden Stücke aus Hanau-Kesselstadt, die im Bereich der römischen Mainbrücke an der alten Badeanstalt aus dem Main gebaggert wurden. Ob hinter solchen Flußfunden in karolingischer Zeit noch abergläubische Vorstellungen stehen, oder ob es sich um reine Verlierfunde handelt, kann nicht entschieden werden. Noch in frühmittelalterlichen Bildzeugnissen aus dem Beginn des 9. Jahrhunderts werden Flügellanzenspitzen zusammen mit zukkerhutförmigen Schildbuckeln (vgl. Kat.Nr. 90f.) abgebildet, so etwa im Suttgarter und Utrechter Psalter.

Birkner (1927) 6 Abb. 8; Meyer (1974); Dahmlos (1979) 118 Nr. 8b.

H. Roth

99 Gürtelschnalle

Ende 5. Jh.; Silber, Bronze, Halbedelstein-, Knocheneinlagen; L. 6,5 cm; Groß-Karben (Karben, Wetteraukreis); Wetterau-Museum Friedberg

Aus dem Kriegergrab von Groß-Karben (vgl. Kat.Nr. 78) stammt eine kostbare Gürtelschnalle mit Almandineinlagen. Almandinschnallen dieser Art – hier mit netzartiger Zier der Beschlagplatte und einer strengen Streifeneinteilung des Schnallenbügels – entstanden unter dem Einfluß südöstlicher, am Schwarzen Meer gelegener spätantiker Goldschmiedewerkstätten, die bald für die neuen Herren aus den Reihen der ostgermanischen Stämme der Völkerwanderungszeit gearbeitet haben. In der Folge des Hunneneinfalls vom Jahre 375 gelangte dieser Stil mit östlichen Flüchtlingen nach dem Westen, wo sich die Goldschmiede des Adels bald dem neuen Geschmack dieses farbigen Stiles angepaßt hatten. Der 481 verstorbene König Childerich, der Großvater Chlodwigs I., war einer der ersten, der mittels jenes neuen Goldschmiedestiles seine repräsentativen Waffen und sein Wehrgehänge ausstatten ließ (vgl. Kat.Nr. 93). Der Krieger von Groß-Karben steht ganz in dieser Tradition.

Behrens (1933) 201 Abb. 2; Behrens (1939) Abb. 62,1; Dahmlos (1979) 67 Nr. 12.

H. Roth

100 Gürtelschnalle

Anfang 6. Jh.; Bronze; L. 4 cm; Hochheim am Main (Main-Taunus-Kreis) Grab 6; Museum Wiesbaden, Sammlung Nassauischer Altertümer

Kleine bronzene Gürtelschnallen mit profilierter Dornbasis und drei schildförmigen Nieten, mittels derer der Ledergürtel mit der Schnalle verbunden war, gehören zu den am Beginn des 6. Jahrhunderts üblichen Schwertriemen, die in dieser Zeit in unserem Raum vergleichsweise schlicht waren. Gürtelschließen mit schildförmigen Nieten, oft auch aus Silber, finden sich bei sämtlichen Stämmen der frühen Merowingerzeit. Die bronzene Gürtelschnalle stammt aus Grab 6 vom Gräberfeld Flur »Eselsberg« (vgl. Kat.Nr. 7) und Flur »In der Bein« an der Mainuferstraße, das mindestens 50 Bestattungen erbrachte, die beginnend mit der zweiten Hälfte des 5. Jahrhunderts bis in das 8. Jahrhundert angelegt wurden.

Schoppa (1956) 41ff.; Dahmlos (1979) 141 Nr. 8b.

H. Roth

101 Gürtelbeschläge

3. Drittel 6. – Anfang 7. Jh.; Goldblech, Filigran; Trebur (Kreis Groß-Gerau); Mittelrheinisches Landesmuseum Mainz

Zu den qualitätvollsten Beschlägen der Merowingerkultur nördlich der Alpen gehören fünf (ehemals waren es ca. ein Dutzend) goldene Riemenzungen eines sogenannten vielteiligen Gürtels. Aus dünnem Goldblech mittels eines Models gepreßt und hülsenförmig montiert und verlötet, nahmen sie einst die Enden schmaler lederner Gürtel auf. Ihr Dekor ist im germanischen Tierstil II gehalten, einer Tierornamentik auf symmetrischer Flechtbandbasis. In diesem Falle haben wir es mit einem seltenen Beispiel für die frühe Phase jenes Stiles II zu tun, der im letzten Drittel des 6. Jahrhunderts in Frankreich, Skandinavien und Italien entstanden ist. Unter Umständen handelt es sich um einen goldbesetzten Gürtel, der vom langobardischen Oberitalien als Geschenk oder ungewöhnliches Beutestück nach Trebur gelangte.

Lindqvist (1926) 79; A. Koch (1937) 77; H. Roth (1973a) 145; H. Roth (1973b) 34; J. Werner (1977) 171f.

H. Roth

101

102 Gürtelgarnitur

Um 600; Bronze, verzinnt; L. 10,6 bzw. 7,9 cm; Biebesheim (Kreis Groß-Gerau) Grab 1; Hessisches Landesmuseum Darmstadt

Die aus zwei Teilen bestehende Gürtelgarnitur mit langem dreieckigem Beschlag und großen Ziernieten ist an ihren Rändern mit reichem, alternierendem Punzdekor verziert, einem gängigen Motiv des frühen Mittelalters.
Die Garnitur diente dazu, ein langes Schwert zu gürten, das zusammen mit ihr in Grab 1 des Gräberfeldes auf der Flur »Die Weingärten« im Jahre 1960 gefunden wurde . Sorgfältig gearbeitete Gürtelgarnituren dieser Art sind in der Zeit um 600 typisch für die fränkisch-mittelrheinische Tracht- und Modeprovinz, die enge geschmackliche Anklänge an innergallische Kulturzentren erkennen läßt.

Jorns (1961) 90f. Abb. 1, 3; Dahmlos (1979) 101 Nr. 4b.

H. Roth

103 Gürtelschnalle

Um 600; Eisen, Silbereinlage; L. 5 cm; Hochheim am Main (Main-Taunus-Kreis); Museum Wiesbaden, Sammlung Nassauischer Altertümer

Aus einem unbeobachtet zerstörten Grab des großen Friedhofes auf der Flur »Eselsberg« und der Flur »In der Bein« stammt eine eiserne Gürtelschnalle, die mit reicher Silbereinlage dekoriert ist. Auf dem Bügel befindet sich Streifentausia, auf dem Beschlag ist sogenanntes Pilzzellenwerk aufgebracht.
Die Schnalle gehört in die Zeit um 600 und stellte wahrscheinlich Teil eines aufwendigen Waffengurtes (vgl. Kat.Nr. 85) dar. Diese Art der Pilzzellentauschierung findet ihre Parallelen im gleichzeitigen fränkischen Frauenschmuck Rheinhessens und des Neuwieder Beckens.

Schoppa (1956) 41ff.; Dahmlos (1979) 141 Nr. 8b.

H. Roth

104 Gürtelgarnitur

Um 600; Eisen, silbertauschiert; Gonzenheim (Bad Homburg vor der Höhe, Hochtaunuskreis) Grab 23; Saalburg-Museum Bad Homburg vor der Höhe

Aus dem Grabe eines berittenen Kriegers stammend, stellen die vorliegenden Metallbeschläge Teile zweier Waffengürtel dar. Ein Gürtel war einst mit dreiteiligen Applikationen versehen, von denen uns lediglich ein rundes Beschlagstück mit fehlendem Bügel und Schnallendorn überliefert ist. Mit reicher Tauschierarbeit in Silber versehen, gehört jener Gürtel in die Zeit um 600. Die mannigfaltigen Formen der Silbereinlage in Art des engteiligen Zellenwerkes in der Goldschmiedekunst entsprechen ganz dem Dekorationsschema der Zeit. Die langschmalen Beschlagstücke gehörten wahrscheinlich zum Schwertgurt, sie sind im wesentlichen mit Streifentauschierung und mit Pilzzellenmustern verziert. Diese Waffengürtel (vgl. Kat.Nr. 103) sind in unserem Raum nie zur herrschenden Mode geworden, wie sie dies etwa in Süddeutschland bei Alamannen und Franken waren.

Böhner (1956) 102ff. Abb. 15; Dahmlos (1979) 175 Nr. 1a.

H. Roth

105 Gürtelgarnitur

Erstes Drittel 7. Jh.; Silber- und Goldtauschierung und -plattierung, Almandineinlagen; Praunheim (Frankfurt a. M.); Museum für Vor- und Frühgeschichte Frankfurt am Main

Für eine recht kurze Zeit im ersten Drittel des 7. Jahrhunderts werden vor allem im südlichen Reihengräberkreis schwere, massive eiserne Gürtelgarnituren beliebt, die einen aufwendigen Dekor mit Bronze-, Silber- und Goldtauschierung und -plattierung tragen. Sie sind stets dreiteilig mit oft dreiseitigem Schnallenbeschlag und Gegenbeschlag und einem kleineren Rückenbeschlag.

Die Garnitur aus einem reichen, wenn auch zerstörten, Männergrab vom Praunheimer Ebelfeld ist eines der prachtvollsten Beispiele. Sowohl die schwere Schnalle mit dem rechteckigen abgedachten Bügel wie auch Gegen- und Rückenbeschlag waren mit bronzevergoldeten Nieten auf einem etwa 3 cm breiten Ledergürtel befestigt, der der Waffenaufhängung diente. Die reichhaltige Verzierung besteht im Wesentlichen aus verflochtenen Tieren, zu denen verschiedene Flechtband-, Zellen- und Zickzack-Muster treten.

Sie gehört zu den ganz wenigen Garnituren mit Goldtauschierung und -plattierung sowie Almandineinlagen, vergleichbar etwa denen aus den Niederstotzinger oder Morkener Adelsgräbern (vgl. Kat. Nr. 139). Der reichhaltige Dekor und die prunkvolle Aufmachung stellt ihren Praunheimer Besitzer in die führende Schicht des Frankfurter Raumes.

Germania 13, 1929, 215; U. Fischer, Einführung in die Ausstellung des Museums für Vor- und Frühgeschichte zu Frankfurt am Main (1969[5]) 42.

E. Wamers

106 Gürtelbeschläge

Anfang 7. Jh.; Bronze; Seligenstadt (Kreis Offenbach); Hessisches Landesmuseum Darmstadt (während des Krieges verschollen)

Gürtelbeschläge aus Bronze in langer, triangulärer Form und mit großen Ziernieten gehören zur Modetracht wohlhabender Männer des Mittelrheingebietes und der Zone zwischen Seine und Rhein aus der Zeit des beginnenden 7. Jahrhunderts. Ihre Funktion wird in erster Linie in einem Wehrgehänge zum Langschwert zu suchen sein, dessen Bedeutung für die Welt des Mannes durch die ehemals goldglänzende Farbe unterstrichen wurde.

Die Bronzen stammen aus dem merowingerzeitlichen Gräberfeld aus der Kiesgrube am Galgenberg, dessen Inhalt im wesentlichen aus dem Kunsthandel zu Beginn dieses Jahrhunderts erworben werden konnte.

Nahrgang (1967) 197 Abb. 202; Dahmlos (1979) 187f. Nr. 18c.

H. Roth

107 Gürtelgarnitur

2. Drittel 7. Jh.; Eisen, Silbereinlagen; Windecken (Nidderau, Main-Kinzig-Kreis); Historisches Museum Hanau

Aus einem Männergrab stammend, waren diese eisernen, silberplattierten und silbertauschierten Beschläge auf einem ledernen Gürtel montiert, der als Wehrgehänge gegebenenfalls aber auch als Pferdegeschirrbesatz diente. Jene Gürtel, die ins zweite Drittel des 7. Jahrhunderts gehören, sind charakterisiert durch eine Vielzahl von sogenannten Nebenriemenzungen, die als Dekoration funktionslos vom eigentlichen Gürtel herabhingen. Die Verzierung dieser vielteiligen Gürtelgarnitur, die seit der Awarenzeit (568 n. Chr.) bis ins 7. Jahrhundert hinein modisch ist, besteht aus Adlerköpfen, die als Symboltiere von Menschen und Göttern – nicht nur des germanischen Bereiches – anzusehen sind. Gürtelgarnituren dieser Art finden sich vor allem in Süddeutschland bei den Bajuwaren und den Alamannen. Das Vorkommen im Main-Kinzig-Gebiet stellt eine Ausnahme dar.

H. Müller-Karpe (1949) 58ff. mit Abb.; Dahmlos (1979) 120 Nr. 17a.

H. Roth

107

108, 1–4 Perlrandbecken

5.–7. Jh.; Bronze, getrieben; (1) verschiedene Fundorte in Mittelhessen; Museum Wiesbaden, Sammlung Nassauischer Altertümer

Unter den verschiedenen Bronzegefäßen der Merowingerzeit nehmen die Perlrandbecken eine besondere Stellung ein, da ihre Formen sich offensichtlich kontinuierlich aus römischen Vorbildern entwickelt haben. Stets aus sehr dünnem Bronzeblech sorgfältig getrieben, finden sie sich als Grabbeigaben, die in reicheren Bestattungen von Kindern, Frauen und Männern im gesamten Merowingerbereich vorkommen. Eine starke Konzentration dieser Gefäße zeigt sich in Rheinhessen und im Mainmündungsgebiet sowie im Neuwieder Becken und im Kölner Raum. Was das alte Gallien betrifft, so ist das Hauptverbreitungsgebiet der Perlrandbecken an der mittleren Maas zu suchen.
Sie scheinen unterschiedlich gebraucht worden zu sein, so als Behälter für feste Speisen (hier kennt man Nüsse und Pflaumen) und für Flüssigkeiten, wie der gelegentliche Fund eines hölzernen Löffels im Zusammenhang mit einem Perlrandbecken zeigt. Natürlich werden sie auch im Bereich der Körperpflege eingesetzt, da man in ihnen gelegentlich Kamm und Schere (vgl. Kat.Nr. 62; 67) angetroffen hat. Unsere Bronzegefäße datieren sämtlich in das 5. und 6. Jahrhundert, wobei in letzterem ein deutlicher Schwerpunkt liegt.

J. Werner (1961a) 307ff.

H. Roth

109 Bronzebeschläge eines Holzeimers

6. Jh.; Rekonstruktion; Wiesbaden; Museum Wiesbaden, Sammlung Nassauischer Altertümer

Wahrscheinlich aus einem reichen Kriegergrab stammend, diente der Eimer einst zusammen mit anderen Gefäßen der Trinkkultur eines freien Mannes. Das Oberteil des Eimers ist mit gegossenen Bronzeattaschen besetzt, an denen ein beweglicher und mit Kreisaugen verzierter Henkel sitzt. Hängende Dreiecke mit einem stilisierten menschlichen Gesicht (wohl apotropäischer Natur) dekorieren eine mittlere, umlaufende Zone des Eimers. Diese Preßbleche wurden über einem bronzenen Model geschlagen.
Vergleichbare Eimer, die sich in nur geringer Zahl im Merowingerbereich gefunden haben, gehören ins 6. Jahrhundert. Ihr Verbreitungsbild ist auffallend: das Taunusvorland, Rheinhessen und rheinabwärts bis nach Rhenen in Holland sowie in wenigen Exemplaren im thüringischen Gebiet, am Oberrhein, ferner an der mittleren Mosel und in Gallien zwischen Seine und Rhein. Die Ursprünge jener Eimerformen sind auf Grund ihrer altertümlichen Attaschenstilisierung im spätrömischen Bereich Galliens zu suchen (Bakka 1982).
Der Eimer stammt vom Reihengräberfeld aus dem Bereich der Dotzheimer Straße, Schiersteiner Straße, Rheinstraße, Karlstraße.

Lindenschmit (1881) Heft 2; Martin (1976) 117ff., bes. Anm. 85 und Abb. 30; Bakka (1982) 389ff.; Dahmlos (1979) 222 Nr. 14g.

H. Roth

F. Krankheit und Tod:

Zahnerkrankungen: 110 Schädelverletzungen: 111 Waffen- und Gewaltverletzungen: 112 Frakturen: 113 Orthopädische Versorgung: 114 Carcinome und andere Erkrankungen: 115 Statistisches zur Anthropologie: 116–121 Friedhöfe, Grabbauten und Totenbehandlung: 122–132

Bis zurück in die frühesten Perioden der Menschheitsgeschichte sind Nachweise über das Auftreten und die Häufigkeit von verschiedenen Krankheiten erbracht und Aussagen über Einflüsse verschiedenster Umweltfaktoren gemacht worden. Krankhafte Veränderungen hängen oft von der Ernährung, der ökologischen bzw. spezifischen historischen Lebenssituation vergangener Bevölkerungen ab.

Die frühmittelalterliche Gesellschaft hatte nur einen sehr kleinen Anteil sehr alter Männer und Frauen, so daß sich offenbar andere Kleingruppenbeziehungen, andere Formen des Familienlebens und Traditionsmöglichkeiten ergaben, als wir sie heute kennen. Krankheit und Tod mußten in jedem Lebensabschnitt als akute Realität empfunden werden.

Es sollte somit nicht vergessen werden, daß hinter den mehr trockenen demographischen Aussagen auch menschliche Schicksale stehen (z. B. häufiger Tod von Kindern; vgl. Kat.Nr. 6–10).

M. Kunter

110, 1–3
Zahnerkrankungen

(1) Hilmes (Schenklengsfeld, Kreis Hersfeld-Rotenburg) (Grab 16 B; (2) Griesheim (Kreis Darmstadt-Dieburg) Grab 303; (3) Groß-Gerau (Kreis Groß-Gerau) Grab 32

(1) Hilmes Grab 16 B
Frau, 16–20 Jahre
Kariöser Defekt am 2. unteren Molaren links.

(2) Griesheim Grab 303
Mann, 50–55 Jahre
1. unterer Molar links durch Karies weitgehend zerstört; nachfolgende Entzündung des Zahnbettes mit Wurzelspitzenabszeß (Granulom).

(3) Groß-Gerau Grab 32
Mann, 35–40 Jahre
3. unterer Molar links nicht angelegt; intravitaler Verlust des 2. Molaren wohl durch Karies; 1. Molar durch Karies zerstört mit nachfolgender Entzündung des Zahnbettes und Wurzelspitzenabszeß; Zahnbettschwund (Paradontose) und Zahnsteinablagerungen.

Lit.: siehe S. 77.

M. Kunter

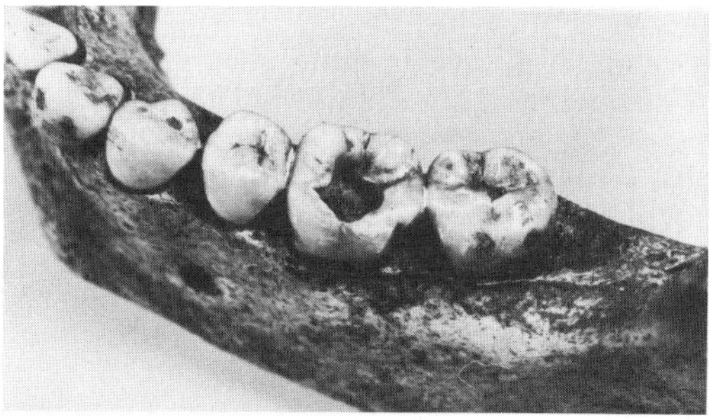

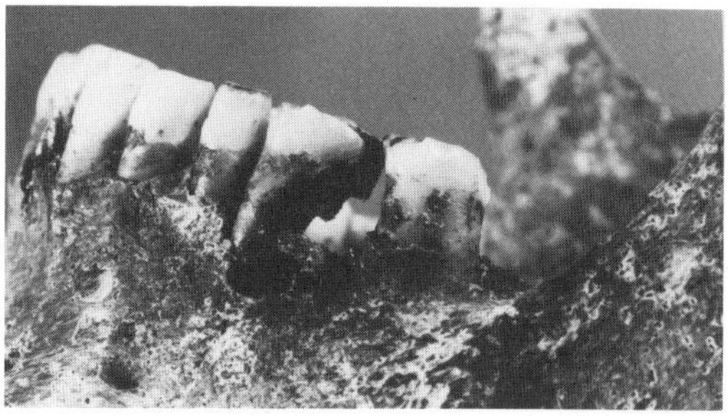

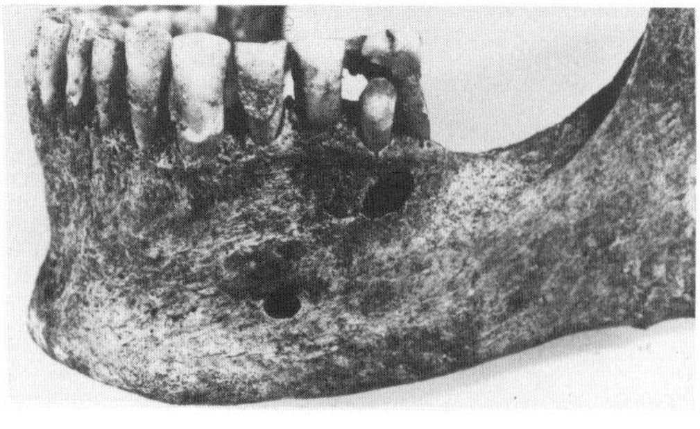

111, 1–9
Schädelverletzungen

(1) Amöneburg (Kreis Marburg-Biedenkopf) Grab 1; (2) Viernheim (Kreis Bergstraße) Grab 8; (3) Hilmes (Schenklengsfeld, Kreis Hersfeld-Rotenburg) Grab 34 A; (4) Goddelsheim (Lichtenfels Kreis Waldeck-Frankenberg) Grab 26; (5) Griesheim (Kreis Darmstadt-Dieburg) Grab 359; (6) Trais-Horloff (Hungen, Kreis Gießen); Griesheim (Kreis Darmstadt-Dieburg); (8–9) Eltville am Rhein (Rheingau-Taunus-Kreis) Grab 67; Grab 85

(1) Amöneburg Grab 1
Mann, 50–60 Jahre
Unverheilte Schwerthiebverletzungen am Schädeldach, am linken Unterkieferast und am rechten Jochbein. Durch Verletzung lebenswichtiger Gehirnstrukturen ist der Tod sofort eingetreten. Hiebmarken am Unterkiefer deuten auf Dekapitationsversuch.

(2) Viernheim Grab 8
Mann, 30–35 Jahre
Unverheilte Schwerthiebverletzung auf dem Stirnbein mit Absprengung eines großen Knochenstückes; auf dem linken Scheitelbein ein weiterer unverheilter Einhieb in Längsrichtung des Schädels. Bei beiden Hieben Todesfolge durch Verletzung lebenswichtiger Hirnteile.

(3) Hilmes Grab 34 A
Mann, 60–65 Jahre
Durch scharfen Hieb von vorne Absprengung einer Knochenspange am linken Frontale und Parietale. Die Verletzung ist gut verheilt (jetzt sekundär beschädigt).

(4) Goddelsheim Grab 26
Mann, 70–80 Jahre
Hiebverletzung am Übergang vom Stirn- zum Scheitelbein. Verursacht wahrscheinlich durch scharfe Waffe. Folgenlose Ausheilung offenbar nach Wundinfektion.

(5) Griesheim Grab 359
Mann, 50–70 Jahre
Gut verheilte Hiebmarke von scharfer Waffe rechts am Übergang vom Stirn- zum Scheitelbein.

(6) Trais-Horloff
Mann, 40–50 Jahre
Gut verheilter Schwerthiebschnitt am linken Parietale. Schädeldecke nicht durchschlagen.

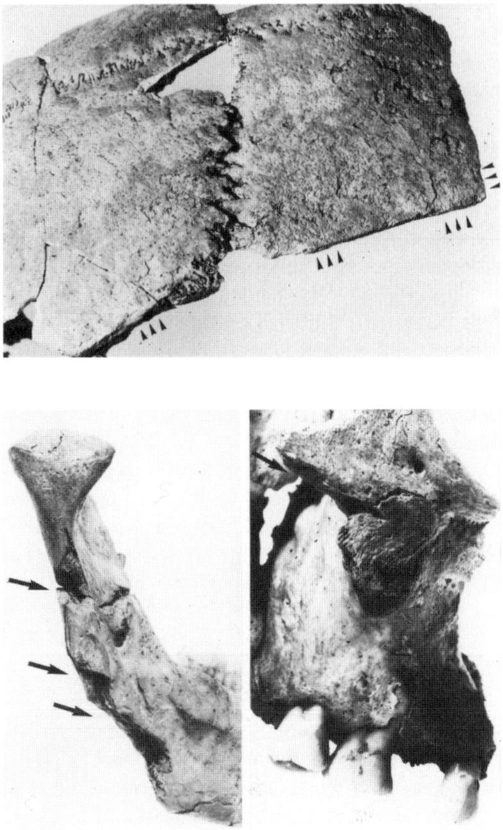

1

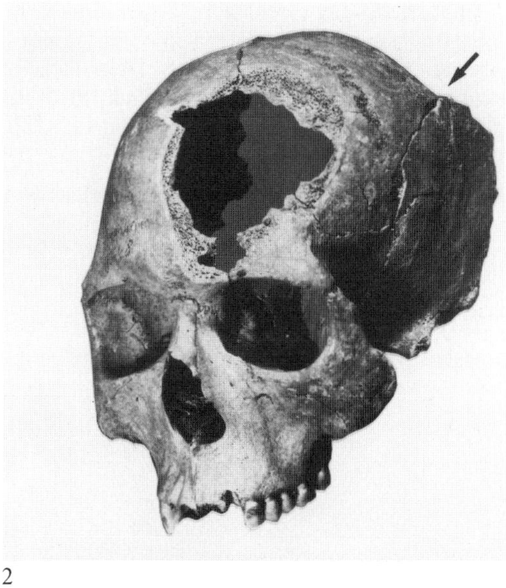

2

(7) Griesheim ohne Nr.
Mann, 60–70 Jahre
Langer, gut verheilter, etwas unregelmäßiger Hiebschnitt auf dem linken Frontale und Parietale; zusätzlich auf dem linken Parietale ein das Schädeldach perforierender, durch Knochenumbildung an den Rändern abgerundeter Defekt. Spitzovale, trepanationsähnliche Form und gleichmäßiger Böschungsgrad der Ränder sprechen für ärztliche Behandlung der Schädeldachverletzung. Durch Knochensplitterbeseitigung und Knochenrandbearbeitung wurde der Heilungsprozeß günstig beeinflußt. Beide Verletzungen verursacht durch eine scharfe Waffe (Axt?).

(8) Eltville Grab 67
Mann, 40–60 Jahre
Durch Hieb mit scharfer Waffe scharfrandig begrenzter Knochendefekt auf dem Frontale mit Einbruch von Knochensegmenten und Rißlinien. Keine Heilungsspuren. Unmittelbare Todesfolge durch Verletzung lebenswichtiger Hirnteile.

(9) Eltville Grab 85
Mann, 50–70 Jahre
Verheilte, ausgedehnte Impressionsfraktur mit unregelmäßig begrenztem Lochdefekt am Übergang zwischen Stirnbein und Scheitelbeinen. Ursache: Schlag mit stumpfem Gegenstand (Keule?) oder herabgefallener oder geworfener Stein. Die Ränder des Lochdefektes und die Biegungsbruchlinien sind durch Knochenumbildung abgerundet. Knochenfragmente wurden bei der Wundbehandlung offenbar entfernt; keine Knochenrandbearbeitung. Die Knochenfragmente könnten auch herausgeeitert sein. Dafür ist aber kein sicherer Nachweis mehr möglich, denn die gelungene Abheilung liegt sicher schon viele Jahre zurück.

Lit.: siehe S. 77.

M. Kunter

3

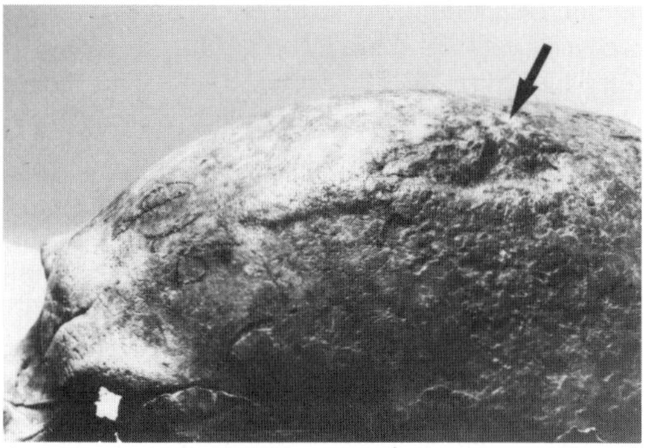

4

5

6

7

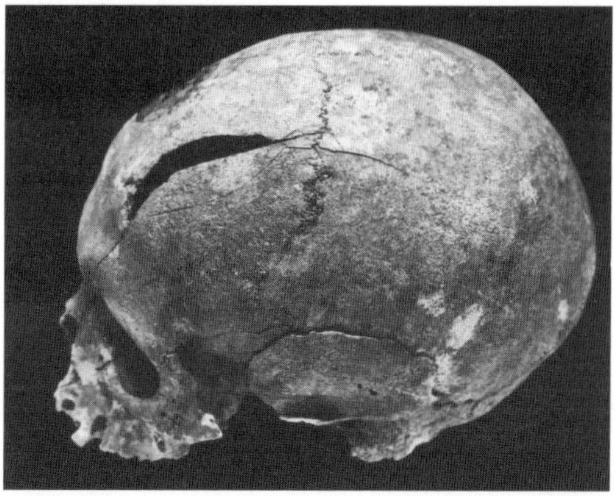
8

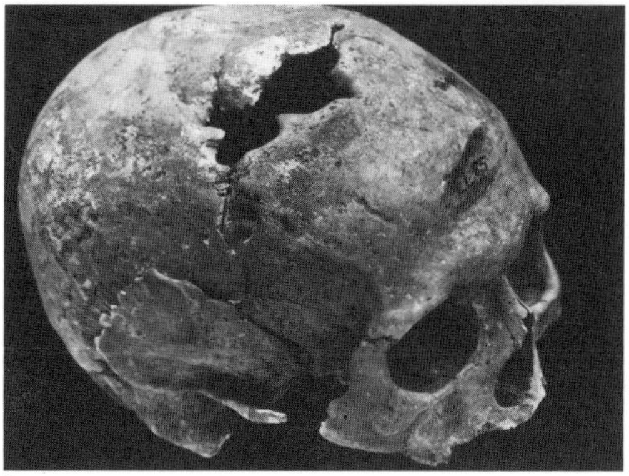
9

112, 1–7 Waffen- und Gewaltverletzungen

(1–4) Amöneburg (Kreis Marburg-Biedenkopf) Grab 1; Grab 2; Grab 3; Grab 1; (5) Zullenstein (Biblis-Nordheim, Kreis Bergstraße) Grab 18; (6) Griesheim (Kreis Darmstadt-Dieburg) Grab 245; (7) Zullenstein (Biblis-Nordheim, Kreis Bergstraße) Grab 3

(1) Amöneburg Grab 1
Mann, 50–60 Jahre
Unverheilter Schwerthiebschnitt durch das linke mediale Ellenbogengelenk.

(2) Amöneburg Grab 2
Mann, etwa 70 Jahre
Lateraler Teil des linken Ellenbogengelenkes durch Schwerthieb abgeschlagen. Keine Heilungsspuren.

(3) Amöneburg Grab 3
Mann, 50–55 Jahre
Linkes Ellenbogengelenk durch Schwerthieb gespalten. Keine Heilungsspuren.

Bei den drei Amöneburger Männern müssen die Schwerthiebe jeweils von vorne die linken, zum Schutze hochgerissenen Arme im Ellenbogengelenk getroffen haben. Diese Verletzungen haben ihre Parallelen in den sogenannten Parierfrakturen.

(4) Amöneburg Grab 1
Mann, 50–60 Jahre
Unverheilte Schwerthiebmarke am linken Femurschaft.

(5) Zullenstein Grab 18
Mann, 50–60 Jahre
(6) Griesheim Grab 245
Frau, 50–60 Jahre
Gut verheilte Schlüsselbeinfrakturen (jeweils linke Clavicula) mit typischer Dislokation der Bruchenden. Ursache: Indirekte Gewalteinwirkung wie Fall auf die ausgestreckte Hand oder seitliche Kompression der Schulter am wahrscheinlichsten.

(7) Zullenstein Grab 3
wahrscheinlich Mann, 40–60 Jahre
Verheilte Wadenbeinschaftfraktur rechts 5 cm über Malleolus fib. mit definiertem knöchernem Kallus (Ersatzknochen). Ursache: Indirekte Gewalteinwirkung wie Stauchung durch Sturz aus der Höhe oder Biegung bei direkt angreifender Gewalt.

Lit. siehe S. 77.

M. Kunter

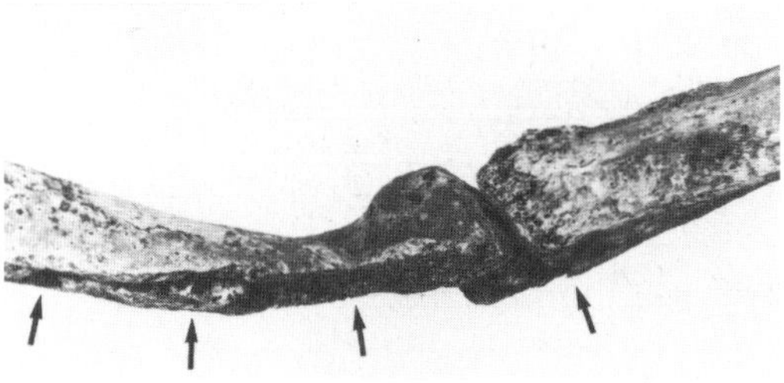

1

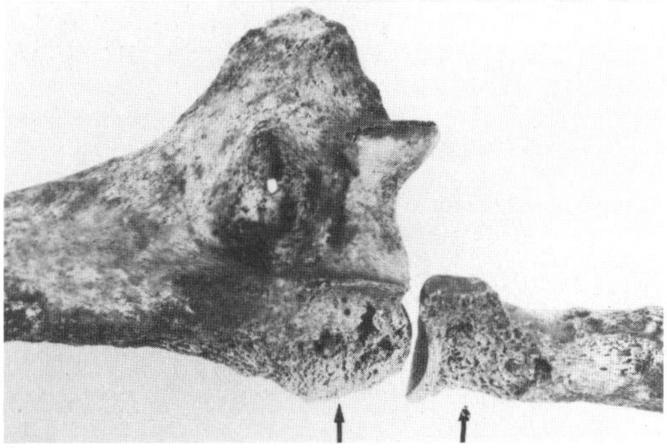

2

3

113, 1–2 Frakturen

4

5

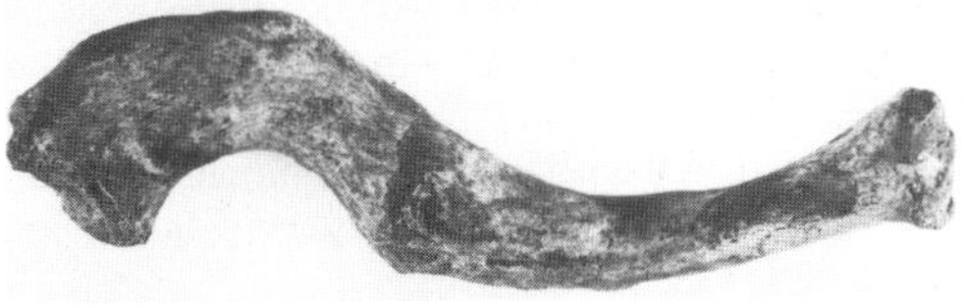

6

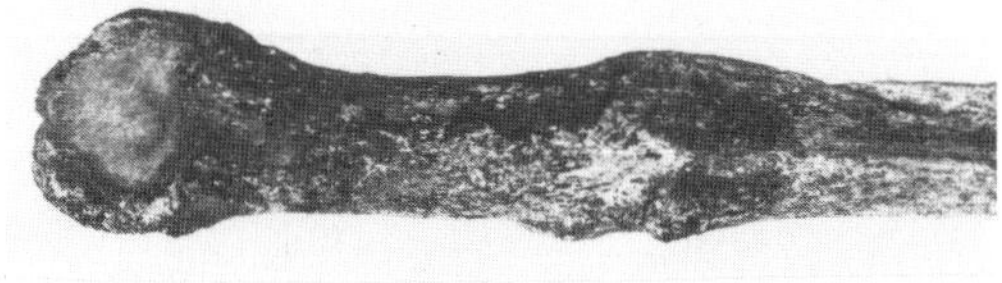

7

Griesheim (Kreis Darmstadt-Dieburg) Grab 202; Grab 78

(1) Griesheim Grab 202
Mann, 60–65 Jahre
Koxarthrose. Linker Femurkopf pilzförmig deformiert mit osteophytären Randwülsten und Geröllzysten; dazugehörige Gelenkpfanne erweitert und arthrotisch verformt. Teilweise glatte Gelenkflächen durch Knorpel-Knochenabschliff. Verkürzung des linken Oberschenkelknochens um 1,8 cm mit Einwärtsstellung des Knies (Coxa vera). Ursache: Sekundär nach traumatischem Ereignis (Schenkelhalsbruch bzw. Luxation). Symptome: Schmerzen, Bewegungseinschränkung, Schonungshinken.

(2) Griesheim Grab 78
Mann, 50–60 Jahre
Parierfraktur. Ulna und Radius des linken Armes nach Schaftfraktur in mäßiger Fehlstellung verwachsen. Ursache: Direkte Gewalt. Schlag auf den zur Abwehr vor den Kopf gehaltenen Unterarm. Nach Heilung leichte Fehlstellung im Handgelenk mit Einschränkung der Handgelenksdrehung.

Lit.: siehe S. 77.

M. Kunter

113,1

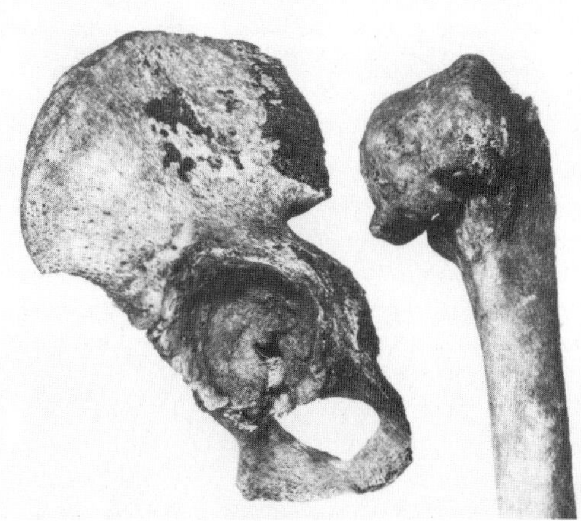

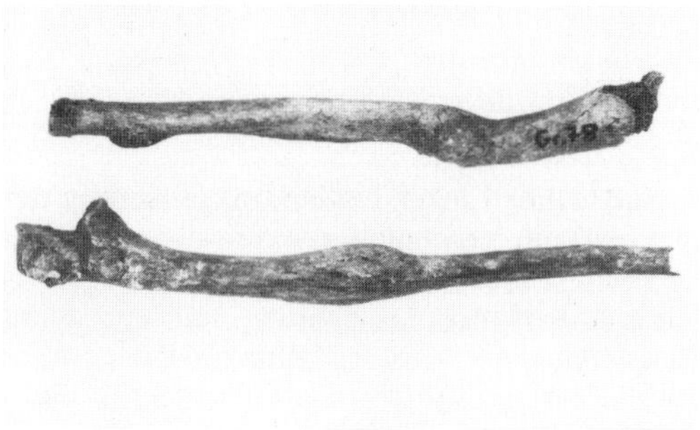

113,2

114 Orthopädsche Versorgung

Griesheim (Kreis Darmstadt-Dieburg) Grab 226

Griesheim Grab 226
Mann, 35–45 Jahre
Das Skelett dieses maturen Mannes ist relativ schlecht erhalten. Gut zu erkennen ist, daß auf der linken Seite vom Kniegelenk abwärts die untere Extremität fehlt. An Stelle des Fußes befindet sich eine quaderförmige Bronzetülle, die auf eine – jetzt vergangene – hölzerne Beinprothese in Form einer Piratenstelze aufgeschoben und mit Nägeln befestigt war. Dieser Stumpf war wahrscheinlich teilweise endbelastbar. Ein derartiger Beinstumpf ist aber nur dann am Ende belastbar, wenn nicht eine Amputation quer durch einen Röhrenknochen, sondern eine Exartikulation im Kniegelenk vorliegt. Oberschenkelknochen und Hüftgelenk waren auf der linken Seite deutlich schwächer entwickelt, was als Hinweis auf prothetische Versorgung noch während der Wachstumsphase gedeutet werden kann.

Lit.: siehe S. 77.

M. Kunter

115, 1–7 Carcinome und andere Erkrankungen, histologische Befunde

Diagnose: M. Schultz. (1–7) Eltville am Rhein (Rheingau-Taunus-Kreis) Grab 414; Grab 13; Grab 103; Grab 423; Grab 103; Grab 423; Grab 13

(1) Eltville Grab 414
Untere Brustwirbel, zum Teil mit fast völlig aufgelöster Spongiosastruktur (Röntgenaufnahme), zum Teil zusammengebrochen und als keilartiger Block verwachsen (links unten). Am ehesten Spuren eines metastasierenden Tumors (Carcinom). Differentialdiagnose: Tuberkulose möglich. Folgen bei der Knochenbruchheilung, bzw. Ankylosierung recht ähnlich.

(2) Eltville Grab 13
Wohl am ehesten Form einer Myositis ossificans mit ausgedehnter Periostbeteiligung. Histologische Untersuchung zeigt, daß keine Veränderungen vorliegen, die auf eine Osteomyelitis deuten. Differentialdiagnose: Ostitis, Osteomyelitis. Letztere kann histologisch aber eigentlich auch röntgenologisch (nicht sicher) ausgeschlossen werden.

(3) Eltville Grab 103, Tibia
Der makroskopische Befund deutet auf eine chronische Osteomyelitis. Der röntgenologische Befund schließt dies nicht aus. Die Ergebnisse der histologischen Untersuchung sprechen eher für einen beginnenden tumorösen Prozeß im Sinne einer proliferierenden Geschwulstbildung.

(4) Eltville Grab 423, Tibia
Focus einer Osteomyelitis. Differentialdiagnose: Röntgenologisch sowie makroskopisch kann das Vorliegen eines Osteoid-Osteoms nicht ausgeschlossen werden. Die histologische Untersuchung (Längsschliff) spricht sicher für eine Osteomyelitis.

(5) Eltville Grab 103, Tibia
Knochendünnschliff in der Lupenvergrößerung: Tibiaschaft quer, Umbauzonen der Knochenverdickung. Knochendünnschliff im einfachen Durchlicht mit 100facher Vergrößerung: normal gebaute Havers'sche Systeme im Grenzbereich zur Umbauzone.

(6) Eltville Grab 423, Tibia
Knochendünnschliff in der Lupenvergrößerung: Tibiaschaft quer, im Bereich der Knochenverdikkung gelegener Gefäßkanal.
Knochendünnschliff im polarisierten Durchlicht mit einer 25fachen Vergrößerung: Wandstruktur des großen Gefäßkanals (siehe links), Kanal von verdickten sklerotischen Knochenbälkchen umschlossen.

(7) Eltville Grab 13, Femur
Knochendünnschliff in der Lupenvergrößerung: Femurschaft quer, dorsale Hälfte mit Linea aspera, keine für eine Osteomyelitis typische Knochenveränderung sichtbar.

Lit.: siehe S. 77.

M. Kunter

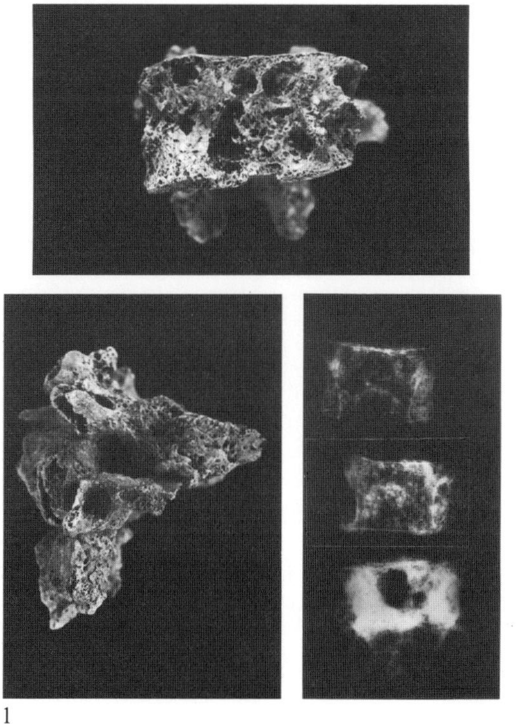

1

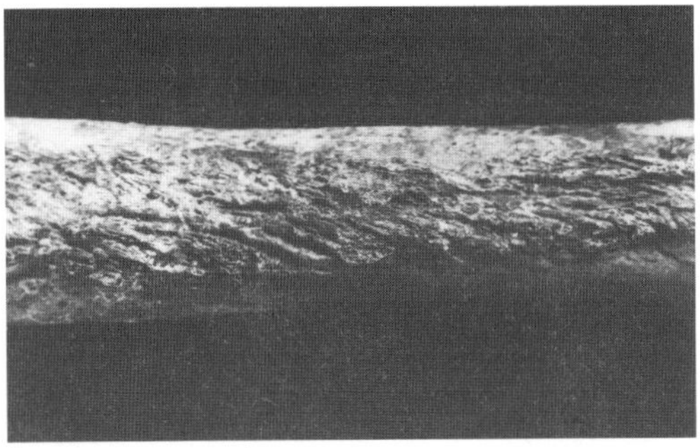
2

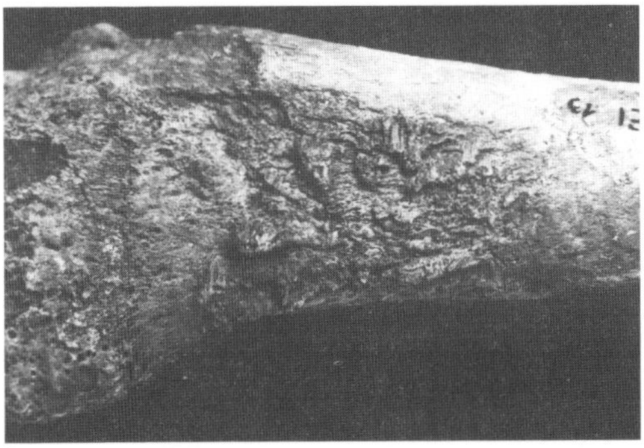
3

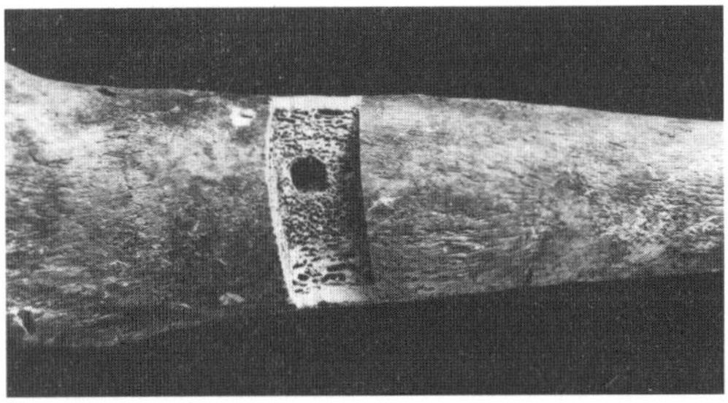
4

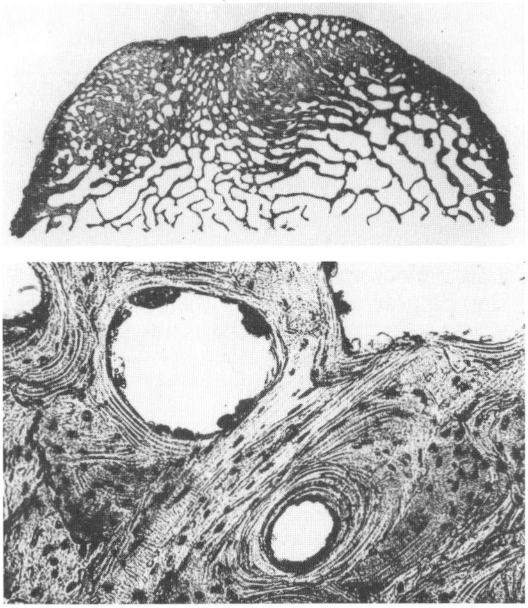
5

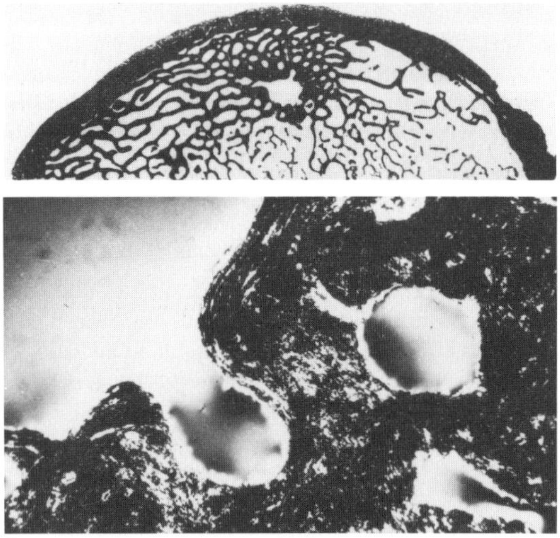
6

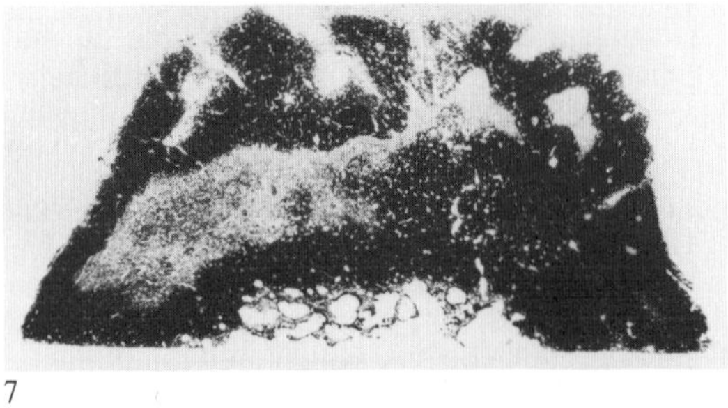
7

116, 1–2 Ähnlichkeiten innerhalb frühmittelalterlicher Skelettserien und der »Reihengräbertypus«

Mit einem statistischen Maß, dem sogenannten Penrose-Abstand, werden bei gleichzeitiger Berücksichtigung mehrerer Schädelmaße morphologische Ähnlichkeitsbeziehungen zwischen Vergleichsgruppen gekennzeichnet. Diese oft sehr komplizierten Beziehungen können zweidimensional durch ein Bündelungsverfahren vereinfachend dargestellt werden. Abstände bis 0,3 bezeichnet man als sehr ähnlich, solche von 0,3 bis 1,5 noch als ähnlich, solche über 1,5 als unähnlich. Morphologische Ähnlichkeiten zwischen verglichenen Gruppen können auf genetische Beziehungen hinweisen (1).

Die verglichenen frühmittelalterlichen Gruppen fränkischer, thüringischer, alamannischer und bajuwarischer Provenienz zeigen untereinander zum Teil sehr große morphologische Ähnlichkeiten (sogenannter »Reihengräbertypus«). Frühmittelalterliche Stammesgruppen z. B. Franken, Alamannen, Bajuwaren können nach der Schädelmorphologie wegen zu großer Übereinstimmungen nicht unterschieden werden (2).

Lit.: siehe S. 77.

M. Kunter

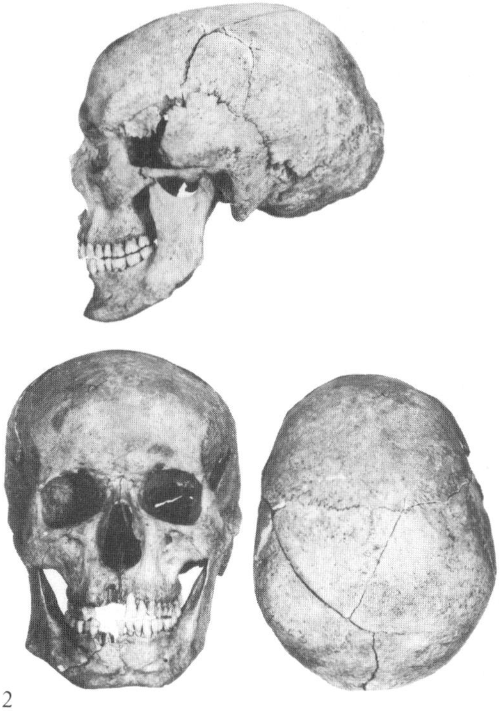

2

1

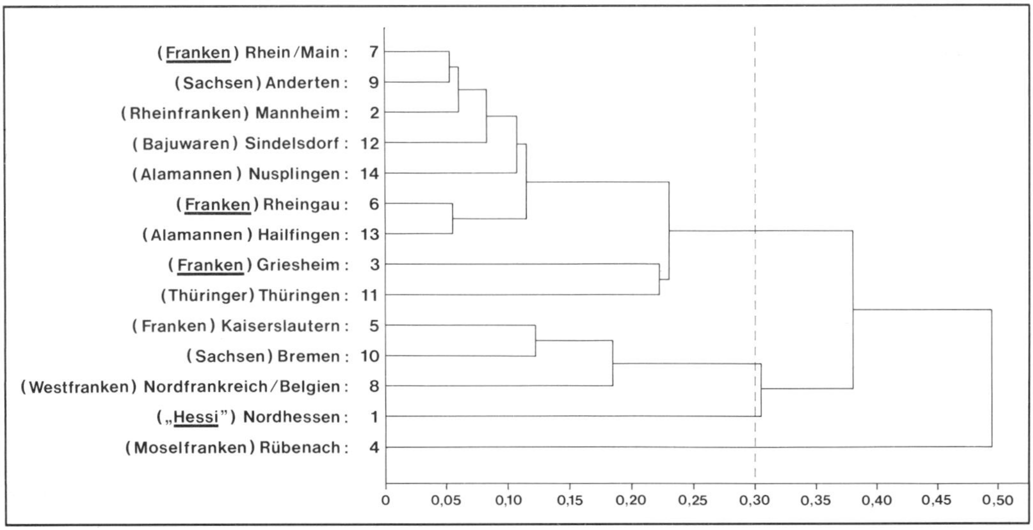

117 Die Sterbewahrscheinlichkeit in Nordhessen während des frühen Mittelalters

Dargestellt ist die Sterbewahrscheinlichkeit (q_x), d. h. die Wahrscheinlichkeit, zum Zeitpunkt x zu sterben, bei frühmittelalterlichen Bewohnern Nordhessens und im Vergleich dazu bei heute lebenden Bevölkerungsgruppen mit niedrigem ökonomisch-zivilisatorischen Niveau (UN-Level 30). Wegen der geringen Individuenzahlen in der Serie Nordhessen ergaben sich kleinere Abweichungen zu UN-Level 30. Insgesamt stimmt aber die Tendenz bei der frühmittelalterlichen hessischen Serie mit den Verhältnissen bei ökonomisch-zivilisatorisch einfach organisierten heutigen Bevölkerungen überein.

Lit.: siehe S. 77.

M. Kunter

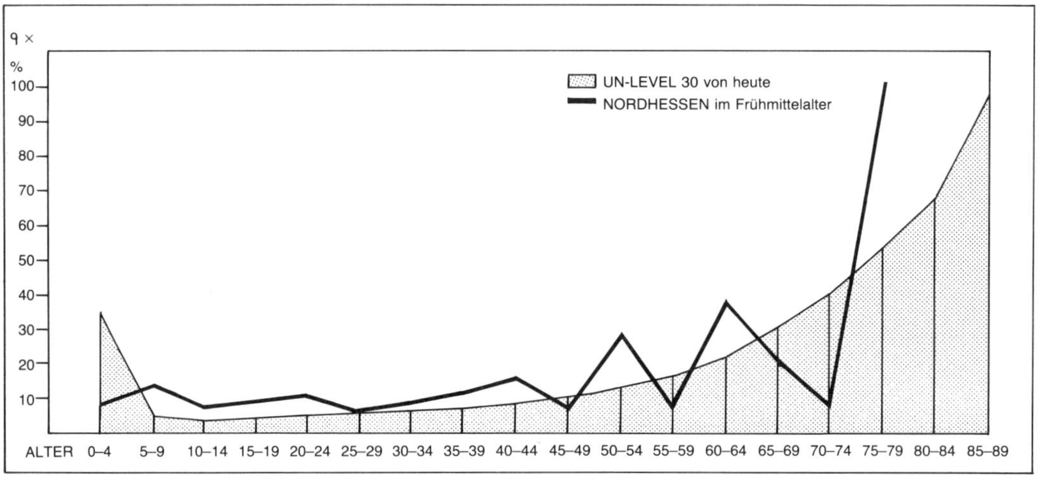

117

118

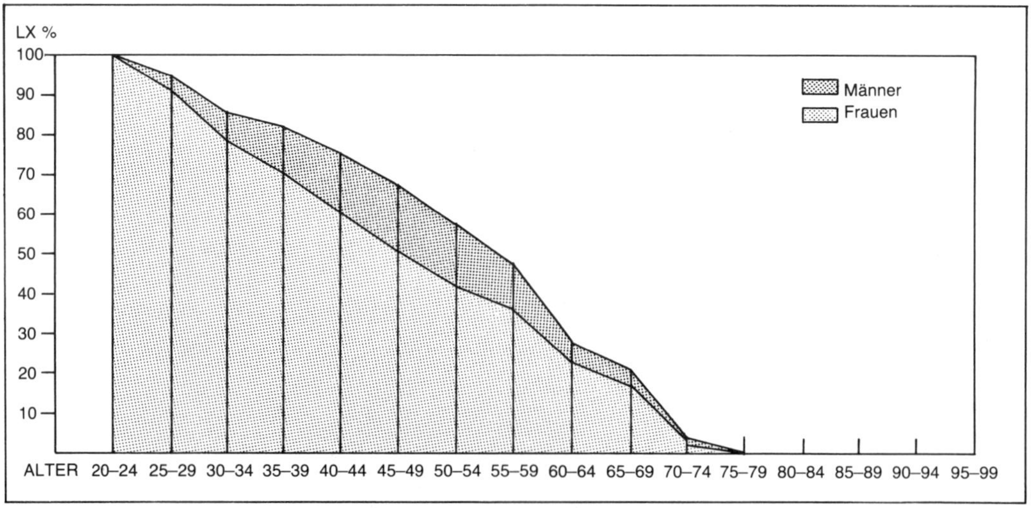

118 Überlebenskurven im frühen Mittelalter, dargestellt am Gräberfeld Griesheim (Kreis Darmstadt-Dieburg)

Kurvendarstellung der relativen Zahl der Überlebenden (l_x), d. h. der Individuen, die zum Zeitpunkt x noch leben, bei der fränkischen Skelettserie Griesheim. Verdeutlicht wird bei diesen Kurven die höhere Überlebenschance der Männer gegenüber den Frauen, die besonders im Alter zwischen 30 und 55 Jahren ausgeprägt ist. Damit entspricht diese Serie dem Bild der meisten ur- und frühgeschichtlichen Skelettserien, die fast durchweg ein niedrigeres mittleres Sterbealter der Frauen gegenüber den Männern zeigen. Diese Geschlechtsdifferenz kann mit dem Geburtstrauma, den perinatalen Komplikationen sowie der besonders starken körperlichen Belastung des weiblichen Geschlechtes in alter Zeit erklärt werden.

Lit.: siehe S. 77.

M. Kunter

119 Durchschnittliche Lebenserwartung im frühen Mittelalter, dargestellt am Gräberfeld Griesheim (Kreis Darmstadt-Dieburg)

Die durchschnittliche fernere Lebenserwartung (e_x°) bei der Geburt – ohne Trennung nach Geschlechtern – beträgt in der Skelettserie Griesheim 40,4 und in Nordhessen 36,4 Jahre. Diese Werte entsprechen Verhältnissen, wie sie bei anderen frühmittelalterlichen Serien Europas beobachtet wurden. Bis etwa zum 45. Lebensjahr liegt die Lebenserwartung der Männer in beiden hessischen Serien durchschnittlich 4 Jahre höher als bei den Frauen. Zum Vergleich wurde die Lebenserwartungskurve für die Bundesrepublik Deutschland (1980) angegeben.

Lit.: siehe S. 77.

M. Kunter

119

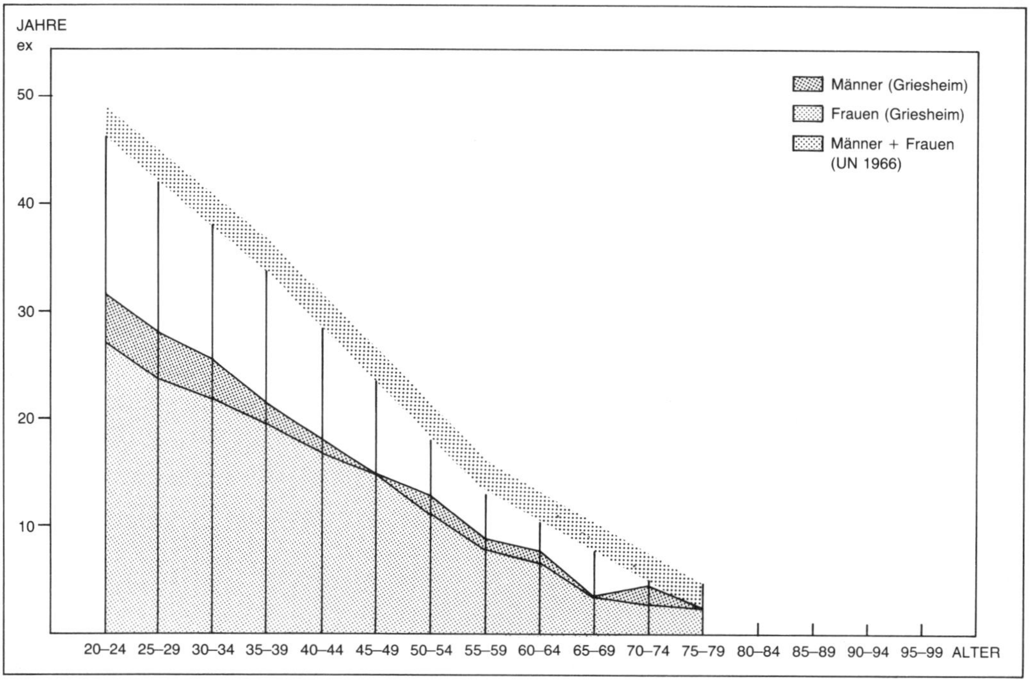

120 Körperhöhen bei Frauen und Männern während des frühen Mittelalters in Hessen

Nach den Langknochenmaßen kann am Skelett die ehemalige Körperhöhe rekonstruiert werden. Das Diagramm zeigt die Verteilung der Körperhöhen bei Männern und Frauen in süd- und nordhessischen Skelettserien (Methode Trotter/Gleser) des frühen Mittelalters. Die männlichen und weiblichen Körperhöhen zeigen nur einen kleinen Überschneidungsbereich. Die Verteilung der Körperhöhen in den Geschlechtern entspricht ungefähr der Normalverteilung. Es gibt eine relativ große individuelle Streuung um den Mittelwert.

Lit.: siehe S. 77.

M. Kunter

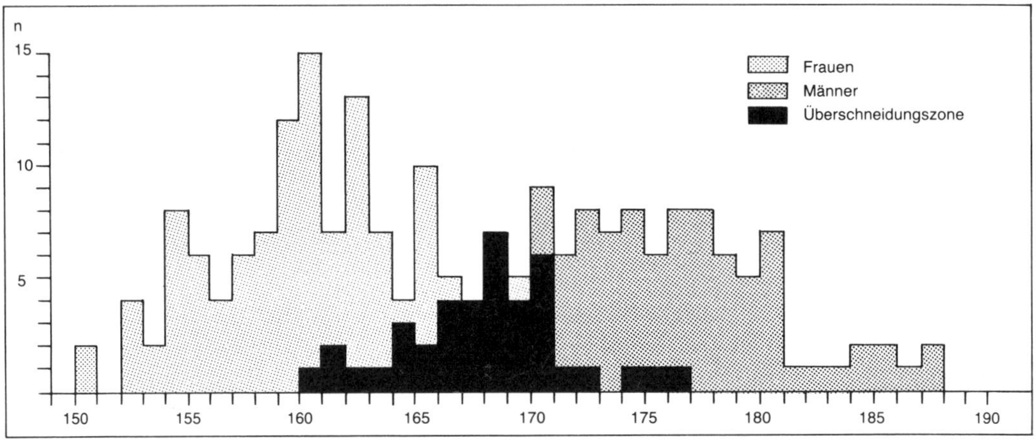

121 Die durchschnittlichen Körperhöhen in Deutschland von der Merowingerzeit bis heute

Seit der Völkerwanderungszeit verändert sich die Körperhöhe in Deutschland, d. h. es gibt Zeiten mit durchschnittlich höheren und solche mit niedrigeren Körperhöhenwerten. Derartige Schwankungen sind vom durchschnittlichen Milch- und Fleischkonsum während der Individualentwicklung abhängig. D. h. bei guter allgemeiner Eiweißversorgung finden sich hohe Körperhöhenwerte. Die Schwankungsbreite differiert mit den chronologischen, regionalen und sozialen Unterschieden im Eiweißkonsum.

Lit.: siehe S. 77.

M. Kunter

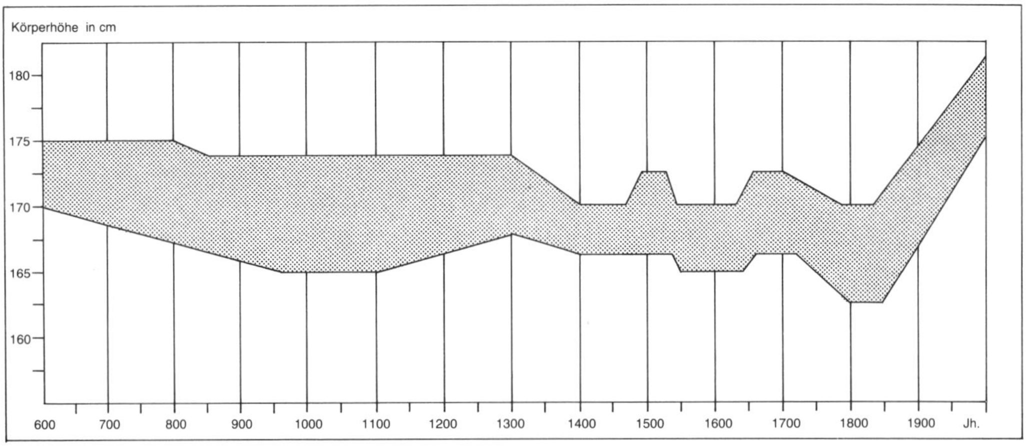

122 Gräberfeldplan von Griesheim (Kreis Darmstadt-Dieburg)

Der frühmittelalterliche Friedhof von Griesheim, der seit 1971 auf der Flur »An der Rückgasse« entdeckt und ausgegraben wurde, umfaßte mehrere Hundert Bestattungen, deren Großteil alt beraubt war (vgl. S. 30). Trotzdem fanden sich noch außerordentlich bemerkenswerte Zeugnisse (vgl. Kat.Nr. 45a; 183; 190; 193; 199; 220) von großer kulturgeschichtlicher Bedeutung.

Die Anlage des Gräberfeldes begann nach Aussage der Funde in der Zeit um 500 und endete erst gegen Mitte des 8. Jahrhunderts wie kaum ein vergleichbares Gräberfeld des eigentlichen Reihengräberkreises. Dieser Begriff wird deutlich, wenn man das System der Friedhofsanlage betrachtet; es werden Gräberreihen angelegt, in denen die Toten mit dem Blick nach Osten in gestreckter Rückenlage beigesetzt werden. Im Prinzip ist dies heute noch der Fall. Auffallendste Details sind besonders hervorgehobene Gräber, die mit einem Kreisgraben umgeben und ehemals aufgehügelt waren. In süddeutschen und moselländischen Friedhöfen des frühen Mittelalters sind dies die verehrten Gräber der Gründergeneration der zugehörigen Siedlung.

Das Vorhandensein von gewaltsam getöteten Pferden deutet auf in heidnischen Vorstellungen begründete Vorgänge hin, die von Ellmers (1970) als kultische Pferdehetze gedeutet wurden. Um so erstaunlicher ist die Entdeckung eines kleinen ehemals auf Holzpfosten ruhenden Baues, dessen Typ anderenorts wie auch hier als frühe Friedhofskapelle im christlichen Sinne interpretierbar ist (vgl. S. 30).

Die Frage nach Art und Umfang der zum Friedhof gehörenden Siedlung und der Zahl der gleichzeitig dort lebenden Personen ist nur schwer abzuschätzen. Man wird aber vorbehaltlich der anthropologischen Untersuchungen sagen können, daß der Friedhof zu einigen locker gestreuten, wohlhabenden Hofgruppen gehört hat, in denen insgesamt gleichzeitig etwa 80 bis 90 Personen gelebt haben. Die Lage der Siedlung dürfte nicht weit vom Gräberfeld zu suchen sein. Ob sie teilweise auch unter das heutige Griesheim reicht, muß sich unserer Kenntnis entziehen.

Andrae (1977).

R. Andrae/H. Roth

▷

1 2 3 4 5 6 7 8 9 10 11 12
A B C D E F G H J K L M N O P
CHM
0 5 10 30 50 60 70M
N

123 Flachgrab, darin hölzerner Baumsarg in Grabkammer

6.–7. Jh.; Griesheim (Kreis Darmstadt-Dieburg) Grab 77; Landesamt für Denkmalpflege Hessen, Abteilung für Vor- und Frühgeschichte, Außenstelle Darmstadt

Das Gräberfeld von Griesheim barg, wie viele andere im Lande auch, sämtliche Formen der Behausung für den Toten vom einfachen Totenbrett (vgl. Kat.Nr. 124) über den Bretter- und Baumsarg, hin zu aufwendigen aus Holz gezimmerten Grabkammern, die den Sarg mit dem Toten aufnehmen sollten.
Das vorliegende Beispiel einer solchen auf einen gewissen Wohlstand der Familie des Toten weisenden Grabkammer der Bestattung Nummer 77 steht, da gut beobachtet, stellvertretend für manch andere in Hessen. Ist das Holz in diesem Falle auch weitgehend vergangen gewesen, so können Form der Kammer und Sarg aus der dunkleren Verfärbung im helleren sandhaltigen Boden Griesheims gut rekonstruiert werden. Es handelte sich um eine mehr als mannslange aus Brettern zusammengesetzte breit-rechteckige ursprünglich vielleicht 120 cm hohe Kammer mit möglicherweise überkragenden Enden. An die eine Längsseite geschoben befand sich der Baumsarg mit dem Toten. Die relative Enge dieses Sarges geht aus der etwas zusammengerückten Haltung des darin angetroffenen Skelettes hervor.

Unpubliziert.

H. Roth

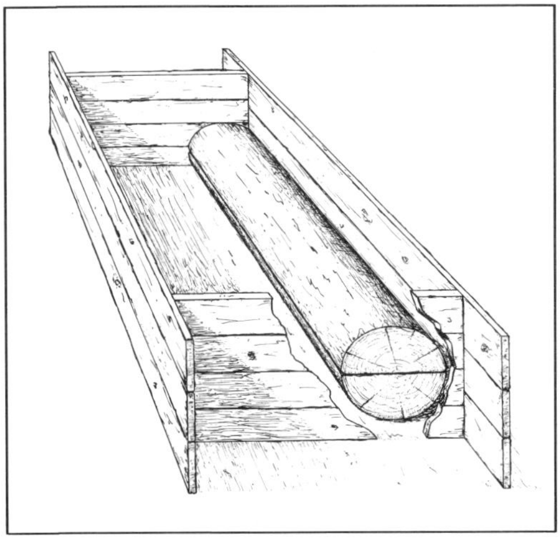

124 Totenbrett

6.–7. Jh.; Eltville am Rhein (Rheingau-Taunus-Kreis) Gräber 97, 104, 105

Die einfachste Form, den Toten im frühen Mittelalter zu Grabe zu legen, ist auf einem Totenbrett. Hierbei handelt es sich um eine Holzbohle genügender Breite, auf der der Verstorbene aus seinem Hause getragen wird. In der Grabgrube selbst mußten an Fuß- und Kopfende je ein Kantholz verbracht werden, auf die dann das Totenbrett hinabgelassen wurde.
Form und Größe dieser einfachen Leuten vorbehalten offenen »Särge« sind aus der Beobachtung dunkler Bodenverfärbungen während der Ausgrabungen erschließbar.

Schoppa (1950) 5 Anm. 18.

H. Roth

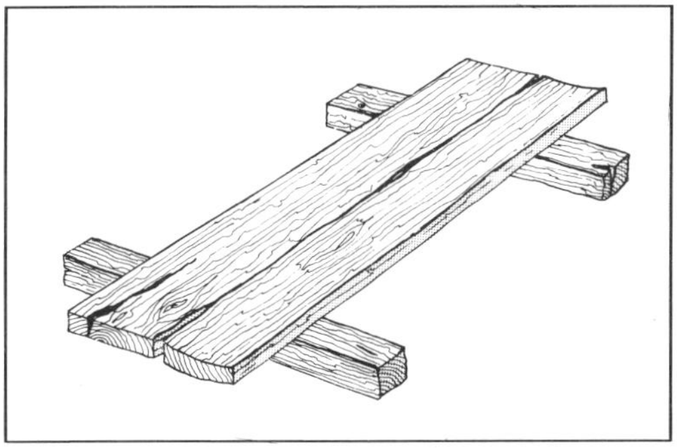

125 Flachgrab mit oberirdischer Markierung

1. Hälfte 8. Jh.; Kirchberg (Niedenstein, Schwalm-Eder-Kreis) Grab 8; Staatliche Kunstsammlungen Kassel, Abteilung Vor- und Frühgeschichte

Innerhalb einer kleinen Grabgruppe des 8. Jahrhunderts, die 1979 vom Landesamt für Denkmalpflege Hessen unter der evangelischen Pfarrkirche von Kirchberg ergraben wurde (vgl. Kat.Nr. 205), lag das Grab eines im Alter zwischen 40 und 60 Jahren verstorbenen Mannes, der nicht nur eiserne Gürtelteile, ein Messer und eine Pinzette, sondern auch eine Spatha und einen eisernen, silberverzierten Sporn besaß und sich damit als ehemals berittener Krieger zu erkennen gibt. Günstigen Erhaltungsbedingungen innerhalb der später über den Gräbern errichteten Kirche ist es zu verdanken, daß sich in der Grabfüllung die Spuren von fünf dünnen Stangenlöchern erhalten haben, die, ergänzt man ein in früherer Zeit beseitigtes sechstes, an den vier Ecken des Grabes und, leicht nach außen versetzt, in der Mitte der Schmalseiten über dem Kopf- und Fußende saßen. Sie gehören in dieser regelhaften Anordnung unzweifelhaft zum vorliegenden Grab und stammen offenbar von einer oberirdischen Markierung der Grabstelle, die man sich vielleicht in Form eines baldachinartigen Überbaues oder einer niedrigen, zaunartigen Umhegung des Grabes vorstellen kann. Möglicherweise ist es mit diesem überaus seltenen Nachweis gelungen, einen der in den frühmittelalterlichen Volksrechten mehrfach genannten Grabaufbauten, deren Aussehen im einzelnen schwer vorstellbar und wiederholt diskutiert worden ist (Lindenschmit 1880–1889, 94ff.; Nehlsen 1978, 158ff.), archäologisch zu fassen.

Göldner/Sippel (1980); Göldner/Sippel (1981).

K. Sippel

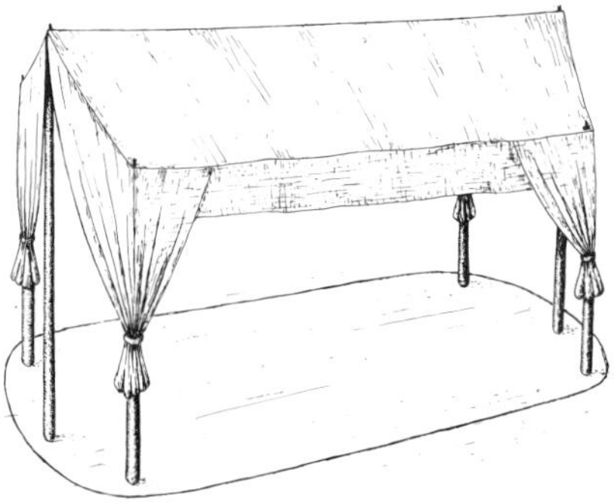

126 Hügelgrab mit Körperbestattung

2. Drittel 7. Jh.; Gießen (Kreis Gießen) Hügel 1909, Trieb; Oberhessisches Museum und Gail'sche Sammlungen Gießen

Unter einem flachen Hügel, der sich nur wenig im Gelände abhob, fanden im Jahre 1909 Mitglieder des Oberhessischen Geschichtsvereins Gießen östlich der Stadt auf dem sogenannten »Trieb« (vgl. Kat.Nr. 24) das Grab einer Frau. Neben ungewöhnlichen keramischen Erzeugnissen ist es die Überhügelung des Grabes, die sich von den sonst üblichen merowingischen Flachgräbern unterscheidet. Erst im ausgehenden 7. und frühen 8. Jahrhundert mehren sich die Beispiele für Bestattungen in Hügelgräbern (vgl. Kat.Nr. 127ff.) (Ament 1975), zu deren ältesten das vorliegende Grab vom Trieb bei Gießen zählt.

Kramer (1910a); Kramer (1910b); Kramer (1925); Dahmlos (1979) 94 Nr. 6a.

K. Sippel

127 Hügelgrab mit Brandbestattungen

2. Drittel 7. Jh.; Gießen (Kreis Gießen) Hügel 1907, Trieb; Oberhessisches Museum und Gail'sche Sammlungen Gießen

Ein 1907 vom Oberhessischen Geschichtsverein Gießen östlich der Stadt auf dem sogenannten »Trieb« (vgl. Kat.Nr. 24) ausgegrabener Hügel enthielt vier Brandflächen von bis zu 2,20 m Durchmesser, innerhalb derer jeweils ein Tongefäß stand, das mit Leichenbrand und einzelnen, stets unverbrannten Beigaben gefüllt war; weitere Gegenstände lagen verstreut in den Brandschichten. Ungewöhnlich ist diese Grabsitte. Zum einen ist die Überhügelung des Grabes in merowingischer Zeit im Gegensatz zum Flachgrab ein zwar bekanntes, doch seltenes Phänomen (Ament 1975). Noch ungewöhnlicher ist die Verbrennung der Toten, die Einflüsse aus dem nordwestdeutschen Gebiet vermuten läßt (Mildenberger 1966). Zur vertieften Einsicht in die völlige Fremdartigkeit der Vorgänge, die sich bei den Bestattungsvorgängen abgespielt haben müssen, sei betont, daß die Tongefäße, in die der aus den erkalteten Scheiterhaufenrückständen ausgelesene Leichenbrand abgefüllt wurde, eigentlich Kochtöpfe und als solche vielleicht auch zuvor in Gebrauch gewesen waren.

Kramer (1908a); Kramer (1908b); Zeiß (1934); Dahmlos (1979) 94 Nr. 6a.

K. Sippel

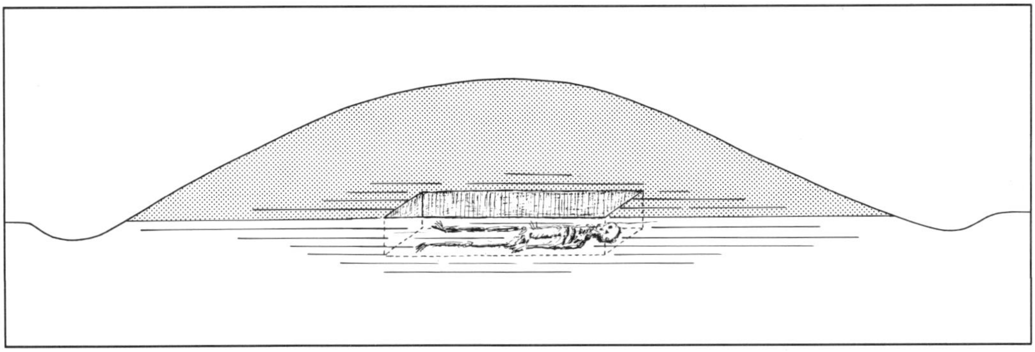

126

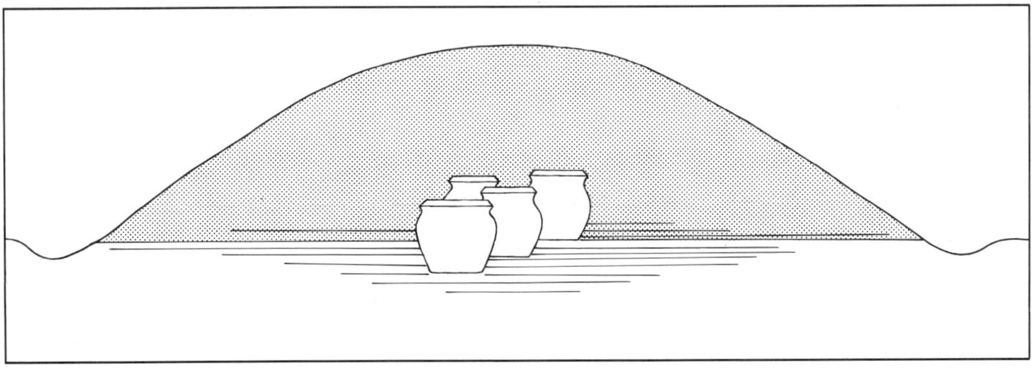

127

128 Hügelgrab mit Brandbestattung (Frau)

2. Drittel 7. Jh.; Rüdigheim (Amöneburg, Kreis Marburg-Biedenkopf); Marburger Universitätsmuseum für Kunst und Kulturgeschichte

Beim Pflügen mit einem Kuhgespann trat im Jahre 1951 oder 1952 in der Rüdigheimer Flur »Husgeweid« ein Erdklumpen zutage, in dem ein merowingisches Wölbwandgefäß, eine im Feuer leicht beschädigte, einfache Scheibenfibel aus Bronze mit Punzverzierung, daran angeschmolzene weitgehend amorphe Glasperlen sowie Leichenbrand von einer menschlichen Bestattung zusammenhafteten. Wie 30 Jahre nach der Entdeckung vorgenommene Erhebungen ergaben, lag die Bestattung ursprünglich in einem Hügelgrab, das um das Jahr 1947 bei der Kultivierung des einstigen Ödlandes weitgehend abgetragen wurde und seitdem unter dem Pflug liegt. Mit dieser neuen Erkenntnis entspricht das Brandgrab von Rüdigheim auch in bezug auf die Grabform den Brandgräbern in Hügel 1907 von Gießen (vgl. Kat.Nr. 127) und bietet das Beispiel einer wohl zeitgleichen weiblichen Bestattung. Der Unterschied zu den Gießener Bestattungen, deren Fundplatz nur knapp 30 km entfernt liegt, besteht aber darin, daß beim Grab von Rüdigheim die Beigaben dem Feuer des Scheiterhaufens ausgesetzt waren und deutliche Spuren von Hitzeeinwirkung zeigen. Selbst das Tongefäß scheint mitverbrannt worden zu sein, denn es ist zerborsten und leicht verformt.

Uenze (1960); Dahmlos (1979) 164 Nr. 45d.

K. Sippel

129 Hügelgräber mit Körperbestattungen

3. Drittel 7. Jh.; Mellnau (Wetter/Hessen, Kreis Marburg-Biedenkopf) Fundstelle I (Klutzkopf beim Christenberg), Fundstelle II (Lichte Heide beim Christenberg); Landesamt für Denkmalpflege Hessen, Abteilung für Vor- und Frühgeschichte, Außenstelle Marburg

Zur spätmerowingischen Befestigung auf dem Christenberg im Burgwald nördlich von Marburg (vgl. Kat.Nr. 167) gehören zwei Hügelgräberfelder, die jeweils rund 350 m von der Anlage entfernt auf zwei vorgelagerten Geländeerhebungen, dem Klutzkopf im Nordwesten und der Lichten Heide im Südosten, liegen. Beide Bestattungsplätze haben deutlichen Bezug zu alten Zufahrtswegen, die in die großflächige Befestigung führten. Während auf der Lichten Heide nur zehn, meist kaum kenntliche Hügel feststellbar waren, befindet sich auf der Kuppe und am Hang des Klutzkopfes ein Gräberfeld von mindestens 37 Hügeln. Es sind kleine, steile Aufschüttungen, die im Gegensatz zu vorgeschichtlichen *tumuli* unserer Region dicht beieinander liegen und so ein eigenes Erscheinungsbild bieten. Bereits obertägig sind bei vielen dieser Hügel Kreisgräben zu erkennen, die ursprünglich vielleicht bei allen vorhanden waren. – Zwischen 1964 und 1969 wurden auf der Lichten Heide alle zehn erkennbaren und auf dem Klutzkopf sieben der dort gelegenen Hügel archäologisch untersucht. Stets fanden sich west-ost-gerichtete Körperbestattungen mit wenigen Beigaben in Form von Gürtelschnallen und Messern, Glasperlen, Fibeln und Ohrringen, einmal auch eine Axt und ein Feuerzeug. Besonders drei gleicharmige Fibeln gestatten eine Datierung ins späte 7. Jahrhundert und spiegeln deutliche Beziehungen zum rheinfränkischen Gebiet. Die ungewöhnliche Form der Hügelbestattung, die in spätmerowingischer Zeit auch andernorts vorkommt (Ament 1975) sowie der hohe Anteil der Frauen ist wohl dahingehend zu interpretieren, daß hier nicht etwa die Friedhöfe der fränkischen Besatzung des Christenberges lagen, sondern daß eher jene Menschen hier ihre Toten bestatteten, die im Umkreis der großen Befestigung lebten und mit dieser vielleicht ähnliche Beziehungen unterhielten wie die Bewohner der Canabae zu einem römischen Lager oder die Indianer Nordamerikas zu einem Fort der Pionierzeit.

Gensen (1968); Gensen (1975a); Gensen (1979); Dahmlos (1979) 157 Nr. 31f., g).

K. Sippel

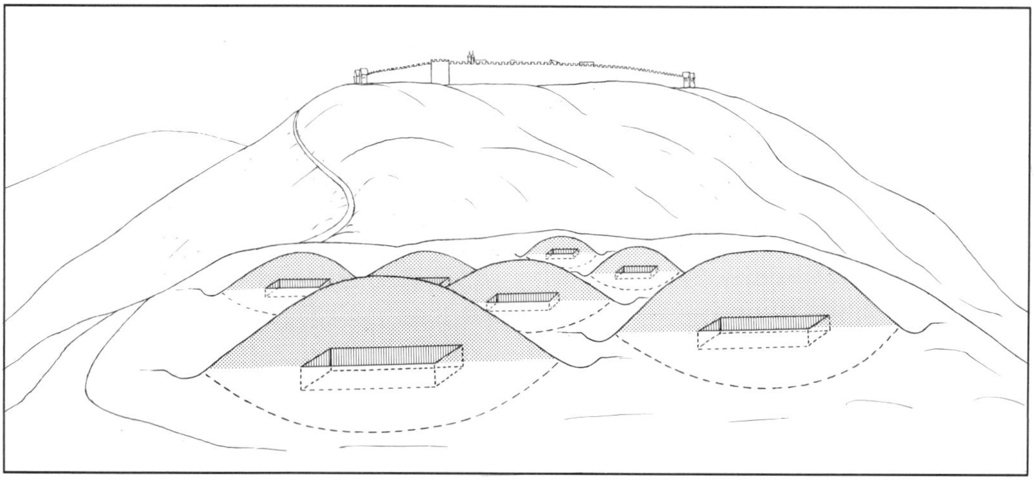

130 Grabstein der Remiqo und ihrer Söhne

Ende 5. – Anfang 6. Jh.; weißer Kalkstein; H. 65 cm, B. 54 cm, T. 17 cm; Goddelau (Riedstadt, Kreis Groß-Gerau) »Galgengewann«; Hessisches Landesmuseum Darmstadt

Der Grabstein der »Remiqo« steht im südhessischen Raum als Einzelfund, so daß eine Verschleppung des Steines in Betracht gezogen werden muß. Damit bleibt die Herkunft offen, obwohl man von der Entfernung her geneigt sein könnte, an eines der frühchristlichen Gräberfelder von Mainz zu denken. Der Stein ist in zwei Bruchstücken erhalten, die sich aber fast nahtlos aneinanderfügen, so daß die Lesung der Inschrift an den beschädigten Stellen keine Schwierigkeiten bereitet. Stilistisch schließt der Stein noch sehr eng an spätantike christliche Grabsteine an und zeigt in seiner bild- und symbolhaften Ausgestaltung das vielfach bekannte und variierte ikonographische Programm des Christogramms, flankiert von zwei Tauben. Einmalig für den mittelrheinischen Raum ist die Darstellung eines Gefäßes über dem Christogramm. Sie findet sich aber sehr häufig im südfranzösischen Raum, besonders auf Grabsteinen aus Vienne.

Auch die vorliegende Form des Christogramms, das fast die Form eines vierblättrigen Kleeblattes annimmt, ist für den mittelrheinischen Raum sonst nicht bekannt. Da die »Gefäßdarstellungen« auf frühchristlichen Inschriften in Gallien von etwa 450 bis um 560 bezeugt sind, dürfte der Grabstein der Remiqo ebenfalls in diesen Zeitraum zu datieren sein, wahrscheinlich aber schon eher in das 6. Jahrhundert.

Die Inschrift steht zwischen schwach eingeritzten Linien und ist gut auf die Fläche verteilt. Sie lautet: *HIC (q)UIISCIT IN PACE MATRONA N(o)MINE REMIQO SIMUL CUM FILI(i)S SU(i)S DUCCIONI ET DERSTO DADILO (cu)M FILIIS TETULU(m) POSUERUNT* – »Hier ruht in Frieden Frau Remiqo, zugleich mit ihren Söhnen Duccio und Dersto. Dadilo setzte mit seinen Söhnen den Stein.«

Interessant hierbei ist noch das gleichzeitige Auftreten keltischer und germanischer Namen auf dem Stein, was wiederum die Beziehungen nach Gallien untermauert.

Anthes (1918) 25ff.; Feist (1919) 48ff.; K. Schumacher (1925) 133; Gombert (1940) 20 Abb. 15; Behn (1963) 104; Boppert (1971) 168ff.

W. Selzer

131 Grabstein der Mumula

6. Jh.; grauer Kalksandstein; H. 59 cm, B. 41 cm, T. 18 cm; Kastel (Wiesbaden); Mittelrheinisches Landesmuseum Mainz

Unter den frühchristlichen Grabsteinen aus Mainz, bzw. dem Mainzer Raum nimmt der Grabstein »Mumula« in mehrfacher Hinsicht eine Sonderstellung ein. Sein Fundort auf der rechten Rheinseite, außerhalb des Bereichs der spätantiken Stadt und weit entfernt von den bekannten frühchristlichen Zentren, läßt den Schluß zu, daß er ebenso wie zahlreiche römische Grabsteine und Spolien verschleppt worden und die Fundlage sekundär ist. In seiner Tradition ist der Stein noch sehr antik, in seiner Ausgestaltung steht er am Übergang vom Inschriftenstein zum ornamental und symbolhaft bestimmten.

Bemerkenswert ist die stilistisch eigenartige Inschrift, die als Rahmenleiste um den Stein gelegt ist. Das Mittelfeld beherrscht ein aus kurzen Strichen zusammengesetztes Christogramm, das ebenfalls schon mehr den Charakter eines Symbols als den ursprünglichen von Buchstaben hat.

Einzelne ornamenthaft gegebene »Buchstaben« im Mittelfeld verstärken diesen Eindruck. Die Rahmung des Steines, die Ornamentalisierung sogar der Inschrift und deren Linierung einerseits, der runenhafte Charakter der Schrift andererseits deuten sehr stark auf die frühmerowingische Zeit hin.
Für die sehr schwer deutbare Inschrift hat Fr. X. Kraus einen Lösungsvorschlag gemacht: *HIC QUIESCIT NOMINI (oder nomine) MUMULA QUI VIXIT I(n) P(ace) A(nnos) XV* – »Hier ruht (ein Mädchen) mit Namen Mumula, das 15 Jahre in Frieden lebte.«

Kraus (1890) Nr. 39 Taf. III, 1; Körber (1900) 144f. Nr. 236; Gombert (1940) 25 Abb. 23; Wegweiser des Römisch-Germanischen Zentralmuseums 20 (1950) 27 Abb. 46; Katalog Werdendes Abendland (1956) Nr. 192; CIL XIII, Nr. 7317.

W. Selzer

132 Pferdegräber

8.–9. Jh.; Liebenau (Kreis Kassel); Landesamt für Denkmalpflege Hessen, Abteilung für Vor- und Frühgeschichte, Außenstelle Marburg

Beim Ausbau der Kreisstraße Liebenau–Ostheim wurde 1975 auf einer Mittelterrasse über der Diemel und einmündenden Warme ein Gräberfeld angeschnitten und daraufhin vom Landesamt für Denkmalpflege Hessen in einem kleinen Ausschnitt untersucht. Von 13 freigelegten, west-ost-gerichteten Körpergräbern enthielt nur eines eine fragmentierte eiserne Gürtelschnalle, die übrigen Bestattungen waren beigabenlos. Zwei Kinder unbestimmbaren Geschlechts, die, wie eine anthropologische Untersuchung (M. Kunter, Gießen) ergab, im Alter von 9 bis 10 Jahren gestorben waren, lagen über zwei süd-nord-gerichteten Pferdebestattungen. Diese können nicht viel älter als die menschlichen Gräber sein und wurden vermutlich gleichzeitig mit diesen angelegt. Darauf deutet vor allem die Beobachtung, daß die Unterschenkel beider Menschen aus dem anatomischen Verband gelöst und schräg abwärts in die Grube eines der Pferde gerutscht sind, als hier die Grabfüllung zusammengesunken ist; sowohl die menschlichen als auch die Tierbestattungen müssen also zum selben Zeitpunkt im gleichen Verwesungsstadium gewesen sein. Bei den Pferden handelt es sich um zwei etwa 7 bis 8 Jahre alte Hengste. Wie Schnittspuren an einem Halswirbel zeigen, wurde eines der Tiere durch Abschlagen des Kopfes getötet; der Schädel selbst muß mit in die Grabgrube gelegt worden, dann aber bei der Auffindung von der Planierraupe beiseite geschoben worden sein, denn mehrere ausgefallene Zähne zeugten von einem einstigen Vorhandensein. Die Bestattung von Pferden ist auf frühmittelalterlichen Gräberfeldern nicht selten (Müller-Wille 1970/71) und kommt in der Merowingerzeit in weiten Teilen des Reihengräbergebietes (vgl. Kat.Nr. 122) und seiner nördlichen Randzone vor, in der Karolinger- und Ottonenzeit hingegen fast nur noch im nord- und mitteldeutschen Gebiet, wo die Beigabensitte fortlebt. Auch insofern sind die Liebenauer Pferdebestattungen an solche des nördlich anschließenden sächsischen Gebietes anzuschließen und ein weiteres archäologisches Zeugnis dafür, daß der nördliche Teil des heutigen Hessen im Frühmittelalter weithin von sächsischer Lebensweise geprägt war (vgl. Kat.Nr. 84).

Herrmann (um 1976); Gensen (1979); Figge (1981); Dahmlos (1979) 126 Nr. 5.

K. Sippel

G. Sozialstrukturen: 133–138

Es gibt keine Gesellschaft aus völlig gleichen und gleich geachteten oder gleich einflußreichen Menschen. Jede Bevölkerungsgruppe ist in sich gegliedert und dem Range nach gestaffelt.

Auch die Stammesgesellschaften der Völkerwanderungszeit, der Merowingerzeit und der Karolingerzeit waren nach Ansehen, Rang und politischer Bedeutung vielfältig in sich differenziert. Männer, Frauen, Kinder, Erwachsene, alte Menschen, Gesunde und Kranke spielten jeweils spezifische Rollen im Familien- und Stammesgefüge. Hinzu kamen unterschiedliche religiös-kultische Zugehörigkeit oder auch der Gegensatz zwischen alteingesessenen und aus der Ferne zugewanderten Menschen.

Neben dem unterschiedlichen Rang der großen Familiengruppen von Adel und den Amtsträgern im merowingischen Königtum bis hin zu den einfachen, in einem abgelegenen Waldtal lebenden Bauern stehen ganz entscheidend auch Rangunterschiede in der einzelnen Familiengruppe (vgl. S. 78ff.).

H. Steuer

133 Die gesellschaftliche Gliederung im frühen Mittelalter

Ein Modell

Rangunterschiede zwischen den Familien, innerhalb von Familien und die Nähe zum königlichen Hof, zum Sitz eines Amtsträgers oder zu einem wirtschaftlichen Zentrum bestimmen die Qualität der Beigabenausstattung in Gräbern des frühen Mittelalters. Wert und Qualität lassen sich in Stufen idealtypischer Abstraktion (A–D) darstellen. Dabei sind die Gräber der Qualitätsstufe A (A1 und A2) beigabenlos bis ärmlich ausgestattet, die der Stufe B mittelmäßig mit einer materialmäßig nicht aufwendigen »Standard«ausrüstung bei Frau und Mann. Die Beigaben der Qualitätsgruppe C können, sowohl was Anzahl wie auch was Material (z. B. Edelmetall) und Ausführung betrifft, als reich bezeichnet werden, während die Gräber der Stufe D ausgesprochene Prunkgräber ranghöchster Personen mit internationalen Beziehungen sind (vgl. S. 81).

Steuer (1982) 519.

H. Steuer

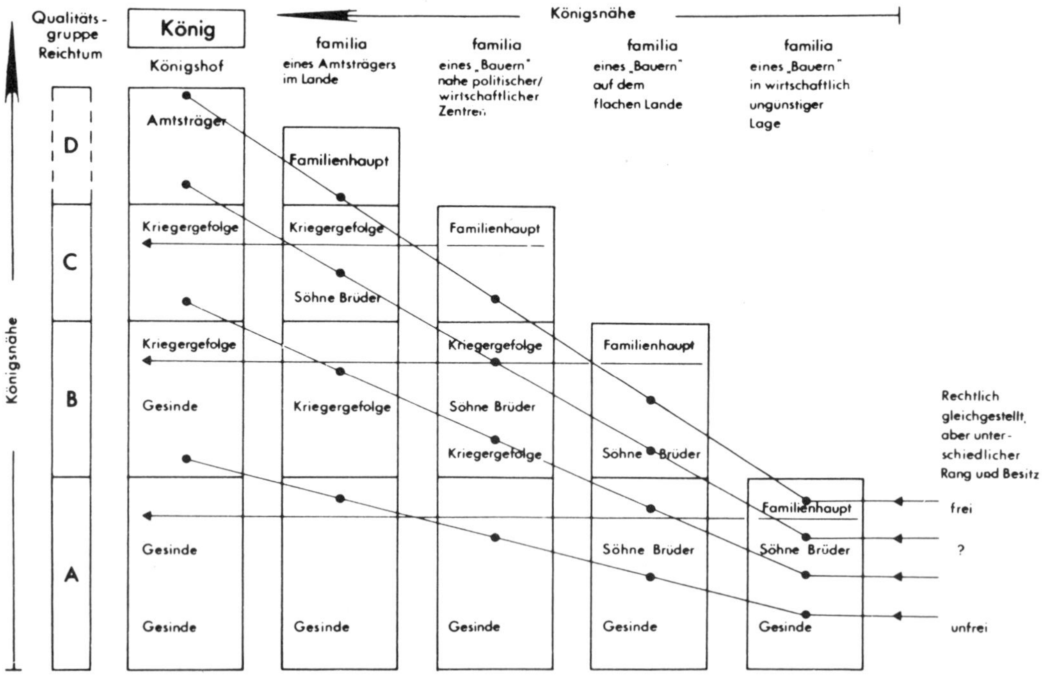

134 Wohlstand und Grabbeigabe im 4. und 5. Jahrhundert

Eine Bevölkerungspyramide im 4. und 5. Jahrhundert aufgrund der Menge und des Wertes der Beigaben im Grabe zeigt, daß die Qualitätsstufen A und B (vgl. Kat.Nr. 133) überwiegen. D ist nur ausnahmsweise durch seltene fremde (»importierte«) Formen nachweisbar. Die Stufe C fehlt in dieser Zeitphase gänzlich (vgl. S. 81).

Steuer (1982).

H. Steuer

135 Wohlstand und Grabbeigabe im späten 5. Jahrhundert und um 500

In der Zeitstufe 2 ändert sich das Verhältnis innerhalb der Qualitätsstufen (vgl. Kat.Nr. 133) der Grabbeigaben wesentlich. Ein Reichtum der Stufe D ist relativ häufig zu belegen. Auch C und B sind nachweisbar. Hingegen gelingt es wider Erwarten kaum, die Stufe A nachzuweisen, obwohl sie auch zu dieser Zeit am häufigsten sein müßte (vgl. S. 81).

Steuer (1982).

H. Steuer

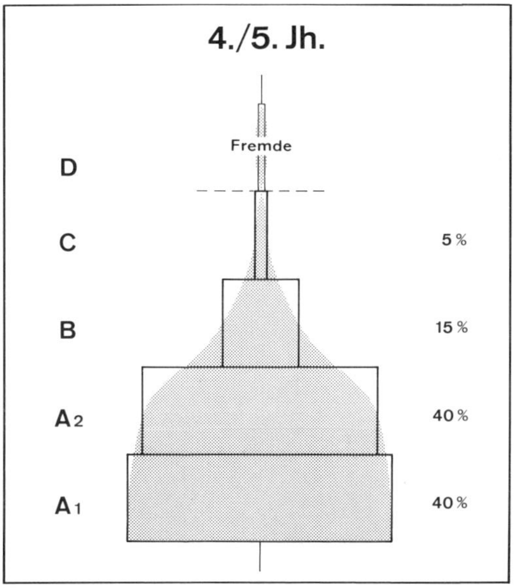

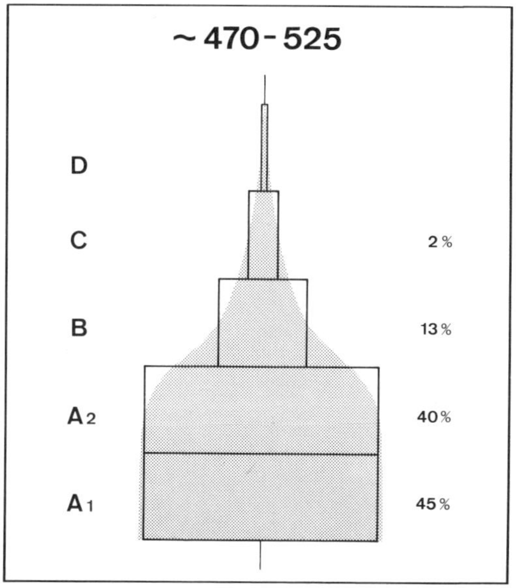

136 Staffelung des Wohlstandes im 6. und 7. Jahrhundert

Menge und Wert der Grabbeigaben während der Blütezeit der Merowingerkultur zeigen, daß es nun einen breit gestreuten Wohlstand gibt, der alle Qualitätsstufen (vgl. Kat.Nr. 133) umfaßt. Gleichzeitig ist diese Erscheinung ein Beleg für die alle Bevölkerungsgruppen umfassende Beigabensitte im sogenannten Reihengräberkreis.

Steuer (1982).

H. Steuer

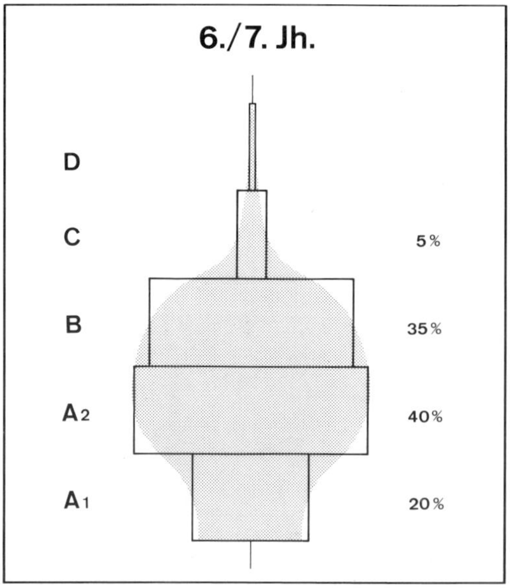

137 Grabbeigabe und Wohlstandsspiegel im 8. Jahrhundert

In der Zeit der ausgehenden Sitte, überhaupt noch »Beigaben« in ein Grab zu legen, wird es schwierig, allein aus dieser archäologischen Quelle auf den sozialen Stand des Bestatteten zu schließen. Denn nun ist die Qualitätsstufe A (vgl. Kat.Nr. 133) am häufigsten, B folgt knapp auf, C ist bereits die Ausnahme und D erscheint praktisch überhaupt nicht mehr. Die Grenzen der archäologischen Aussagemöglichkeit werden hiermit sehr deutlich (vgl. S. 31).

Steuer (1982).

H. Steuer

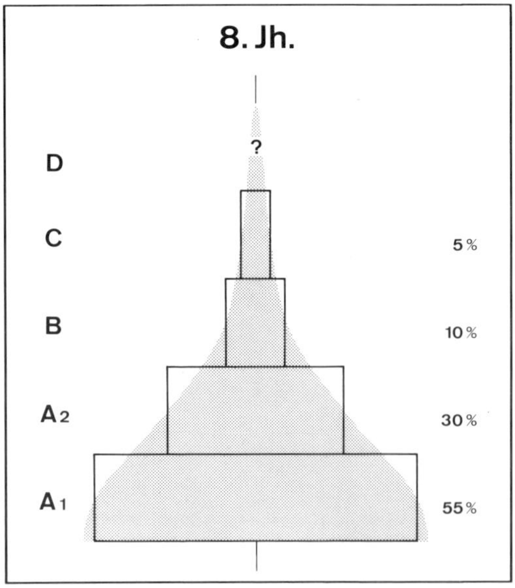

138 Darstellung eines fränkischen Paares in voller Festtagstracht

7. Jh.

Wegen des weitgehenden Fehlens der Textilerhaltung ist es immer noch sehr schwierig, Stoffe und Zuschnitte von Textilien zu erschließen. Jüngere Darstellungen erlauben hierbei nur theoretische Annäherungen an die wirkliche Tracht der Zeit. Die Lage der Beigaben im Grabe ist für den Archäologen Indiz für die Trageweise zu Lebzeiten der Person. Im großen und ganzen dürfte dies zutreffend sein, auch wenn uns heute unbekannte Grabsitten den Blick auf Details verstellen mögen.

Steuer (1982). H. Steuer

H. Die Wirtschaft:

Handwerker: 139–143 Händler: 144–148 Produktionsplätze: 149–151 Münzwesen: 152–157

Das zur Erschließung eines Gewerbes zur Verfügung stehende archäologische Material läßt zunächst zwei Hauptproduktionszweige, die neben der Landwirtschaft stehen, erkennen, wobei sich mannigfaltige Verzahnungen ergeben können. Eine Sparte dient außerhalb des hauswirtschaftlichen Bereiches der überregionalen Deckung des Bedarfes an Gebrauchsgütern wie Textilien, Keramik, Glas und Mühlsteinen; Erzeugnisse von Drechslern, Kammachern, Gürtlern und Waffenschmieden gehören ebenfalls hierher. Eine zweite Berufsgruppe stellt vor allem Kunstgewerbe- und Luxusartikel her, die zur metallenen Ausstattung und zum Zubehör von Trachten bei Kind, Frau und Mann dienen.

Einblicke in Fragen der Wirtschaft und Wirtschaftsformen des frühen Mittelalters bieten natürlich Werkzeugfunde (vgl. Kat.Nr. 141 ff.), die Funde von Handwerkergräbern (vgl. Kat.Nr. 139 f.) und sogenannte Depotfunde, die mit wandernden Gewerbetreibenden in Verbindung gebracht werden können (vgl. Kat.Nr. 147). Ganz wesentliche Quellen, die uns einen Distanzhandel (Fernhandel) erschließen, sind neben einigen Tongefäßtypen (vgl. Kat.Nr. 144a) vor allem exotische Produkte, deren Herkunftsgebiet wir sicher eingrenzen können (vgl. Kat.Nr. 148). Gute Aufschlüsse gewinnt man zu Problemen der Wirtschaft besonders durch Münzfunde, deren Typen-Kartierung unter Umständen Handelsaktivitäten widerspiegelt (vgl. Kat.Nr. 153).

Fragen des Verhältnisses zwischen Naturalwirtschaft und den alten römisch-überlieferten Wirtschaftsformen stellen sich ständig, wobei fast selbstverständlich gesagt werden muß, daß die agrarische Produktionsweise, einschließlich der intensiven Viehhaltung, im gesamten frühen Mittelalter und über die verschieden strukturierten Reichsteile hinweg die entscheidende Basiswirtschaftsform gewesen ist, vor deren Hintergrund die handwerklichen Erzeugnisse und der Handel zu sehen sind.

H. Roth

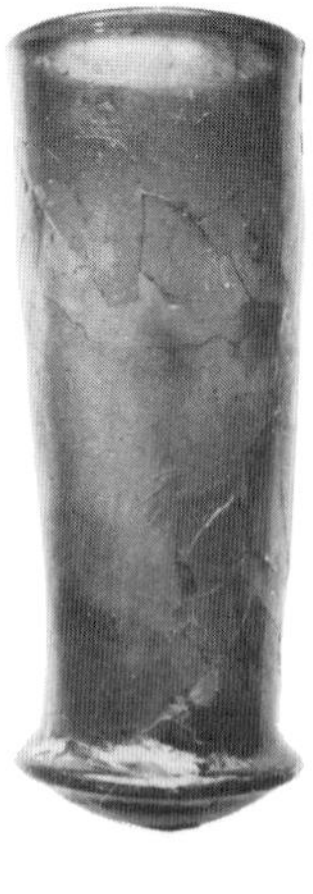

139

139 Grab eines Goldschmiedes

Anfang 7. Jh.; Wallerstädten (Groß-Gerau, Kreis Groß-Gerau); Heimatmuseum Gerauer Land Groß-Gerau

Gräber von Handwerkern und speziell von Goldschmieden gehören zu den absoluten Seltenheiten der Merowingerzeit, da das Handwerksgerät offensichtlich kostbar ist, so daß es nur in verschwindend wenigen Fällen mit ins Grab gegeben wird. Daß wir es hier mit der Bestattung eines Goldschmiedes zu tun haben, geht vor allem aus der Beigabe eines kleinen, kugeligen Gußtiegelchens hervor sowie aus einer Feinwaage (vgl. Kat.Nr. 144) mit den dazugehörigen Gewichten und einem Probierstein. Aus anderen Goldschmiedegräbern außerhalb Hessens kennen wir noch zusätzliche Werkzeuge, wie etwa eine Tiegelzange, Hammer, Punzen, Modeln und Modelle von Schmuck (Capelle/Vierck 1971; 1975). Der Bestattete war zu Lebzeiten ein wohlhabender, berittener Handwerkerkrieger; dies zeigt seine Bewaffnung: Ein Langschwert mit streifiger Silbereinlage an Griffplatten und Knauf fällt aus dem Rahmen des Üblichen. Sax und Lanze treten als Bewaffnung hinzu. Den Schild, der ehemals bemalt gewesen sein dürfte, zierte ein Eisenbukkel, dessen Bronzeknöpfe und Rand mit Goldblech belegt sind. Die das Schwert tragende Gürtelgarnitur aus Eisen birgt feine Silber- und Goldeinlagen.

Kamm und eiserne Schere, die beide ehemals in einer Tasche mitgeführt wurden, dienten der Körperpflege. Für das leibliche Wohl in der Welt der Toten sorgte ein Knickwandgefäß sowie ein seltener Glasbecher, deren ehemaliger Inhalt unbekannt blieb. Der Holzeimer mit eisernen Ringattaschen dürfte als Bottich zum Pferdetränken gedient haben.

Die starke Jenseitsbezogenheit des Goldschmiedes zeigt sich in der nicht gerade häufigen Beigabe eines Charonspfennigs in Form eines fast prägefrischen französischen Goldtriens, den der Tote im Munde trug (vgl. Kat. Nr. 152, 2).

Das Grab stammt von der Flur »Nachtweide«. Es wurde in einem vorgeschichtlichen Grabhügel angelegt. Auch dies deutet darauf hin, daß der Tote zu Lebzeiten eine bedeutende Pesönlichkeit gewesen sein muß.

Schnellenkamp (1932) 59ff.; J. Werner (1935) 58 Nr. 41; 119 Taf. 26; Steuer (1970) 146ff.; Dahmlos (1979) 113 Nr. 24b.

H. Roth

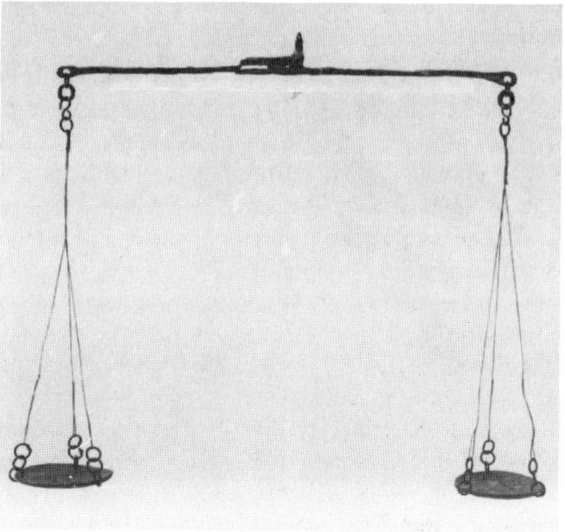

139

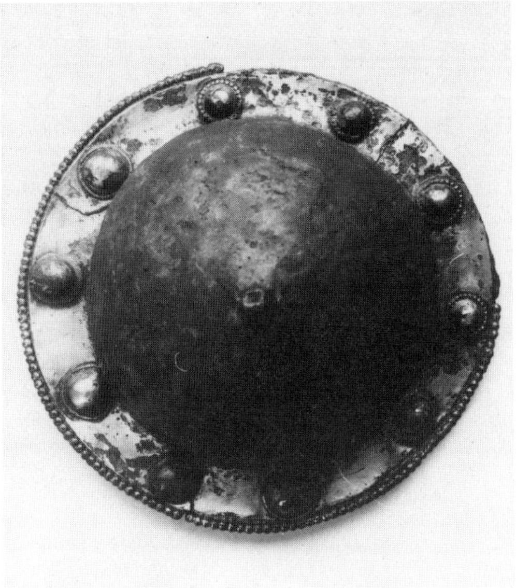

139

140 Halbfabrikate eines knochenverarbeitenden Handwerkers

6.–7. Jh.; Groß-Karben (Karben, Wetteraukreis) »Grab 1–3«; Hessisches Landesmuseum Darmstadt

Aus dem 1955 irregulär geborgenen Fundgut dreier Gräber vom östlichen Rand der Ortschaft (auf dem Sportfeld der neuen Schule) stammen Knochenfragmente, Rohstücke aus Hirschgeweih und Halbfabrikate eines knochenverarbeitenden Handwerkers, den man am ehesten noch als Kammacher ansprechen sollte.
Die Funde umfassen neben dem zum Teil gesägten Rohmaterial aus kräftigen Geweihstücken des Rothirsches kurze rechteckige Knochenplättchen als Vorarbeiten zu Kämmen, durchbohrte längliche Anhänger sowie »Abschläge« vom Rohmaterial.
Sicherlich ist mit diesen Fragmenten nicht die gesamte Produktionspalette eines beinverarbeitenden Handwerkers des frühen Mittelalters erfaßt. Man wird damit rechnen dürfen, daß er neben Kämmen Spielsteine, Geweihrosen-Amulette (vgl. Kat.Nr. 186), rundplastische und prismatische Anhänger (vgl. Kat.Nr. 187) sowie Griffschalen für Messer angefertigt haben wird. Zu den nicht alltäglichen Aufträgen könnten in Laubsägetechnik ausgeführte Arbeiten zu Reliquienbehältern (vgl. Kat.Nr. 218) und Schmuckkästen (vgl. Kat.Nr. 75) gehört haben. Der Fund von Groß-Karben steht unter den direkten Handwerkererzeugnissen aus Gräbern einmalig da, denn es ist bis jetzt lediglich in Huy in Belgien (Willems 1973, 44ff. Taf. 36ff.) eine Kammacherwerkstatt aus einer Siedlung bekannt geworden.

Jorns (1961) 96ff.; Dahmlos (1979) 67 Nr. 12a.

H. Roth

141 Werkzeugdepot

5. Jh.; Gettenbach (Gründau, Main-Kinzig-Kreis); Fürstlich Ysenburg- und Büdingisches Schloßmuseum Büdingen

Werkzeugdepotfunde vom Beginn des frühen Mittelalters gehören, wie Hortfunde aus dieser Zeit überhaupt, zu den absoluten Ausnahmen unter den archäologischen Fundgruppen (vgl. Kat.Nr. 147). So sind lediglich noch von einem Fundplatz außerhalb Hessens, dem Runden Berg bei Urach, neben Schmuckdepots Werkzeuge im Hort bekannt geworden. Unser Ensemble, das auf Grund der noch in spätrömischer Tradition stehenden Schaftlappenaxt, einer Lanzenspitze und den Schlüsseln an den Übergang zum frühen Mittelalter datiert werden kann, besteht ferner aus einer Schafschere, einem Löffelbohrer, einem Einsteckamboß und aus einer eisernen Pflugschar mit seitlichen Laschen (heute verschollen). Hinzu treten unbestimmbare Eisenbruchstücke, ein großer, vierkantgeschmiedeter Nagel mit flachem Kopf sowie ein eiserner Eimerhenkel mit tordiertem Griffteil.
Der Fund wurde im November 1934 von Waldarbeitern bei Rodungen auf »Schraubenmachers Wiese« im Distrikt »Köhlerkopf 3« des Büdinger Waldes getätigt. Die Gegenstände sollen in einem flachen Hügel von 2 bis 3 m Durchmesser etwa 40 cm unter der Oberfläche beieinander gefunden worden sein. Möglicherweise handelt es sich um die Reste einer Waldschmiede, die 50 m unterhalb der alten »Rennstraße« angelegt worden sein soll. Jedenfalls deutet das seltene Fundensemble auf den ländlich-bäuerlichen Lebensbereich hin.

Welcker (1939) 104ff. Taf. 29; Böhner (1958) 165 Anm. 195; Dahmlos (1979) 92 Nr. 1.

H. Roth

142 Werkzeuge

8.–9. Jh.; Kesterburg auf dem Christenberg (Münchhausen, Kreis Marburg-Biedenkopf); Landesamt für Denkmalpflege Hessen, Abteilung für Vor- und Frühgeschichte, Außenstelle Marburg

Vom Christenberg bei Münchhausen (vgl. Kat.Nr. 167) stammt eine Reihe von eisernen Werkzeugen, die als Streufunde in den verschiedenen Siedlungsarealen der Karolingerzeit zu Tage traten. Im einzelnen handelt es sich um zwei Exemplare (eines davon nur in einem Bruchstück) von eisernen Spaten-Schuhen, die über den sonst hölzernen Kern dieses Gerätes geschoben waren. Am oberen Ende des Blattes konnten sie mittels Nägeln befestigt werden. Spaten dieser Form und dieser Art waren bis weit ins Mittelalter und bis in die beginnende Neuzeit – wie aus recht zahlreichen Darstellungen erschließbar – im ländlichen Bereich in Gebrauch.

Dies gilt auch für die Kreuzhacke, die vor allem im Feldbau ihre Rolle spielte. Zu den in der Holzverarbeitung benötigten Werkzeugen gehört der über Jahrhunderte formengleiche Löffelbohrer (vgl. Kat.Nr. 141) und die zu vielfältigen Arbeiten taugliche Axt mit flachem Nacken.

Gensen (1968).

H. Roth

143 Getreidemühle

Spätes 7. Jh. (?); Mayener Basaltlava; Dm. 39,5 cm, H. 12 cm; Geismar (Fritzlar, Schwalm-Eder-Kreis); Landesamt für Denkmalpflege Hessen, Abteilung für Vor- und Frühgeschichte, Außenstelle Marburg

Aus dem frühgeschichtlichen Viertel der Siedlung bei Geismar (vgl. Kat.Nr. 158) stammt eine komplett erhaltene Steinmühle, bestehend aus Grundplatte und Läuferstein, der mittels einer Holzvorrichtung (Handhabe) in kreisende Bewegung gesetzt werden konnte. Die einfachen Getreidesorten der Zeit wurden hier im häuslichen Bereich zu Mehl verarbeitet.

Getreidemühlen dieser Art gehören sicherlich nicht in Haushalte normalen Zuschnitts, da sie erstens selten vorkommen, zweitens zu den Handelsprodukten zu zählen sind. In unserem Falle besteht die Mühle aus Mayener Basaltlava, die seit römischer Zeit unverändert zu den beliebtesten Materialien bei der Mühlsteinherstellung zählt. Diese erfolgte in darauf spezialisierten Gewerbebetrieben, deren Organisation und Technik in frühgeschichtlicher Zeit sicherlich noch römisch geprägt sein dürfte. Dies gilt wohl auch für die Vertriebsform, das Händlernetz, über das unsere Mühle in so »weit entfernte« Gegenden gelangte. Man könnte versucht sein, fränkische Kaufleute vom Zuschnitt des Osthändlers Samo (Anfang 6. Jahrhundert) hier tätig zu sehen.

Unpubliziert; zu den Mühlsteinen siehe Röder (1958) 268ff.

H. Roth

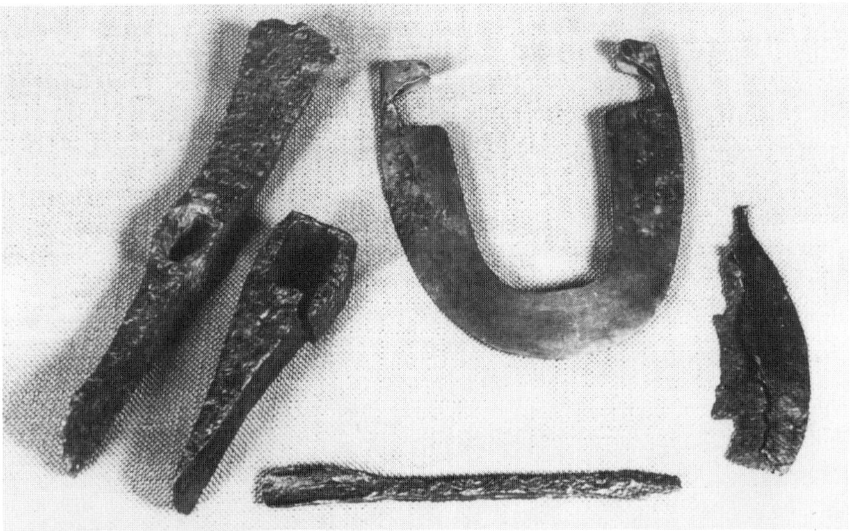

144 Feinwaage

7. Jh.; Bronze; Griesheim (Kreis Darmstadt-Dieburg) Grab 428; Landesamt für Denkmalpflege Hessen, Abteilung für Vor- und Frühgeschichte, Außenstelle Darmstadt (noch nicht restauriert)

Die Feinwaagen der Merowinger- und Karolingerzeit unterscheiden sich kaum von neuzeitlichen oder mittelalterlichen Feinwaagen, wie sie einerseits bei Goldschmieden (vgl. Kat.Nr. 139), andererseits aber auch bei Händlern üblich waren. Diese Personengruppe benötigte zusammenklappbare Taschenwaagen zur Überprüfung des Gewichtes der Edelmetallmünzen, die sie von ihren Kunden für ihre Waren entgegennahmen. Bei der Vielfalt der unterschiedlichen und fast unübersehbaren Münzprägestätten (vgl. Kat.Nr. 152f.) im Merowinger- und Karolingerreich und im Hinblick auf die möglichen Manipulationen an der Münze (Beschneiden etc.) war dies eine Notwendigkeit. Ein Blick auf die Verbreitung der Feinwaagen zeigt, daß sie vor allem in den Gebieten (etwa Gallien) mit in die Gräber kamen, in denen auch eine Münzprägung, d.h. Monetarwirtschaft vorhanden war. Wo die Naturalwirtschaft vorherrschte, gehören die Feinwaagen zu den exotischen Beigaben, die den Leuten gehört haben dürften, die in irgendeiner Weise mit den Zentren des Handels an Rhein, Mosel und im Inneren Galliens in wirtschaftlicher Verbindung standen.

J. Werner (1954); Steuer (1977) 295ff.; Dahmlos (1979) 31 Nr. 7.

H. Roth

144a Keramikhandel

7.–9. Jh.; Salinenkeramik von Bad Nauheim (Wetteraukreis); Deutsches Salzmuseum Bad Nauheim

Ein frühgeschichtlicher Handel mit Erzeugnissen von gewerbsmäßig produzierenden Töpfereien (vgl. Kat.Nr. 151) läßt sich mit rein archäologischen Methoden, d.h. mittels des Formen- und des oberflächlichen Machartvergleiches nur unzuverlässig feststellen. Erst die Abfolge »Produktionsplatz – Fundplatz von Keramik im Siedlungs- oder Grabbeigabenbereich« erlaubt es, über den Handel etwas auszusagen. Aber auch in einem solchen Idealfalle wissen wir immer noch nichts über Organisationsformen (Produzentenhandel, Kaufmannshandel ect.) solch wirtschaftsgeschichtlich wichtiger Vorgänge.
Im Falle der Keramik aus der Saline von Bad Nauheim (vgl. Kat.Nr. 150) ist man nun zumindest in der Lage, über die Herkunft der dort zwischen dem Ende des 7. und dem 9. Jahrhundert datierenden Keramikreste nähere Angaben zu machen. Dies auf Grund von mineralogischen Dünnschliffuntersuchungen, die ergeben haben, daß die in der Saline in großen Mengen benötigte Keramik aus dem südwestlichen Randbereich des Vogelsberges, aus dem Kinzigtal westlich Gelnhausen, aus dem Vorspessart (zwischen Großenhausen, Hörstein, Kleinostheim und Seligenstadt) sowie aus der Dieburger Gegend kamen. Die zeitliche Schichtung des hieraus erschließbaren Keramikhandels hat ergeben, daß die Töpfereien des Kinzigtals zu allen Zeiten des Bestehens der frühmittelalterlichen Saline geliefert haben. Vom Nordwestrand des Vorspessarts und dem Raum um Seligenstadt kommt erst in der Zeit ab 850 Keramik nach Bad Nauheim. Auffallend ist fernerhin, daß aus den bekannten rheinischen Töpfereien (etwa Badorf) keine Funde in der Saline gemacht wurden.
Diese Verhältnisse zeigen, daß der frühmittelalterliche Keramikhandel allem Anschein nach kleinräumige Distributionsprinzipien bevorzugte. So auch im Falle von Bad Nauheim, wohin kein mehr als 80 km überbrückender Handel mit Keramikerzeugnissen feststellbar war.

Süß (1978).

H. Roth

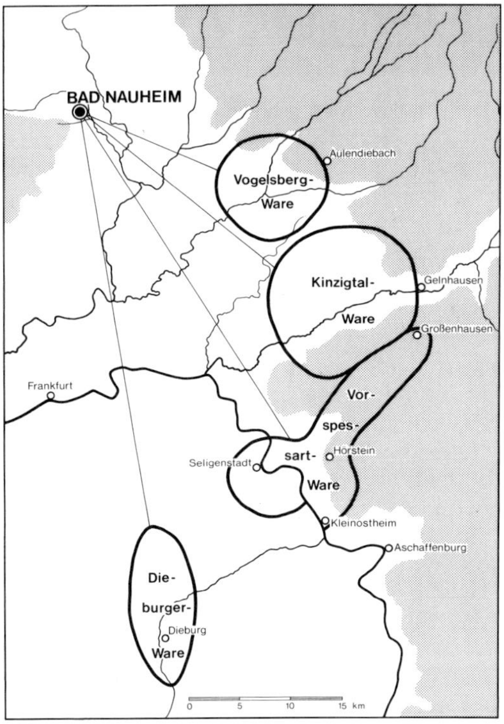

144a

145 Bronzebecken

Anfang 8. Jh.; Bronze, getrieben; Dm. 15,1 cm; Dörnigheim (Maintal, Main-Kinzig-Kreis); Historisches Museum Hanau

Aus einem Kriegergrab, das zu Beginn des 8. Jahrhunderts niedergelegt wurde (vgl. Kat.Nr. 91), stammt ein dünnes getriebenes Bronzebecken mit ausschwingendem, schmalen Rand, das seinem Typ nach in den insularen Bereich, also nach England und Irland weist. Diese Gefäße können als Hängebecken verwendet worden sein, doch ist ihre eigentliche Funktion ungeklärt. Man dachte an Weihwasserbekken, Taufbecken, an Hängelampen oder an den Gebrauch im Bereich der *lavabo*-Becken. Die Exemplare aus England und Irland haben stets Aufhängeattaschen mit aufwendigen Emailarbeiten, deren Dekor oft in keltischer Tradition steht.

Das Bronzebecken von Dörnigheim, das keine Aufhängevorrichtungen hat, ist als ein »Importstück« aus dem genannten nordwesteuropäischen Bereich anzusehen. Der kulturgeschichtliche Hintergrund dürfte allerdings weniger in einem Handel mit Bronzegeschirr zum Kontinent hin rekonstruierbar sein, sondern vielmehr im Zusammenhang stehen mit den mannigfaltigen Missionsaktivitäten, die seit dem Beginn des 8. Jahrhunderts aus dem insularen Bereich auf den Kontinent kommen (vgl. S. 50)

Vgl. Kat.Nr. 222; Henry (1936); Haseloff (1958) 72ff.; Vierck (1970) 8ff.; Dahmlos (1979) 116 Nr. 3a.

H. Roth

146 Koptisches Bronzebecken

Anfang 7. Jh.; Bronze, gegossen; Dm. 26 cm; Winkel (Rheingau-Taunus-Kreis); Museum Wiesbaden, Sammlung Nassauischer Altertümer

Im Gegensatz zu den einheimischen, getriebenen Bronzebecken leichter Art (vgl. Kat.Nr. 108), ist das koptische Bronzegeschirr aus schwerem Buntmetall gegossen. Die meisten der Gefäße stammen vom Beginn des 7. Jahrhunderts. Sie können als ältere Stücke noch weitaus später ins Grab gelangen (vgl. Kat.Nr. 91). Neben Kannen kennt man vor allem flache Schalen mit beweglichen, omegaförmigen Henkeln und einem durchbrochenen Standfuß.

Das koptische Bronzegeschirr ist ein hervorragendes Zeugnis weiträumiger Handelsverbindungen, die über den Rhôneweg und Marseille sowie möglicherweise auch über die Alpen – durch langobardische Vermittlung – in das südöstliche Mittelmeer nach Ägypten weisen. Es sind die *urcei alexandrini*, also die in Alexandria oder über Alexandria in den Handel geratenen Buntmetallgefäße. Sie sind im christlich-koptischen Ägypten von speziellen Handwerkern, die in Schriftquellen bezeugt sind, hergestellt worden. Nach dem ersten Drittel des 7. Jahrhunderts, als Ägypten in arabische Hand fällt, wird jener südöstliche Handelsverkehr nach dem Westen zeitweilig bis in die Karolingerzeit unterbrochen.

J. Werner (1936) 74ff.; J. Werner (1961a) 307ff.; Schoppa (1969) 41 Nr. 144; H. Roth (1980a) 156ff.; Dahmlos (1979) 195 Nr. 8a.

H. Roth

147 Bronzegefäßdepot

Ende 5.–frühes 6. Jh.; Bensheim (Kreis Bergstraße); Hessisches Landesmuseum Darmstadt (während des Krieges weitgehend zerstört)

Der Fundkomplex besteht aus drei Bronzegefäßen, darunter zwei Kesseln mit ausschwingender Wandung, leicht gewölbtem Boden und zwei zipfelförmigen Attaschen mit Eisenhenkeln (vgl. Kat.Nr. 80) sowie einer bronzenen Fußschale. Die Gefäße wurden zufällig »nur zwei Spaten tief« auf der Flur »Kühruhlache« im alten Neckarbett, südlich der alten Kreisabdeckerei, auf einem Holzbrett stehend in einer Bruchwiese angetroffen.

Für die beiden Hängebecken gibt es eine Reihe von Vergleichsstücken, die sich im Rhein-Main-Mündungsgebiet auffallend konzentrieren. Weitere einzelne Gefäße dieses Typs, sämtlich aus Grabfunden stammend, kommen aus Pommern, vom mittleren Neckar, von der oberen Mosel und vom Niederrhein. Diese Formen gehören in das 5. und in das frühe 6. Jahrhundert. Ihre Produktion ist – wie die der Perlrandbecken auch (vgl. Kat.Nr. 108) – von römischen Ausgangsformen und Vorbildern abhängig.

Das Auffinden der Bronzegefäße im Bereich einer feuchten Niederung des alten Neckarbettes erfordert eine Interpretation dieses für das gesamte Merowingerreich bislang ganz einmaligen Fundes: In Norddeutschland und Skandinavien kennt man aus der Völkerwanderungszeit eine ganze Reihe von in sumpfigem Gelände, bzw. direkt in einem Fluß oder einem See niedergelegten Funden, die sämtlich als Opfer für Wassergottheiten angesprochen werden müssen. In unserem Falle könnten ähnliche Verhältnisse anzunehmen sein. Mit allem Vorbehalt sollte dann durchaus mit der kultischen Niederlegung von Bronzegeschirr durch einen wandernden Kaufmann, der im Norden zu Hause war und heimische Sitten im Neckarmündungsgebiet praktizierte, gerechnet werden. Diese These einer kultisch-handelsgeschichtlichen Interpretation des Fundes könnte ihre Stütze in der Tatsache finden, daß während der Römischen Kaiserzeit und zu Beginn der Völkerwanderungszeit jene Bronzegefäßtypen ihr Hauptverbreitungsgebiet in Norwegen besitzen, also eindeutig nordisch-skandinavische Traditionen widerspiegeln (Eggers 1951).

A. Koch (1937) 71 Taf. 43,203a–b; Meier-Arendt (1968) 27f. Nr. 31; Dahmlos (1979) 13 Nr. 1a.

H. Roth

148 Tigermuscheln

5.–7. Jh.; Griesheim (Kreis Darmstadt-Dieburg) Landesamt für Denkmalpflege Hessen, Abteilung für Vor- und Frühgeschichte, Außenstelle Darmstadt

Tigermuscheln (Cypraea tigris und Cypraea pantherina) sind in überdurchschnittlich ausgestatteten Frauengräbern des 5. bis 7. Jahrhunderts anzutreffen. Diese Gegenstände mit deutlichem Amulettcharakter (vgl. Kat.Nr. 178ff.) konzentrieren sich im östlichen Merowingerbereich. Eine kettenartige Fundverteilung ist am Mittelrhein und vereinzelt bis nach England hin zu beobachten; es gibt sie ferner bei den Thüringern Mitteldeutschlands und an der Weichsel.
Es ist vor allem die rheinnahe Verbreitung, die keinen Zweifel daran aufkommen läßt, daß sich hier ein Handelsweg abzeichnet, der einerseits – belegt durch das Vorkommen von Tigermuscheln im langobardischen Italien – über die Alpen kam, andererseits aber sicher auch über die Rhône führte, was ein Vorkommen bei Lyon wahrscheinlich macht.
Die Cypraea tigris ist östlich von Aden im Indischen Ozean beheimatet, während die Cypraea pantherina im Roten Meer vorkommt. Diese Tatsachen sowie die auf dem gleichen Weg nach Europa gelangten koptischen Bronzegeschirre (vgl. Kat.Nr. 91; 146) deuten auf einen Handelsweg hin, der sich auf »Kolonialwaren« spezialisiert hatte (H. Roth 1971; 1980b). Seine wirtschaftliche Bedeutung geht aus der für frühgeschichtliche Verhältnisse ungewöhnlichen Konzentration der Cypraeen hervor.

Voigt (1952) 171ff.

H. Roth

149 Klostersaline

9.–10. Jh.; Bad Hersfeld (Kreis Hersfeld-Rotenburg)

Daß den frühen Klöstern im Bereich des fränkischen Reiches neben der Festigung und Verbreitung des christlichen Glaubens auch große wirtschaftliche Aufgaben zufielen, ist aus den Schriftquellen hinreichend bekannt. Allein die Verwaltung des vor allem bei den frühen Klöstern enorm großen und oft weit verstreuten, tradierten landwirtschaftlichen Besitzes bedurfte eines festgefügten Organisationssystems. Gleichzeitig erforderte der ständige Zuwachs dieses Besitzes und die damit verbundene immer größer werdende Zahl der Insassen in den Klöstern eine enorme Bautätigkeit. Da sich die archäologisch-kunsthistorische Forschung vor allem mit den Gotteshäusern in diesen Klöstern beschäftigt hat (vgl. Kat.Nr. 205ff.), sind wir über die Errichtung der ständig größer werdenden Kirchen recht gut unterrichtet, während wir über die zum Kloster gehörenden Nebengebäude sehr wenig wissen.
Betrachtet man den berühmten Klosterplan von St. Gallen (vgl. S. 24), so wird einem bewußt, wieviele unterschiedlichen Funktionen dienende Gebäudekomplexe zu einem frühen Kloster gehören. Während aus den Schriftquellen des westfränkischen Gebietes zahlreiche Hinweise auf handwerkliche Produktionen in den Klöstern vorliegen, sind diese Nachrichten für die Klöster östlich des Rheins und besonders für Hessen äußerst spärlich. Im Zusammenhang der uns hier interessierenden Salzgewinnung kennen wir die Schenkung Karls des Großen aus der Zeit kurz vor 780, in der er die Siedlung *Westera*, das heutige Bad Sooden-Allendorf, mit dem Salzwerk und Markt und Zoll an das Kloster Fulda überträgt (vgl. Kat.Nr. 211).
Bei den durch den Neubau eines Altenheimes östlich und südöstlich der Stiftsruine von Hersfeld notwendig gewordenen archäologischen Untersuchungen wurden nun Zeugnisse eines Produktionszweiges im südlichen Klosterbereich angetroffen, die zu einer in karolingisch-ottonischer Zeit arbeitenden großen Salzsiederei gehören. Leider konnten die Gradieranlagen nur in Ausschnitten in den Flächen 7-Ost und 26 östlich des neu entdeckten Südtores ausgegraben werden.
Hinter der gemörtelten zweiten Befestigungsmauer der »Klosterburg« zeigte sich zunächst eine unterschiedlich starke mit Holzkohle ver-

mischte dunkle Schicht, die in den beiden genannten Flächen durchlaufend auftrat. Nach Süden hin wurde diese Schicht zwar dünner, band jedoch eindeutig an die Befestigungsmauer an, wobei sie den älteren Holz-Stein-Erde-Wall der ersten Klosterbefestigung überlagerte, bzw. in ihn eingriff. Nach Norden zur heutigen Stiftsruine hin dünnte diese Brandschicht in dem nach Norden geführten Erweiterungsschnitt von Fläche 26 stark aus. Angefüllt war diese Schicht mit sehr viel Scherbenmaterial des 9. und 10. Jahrhunderts.

Diese schwarze Schicht bestand aus grauer Holzasche und aus Holzkohle von reisigartigem Holz, also keinesfalls von dicken Baumstämmen. Aus dem oberen Teil dieser Schicht ragte in Fläche 26 eine kreisrunde Steinsetzung von knapp 4 m Durchmesser gerade noch heraus. Die in einigen Steinlagen erhaltene Steinsetzung schloß nach oben mit einer in Bruchstücken erhaltenen, sich leicht nach innen neigenden verziegelten Lehmdecke ab und bildete so eine ganz flache Wanne. Teile davon wurden vom oberen Teil der Holzkohlenschicht überlagert, aber auch unter den Resten dieser verziegelten Decke fanden sich Holzkohlebänder, die die Lehmdecke von einer darunter liegenden Steinkonstruktion trennten.

In der Fläche 7-Ost wurde eine gleichartige mit 3,50 m Durchmesser wenig kleinere runde Steinsetzung angetroffen, auf der die deutlich nach innen geneigte verziegelte Schicht nun vollständig erhalten angetroffen wurde. Eingelassen in diese Lehmdecke waren unzählige Brocken von Eisenschlacke, die den Eindruck einer oben glattgestrichenen Pflasterung vermittelten. Diese kreisrunde verziegelte Lehmwanne war nicht die erste an dieser Stelle. Sie überlagerte vielmehr mindestens zwei gleich konstruierte runde Wannen, von denen nur Teile der runden Außenbegrenzung erhalten waren, wobei die Wannen gegeneinander leicht verschoben waren. Beide Wannen schnitten in den Wallkörper der ältesten Holz-Stein-Erde-Mauer ein. Sie zerstörte also Teile der ältesten Mauer und müssen folglich jünger sein.

Beim Tieferlegen des Planums zeigten sich in Fläche 26 zunächst zwei in Ost-West-Richtung parallel verlaufende Steinsetzungen von gut 2 m Länge, die als nebeneinander liegende Heizschächte erkannt wurden. Die lichte Breite dieser Heizschächte betrug 0,60 m, wobei die Seitenwände und der Boden aus verziegeltem, verstrichenem Lehm bestanden. Angefüllt waren beide Schächte mit weißlich-grauer Holzasche und Holzkohle. Im südlichen Schacht lag ziemlich unten auf dem Boden eine unregelmäßig begrenzte, stark angeschmolzene, bis zu 1 cm dicke Bleiplatte, die also in den Heizschacht auf eine (wohl verlöschende) Feuerstelle eingesunken war.

Vor den östlichen Enden der beiden Schächte befanden sich flache, grubenartige Eintiefungen, die ganz mit Holzkohle und -asche verfüllt waren. Es zeigte sich, daß die Befeuerung der beiden

Schächte von Osten aus erfolgte und man zur Regulierung des Reisigfeuers von hier aus Holz und Glut nachgeschoben, bzw. mit einem Schürfgerät bei zu starker Hitze herausgezogen hat. Nordöstlich dieses doppelten Heizschachtes befand sich ein weiterer nord-süd-gerichteter Heizschacht von noch 1,80 m Länge und etwa 0,70 m Breite, vor dessen Südende wiederum eine 1,60 m lange und fast 1 m breite Befeuerungsgrube angetroffen wurde. Eine weitere 2,80 m lange und 0,70 m breite Grube, die sich weiter nördlich in Ost-West-Richtung erstreckte, dürfte ebenfalls ursprünglich zu einem Heizschacht gehört haben, der aber in den Steinsetzungen nicht mehr erhalten war. Eine weitere annähernde kreisrunde flache Grube von 0,80 m Durchmesser schloß sich an die Nordostecke des doppelten Heizschachtes an. Man hatte bei der Ausgrabung beim Tieferlegen des Planums in der Holzkohleschicht den Eindruck weiterer grubenartiger Eintiefungen, die aber bei gleichem Füllmaterial der Gruben und der den Untergrund bildenden Schicht im einzelnen nicht zu begrenzen waren. Festzuhalten bleibt, daß die zu Anfang beschriebene kreisrunde wannenartige Steinsetzung funktionell nichts mit dem teilweise darunter liegenden doppelten Heizschacht zu tun hatte, da sie nicht über dem Heizschacht lag und zwischen beiden eine Holzkohleschicht verlief.

Ganz ähnlich zeigten sich die Befunde in der Fläche 7-Ost neben dem Südtor. Auch hier befand sich – von der jüngsten Wanne überlagert – eine ost-west-gerichtete Steinsetzung, die zu einem verstürzten und gestörten Heizschacht gehört haben muß. Die runde »Wanne« durchschnitt einen Teil eines aus schmalen Steinmäuerchen gebildeten, schräg liegenden Gebäudes von 3 m Breite und noch 4 m Länge. Eine weitere breitere nord-süd-verlaufende Steinsetzung führte unter der Wanne nach Süden bis an die Befestigungsmauer der zweiten Periode, ohne daß ihre Funktion irgendwie erklärt werden konnte. Das beschriebene, sicher ursprünglich leicht eingetiefte Gebäude von 3 m Breite überschnitt mit seiner Ostwand wiederum eine mit Holzkohle verfüllte rechteckige Grube von 2 m Länge und 1,70 m Breite, deren Ostseite dann wieder in eine andere unregelmäßig begrenzte grubenartige Eintiefung überging. Auch nördlich der Nordostecke dieses Gebäudes zeigte sich eine unregelmäßig ovale Grube von etwa 0,90 m Länge. Alle hier beschriebenen Wannen, Schächte, Mäuerchen und Gruben griffen auch in der Fläche 7-Ost auf der Südseite in den ältesten Wallkörper ein und überlagerten im Norden die teilweise noch im Holz erhaltenen, sonst in Verfärbungen erkennbaren horizontalen Schwellbalken und auch einen Pfosten einer älteren, wohl schon vorbefestigungszeitlichen Besiedlung.

Es war bei der Untersuchung schon früh zu erkennen, daß all diese in die Holzkohleschicht eingebetteten und zum Teil von ihr überlagerten Spuren von Wannen, Schächten und Gruben zu einer technischen Anlage gehören mußten. Ein Vergleich mit den von L. Süß ausgegrabenen Befunden der frühmittelalterlichen Gradieranlage von Bad Nauheim (vgl. Kat.Nr. 150) zeigt eine so starke Übereinstimmung, daß auch hier im südlichen Stiftsbereich von Bad Hersfeld eine in karolingisch-ottonischer Zeit betriebene Salzgewinnungsanlage nachgewiesen worden ist. Dabei dienten die großen kreisrunden Wannenkonstruktionen offensichtlich nach einer vorhergehenden Erhitzung, durch die die Lehmdecke verziegelte, der Anreicherung der Sole. Diese wurde dann in großen Bleiwannen bei einer kontrollierten Beheizung zu Salz ausgedünstet. Der Rest einer zerschmolzenen Bleiwanne im südlichen Teil des doppelten Heizschachtes belegt diese Salzproduktion überzeugend. Auch die übrigen, teils rechteckigen Gruben gehören zum Gradierbetrieb, wie Parallelen von Bad Nauheim zeigen.

Welche Funktion die vielen Schlackenstücke in der jüngsten runden Wannen aus Fläche 7-Ost besaßen, bleibt zunächst unklar. Möglicherweise dienten sie als »Wärmeleiter«. Da nicht anzunehmen ist, daß sie von weit her an ihren Standort gelangten, ist durchaus auch mit Eisenschmelzanlagen im Klosterbezirk zu rechnen. Aus einem Briefwechsel zwischen dem Abt und Bischof Lullus mit einem angelsächsischen Bischof wissen wir zudem, daß Lullus über vorzügliche Glasbläser und damit also noch andere spezialisierte Handwerker verfügte. Die Salzgewinnungsanlage im südlichen Stiftsbereich aber ist ein ganz besonderes Beispiel einer beinahe industriell betriebenen Produktionsanlage in einem frühmittelalterlichen Kloster.

Unpubliziert; zu Vergleichszwecken siehe Kat. Nr. 150 mit Literaturhinweisen.

R. Gensen

150 Saline

7.–9. Jh.; Bad Nauheim (Wetteraukreis)

Um und nach der Mitte des 19. Jahrhunderts beobachtete der Salinenoberinspektor und Geologe R. Ludwig die Baugruben von Neubauten des ersten Badeviertels und fand hier zahlreiche Hinterlassenschaften vorzeitlicher Salzgewinnung. Seine Forschungen und die Deutungen dieser Funde und Befunde hatten bis weit in unser Jahrhundert hinein Gültigkeit. – Von den ersten Anfängen der historischen Nauheimer Saline berichteten bis vor kurzem nur Schriftquellen. Bekannt ist ihre Existenz seit dem 14. Jahrhundert, und ihr Aufblühen zur größten Sudsaline mit schwachprozentiger Sole in Deutschland unter dem Salzgräfen Waitz von Eschen im 18. Jahrhundert und ihr Erlöschen im Jahr 1959 wegen Unrentabilität. Ungewiß war lange Zeit, ob in den fast eineinhalb Jahrtausenden zwischen den vorgeschichtlichen Salinenfunden und dem Nachweis der historischen Saline in Nauheim Salz gewonnen wurde. In diese dunkle Zeit fiel erst Licht, als 1960 die jetzige Außenstelle Darmstadt des Landesamtes für Denkmalpflege Hessen, Abteilung Vor- und Frühgeschichte, in einem Neubaugebiet am Südrand der Badestadt in zweijähriger Feldarbeit den Hauptteil einer kleinen Saline des Frühmittelalters freilegte. Dabei traf man Befunde mit ungewöhnlich guten Erhaltungsbedingungen an.

Das Salz wurde hier aus der schwachprozentigen Nauheimer Thermalsole (mit etwa 2,5 Prozent Salzgehalt, später – nach Tiefbohrungen im 19. Jahrhundert – bis 3,3 Prozent Salzgehalt und über 30 Grad Celsius), die in einer geologischen Verwerfungsspalte zwischen mittel- und unterdevonischen Schichten an die Oberfläche dringt, in einer kleinen Rundanlage von nur ca. 40 × 50 m Nutzraum und etwa 75 m Gesamtdurchmesser gewonnen. Ähnlich wie in jüngerer Zeit aus Lüneburg bekannt (Lage an einer Geländeschwelle), diente die Eintiefung der Saline und auch ihr sie umgebender Wall dazu, die auf die Salzgewinnung sich ungünstig auswirkenden Winde abzuhalten. Durch verschiedene Funde, unter anderem einem Messing-Schwertknauf und einem Denar Ludwigs des Frommen (vgl. Kat.Nr. 157), kann die Saline datiert werden. Sie begann um die Mitte des 7. Jahrhunderts und endete etwa um 900. Ihre Lage im Südosten des Johannisberges mit seinem bedeutenden frühchristlichen Missionszentrum und wahrscheinlich auch fränkischem Refugium (vgl. Kat.Nr. 169) richtete sich mit Sicherheit nach einem alten (später versiegten) Quellaustritt mit Solteich in der Usaniederung.

Als die frühmittelalterliche Saline nach 250jähriger Tätigkeit zum Erliegen kam, war sie höchstwahrscheinlich im Besitz des Klosters Seligenstadt, d. h. sie gehörte zu dem Fronhof der Abtei, der für das fränkisch-karolingische NIWIHEIM durch Schriftquellen belegt ist (Zinsregister des Klosters, datierbar um 900 oder noch in das 9. Jahrhundert, mit der Nennung von zehn Zinspflichtigen mit gleichhohen Abgaben – sicherlich von Söderfamilien).

Die Bedeutung der – im Vergleich zu anderen, gleichzeitigen Salinen (Vic, Marsal in Lothringen, Reichenhall) – kleinen Nauheimer Saline liegt in den für diese frühe Zeit einmaligen Befunden, Erhaltungsbedingungen und Datierungsmöglichkeiten. Die Befunde und ihre Deutung zum Teil anhand wesentlich jüngerer Salinenliteratur zeigen deutlich, daß die Salzgewinnung im frühen Mittelalter überraschenderweise ähnlich wie noch im späten 16. Jahrhundert – nach einer Schriftquelle von 1603, Nauheim um 1570 schildernd (Johann Thölde, HALIGRAPHIA) – betrieben wurde. In der Saline wurde nach den Grabungsbefunden und einer Schätzung auf etwa zehn Öfen gesotten. In dem vermuteten Solteich, in dem nach Entweichen der Kohlensäure aus der Sole die Ausscheidung eines erheblichen Teiles der sogenannten »erdigen Bestandteile«, insbesondere Kalk und Eisen, erfolgt sein dürfte, wurde die vorgereinigte Sole in Eimern oder mit einer Schöpfanlage (»Galgen«) in die archäologisch nachgewiesenen Holzrinnen gegossen und in Flechtwerkhütten geleitet. Hier sammelte man sie in Holztrögen. Auch Tonbecken mit einfachen Überdachungen, wie sie Georg Agricola (DE RE METALLICA) im 16. Jahrhundert abbildete, und Fässer (»Kufen«) dienten zur Bereithaltung der Sole in der Saline. Vor der eigentlichen Salzgewinnung mußte die Sole noch gründlicher gereinigt werden. Das geschah dadurch, daß man sie über niedrige Zäune, später über Matten aus Weidengeflecht laufen ließ oder in Wannen, zum Teil mit Schilfgräsern gefüllt, schüttete. Solche Wannen waren lange Zeit in Benutzung und wurden teilweise erst nach starker Versinterung aufgegeben. Mit dem Reinigungs-

Der große Behälter A. Stangen B. Der Zapfen C. Wanne D. Der runde Behälter E. Die Rinne F. Die Bleipfanne G. In die Erde eingegrabene Gefäße H. Kufe mit Stäben I.
Alaungewinnung im 16. Jahrhundert (nach G. Agricola)

prozeß war auch eine geringfügige Gradierung, d. h. Salzanreicherung durch Verdunsten von Süßwasser verbunden, nämlich bei der Benutzung der im Freien stehenden (der Sonne ausgesetzten) niedrigen Flechtzäune. Somit hatte die Nauheimer Saline das älteste Vorkommen einer primitiven »Tröpfelgradierung«, jener erst in der Neuzeit sich durchsetzenden Gradiermethode, die schließlich in den hohen Gradierwänden gipfelte (wie sie heute noch an mehreren Stellen in Bad Nauheim und anderen Solbädern und Salinen stehen).

Außer diesem Verfahren fanden sich bei den Ausgrabungen in den jüngeren Schichten der Saline Hinweise auf eine zweite Art von Sole-Kaltgradierung, nämlich auf die sogenannte »Beißegradierung«. Sie muß in Zusammenhang mit einer besonderen Ofenart, den »Schlotteröfen« – aus Erde und Lehm errichtete, von nur wenigen Steinen zusammengehaltene Öfen – gesehen werden. Während diese Öfen zur Salzgewinnung in Betrieb waren, wurden sie häufig mit Sole übergossen und so eine Salzanreicherung in den Ofenwangen erzielt. War ein gewisser Sättigungsgrad an Salz erreicht, zerschlug man den Ofen und sott auf einem neu errichteten weiter. Die Lehm- und Erdbrocken warf man in Behälter mit Frischsole, in denen das Salz wieder in Lösung ging und die Frischsole verbesserte; dabei setzten sich Erde und Lehm ab. Diese ebenfalls nur wenig wirksame Art der Kaltgradierung wird vom 16. Jahrhundert an in der Literatur häufig erwähnt und ist offenbar in den davor liegenden Jahrhunderen schon weit verbreitet gewesen – im Unterschied zur »Tröpfelgradierung«, der im 16. Jahrhundert Mathias Meth aus Langensalza zum entscheidenden Durchbruch verhalf.

Das Versieden der Sole erfolgte im älteren Abschnitt der Saline auf im Freien stehenden Öfen von 1,7 m bis 2,5 m Länge und (noch) 0,8 m Höhe. Diese Öfen waren zur besseren Wärmenutzung, für einen guten Zug und zum leichteren Hantieren in den Untergrund eingegraben und besaßen zwei offene Schmalseiten, seltener eine offene und eine apsidenförmig geschlossene Schmalseite. Manche dieser Öfen standen unmittelbar nebeneinander und gleichgerichtet, andere wieder in größeren Abständen voneinander und in unterschiedlicher Richtung. Jedem Ofen war eine Aschengrube vorgelagert.

Funde von geschmolzenem und ungeschmolzenem Blei sind Hinweise auf die Verwendung von Siedepfannen aus Blei, wie sie aus späterer Zeit aus Lüneburg, England (Northwich, Droitwich) und Frankreich (Atlantikküste) bekannt sind. Ihre Fertigung aus Bleiplatten geschah, wie in Lüneburg belegt ist, mit Hilfe von Hartholz-Schlegeln durch Umbörteln der Randpartien und Einschlagen der Ecken. In Bad Nauheim wurden durch die Ausgrabungen erstmals Originale solcher Gußformen bekannt. Die aus dünnen Lehmschichten bestehenden rechteckigen Formen mit erhöhten Rändern waren leicht in den Boden eingegraben und mit einfachen Schutzdächern versehen. Die Pfannen selbst konnten wegen ihrer verhältnismäßig geringen Belastbarkeit nur flach gewesen sein – analog zu den Lüneburger Pfannen jüngerer Zeit. Entsprechend den Maßen der Gußformen sind für die Nauheimer Bleipfannen Größen von nur 0,55 m bis 1 m × 1,5 m bis 2 m anzunehmen. Diese Pfannen lagen mit ihren Langseiten auf den Steinwangen der Siedeöfen auf. Das Blei besaß große Widerstandsfähigkeit gegen die aggressive Sole und war durch seinen niedrigen Schmelzpunkt (327°) leicht umzugießen. Defekte Pfannen konnten somit in kürzester Zeit erneuert werden, was in der Saline selbst erfolgte (später außerhalb derselben, wohl in einer Pfannenschmiede).

Der Vorteil von Pfannen aus Blei gegenüber solchen aus anderem Metall – in den frühmittelalterlichen Salinen Lothringens und Reichenhalls höchstwahrscheinlich Kupfer (Eisenpfannen kommen erst später auf) – bestand auch darin, daß in ihnen bei Anwendung einer bestimmten Siedetechnik grobkörniges Salz, das zum Haltbarmachen von Fleisch-, Fisch- und Gemüsevorräten hervorragend geeignet und deshalb sehr begehrt war, gewonnen wurde.

Der Nachteil, daß beim Sieden in solchen Pfannen durch eine mögliche Beimengung von Bleiteilchen das Salz einen giftigen Zusatz erhielt, ist erst viel später erkannt und auch dann noch verheimlicht oder durch pseudowissenschaftliche Gutachten bestochener Experten entkräftet worden. (Viele Salinen gingen gegen Ende des Mittelalters oder, wie in Nauheim, erst im fortgeschrittenen 16. Jahrhundert zu Eisenpfannen über und benötigten dann allerdings eine Pfannenschmiede, da Eisenpfannen – von erheblicherer Größe und aus zahlreichen Platten zusammengenietet – infolge ihrer Anfälligkeit gegen Sole oft ausgebes-

sert werden mußten.) Die Haltbarkeitsdauer von Bleipfannen dürfte bei ständiger Benutzung etwa zwei Wochen betragen haben – eine Zeitspanne, die je nach Grädigkeit der Sole, angewandter Siedetechnik und Siedeintensität variiert hat.
Aus der Größe der Öfen und der erschließbaren Maße der Pfannen geht hervor, daß in Nauheim auf jeden Ofen nur eine Pfanne gesetzt werden konnte. Erst später kam eine zweite Pfanne, die sogenannte Bei- oder Gradierpfanne hinzu. Für das frühmittelalterliche Nauheim folgt daraus, daß zunächst die schwachprozentige Sole zum Erlangen höherer Grädigkeit in der einen Pfanne der Warmgradierung ausgesetzt werden mußte. Nach dem Verdampfen eines Teiles des Süßwassers goß man wiederholt Frischsole nach, bis eine höherprozentige Sole, die sogenannte Gutsole, entstand. Erst dann erfolgte – nun bei stärkerem Feuer – das eigentliche Sieden. Am Ende dieses Prozesses, bei 25 bis 26 Prozent Salzgehalt der Sole, fiel das Kochsalz aus, und bei Fortsetzung des Siedens kam es dann zur Kristallbildung der länger in Lösung bleibenden, bitteren Neben- oder Mutterlaugensalze. Zog man das Kochsalz nicht sogleich aus der Pfanne oder löschte das Feuer kurzfristig, so trat eine Vermischung desselben mit den qualitätsmindernden Nebensalzen ein. Zwar bekam man auf diese Weise eine größere Menge, aber dafür schlechteres und stark hygroskopisches (anfangs optisch von gutem Salz nicht unterscheidbares) Salz. Der beim Versieden schwachprozentiger Sole durch den enormen Holzbedarf bedingte große Kostenaufwand verführte leicht zur Herstellung von solchem minderwertigen Salz, da so ein gewisser Ausgleich in der Produktionsmenge zu Salinen mit besserer Sole erzielt werden konnte. Noch in der Neuzeit wird die Herstellung schlechten, unreinen Salzes in der Literatur angeführt und besonders bei britischen Salinen gerügt. Für das Salz aus der frühmittelalterlichen Saline Nauheims könnte ähnliches gegolten haben.
Das aus der Pfanne gezogene, frisch gewonnene Salz wurde nach dem Abtropfen der noch in ihm enthaltenen flüssigen Nebensalze, der Mutterlauge, auf besonderen Dörrherden aus Lehm getrocknet. Anzeichen für eine Formsalzherstellung, wie in vorgeschichtlicher Zeit in Halle/Saale oder auch in Nauheim selbst, gab es nicht. Wahrscheinlich hat man das Salz, ähnlich wie in neuzeitlichen Salinen Österreichs die sogenannten »Hurmanen«, »Fuderl« und »Stöckel«, in Holzfäßchen eingestampft und so transportiert. Im 9. Jahrhundert dürfte das Kloster Seligenstadt (vgl. Kat.Nr. 213) seinen Salzbedarf in Nauheim gedeckt haben.
Zu dem Fundmaterial in der Saline gehören zahlreiche Hinterlassenschaften von Siedlungscharakter, besonders Keramik und Tierknochen – beide weisen auf hier gehaltene Mahlzeiten hin. Bei der Fleischnahrung dominierte das Schwein. Unter der Keramik, die nach Dünnschliffuntersuchungen O. Frechens hauptsächlich aus dem Gebiet der unteren Kinzig stammt (vgl. Kat.Nr. 145a), herrschten in der Frühzeit fränkische Wölbwandtöpfe vor, später dagegen Kochtopfformen. Außer diesen Funden sind in der Saline zahlreiche, zur Deutung kulturgeschichtlicher Zusammenhänge wertvolle Gegenstände ausgegraben worden wie Webgewichte, Spinnwirtel, Glas-Glättsteine zum Glätten von Textilien (sie gehören zu den frühesten mittelalterlichen Exemplaren; (vgl. Kat. Nr. 66), Knochen-Schlittschuhe, Messer, Rasiermesser und Glasperlen. Dieses Fundgut in einer Saline spricht dafür, daß ein wesentlicher Teil der Arbeit von Frauen geleistet wurde, die bei der Salzgewinnung, insbesondere wohl während der langwierigen Warmgradierung der Sole, auch Zeit für die gewohnten häuslichen Verrichtungen fanden. Die Mehrzahl der Männer wird dagegen mit den schweren Arbeiten des Baumfällens und des Heranschaffens von Brennholz beschäftigt gewesen sein. Als möglicher archäologischer Hinweis entweder auf diese Tätigkeiten oder aber auf den Salztransport (auf Saumtieren) selbst ist ein außerhalb der Saline, hangaufwärts zu den Taunusausläufern hin gefundenes Maultierhufeisen mit Wellenrand und den für diese Frühform charakteristischen Hufnägeln anzusehen; es gehört zeitlich dem Ende der Saline an.
Die kleine Nauheimer Saline der spätmerowingisch-karolingischen Zeit konnte nur einfachsten Ansprüchen genügen und besaß sicher nur lokale Bedeutung. Im Vergleich zu gleichzeitigen, durch Schriftquellen belegten Salinen von erheblicherer Größe und mit besserer Sole (Reichenhall, Vic, Marsal) hatte sie nur einfache technische Einrichtungen. Beachtenswert sind die anderwärts für so frühe Zeit nicht nachweisbare Reinigung und (geringfügige) Kaltgradierung der Sole mit Hilfe

niedriger Zäune aus Weidengeflecht und auch die wahrscheinliche Anwendung der sogenannten Beißegradierung, in zeitlicher Aufeinanderfolge – für Nauheim wegen seiner schwachprozentigen Sole und dem Bedürfnis zu ihrer Verbesserung besonders verständlich.
Weiterhin kann durch die Ausgrabungen im Süden der Badestadt nun bereits für das frühe Mittelalter die siedetechnisch bedingte Eintiefung von Salzsiedeöfen sowie die der Saline als Ganzes – bislang erst aus der Zeit ca. 800 Jahre später bekannt – belegt werden. Neu ist auch die hier für das 7. und 8. Jahrhundert gewonnene Kenntnis ungewöhnlich einfach gebauter Siedeöfen sowie die Verwendung rechteckiger Lehmformen zur Bleiplattenherstellung im offenen Herdguß. Erstmals läßt sich anhand von Ausgrabungen der gesamte Weg der Salzherstellung im Frühmittelalter darlegen. Damit fällt mehr Licht in einen Produktionszweig, der für die Karolingerzeit mit ihrer vielseitigen Lebensmittel-Bevorratung von großer Bedeutung war.

Jorns/Süß (1961) 117ff.; Süß (1978) mit weiterführender Literatur; Dahmlos (1979) 62 Nr. 2c.

L. Süß

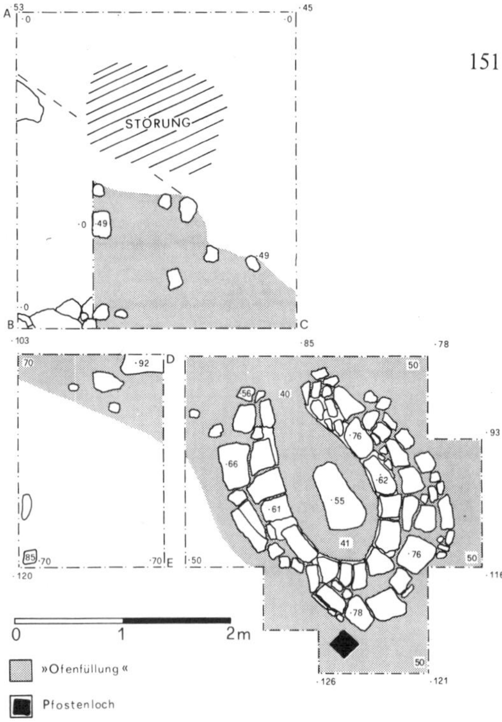

151

151 Töpferofen

Um 850; Zimmersrode (Neuental, Schwalm-Eder-Kreis); Heimatmuseum Fritzlar

Bei Baumaßnahmen in der Gemeinde Neuental-Zimmersrode wurde auf dem Grundstück Heilswiese im Spätsommer 1981 ein karolingischer Töpferofen entdeckt und ausgegraben.
Das aus unbehauenen Buntsandsteinplatten in Lehm gesetzte Fundament eines ovalen Ofens wurde freigelegt; seine Länge betrug knapp 2,50 m und seine Breite 1,85 m. In der Mitte des Brennraumes lag eine große Sandsteinplatte. Vor dem Ofen lag eine tiefer gelegene Feuerungs- und Bedienungsgrube, sie war nicht baulich vom Brennraum getrennt. Im Ofen fanden sich große Stücke verziegelten Lehms, wohl die Reste der Ofenkuppel, und viel Keramik. Vom Typ her handelt es sich um einen liegenden Ofen mit Mittelzunge. Diese Öfen sind bereits in vorgeschichtlicher Zeit bekannt. Sie breiten sich im frühen und hohen Mittelalter aus und lösen die stehenden Öfen ab.
Über 8000 Scherben konnten geborgen werden, die die Überreste von etwa 350 Gefäßen darstellen. Die Keramik ist scheibengedreht, ihre Farbe ist meist weißlichgelb bis braun mit dunklen Flecken und Linien; außerdem gibt es einige graue Stücke. Ihre Brandhärte ist unterschiedlich, die helle und braune Ware ist gegenüber der grauen wesentlich weicher. Die Oberfläche ist häufig krakeliert. Das Fundmaterial ist in seinem Formenbestand sehr einheitlich. Es sind überwiegend faß- und eiförmige Töpfe mit dicken Standböden und kurzen, runden Rändern, die zum Teil mit einem Formholz abgestrichen sind. Daneben gibt es Henkeltöpfe mit Ausgußtülle und flaschenartige Gefäße.
Der Fundkomplex läßt sich durch Formen- und Machartenvergleich mit anderen hessischen Fundplätzen in die Mitte des 9. Jahrhunderts einordnen.
Mit dem Töpferofen von Zimmersrode kann zum ersten Mal in Niederhessen ein karolingischer Töpferbezirk erfaßt werden. Zahlreiche Fundplätze lieferten bisher Scherbenmaterial, ohne daß ein möglicher Herstellungsort ausgemacht werden konnte.

K. E. Demandt (1936) 109f.; Stephan (1982) 209ff.; Mathias (1984).

M. Mathias

152, 1–44 Münzen

Ende 5. – Ende 7./Anfang 8. Jh.; nähere Angaben siehe Fundkatalog 152, 1–44

Derzeit sind knapp über 40 Münzfunde meist aus Gräbern der Merowingerzeit Hessens bekannt. Die vorkommenden Typen umfassen byzantinische Münzen (1–7), Münzen der Ostgoten (8–15), Münzen der Merowinger nach byzantinischem Vorbild (16–26), eigentliche Merowingerprägungen (27–38) sowie Münzen der Angelsachsen (39–44).
Das Verbreitungsbild aller Prägungen läßt die Landschaft des Rhein-Main-Mündungsgebietes deutlich hervortreten, dies entsprechend seiner wirtschaftlichen Kraft. Ähnlich deutliche Münzkonzentrationen, seien es Schatz- oder Einzelfunde, zeichnen sich in der Karolingerzeit ab (vgl. Kat. Nr. 153ff.). Auch hier sind es die Zentren des Handels im Rhein-Main-Gebiet, an der Rheinmündung und in Friesland, wo der Münzumlauf beträchtlich gewesen sein muß.
Für die handelsgeschichtliche Interpretation von Münzfunden sind vor allem die angelsächsischen Stücke eindeutig aussagefähig, zeigen sie doch den England- und Friesenhandel auf dem Rhein als einen der Hauptverkehrswege seit dem Ende des 7. Jahrhunderts außerordentlich klar an.
Zur eigentlichen Merowingerzeit ist die Funktion der Münze auch im Grabritus (Obolus) (vgl. etwa Kat. Nr. 139; 152) geläufig. Besonders interessant ist die auffallende Zahl der aus mehreren Metallen zusammengesetzten Münzen, z. B. Bronze mit Goldplattierung oder Eisen mit Goldüberzug. Ob es sich hierbei um offizielle oder private Prägungen handelt (letztere dann in betrügerischer Absicht), ist bis heute nicht klar anzusprechen. Jedenfalls benötigten Kaufleute und Goldschmiede stets Feinwaagen, um sich von der wahren Qualität der Münze zu überzeugen (vgl. Kat. Nr. 139; 144).
Von besonderem Interesse sind (wenn überhaupt feststellbar) die Prägeorte der in Hessen gefundenen merowingerzeitlichen Münzen. In byzantinisch-oströmischer Zeit treffen wir natürlich auf die Hauptorte Constantinopel und im Westen auf Ravenna, wobei letzteres nach dem Machtwechsel bei den stark romanisierten Ostgoten immer noch seine Rolle als Prägestätte der staatlichen Münze zu spielen weiß. Die Wertschätzung dieser italienischen Emissionen zeigt sich dann in den schwer faßbaren merowingisch-nordalpinen Nachprägungen. Die eigentlichen offiziellen, von Münzmeistern der Merowinger hergestellten Stücke aus Hessen sind interessanterweise überwiegend im Mittelrheingebiet selbst geprägt worden. Ob dies als Quelle der Interpretation in Bezug auf wirtschaftliche Strukturen zu werten ist, muß wegen der geringen Zahl noch dahingestellt bleiben.

H. Roth

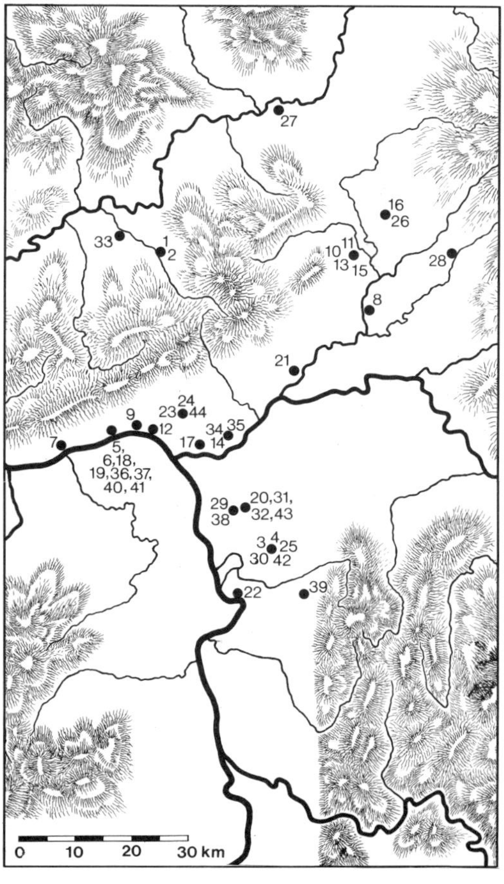

Fundkatalog:

Abkürzungen und Termini

Nominale

Halbsiliqua	*Halbstück der Siliqua, Silbermünze*
Sceatta	*Silbermünze der Angelsachsen*
Semissis	*Halbstück des Solidus, Goldmünze*
Siliqua	*Silbermünze*
Solidus	*Goldmünze*
Tremissis	*Drittelstück des Solidus, Goldmünze*
AR	*Silbermünze, deren Nominal unbestimmt ist*
AE	*Bronzemünze, deren Nominal unbestimmt ist*

Allgemeine Abkürzungen

r.	*rechts*
l.	*links*
n. l.	*nach links*
n. r.	*nach rechts*
Rs.	*Rückseite*
Vs.	*Vorderseite*

Bestimmungsbücher

BMC:
W. Wroth, Catalogue of the Imperial Byzantine coins in the British Museum (1908).

BMCVand.:
W. Wroth, Catalogue of the coins of the Vandals, Ostrogoths and Lombards and of the Empires of Thessalonica, Nicaea and Trebizond in the British Museum (1911).

Belfort:
A. de Belfort, Description générale des monnaies mérovingiennes (1892–1895).

Brooke:
G. C. Brooke, English coins. Überarbeitet von C. A. Whitton (1950³).

DOC:
A. Bellinger und Ph. Grierson (Hrsg.), Catalogue of the Byzantine coins in the Dumbarton Oaks Collection and in the Whittemore Collection (1966–1973).

Galster, SCBI Copenhagen:
G. Galster, The Royal Collection of coins and medals, National Museum, Copenhagen. Part I. Ancient British and Anglo-Saxon coins before Aethelred II. (1964).

Grierson, SCBI Cambridge:
Ph. Grierson, Fitzwilliam Museum, Cambridge. Part I. Ancient British and Anglo-Saxon coins (1958).

Le Gentilhomme:
P. Le Gentilhomme, Mélanges de numismatique mérovingienne (1940).

Prou:
M. Prou, Les monnaies mérovingiennes. Catalogue des monnaies françaises de la Bibliothèque Nationale (1892).

Robertson, SCBI Glasgow:
A. S. Robertson, Hunterian and Coats Collections. University of Glasgow. Part I. Anglo-Saxon coins (1961).

Syll. C. B. I.:
Sylloge of the coins of the British Isles (1958ff.).

Byzantinische Münzen (1–7)

1

Fundort: Niederselters (Selters/Taunus, Kreis Limburg/Weilburg) Grabfund (vgl. Kat.Nr. 20)
Prägeherr: Anastasius I.
Prägezeit: 498–518
Nominal: Solidus (mit Öse), fast stempelfrisch
Münztyp: DOC 7b
Münzstätte: Constantinopolis
Gewicht: 4,45 g
Beschreibung: Vs.: DNANAST-SIVSPPAVG, behelmte Panzerbüste von vorne mit Schild und geschulterter Lanze – Rs.: VICTORI-AVGGGB, Victoria n. l. mit Stab, gekrönt von Christogramm; im Abschnitt CONOB, l. im Feld Stern
Verbleib: Mittelrheinisches Landesmuseum Mainz
Inventar: 5731 (verbrannt)

Nassauische Mitteilungen 1897/98, 41; Westdeutsche Zeitschrift 18, 1899, 407 Taf. 10,5; Quartalblätter des historischen Vereins für das Großherzogtum Hessen, N.F. 2, 1900, 834f. Taf. 68,1–9; J. Werner (1935) M 8; Mainzer Zeitschrift 35, 1940, 20.

J. Gorecki

2

Fundort: Niederselters (Selters/Taunus, Kreis Limburg-Weilburg) Grabfund (vgl. Kat.Nr. 20)
Prägeherr: Justinus I. (nach J. Werner [1935] M 13, italische Nachprägung)
Prägezeit: 518/519

Nominal: Solidus (mit Öse), »kaum abgenutzt«
Münztyp: DOC 1c
Münzstätte: Constantinopolis
Gewicht: 4,5 g
Beschreibung: Vs.: DNIVSTI-NVSPPAVG, behelmte Panzerbüste von vorne mit Schild und geschulterter Lanze – Rs.: VICTORI-AAVGGGΛ (nach J. Werner), Victoria n.l. mit Stab, gekrönt von Christogramm; im Abschnitt CONOB (nach J. Werner), l. im Feld Stern
Verbleib: Mittelrheinisches Landesmuseum Mainz
Inventar: 5730 (verbrannt)

Nassauische Mitteilungen 1897/98, 41; Westdeutsche Zeitschrift 18, 1899, 407 Taf. 10,4; Quartalblätter des historischen Vereins für das Großherzogtum Hessen, N.F. 2, 1900, 834f. Taf. 68,1–9; J. Werner (1935) M 13; Mainzer Zeitschrift 35, 1940, 20.

J. Gorecki

3

Fundort: Griesheim (Kreis Darmstadt-Dieburg) Flur 24 Nr. 470, »An der Rückgasse«, Gewann »Im oberen Graben«, Grabfund
Prägeherr: Iustinianus I.
Prägezeit: 527/565
Nominal: Semissis
Münztyp: BMCVand. 114 Nr. 42
Münzstätte: Ravenna
Beschreibung: Vs.: Bartlose Büste mit Perldiadem, Panzer und Mantel n.r.; DNIVSTINI-ANVSPPAVG – Rs.: Victoria sitzt auf einem Schild und Panzer n.r. mit einem von den Hüften herabhängenden Mantel bekleidet; sie schreibt auf einen Schild, der auf ihren Knien ruht: XXX; VICTORIAAVCCC; l.: ★; r.: ₽; im Abschnitt: CONOB
Verbleib: Landesamt für Denkmalpflege Hessen, Abteilung für Vor- und Frühgeschichte, Außenstelle Darmstadt
Inventar: LAD-EV. 1973: 17b

H. Schubert

4

Fundort: Griesheim (Kreis Darmstadt-Dieburg) Flur 24 Nr. 470, »An der Rückgasse«, Gewann »Im oberen Graben«, Grabfund
Prägeherr: Iustinianus I.
Prägezeit: 527/565
Nominal: Semissis
Münztyp: BMCVand. 114 Nr. 42 var.
Münzstätte: Ravenna
Beschreibung: Vs.: Bartlose Büste mit Perldiadem, Panzer und Mantel n.r.; DNIVSTINI-ANVSPPAVG – Rs.: Victoria sitzt auf einem Schild und Panzer n.r., mit einem von den Hüften herabhängenden Mantel bekleidet; sie schreibt auf einen Schild, der auf ihren Knien ruht: XXX; VICTORIAAVCCC; l.: ★; r.: ⳨; im Abschnitt: CONOB
Verbleib: Landesamt für Denkmalpflege Hessen, Abteilung für Vor- und Frühgeschichte, Außenstelle Darmstadt
Inventar: LAD-EV. 1973: 17a

H. Schubert

5

Fundort: Eltville am Rhein (Rheingau-Taunus-Kreis) Grab 273
Prägeherr: Justinian I.
Prägezeit: 527–565
Nominal: Tremissis
Münztyp: DOC 19
Münzstätte: Constantinopolis
Gewicht: 1,48 g
Beschreibung: Vs.: DNIVSTINI-ANVSPPAVG, Panzerbüste mit Diadem und Paludament n.r. – Rs.: VICTORIAAVGVSTORVM, Victoria n.r. mit Kranz und Kreuzglobus; im Abschnitt CONOB, r. im Feld Stern
Verbleib: Landesamt für Denkmalpflege Hessen, Abteilung für Vor- und Frühgeschichte Wiesbaden
Inventar: 68/14

J. Gorecki

6

Fundort: Eltville am Rhein (Rheingau-Taunus-Kreis) Grab 184b
Prägeherr: Justinian I.
Prägezeit: ca. 552–565
Nominal: Halbsiliqua
Münztyp: DOC 339
Münzstätte: Ravenna
Beschreibung: Vs.: DN IVSTINI-ANVSP. Büste mit Perldiadem und Perlgewand n.r. – Rs.: Christogramm auf Kugel, r. und l. ein Stern
Verbleib: Landesamt für Denkmalpflege Hessen, Abteilung für Vor- und Frühgeschichte Wiesbaden

Nassauische Heimatblätter 44, 1954, 53; Germania 33, 1955, 109 mit Abb. 1; J. Werner (1961a) 337 Nr. 18.

J. Gorecki

7
Fundort: Hallgarten (Oestrich-Winkel, Rheingau-Taunus-Kreis) Grabfund
Prägeherr: Phokas
Prägezeit: 602–610
Nominal: Tremissis
Münztyp: Vs.: BMC 34, Rs.: BMC 32
Münzstätte: Constantinopolis
Beschreibung: Vs.: ONFOCAS PPAVC, Panzerbüste des Phokas mit Diadem n. r. – Rs.: VICTORIFOCASAV, Kreuz; unterhalb CONOB
Verbleib: Museum Wiesbaden, Sammlung Nassauischer Altertümer
Inventar: 19301 (verschollen)

Nassauische Mitteilungen 1907/08, 40; 73.

J. Gorecki

Münzen der Ostgoten (8–15)

8
Fundort: Groß-Karben (Karben, Wetteraukreis) Grabfund
Prägeherr: Theoderich für Iustinus I.
Prägezeit: *518/526*
Nominal: Halbsiliqua
Münztyp: BMCVand. 31 (dort als »Quarter Siliqua« bezeichnet)
Münzstätte: Ravenna
Beschreibung: Vs.: Bartlose Büste mit Diadem, Panzer und Mantel von Iustinus I. n. r.; DNIVSTI ... – Rs.: RSD im Kranz (=Monogramm des Theoderich)
Verbleib: Hanau (?)

Kenntnis der Münze wird der freundlichen Mitteilung der Frankfurter Münzhandlung Dr. B. Peus verdankt.

H. Schubert

9
Fundort: Schierstein 1889 (Wiesbaden) Grabfund
Prägeherr: Athalarich für Justinian I.
Prägezeit: 526–534
Nominal: Halbsiliqua, gelocht; frisch erhalten
Münztyp: BMCVand. 64 Nr. 33
Münzstätte: Ravenna
Gewicht: 1,20 g
Beschreibung: Vs.: DNIVSTINI ΛNVSPΛVC, gepanzerte Büste des Justinian I. mit Diadem n. r. – Rs.: Monogramm des Athalarich im Kranz
Verbleib: Museum Wiesbaden, Sammlung Nassauischer Altertümer
Inventar: 473

Nassauische Mitteilungen 23, 1891, 156; ebd. 28, 1896, Nr. 482; ebd. 37, 1907, 41, 1077; J. Werner (1935) M 38; J. Werner (1961a) Nr. 16.

J. Gorecki

10
Fundort: Friedberg (Wetteraukreis) Flur VII A 23–26, »Kleines Wartfeld« (5618: 82.140/76.180), ehemals Gelände der Gärtnerei Eichhorst, Grabfund
Prägeherr: Iustinianus I (?)

Prägezeit: 527/565 oder später
Nominal: Gefütterte Halbsiliqua
Münztyp: BMCVand. 117 Nr. 69–71, bes. Nr. 70
Münzstätte: Ravenna (?)
Beschreibung: Vs.: Büste n. r.; DNIVSTINIANVS PA (G) (?) – Rs.: Christusmonogramm in einem Doppelkreis keilförmiger Verzierungen (Bestimmung und Beschreibung der Münze durch R. Ohly, Friedberg)
Verbleib: Wetterau-Museum Friedberg
Inventar: 253

Jorns (1961) 86, 94ff.

H. Schubert

11
Fundort: Friedberg (Wetteraukreis)
Prägeherr: Iustinianus I
Prägezeit: 527/565
nähere Angaben unbekannt

Kunkel (1926) 242.

H. Schubert

12
Fundort: Wiesbaden 1867, Schiersteiner Weg, Grabfund
Prägeherr: Theodahad für Justinian I.
Prägezeit: 534/536
Nominal: Halbsiliqua
Münztyp: BMCVand. 72 Nr. 1–3
Münzstätte: Ravenna
Beschreibung: Vs.: DNIVSTI NIΛNΛVC, gepanzerte Büste des Justinian I. mit Diadem n. r. – Rs.: Monogramm des Theodahad im Kranz
Verbleib: Museum Wiesbaden, Sammlung Nassauischer Altertümer
Inventar: 482

Nassauische Annalen 11, 1871, 15; ebd. 28, 1896, 238 Nr. 482; Nassauische Mitteilungen 5/6, 1867, 11, 27.

J. Gorecki

13
Fundort: Friedberg (Wetteraukreis) Grabfund
Prägeherr: Wittiges oder Hildebad
Prägezeit: 536/540 oder 540/541
Nominal: Halbsiliqua
Münztyp: BMCVand. Taf. X,7
Münzstätte: Italien
Beschreibung: Vs.: Bartlose Büste des Iustinian I. mit Diadem und Panzer n. r.; DNIVSTINIANNC – Rs.: (= Monogramm des Theoderich) (Bestimmung und Beschreibung nach J. Werner [1935] 121 M 103; 83 Nr. 10)
Verbleib: Hessisches Landesmuseum Darmstadt
Inventar: im Krieg verschollen

J. Werner (1935) 86 Nr. 10, 121 M 103; J. Werner (1961a) 336 Nr. 17.

H. Schubert

14
Fundort: Weilbach (Flörsheim, Main-Taunus-Kreis) Grab 21
Prägeherr: Justinian I.
Prägezeit: ca. 555/565
Nominal: Siliqua
Münztyp: BMCVand. 115, 50 var.
Münzstätte: Ravenna
Beschreibung: Vs.: DNIVSTINI ΛNVSPPΛC, gepanzerte Büste mit Diadem n. r. – Rs.: C·N, darüber Kreuz im Kranz
Verbleib: Landesamt für Denkmalpflege Hessen, Abteilung für Vor- und Frühgeschichte Wiesbaden

Germania 29, 1951, 159; Schoppa (1959) 19 Taf. 6, 8; J. Werner (1961a) 338 Nr. 23.

J. Gorecki

15
Fundort: Friedberg (Wetteraukreis) Grabfund
Prägeherr: Iustinus II
Prägezeit: 565/578
Nominal: Halbsiliqua
Münztyp: BMCVand. Taf. XVII,27
Münzstätte: Ravenna
Gewicht: 0,68 g
Beschreibung: Vs.: Büste mit Perldiadem und Perlgewand im Perlkreis n. r.; [DNIVSTI] NVSPPAVC – Rs.: CN im Kranz; Bestimmung und Beschreibung der Münze nach J. Werner (1935) 115 M 59
Verbleib: Hessisches Landesmuseum Darmstadt
Inventar: HT 22a

J. Werner (1935) 115 M 59; J. Werner (1961a) 338 Nr. 17.

H. Schubert

Münzen der Merowinger nach byzantinischem Vorbild (16–26)

16
Fundort: Wölfersheim (Wetteraukreis) Grabfund (vgl. Kat.Nr. 85)

Prägeherr: Merowinger (Prägung nach byzantinischem Vorbild)
Prägezeit: 5. Jh. oder später
Nominal: Gefütterter Tremissis
Münztyp: ?
Münzstätte: ?
Beschreibung: Vs.: Büste mit Diadem, Panzer und Mantel n. r.: noch lesbar: EOYSI – Rs.: N. l. laufende Victoria, einen Kranz haltend
Verbleib: Wetterau-Museum Friedberg

H. Schubert

17
Fundort: Hochheim am Main (Main-Taunus-Kreis) 1951, Gräberfeld am Eselsberg Grab 3
Prägeherr: Merowinger (Prägung nach byzantinischem Vorbild: Justinian I.)
Prägezeit: nach 527
Nominal: Tremissis
Münztyp: sehr ähnlich J. Werner (1935) M 58
Münzstätte: ?
Beschreibung: Vs.: Umschrift, Büste mit Perldiadem n. r. – Rs.: Umschrift, Victoria von vorne
Verbleib: Landesamt für Denkmalpflege Hessen, Abteilung für Vor- und Frühgeschichte Wiesbaden

Nassauische Heimatblätter 42, 1952, 72; ebd. 46, 1956, 43f. (vgl. Taf. 4,6); Germania 30, 1952, 455.

J. Gorecki

18
Fundort: Eltville am Rhein (Rheingau-Taunus-Kreis) Grab 572
Prägeherr: Merowinger (Prägung nach byzantinischem Vorbild: Justin II.)
Prägezeit: nach 565
Nominal: Solidus (Tremissis-Größe!), auf AE plattiert, gelocht
Münztyp: vgl. DOC 210 Typ; J. Werner (1935) M 61
Münzstätte: ?
Gewicht: noch 0,80 g
Beschreibung: Vs.: Umschrift, Kaiserbüste mit Helm und Panzer von vorne. In der rechten Hand Globus mit Victoria; an der linken Schulter Schild – Rs.: Umschrift, Constantinopolis mit Lanze und Kreuzglobus von vorne n. r. blickend
Verbleib: Landesamt für Denkmalpflege Hessen, Abteilung für Vor- und Frühgeschichte Wiesbaden
Inventar: L 1973/55/572

J. Gorecki

19
Fundort: Eltville am Rhein (Rheingau-Taunuskreis) Grab 572
Prägeherr: Merowinger (Prägung nach byzantinischem Vorbild: Justin II.)
Prägezeit: nach 565
Nominal: Tremissis, auf AE plattiert, gelocht
Münztyp: vgl. DOC 13 Typ; Belfort 5229–5231 Typ
Münzstätte: ?
Gewicht: noch 1,08 g
Beschreibung: Vs.: Umschrift, Kaiserbüste n. l. – Rs.: Umschrift, Victoria mit Kranz und Kreuzglobus
Verbleib: Landesamt für Denkmalpflege Hessen, Abteilung für Vor- und Frühgeschichte Wiesbaden
Inventar: L 1973/55/572

J. Gorecki

20
Fundort: Wallerstädten (Groß-Gerau, Kreis Groß-Gerau) Flur »Nachtweide«, Grab 4 (vgl. Kat.Nr. 139)
Prägeherr: Merowinger (Prägung nach byzantinischem Vorbild)
Prägezeit: um 600 oder später
Nominal: Tremissis
Münztyp: Belfort 2178 oder 5513
Münzstätte: ?
Gewicht: 1,21 g
Beschreibung: Vs.: Kaiserporträt mit Strahlenkrone (?) oder Perldiadem n. r.; Legende: entstellt, Vorbild LIM[M]USIM – Rs.: ⳨ auf Stufen; Legende VNIPIVASV
Verbleib: Heimatmuseum Gerauer Land, Groß-Gerau

Mainzer Zeitschrift 27, 1932, 63, 69 Abb. 7, 3; A. Koch (1937) 81.

H. Schubert

21
Fundort: Praunheim (Frankfurt am Main) »Auf dem Ebel«, ehemals Gelände der Seeger'schen Ziegelei, Grabfund
Prägeherr: Merowinger (Prägung nach byzantinischem Vorbild)
Prägezeit: Ende 5./1. Hälfte 6. Jh.
Nominal: Barbarisierter Tremissis
Münztyp: BMCVand. Taf. V,19–21; VI,2–3; VII,21–23

20

21

Münzstätte: ?
Beschreibung: Vs.: Kopf/Büste mit Diadem, Panzer und Mantel n. r. Legende: Folge wirrer Buchstaben ohne Sinn – Rs.: Eine n. l. laufende Victoria hält in beiden Händen ein Kreuz (mißverstandene und daher falsch kopierte Darstellung einer Victoria in Vorderansicht, l. Kranz, r. Kreuz haltend)
Verbleib: Museum für Vor- u. Frühgeschichte Frankfurt am Main
Inventar: α 9703

Westdeutsche Zeitschrift 25, 1906, 433; Wolff (1913) 127.

H. Schubert

22
Fundort: Biebesheim (Kreis Groß-Gerau) Grab 3
Prägeherr: Merowinger (Prägung nach byzantinischem Vorbild)
Prägezeit: Ende 5. oder 6. Jh.
Nominal: Gefütterter Solidus
Münztyp: BMCVand. Taf. VI,25–29
Münzstätte: Italien?
Gewicht: 3,23 g
Beschreibung: Vs.: Bartlose Büste in Vorderansicht, bekleidet mit Mantel und Panzer, der Helm ist angedeutet; über der rechten Schulter eine Lanze, von der aber nur noch die Spitze r. hinter dem Kopf zu sehen ist; die Legende ist durch wirre Buchstaben angedeutet, die keinen Sinn

ergeben – Rs.: Victoria, mit langem Gewand bekleidet, steht n. l. gewendet; in der Rechten hält sie ein langschaftiges Kreuz; VICTOR [I] AAVGGG/.; r.: ★; im Abschnitt: CONOB
Verbleib: Hessisches Landesmuseum Darmstadt
Inventar: A 1960, 22

J. Werner (1961a) 344; Fundberichte aus Hessen 1, 1961, 92 Abb. 5,7.

H. Schubert

23
Fundort: Erbenheim (Wiesbaden) Grab 26
Prägeherr: Merowinger (Prägung nach byzantinischem Vorbild)
Prägezeit: 6. Jh.
Nominal: Tremissis, auf AE plattiert; fragmentiert
Münztyp: vgl. Prou 12–25 Typ; J. Werner (1935) M 56 Typ; Belfort 5185 Typ
Münzstätte: ?
Gewicht: noch 0,52 g
Beschreibung: Vs.: Pseudolegende, Kaiserbüste n. r. – Rs.: Pseudolegende, stehende Victoria; im Abschnitt TVOΛ
Verbleib: Museum Wiesbaden, Sammlung Nassauischer Altertümer

J. Gorecki

24
Fundort: Erbenheim (Wiesbaden) Grab 51
Prägeherr: Merowinger (Prägung nach byzantinischem Vorbild)
Prägezeit: 6. Jh.
Nominal: Tremissis, auf AE plattiert; gelocht
Münztyp: Prou 12–25 Typ
Münzstätte: ?
Gewicht: noch 1,02 g
Beschreibung: Vs.: Pseudolegende, Kaiserbüste n. r. – Rs.: Pseudolegende, Victoria mit Kranz und Kreuzglobus n. r.; im Abschnitt .CON
Verbleib: Museum Wiesbaden, Sammlung Nassauischer Altertümer

J. Gorecki

25
Fundort: Griesheim (Kreis Darmstadt-Dieburg) Flur »An der Rückgasse«, Grab 400
Prägeherr: Merowinger (nach byzantinischem Vorbild: Mauricius Tiberius)
Prägezeit: Ende 6./1. Hälfte 7. Jh.
Nominal: Vergoldetes und geöstes Kleinerz
Münztyp: Prou 1377
Münzstätte: Gallien oder Mittelrhein
Gewicht: 0,720 g
Beschreibung: Vs.: Büste n. r. noch erkennbar; Legendenreste – Rs.: Armkreuz auf Globus, l. $\frac{M}{V}$, r. $\frac{\Lambda}{II}$, im Abschnitt: /CONOB\ Legende: . . . . ORIA ΛVTΛV . . . .
Verbleib: Landesamt für Denkmalpflege Hessen, Abteilung für Vor- und Frühgeschichte, Außenstelle Darmstadt

H. Schubert

26
Fundort: Wölfersheim (Wetteraukreis) Grabfund (vgl. Kat.Nr. 85)
Prägeherr: Merowinger (Prägung nach byzantinischem Vorbild)
Prägezeit: 6./7. Jh.
Nominal: Gefütterter Tremissis
Münztyp: ?
Münzstätte: ?
Beschreibung: Vs.: Brustbild, kaum noch erkennbar – Rs.: Sitzende Figur mit Stabkreuz nach r. (?); wirre Folge buchstabenähnlicher Zeichen
Verbleib: ?

Germania 21, 1937, 272 Abb. 6,9; J. Werner (1961a) 344.

H. Schubert

Münzen der Merowinger (27–38)

27
Fundort: Naunheim (Wetzlar) Grabfund (vgl. Kat.Nr. 100)
Prägeherr: Merowinger
Prägezeit: nach ca. 580
Nominal: Tremissis (fast frisch erhalten)
Münztyp: J. Werner (1935) M 136
Münzstätte: Mittelrhein
Gewicht: 1,27 g
Beschreibung: Vs.: Kopf n. l. – Rs.: Kreuz auf Kugel zwischen V–II im Perlkreis
Verbleib: Hessisches Landesmuseum Darmstadt

Archiv für hessische Geschichte 10, 1863/64, 452; J. Werner (1935) M 136; J. Werner (1961a) 339.

J. Gorecki

28
Fundort: Glauberg (Glauburg, Wetteraukreis) (vgl. Kat.Nr. 168)

Prägeherr: Dagobert I/III (?)
Prägezeit: 622/628/638 oder 711/715
nähere Angaben unbekannt

J. Werner (1974) 389 Anm. 4.

H. Schubert

29
Fundort: Büttelborn (Kreis Groß-Gerau) Flur »Heiligenäckern«, Grabfund
Prägeherr: Merowinger, Münzmeister: Ansoaldus
Prägezeit: 6./7. Jh.
Nominal: Gefütterter Tremissis
Münztyp: Belfort 2925–2926
Münzstätte: Metz (?)
Gewicht: 0,87 g
Beschreibung: Vs.: Brustbild mit Diadem n. r.; ᗰETTIS CIVETAΤI – Rs.: Kreuz zwischen Λ Ↄ ΛNSOΛLVVS ᗰONET. Bestimmung und Beschreibung nach J. Werner (1935) 123 M 114
Verbleib: ?

Quartalblätter des historischen Vereins für das Großherzogtum Hessen N.F. 3, 1901–1905, 433; Westdeutsche Zeitschrift 23, 1904, 340; J. Werner (1935) 123 M 114; J. Werner (1961a) 344; Archiv für hessische Geschichte N.F. 9, 1913, 312, 319.

H. Schubert

30
Fundort: Griesheim (Kreis Darmstadt-Dieburg) Flur »An der Rückgasse«, Grabfund
Prägeherr: Merowinger
Prägezeit: 6./7. Jh.
Nominal: Kleinerz
Münztyp: Vgl. Prou Taf. XX,23; J. Werner (1935) Taf. IV,145
Münzstätte: Mainz?
Gewicht: 0,500 g
Beschreibung: Vs./Rs.: Auf beiden Seiten der Münze ein Kreuz im Perlkreis, wobei das eine Kreuz keilförmige Arme hat; Reste einer unkenntlichen Umschrift sind noch sichtbar.
Verbleib: Landesamt für Denkmalpflege Hessen, Abteilung für Vor- und Frühgeschichte, Außenstelle Darmstadt

H. Schubert

31
Fundort: Groß-Gerau (Kreis Groß-Gerau) Flur »Auf Esch«, Flurstück 602, Grabfund
Prägeherr: Merowinger
Prägezeit: 6./7. Jh.
Nominal: Tremissis
Münztyp: Belfort 3274, 3277, 4003, 4188, 4201, 4202
Münzstätte: ?
Gewicht: 1,230 g
Beschreibung: Vs.: Büste n. r.; von der Legende noch entzifferbar: E+ – Rs.: Armkreuz auf Globus; noch lesbar: ΛVCNS(?)
Verbleib: Landesamt für Denkmalpflege Hessen, Abteilung für Vor- und Frühgeschichte, Außenstelle Darmstadt
Inventar: LAD-EV. 1980: 16a

H. Schubert

32

32
Fundort: Groß-Gerau (Kreis Groß-Gerau) Flur »Auf Esch«, Grab 58
Prägeherr: Merowinger, Münzmeister: Theudebert
Prägezeit: 2. Hälfte 6. oder 1. Hälfte 7. Jh.
Nominal: Tremissis
Münztyp: Prou 932–936; Belfort 2945–2946
Münzstätte: Metz
Gewicht: 1,282 g
Beschreibung: Vs.: Büste mit Perldiadem n. r.; METTI∾ CIVETV – Rs.: In einem Kranz ein Kreuz mit C-Λ r. und l.; +THEVDELEИV∽MON
Verbleib: Heimatmuseum Gerauer Land, Groß-Gerau

H. Schubert

33
Fundort: Niederbrechen (Brechen, Kreis Limburg-Weilburg) Friedrichstraße, Grab 3
Prägeherr: Merowinger
Prägezeit: 7. Jh.
Nominal: Tremissis plattiert
Münztyp: vgl. J. Werner (1935) M 127
Gewicht: ?
Beschreibung: Vs.: Stark stilisierter Kopf n. r., l. unten Kreuz, um den Rand Zickzackband wohl als Pseudolegende – Rs.: Kruckenkreuz, Bodenlinie als Abschnitt angedeutet
Verbleib: Landesamt für Denkmalpflege Hessen, Abteilung für Vor- und Frühgeschichte Wiesbaden

Nassauische Heimatblätter 41, 1952, 19; 34,6 Taf. 3,4a. b; Germania 29, 1951, 159; J. Werner (1961a) 344.

J. Gorecki

34
Fundort: Weilbach (Flörsheim, Main-Taunus-Kreis); südlich von Weilbach an der Straße nach Wicker, Grab 4
Prägeherr: Merowinger
Prägezeit: 7. Jh.
Nominal: Tremissis plattiert
Münztyp: ähnlich J. Werner (1935) 142
Münzstätte: Mittelrhein
Beschreibung: Vs.: Umschrift, Kreuz auf gewölbter Basis – Rs.: Umschrift, Keuz auf zweistufiger Basis
Verbleib: Landesamt für Denkmalpflege Hessen, Abteilung für Vor- und Frühgeschichte Wiesbaden

Nassauische Heimatblätter 43, 1953, 70; Germania 31, 1953, 227; J. Werner (1961a) 344.

J. Gorecki

35
Fundort: Weilbach (Flörsheim, Main-Taunus-Kreis); südlich von Weilbach an der Straße nach Wicker, Grab 22
Prägeherr: Merowinger
Prägezeit: 7. Jh.
Nominal: Tremissis
Münztyp: Vs.: wie Belfort 6289; vgl. Prou 2330
Münzstätte: Neioialo (Nueil, Maine-et-Loire)
Beschreibung: Vs.: NAIAIOL◊, Kopf mit Diadem n. r. – Rs.: OLLOI∾OLA(?), Christogramm auf Kugel mit A und Ω
Verbleib: Landesamt für Denkmalpflege Hessen, Abteilung für Vor- und Frühgeschichte Wiesbaden

Nassauische Heimatblätter 43, 1953, 70; Germania 31, 1953, 227 Abb. 3.

J. Gorecki

36
Fundort: Eltville am Rhein (Rheingau-Taunus-Kreis) Grab 457
Prägeherr: Merowinger
Prägezeit: 7. Jh.?
Nominal: Tremissis
Münztyp: Prou 1245
Münzstätte: Mittelrhein
Gewicht: 1,21 g
Beschreibung: Vs.: Umschrift, Kreuz im Kranz – Rs.: Umschrift, Kreuz mit keilförmigen Armen im Kranz
Verbleib: Landesamt für Denkmalpflege Hessen, Abteilung für Vor- und Frühgeschichte Wiesbaden
Inventar: 69/457

Fundberichte aus Hessen 9/10, 1969/70, 193.

J. Gorecki

37
Fundort: Eltville am Rhein (Rheingau-Taunus-Kreis) Grab 5
Prägeherr: Merowinger

Prägezeit: 7. Jh.
Nominal: AR
Münztyp: ähnlich J. Werner (1935) M 126–152; 204–208?
Münzstätte: Mittelrhein?
Verbleib: Landesamt für Denkmalpflege Hessen, Abteilung für Vor- und Frühgeschichte Wiesbaden

Schoppa (1950) 9,24 Taf. 10,5,2.

J. Gorecki

38
Fundort: Büttelborn (Kreis Groß-Gerau) Grabfund
Prägeherr: Merowinger
nähere Angaben unbekannt
Beschreibung: »Eine kleine, grün oxydierte Münze«

Quartalblätter des historischen Vereins für das Großherzogtum Hessen N.F. 3, 1901–1905, 401.

H. Schubert

Münzen der Angelsachsen (Sceattas) (39–44)

39
Fundort: Bickenbach (Kreis Darmstadt-Dieburg) Gewann »Schiffslache«
Prägeherr: Angelsachsen
Prägezeit: Spätes 7. – 1. Hälfte 8. Jh.
Nominal: AR, sog. Sceatta
Münztyp: BMC Typ 5; Brooke, Class 7; Belfort 5830; J. Werner (1935) M 166; Le Gentilhomme Nr. 45; Syll. C. B. I. 1 Nr. 237,4 Nr. 31,32
Münzstätte: England
Gewicht: 1,01 g
Beschreibung: Vs.: Gekrümmte Linie (schräggeteiltes Oval), außen 11 (+?) gekrümmte radiale, innen drei gerade Striche – Rs.: Viereck mit Ringel in der Mitte und buchstabenähnlichen Zeichen in verschiedenen Richtungen: zweimal »T« (seitenverkehrtem »F« und spitzem Winkel). Bestimmung und Beschreibung durch Dr. W. Heß, München
Verbleib: Privatbesitz

H. Schubert

40
Fundort: Eltville am Rhein (Rheingau-Taunus-Kreis) Grab 33
Prägeherr: Angelsachsen
Prägezeit: Spätes 7. – 3. Viertel 8. Jh.
Nominal: AR, sog. Sceatta
Münztyp: Robertson SCBI Glagow Taf. I, 38 (Vs.); Grierson, SCBI Cambridge Taf. VIII, 246 (Rs.)
Münzstätte: ?
Beschreibung: Vs.: stilisierter Kopf n. r. in Form einer gekrümmten Linie, an der sich beiderseitig radial und winkelförmig angeordnete Linien und Punkte orientieren – Rs.: doppeltes Rechteck mit zentralem Punktkreis, Punkten und Linien
Verbleib: Landesamt für Denkmalpflege Hessen, Abteilung für Vor- und Frühgeschichte Wiesbaden

Schoppa (1950) 9, 29 Taf. 15, 33, 3; J. Werner (1961a) 340.

J. Gorecki

41
Fundort: Eltville am Rhein (Rheingau-Taunus-Kreis) Grab 486
Prägeherr: Angelsachsen
Prägezeit: Spätes 7. – 3. Viertel 8. Jh.
Nominal: AR, sog. Sceatta
Münztyp: Brooke, Class 7; Grierson, SCBI Cambridge I, 237–247; Galster, SCBI Copenhagen I, 26–35; Robertson, SCBI Glasgow I, 21–35
Münzstätte: ?
Gewicht: 0,96 g
Beschreibung: Vs.: stilisierter Kopf n. r. in Form einer gekrümmten Linie, an der sich beiderseitig radial und gerade angeordnete Linien orientieren – Rs.: Viereck eingenommen und umgeben von verschiedenen linearen und gekrümmten Ornamenten
Verbleib: Landesamt für Denkmalpflege Hessen, Abteilung für Vor- und Frühgeschichte Wiesbaden
Inventar: 69/12/486

Fundberichte aus Hessen 9/10, 1969/70, 193.

J. Gorecki

42
Fundort: Griesheim (Kreis Darmstadt-Dieburg) Flur »An der Rückgasse«, Grabfund
Prägeherr: Angelsachsen
Prägezeit: Spätes 7. – 3. Viertel 8. Jh.
Nominal: AR, sog. Sceatta, geöst
Münztyp: ?

Münzstätte: England
Gewicht: ?
Beschreibung: nach Foto: Gekrümmte Linie, außen 12 (+?) gekrümmte radiale, innen drei gerade Striche (da nur eine Seite fotografiert wurde, kann sich über die andere Seite keine Beschreibung anschließen).
Verbleib: Landesamt für Denkmalpflege Hessen, Abteilung für Vor- und Frühgeschichte, Außenstelle Darmstadt

H. Schubert

43
Fundort: Groß-Gerau (Kreis Groß-Gerau) Flur »Galgenberg«, Grabfund
Prägeherr: Angelsachsen
Prägezeit: Ende 7.–1. Hälfte 8. Jh.
Nominal: AR, sog. Sceatta
Münztyp: ?
Münzstätte: England
Gewicht: 0,91 g
Beschreibung: Vs.: Kopf n. r. – Rs.: Außen Zickzacklinien, innen Keilchenquadrat mit TO und drei sichelförmigen Zeichen. Bestimmung und Beschreibung nach J. Werner (1935) 128 M 162.
Verbleib: ?

J. Werner (1935) 128 M 162; A. Koch (1937) 80; J. Werner (1961a) 340.

H. Schubert

44
Fundort: Erbenheim 1878 (Wiesbaden) Grabfund
Prägeherr: Angelsachsen
Prägezeit: Spätes 7. – 3. Viertel 8. Jh.
Nominal: AR, sog. Sceatta
Münztyp: »louve-étendard«; vgl. etwa Grierson, SCBI Cambridge I, 237ff.
Münzstätte: ?

Revue Belge de Numismatique et de Sigillographie 1880, 134ff.; Revue Numismatique 1938, 33; J. Werner (1961a) 340.

J. Gorecki

153 Schatzfund karolingischer Silbermünzen

Um 795–800; Biebrich (Wiesbaden); Museum Wiesbaden, Sammlung Nassauischer Altertümer

Über dem Schicksal des bisher größten Schatzfundes karolingischer Münzen in Deutschland stand ein besonders ungünstiger Stern. Im Februar 1922 wurde für die Fa. Kalle AG am rechten Rheinufer in Wiesbaden-Biebrich eine Kaimauer erbaut, auf der heute schwere bewegliche Ladekräne montiert sind. Für den Bau der Mauer sollte ein Fundament angelegt werden. Beim Ausschachten hob der Bagger einen schweren Ledersack aus dem Rhein, dessen Gewicht nach der Aussage von Augenzeugen 8 bis 10 kg betragen haben soll. Aus einer beschädigten Stelle des Ledersacks fielen silberne Plättchen heraus, die teilweise von den beteiligten Arbeitern eingesteckt wurden. Allgemein hielt man die dünnen Scheiben für wertlose »elektrische Sicherungsplättchen«. So wurde der Ledersack mit seinem Inhalt in die Betonmasse geworfen und mit dieser in das Fundament eingebracht.
Einer der Arbeiter bot seine Silberlinge in der »Biebricher Tagespost« zum Verkauf an. Erst dadurch, viel zu spät, wurde der Schatzfund bekannt. Das Wiesbadener Museum schaltete sich ein und konnte im Lauf der Zeit 26 Münzen aus dem Schatzfund erwerben. Weitere 16 Exemplare wurden im Dezember 1922 durch einen Frankfurter Münzenhändler versteigert, der fünf weitere Münzen des Fundes einzeln veräußerte. Zwei Exemplare gelangten in die Sammlung eines Biebricher Münzsammlers. Von den versteigerten bzw. einzeln veräußerten Münzen läßt sich heute je ein Exemplar im Münzkabinett der Staatlichen Museen Berlin (DDR) sowie in Privatsammlungen in Cambridge und Pavia nachweisen.
H. H. Völckers (1965) ist die Rekonstruktion des geretteten und nicht in die Betonmasse geratenen Fundrestes zu verdanken. Die 48 erfaßten Exemplare des Schatzfundes von Wiesbaden-Biebrich können nur als zufälliger Ausschnitt aus einer Fundmasse von etwa 4000 bis 5000 Münzen angesehen werden. Trotzdem lassen sie die ursprüngliche Bedeutung des einzigartigen Schatzes für die Münz- und Geldgeschichte und darüber hinaus für die Wirtschafts- und die allgemeine Kulturgeschichte erahnen. Ihr Alter und ihre Herkunft mögen andeuten, wie sich der Schatz ursprünglich zusammengesetzt haben mag.

44 Denare Karls des Großen, geprägt nach 792/793. Aus dem Rheingebiet stammen fünf aus Mainz, einer aus Sennes, einem Ort, der in der Nähe von Mainz zu suchen ist, und fünf aus dem Fernhandelszentrum Dorestad. 21 Münzen wurden in Münzstätten im Bereich des heutigen Frankreich geprägt, davon zwei in Agen, vier in Bourges, eine in Laon, eine in Lyon, drei in Melle, eine in Saint-Denis, fünf in Toulouse, drei in Tours und eine in Vienne. Erstaunlich ist die Zahl von 12 karolingischen Münzen aus italienischen Münzstätten, darunter neun aus Pavia und einer unbestimmten italienischen Münzstätte (Ravenna?).
Drei Denare des Papstes Leo III. (795–816) aus der Münzstätte Rom. Die Entstehung dieser drei Münzen wird in die Zeit 795 bis 801 datiert.

Ein arabischer Dirhem, geprägt im Namen des Kalifen Harun-al-Raschid im Jahre 174 d.H. (790/791 n.Chr.) in der Münzstätte Ifriqiyah (Tunis).
Die Datierung der Niederlegung (oder des Verlustes) des umfangreichen Schatzfundes ergibt sich durch die drei päpstlichen Münzen, die nicht vor 795, dem Regierungsantritt Papst Leos III., entstanden sein können. Der nordafrikanische Dirhem ist nur wenig älter (790/791). Auch die Münzen Karls des Großen, geprägt nach den Vorschriften einer um 792/793 erlassenen Münzreform, die längere Zeit Gültigkeit hatte, deuten darauf hin, daß die Bildung des Schatzes nach Ausweis der 48 geretteten Exemplare im letzten Jahrzehnt des 8. Jahrhunderts, um 795/800, abgeschlossen war.

Fundkatalog

Denare Karls des Großen nach der Münzreform 792/793. Vorderseite: Kreuz, Umschrift + CARLVS REX FR o. ä. Rückseite: Karolusmonogramm, Umschrift Ortsname

Rheinische Münzstätten

1–5 Münzstätte Mainz
MOGONTIA o. ä.
1,4, 1,4, 1,75, 1,84, ? g
(Völckers 1965, 14–18)

6 Unbestimmte mittelrheinische Münzstätte
SENNES
1,40 g
(Völckers 1965, 32)

Dorestad

7–11 DORESTADO
1,50, 1,60, 1,63, 1,70, 1,80 g
(Völckers 1965, 7–11)

Münzstätten in Frankreich

12 Laon
LAVDVNO
1,75 g
(Völckers 1965, 12)

13 St. Denis
SCI DVONISII
1,70 g
(Völckers 1965, 31)

14 Lyon
LVGDVNVM
1,67 g
(Völckers 1965, 13)

15 Vienne
VIENNA
1,75 g
(Völckers 1965, 41)

16–18 Tours
TVRONIS
1,55, 1,60 g, 1,20 g (Bruchstück)
(Völckers 1965, 38–40)

19–21 Melle
METVLLO
1,30, ?, ? g
(Völckers 1965, 19–21)

22–25 Bourges
BITVRICAS o. ä.
1,70, 1,72, 1,75, ? g
(Völckers 1965, 3–6)

26–27 Agen
AGINNO (26), AGIN CIVITAS (27)
1,60, 1,65 g
(Völckers 1965, 1–2)

28–32 Toulouse
TOLVSA o. ä.
1,55, 1,55, 1,60, 1,60, 1,65 g
(Völckers 1965, 33–37)

Münzstätten in Italien

33–41 Pavia
PAPIA o. ä.
1,40, 1,50, 1,60, 1,60, 1,60, 1,70, 1,75, 1,75, 1,80 g
Völckers 1965, 22–30)

42–44 Unbestimmte italienische Münzstätte (Ravenna?)
Karolusmonogramm aus lateinischen Buchstaben
+CARLVS RE + FR
Karolusmonogramm aus griechischen Buchstaben
+ET LANG AC PAT ROM
(Carlus Rex Francorum et Langobardorum ac Patricius Romanorum)
1,52, 1,65, 1,70 g
(Völckers 1965, 42–44)

Päpstliche Münzen

Papst Leo III. 795–816

45–47 Rom
Brustbild Petri von vorn mit Schlüssel
SCS - PETRVS
In drei Zeilen DN - LEONI - PAPE
1,20, 1,40, ? g
(Völckers 1965, 45–47)

Arabischer Dirhem

Dynastie der Abbasiden
Harun-al-Raschid

48 Ifriqiyah (Tunis), 174 d. H. (790/791 n. Chr.)
Beiderseits arabische Schrift
? g
(Völckers 1965, 48)

Der Münzschatzfund von Wiesbaden-Biebrich ist eine historische Quelle ersten Ranges. Welche Aussage läßt sich an einem Vermögen von 4000 bis 5000 Münzen ablesen, das, in einem Lederbeutel verwahrt, um 795/800 gegenüber von Mainz in den Rhein versenkt wurde?

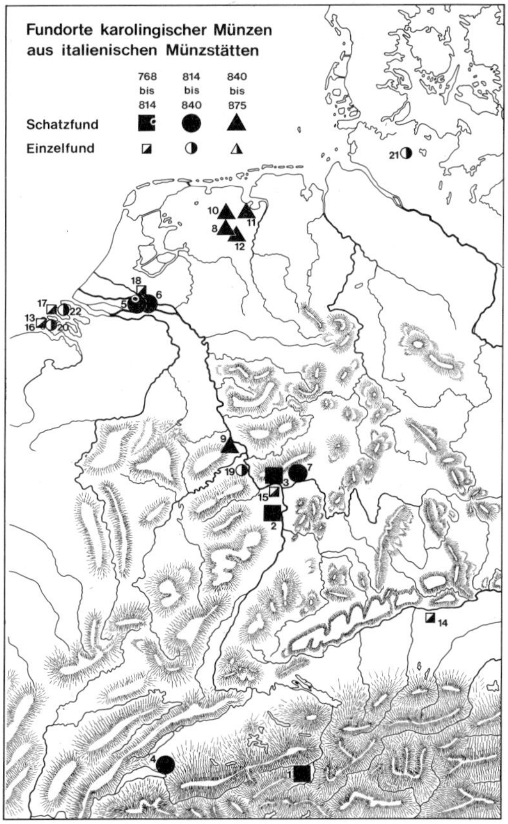

Völckers (1965) deutet den Fund als das Vermögen »eines friesischen Kaufmanns, der mit wohl gefüllter Börse nach günstigen Geschäftsabschlüssen in Italien sich auf der Heimfahrt stromab nach Dorestad befunden haben muß.« Tatsächlich macht der Schatz etwa 20 karolingische (Zähl-)Pfund aus, eine überaus bedeutende Summe, die wohl kaum einem einzelnen Kaufmann als Geschäftsgewinn aus Italien zugesprochen werden kann. Neben dem Umfang überrascht der enge Zeitraum der Münzen (790–800), wenn dem kleinen Fundteil von 48 Münzen, vielleicht 1 % der Fundmasse, eine glaubwürdige Gesamtaussage zugetraut werden darf. In der Regel erstreckt sich die »Bildungszeit« eines mittelalterlichen Schatzfundes auf einen längeren Zeitraum. Offensichtlich ist das Vermögen innerhalb weniger Jahre zusammengebracht worden. Sollte man angesichts der deutlichen Repräsentanz mittelrheinischer aber auch französischer Münzstätten nicht eher an eine Verbindung mit der Fundstelle denken, zumal die Münzen von Dorestad auch nicht gerade für eine Zahlung in Italien sprechen? Biebrich liegt an einer besonders verkehrsgünstigen Stelle am rechten Ufer des Rheins, wenige Kilometer nördlich der Einmündung des Mains in den Rhein. 874 wird hier bereits eine Burg (Biburg) genannt, eine Rheinfähre ist seit altersher bezeugt. Sollten sich in dem Vermögen nicht eher die Einnahmen eines Zolls widerspiegeln, wie er für so viele Stellen am Rhein belegt ist? Möglicherweise ist diese Zoll- oder Fähreinnahme mit einem der Fährschiffe im Fluß versunken, um erst nach 1125 Jahren wieder ans Tageslicht befördert zu werden.

Gegen die Deutung als Zoll- oder Fähreinnahme spricht auch nicht das Vorkommen der italienischen Münzen. Es lassen sich genug Funde aufzählen, welche die Verbreitung italienischer Münzen der Karolingerzeit nördlich der Alpen belegen.

Schatzfunde

1 Ilanz (Kanton Graubünden), vergraben um 793. Unter 123 Exemplaren Münzen von Parma (1), Pavia (1), Mailand (1), Treviso (3); 69 Goldmünzen langobardischer Art aus italienischen Münzstätten; 2 nordafrikanische Dirhems.

2 Ibersheim (Kreis Worms), vergraben nach 793. Unter 30 Münzen 4 von Pavia, 2 von Mailand.

3 Wiesbaden-Biebrich, vergraben nach 793. Unter 48 geretteten Münzen 9 von Pavia, 3 von Ravenna (?), 3 von Rom; 1 nordafrikanischer Dirhem.

4 Hermenches (Kanton Waadt), vergraben nach 814. Unter 300 Münzen 2 von Venedig.

5 Wijk-bij-Duurstede (Prov. Utrecht) 1845/46, vergraben nach 814. Unter 46 Münzen Denare Karls des Großen (2 Pavia, 1 Mailand, 1 Treviso) und Ludwigs des Frommen (1 Venedig).

6 Wijk-bij-Duurstede (Prov. Utrecht) 1972, vergraben nach 814. Unter 21 Münzen Denare Karls des Großen (keine italienischen Münzen) und Ludwigs des Frommen (1 Mailand, 1 Venedig).

7 Frankfurt am Main, vergraben um 835 (?). Unter 4 Münzen Ludwigs des Frommen 1 von Venedig.

8 Ide (Prov. Drenthe), vergraben um 850. Unter 112 Münzen 1 von Venedig.

9 Pilligerheck (Kreis Koblenz), vergraben um 850. Unter ca. 1500 Münzen 1 von Mailand
10 Midlaren (Prov. Drenthe), vergraben um 855. Unter 169 Münzen 88 von Pavia.
11 Wagenborgen (Prov. Groningen), vergraben um 860. Unter ca. 500 Münzen Exemplare von Pavia und Mailand.
12 Roswinkel (Prov. Drenthe), vergraben um 875. Unter 145 Münzen 1 von Mailand (Karl der Große).

Einzelfunde

13 Domburg (Prov. Zeeland), Einzelfund nach 768: Karl der Große, Parma
14 Burgheim (Kreis Neuburg/Donau), Einzelfund nach 793: Karl der Große, Mailand.
15 Mainz, Einzelfund nach 793: Karl der Große, Pavia.
16 Domburg (Prov. Zeeland), Einzelfund nach 793: Karl der Große, Mailand.
17 Schouwen (Prov. Zeeland), Einzelfund nach 793: Karl der Große, Pavia.
18 Wijk-bij-Duurstede (Prov. Utrecht), Einzelfunde nach 793: Karl der Große, Mailand (2), Pavia (6), Treviso (6), Ravenna? (4).
19 Boppard (Kreis St. Goar), Einzelfund nach 814: Ludwig der Fromme, Venedig.
20 Domburg (Prov. Zeeland), Einzelfund nach 814: Ludwig der Fromme, Venedig.
21 Neumünster, Einzelfund nach 814: Ludwig der Fromme, Venedig.
22 Schouwen (Prov. Zeeland), Einzelfund nach 814: Ludwig der Fromme, Venedig.

(Schatz und Einzelfunde karolingischer Münzen aus Italien ohne Bezeichnung der Münzstätte sind in dieser Aufstellung nicht berücksichtigt.)

Statt des friesischen Kaufmannsvermögens sollte man den Schatzfund von Biebrich deshalb besser als Zeugnis einer am Rheinufer von Biebrich angesiedelten Institution (Zoll, Fährstation) ansehen. Die Zusammensetzung des Fundes bezeugt die weitreichenden Fernverkehrsverbindungen am Ende des 8. Jahrhunderts. Auf dem Rheinweg fanden sich Münzen von Nordafrika, Italien, Frankreich, dem Rheinland und Friesland zusammen.

Cahn (1922); Völckers (1965); Morrison-Grunthal (1967).

P. Berghaus

154 Denar Karls des Großen

Aus der Münzstätte Dinant 770–790/94; Silber; Dm. 1,8 cm; Griesheim (Kreis Darmstadt-Dieburg) Grab 68; Landesamt für Denkmalpflege Hessen, Abteilung für Vor- und Frühgeschichte, Außenstelle Darmstadt

Der in Grab 68 des fränkischen Gräberfeldes in der Hand eines sonst beigabenlosen Toten entdeckte Denar wurde unter Karl dem Großen in Dinant geprägt. Die Vorderseite der 0,952 g schweren Silbermünze nennt ihren Münzherrn: CARO – LVS, auf der Rückseite ist der Name der Münzstätte angegeben, und zwar in der anscheinend sonst noch nicht vorgekommenen Lesung DEO – oIAII.
Der Denar gehört der zweiten Prägeperiode Karls des Großen an, die um 770 einsetzt und mit dem Übergang zu einem neuen schweren Denartyp endet. Der Übergang von den leichteren Denaren von etwa 1,3 g Gewicht zu den schwereren von etwa 1,7 g ist mit Sicherheit zur Zeit der Frankfurter Synode im Juni 794 abgeschlossen, er dürfte jedoch – wie die lebhafte Diskussion der Münzreformen Karls des Großen ergeben hat – schon gegen 790 abgeschlossen sein.
Es sei hier nur kurz darauf hingewiesen, daß in der Regierungszeit Karls des Großen Grundlagen des mittelalterlichen Münzwesens gelegt wurden, die zum Teil bis in die Neuzeit überlebt haben. Neben der von Karl erreichten Konzentration des Münzrechts in der Hand des Königtums und einer erheblichen Reduzierung der Zahl der Münzstätten ist vor allem auf die Reformen von Maß und Gewicht hinzuweisen. Die Rechnung der silbernen Denare (Pfennige) nach den Zähleinheiten von Pfund (240 Denare, die ursprünglich auch ein Gewichtspfund wogen) und Solidus (Schilling) zu 12 Denaren hat das früh- und hochmittelalterliche Münzwesen, welches nur den Pfennig und seine selten ausgeprägten Teilstücke, aber keine höherwertigen Nominale kannte, nachhaltig bestimmt, selbst zu Zeiten, in denen die Konzentration des Münzrechts in königlicher Hand längst der Vergangenheit angehörte und zahlreiche geistliche und weltliche Fürsten eigene Münzstätten unterhielten.
Innerhalb der sonst durchaus reichhaltigen hessischen Münzfundhorizonte dürfen karolingische Münzfunde als ausgesprochen selten gelten und daher auch besondere Untersuchungsmethoden beanspruchen. Insgesamt sind bisher lediglich

zwei Schatzfunde und sechs Einzelfunde erfaßt worden. Seit der Einrichtung der zentralen Münzfundpflege im Jahre 1964 sind unter den im Hessischen Landesamt für geschichtliche Landeskunde in Marburg eingegangenen Funden aus Mittelalter und Neuzeit (66 Münzschätze, 35 Grabungs- und Sonderkomplexe sowie rund 650 Einzelfunde) lediglich zwei karolingische Fundmünzen – beides Einzelfunde – eingegangen.
Diese relative Seltenheit von Münzfunden aus der Karolingerzeit läßt sich nicht nur mit der hohen Kaufkraft des Geldes in seiner Umlaufszeit erklären (um 800 kostete ein Hammel vier Denare), sondern auch mit den besonderen Überlieferungsbedingtheiten. Gerade Münzschätze in Altsiedlungsgebieten liefen über Jahrhunderte Gefahr, bei jeder Art von Bautätigkeit entdeckt und dann von den Findern in der weithin üblichen Weise als Edelmetall weiterverwertet zu werden, bevor überhaupt eine wissenschaftliche Bearbeitung solchen Materials einsetzte (in Hessen-Kassel durch die bahnbrechende Verordnung Friedrichs II. vom 22. Dezember 1780 geregelt). Diese Gefahr von Entdeckung und nachfolgender Vernichtung währte für in karolingischer Zeit verborgene Schätze erheblich länger als für solche aus späteren Epochen, die von entsprechend weniger Phasen der Bautätigkeit bedroht wurden. Für Einzelfunde war freilich die Chance, übersehen zu werden, relativ höher.

In der gegenwärtigen Praxis der hessischen Münzfundpflege, die sich auf der Grundlage des Hessischen Denkmalschutzgesetzes vom 23. September 1974 vollzieht, werden alle Daten eingehender Fundmünzen genau erfaßt und für Forschungszwecke bereitgehalten. Die Untersuchung der Legierungen von Fundmünzen, die in der Numismatik noch wenig verbreitet ist, kann der Forschung wichtige Anhaltspunkte nicht nur für die Kenntnis des Feingehalts der Münzen bieten, dessen Veränderungen in aller Regel auf Wandlungen geldgeschichtlicher Art, wie z. B. Änderungen des Münzfußes oder Inflationen, anzeigen können. Die Zusammensetzung des vermünzten Metalls kann darüber hinaus, namentlich durch den Nachweis bestimmter Spurenelemente, Hinweise auf die Herkunft desselben aus bestimmten natürlichen Vorkommen geben und entsprechend die Zuordnung von Münzen ohne Münzstättenbezeichnung an bestimmte Prägestätten ermöglichen. Um künftige weiterführende Forschungen zu ermöglichen, wird das Metall der seit 1980 eingegangenen karolingischen Fundmünzen zerstörungsfrei im Analysen-Servicelabor des Fachbereiches Chemie der Philipps-Universität Marburg untersucht.
Der zu Griesheim gefundene Denar wurde röntgenfluoreszenzspektrometrisch untersucht. Die Röntgenfluoreszenzstrahlung wurde jeweils von Topas-, Lithiumfluorid(100)- und Pentaerythritkristallen nach der Wellenlänge zerlegt. Die aufgenommenen Röntgenfluoreszenzspektren wurden halbquantitativ ausgewertet, wobei sich folgende Elemente fanden: Silber (ca. 70 %), Kupfer (20 %), Zinn (5 %), Blei (3 %), Eisen

(0,5 %), Gold (0,5 %), Calcium (0,1 %), Schwefel (0,1 %) und Zink (0,03 %). Zum Vergleich sei auf einen mit der gleichen Methode untersuchten Denar aus einer unbestimmten Münzstätte in Italien (Typ Morrison und Grunthal 308) verwiesen, der – als Sekundärfund von einer Mainzer Baustelle stammend – in der Gemarkung Massenheim, Stadt Hochheim am Main (Main-Taunus-Kreis), aufgelesen wurde. Das nach der Reform geprägte Stück enthielt folgende Elemente: Silber (ca. 65 %), Kupfer (15 %), Zinn (10 %), Blei (5 %), Eisen (3 %), Calcium (1 %), Gold (0,5 %), Schwefel (0,5 %), Zink (0,05 %). Die gefundenen Analysenwerte beziehen sich auf eine Oberflächenschicht von etwa 1/100 mm, die mittlere Austrittstiefe der Röntgenstrahlen. Weiter innen liegende Schichten konnten mit der verwendeten Meßmethode nicht erfaßt werden, da die untersuchten Fundstücke völlig zerstörungsfrei analysiert werden mußten. Es ist wahrscheinlich, daß der bei dem zweiten Denar ermittelte höhere Anteil von Calcium und Schwefel auf die besonderen Lagerungsverhältnisse im Boden zurückzuführen ist. Insgesamt gesehen zeigen jedoch die hier ermittelten Unterschiede in der chemischen Zusammensetzung der beiden Denare, daß es durch halbquantitative Bestimmung der Nebenbestandteile des Münzmetalls Silber möglich sein müßte, nähere spezifische Merkmale zu einzelnen Münzstätten zu erarbeiten sowie Falsifikate zu entlarven. Auch der in der Prägung beabsichtigte Standard mitsamt seiner im Laufe der Zeit erfolgten Veränderungen ließe sich mit Hilfe der zerstörungsfreien Untersuchungsmethoden näher erforschen, die schließlich unschätzbare Dienste bei der Entlarvung von Falsifikaten leisten könnten.

Gariel (1884) Nr. 40–42; Prou (1896) Nr. 96; Morrison/Grunthal (1967) Nr. 111f.; Frère (1977) Nr. 26f.; Zur Chronologie Grierson (1965) 506ff.; Berghaus (1965) 151ff.; Suchodolski (1982) 192ff.

N. Klüßendorf und J. Knecht

155 Denar Ludwigs des Frommen

814–840; Silber; Dm. 2,1 cm; Fulda (Kreis Fulda); Vonderau-Museum Fulda

Bei dem bei den Ausgrabungen am Domplatz zu Fulda 1941 im losen Mörtelschutt im Bereich einer niedergelegten Trennungsmauer zwischen zwei ehemaligen Wirtschaftsräumen entdeckten Einzelfund handelt es sich um einen Christiana-Religio-Denar Kaiser Ludwigs des Frommen. Die 1,538 g schwere Silbermünze zeigt auf der Vorderseite ein Kreuz, in dessen Winkeln sich jeweils eine Kugel befindet. Innerhalb zweier Perlkreise stehen Name und Titel des Münzherrn: + HLVDOVVICVS IMP. Die Rückseite der Münze zeigt eine Kirche in Form eines spätantiken Säulentempels mit der Umschrift XPISTIANA RELIGIO, die Kirche ist links, rechts und unten von jeweils einem Punkt umgeben.

Denare mit der Legende XPISTIANA RELIGIO wurden erstmals unter Karl dem Großen um 806 eingeführt. Unter Ludwig dem Frommen wurden Denare dieses Rückseitentyps, welcher anstelle des ursprünglichen Kaiserportraits nunmehr auf der Vorderseite das von Kugeln umwinkelte Kreuz führte, in zahlreichen Münzstätten hergestellt, die jedoch auf den Münzen nicht genannt werden. Gewöhnlich werden diese Denare als »Reichsdenare« bezeichnet, weil sie im gesamten Reich kursieren konnten.

In den Münzfunden der Zeit Ludwigs sind Christiana-Religio-Denare zumeist mit mehr als 50 Prozent, oft sogar mit bis zu 90 Prozent des Fundinhalts vertreten, ein Indiz für die unter Ludwig noch vorhandene Zentralisierung des Münzwesens in der Hand des Herrschers.

Ein Großteil der Funde konzentriert sich aufgrund des intensiven Handels in den Küstengebieten, namentlich in Friesland. Der Typ des Christiana-Religio-Denars hat die früh- und hochmittelalterliche Münzprägung nachhaltig beeinflußt. So haben nicht nur zahlreiche spätere Karolinger diesen Münztyp übernommen, sondern auch Herrscher wie Berengar II. von Italien (950–964) und Rudolf III. von Burgund (993–1032) sind als Emittenten derartiger Denare belegt. Nicht zuletzt haben sowohl die Kirchendarstellung (auf die z.B. ein Teil der Sachsenpfennige stilistisch zurückgeht) als auch das von Kugeln umwinkelte Kreuz markante Einflüsse auf die Münzprägung bis ins hohe Mittelalter ausgeübt.

156, 1–4 Münzschatzfund aus dem Frankfurter Dom

Gariel (1884) zu Tafel XLIII Nr. 4,19; Prou (1896) Nr. 1010 var.; Vonderau (1946) 10, 26; Völckers (1952) 11f.; Grierson (1965) 518ff. Berghaus (1965) 155f.; Morrison/Grunthal (1967) Nr. 489/491; Berghaus (1978) 177ff.

N. Klüßendorf

Verborgen um 825; Frankfurt am Main; Museum für Vor- und Frühgeschichte Frankfurt am Main

Der kleine, aus vier Denaren Ludwigs des Frommen bestehende Schatzfund wurde 1956 im Verlaufe der Arbeiten an einer Fundamentgrube für den Pfeiler der neuen Orgelempore im südlichen Querhausarm des Frankfurter Doms entdeckt (vgl. Kat.Nr. 175). Die Fundstelle befand sich 4,22 m unterhalb des heutigen Plattenbodens (+ 94,6 NN), unmittelbar vor der westlichen Seite einer 40 bis 50 cm starken Mauer aus grauen Kalkbruchsteinen. In ihr war ein rottoniger Scherben eingemauert. Die in Nord-Süd-Richtung verlaufende Mauer war in eine dunkelbraune, etwa 50 cm starke lehmige Schicht hineingebaut. Diese nicht einheitliche Schicht enthielt Holzkohle, römische (Terra Nigra) und einheimische Scherben auch fränkischer Zeit sowie ein Stück von einer römischen Ziegelplatte. Von der Mauer ging eine zunächst 30 cm starke und nach Osten abnehmende Schuttschicht in östlicher Richtung ab. In dieser Schicht waren eine Anzahl Pingsdorfer Scherben enthalten, darüber hinaus enthielt die Schicht Mörtel und Steine gleicher Art wie die Mauer, vereinzelt Knochen, die wohl aus einer höheren, 2,80 m starken Bestattungsschicht herabgedrückt worden waren. Etwa 10 bis 20 cm unterhalb der Mauersohle beginnt der gewachsene rote Lehm. Die so exakte Aufnahme der Fundumstände in den Akten des Museums für Vor- und Frühgeschichte Frankfurt am Main zeigt eindeutig, daß die vier Münzen etwa 5 cm vor der Mauer und etwa 5 cm unterhalb von deren Sohle in der dunkelbraunen Schicht entdeckt wurden, über einer Stelle, an welcher der gewachsene rote Lehm des Untergrundes nach Westen zu abfällt. Eine Umhüllung der Münzen oder entsprechende Reste konnten nicht festgestellt werden. Es ist als ein besonders wichtiger Umstand herauszustellen, daß die Münzen zusammenliegend entdeckt wurden. Sie sind daher nicht, wie im bisherigen Schrifttum mehrfach angenommen (fußend auf einer im Numismatischen Nachrichtenblatt 5, 1956, 148, in die einschlägigen Fundkarteien übernommenen Frankfurter Pressenotiz), als ein Komplex von Einzelfunden, sondern vielmehr – numismatischer Terminologie entsprechend – als ein Schatzfund einzustufen. Durch diesen Schatzfund, eine verlorene oder verborgene Barschaft, wird die beschriebene Mauer in die Regierungszeit Kaiser Ludwigs des Frommen datiert, mit Sicherheit in dessen mittlere Regierungsjahre. Ob eine beabsichtigte Niederlegung der Münzen – immerhin denkbar – im Zusammenhang des festgestellten Mauerbaus als eine Art Bauopfer stattgefunden hat, läßt sich nur vermuten, konkrete Anhaltspunkte hierfür liegen nicht vor. Nachstehend sollen zunächst die vier Fundmünzen beschrieben werden:

Kaiser Ludwig der Fromme (814–840)

1 Denar, Münzstätte Dorestat; Silber, leicht ausgebrochen, 1,415 g
Vs.: Drapierte Büste mit Lorbeerkranz nach rechts, außen Strichkreis
Umschrift: HLVDOVVICVSIMPAVG (A unten offen)
Rs.: Schiff, außen Strichkreis
Umschrift: DORESTATVS

Gariel (1884) Nr. 59; Prou (1896) Nr. 63; Morrison/Grunthal (1967) Nr. 330 (jeweils leichte Varianten)

2 Denar, Münzstätte Dorestat; Silber, ausgebrochen, 1,46 g
Vs.: Kreuz, im Winkel rechts unten Dreieckskeil
Innerhalb zweier Perlkreise Umschrift: + LVDOVVICVSIMPI
Rs.: In drei Zeilen Münzstättenbezeichnung DOR – + ES·TA – TVS; außen Strichkreis

Gariel (1884) Nr. 55; Prou (1896) Nr. 68; Morrison/Grunthal (1967) 334 (Abb. auf Tafel XI wohl stempelgleich in Vs.)

3 Denar, Münzstätte Sens; Silber, ausgebrochen, 1,578 g
Vs.: Kreuz im glatten Kreis, außen Strichkreis
Umschrift: + HLVDOVVICVSIMP
Rs.: In zwei Zeilen Münzstättenbezeichnung SENO – NES; zum Schluß Dreieckskeil, innerhalb des O ein Punkt, außen Strichkreis

Gariel (1884) Nr. 117; Prou (1896) Nr. 566; Morrison/Grunthal (1967) 376

4 Denar, Münzstätte Venedig; Silber, sehr stark beschädigt, 0,484 g
Vs.: Kreuz, innerhalb zweier Strichkreise Umschrift + HLVDOVVICVSIMP (M und P ligiert)
Rs.: In zwei Zeilen Münzstättenbezeichnung + VEN – ECIAS; außen Strichkreis

Gariel (1884) 140; Prou (1896) 919; Morrison/Grunthal (1967) 456

Für die zeitliche Einordnung des Schatzfundes ist der mit dem stilisierten Portrait des Kaisers versehene Denar (1) von besonderer Bedeutung. Das Stück schließt sich stilistisch eng an die unter Karl dem Großen in dessen letzter Münzperiode (806–814) emittierten Denare an, namentlich auch an die aus der Münzstätte Dorestat (heute: Wijk bij Duurstede, Provinz Utrecht/NL). Diese Art von Denaren – besonders die mit dem noch gut geschnittenen und kaum verwilderten Bildnis – ist daher in die ersten Jahre der Regierung Ludwigs des Frommen zu datieren. Einem kürzlich von J. Lafaurie vorgetragenen Vorschlag zur Datierung der lange Zeit als schwer datierbar eingeschätzten Denarprägung Ludwigs des Frommen können wir in diesem Punkt folgen: Die Bildnisdenare werden um 819 von neuen Denaren abgelöst, bei diesen *novi denarii* handelt es sich um die bildlosen Denare mit der Bezeichnung der Münzstätte in horizontaler Schrift auf der Rückseite. Für den Übergang zu den neuen Denaren kam im Umlauf eine Frist von drei Jahren in Betracht, wie aus der undatierten *Admonitio ad omnes regni ordines* (ca. 823–825) hervorgeht, die zeitlich auf jeden Fall nach dem Kapitular von Attigny (822 Aug.) anzusetzen ist. Auch das *Capitulare missorum Wormatiense* (829 Aug.) hat eine monetäre Bestimmung aufzu-

156,1

156,2

156,3

weisen, in welcher die Geistlichkeit förmlich dazu bestimmt wird, auf die Einhaltung des Annahmezwangs von guten Denaren hinzuwirken. Indem Lafaurie die in diesem Zusammenhang stehenden Formulierungen als typisch für die Durchsetzung einer neuen Münze bezeichnet, bringt er das zuletzt genannte Kapitular mit der Emission der Christiana-Religio-Denare in Verbindung, die er entsprechend als Folgeemission der Typen mit der Münzstättenbezeichnung ansieht. Die Fragen der Kontinuität und der Diskontinuität innerhalb der karolingischen Münzgeschichte sind vielfältig, wie sich dies unter anderem anhand des bereits unter Karl dem Großen gemünzten Christiana-Religio-Typs zeigt, aber auch an der Übernahme des in dem vorliegenden Fund vertretenen Schrifttyps von Dorestat (2) in die Prägung von Ludwigs Nachfolger Lothar I. (840–855); eine abschließende Stellungnahme ist an dieser Stelle nicht möglich.

Der Bildnisdenar des Fundes ist im Umlauf nur geringfügig abgenutzt, auch die anderen drei, wohl seit 819 geprägten Stücke sind weniger durch umlaufsbedingte Abnutzung als vielmehr durch die Bodenbeschaffenheit und mechanische Beschädigungen in Mitleidenschaft gezogen worden. Wir können daher davon ausgehen, daß der kleine Schatz in den frühen zwanziger Jahren des 9. Jahrhunderts gebildet wurde und in die Erde gelangt ist. Der Fundzusammenhang mit der eingangs erwähnten Mauer weist nicht zuletzt auf eine Bautätigkeit im südlichen Pfalzbereich rund drei Jahrzehnte vor Einweihung der Salvatorkirche (vgl. Kat.Nr. 175). Ein Zusammenhang mit den Bauarbeiten, die Ludwig der Fromme vor Anbruch des Winters 822/23 ausführen ließ, ist zwar nicht zwingend gegeben, liegt aber im Bereich des Möglichen.

Abgesehen von der besonderen Lage der Fundstelle und dem hieraus folgenden Quellenwert des Fundes für die archäologische Situation, belegt der Schatz eine vielfältige Geldwirtschaft im Rhein-Main-Gebiet zu karolingischer Zeit, die im übrigen auch aus schriftlichen Quellen zu erkennen ist. Die in dem kleinen Schatzfund vertretenen Münzstätten Dorestat und Venedig gehören zu denjenigen für Ludwig den Frommen tätigen Münzorten, die in den Fundhorizonten der Zeit durchaus regelmäßig vorkommen. Es darf hierbei besonders hervorgehoben werden, daß Prägungen der unter Ludwig dem Frommen eingerichteten Münzstätte Venedig häufig in außeritalienischen Funden auftreten (wenigstens fünf Vorkommen in Schätzen sowie sechs Einzelfunde – darunter einer in Dorestat – belegbar). Offensichtlich hat diese Münzstätte einen beträchtlichen Teil des Prägevolumens der unter Karl dem Großen noch in großem Umfange tätigen, unter seinem Nachfolger aber zurücktretenden Münzstätte Pavia übernehmen können. Sowohl bei Dorestat als auch bei Venedig handelt es sich um Münzstätten an bedeutenden Fernhandelsplätzen in der Nähe der Reichsgrenze, in denen wohl fremdes Silber in starkem Maße umgeprägt wurde. Die Münzstätte zu Sens (Département Yonne/Frankreich) ist zu einer derartigen Bedeutung nicht gelangt.

Insgesamt ist der kleine Schatzfund aus dem Frankfurter Dom auch als ein Beleg weitreichenden Geldverkehrs innerhalb des Reiches Ludwigs des Frommen zu werten.

Quelle: Fundbericht in den Akten des Museums für Vor- und Frühgeschichte Frankfurt am Main, besonders Fundbericht von W. Sage zu Schacht 167, darin auch Korrespondenz mit H. H. Völkers. Inventar-Nr. der Münzen: α 18042 d–g.

Heß (1962) 29ff., 61f.; Stamm (1962) 80; Grierson (1965) 518ff.; Morrison/Grunthal (1967) 346; Berghaus (1978) 178ff.; Lafaurie (1983) 137ff.

N. Klüßendorf

157 Gefälschter Denar Ludwigs des Frommen

Mitte 9. Jh.; Bronze, bleihaltig; Dm. 2,1 cm; Bad Nauheim (Wetteraukreis); Deutsches Salzmuseum Bad Nauheim

Die schlechte Erhaltung des aus dem jüngeren Abschnitt der 1960/61 in der frühmittelalterlichen Saline zu Bad Nauheim durchgeführten Forschungsgrabung (vgl. Kat.Nr. 150) stammenden Fundstücks setzt dessen genauen Bestimmung Schwierigkeiten entgegen. Auf der Vorderseite sind die lesbaren Buchstaben der zwischen zwei Perlkreisen stehenden Umschrift ////OV-VI//// in + HLVDOVVICVS IMP zu ergänzen. Auf der Rückseite ist nur mit Mühe und unter Zuhilfenahme der Kenntnis der als Vorlage dienenden Gepräge eine Kirche in Form eines spätantiken Säulentempels zu erkennen; die Umschrift, höchstwahrscheinlich XPISTIANA RELIGIO, ist nicht mehr zu identifizieren. Diese Art von Denaren nennt ihre Prägestätte nicht, gewöhnlich werden die Christiana-Religio-Denare als »Reichsdenare« bezeichnet, weil sie im gesamten Reich umgelaufen sind (vgl. das Fundstück vom Domplatz zu Fulda, Kat.Nr. 155; 212).

Das vorliegende Stück besteht nicht aus dem Münzmetall Silber, sondern aus einer bleihaltigen Bronzelegierung (Gewicht der zwei Fragmente: 0,48 g + 0,24 g). Es ist möglich, daß das Fundstück zunächst zu Schmuckzwecken angefertigt wurde. Vergoldete Nachbildungen karolingischer Münzen in Fibelfassungen sind in Nordwest- und Westdeutschland in größerer Zahl vorgekommen. Fassungsspuren, die auf eine Verwendung des Einzelfundes von der Saline zu Bad Nauheim als Schmuck weisen könnten, sind allerdings nicht nachzuweisen, sie könnten allenfalls an den ausgebrochenen Stellen der Münze vermutet werden. So dürfte das Stück dazu verwendet worden sein, um des Geldverkehrs Unkundige zu täuschen (Exemplare des Vorbilds aus Funden wiegen zumeist zwischen 1,2 und 1,8 g). Es ist in diesem Zusammenhang zu bemerken, daß die *Capitula legibus addenda* von 818/19 den Schlag von Falschmünzen mit der Strafe des Verlusts einer Hand bedrohten. Die Mitwisserschaft wurde bei Freien mit der Buße in Höhe des Königsbanns (60 Schilling = gezählt 60 × 12 Denare), bei Unfreien mit 60 Hieben geahndet. Wie Beispiele aus den meisten historischen Epochen belegen, vermochten allerdings

nicht einmal drakonische Strafen Falschmünzer von ihrem Tun abzubringen, auch Falsifikate primitiver Fabrik ließen sich oftmals mit Erfolg im Geldumlauf unterbringen.
Das Fundstück ist für die Datierung der letzten Phase der zwischen 650 und 900 tätigen frühmittelalterlichen Saline (vgl. Kat. Nr. 150) von Bedeutung.

Jorns/Süß (1961) 127; Süß (1978) 174f., 290; Berghaus (1978) 177ff.

N. Klüßendorf

I. Siedlungswesen:

Offene Flachlandsiedlungen: 158–159 Herrschaftszentren und Burgen: 160–174 Pfalzanlagen: 175–176

Man wird für das westliche, bis zum Rhein reichende Südhessen und für das Rhein-Main-Gebiet sowie für die fruchtbare Wetterau sagen müssen, daß sich hier seit der Römerzeit intensive Siedlungsaktivitäten während des gesamten frühen Mittelalters abzeichnen.

Auch vom Mittelrhein her über das Lahntal ist es vor allem das lößführende Limburger Becken und das Gebiet bis über Wetzlar hin, das mit siedlungsanzeigenden Funden bestückt ist.

Schwieriger und anders zu beurteilen sind die Verhältnisse in den anschließenden Gebieten im Norden, wo nur verschwindend wenige Grabfunde zur Verfügung stehen. Gräber des 6. und 7. Jahrhunderts fallen in den meisten Gebieten Nordhessens praktisch aus. Eine wesentliche, d.h. dichtere Besiedlung dieser Räume nun mit rigoroser Rodungstätigkeit und nachfolgender Auelehmbildung ist demnach erst wieder in der Zeit nach 700 festzustellen. Diese zeigt sich nun weniger in Grabfunden (vgl. Kat. Nr. 92), als vielmehr in einer großen Zahl von Burganlagen (vgl. Kat. Nr. 160ff.), die nicht allein mit dem Vordringen der fränkischen Reichskultur und dem damit verbundenen Landausbau zu erklären sind. Mit Sicherheit kann man sie auch den alteingesessenen Bewohnern zuschreiben, die Bonifatius – nach seinem Verständnis – in schrecklich heidnisch-christlicher Verwirrung antraf.

H. Roth

158 Frühmittelalterliche Siedlung bei Geismar

(Fritzlar, Schwalm-Eder-Kreis); Topographische Karte 1:25000; 4821 : 17500/66600

Die Siedlung liegt auf der eben noch hochwasserfreien Terrasse im Bogen des Elbebaches, der von Westen aus dem Züschener Tal kommend am heutigen Ort vorbeifließt, dann nach Süden umbiegt und in die Eder mündet. Nach Westen erstreckt sich die Siedlung dann zum sanft ansteigenden »Biening« hangaufwärts. Im Süden ist sie von der hochwasserbedrohten Niederung der Ederaue natürlich begrenzt. Die genaue Größe der Siedlung ist nur durch Ausgrabungen sicher zu ermitteln. Die Mindestgröße beträgt über 5 ha, nach den Lesefunden und den im heutigen Hochwasserbereich des Elbebaches und der Eder zutage gekommenen Bebauungsspuren kann sie auch erheblich größer gewesen sein.

Eine später oft veränderte Oberfläche und die zahlreichen Überschneidungsspuren verhinderten in vielen Fällen das Erkennen der einzelnen Gebäude. Schließlich hat die lange Lebensdauer der Siedlung, die in der ausgegrabenen Fläche im letzten Jahrhundert vor Chr. gleichmäßig beginnt und – nach der bisherigen Fundanalyse – ebenso gleichmäßig bis in die spätkarolingisch-ottonische Zeit und in Teilbereichen auch weit darüber hinaus bestanden hat, zu unzähligen Überschneidungen geführt.

Besonders auffällig sind eingetiefte Grubenhäuser, die in ihrer unterschiedlichen Funktion fast alle als Werkstätten angesprochen werden müssen. Sie gehören als Nebengebäude offensichtlich zu jedem Hof.

Wie schon erwähnt, ist es sehr viel schwieriger, vollständige Grundrisse in ebenerdigen Häusern zu erkennen. Es bedarf dazu noch der Durcharbeitung der gesamten Befunde und des Fundmaterials. In einigen Fällen erscheint es schon möglich, die Grundrisse von bis über 20 m langen und 6 m breiten Häusern zu erkennen. Es muß sich um vielhäusige Gehöftanlagen mit einem Haupthaus und etlichen ebenerdigen Nebengebäuden und eingetieften Grubenhäusern handeln, wie sie aus den wenigen germanischen frühgeschichtlichen Siedlungen archäologisch bekannt und nach den Schriftquellen auch historisch für die spätmerowingisch-karolingische Zeit nachweisbar sind.

Zur Siedlung gehören trotz der Bachnähe auch Brunnen. Einer ist in Trockenmauertechnik rund gemauert und sicher am Ende des 9. Jahrhunderts noch in Benutzung, hinzu kommen vor allem im Nordosten und weniger häufig im Südosten am Rande des Siedlungsbereiches in Bachnähe kreisrunde eingetiefte Eisenschmelzöfen. Ebenfalls eingetieft sind einige runde oder abgerundet rechteckige Öfen mit verziegeltem Boden

und den Wandansätzen der gekuppelten Ofenwandung. Ob es sich dabei immer um Backöfen handelt, bleibt offen, denn es können auch technische Öfen sein, zumal wir beim Fundmaterial auch Schmelztiegel und Halbfertigfabrikate zur Bronzeherstellung haben.
In den bis jetzt ausgegrabenen Flächen sind über 5000 Fundzettelnummern vergeben worden, wovon jede etwa 40–60 Fundstücke beinhaltet. Ein sehr großer Anteil des Fundmaterials besteht aus Tierknochen, wobei im kalkhaltigen Löß auch die Knochen von Kleintieren erhalten sind. Diese Tierknochen, die als Abfallprodukte in die Kulturschicht und in die Gruben- und Grubenhausfüllungen gelangt sind, werden zur Zeit bearbeitet. Sie geben Auskunft über den Fleischkonsum in den einzelnen Siedlungsphasen. Schwein, Rind und auch Pferd sind besonders oft vertreten, aber wohl auch Schaf, Ziege und Geflügel. Der Anteil der Wildtiere ist dagegen offensichtlich gering.
Dieser Platz im Kernland der Chatten muß schon die Feldzüge des Germanicus mit dem gewaltsamen Übergang der römischen Legionen über die Eder und die Zerstörung Mattiums erlebt haben.

Außer einigen Nachrichten über die Chatten, die mit dem Zusammenstoß des Stammes mit dem römischen Kaiser Caracalla im Jahre 213 enden, schweigen die Schriftquellen für die folgenden Jahrhunderte vollständig. Eine Nachricht über einen Feldzug des fränkischen Königs Sigibert III. gegen Thüringen zum Jahre 639 mag das heutige Nordhessen berühren, bezieht sich aber sicherlich mit der Nennung der Buchonia mehr auf den osthessischen Raum beiderseits der Fulda.
Ob Geismar schließlich der Ort *»Gesmere«* gewesen ist, an dem im Jahre 723 Bonifatius die Donareiche fällt, muß dahingestellt bleiben, ist aber trotzdem sehr wahrscheinlich.

Gensen (1974) 34ff.; Gensen (1978); Gensen (1979) 24ff.; Dahmlos (1979) 77 Nr. 7a.

R. Gensen

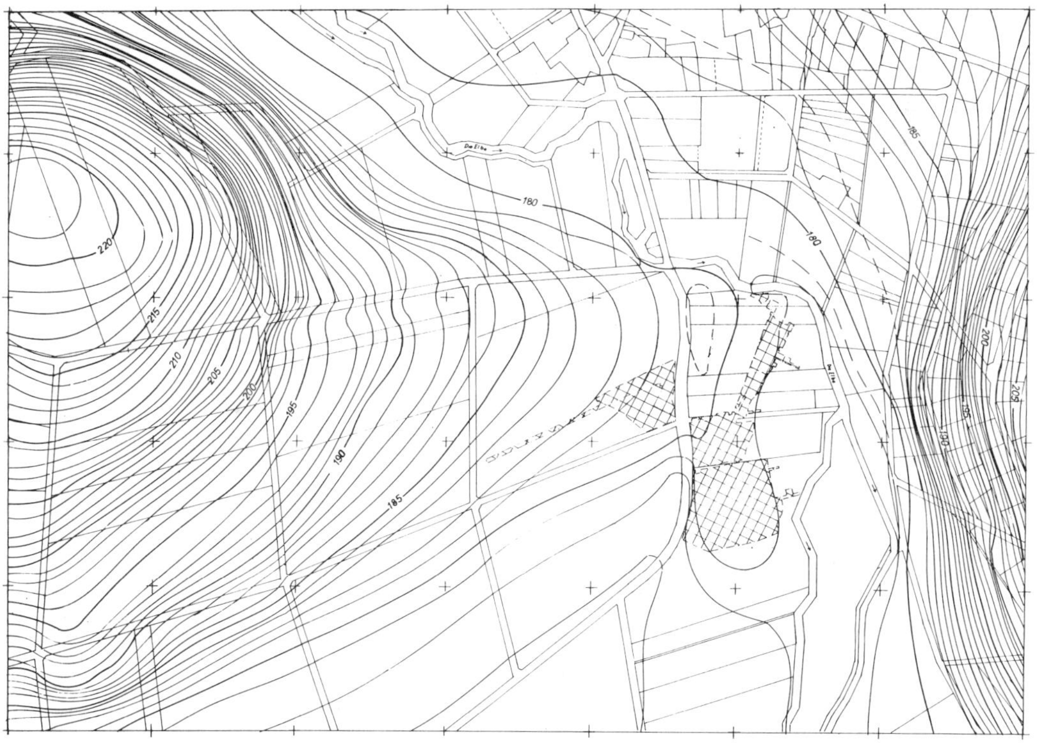

159 Wüstung Holzheim

(Fritzlar, Schwalm-Eder-Kreis); Topographische Karte 1:25000; 4821:18250/64050

Etwa 2,5 km süd-südwestlich von Fritzlar wird nach Notgrabungen im Jahr 1976 seit 1980 mit Mitteln der Deutschen Forschungsgemeinschaft die nach Geismar (vgl. Kat. Nr. 158) größte Siedlungsgrabung in Hessen durchgeführt. Bis zum gegenwärtigen Zeitpunkt wurden etwa 8500 m^2 freigelegt. Die Grabungen ergaben eine offenbar kontinuierliche Besiedlung des Dorfareals in der vorgeschichtlichen Eisenzeit (vom etwa 8.–2. Jahrhundert v. Chr.) und ab der jüngeren Römischen Kaiserzeit (2. Jahrhundert n. Chr.) bis zum Untergang des Dorfes um 1425.

Die Ersterwähnung Holzheims (»Holcheim«) im Jahr 1040 läßt auf Reichsgut am Ort schließen. Holzheim dürfte daher zu dem Königsgut im Raum Fritzlar zählen, das seit dem 8. Jahrhundert mehrfach erwähnt wird. Insbesondere zur Büraburg (vgl. Kat. Nr. 166) dürften aufgrund der Lage Holzheims, der später überlieferten kirchlichen Beziehung (St. Thomas als Filiale der Brigidenkirche auf dem Büraberg) und auch wegen des charakteristisch fränkischen, sogenannten schematischen Ortsnamens (»Holzheim«) bereits seit der Karolingerzeit enge Beziehungen bestehen. Möglicherweise war Holzheim eine der *curtes,* die Karl der Große 782 dem Peterskloster in Fritzlar übertrug.

Das mittelalterliche Dorf lag auf zwei durch einen Bachlauf (den Rimbach) getrennte und sanft nach Nordost gegen die Fritzlarer Börde abfallende Randhöhen des Kellerwaldes, den nördlich gelegenen Uhlenkopf und das südliche Eiertänzerköpfchen. Der Siedlungsbereich dürfte durch Rodung gewonnen worden sein. Die sehr fruchtbaren Ackerböden (Parabraunerde auf Löß) erstreckten sich vorwiegend zu Füßen des Ortes auf der Niederterrasse und in der Ederaue.

Holzheim verdankte seine historische Bedeutung zweifellos der Lage zwischen zwei sich hier vor Fritzlar vereinigenden alten Fernstraßen, die im späten Mittelalter als *des reiches strassen* überliefert sind und als Vorläufer der heutigen Bundesstraßen B 3 und B 253 zu gelten haben. Ein heute eingeebneter Hohlweg war einst die Ost-West verlaufende Dorfachse. In Nord-Südrichtung verlief durch Holzheim der sogenannte Burgweg, der bereits im Namen die enge Verbindung mit der fränkischen Großburg auf dem etwa 2 km entfernten Büraberg erkennen läßt.

Nach den bisherigen Grabungen und ergänzenden Oberflächenfunden wird der gesamte jemals bebaute Siedlungsbereich etwa 15 ha eingenommen haben. Diese enorme Fläche, die übrigens recht genau dem städtischen Weichbild Fritzlars im Spätmittelalter entspricht, war jedoch niemals gänzlich gleichzeitig bebaut, vielmehr pendelten die Wohnbereiche in den verschiedenen Zeitstufen innerhalb des Siedlungsareals: So konzentrierte sich z. B. das eisenzeitliche Dorf auf und am Süd- und Osthang des Uhlenkopfes, während sich die Siedlung der Römischen Kaiserzeit zu Füßen dieses Hügels in der Nähe des Rimbaches erstreckte. In der folgenden Völkerwanderungszeit und Merowingerzeit (d. h. vom 4.–7. Jahrhundert) weitete sich der Siedlungsbereich aus, denn Siedlungsobjekte wurden sowohl auf den Osthängen beider Hügel als auch unten in der Nähe des Bachlaufes angetroffen. Gegen Ende des 7. Jahrhunderts deuten die Grabungsbefunde auf eine Siedlungsverdichtung am Osthang des Eiertänzerköpfchens hin, die aber auch wenigstens den Rand des kaiserzeitlichen Siedlungsbereiches am Rimbach umfaßte. Da diese Zeitstufe mit der Anlage der Büraburg parallel geht, könnte diese Siedlungsverlagerung vielleicht der Hinweis auf eine fränkische fiskalische Gründung sein, die die wirtschaftliche Versorgung der Büraburg gewährleisten sollte (vielleicht durch Anlage der erwähnten *curtis*). Um 800 dehnte sich das Siedlungsgelände auf den Osthang des Uhlenkopfes aus und erreicht damit schon fast den Umfang, wenn auch nicht die Dichte der Besiedlung des 13. und 14. Jahrhunderts, als der Ort neben einer größeren Bauernbevölkerung auch Sitz eines Kleinadels war, der innerhalb des Dorfes über eine Niederungsburg, eine Eigenkirche und einen großen Herrenhof verfügte.

Von der völkerwanderungszeitlichen und frühmittelalterlichen Besiedlungsperiode konnte bisher – im Gegensatz zur hoch- bis spätmittelalterlichen Bebauungsphase – noch keine Hofstätte vollständig freigelegt werden. Dennoch wurden die wichtigsten Einzelelemente des frühmittelalterlichen Gehöftes bereits ermittelt.

Wie auch an anderen Orten erkannt, umgab in Holzheim jede Hofstelle ein Zaun, unterbrochen von dem etwa 2,50 m breiten Hoftor aus zwei mächtigen gegenständigen Pfosten. Die Größe

des frühmittelalterlichen Hofes bleibt noch unklar. Von den ebenerdigen Pfostenhäusern, ein Bautyp, der als Wohnhaus, Scheune oder Stall gedient haben kann, wurde z. B. ein zweischiffiges Gebäude mit Vorraum bei einer Hausfläche von 7 x 5 m, gut vergleichbar einem Gegenstück in der Büraburg, ergraben. Die eingetieften Gebäude, die sogenannten Grubenhäuser, bezeugen, daß sich die Hausbauweise zwischen dem 4. und 9. Jahrhundert anscheinend nicht geändert hat: Denn sowohl der zweipfostige Typ, das Giebelpfostenhaus, als auch das aufwendigere Vierpfosten- bis hin zum komplizierten Sechs- und Achtpfostengrubenhaus sind für jede Zeitstufe nebeneinander belegt. Bei Hausflächen zwischen 4,5 und 10 m^2 dürfte das Gebäude vorwiegend als Keller gedient haben. Dagegen weisen besonders große Grubenhäuser von 6–7 m Länge und 3,5–4,5 m Breite mit Feuerstellen, teilweise verfüllt mit Eisenschlacken oder mit zahlreichen Webgewichten und Spinnwirteln, auf handwerkliche Nutzung, z. B. als Schmiede und Webhütte, hin. Als Trockenspeicher dienten runde Pfahlspeicher aus mehreren starken Pfosten, als Kühlräume runde, beutelförmige Gruben. Von den Sondergebäuden des frühmittelalterlichen Hofes ließen sich in Holzheim bisher ein bis ins Grundwasser reichender trockengemauerter Brunnen und ein fünfeckiger Backofen nachweisen.
Die Lage und Konstruktion der Gebäude läßt den Schluß zu, daß es sich, im Gegensatz z. B. zu dem zeitgleichen sächsischen Einhausgehöft, in Holzheim um eine mehrteilige Gehöftanlage handelt, bei der Wohn- und Wirtschaftsbereich getrennt sind. Allerdings zeigt die regelmäßige Ausrichtung der Häuser nach Nordwesten–Südosten (und nur in wenigen Fällen nach Osten–Westen), daß es sich noch nicht um die »fränkische« Drei- oder Vierseithofbauweise handeln kann. Vielmehr werden die Häuser hinter- und nebeneinander gereiht, so daß man diesen Dorftyp schon als » Reihendorf« bezeichnet hat. Die Himmelsrichtung dürfte ihre Ursache, wie auch bei anderen Ausgrabungen bereits beobachtet wurde, in der Orientierung der Häuser auf den Verlauf der Hauptwege haben.

Schotten/Wand/Weiß (1977/78) 213ff.; N. Wand (1983); Dahmlos (1979) 76 Nr. 6i.

N. Wand

160 Burg bei Caldern

8.–11. Jh.; (Lahntal, Kreis Marburg-Biedenkopf); Topographische Karte 1:25000; 5117/18:75800/33760

Aus der Gruppe der frühmittelalterlichen Kleinburgen sei hier die Befestigung Burg bei Caldern beispielhaft vorgestellt.
Die westlich von Caldern bis an den Fuß des Rimberges sich erstreckende Siedlungskammer wird von der auf der Ostseite gelegenen kleinen Höhenbefestigung Burg beherrscht. Hier springt aus der südöstlich von Caldern gelegenen Hochfläche eine breite Bergkuppe zu dieser Siedlungskammer vor. Das äußere, durch einen Sattel nochmals abgetrennte Ende dieser Bergkuppe ist im Norden und teilweise auch auf der Westseite in starken steilen Felsklippen ausgebildet. Dieses Ende der Bergkuppe heißt im Volksmund »Die Burg«.
Diese Burg ist von dem übrigen Berg durch einen mit einer Gegenböschung versehenen gut sichtbaren Graben abgetrennt, von wo aus das Gelände zur Burg hin nochmals um 8 m steil ansteigt. Oben ist die Burg fast kreisrund, fällt dann nach Osten, Süden und Westen sehr steil ab, und nur nach Nordwesten ist der oberen Kuppe eine terrassenartige fast ebene Fläche vorgelagert, die nach Norden hin von steilen Klippen begrenzt wird. Die Kuppe und diese Terrasse bilden die eigentliche Burg mit einer Innenfläche von knapp 0,04 ha Größe.
Bei einer kleinen Untersuchung im Zuge eines Praktikums zur mittelalterlichen Archäologie

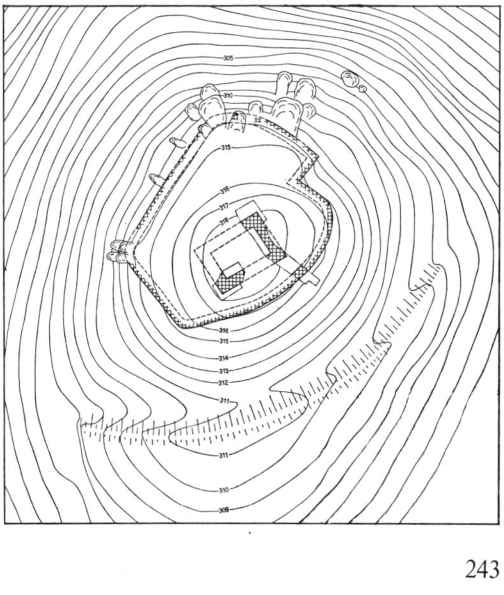

wurde die Außenmauer der Befestigung nur einmal auf der Südwestseite geschnitten und anschließend der Mauerverlauf durch Freilegen der Außenkante ermittelt.
Im Schnitt ist die Mauer 1,15 m breit und gemörtelt. Sie verläuft auf der Ostseite leicht bogenförmig, um an der Südspitze leicht abgerundet umzuknicken und gradlinig nach Nordwesten zu führen. Dann ist sie auf der Nordwestseite gradlinig als Verbindungslinie zwischen einigen exponierten Felsklippen angelegt. Auf den mächtigen Felsklippen der Nordseite ist sie von in situ liegenden Mörtelspuren nachweisbar, zieht dann fast gradlinig nach Südosten, um dann plötzlich rechtwinklig um 4,10 m einzuspringen. Sie verläuft dann wieder zunächst gradlinig, um im Osten in einem Bogen wieder an den zuerst beschriebenen Verlauf anzubinden.
Der Versprung, der von der Topographie her nicht vorgezeichnet ist, kann nur zu einem höher gelegenen, über eine Zugbrücke oder Leiter zu erreichenden Eingang gehören, da die Mauer im Versprung durchläuft und keinerlei Tordurchlaß frei bleibt.
Auf der oberen kreisrunden Bergkuppe wurden eine Seite mit zwei Ecken und eine weitere Ecke eines Turmhauses von 9,60 m Länge und 7,50 m Breite angegraben. Bei einer Mauerstärke von 1,50 m ergibt sich ein Innenraum von 6,60 m Länge und 4,50 m Breite. Im Innenraum wurde der Boden dieser Frühform eines Bergfrieds nicht erreicht. Die zahlreichen intensiven Brandspuren deuten auf mindestens eine Zwischendecke von vermutlich mehreren Obergeschossen hin.
Die Turmmauer ist als Zweischalenmauer mit relativ grobsteiniger Innenfüllung errichtet, die äußeren Steine der »Mauerschalen« sind als nicht sehr große Quader gebrochen und leicht nachgearbeitet. Der Abstand zwischen dem Turm und der äußeren Ringmauer beträgt im Südosten nur 2,50 m, während er nach Norden und Nordwesten durch die hier ausgebildete Terrasse auf über 9 m ansteigt.
Das Fundmaterial von der Burg stammt neben den beim Freilegen der Außenkante der Ringmauer aufgelesenen Scherben vor allem aus dem Innenversturz des Turmes und aus den unteren zum Teil »angewohnten« Schichten zwischen Turm und Ringmauer und aus dem Bauhorizont dieser Mauern und ist repräsentativ für die Errichtung und Benutzung der einperiodigen Befestigung. Das umfangreiche Tierknochenmaterial sollte als Indiz für einen kontinuierlichen oder doch zumindest langfristigen Aufenthalt angesehen werden. Unter dem Scherbenmaterial befinden sich charakteristische Ränder des späten 8. oder 9. Jahrhunderts. Auch Linsenbodenbruchstücke der helltonigen Ware weisen in die gleiche Zeit, wenn sie auch noch nicht so klar von jüngerem Material zu trennen sind. Bei den Randscherben gibt es dann aber auch länger ausgezogene Typen, die hauptsächlich in das 10. oder schon in den Beginn des 11. Jahrhunderts gehören.
Diese Datierung wird gestützt durch die anderen wenigen Kleinfunde. So hat das Bruchstück einer Knochenplatte als Verzierung jenes aus Kreisaugen und halben Zirkelschlägen gebildete Flechtbandmotiv, das bereits auf merowingischen Knochenkämmen auftritt (vgl. Kat. Nr. 62), aber sicher noch in der Karolinger- und der Folgezeit vorkommt. Dazu gehört auch eine zweifach durchlochte Scheibe wohl aus Hirschgeweih, deren Verzierung zwischen einer äußeren und zwei inneren Linien aus dreizehn kleinen Kreisaugen besteht, während das Mittelfeld durch ein Vierblattmotiv ausgefüllt wird. Von merowingerzeitlichen, in der Mitte durchlochten und oft als Spinnwirtel gedeuteten Knochenplatten ist diese Verzierungsart ebenfalls bekannt. Schließlich sei ein eiserner Nietsporn mit langem vor der Spitze stark verdickten Dorn genannt. Er ist sicher jünger und leitet von den karolingisch-ottonischen Sporen mit langem Dorn über zu den jüngeren Kugelstachelsporen mit dann schon geschweiften Bügeln.
In welcher Beziehung die Burganlage zu der um 800 bezeugten *villa Calantra in Michelberger marca* gestanden hat, muß offen bleiben. Als etwa in der Mitte des 13. Jahrhunderts in Caldern das Zisterzienserinnenkloster angelegt wurde, war die Burg schon etwa 200 Jahre aufgegeben.
Von besonderer Bedeutung ist, wie eingangs erwähnt, daß wir hier einen Typ der Befestigung auf kleinen Höhen vor uns haben, der offensichtlich schon um 800 oder im 9. Jahrhundert auftritt.

Gensen (1975a) 166f.; Gensen (1975b) 330ff.; Gensen (1979) 54ff.; Dahmlos (1979) 150 Nr. 11a.

R. Gensen

161 Ringwall Hünenkeller bei Lengefeld

2. Hälfte 8. Jh.; (Korbach, Kreis Waldeck-Frankenberg); Topographische Karte 1:25000; 4718/ 19:87800/81650

Einen Ringwalltyp in der Größe eines Hofes verkörpert der Ringwall Hünenkeller, der am Westrand der Korbacher Hochfläche westlich des Ortsteils Lengefeld im Lengefelder Holz liegt. Die Hochebene aus Kalkstein fällt hier zum Ort Lengefeld nach Osten steil ab, und auf einem breiten, zum Talgrund vorspringenden Bergriegel liegt die annähernd ovale Befestigungsanlage. Die Nord-Süd-Länge beträgt etwa 75 m, die größte Breite 50 m, so daß die Innenfläche nur 0,28 ha groß ist. Im Westen zur Hochfläche hin besteht die Befestigungsanlage zunächst aus einem heute im Norden auslaufenden und auf der Südseite beim Tor endenden Graben. Dahinter liegt ein von außen her gesehen bis zu 3 m hoher Wall. In ihm verbirgt sich eine 1,80 m starke Mörtelmauer, von der ein ausgegrabenes Teilstück restauriert ist. Die Innenkante dieser Mauer ist auch an einigen anderen Stellen sichtbar, und ein Schnitt auf der Ostseite zeigt, daß die Mauer das ganze Oval des Ringwalles umschloß, wenn sie auch auf der Ostseite an der Terrassenkante etwas tiefer am Hang liegt, da hier erhebliche Materialmengen hangabwärts gerutscht sind, die den ursprünglich auch auf der Ostseite vorhandenen Spitzgraben mit verfüllt haben. Ganz im Süden liegt das Zangentor. Hier biegt der Wall mit der Mauer auf der Westseite im sanften Bogen, auf der Ostseite mit stärkerer Rundung nach innen ein. So bleibt in einer ersten Befestigungsphase eine fast 3,40 m breite Einfahrt frei, die dann in einer zweiten Periode durch das Vorblenden einer Mauer auf der Ostseite auf 2,50 m verengt wird. Die zum Halten des eigentlichen Tores zu erwartenden Pfostenspuren sind nirgends sicher nachgewiesen worden.

In dem durch das Einbiegen der Mauer auf der Ostseite entstandenen Bogen fand sich innen eine an die ältere Mauer anbindende Estrichschicht, die zu einem dann unmittelbar neben dem Tor liegenden Gebäude, vielleicht zu einem Turm gehören muß. Der Estrich gehört zur älteren Befestigungperiode, und es kommt dem auf ihm geborgenen Fundmaterial besondere Bedeutung zu.

Da die Innenfläche der Anlage nach der Befestigungszeit niemals überpflügt worden ist, fanden sich unter der rezenten Humusschicht zahlreiche Bebauungsspuren. Am auffälligsten ist ein parallel zur Außenmauer liegendes Haus auf der Westseite, dessen Steinreihen als Unterzüge der Schwellbalken erhalten sind. Es ist 23 m lang, an den Giebeln jeweils 5,70 m und in der Mitte 6,70 m breit, so daß ein Grundriß mit ausbiegenden Längsseiten entsteht.

Nach Norden hin schließen sich ebenfalls als Steinlagen für Schwellbalken die Spuren eines mindestens einmal unterteilten Gebäudes von 5,70 m Breite an. Teile eines weiteren wiederum nur als Steinreihen zu erkennenden Gebäudes liegen dann weiter östlich. Ob zwischen diesen Gebäudespuren und einem weiter nach Osten gelegenen Steinkeller eine Verbindung bestand, der Keller vielleicht sogar Teil dieses Hauses war, ist nicht geklärt worden.

Der nur teilweise untersuchte Steinkeller hat in Nord-Süd-Richtung eine Länge von 7,40 m und eine Breite von 3,50 m mit einem schmalen Eingang von Norden her. Der Keller ist in den gewachsenen Kalkfels eingearbeitet. Wo das Steinmaterial nachgebrochen war, sind die Stellen mit Mauerwerk geflickt. Größere Mengen von Kalkverputz mit Geflechtabdrücken müssen zu einem Obergeschoß gehören.

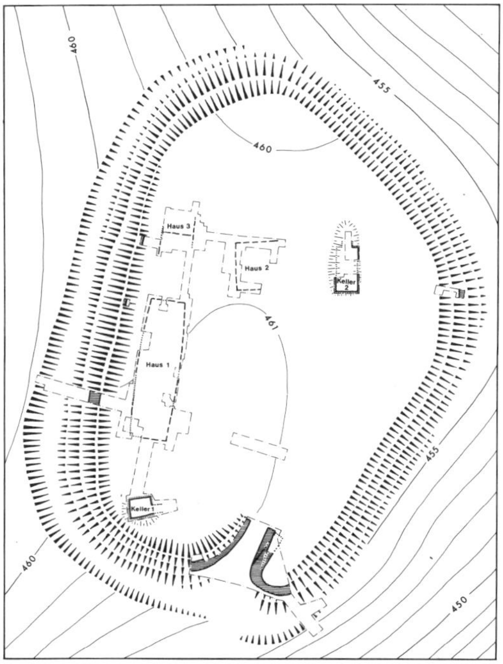

Eine zweite Kellergrube liegt südlich des Langhauses nahe an der Mauer. Bei leicht unregelmäßiger Form betrug die Länge 3,50–3,80 m und die Breite 2,95–3,20 m. In diesem Keller waren die Wände als Trockenmauern ausgeführt.
Aus der Anlage stammt ein umfangreiches Fundmaterial aus Tierknochen und Keramikscherben, aber auch aus Metallfunden, das zeigt, daß die Anlage über längere Zeit dauernd bewohnt war und daß es sich keinesfalls nur um ein Refugium handelt. Die hartgebrannte helltonige Drehscheibenkeramik »Badorfer Stilrichtung«, die zur Bauzeit der Anlage gehört, läßt dafür den Zeitraum von 750–800 annehmen. Sehr deutlich unterscheidet sich davon die »von Hand geformte« Kugeltopfkeramik, die der zweiten Hälfte des 9. und vor allem dem 10. Jahrhundert zugewiesen werden kann und die der jüngeren Befestigungsperiode zuzuordnen ist. Unter den Kleinfunden gibt es einige auffällige Stücke. Dazu gehören eine kleine runde Scheibenfibel mit zweifarbiger Einlage in Grubenemailletechnik des 8. Jahrhunderts (vgl. Kat. Nr. 50,2) und eine vergoldete Vierpaßschnalle. Vor allem ist eine vergoldete kupferne durchbrochene Zierscheibe zu nennen. Auf der Schauseite hat sie eine reiche Punzverzierung und etliche kleine Löcher für die Befestigung. Trotz etlicher Abweichungen steht die Scheibe in der Tradition der bekannten merowingischen Zierscheiben, und man möchte wegen der geringeren Stärke, der Goldauflage und der anderen Ornamentaufteilung an ein Weiterleben der merowingischen Zierscheibentradition denken (vgl. Kat Nr. 178).
Westlich der Anlage gelegene Ackerterrassen möchte man als potentielles Ackerland der Ringwallbewohner ansehen, und in dem ummauerten Gutshof mit dreigeschossigem zu Wohnzwecken umgebauten Turm, der das Ortsbild von Lengefeld beherrscht, könnte man eine Nachfolgeanlage vermuten.
Der Ringwall Hünenkeller bietet seiner Größe nach wohl grade den Gebäuden eines frühmittelalterlichen Hofes Platz. Der Beginn der Befestigung ist nach dem Fundmaterial in die zweite Hälfte des 8. Jahrhunderts zu datieren, wobei das Fundmaterial der Keramik stark an die fränkische Zivilisation anbindet. Das in die jüngere Phase weisende Fundmaterial des 10. Jahrhunderts ist stärkeren sächsischen Einflüssen unterworfen, womit sich die politische Entwicklung dieser Landschaft auch im archäologischen Fundgut widerspiegelt.

Görich (1962) 55ff.; Gensen/Hellwig/Küthe (1973) 203ff.; Gensen (1981b); Dahmlos (1979) 204f. Nr. 6.

R. Gensen

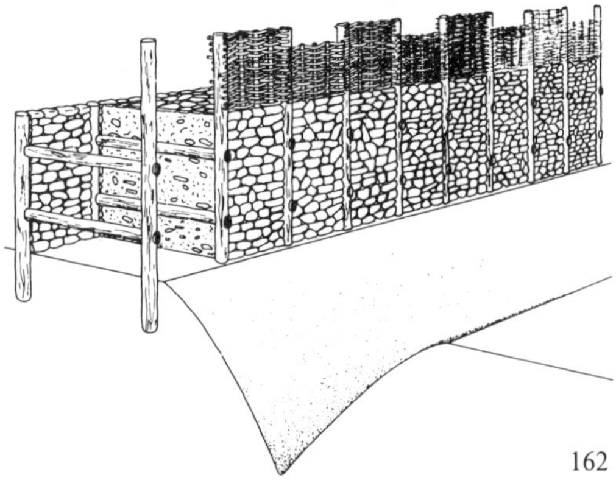

162

162 Grasburg bei Mansbach

8. Jh.; (Hohenroda, Kreis Hersfeld-Rotenburg); Topographische Karte 1:25000; 5225:64400/29000

Rund 33 km nördlich von Fulda und 17 km östlich von Bad Hersfeld liegt auf einem langgezogenen Bergsporn nördlich von Mansbach die Grasburg, eine etwa 2 ha große, länglich-dreieckige Befestigungsanlage. Ihr einzig sichtbarer Überrest ist ein etwa 300 m langer, bogenförmig von Steilhang zu Steilhang führender Abschnittswall mit vorgelagertem Graben, die 1976 bei einer archäologischen Untersuchung des Landesamts für Denkmalpflege Hessen untersucht wurden. Der Einblick in das Erdwerk gestattete die Rekonstruktion einer 3,50 m breiten Mauer aus Holz, Steinen und Erde. Ihre Fronten bestanden aus Trockenmauerwerk, unterbrochen von senkrechten Holzpfosten, die durch ergänzbare Queranker verbunden gewesen sein dürften; funktional unabdingbar ist ferner eine Brustwehr, vielleicht in Form einer Bohlen- oder Geflechtkonstruktion (Abb.).

Das so rekonstruierte Verteidigungswerk entspricht dem Typ der sogenannten »Pfostenschlitzmauer«, die aus vorgeschichtlicher Zeit zahlreich bekannt ist. Dies zeigt, daß wir es auf der Grasburg, wie auch an zahlreichen anderen Plätzen, mit einer altertümlichen Technik des Wehrbaues zu tun haben, die zwar viele Vorteile hat, gegenüber der schon gleichzeitig geübten Mörtelbauweise aber doch rückständige Züge aufweist. Nicht nur chronologische Gegebenheiten dürften sich in diesen unterschiedlichen Mauertechniken spiegeln, sondern auch solche im Leistungsvermögen der Erbauer. Während viele gemörtelte Wehrbauten des 8. Jahrhunderts zu Befestigungen gehörten, hinter denen die königliche Zentralgewalt zu vermuten ist, scheinen die einfacheren Holz-Stein-Erde-Mauern vielfach Bauten einer lokalen Macht gewesen zu sein. Im Falle der Grasburg wurde der Nachweis geführt, daß sich die Anlage auf dem Gebiet einer begüterten Familie lag, die dieses Land im ausgehenden 8. Jahrhundert dann an das Kloster Fulda schenkte.

Sippel (1977) 49ff.; Sippel (1977/78) 261ff.; Sippel (1981); Dahmlos (1979) 127 Nr. 1a.

K. Sippel

163 Schwalenburg bei Schwalefeld

8.–10. Jh.; (Willingen/Upland, Kreis Waldeck-Frankenberg); Topographische Karte 1:25000; 4617:73950/86850

Die Schwalenburg liegt etwa 2,5 km nordöstlich von Willingen, nördlich des Ortsteils Schwalefeld im Waldecker Upland und gehört zu den eindrucksvollsten frühgeschichtlichen Wallanlagen Hessens überhaupt. Zwischen dem Ittertal und dem Tal des Aarbaches, die sich hier bis auf 400 m nähern, erhebt sich ein zweigeteiltes Bergmassiv. Den Nordteil bildet der 654,5 m NN hohe Hegeberg mit den Resten eines vorgeschichtlichen Walles. Ein Sattel trennt den Hegeberg von der südlich gelegenen 630,2 m NN hohen Schwalenburg, die aus drei Wallringen besteht.

Ältester Teil ist der mittlere Bering mit einer 2 ha großen von einem Wallring umschlossenen Fläche. Im Wall verbirgt sich eine leicht nach innen geneigte Trockenmauerfront aus ortsfremdem relativ großblockigem Tonschiefer. In einem Testschnitt erwies sich diese Mauer als zweiperiodig. Bei der Wiederherrichtung, wohl im Zuge der Errichtung der inneren und äußeren Wallrin-

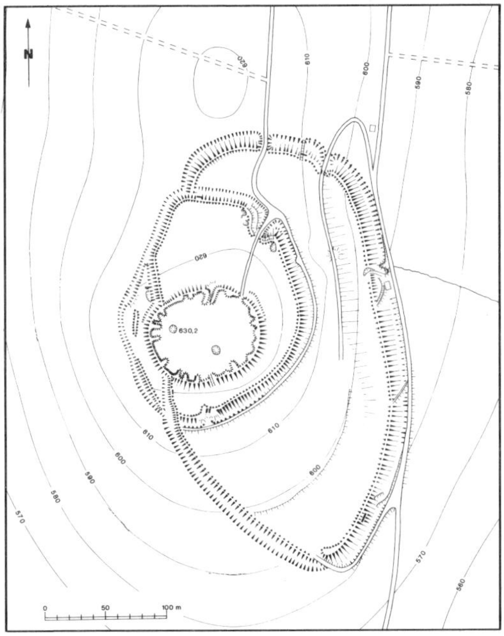

ge, waren auf die Reste der älteren Mauerfront Ergänzungen aus dünnplattigem Tonschiefer gesetzt worden. Nur die Westseite des mittleren Wallringes ist im Zuge der Errichtung von innerem und äußerem Bering aufgegeben worden.
Die mächtige Toranlage des mittleren Beringes im Nordosten gehört zu den eigenwilligsten Torkonstruktionen überhaupt. Die Wallenden biegen zusammen mit den vorgelagerten Gräben ein beträchtliches Stück nach innen ein, um dann hinter den Grabenenden nochmals umzuknicken und eine heute 3 m breite Toreinfahrt freizulassen.
Ein weiteres, bei älteren Ausgrabungen freigelegtes Tor liegt im Süden des mittleren Beringes. Die Wallenden mit der Frontmauer biegen ein kurzes Stück nach innen ein und bilden so einen schmalen 5 m langen und 2,60 m breiten Tordurchlaß. Da die Mauerfronten aus dem stark verwitterten dünnplattigen Tonschiefer bestehen, der für den inneren und den äußeren Wallring charakteristisch ist, ist für dieses Tor ein nachträglicher Einbau anzunehmen, der auf das an der Südspitze des äußeren Beringes liegende Tor bezogen ist. Der innere fast kreisrunde Wallring hat einen Durchmesser von 75–90 m. Die von ihm eingeschlossene Fläche ist nur 0,55 ha groß. Im Norden besitzt der innere Bering das einzige Tor mit weit nach innen einbiegenden Mauerenden. Der bei den schon genannten älteren Ausgrabungen freigelegte eigentliche Tordurchlaß hat eine Breite von 2,40 m. Ein Graben ist nur auf einem kurzen Stück auf der Nordostseite zu erkennen. An einigen Stellen außen und an vielen Stellen auf der Innenseite sind die stark verwitterten Fronten einer 2 m starken Mauer aus dünnplattigem Tonschiefer zu erkennen. Vom Wall, bzw. von der Innenfront der Wallmauer aus führen etwa 20 kurze Wallstücke nach innen, so daß kasemattenartige, an die Ringmauer anbindende unterschiedlich große Räume entstehen, deren Abschluß nach innen nicht geklärt ist. Neben einer unsicheren Grube fast auf der höchsten Stelle befindet sich eine steilwandige Grube von oben 8 m Durchmesser im Südosten dieses inneren Mauerringes. Die Funktion bleibt unklar.
Von der Südwestseite dieses inneren Beringes aus zieht der mächtige Wall des äußeren Wallringes nach Süden und dann nach Südosten. Von der Südspitze mit einem alten Tor aus führt dieser Wall im weiten Bogen nach Norden, wobei der überall vorgelagerte Graben teilweise durch die moderne Wegführung eingeebnet ist. Dem beschriebenen Haupttor des mittleren Beringes entsprechend befindet sich ganz im Nordnordosten ein weiteres Tor mit einbiegenden, bzw. verstärkten Wallenden. Die freibleibende Torgasse hat nach den wenigen sichtbaren Steinen eine Breite von 2,80 m. Von diesem Tor aus führt der Wall mit seinem tiefen vorgelagerten Graben nach Westen und überquert den Sattel, um nach Süden hin zunächst an die Nordwestecke des mittleren Beringes anzubinden. Ein kurzes Stück bildet dann der mittlere Wallring auf der Westseite die äußere Verteidigungslinie. Der Wall weicht dann vom ursprünglichen Verlauf ab und bindet an den Nordwestteil des inneren Wallringes an. Die vom äußeren Wall umschlossene Fläche ist etwa 6 ha groß. An einem modernen Wegedurchbruch ist auf dessen Westseite ein kurzes Mauerstück freigelegt. Es handelt sich um eine gut 2 m breite holzversteifte Mauer aus dünnplattigem Tonschiefer mit einer inneren Anschüttung. Die Höhe der Mauer muß ursprünglich mindestens 5 m betragen haben.
Die Borgh zu Schwalefeld wird im Landregister von 1537 erstmals erwähnt, im 17. Jahrhundert werden dann schon dreifache Wälle mit Gräben genannt, wobei die Burg irrtümlich als Stammburg der Waldecker Grafen angesehen wird, da sich diese nach ihrer allerdings im Lippperland gelegenen Stammburg Schwalenberg benennen. Leider sind die Unterlagen und auch angeblich gemachte Funde einer zu Anfang des Jahrhunderts durchgeführten Ausgrabung verschollen, so daß keinerlei datierendes Fundmaterial vorhanden ist. Lediglich Spuren von Kalkmörtel im Tor des inneren Beringes und am nachträglich in den mittleren Wall eingefügten Tor geben einen Hinweis auf eine Bauzeit im frühen Mittelalter, also wohl zwischen dem 8. und 10. Jahrhundert. Danach ist eine Befestigung von dieser Größenordnung kaum denkbar.
Die oft mit der Schwalenburg verknüpfte Sage, die Anlage sei die Burg des römerfreundlichen Cheruskerfürsten Segestes, in der er seine mit Armin, dem Sieger der Varusschlacht, vermählte Tochter Thusnelda in Gefangenschaft gehalten habe, entbehrt jeder Grundlage. Vielmehr ist trotz des Fehlens von Fundmaterial wohl sicher, daß die Schwalenburg zu jenen Großburgen des frühen Mittelalters gehört, die hier in Verbin-

dung mit einem auch das Gebirge erfassenden Landausbau zu sehen ist. Zu einer solch gewaltigen Anlage gehört einfach eine in der Umgebung ansässige Bevölkerung. Für diesen Landausbau mögen die Ortsnamen mit den Grundwörtern -lar, -ingen und auch -inghausen aus der Umgebung sprechen.

Gensen (1979) 62; Gensen (1980); Dahmlos (1979) 205 Nr. 9.

R. Gensen

164 Ringwall Höfe bei Dreihausen

8.–9. Jh.; (Ebsdorfergrund, Kreis Marburg-Biedenkopf); Topographische Karte 1:25 000; 5219:89900/19850

Im Südwesten des Amöneburger Beckens am natürlichen Übergang zum Lahntal bildet der Ebsdorfer Grund eine eigene Siedlungskammer. Sie erstreckt sich von Wittelsberg im Nordosten bis Hachborn im Südwesten und von Heskem aus reicht ein Zweig dieser Siedlungslandschaft nach Südosten über Dreihausen bis Roßdorf.
Dieser Teil des Ebsdorfer Grundes wird beherrscht von der Doppelrechteckanlage der Höfe südlich von Dreihausen. Die Anlage liegt auf dem Nordostteil eines von Westen nach Osten sanft geneigten Hochplateaus, das hier nach Norden und Osten steil abfällt. Sind diese Seiten daher gut geschützt, so fehlt dieser natürliche Schutz nach Westen und Süden hin völlig. Die heute als Steinwälle erscheinenden verstürzten Mauern umschließen eine Fläche von insgesamt 2 ha Größe, wobei die westliche höher gelegene Oberburg 0,75 ha Fläche einnimmt, die größere Unterburg dagegen 1,25 ha groß ist.

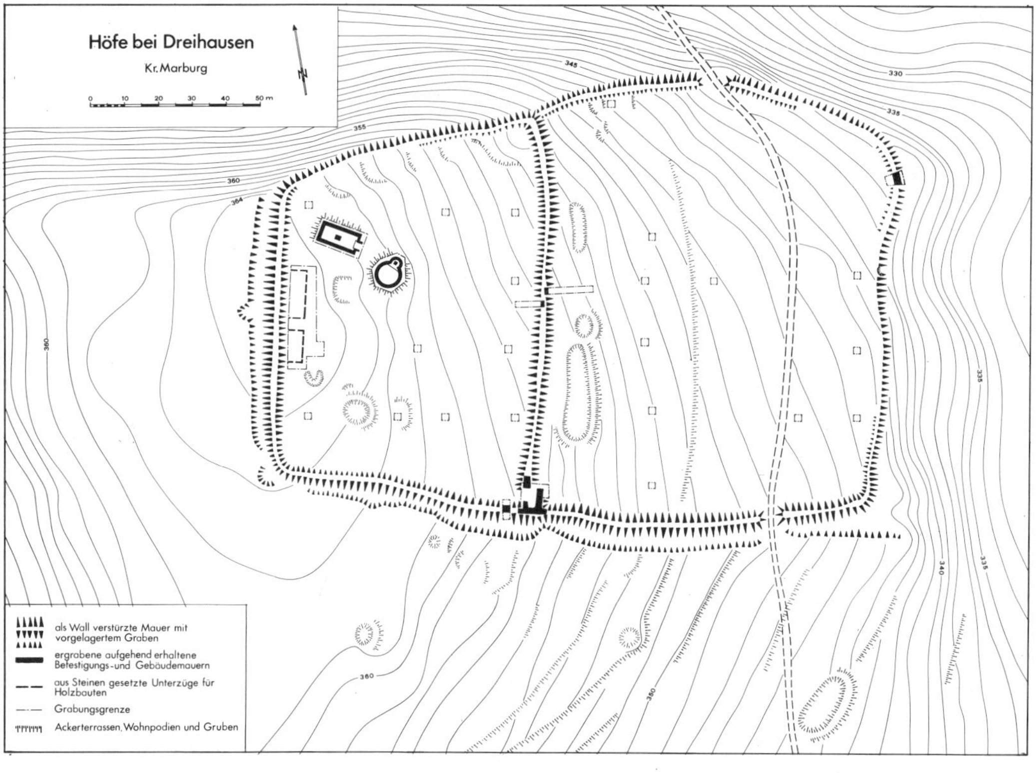

Entsprechend der oben beschriebenen Lage besitzt die Anlage im Westen und auf der ausgedehnten Südseite einen vor der Mauer liegenden Graben, der an der Südwestecke auf einigen Stücken nicht recht vollendet zu sein scheint. Die Anlage wird durch einen in Nord-Süd-Richtung verlaufenden Wall, der ebenfalls eine Mauer enthält, in die schon genannten Flächen von Ober- und Unterburg unterteilt.

Nach einigen Testschnitten ist die Gesamtanlage in einem Arbeitsgang und schon in der Planung als zweigeteilte Rechteckanlage entstanden. Die Befestigungsmauer ist ebenerdig aufgesetzt oder ganz geringfügig in die anplanierte alte Oberfläche eingetieft. Ihre Stärke beträgt unterschiedlich 1,25 m bis fast 2,00 m. Sie besteht aus anstehendem Basalt mit einer Füllung aus Mörtel und Steinschotter, und damit ist sie eigentlich eine Zweischalenmauer.

Das eigentliche Tor der Gesamtanlage befindet sich in der Mitte der Nordseite der Unterburg. Es ist durch spätere Benutzung stark gestört und vertieft. Eine auf einem kurzen Stück westlich des Tores sichtbare Mauer ist offensichtlich das Ergebnis einer früheren Restaurierung. Der Zugang von der Unterburg zur Oberburg erfolgte durch ein im Süden der Zwischenmauer angelegtes Tor. Die von Norden kommende Befestigungsmauer setzt hier aus, um nach der Unterbrechung mit einem kurzen Mauerstück an die Außenmauer anzuschließen. Versetzt vorgeblendet ist ein gut 6 m langes Mauerstück, so daß der eigentliche Eingang – durch eine Schwellbalkenspur sichtbar – von Norden aus in dieses Zwischentor führt, um dann rechtwinklig nach Westen durch die Maueruntererbrechung weiterzulaufen. Im so gebildeten »Torhaus« befinden sich erhebliche Brandspuren von einer Zerstörung, wobei das als Lehmestrich ausgebildete Laufniveau auf größeren Flächen verziegelt wurde.

Ungeklärt ist die Funktion von mehreren grabenartigen Eintiefungen entlang der Ostfront vor der Zwischenmauer, zumal der Erdaushub vor allem bei dem südlichsten Teilstück zum Teil direkt vor die Zwischenmauer gepackt worden ist. Eine fortifikatorische Funktion ist daher unwahrscheinlich.

Südlich der Anlage verlaufen etliche zum Teil stark ausgeprägte Ackerterrassen von Nordnordosten nach Südsüdwesten. Eine dieser Terrassen setzt sich im Innern der Unterburg nach Norden fort, bei der nächstunteren ist dies ebenfalls anzunehmen, wenngleich der Befund hier durch einen Holzabfuhrweg gestört ist. Zumindest die klar erkennbare Ackerterrasse muß also älter als die Befestigung der Höfe sein und damit wohl das ganze Ackerterrassensystem. Im südlichen Vorgelände der Anlage sind einige dieser Terrassen durch wohl nachträgliche Eintiefungen unterbrochen, von denen zwei – eine südlich der Südostecke und eine erheblich weiter südlich – eine längliche Gestalt haben, während die übrigen annähernd kreisrund sind. Da in einer der länglichen Gruben befestigungszeitliches Fundmaterial aufgelesen wurde, scheinen diese Gruben auf offene Siedlungsvorgänge südlich der Anlage hinzudeuten.

Um die Innenbesiedlung zu klären, wurden Ober- und Unterburg nach der 1972 erfolgten Vermessung mit einem Netz von 4 m^2 kleinen »Probelöchern« überzogen.

Dank der Unterstützung durch die Deutsche Forschungsgemeinschaft erfolgten danach auch Flächenuntersuchungen in der Oberburg. Die »Probelöcher« hatten bereits gezeigt, daß in der Unterburg kaum Funde und Befunde auftraten, die Oberburg hingegen dicht besiedelt gewesen sein muß. Es zeigte sich, daß die Anlage nach der Aufgabe der Befestigung niemals landwirtschaftlich genutzt, d. h. nie umgepflügt wurde, so daß unmittelbar unter dem rezenten Waldhumusboden intakte Bebauungsspuren angetroffen werden können, von denen einige schon bei der Vermessung erkannt wurden.

So liegen innerhalb entlang der Nordmauer der Oberburg fünf unterschiedlich große Terrassen, die kleine Podien bilden und die zu getreppt entlang der Mauer angelegten Gebäuden gehören dürften. Weite Terrassierungen sind in der Innenfläche zu erkennen und außerdem befinden sich dort eine kreisrunde und eine längliche Grube, von denen die letzte untersucht wurde.

Schließlich sind einfache Anhäufungen von Steinen, die nur schwach von Humus und Laub bedeckt sind, Anzeichen ehemaliger Gebäude. In einer auf der Westseite der Oberburg aufgedeckten Fläche befand sich parallel zur Befestigungsmauer eine einmal unterbrochene Steinreihe als Unterzug für die Schwellbalken von zwei Gebäuden, deren Stirnwände offensichtlich an die Befestigungsmauer anschließen. Dabei bleibt es vom Befund her offen, ob ein anzunehmender Wehr-

gang entlang der Befestigungsmauer über diese Gebäude hinwegführte oder auf andere Weise mit ihnen verbunden war. Die Länge dieser Bauten betrug 8,50 m und 14 m. Wenn sie direkt an die Befestigungsmauer anschlossen, betrug die Breite etwa 7 m. Es ist also nur eine kleinere Breite möglich, falls zwischen Gebäuden und Mauer noch ein Wehrgang oder ähnliches verlief.
Die langrechteckige Grube 10 m nordöstlich der Ecke des nördlicheren Gebäudes ergab einen langrechteckigen eingetieften Raum mit dem Fundament eines Mittelpfeilers und einem 1,60 m breiten Eingang von Südosten. Auf den Längsseiten war den Mauern ein Bankettvorsprung von 0,35 mal 0,35 m Größe vorgesetzt. Die Länge des Gebäudes betrug im Lichten 9,80 m die Breite 4,80 m. Vor allem im Südostteil war ein Estrich mit aufliegender Brandschicht erhalten, die Innenwände waren grob verputzt. Die Außenmauern des eingetieften Raumes waren gegen den gewachsenen Boden, hier aus der Zerlegungsschicht des Basalts bestehend, gesetzt worden. Dabei war die Mauer im unteren Bereich viel schmaler und nahm nach oben hin ständig zu, bis sie im aufgehenden Mauerwerk eine Stärke von 1,20–1,30 m erreichte. Ganz offensichtlich handelt es sich bei diesem Gebäude um das eingetiefte Untergeschoß eines steinernen Hauses, wie es als Bleibe für die in der Anlage gelegentlich oder immer residierenden führenden Personen auch aus anderen Anlagen bekannt ist.
Südöstlich dieses Gebäudes lag vor Beginn der Untersuchung ein in der Mitte eingedellter Versturzhügel von etwa 12 m Durchmesser. Verschiedene Raubgrabungen, die letzte 1963, hatten glücklicherweise den Baubefund in seiner Grundsubstanz kaum zerstört. Nur im Nordostbereich reichten die Grabungsspuren zum Teil tiefer nach unten.
Die Ausgrabung ergab dann eine Rundkirche von im Lichten 6 m Durchmesser bei einer Mauerstärke von 1 m. Im Nordnordosten schloß sich bei gleicher Mauerstärke eine halbrunde Apsis von 2,10 m Breite und 1,90 m Scheitellänge an. Der gegenüber der eigentlichen Kirche 0,25 m höher liegende Estrich der Apsis war über eine vorgezogene Stufe zu erreichen. In der Apsis war noch das gemauerte und verputzte Unterteil eines 1 mal 1 m großen Altarblocks 0,35 m hoch erhalten. Die Innenwände der Apsis waren wie auch die Kirche selbst sorgfältig verputzt. Der Versturz um den Altarblock in der Apsis bestand aus einer großen Menge von ornamental und figürlich bemalten Verputzstücken (vgl. Kat. Nr. 240). Weiterer bemalter Putz, der aber auch zur Ausmalung der Apsis gehören dürfte, wurde an der nördlichen Außenmauer geborgen. Er ist bei der genannten Raubgrabung 1963 nach dort verlagert worden. Auch an der Ostseite der Kirche fand sich weiterer bei älteren »Grabungen« nach dort verlagerter bemalter und weißer Verputz.
Direkt hinter der Nordwestecke des Altars fand sich unter dem bemalten Wandverputz direkt auf dem Estrich ein einseitig geschliffenes Bruchstück einer grünen Porphyritplatte. Nach der sorgfältigen Bestimmung durch R. Huckriede ist es ein Stück von *Porfido verde antico,* das aus Lakonien stammt. Dieser grüne Marmor ist ein in der Antike, in der spätrömischen und frühchristlichen römischen Kunst besonders geschätzter Architektur-Schmuckstein. Er wird schon von Plinius genannt und gilt als der edelste unter den grünen Marmor-Schmucksteinen und ist in der karolingischen Renaissance besonders beliebt. Der gleiche Stein ist bei den Fußbodenplatten unter dem Königsthron in der Aachener Pfalzkapelle verlegt.
Der Typ dieser Rundkirche unterscheidet sich recht deutlich von den vermutlich gleichzeitigen älteren Pfarrkirchen Hessens (vgl. Kat. Nr. 205f.). Er kann nur einer kleinen privilegierten Menschengruppe als Gotteshaus gedient haben. Dieser repräsentative Charakter wird durch die Ausmalung und das Bruchstück der Porphyritplatte noch unterstrichen. Der Grundriß hat enge Beziehungen zu den ältesten Rundkirchen und Oktogonbauten, deren repräsentativstes und wohl von dort ausstrahlendes Beispiel in der Aachener Pfalzkapelle zu sehen ist.
Das in den Höfen gewonnene umfangreiche keramische Fundmaterial ist recht einheitlich und gehört in das 8. und 9. Jahrhundert, wobei einige Typen von Gefäßen einen Baubeginn schon in der 1. Hälfte des 8. Jahrhundertss vermuten lassen. Im übrigen ist das keramische Fundmaterial von besonders guter Qualität, und es treten einige Sondertypen auf, die von den Siedlungen der Umgebung nicht oder kaum bekannt sind. Dies mag die besondere Stellung der Höfe noch unterstreichen.
Angesichts der drei bekannten Königsaufenthalte aus dem Beginn der zweiten Hälfte des

11. Jahrhunderts im nur wenige Kilometer entfernten Ebsdorf muß die Frage gestellt werden, wie weit sich hierin noch alte königliche auf die Anlage der Höfe zurückgehende Machtbefugnisse in dieser Landschaft widerspiegeln.
Auf der Befestigung der Höfe ist es möglich, durch weitere sehr sorgfältig auszuführende Flächenabdeckungen einen großartigen Einblick in die innere Raum- und Wegegestaltung einer herrschaftlichen mittelgroßen Befestigung zu gewinnen, an der eine königliche Beteiligung wahrscheinlich zu machen ist.

Gensen (1975a) 157ff.; Gensen (1975b) 313ff.; Gensen (1979) 49ff.; Dahmlos (1979) 151 Nr. 13b.

R. Gensen

8. Jh.; (Kreis Marburg-Biedenkopf); Topographische Karte 1:25000; 5219:94600/29020

Östlich der den Lahngraben im Osten begleitenden Lahnberge dehnt sich eine weitläufige lößreiche, leicht wellige Beckenlandschaft aus, in deren Mitte nahe der Ohm sich der mächtige Basaltblock der Amöneburg (Ohmburg) um 150 m über die Talsohle erhebt.
Dieser Burgberg als natürlicher Mittelpunkt Oberhessens ist der erste in den Schriftquellen genannte Ort im althessischen Raum überhaupt.
Zu Beginn seiner Hessenmission gelangte Winfrid Bonifatius im Jahr 721 – zwanzig Jahre vor der Errichtung des Hessenbistums Büraburg (vgl. Kat. Nr. 166) – zur Amöneburg, wo er ein Brüderpaar – Dettic und Deorulf – in führender Position vorfand. Ob sie diese Führungsposition als fränkische Befehlshaber ausübten, bleibt zunächst offen und ihre Art, sich zum Christentum zu bekennen, entsprach nicht den strengen genormten Vorstellungen des Bonifatius.
Seinem Einfluß wird in Verbindung mit der Errichtung einer Michaelskirche die Gründung einer Klosterzelle zugeschrieben. Doch dieses Kloster gelangte auch in der Folgezeit nie zu größerer Bedeutung.

Eine mainzische Burg ist auf dem Berg seit der Mitte des 12. Jahrhunderts nachweisbar, an die sich die spätestens im 13. Jahrhundert gegründete Stadt anschloß.
Das Bergmassiv der Amöneburg besteht im Kern aus einer fast kreisrunden, sanft geneigten Fläche von 400 m Durchmesser und damit gut 12 ha Größe, die von der heutigen Stadt und der mainzischen Burg eingenommen wird. Ein Sattel trennt im Süden die höchste Erhebung – die mainzische Burg – von der kleinen Wenigenburg, die als Nebenburg auf einem weiteren sehr viel kleineren Besaltblock liegt.
Die Gestalt dieses Sattels ist durch die Anlage eines Sportplatzes stark verändert. Bei diesen Veränderungen war vor allem auf der Nordseite des Sattels ein erheblicher Fundanfall zu verzeichnen, der charakteristisches Fundmaterial der Spätlatènezeit erbrachte. Zusammen mit Funden vom oberen Plateau und aus dem östlichen Vorgelände ordnen diese Funde die Amöneburg in den Kreis der spätlatènezeitlichen Oppida ein. Spuren einer Felsrippe, die wohl künstlich versteilt, bzw. aufgehöht ist und eine Wallführung, die auf ein Tor mit einbiegenden Enden hindeutet, sind vielleicht die einzigen heute sichtbaren Reste der spätkeltischen Befestigung. Im übrigen zeigen ein Gefäß der Rössener Kultur und eine frühlatènezeitliche Fibel, daß der natürliche Burgberg schon in anderen vorangegangenen Zeitabschnitten besetzt war.
Zum frühmittelalterlichen archäologischen Befund ist zu bemerken, daß an den beobachteten Aufschlüssen eine Kulturschicht mit Scherben des 8. und 9. Jahrhunderts von innen her unter die jetzige Stadtmauer hinwegzieht. So ist bei weiteren Aufschlüssen eine anzunehmende ältere frühmittelalterliche Befestigung zu erwarten, die gegenüber der jüngeren Stadtmauer dann etwas weiter außerhalb gelegen haben muß.
Auf der Höhe des Bergplateaus unmittelbar neben der Stiftsschule wurden beim Setzen eines Sendemastes 1957 drei Körpergräber ausgegraben, wobei ein Grab ein anderes mit Beigaben versehenes Grab überschnitt.
Zu den Beigaben des einen Grabes (Grab 1) gehören ein Langsax, eine eiserne Gürtelschnalle und ein ursprünglich mit Henkeln versehenes Bronzebecken. Grab 3 enthielt neben anderen kleinen Eisengegenständen einen Sporn am linken Fuß.
Die Schädel beider Gräber besaßen neben vernarbten jeweils tödliche Verletzungen, woraus der Ausgräber auf gleichzeitigen Tod und gleichzeitige Bestattung geschlossen hat, was nicht unbedingt schlüssig ist (vgl. Kat. Nr. 111f.). Die Zeitstellung dürfte spätes 7. Jahrhundert oder schon frühes 8. Jahrhundert sein. Damit sind die Gräber vermutlich kurz vor dem ersten Besuch des Bonifatius in die Erde gelangt. Sie zeigen auf ihre archäologische Weise, in welch unruhiges Gebiet Bonifatius 721 mit seinem ersten Besuch seine Hessenmission vorantrieb.

Gensen (1969) 20ff.; Uenze/Mildenberger (1971) 80ff.; Schneider (1971); Dahmlos (1979) 146 Nr. 4a.

R. Gensen

166 Büraburg auf dem Büraberg

8. Jh.; (Ungedanken, Fritzlar, Schwalm-Eder-Kreis); Topographische Karte 1:25000; 4821:16650/65120

Etwa 3 km südwestlich von Fritzlar beherrscht ein mächtiger, nach Osten vorspringender Bergklotz den Austritt der Eder in die fruchtbare Fritzlar-Wabener Beckenlandschaft. Auf dem Gipfel steht mit St. Brigida die Mutterkirche des Raumes, heute umgeben von Ackerland, Wiesen und Wald. Die sich vom Gipfelplateau leicht nach Osten abdachende Berghöhe bot bei einer Gesamtfläche von etwa 15 ha Raum für eine große Siedlung, die auch durch drei natürliche Steilhänge ausreichend Schutz besaß. Lediglich nach Westen erforderte ein Sattel zum Nachbarberg besondere Sicherungsmaßnahmen.

Hier lag die bereits im frühen 8. Jahrhundert genannte Büraburg, eine der größten fränkischen Burganlagen, die über 100 Jahre der Mittelpunkt der königlichen Herrschaft im hessischen Kernland gewesen ist. Die hervorragende Bedeutung der Büraburg für die Frühgeschichte Hessens haben die Historiker vielfach gewürdigt. Auch die archäologische Forschung hat auf dem Büraberg, nicht zuletzt wegen der günstigen Untersuchungsbedingungen, bereits zweimal größere Ausgrabungen durchgeführt (J. Vonderau 1926–1931, N. Wand 1967–1973). Die Ergebnisse ermöglichten weit überregionale Aussagen zur Frage der Frankisierung der Gebiete östlich des Rheins.

Nach den jüngsten Ausgrabungen und der Neubewertung des Fundmaterials folgt auf mehrere vorgeschichtliche Siedlungsperioden eine vermutlich kontinuierlich bewohnte Höhensiedlung von der frühen Römischen Kaiserzeit bis in die späte Völkerwanderungszeit. Allerdings konnten bisher, vermutlich wegen der späteren intensiven frühmittelalterlichen Bebauung, der wohl die ältere weitgehend zum Opfer fiel, weder eine Befestigung noch Hausbauten dieser Zeit ausgemacht werden. Jedoch lassen sowohl die Häufung sehr qualitätvoller Kleinfunde des 4. und 5. Jahrhunderts aus der Innenfläche als auch die beherrschende Randlage des Büraberges über der zu dieser Zeit dicht besiedelten Siedlungskammer um Fritzlar hier den Mittelpunkt des chattisch-hessischen Stammes erwarten. Entsprechend den zeitgleichen alemannischen Anlagen in Südhessen (vgl. Kat. Nr. 168) dürfte auf dem Büraberg die chattische »Gauburg« der Völkerwanderungszeit gelegen haben.

Nach dem gegenwärtigen Forschungsstand erfolgte nach einer Siedlungsunterbrechung am Ende des 7. Jahrhunderts die Besitznahme der Berghöhe durch die fränkische Reichsgewalt. Über die Zweckbestimmung liegen auch zeitgenössische Schriftzeugnisse vor. Diese betreffen im wesentlichen die Rolle der Burg in der Auseinandersetzung mit den von Norden vordringenden Sachsen (Bericht über die erfolglose Belagerung der Büraburg von 774 in den Reichsannalen) sowie die Missionierung Althessens (Stiftung des »Hessenbistums« Büraburg durch Bonifatius 741 oder 742, die Brigidenkirche als Kathedrale des Bischofs Witta, die Aufhebung des Bistums 746/747 und der Sitz eines Chorbischofs in der Burg bis 787).

In den karolingischen Quellen wird die Büraburg (*Buraburg, Buriburg* oder *Buriaburg*) als *castrum* bzw. *castellum* und *oppidum* bezeichnet. Daran haben sich zahlreiche Hypothesen der

Historiker (das Vorhandensein einer »hessischen Volksburg«, »frühstädtischer Züge« usw.) geknüpft, die durch die Archäologie teilweise widerlegt, teilweise konkretisiert werden konnten.
Die Burganlage wurde weitgehend der Topographie des Berges angepaßt und erhielt einen birnenförmigen Grundriß mit 8 ha Innenfläche. Als Befestigung stellte die Büraburg ein für ihre Zeit gewaltiges Bollwerk dar, das durch wiederholte Verbesserungen auf dem jeweiligen Stand der Militärtechnik gehalten wurde (fast 1200 m langer, grundsätzlich zweiperiodiger Mauerring mit bis zu 2,70 m Stärke, mit drei Toren, mehreren Türmen und dreifach gestaffelten, bis 7 m breiten und 4 m tiefen Spitzgräben). Unmittelbar hinter der Befestigungsmauer beginnt bereits die Innenbebauung. Bemerkenswerterweise handelt es sich um nebeneinandergereihte Pfostenhäuser, die sowohl durch ihre kasemattenartige Plazierung als auch wegen ihrer zweiteiligen Bauweise mit Feuerstelle die Fortführung römisch-spätantiker Befestigungstechnik durch die Franken beweisen.
Die weitere Innenbebauung konnte bisher erst zu etwa 8% untersucht werden. In der einzigen größeren Flächengrabung (2600 m^2) hinter der Südostecke wurden 21 ebenerdige Häuser festgestellt, deren Plazierung einen planmäßigen Eindruck macht. Sondierungen an mehreren anderen Stellen des Innenberings haben zwar fast überall Holzbauten, häufig mit Herdstellen, nachgewiesen, jedoch können die bisherigen 61 Gebäude noch keine näheren Aufschlüsse über den möglichen *oppidum*-Charakter der Büraburg geben. Die inmitten der Burg errichtete, der hl. Brigida geweihte Kirche, ist hinsichtlich ihrer Größe (24 m lang und 9 m breit) und ihres Grundrisses (Saalkirche mit Rechteckchor und Westturm im Verband) für die Entstehungszeit zu Beginn des 8. Jahrhunderts ein durchaus repräsentativer Kirchenbau. Anschließende Gebäude auf Steinfundamenten dürften ebenso wie eine sekundär genutzte Zisterne mit der Funktion als Bischofskirche, vielleicht auch mit einer frühen Missionszelle auf dem Berg, zusammenhängen. Auf dem Gipfelplateau liegt auch einer der karolingischen Friedhöfe, ein anderer unterhalb des Berges am östlichen Zufahrtsweg. Die Bestattungen weisen nur noch wenige Beigaben auf.
Außerhalb der östlichen Ringmauer erstreckte sich eine ebenfalls karolingische Vorburg, die nach Suchschnitten bis 4 ha umfaßt haben kann. Sie ist zum mindesten vor dem Südosttor äußerst dicht bebaut. Unter den Hausformen überwiegen deutlich Grubenhäuser mit Hinweisen auf gewerbliche Nutzung. Daher dürfte die Büraburg eine zweiteilige Anlage mit räumlich getrenntem Wohnbereich (Innenbering) und Wirtschaftsbereich *(suburbium)* darstellen und mit dieser Funktionstrennung bereits ein Charakteristikum spätkarolingisch-ottonischer Pfalzen vorwegnehmen. Die eigentliche agrarische Versorgung der Burgbewohner wird die 2 km südöstlich gelegene Siedlung Holzheim übernommen haben (vgl. Kat. Nr. 159).
Nach Aussage der Bodenfunde bestand die Büraburg vom späten 7. Jahrhundert (vielleicht seit dem letzten Viertel) durchgehend bis in die Zeit um 850. Danach wurde die Befestigung nicht mehr unterhalten. Der größte Teil der vermutlich für ihre Zeit recht zahlreichen Bevölkerung dürfte damals über die Eder in das mit der Anlage der Pfalz (um 775) aufblühende Fritzlar abgewandert sein.

Vonderau (1934) 1ff.; N. Wand (1974a); Böhme (1974a) 165ff.; N. Wand (1975) 173ff.; Dahmlos (1979) 84 Nr. 26c.

N. Wand

167 Kesterburg auf dem Christenberg

Ende 7. – Anfang 8. Jh.; (Münchhausen, Kreis Marburg-Biedenkopf); Topographische Karte 1:25000; 5018:82400/46650

Für das große Waldgebiet zwischen Marburg und Frankenberg, den Burgwald, ist der Christenberg mit dem zweiten Teil seiner alten Bezeichnung, die 1225 erstmals als Kesterburg auftritt, namengebend geworden. Während der Burg-Bestandteil der Landschaft den Namen gab, wird der erste Teil *Kester* von *castrum* abzuleiten sein.

Der Christenberg liegt 20 km nördlich von Marburg und 2,5 km östlich von Münchhausen. Der Berg ist als breiter nach Westen vorspringender Sporn aus Buntsandstein ausgebildet. Sein Plateau fällt nach Norden, Westen und Süden steil ab, nur von Osten her ist es über zwei durch das hier beginnende Hungertal getrennte Erdbrücken fast ebenerdig zu erreichen.

Auf dieser gefährdeten Ostseite ist das 4 ha große noch heute waldfreie Plateau zunächst durch einen Steinwall abgesichert, dem außen zwei nicht überall erhaltene tiefe Gräben vorgelagert sind. Davor folgt im Osten ein 80–120 m breiter Streifen eines Vorburggeländes. Dieses wird im Osten durch einen im Norden am Steilhang beginnenden, nach Süden über das Hungertal hinwegführenden und am Steilhang im Süden einbiegenden Wall abgeriegelt. Vorgelagert sind diesem sieben Wälle und Gräben. Mit diesem Vorwallsystem, dem Vorburggelände und dem inneren Plateau ist die Gesamtanlage annähernd 8 ha groß.

Auf einem kleineren Plateau 500 m nordwestlich des Christenberges liegt die kleinere Lützelburg.

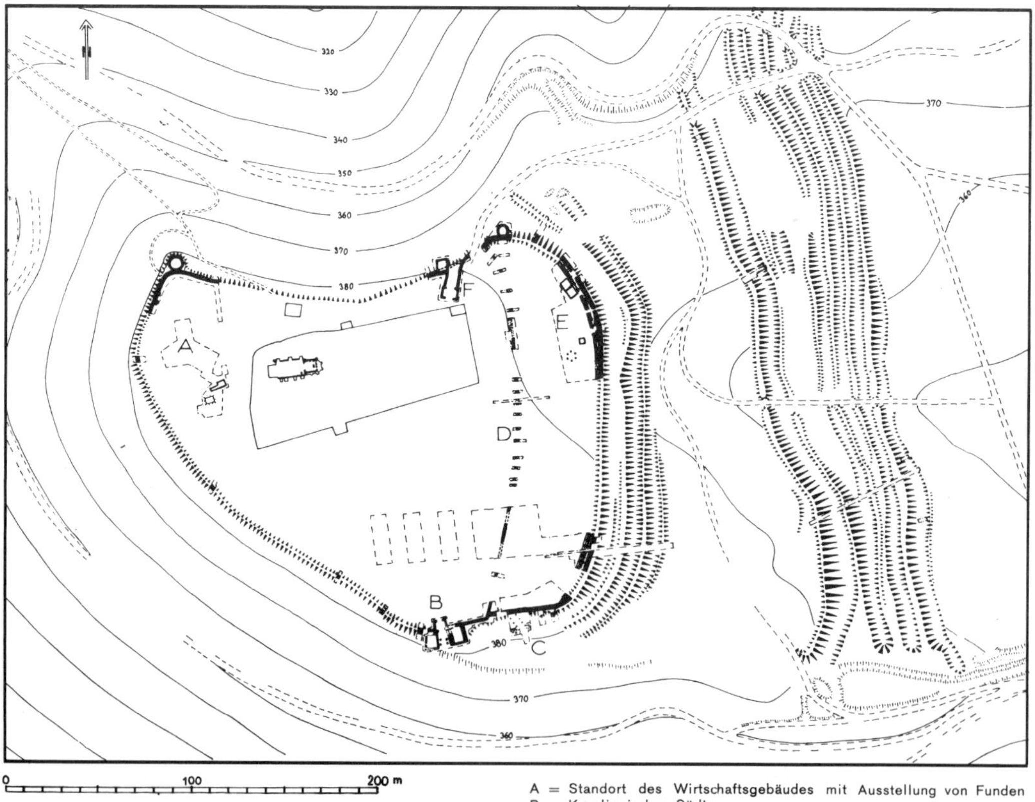

= Karolingerzeitliche Mauern
= Ausgrabungsgrenze
= Frühkeltenzeitlicher Holz-Erde-Steinwall
= Pfosten von vollständig ausgegrabenen Gebäuden

A = Standort des Wirtschaftsgebäudes mit Ausstellung von Funden
B = Karolingisches Südtor
C = Frühkeltenzeitliche Toranlage
D = Mauer der frühkarolingischen Periode 1
E = Karolingische Gebäude und Brunnen
F = Karolingisches Nordtor

Nach dem Fundmaterial lag hier eine latènezeitliche Befestigung. Südlich des Christenberges liegt im Langen Grund auf einem kleinen Plateau die ovale, hochmittelalterliche Befestigungsanlage der Lüneburg. Die latènezeitliche Befestigung des inneren Plateaus des Christenberges besteht aus einem umlaufenden Holz-Stein-Erde-Wall mit einer im verkohlten Zustand ungewöhnlich gut erhaltenen Holzkonstruktion aus Eichenstämmen. Von den bis zur Waldkante erhaltenen Eichenstämmen konnten zehn Proben dendrochronologisch untersucht werden, wobei als Fälldatum der Stämme und damit als Bauzeit des Walles das Jahr 420 vor Chr. ermittelt wurde.

Nach der Aufgabe der latènezeitlichen Befestigung blieb der Platz fast ein Jahrtausend wüst. Am Ende des 7. Jahrhunderts entstand über der Wehranlage der Frühlatènezeit eine vielgestaltige frühmittelalterliche Befestigung mit gemörtelten Mauern.

In der Bauphase 1 ist ein etwa 3 ha großer Bezirk von einem Mauerring umschlossen, der im Norden, Westen und Süden der natürlichen Steilhangkante folgt und dann im Norden, an der heutigen Einfahrt beginnend, quer über die Freifläche nach Süden verläuft. Sie stößt östlich des karolingischen Südtores an den Steilhang, wo sie zum Südtor hin umknickt. Diese Mauer hatte auch auf der gefährdeten Ostseite keinen vorgelagerten Graben, so daß die Frage offen bleibt, ob sie jemals als funktionsfähige Befestigung fertiggestellt worden ist.

In der Periode 2 wird dann das heute waldfreie 4 ha große innere Plateau von einer 1,80 bis 2,20 m starken Mauer umschlossen, wobei die Mauer auf weiten Strecken unmittelbar vor den verfallenen und verkohlten frühlatènezeitlichen Wallkörper gesetzt ist und diesen Wall gewissermaßen als Rampe benutzt. Im Süden ist die Anschlußstelle der Mauern der Perioden 1 und 2 ausgegraben, im Norden ist im untersuchten Teil die Mauer der 2. Bauperiode gegenüber der älteren leicht nach innen versetzt. Im Osten gehören zu dieser Befestigung die ersten vorgelagerten Gräben. Zweimal wird der Ostteil dieser Ringmauer dann noch umgebaut, bzw. nach einer Zerstörung wieder in Stand gesetzt (Periode 3 und 4).

Auch der Hauptvorwall, der schon in einer Frühlatènephase begonnen wurde, tritt wieder in Funktion und dazu gehören dann die schon genannten vielen Gräben und Wälle östlich des Vorburggeländes.

In allen karolingischen Perioden ist das Südtor mit seinem ausgeprägten Torhaus in Funktion. Leider bleibt es offen, wie weit die Ausbauphasen dieses Tores durch zwei mächtige, die Einfahrt flankierende Bastionen mit nachträglicher Verstärkung mit den Ausbauperioden der östlichen Befestigungsmauer zu parallelisieren sind.

Neben einem nur kurzfristig benutzten Tordurchlaß auf der Ostseite ist in der zweiten Befestigungsphase auf der Nordseite ein zweites Tor angelegt worden. Das kammerartige Torhaus ist hier weit zurückgezogen und ist durch lange einbiegende Mauern mit der Außenbefestigung verbunden. Der von Osten kommenden Zufahrt gegenüber liegt eine rechteckige Außenbastion. Zusätzlichen Schutz erhält die Zufahrt durch einen hufeisenförmigen Turm ganz im Nordosten, der heute im restaurierten Zustand südlich der jetzigen Zufahrt liegt.

Im Nordwesten ist der Aufstieg zum Burggelände nicht ganz so steil. Hier schützt ein außen angesetzter Rundturm von 8,50 m Durchmesser die Anlage und gleichzeitig eine wenige Meter weiter östlich austretende Quelle.

Etwa auf der 387,4 NN höchsten Stelle erhebt sich die Martinskirche. Der Westturm und der Kirchensaal der jetzigen Kirche gehören ins 11. Jahrhundert, angesetzt ist der 1520 entstandene spätgotische Chorteil, der anzeigen mag, daß man im 16. Jahrhundert einen größeren Kirchenbau plante, der durch die Umorganisation infolge der Reformation nie fertig wurde. Die Außenkanzel zeigt, daß die jetzige Kirche bei besonderen Anlässen zu klein war.

Die Kirche hatte einen Vorgängerbau mit einem Kirchensaal von mindestens 16,50 m Länge und 9,70 m Breite, an den sich im Osten ein quadratischer Chorabschluß von 7 mal 7 m Größe anschloß.

Sicher war die Innenfläche der Anlage recht dicht bebaut, doch haben die landwirtschaftliche Nutzung und eine dadurch bedingte nach Osten weisende Bodenerosion die Bebauungsspuren stark gestört. Wo die Erhaltungsbedingungen besser sind, wurden Bauten angetroffen. So liegt im Nordosten ein unterteiltes eingetieftes Gebäude von 11 mal 5,50 m Größe unmittelbar hinter der Befestigungsmauer. Es folgen weitere nur in Bruchstücken erhaltene Holzbauten und schließlich befinden sich an der tiefsten Stelle des Plateaus im Osten ein quadratischer, auf einem Holzrahmen ruhender, trocken gemauerter Brunnen. Westlich der Kirche sind ein 4 mal 3 m großer eingetiefter Steinbau mit einem langen schmalen Anbau und ein Holzhaus von 5 mal 3 m Größe nachgewiesen, wobei die Holzbauwände wohl in Stabbauweise mit stützenden Außenpfosten aufgeführt waren, während die Webgewichte im vorderen Teil des Anbaus des Steinhauses für einen Webstuhl mit horizontalen Kettfäden sprechen.

Neben Kleinfunden von Trachtbestandteilen, Reitzubehör und Geräten (Kat. Nr. 143) ist die Menge der Keramikfunde beträchtlich, wobei ein relativ großer Teil in stratigraphisch gesichertem Zusammenhang geborgen wurde. Aus diesem Material wurde ein Chronologieschema gewonnen, das dann auch für die Zeitbestimmung der vielen frühmittelalterlichen Siedlungen Gültigkeit besaß.

Zwei Grabhügelfelder – ein größeres auf dem dem Christenberg westlich vorgelagertem Bergrücken des Klutzkopfes und ein kleineres östlich auf der Lichten Heide (vgl. Kat. Nr. 129) – stehen im Zusammenhang mit der Anlage. Soweit sie untersucht worden sind, enthalten sie einzelne oder auch durch Nachbestattungen mehrere ost-west-gerichtete Grablegen, von denen die älteren noch Beigaben enthalten, während jüngere allenfalls mit einer Gürtelschnalle ausgestattet sind.

Das Fundgut des Christenberges weist in den fränkischen Kulturbereich. Die Menge dieses Fundmaterials und die aufwendige Großartigkeit der Anlage weisen diese Kesterburg auf dem Christenberg als Festung der fränkischen Reichsgewalt aus, die die vorbeiführende alte Nord-Süd-Verbindung der Weinstraße sperrte. So mag es kein Zufall sein, daß eine der großen Schlachten der Sachsenkriege, die Schlacht von Laisa im Jahre 778 nur wenige Kilometer westlich im Angesicht des Christenberges stattfand.

Gensen (1975 a) 126ff.; Gensen (1975 b) 313ff.; Gensen (1979) 39ff.; Dahmlos (1979) 158 Nr. 34 a.

R. Gensen

168 Glauburg

2000 v. Chr. – 2. Hälfte 13. Jh. n. Chr. hier: 5.–8. Jh.; (Glauberg, Wetteraukreis); Topographische Karte 1 : 25 000; 5620 : 01 000/75 000

In der uns interessierenden Zeit der Besiedlung des Glauberges während des 5.–8. Jahrhunderts war nach in Marburg befindlichen Aufzeichnungen und Angaben H. Richters wohl lediglich der südwestliche Teil der langgestreckten Anlage (ca. 600 m) genutzt worden.

Der Glauberg, südwestlicher Ausläufer des vulkanischen Massives des Vogelsberges, fällt durch seine langgestreckte Form aus dem Rahmen der dort sonst üblichen Geländeformationen. Das fast ebene Plateau liegt etwa bei 260 m über NN über dem Tal der Nidder auf fortifikatorisch ausgesuchtem Gebiet mit an drei Seiten steilen Geländekanten, die durch Wälle befestigt sind. Der Nordostteil, der die im 13. Jahrhundert erbaute Glauburg trug, ist wegen seiner natürlich offenen Lage mit besonders mächtigen dreifachen Wällen gesichert. Annexwälle unbestimmter Zeitstellung schließen sich ca. 30 m unterhalb des Plateaus im Norden an. Die für die Burgen

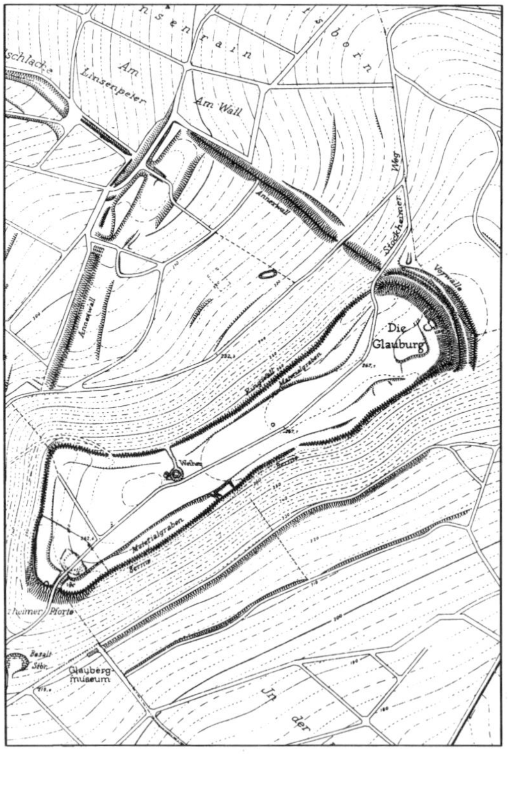

aller Zeiten wichtige Wasserfrage wird durch eine Quelle mit Weiher auf dem Plateau beantwortet. Der Glauberg ist nicht nur wegen seiner Größe, seiner beeindruckenden Wälle, seiner Lage und seiner seit der Jungsteinzeit kontinuierlich erfolgten Besiedlung und Nutzung bedeutsam, sondern auch wegen seiner in frühgeschichtlicher Zeit wichtigen Funktion als alamannisch-fränkischer Zentralort. Bei der unmittelbar noch in spätrömischer Zeit einsetzenden germanischen Herrschaftsbildung auf festen Plätzen steht der Glauberg neben Anlagen wie dem Dünsberg (vgl. S. 64; Schoppa 1965), dem Staffelberg am Obermain (Abels 1983/84), der Gelben Bürg, Kreis Gunzenhausen (Dannheimer 1962, 170ff.), dem Reißberg bei Schlappenreuth in Oberfranken (Abels, in Vorbereitung) oder dem Runden Berg bei Urach (Christlein 1974) um nur einige der bedeutendsten Orte zu nennen.
All diese Anlagen sind durch umfangreichen spätrömisch-frühmittelalterlichen Fundstoff, zum Teil mit Werkstattcharakter sowie starke Befestigungen gekennzeichnet.
Man kann diese Plätze zentralörtlicher Bedeutung wohl mit den von Ammianus Marcellinus (Buch XVII, 2, 8) genannten alamannischen *reguli* (»Kleinkönige«?) in Verbindung bringen.

Welcker (1928) 2ff.; Richter (1934) 289ff.; J. Werner (1965) 439ff.; Dahmlos (1979) 27 Nr. 5.

H. Roth

169 Johannisberg bei Bad Nauheim

7.–8. Jh.; (Wetteraukreis); Topographische Karte 1:25000; 5618:80700/81100

Der Bergsporn des Johannisberges über Bad Nauheim ragt als östlichster Ausläufer des Taunus weit in die Wetterau hinein und bildet den beherrschenden Punkt des Umlandes. Seine Höhe, an deren Fuß die in keltischer und karolingischer Zeit genutzten Salzquellen im Usatal liegen, war seit der Jungsteinzeit immer wieder aufgesucht und besiedelt. Auf seiner Kuppe stand ein römischer Signalturm.
Im Westen riegelt ein mächtiger Abschnittswall mit Graben, der sogenannte Wolfsgraben, den Sporn gegen das flache, zu den Taunushöhen ansteigende Hinterland ab. Der Wall zieht in leicht gekrümmtem Zug mit 180 m Länge quer über den Bergrücken und bildet die einzige sichtbare und bekannte Befestigung des Berges, durch die eine Fläche von gut 300 m Länge und bis zu 200 m Breite geschützt wird. Bei rund 14 m Basisbreite ist der Wall noch 2 m, über der Sohle des vorliegenden Grabens 5 m hoch. Kleinere Grabungen konnten seine Bauart noch nicht genügend klären; in ihm steckt eine Trockenmauer aus dem anstehenden Taunusquarzit, die durch Holzbalken gefestigt war. Zur Zeitstellung läßt sich nach der heutigen Erscheinungsform nur sagen, daß er nicht vorgeschichtlich ist, sondern in das Frühmittelalter gehört. Entsprechendes Fundmaterial, Keramik der Zeit von 680–730, wurde auf der Bergkuppe bei der Ausgrabung des römischen Wachtturms geborgen. Danach ist die Anlage zu den frühen fränkischen »Großburgen« zu zählen, von der weitere Befunde noch ausstehen.

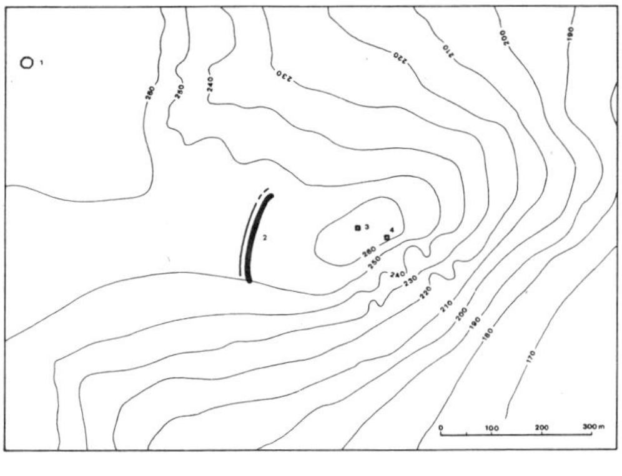

Innerhalb der Befestigung stand nahe der Spitze des Berges die Johanneskirche, deren Gründung ebenfalls in die Zeit der frühen fränkischen Mission zurückgeführt werden kann (Schutzheiliger Johannes der Täufer) und die »sicher die Tauf- und Mutterkirche zunächst der ganzen nördlichen Wetterau war« (W. Küther). Vor 779 gelangte sie durch Schenkung an das Kloster Fulda. Vom Aussehen der ersten Kirche haben wir keine Vorstellung, erhalten ist nur der Stumpf des Kirchturms aus gotischer Zeit, heute Sternwarte.

Herrmann (1977) 1ff. mit älterer Literatur; Dahmlos (1979) 63 Nr. 2f.

F.-R. Herrmann

170 Schiffenberg bei Gießen

7.–8. Jh.; (Kreis Gießen); Topographische Karte 1:25000; 5418:80450/02250

Der Schiffenberg, ein letzter Ausläufer des Vogelsberges, erhebt sich am Ostrand des Siedlungsgebietes der Gießener Lahntalweitung. Auf der Spitze des nach Westen gerichteten Bergsporns, der über einen breiten Sattel im Osten mit dem Hinterland verbunden ist, lag im Mittelalter ein Augustinerchorherrenstift (Kirchenruine), das 1323 in eine Deutschordenskommende umgewandelt wurde. Durch deren Bauten und Anlagen ist das Gelände hier stark verändert, planiert und terrassiert.

Die schon in vorgeschichtlichen Zeiten besetzte Höhe – eine Umwehrung ist nicht nachgewiesen – wurde in frühfränkischer Zeit befestigt. Sämtliche Spuren dieser Befestigung sind vollständig eingeebnet, wurden erst durch Grabungen in den Jahren nach 1973 wieder entdeckt und am Nordrand in Teilen sichtbar gemacht. Danach war der Sporn durch eine auf die Steilkanten gesetzte gemörtelte Mauer von etwa 1,30 m Stärke geschützt. Sie umschloß ein Gebiet von maximal 175 m Länge und bis zu 125 m Breite. Auf der flachen Ostseite konnte die Mauer selbst, die augenscheinlich auf dem direkt unter der Grasnarbe anstehenden felsigen Untergrund aufgeführt war, nicht mehr festgestellt werden. Hier waren der Befestigung auf dem zum Geländesattel hin abfallenden Hang drei Gräben vorgelegt, gestaffelt über eine Strecke von gut 30 m. Ein Tor

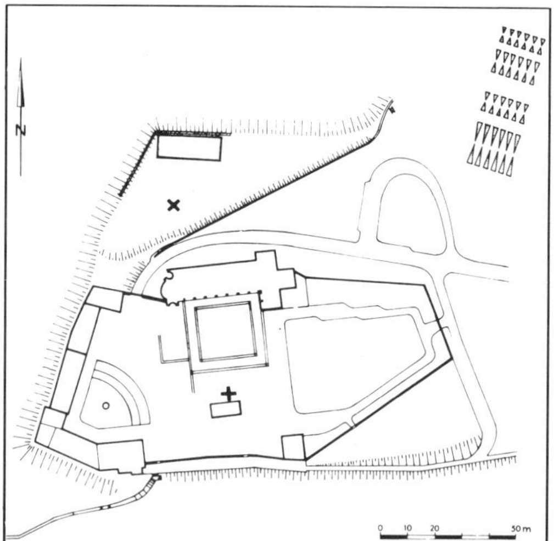

befand sich in der Nordostecke. Es war ein einfaches Kammertor von 7,50 × 6,50 m Größe mit 2,50 m breiter Durchfahrt.
Nach dem Fundmaterial entstand diese fränkische Burg im späten 7. Jahrhundert (Keramik der Zeit von 680–730) und bestand bis in die Zeit um 800. In ihrer Bedeutung als Verwaltungsmittelpunkt ist sie anderen fränkischen »Landesburgen« an die Seite zu stellen. Sie verlor im frühen 9. Jahrhundert offenbar ihre Bedeutung und die Festungsanlagen wurden aufgegeben, wenn auch der Berg bis zur Klostergründung am Beginn des 12. Jahrhunderts nicht unbesiedelt blieb. Die Art der Nutzung in vorklösterlicher Zeit mit verschiedenen Bauwerken, von denen eines in der Nordwestecke über der abgebauten Wehrmauer, ein anderes im Osten über einem der zugefüllten Gräben errichtet wurde, ist allerdings noch unbekannt.

Blechschmidt/Herrmann (1975) 79ff. mit älterer Literatur; Dahmlos (1979) 95 Nr. 6g.

F.-R. Herrmann

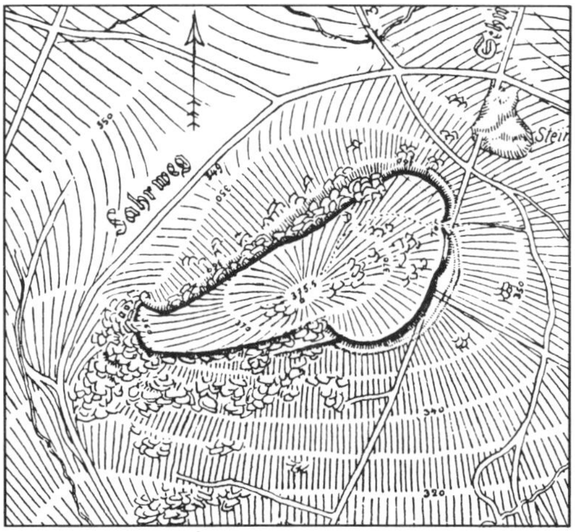

171 Hünerberg bei Oberhöchstadt

8.–9. Jh.; (Kronberg, Hochtaunuskreis); Topographische Karte 1:25000; 5817:65700/62850

Der Hünerberg, etwa zweieinhalb Kilometer nördlich von Kronberg, ist eine der aus dem Südosthang des Taunus vorspringenden Bergkuppen. Seine felsige, gestaffelte Höhe ist von einer Befestigung umgeben, in die Felsgruppen mit einbezogen sind, wie wir es auch von anderen vor- und frühgeschichtlichen Taunusringwällen kennen. Die Umwehrung umschließt ein unregelmäßiges Gebiet von 280 m Länge und 35–110 m Breite. Im schmaleren Westteil ist nach den Grabungen von Ch. L. Thomas 1909 eine etwa 1,80 m breite Trockenmauer auf die Steilkante gesetzt, im Osten umschließt ein den Höhenlinien folgender Wall im Bogen das Gelände. Ihm ist ein Graben mit kleinem Außenwall vorgelagert. Zur Bauart des Walles glaubte Thomas feststellen zu können, daß er der Versturz einer 6,40 m breiten Mauer mit je 1 m breiten, als Trockenmauern aufgesetzten Vorder- und Rückfronten sei, mit horizontalen Querbalken zumindest in der Vorderfront; dieses Ergebnis bedarf der Überprüfung. Das Tor, zu dem die Wallenden leicht einbogen, lag im Osten und führte in die »Unterburg«. Wegen starker Zerstörungen konnten Einzelheiten der Gestaltung nicht mehr erkannt werden.
Nach der ganzen Art der Anlage und wenigen geborgenen Funden hatte schon A. v. Cohausen (vgl. Kat. Nr. 4) den Ringwall nicht für vorgeschichtlich gehalten; Ch. L. Thomas datierte ihn als starken Stützpunkt in die »Zeit der fränkischen Okkupation unserer Gegend«. Nachdem eine ganze Anzahl neuer Funde vorliegen, darunter eine Bronzefibel, Bronzeschlüssel, ein Steigbügel und ein Sporn, läßt sich sagen, daß die Befestigung im 8. und 9. Jahrhundert bestand. Sie war sicher keine Fluchtburg, sondern ein ständig besiedelter Platz, worauf auch zahlreiche Eisenschlacken hindeuten, die für Metallverarbeitung sprechen. Die Funktion der Burg dürfte in Verbindung stehen mit der von W. Görich für das 8. Jahrhundert erschlossenen Straßenverbindung von Frankfurt quer durch den Taunus nach Esch.

Thomas (1910/11) 1ff.; Görich (1954) 8f. m. Anm. 28; 16 m. Anm. 62; K. Weidemann (1972b) 74ff.; 217f.; Schummer (1976) 27ff.; Schlott (1982) 122; 137, Dahmlos (1979) 178 Nr. 6b.

F.-R. Herrmann

172 Gronauer Altes Schloß

2. Hälfte 8. Jh. – Anfang 9. Jh.; (Wettenberg, Krofdorf-Gleiberg, Kreis Gießen); Topographische Karte 1:25000; 5317: um 75980/17420

Das Alte Schloß liegt auf dem steilen, nach Norden gerichteten Bergsporn des Schloßberges im Staatsforst Krofdorf, südlich oberhalb der Schmelzmühle im Salzbödetal etwa 20 m über dem Talgrund, knapp 2 km westnordwestlich des Ortes Salzböden. Es ist eine gestreckte, »schildförmige« Anlage von rund 200 m Länge und 75–90 m Breite, die in der Führung ihrer Wehrlinien nur teilweise dem Gelände folgt. Dem von einer 1,60 m starken Mörtelmauer umgebenen Burginnern ist im Süden eine kleine, zwingerartige Vorburg mit 1,30 m starker Mauer vorgelagert, in die das Tor mit weit zurückspringenden Mauerenden führt. Ein Graben von 6,40 m Breite und ursprünglich 2,50 m Tiefe zieht im flachen Gelände vor der Mauer entlang und läuft beidseits im Hang aus. Im Innern nahe der Nordspitze der Burg fand sich ein als »Königshaus« bezeichnetes Gebäude, bestehend aus einem großen Rechtecksaal von 10,70 × 6,30 m, an den im Süden ein fast quadratischer Turm von 4,70 × 5,40 m und im Osten eine halbrunde Apsis mit 4,40 m Tiefe angebaut war; in dieser Verbindung von Saal, Turm und etwaiger Kapelle sieht der Ausgräber eine Parallele zu späteren Pfalzen (vgl. Kat. Nr. 175).
Dieser Burg ging eine ältere Anlage voraus. Sie folgte dem gleichen Grundriß, war nicht unterteilt, und wurde bei deren Errichtung verschleift und überbaut.
Wegen seiner Lage nahe dem Schnittpunkt wichtiger Fernstraßen deutete W. Görich, der in den Jahren 1936, 1939 und 1949 Grabungen durchführte, das Alte Schloß als Straßenfeste, als Stützpunkt im frühkarolingischen Straßensystem. Im Rahmen der Erforschung der karolingischen Befestigungen nimmt es eine Schlüsselstellung ein. Die Bearbeitung des Fundmaterials durch W. Bauer ergab wenige Stücke der ersten Hälfte des 8. Jahrhunderts, die mit der älteren Anlage in Beziehung zu setzen sein dürften. Die Masse der Keramik gehört in die zweite Hälfte des 8. bis zum frühen 9. Jahrhundert. Damals verlor die Burg, ohne daß eine Zerstörung festzustellen gewesen wäre, wie andere Anlagen auch offenbar ihre Bedeutung.

Görich (1951) 25ff.; Bauer (1972) 1ff.; Dahmlos (1979) 209f. Nr. 8)

F.-R. Herrmann

173 Heuneburg bei Lichtenberg

4.–8. Jh.; (Fischbachtal, Kreis Darmstadt-Dieburg); Topographische Karte 1:25000; 6218: 85100/14160

Die steile felsige Bergkuppe der Altscheuer mit der Wallanlage Heuneburg erhebt sich im nördlichen Odenwald am Südrand der Reinheimer Bucht, die sich von der Siedlungslandschaft der Untermainebene her in das Gebirge vorschiebt. Die Kuppe ist von einem etwa ovalen Ringwall von 110 × 170 m Durchmesser umzogen, der nur teilweise dem Gelände angepaßt ist und mehrfach Felsgruppen mit einschließt. Das Tor mit eingezogenen Mauerenden liegt in der Mitte der Ostseite. Außer am steilen Westhang läuft im geringen Abstand von 10–20 m ein äußerer Wall mit Graben um den Berg, offenbar mit einem einfachen Tordurchlaß im Osten. Er endet im Norden recht unvermittelt und zieht im Südwesten weit den Berghang hinunter. Hier im Süden, wo hinter einem schmalen Sattel das Gelände nochmals ansteigt und der leichteste Zugang möglich war, ist – erkenntlich in einer späteren Bauphase – durch gerade geführte, stumpfwinklig aneinanderstoßende Wallschenkel mit vorliegenden Gräben eine kleine Vorburg gebildet. Die Gesamtausdehnung der Burg beträgt somit etwa 150 × 250 m.
Mehrere Grabungen zu Beginn des Jahrhunderts konnten zur Zeitstellung und Konstruktion der Anlage wenig beitragen (die veröffentlichten Pläne sind Rekonstruktionen und geben keinen Grabungsbefund wieder!). Die Wälle sollen teils Steinmauern, teils Erdwälle gewesen sein, was ganz unwahrscheinlich ist, da wir durchgehend eine wie immer geartete Mauerkonstruktion voraussetzen dürfen. Keramikfunde beweisen die Besetzung der Höhe in alamannischer Zeit im 4. Jahrhundert, wobei offen bleibt, ob dieser Zeit schon Teile der Befestigung zuzuweisen sind. Nach dem Geländebefund ist die Heuneburg eine frühmittelalterliche Burg, die wenigstens in das 8. Jahrhundert zu setzen ist.

Anthes (1917) 151; Behn (1925) 49f. Taf. 28; Behn (1936) 31 Taf. 54–55; Mildenberger (1978) 100f.

F.-R. Herrmann

174 Holdersberg bei Niederauroff

9. Jh.; (Idstein, Rheingau-Taunus-Kreis); Topographische Karte 1:25000; 5715:45550/65350

Nordwestlich von Idstein im Hintertaunus liegt am Rand der Idsteiner Senke über dem Ort Niederauroff der Holdersberg. Sein westlicher Ausläufer erstreckt sich als kräftiger Bergsporn nach Westen, von der Höhe her mäßig abfallend, mit recht steilen Hängen nach Norden und Westen und teils durch Felsen gebildetem Steilabfall nach Süden zum Ort hin. Der Sporn wird eingenommen von einer 70–100 m über dem Talgrund liegenden, mehrteiligen Befestigung, die aus einer Hauptburg mit doppeltem Abschnittswall mit Gräben und einer rund 200 m davor befindlichen Vorbefestigung, einem weiteren Abschnittswall mit Graben, besteht. Bei unterschiedlicher Breite beträgt die Gesamtlänge der Anlage 400 m.

Der Vorwall zieht mit 120 m Länge in leichtem Bogen über den südlichen Teil des Bergrückens und riegelt den Zugang nur ungenügend ab. Der äußere Abschnittswall der Hauptburg sperrt mit etwa 35 m Länge den hier schon schmalen Rükken. 45 m hinter ihm liegt der Hauptwall der Burg, der im Norden seine schwächere Fortsetzung am Hang findet und die Westspitze mit einschließt, während er an der unbefestigten steilen Südseite einen Zugang freiläßt. Das unebene Burggelände ist 130 m lang und im Durchschnitt 45 m breit. In der Mitte findet sich nahe der Südseite eine etwa rechteckige Einarbeitung in den Felsen von rund 7 × 3,50 m, sicher der Keller eines einst hier stehenden Gebäudes.

Wenn auch Funde bisher ausstehen und urkundliche Überlieferungen fehlen, können wir die Spornburg auf dem Holdersberg nach Vergleichen in das 9. Jahrhundert datieren. Ihre Funktion im einzelnen ist unbekannt.

Groß (1960) 41ff.; Herrmann (1983d).

F.-R. Herrmann

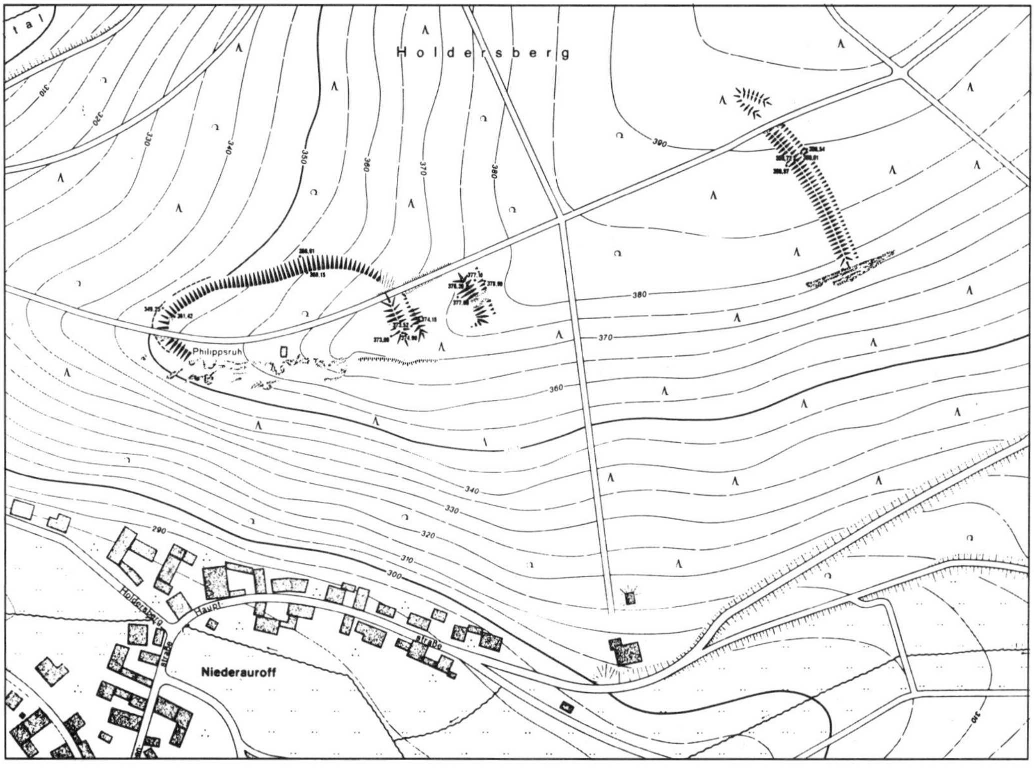

174a Zullenstein bei Nordheim

8.–9. Jh.; (Biblis, Kreis Bergstraße); Topographische Karte 1:25 000; 6216/6316:56250/07600

An der Mündung der Weschnitz in den Rhein, auf dem rechten Rheinufer etwa gegenüber Rheindürkheim, lag auf dem »Schloßbuckel« an der Stelle der 1657 abgerissenen Burg Stein, über den Ruinen eines spätrömischen *Burgus* mit Schiffslände, der karolingische Königshof Zullenstein. Der in Schenkungsurkunden an das Kloster Lorsch in den Jahren 806, 836 und 846 genannte Platz, der vor allem auch als Hafen Bedeutung hatte, erhielt 995 durch König Otto III. Marktrecht und ging an Worms über, nachdem er schon 836 aus dem Reichsgut ausgeschieden war.

Bei den Grabungen 1970–72 durch W. Jorns wurde der Grundriß der karolingischen Anlage aufgedeckt. Danach bestand sie aus einem großen Gebäude von 15,10 × 21,30 m auf den Grundmauern des römischen *Burgus*, das in mehrere Räume unterteilt war. Südlich davon wurde, durch einen 6,90 m breiten Zwischenbau mit ihm verbunden, als Neubau ein großer Saal von 10,50 × 15,10 m errichtet, an dessen Ostwand eine kleine Kapelle mit halbrunder Apsis angebaut war. Fundamente am Weschnitzufer dürften von den Hafenanlagen stammen. Karolingische beigabenlose Gräber lagen an der Ostmauer und, durch die Neubauten gestört, vor der Südmauer des ehemaligen Burgus (vgl. Kat. Nr. 112,5.7).

Nach den Funden begann die frühmittelalterliche Besiedlung um die Mitte des 8. Jahrhunderts mit einer kleinen Siedlung vor der Ostseite des *Burgus*. Um die Wende zum 9. Jahrhundert wurde mit der Wiedererrichtung des Burgusgebäudes und den Neubauten der Ausbau des Königshofes in Angriff genommen. Die freigelegten und im Gelände sichtbar restaurierten Teile der Steingebäude stellen sicher nur den Mittelpunkt des einstigen Hofes dar, dessen gesamte Ausdehnung nicht bekannt ist.

Jorns (1973) 75ff.; Jorns (1979) 111ff.; Knöpp (1974) 123ff.; Baatz (1982) 504ff.

F.-R. Herrmann

175 Pfalz Frankfurt am Main

9. Jh.

Zu den bedeutendsten archäologischen Fundstätten des frühmittelalterlichen Hessen ist die in zahlreichen, seit mehr als hundert Jahren durchgeführten Grabungen aufgedeckte Pfalzanlage Frankfurts am Main zu zählen. Neben Aachen, Ingelheim und Paderborn liegt hier die vierte archäologisch erforschte Pfalz vor, die in der karolingischen Geschichte eine herausragende Rolle gespielt hat.

Die Pfalzen im hauptstadtlosen karolingischen Reich waren bauliche und wirtschaftliche Stützpunkte für den umherreisenden König (Kaiser) und seinen Hofstaat samt Regierungs- und Sakralapparat. Hier wurde getagt, geurkundet und gerichtet. Für diese Zwecke mußten repräsentative Versammlungsräumlichkeiten, Wohnräume, Sakralbauten und Wirtschaftsgebäude vorhanden sein.

Bekanntlich beginnt die Geschichtsschreibung Frankfurts mit der Einberufung von Reichsversammlung und Synode durch Karl den Großen *in villa Franconovurd,* auf den Königshof Frankfurt, dem die Überwinterung Karls ebenda vorausgegangen war. Doch trotz der günstigen verkehrsgeographischen Lage Frankfurts weilt das nächste Mal erst 815 wieder sein Sohn Ludwig der Fromme kurze Zeit hier, um erneut bis 822 Frankfurt fernzubleiben, dann aber in »neu errichteten« Gebäuden. Es folgen nun fast jährlich Aufenthalte und Versammlungen. Auch eine Pfalzkapelle kann aus den Quellen erschlossen werden.

Die Hauptgebäude der Frankfurter Pfalzanlage wurden im Kernbereich der heutigen Innenstadt, auf dem sogenannten Domhügel, der hochwasserfreien, inselartigen Erhebung zwischen dem Rathaus Römer und dem Dom, angetroffen. Es handelt sich um zwei west-östlich ausgerichtete lang-schmale Baukörper, die unabhängig von älteren römischen, in karolingischer Zeit wohl weitgehend abgegangenen Bauten tief gegründet wurden. Die freigelegten Mauer- und Fundamentreste ergaben eine 26,50 m mal 12,20 m weite (zweischiffige?) »Königshalle« mit einem zentralem Pfeiler, an die im Westen nördlich und südlich Vorbau und Eingangshalle angesetzt waren sowie drei bis vier größere Räume, die wahrscheinlich die königlichen Wohngemächer beherbergten. Das mächtige mit Basalt- und Buntsandsteinquadern verblendete Mauerwerk, eckseits auf römischen Spolien ruhend, war sicher für zwei bis drei oder mehr Geschosse geeignet, und für den südlichen Portikus ist auch eine Treppe erwähnt. Da keine Umbauten oder Erweiterungen erkennbar sind, darf man diesen Gebäudekomplex als die von Ludwig dem Frommen bis 822 neu errichteten Bauten identifizieren. Baumaßnahmen in dieser Zeit sind jedenfalls für das Fundament im südlichen Querschiff des heutigen Doms belegt, in dessen Bereich der kleine Schatzfund aus den Jahren 820–825 zu Tage kam (vgl. Kat. Nr. 156).

Karl der Große dürfte 793/4 allerdings in anderen (steinernen oder hölzernen?) Gebäuden Reichstag und Synode abgehalten haben, die zum fränkischen Königshof gehörten, von denen aber keine gesicherten Spuren erhalten blieben. Auch Überreste der Kirche, in der er 794 die Ostermesse feierte und in der 823 wahrscheinlich auch sein Sohn Drogo zum Priester geweiht und sein Enkel Karl (der Kahle) getauft wurde, sind nicht nachgewiesen. Die im Osten freigelegten Fundamente einer dreischiffigen Kapelle mit Mittelapsis, Querhaus und westlichen runden Treppentürmen werden auf das von Ludwig dem Deutschen in Auftrag gegebene *oratorium novum... admirabile opere* zu beziehen sein, auf die Salvatorkirche, die als Nachfolgepfalzkapelle wohl 852 eingeweiht und an der wahrscheinlich in dieser Zeit auch ein Kanonikerstift gegründet wurde. Salvatorkirche und der vom Nordschiff westwärts auf die Profangebäude zulaufende Gang sind nicht exakt auf letztere hin eingefluchtet, sondern in sehr stumpfem Winkel leicht eingeknickt – vielleicht ein Kompromiß zu dem nur schwer rekonstruierbaren Gebäudekomplex, der zwischen Königshalle und Pfalzkapelle stand, und wohl auch die zeitliche Baufolge widerspiegelnd. In dieser Zeit, in der Mitte und der zweiten Hälfte des 9. Jahrhunderts, erlebt die Pfalz Frankfurt an der Zahl der Königsaufenthalte gemessen ihre Blüte, ist nach Ausweis der Quellen zum »Hauptsitz des Ostreiches« aufgestiegen.

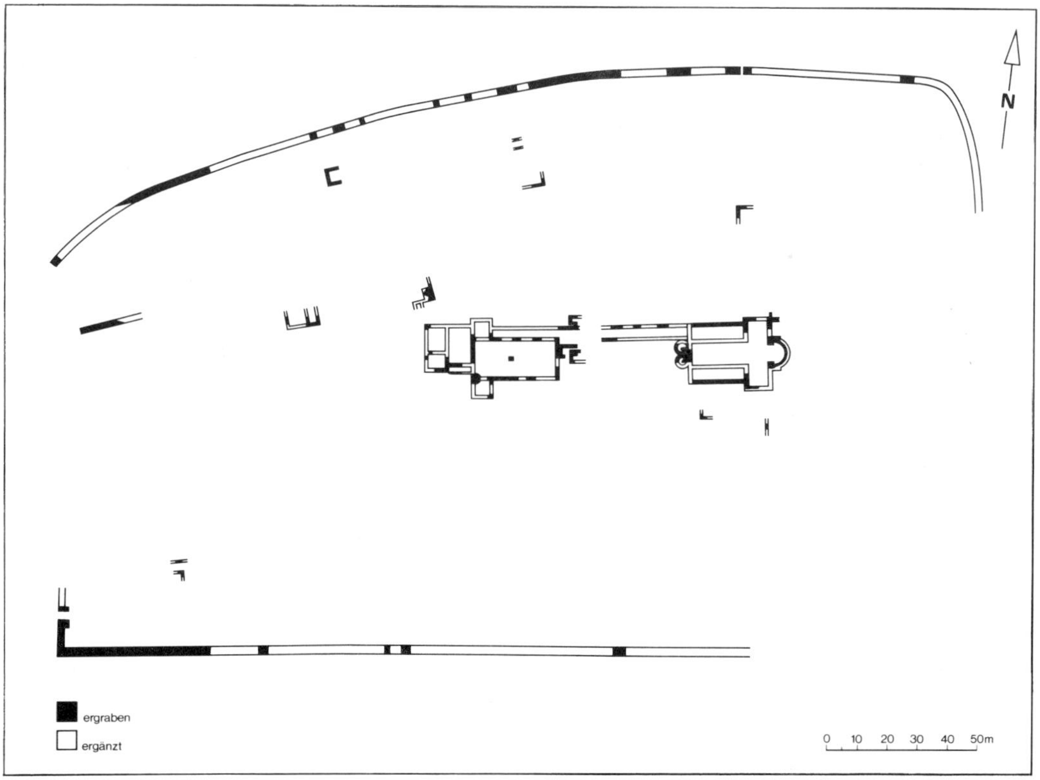

Im Pfalzbereich – südlich und nördlich der Salvatorkirche, vor allem aber nördlich und nordwestlich der Königshalle – fanden sich Fundamentreste, die wahrscheinlich von Wirtschaftsgebäuden stammen. Zahlreiche Grubenhäuser im Westen auf dem Römerberg (Samstagsberg) belegen handwerkliche Tätigkeiten. Ein Markt wird seit spätkarolingischer Zeit bestanden haben.
Vermutlich in spätkarolingisch-ottonischer Zeit wurde im Norden des Domhügels zum verlandeten Braubach hin eine eilends und schlecht konstruierte Mauer wechselnder Stärke errichtet, die den Pfalzbezirk wenigstens nach dieser Seite befestigte. Ihr Verlauf nach Süden ist nicht gesichert. Südlich zum Main hin lag ein freier mit Kies belegter Platz, an der Süd- oder Ostseite der Königshalle wahrscheinlich der Gerichtsplatz.
Eine südliche Pfalzumfassungsmauer an der Mainseite von knapp 3 m Stärke wurde erst in der ersten Hälfte des 12. Jahrhunderts angelegt. Zu dieser Zeit waren die profanen Pfalzgebäude wahrscheinlich noch in Benutzung. Ihr Abgang wird für die zweite Hälfte des 12. Jahrhunderts vermutet, als der bauliche Nachfolger am Mainufer errichtet wird, der staufische Saalhof.
Die Archäologie des Frankfurter Domhügels ist ein hervorragendes Beispiel dafür, wie die Topographie eines Ortes und die Kraft der Tradition die Geschichte einer Stadt und ihres Umlandes prägen können: Auf dem hochwasserfreien und verkehrsgünstig an der Mainfurt gelegenen Siedlungsstützpunkt wechseln römischer Militärvorposten und Zivilsiedlung einander ab, nehmen Alamannen von ihr Besitz, werden ihrerseits wieder von den Franken verdrängt, die hier einen Königshof einrichten, der dann von der karolingischen Pfalzanlage abgelöst wird. Aus dieser vielgenannten »Keimzelle der Stadt Frankfurt« entwickeln sich die mittelalterliche und die neuzeitliche Stadt, stets verkehrsmäßig, wirtschaftlich und politisch ein Knotenpunkt Europas.

Schoenberger (1927); Stamm (1955); Hundt/Fischer (1958); Stamm (1962); Sage (1965); Oswald/Schaefer/Sennhauser (1966) 78ff.; Schalles-Fischer (1969); Stamm (1975); U. Fischer (1975); Informationsblätter der Ausstellung »Altstadtgrabung« (Frankfurt 1977); Stamm (1979/80); Falkenstein (1981); Dahmlos (1979) 51ff. Nr. 7a.

E. Wamers

176 Burg bei Herborn

8.–9. Jh.; (Lahn-Dill-Kreis); Topographische Karte 1:25000; 5315:50950/18500

Der Nordteil des Ortes Burg liegt auf einem nach Südosten gerichteten flachen Ausläufer des Burger Hains mit steilen, teils felsigen Abfällen im Osten zur Dill, im Süden zum Ambach. Auf der Bergspitze, an deren äußerstem Ende die Kirche steht, befand sich eine frühmittelalterliche Befestigung, von der nur noch geringe Reste im Gelände zu sehen sind. Sie hatte eine Ausdehnung von rund 210 m Länge und 120 m Breite und war von einer etwa 2 m starken Mörtelmauer umgeben, die im Süden, Osten und Nordosten auf die Steilkante gesetzt war, im Westen und Nordwesten im Bogen – sichelförmig – über den Sporn führte.
Die schon von W. Görich im Zuge der karolingischen Straßenverbindung von Frankfurt nach Siegen vermutete Anlage konnte 1966/67 von W. Bauer bei der Errichtung von Neubauten in der Straße »Am Türmchen« lokalisiert und die Befestigungslinie teilweise ausgegraben werden. Es fand sich hier an der Westseite ein Zangentor mit einer 9,80 m langen, am Ende 4,45 m breiten Torgasse. Die eigentliche Durchfahrt, durch Mauervorlagen begrenzt, war 2,80 m breit. In einer späteren Bauphase wurde das Tor durch zwei vorgebaute hufeisenförmige Türme verstärkt. Nach Keramikfunden wurde die Burg im 8. Jahrhundert erbaut und bestand bis in das 9. Jahrhundert. Brandschichten deuten auf eine Zerstörung durch Feuer.
An ihrer Stelle entstand später auf der Spornspitze in der Umgebung der Marienkirche eine Burg der Adligen von Dernbach, die in der Mitte des 13. Jahrhunderts zerstört wurde und spurlos verschwunden ist. Von der karolingischen Anlage ist im Grundstück Am Türmchen 4 die Südhälfte des Tores im Grundriß aufgemauert sichtbar.

Bauer (1971) 100ff. mit weiterer Literatur; Dahmlos (1979) 40 Nr. 2a.

F.-R. Herrmann

J. Glaube, Aberglaube, Missionierung und Christentum:

Die Speise der Toten: 177 Christliche und heidnische Amulette: 178–204
Kirchen, Klöster, Bistümer: 205–215 Handschriften und liturgisches Gerät: 216–228

Es ist kaum möglich, über Intensität und Bekanntsein des Christentums in seiner frühesten Phase der Zeit kurz nach 600 allein aus archäologischen Quellen zu urteilen. Funde mit christlicher Symbolik sind zunächst einmal nur äußerliche Anzeichen für die Kenntnis des Christentums. Das Tragen solchen Zubehörs setzt hingegen das Wissen um die Heilskraft christlicher Symbolzeichen voraus, die man im frühen Mittelalter auf Amulette übertrug. Auf Waffen und Gürtel geritzte christliche Sinnbilder sollten magische Kraft verleihen, sie sollten ihren Besitzer einfach stärker machen. In diese Phase gehört auch eine ganze Reihe von Amuletten, die eindeutig im Nichtchristlichen angesiedelt sind wie Bärenzähne, Herkuleskeulen und Geweihrosen (vgl. Kat. Nr. 185ff.).
Es ist der schillernde Bereich des Synkretismus, der merkwürdigen Vermischung von christlichem mit heidnischem Gedankengut; dies war im frühen Mittelalter tägliche Realität. Die Zeichen und Wirkungen der neuen Religion waren also nicht an die Stelle alter Bräuche getreten, sie traten vielmehr neben sie und gingen mit ihnen vielschichtige Symbiosen ein, die bald zur Reformbedürftigkeit der fränkischen Kirche führen mußten, deren mannigfaltigen und bedeutenden Kirchenbauten (vgl. Kat. Nr. 205ff.) in nicht geringer Zahl aus Hessen bekannt sind.

H. Roth

177 Speisebeigaben

1. Hälfte 8. Jh.; Kirchberg (Niedenstein, Schwalm-Eder-Kreis) Grab 9; Staatliche Kunstsammlungen Kassel, Abteilung Vor- und Frühgeschichte

Im reich ausgestatteten Doppelgrab unter der Pfarrkirche von Kirchberg (vgl. Kat. Nr. 205) lagen am Fußende der Grabkammer die Reste von Speisebeigaben, nämlich Knochen vom *Rind, Schwein, Ferkel, Haushuhn* und von einem *Biber*. Diese Funde sind in einem Grab des frühen 8. Jahrhunderts ganz ungewöhnlich, zeugen sie doch offenbar von noch zutiefst heidnischen Vorstellungen, die im südhessischen Gebiet zu dieser Zeit längst christlichen Einflüssen erlegen waren (vgl. S. 47ff.). Weniger ungewöhnlich als dies zunächst scheinen mag ist indessen die Beigabe von einem Stück Biberschwanz, von dem drei erhaltene Schwanzwirbel zeugen. Überreste dieses Tieres sind in Mitteleuropa nicht nur aus vor- und frühgeschichtlichen Siedlungen und Gräbern bekannt, auch im engeren nordhessischen Gebiet fehlt es nicht an direkten Zeugnissen für das einstige Vorkommen des Bibers. Noch im 15. Jahrhundert war er hier offenbar so häufig, daß für seinen Fang eigens Biberjäger verantwortlich waren, die mit besonders abgerichteten Hunden im Land umherzogen (Landau 1849); erst im 16. Jahrhundert ist das Tier in Nordhessen ausgestorben. Daß im Grab von Kirchberg ausgerechnet ein Stück der Kelle beigegeben wurde, zeugt von verfeinertem Geschmack, denn der Schwanz des Bibers gilt als köstliche Delikatesse, für dessen Zubereitung sich noch in Kochbüchern unseres Jahrhunderts einschlägige Angaben finden.

Göldner/Sippel (1980); Göldner/Sippel (1981).

K. Sippel

178 Durchbrochene Zierscheibe

7. Jh.; Bronze; Dm. 9 cm; Darmstadt, Windmühle; Hessisches Landesmuseum Darmstadt

Die vorliegende Zierscheibe wurde um 1860 beim Bau der Bahnlinie zwischen Frankfurt und Darmstadt im Gebiet Darmstadt-Windmühle gefunden, ohne daß nähere Umstände bekannt wurden.
Im Inneren der Zierscheibe sind zwei gekreuzte menschliche Gestalten zu sehen, die ihre Köpfe im Profil einander zuwenden.
Durch beidseitige Ritzungen ist die Kleidung gut zu erkennen: Die Personen tragen ein mit Streifen verziertes Obergewand, das bis zur Mitte des Oberarms reicht (Rüstung?); Beinkleider sind nicht zu erkennen, jedoch die Schuhe.
Zwischen den gekreuzten Armen befindet sich eine ausgebrochene Stelle, ein deutlicher Hinweis, daß die Scheibe hängend getragen wurde, so daß die Darstellung gut zu sehen war.
Naturalistisch dargestellte Menschen erscheinen auf Zierscheiben selten. Ganz sicher bedeuteten derart figural verzierte Scheiben ein Heilsbild für die Trägerin. Die beiden als Männer/Krieger angesprochenen Personen scheinen sich in einer Art Wettkampf zu befinden. Wieweit dieser angenommene Ringkampf realen kultischen Brauch im Germanischen widerspiegelt, sei dahingestellt. Es wurde auch die recht unwahrscheinliche Hypothese aufgestellt, daß es sich um einen symbolischen Kampf zwischen Winter und Sommer handele, die anthropomorph dargestellt seien (Renner 1970, 83f.). Ein weiterer Deutungsvorschlag ist, die beiden Personen als heilige Zwillinge anzusprechen (Renner 1970, 83f.).
Diese sehr kleine Gruppe durchbrochener Bronzezierscheiben (7 Exemplare) ist im fränkischen Gebiet am Mittelrhein und Mainmündungsgebiet verbreitet.

Kühn (1935) 417,1; A. Koch (1937) 74 Taf. 45.228; Renner (1970) Nr. 644; Dahmlos (1979) 29 Nr. 4a.

D. v. Reitzenstein

179 Durchbrochene Zierscheibe

7. Jh.; Bronze; Dm. 8,2 cm; Wiesbaden, Dotzheimer Weg; Museum Wiesbaden, Sammlung Nassauischer Altertümer

Die sehr gut erhaltene Zierscheibe wurde in der ersten Hälfte des 19. Jahrhunderts unter unbekannten Umständen gefunden und ist bis in die 50er Jahre mit der falschen Fundortangabe Pfullingen versehen worden.
Um einen offenen Innenkreis sind vier Raubvögel (Adler) mit dem Kopf nach links geordnet. Vom Vorderkörper geht ein Bein mit fünf Krallen rechtwinklig ab. Der Schnabel ist geschlossen und stark nach unten abgebogen, ein kleiner Steg verbindet ihn mit dem hinteren Teil des Schwanzes des jeweiligen Vordervogels. Der Oberkörper eines jeden Vogels ist nach oben durch ein Band mit Senkrechtschraffuren begrenzt und mit je sieben (bei einem Vogel acht) punktgefüllten Dreiecken verziert. Das Gefieder wird durch ein eingeritztes Schuppenmuster angedeutet. Innenkreis wie Außenkreis sind mit gegenständigen gewaffelten Dreiecken verziert.
Die Verzierungen der Zierscheibe sind teilweise mitgegossen. Andere Ornamente wurden nachträglich eingepunzt oder geritzt. Die einseitige Bearbeitung des Stückes ist extrem sorgfältig ausgeführt.
Adlerdarstellungen sind in der merowingischen Kunst sehr beliebt; man findet sie auf Gürtelgehängen, Handtaschen, Schilden und Sattelbeschlägen. Der Adler hatte auch im Frühmittelalter eine tiefgehende symbolische Bedeutung, und ein Schmuckstück, das mit ganzen Adlerfiguren oder auch nur mit Adlerköpfen verziert war, erfüllte für seine Trägerin Schutz- oder Heilsfunktion. Es ist auffällig, daß ein Tier wie der Adler, dem eher männliche Attribute zugeordnet werden, auf einem spezifisch weiblichen Trachtzubehör zu finden ist.
Zierscheiben mit Raubvögeln stammen bis auf eine Ausnahme aus dem fränkischen Gebiet am Mittelrhein (Renner 1970).

Schoppa (1969) 38; Renner (1970) Nr. 545; Dahmlos (1979) 222f. Nr. 14g.

D. v. Reitzenstein

▷

180 Durchbrochene Zierscheibe

7. Jh.; Bronze; Dm. 9,3 cm; Hanau (Main-Kinzig-Kreis); Museum für Vor- und Frühgeschichte Frankfurt am Main

Wie die Zierscheibe aus Darmstadt-Windmühle wurde auch die vorliegende beim Bau einer Bahnlinie in der Gegend von Hanau gefunden.
Im Mittelfeld der Zierscheibe ist ein überkreuz dargestelltes Menschenpaar zu sehen, das sich in Hockstellung befindet. Die im Profil abgebildeten Köpfe blicken in die gleiche Richtung. Der Mann trägt relativ kurze, die Frau hat dagegen lange, nach hinten flatternde Haare. Sie ist als solche durch die Abbildung von Brüsten gekennzeichnet. Die Arme der beiden Personen, die sich zwischen den Köpfen befinden, sind ineinander verschlungen und gehen in den Außenring über. Ein Arm ist jeweils mit einem Bein des Partners verknotet. Die beiden »inneren« Beine sind analog den Armen umeinandergewunden. Die Beine enden in schematisch dargestellten Füßen, deren Rist sich am Außenring befindet. Ein jeder Oberschenkel ist durch einen geraden Steg mit dem Rand verbunden.

Auch diese Zierscheibe mit der Darstellung eines menschlichen Paares wird ganz bestimmt den Charakter eines Heilszeichens gehabt haben. Es wurde schon früh die These vertreten, daß es sich um die Abbildung einer »heiligen Hochzeit« handele (Renner 1970, 83f.) und daß diese in den weiten Bereich der Fruchtbarkeitsriten einzuordnen sei (Heiler 1980, 25, 348).
Es sind nur drei Zierscheiben bekannt, die mit dem oben beschriebenen Motiv versehen sind. Sie stammen alle aus dem fränkischen Bereich an Mittelrhein und Mainmündungsgebiet. Da die Verzierung auf allen dreien sehr einheitlich und übereinstimmend ist, wird eine Herstellung aus dem gleichen rheinfränkischen Werkstattkreis nicht unwahrscheinlich (Renner 1970, 46).

Kühn (1935) 417,1; Renner (1970) Nr. 659; Dahmlos (1979) 117 Nr. 8a.

D. v. Reitzenstein

181 Durchbrochene Zierscheibe

7. Jh.; Bronze; Dm. 8,8 cm; Erbenheim (Wiesbaden); Museum Wiesbaden, Sammlung Nassauischer Altertümer

Die sehr sorgfältig gearbeitete Zierscheibe wurde um das Jahr 1878 beim Bahnbau gefunden. Sie ist deutlich in drei Zonen gegliedert; in jeder befinden sich vier Tierköpfe auf langen Hälsen in gegenläufiger Richtung. An drei Stellen ist der Außenring stark abgenutzt und zwar an der Innenseite, so daß man davon ausgehen kann, daß die Scheibe etwa an einem Band hängend getragen wurde (vgl. Kat. Nr. 54,2).
Wie die Zierscheibe aus Wiesbaden (Dotzheimer Weg) zeigt auch die vorliegende eine gewisse Verwandtschaft zum Schild aus Ischl und indiziert Verbindungen zwischen dem Mittelrheingebiet und dem langobardischen Italien (Renner 1970, 32).
Die Zierscheibe mit ihren gegenläufigen Tierköpfen in zwei Zonen ist in Hessen ein singuläres Stück. Aus Rikvide, Gotland, ist allerdings eine Zierscheibe bekannt, auf der in zwei Zonen je fünf Raubvögel in gegenläufiger Richtung zu sehen sind.

Schoppa (1969) 38; Renner (1970) Nr. 546; Dahmlos (1979) 215 Nr. 5f.

D. v. Reitzenstein

182 Amulettkapsel

7. Jh.; Bronze; Dm. 5 cm; Steeden (Runkel, Kreis Limburg-Weilburg) Grab 33; Museum Wiesbaden, Sammlung Nassauischer Altertümer

Im Frauengrab 33 aus Steeden wurde u. a. eine kugelige Amulettkapsel gefunden. Sie ist aus zwei bronzenen Halbkugeln aufgebaut, die mittels eines Scharniers verbunden sind. Ein annähernd sechseckiger Bronzedraht dient der Aufhängung der Kapsel.

Auf der einen Hälfte ist ein kreisförmig eingefaßtes griechisches Kreuz zu sehen, dessen Arme sich verbreitern. Eingeritzte Dreiecke dienen als Füllelemente.

Die zweite Halbkugel trägt eine Vogeldarstellung im Strahlenkranz; der Rest ist wiederum mit eingeritzten Dreiecken versehen. Im Inneren befanden sich unbestimmte Pflanzenreste und das Bruchstück eines Metallringes.

Die Ornamentik zeigt, daß der Hersteller der Kapsel christliche Symbole wie das gleicharmige Kreuz und den Vogel im Strahlenkranz (Taube in einem Nimbus?) sicher beherrschte.

Ein guter Teil der bekannten Amulettkapseln ist ebenfalls mit einem Kreuz verziert. Man nimmt deshalb an, daß die Beigabe einer Amulettkapsel auf das Christentum der Bestatteten hinweisen könnte (vgl. S. 30f.). In einigen anderen Fällen ist gleichfalls der Inhalt der Kapseln bekannt. Danach handelt es sich stets um pflanzliche Reste, um Metallbruchstücke oder um Glasperlen (J. Werner 1950, 41; R. Koch 1967, 43). Solche Inhalte lassen sich von vornherein nicht direkt mit dem christlichen Kult in Verbindung bringen. In der westlichen Kirche gab es jedoch vor der karolingischen Neuordnung auch Berührungsreliquien. Diese können Tücher sein, die man auf ein Heiligengrab breitete oder aber dort aufgelegte Pflanzen, aber auch Wasser, mit dem heilige Gebeine gewaschen wurden etc. Derartige Reliquien sind archäologisch normalerweise nicht mehr erkennbar. Es ist jedoch möglich, auch die Funde aus der Steedener Kapsel in diesem Sinne zu interpretieren, d. h. wir werden es mit einem Kräuteramulett zu tun haben, wie es bei der später überlieferten Kräuterweihe entstehen konnte.

J. Werner (1950) 41, 84; Schoppa (1969) 34, 44; Dahmlos (1979) 173 Nr. 7a.

D. v. Reitzenstein

183, 1–2 Amulettkapseln

7. Jh.; Bronze; Dm. 4,5 cm; Griesheim (Kreis Darmstadt-Dieburg) Grab 184, Grab 205; Landesamt für Denkmalpflege Hessen, Abteilung für Vor- und Frühgeschichte, Außenstelle Darmstadt

Zu den Funden des 7. Jahrhunderts aus Griesheim gehören auch zwei bronzene Amulettkapseln, hergestellt aus je zwei halben Hohlkugeln mit einfachem Verschlußblech, Bronzescharnier und Aufhängemechanismus. Die etwas kleinere Kapsel zeigt eine Ritzverzierung, die so angeordnet ist, daß die ausgesparten Flächen ein griechisches Kreuz mit sich verbreiternden Armen ergeben. Die Zwickel zwischen den Kreuzarmen und der Rand sind mit eingeritzter Schrägschraffur dekoriert.

Amulettkapseln gibt es während des 7. Jahrhunderts in gut ausgestatteten Frauengräbern. Sie scheinen auf ein stark heidnisch gefärbtes Christentum der Besitzerin hinzuweisen (vgl. Kat. Nr. 182; vgl. S. 30f.).

Aus Rheinhessen und der Gegend am Mittelrhein sind weitere Bronzeamulettkapseln bekannt, die mit einem gleicharmigen Kreuz und Schraffuren verziert sind. Daher kann man vermuten, daß sie alle aus der gleichen Werkstatt stammen (R. Koch 1967, 44).

Die Mode, Amulettkapseln zu tragen, kennt man auch im alamannischen Raum, im westgotischen Spanien und in Bosnien. Möglicherweise gehen sie auf mediterrane Vorbilder zurück wie die extrem große Kapsel aus dem Frauengrab unter dem Kölner Dom zeigen kann. Eine Herleitung von den kaiserzeitlichen Bullae ist jedoch auf Grund des zeitlichen Hiatus schwierig.

Andrae (1977); Dahmlos (1979) 30 Nr. 7a.

D. v. Reitzenstein

184, 1–2 Cypraeen (Porzellanschnecken)

6. Jh.; (1) Weilbach (Flörsheim, Main-Taunus-Kreis) Grab 29; Museum Wiesbaden, Sammlung Nassauischer Altertümer; (2) Klein-Welzheim (Kreis Offenbach); Dreieichmuseum Dreieichenhain

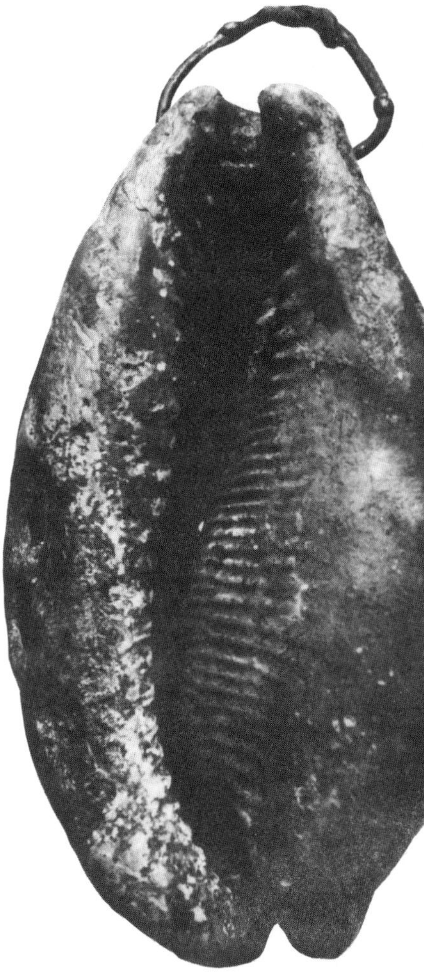

Das vorliegende Fragment einer Porzellanschnecke aus dem Frauengrab 29 von (1) Weilbach soll in einem mit Bronzeblech beschlagenen Kästchen (vgl. Kat. Nr. 75) gelegen haben, zusammen mit einem Eisenring, einer Karneolkugel, den Resten eines Beinkammes und einer Eisenschere. An einer Seite durchlocht wurden diese Schnecken normalerweise jedoch sichtbar hängend am Gürtel getragen. Das Exemplar aus (2) Klein-Welzheim ist besonders gut erhalten. Es stammt aus einem reichen Frauengrab (vgl. Kat. Nr. 51).
Cypraeen waren bereits in der Römischen Kaiserzeit beliebte Amulette, die den Frauen Fruchtbarkeit und ein leichtes Gebären bringen sollten. Mit der gleichen Bedeutung wurden sie bis in das 19. Jahrhundert hinein getragen. Die Amulettwirkung muß recht stark gewesen sein, denn es fällt auf, daß auch Bruchstücke, die nicht mehr als Hängeschmuck getragen werden konnten, sorgsam in Kästchen aufbewahrt wurden. Ob auch eine Funktion als Feile – wie aus dem Mittelalter belegbar – in Frage kommen kann, mag durch die Lage im Kasten, zusammen mit Kamm und Schere, möglich sein.
Die Cypraeen sind von großem kultur- und handelsgeschichtlichem Interesse, da die Formen, die länger als 32 mm messen, nur im warmen Salzwasser leben können. Die großen Exemplare, die während der Merowingerzeit bevorzugt wurden, leben je nach Art im Roten Meer oder im Indischen Ozean. Von hier müssen die Schnecken nach Europa verhandelt worden sein (vgl. Kat. Nr. 148).
Die Hauptmasse der Cypraeen findet sich in alamannischen und bajuwarischen Gräbern des 6. und 7. Jahrhunderts. Im fränkischen Gebiet und seinen Randzonen ist die Funddichte geringer.

Voigt (1952); Schoppa (1953) 45; Schoppa (1959) 63 Taf. 22; Arends (1978) Nr. 777, 167–180, 427–454; Dahmlos (1979) 144 Nr. a.

D. v. Reitzenstein

185 Bärenzahn

2. Hälfte 6. Jh.; Leihgestern (Linden, Lahn-Dill-Kreis) Grab 2; Oberhessisches Museum und Gail'sche Sammlungen Gießen

1910 wurde vom Hessischen Geschichtsverein in der Flur »Im nassen Vorderen« bei Leihgestern das Frauengrab 2 ausgegraben (vgl. Kat. Nr. 186). Die Bestattung befand sich in einer ca. 2,8 × 1 m großen Kammer aus Eichenbohlen, von Westen nach Osten orientiert. Die Tote war mit zahlreichen, zum Teil ungewöhnlichen, heute verlorenen, Beigaben ausgestattet wie etwa einem Holzschemel und hölzernem Lichthalter. Zusammen mit einer verzierten Hirschgeweihrose (Kat. Nr. 186), einer durchbrochenen Bronzezierscheibe und einer Perlenkette wurde der vorliegende Bärenzahn gefunden, ohne daß jedoch die genaue Fundsituation überliefert wäre.
Der Reißzahn eines Bären ist an der Wurzel durchlocht, um ihn hängend tragen zu können. Tierzähne als Amulett finden sich in Kinder-, Frauen- und Männergräbern (Arends 1978, 139 ff.); Bärenzähne jedoch fast ausschließlich in gut ausgestatteten bis reichen Frauengräbern des 6. Jahrhunderts, hauptsächlich im alamannischen Raum.

Kramer (1911) 55ff.; Arends (1978) Nr. 442, 376–393; Dahmlos (1979) 97 Nr. 11d.

D. v. Reitzenstein

186 Hirschgeweihrose

2. Hälfte 6. Jh.; Leihgestern (Linden, Lahn-Dill-Kreis) Grab 2; Oberhessisches Museum und Gail'sche Sammlungen Gießen

Die verzierte Hirschgeweihscheibe stammt wie der Bärenzahn (vgl. Kat. Nr. 185) aus Frauengrab 2 von Leihgestern. Objekte dieser Art werden aus der sogenannten Rose des Hirschgeweihes gefertigt (dem etwa daumendikken, etwas breiteren Ansatz, aus dem das eigentliche Geweih, die Krone, herauswächst). Die Scheiben werden vom übrigen abgetrennt und von beiden Seiten poliert. Die Verzierung besteht hier aus einem sechsblättrigen Blütenstern, der in Zirkelschlagtechnik eingeritzt ist. Den freien Raum zwischen den einzelnen Blütenblättern nehmen Punktkreise ein.
Sehr wahrscheinlich wurden diese verzierten Scheiben, ähnlich den durchbrochenen Bronzezierscheiben (vgl. Kat. Nr. 52 ff.; 178 ff.) sichtbar getragen und hatten für die Trägerin als Amulett oder Schutzmittel eine Bedeutung. Sie stellten ein typisch weibliches Trachtbestandteil dar; sie finden sich in der Regel in ärmer oder durchschnittlich ausgestatteten Gräbern. Es gibt sie während des 6. und 7. Jahrhunderts besonders im fränkischen Bereich am Mittelrhein und der Mainmündung sowie etliche Streufunde im alamannischen Raum (Arends 1978, 247 ff.).
Das Frauengrab aus Leihgestern lieferte zahlreiche weitere Objekte, denen Amulettcharakter zugeschrieben werden muß, so die Hirschgeweihrose, der durchbohrte Bärenzahn, die Perlenkette und eine viele Generationen alte Armbrustfibel.

Kramer (1911) 55ff.; Arends (1978) Nr. 442, 247–262, 569–619; Dahmlos (1979) 97 Nr. 11d.

D. v. Reitzenstein

187 Beinanhänger

Um 600 – Anfang 7. Jh.; L. 4,5 cm; Gonzenheim (Bad Homburg vor der Höhe, Hochtaunuskreis) Grab 2; Saalburg-Museum Bad Homburg vor der Höhe

Der aus dem Frauengrab (vgl. Kat. Nr. 21) stammende Knochenanhänger war Teil einer Perlenkette; er hat einen runden Querschnitt, läuft nach oben konisch zu und ist am oberen Ende durchlocht: Die Verzierung besteht aus zwei breiten Bändern mit Schrägschraffuren, die oben und unten von drei Rillen begrenzt werden.
Die Typ der konischen, verzierten Knochenanhänger ist aus Frauen- und, selten, aus Kindergräbern bekannt. Meistens gehören sie wie andere Amulette auch zum Gürtelgehänge, gelegentlich sind sie Teil einer Kette wie hier in Gonzenheim; selten dienten sie als Ohrschmuck.
Die konischen Beinanhänger des 4.–7. Jahrhunderts verdeutlichen wahrscheinlich die germanische Umformung eines römischen Amulettes, nämlich das der Herkuleskeule. Sie besaß sowohl apotropäischen Charakter als auch die Funktion eines Fruchtbarkeitsbringers (J. Werner 1964, 180f.)
Es ist allerdings fraglich, ob diese Keulenanhänger auch noch in der Merowingerzeit mit Herkules in Verbindung gebracht wurden.

Böhner (1956) 105ff. Abb. 8,5; Dahmlos (1979) 175 Nr. 1a.

D. v. Reitzenstein

188 Anhänger

2. Hälfte 6.–Anfang 7. Jh.; fossiler Seeigel in Silberfassung; Dm. 3 cm; Friedberg (Wetteraukreis) Grab 8; Hessisches Landesmuseum Darmstadt

Aus dem reichen Gräberfeld in Friedberg wurde im letzten Jahrhundert auch das gut ausgestattete Frauengrab 8 untersucht. Der Toten wurden unter anderem drei Amulette beigegeben, nämlich eine durchbrochene Bronzezierscheibe, ein kleines Bronzeglöckchen und eine als Anhänger gefaßte leicht abgeplattete Kugel.
Die Kugel zeigt in jedem der vier sichtbaren Segmente eine Doppelreihe von punktförmigen Eindrücken. Die genauc Autopsie hat ergeben, daß es sich hierbei um einen kleinen, aus dem Jura stammenden fossilen Seeigel handelt. Er wird von zwei Metallstreifen mit Aufhängeöse umfangen. Die sorgsam gefaßte Kugel hing vom Gürtelgehänge herab und wurde sichtbar getragen.
Aus reichen Frauengräbern des 6. Jahrhunderts sind derart gefaßte Kugeln bekannt; hier bestehen sie dann in der Regel aus Bergkristall (Hinz 1966, 212ff.). Im römischen und späteren Volksglauben wurden dem Bergkristall helfende Fähigkeiten zugeschrieben, etwa zu kühlen, Schmerzen zu lindern und allgemein zum Guten und zum Sieg zu führen.
Die Friedberger Kugel besteht zwar nicht aus Bergkristall, sie ist aber ebenso wie dieser ein

Exotikum. Somit muß man damit rechnen, daß diese Kugel ebenfalls eine schützende und Glück bringende Funktion erfüllen sollte. Der Seeigel war hier der Ersatz für den sonst üblichen Bergkristall; so ist auch in einigen anderen Fällen auf Materialien wie Marmor, Hämatit und Meteoreisen zurückgegriffen worden (Hinz 1966, 222ff.). Diese Art kugeliger Anhänger findet sich am Rhein, an der unteren Donau, in Nordfrankreich und Kent recht häufig. Einzelfunde sind auch aus Pannonien, Mitteldeutschland und Italien bekannt geworden.

Behrens (1939) Taf. 68; Hinz (1966) 217; Dahmlos (1979) 65 Nr. 9b.

D. v. Reitzenstein

189 Scheibenfibel mit Runeninschrift

2. Drittel – Ende 6. Jh.; Silber, Almandineinlagen, Goldfiligran; Dm. 3 cm; Friedberg (Wetteraukreis) Grab 10; Hessisches Landesmuseum Darmstadt (während des Krieges verschollen)

Aus Hessen sind bislang nur zwei Runeninschriften bekannt geworden. Außer dem vorliegenden Exemplar handelt es sich ferner um die Inschrift auf einer Bügelfibel aus Griesheim (vgl. Kat. Nr. 190).

Die Dame aus Grab 10 von Friedberg besaß neben einer zweiten gleichartigen Scheibenfibel (ohne Runeninschrift) eine Perlenkette, ein Tongefäß, eine Schere, Spinnwirtel, Messerchen, eine kleine Gewandschließe aus Eisen sowie Bruchstücke eines Kammes.

Die Runeninschrift auf der Rückseite der einen Scheibenfibel wurde wahrscheinlich bereits 1886 von Dieffenbach erkannt, nachdem er das Grab südlich Friedbergs in der ehemaligen Netz'schen Sandgrube ausgegraben hatte. Bei der Inschrift *Thuruthhild* (in Umschrift) handelt es sich um einen Frauennamen, also um eine Besitzerinschrift, der zugleich magischer Charakter zukam. Runendenkmäler, die im sogenannten älteren Futhark (Runen-Alphabet) geschrieben wurden, finden sich vor allem in Süddeutschland, im alamannischen und bajuwarischen Raum während der zweiten Hälfte des 6. Jahrhunderts (H. Roth 1981a). Gut lesbare Inschriften wie die von Friedberg gehören zu den großen Seltenheiten.

Arntz/Zeiß (1939) Nr. 16; Behrens (1939) Abb. 69; Krause/Jankuhn (1966) Nr. 141; Opitz (1977) 21 Nr. 17; Dahmlos (1979) 65 Nr. 9b.

H. Roth

190 Bügelfibel mit Runeninschrift

2. Drittel 6. Jh.; Silber, vergoldet; Griesheim (Kreis Darmstadt-Dieburg); Landesamt für Denkmalpflege Hessen, Abteilung für Vor- und Frühgeschichte, Außenstelle Darmstadt

Die in zwei gegenständigen, rechtsläufigen Zeilen um den Nadelhalter auf der Rückseite einer der silbernen Bügelfibeln von Griesheim angebrachten Runeninschriften bieten den Männernamen *Kolo* und den Frauennamen *Agilathruth*. Diese Leseordnung legt der Worttrenner nach *Kolo* nahe. Die Runen weisen Besonderheiten auf, wobei die jüngere Form der *k*-Runde auffällig ist. Beide Namen sind als *Agildrud* und *Colo* auch literarisch im 8. Jahrhundert belegt. Der zweigliedrige Frauenname setzt sich aus den Gliedern *Agila-* (eine *l*-Erweiterung von *agi*-»Schrecken«) und *-thruth* »Kraft, Stärke« zusammen. Beide Glieder sind runisch in Frauennamen bezeugt: *Agilamu(n)don* (Genitiv) auf den Stein von Rosseland (Norwegen, 5. Jahrhundert) und in *Thuruthhild* auf der aus Hessen stammenden Scheibenfibel von Friedberg (zweites Drittel des 6. Jahrhunderts [vgl. Kat. Nr. 189] also zeitgleich mit der Griesheimer Fibel). *Colo* ist als männlicher Kurzname im 8./9. Jahrhundert langobardisch überliefert und gehört zu einem Wort mit der Bedeutung »(Holz-)Kohle«. Ob der *Kolo* genannte Mann damit als einer, »der mit (Holz-) Kohle umgeht«, also als »Köhler« bezeichnet werden sollte, muß offen bleiben.
Die Griesheimer Fibel ist der bisher einzige sichere runische Beleg für das Nebeneinander von Frauen- und Männernamen auf einer Fibel aus nachmaligem deutschen Gebiet. Da beide Namen ohne syntaktischen Zusammenhang stehen, lassen sie sich nicht eindeutig als Namen des Schenkers, der Beschenkten und Besitzerin oder gar eines Runenritzers bzw. Runenmeisters auffassen. Auch über das Verhältnis der beiden Personen – es könnte sich um ein Ehepaar handeln – ist deshalb nichts sicheres zu sagen. Ob die Benutzung der Runenschrift als heidnisches Relikt wie anderes aus dem Griesheimer Gräberfeld verstanden werden kann, ist nicht auszuschließen, wenngleich Runen auch in christlichem Kontext vorkommen wie die Inschriften auf den Fibeln von Osthofen und Nordendorf I zeigen.

Opitz (1977) 23, 174; Düwel (1983) 128.

K. Düwel

191 Knickwandgefäß

7. Jh.; Ton; H. 12 cm; Goddelau (Riedstadt, Kreis Groß-Gerau); Hessisches Landesmuseum Darmstadt

Unter den äußerst zahlreichen Keramikfunden des 7. Jahrhunderts, vor allem in der Gruppe der Knickwandtöpfe mit Eindruckstempeln, ist das scheibengedrehte Gefäß von Goddelau einzigartig. Auf seiner Schulter sind fortlaufend gleicharmige Kreuze mit Mittelmedaillon und Leiterbandverzierung sowie stark stilisierte Vögel dargestellt.
Dieser Fries ist zweifelsfrei als Versuch anzusehen, das frühchristliche Motiv der Vögel am Lebensbaum, bzw. diese in heraldischer Anordnung rechts und links eines Kreuzes darzustellen. Der ausführende Handwerker dürfte in der Tradition stempelverzierter spätrömischer Keramik aus dem Mittelmeergebiet gestanden haben. Jene Überlieferungen zeigen sich sonst nur noch in Frankreich, wo wir vor allem aus dem Vexin eine kleine Gruppe figürlich verzierter Knickwandgefäße kennen, die Hirsche und Kreuze in einem umlaufenden Fries aufzuweisen haben (Sirat 1972). Die große Seltenheit jener christlich verzierten Keramik dürfte ein Hinweis dafür sein, daß jene Stücke möglicherweise speziell für den Totenkult hergestellt wurden.
Das Gräberfeld von Goddelau liegt unmittelbar im Ort im Bereich der Bahnhofstraße 4–6 und ist seit dem Ende des vorigen Jahrhunderts bekannt.

Jorns (1961) 84f. Abb. 3,6; Dahmlos (1979) 105 Nr. 13a.

H. Roth

192 Kreuzanhänger

7. Jh.; Bronze; L. 6,1 cm; Habitzheim (Otzberg, Kreis Darmstadt-Dieburg) Grab 136; Landesamt für Denkmalpflege Hessen, Abteilung für Vor- und Frühgeschichte Wiesbaden

In einem beraubten Frauengrab aus einem erst jüngst entdeckten Friedhof der Merowingerzeit fanden sich neben wenigen Perlen ein auffallender und bislang ganz einmaliger Kreuzanhänger. Auf Grund von zwei Nieten an einem Armende scheint das Kreuz als Abschluß eines langen vom Gürtel herabhängenden Lederbandes gedient zu haben, an dem im frühen Mittelalter mannigfaltige heidnisch-christliche Amulette getragen wurden (vgl. Kat. Nr. 178ff.). Diese Sitte ist bei den Franken und Alamannen während des 6. und 7. Jahrhunderts ausschließlich in der weiblichen Sphäre verbreitet.

Unpubliziert.

H. Roth

193, 1–2 Kreuzanhänger

Anfang 7. Jh.; (1) Bronze; L. 1,4 cm; Biebesheim (Kreis Groß-Gerau) Grab 4; Hessisches Landesmuseum Darmstadt; (2) Griesheim (Kreis Darmstadt-Dieburg) Grab 60; Landesamt für Denkmalpflege Hessen, Abteilung für Vor- und Frühgeschichte, Außenstelle Darmstadt

Die Sorge der Angehörigen, ihren verstorbenen Kindern auch im Jenseits die Segnungen des Christentums zukommen zu lassen, dürfte hinter den beiden Kreuzanhängern aus Griesheim und Biebesheim stehen. Trotzdem handelt es sich bei beiden Stücken nicht um eine spezielle für das Leben nach dem Tode angefertigte Arbeit, sondern sie hatte bereits zu Lebzeiten reale Funktion als Heilsträger.
Die Handwerker des frühen Mittelalters stellten sich spätestens in der Zeit um 600 verstärkt auf diesen Bedarf an Amuletten um.

(1) Jorns (1969) 92 Abb. 6,16; (2) unpubliziert.

H. Roth

194 Teile von Wadenbindengarnituren

Mitte 7. Jh.; Bronze; L. 2 cm; Gonzenheim (Bad Homburg vor der Höhe, Hochtaunuskreis); Saalburg-Museum Bad Homburg vor der Höhe

Aus dem Gräberfeld von Gonzenheim, das am Ende des vorigen Jahrhunderts entdeckt wurde (vgl. Kat. Nr. 12), stammen aus nicht mehr bekannten Grabzusammenhängen drei rechteckige Bronzebeschläge, die zusammen mit zwei langen Riemenzungen aus Bronze als Besatz für ein unterhalb des Knies getragenes Strumpfband aus Stoff (vgl. Kat. Nr. 51) gedient haben. Auf den quadratischen Applikationen, deren Ränder mit Punzdekor verziert sind, befindet sich die sorgfältige Gravur eines Kreuzes in der Form des sogenannten Ankerkreuzes. Dieses diente während des 7. Jahrhunderts im gesamten Merowingerbereich als inhaltsreiche Verzierung auch der profansten Gegenstände des täglichen Lebens. Der bekannte Bedeutungsinhalt des Kreuzzeichens macht den Wunsch der Trägerin nach Schutz vor Unheil offenkundig.

Böhner (1956) 102ff.; Dahmlos (1979) 175 Nr. 1a.

H. Roth

195 Riemenbeschläge

Um 600; Bronze; L. 4,3 bzw. 4,8 cm; Griesheim (Kreis Darmstadt-Dieburg) Grab 25; Landesamt für Denkmalpflege Hessen, Abteilung für Vor- und Frühgeschichte, Außenstelle Darmstadt

Aus einem zeitgenössisch beraubten Reitergrab (kenntlich durch eine Pferdetrense) stammen noch mehrere Beschläge vom Pferdegeschirr, so eine Riemenkreuzung aus dünnem, gegossenem Bronzeblech mit einem darauf befindlichen Ankerkreuz und ein länglicher Beschlag mit gleichem inhaltsbeladenen Dekor. Die Vorbilder für solche ungewöhnlichen Geschirre sind in langobardisch-byzantinischen Kreisen zu suchen.
Für den Besitzer dieser Pferdegeschirre bedeuteten die Kreuzdarstellungen Versicherung vor Unheil jeder Art.

Unpubliziert.

H. Roth

196 Riemenzunge

Mitte 7. Jh.; Bronze; L. 7,5 cm; Groß-Karben (Karben, Wetteraukreis) Grab 11; Hessisches Landesmuseum Darmstadt

Aus dem Knabengrab von Groß-Karben (vgl. Kat. Nr. 10) kommt eine ungewöhnliche Riemenzunge mit dem Dekor von fünf gleicharmigen Kreuzen, die in Punzmanier aufgebracht wurden. Derartige Zeugnisse sind relativ selten; sie unterstreichen die von der Spätantike übernommene Bedeutung des Gürtels als Träger einer Symbolik, die in einer kriegerisch bestimmten Welt mit dem Überlebenszauber zusammenhängen wird.

Jorns (1961) 98f. Abb. 9,27; Dahmlos (1979) 67 Nr. 12.

H. Roth

197 Riemenzungen

2. Drittel 7. Jh.; Bronze; L. 6,3–7,1 cm; Bad Vilbel (Wetteraukreis) Grab 2; Wetterau-Museum Friedberg

Das bereits im frühen Mittelalter von Zeitgenossen des Verstorbenen beraubte Grab Nr. 2 vom Bereich der Sprengersiedlung enthielt noch eine vielteilige Gürtelgarnitur (vgl. Kat. Nr. 87), bestehend aus 11 Riemenzungen, von denen drei in gleicher Art profiliert sind. Im oberen Rundel ist ein gleicharmiges Kreuz eingraviert, dessen Arme sich leicht linear nach außen verbreitern: ein zweifelsfrei christliches Symbol, das dem Gürtel und damit seinem Träger Schutz und Heil gewähren sollte.

Jorns (1961) 89 Abb. 4,3; Dahmlos (1979) 63 Nr. 3.

H. Roth

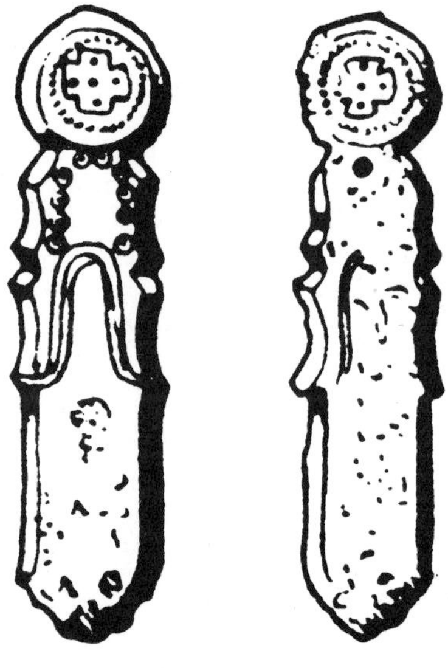

198, 1–3 Brakteatenfibeln und -anhänger

Ende 7. Jh.; (1) Bronze, Silber; Dm. 3,5 cm; Biblis-Wattenheim (Kreis Bergstraße) Grab 5; Hessisches Landesmuseum Darmstadt; (2) Bronze, Silber, Gold; Dm. ca. 3,5 cm; Groß-Gerau (Kreis Groß-Gerau); Heimatmuseum Gerauer Land Groß-Gerau (während des Krieges verschollen); (3) Bronze, Silber; Dm. 3,2 cm; Habitzheim (Otzberg, Kreis Darmstadt-Dieburg) Grab 77; Landesamt für Denkmalpflege Hessen, Abteilung für Vor- und Frühgeschichte Wiesbaden

Die Brakteaten- oder Preßblechscheibenfibeln gehören zu den letzten Erscheinungen der noch aus Grabfunden bekannten Scheibenfibeln des eigentlichen Reihengräberkreises. Sie sind die modischen Nachfolger der aufwendigen Goldblechscheibenfibeln vom Beginn des 7. Jahrhunderts (vgl. Kat. Nr. 45a) und auf Grund des hier verwendeten, meist billigeren Materials ein anschauliches Zeichen des in dieser Zeit stark zurückgehenden Wohlstandes. Dieser Scheibenfibeltyp kommt im Gegensatz zu den älteren Formen auch in Kindergräbern vor. Man trägt sie auf der Brustmitte als Einzelstück.
Brakteatenfibeln mit Vogeldarstellungen stellen die größte geschlossene Gruppe dieser Scheibenfibeln dar. Auf diesem Typ ist in fast stereotyper Wiederholung ein meist nach rechts blickender, nach rückwärts gewandter Vogel abgebildet. Gelegentlich treten ein Kreuz, ein Alpha und Omega oder aber Füllmuster in Form von Flechtbändern auf. Man kann unsere Exemplare (1) aus Biblis und (2) Groß-Gerau in den Bereich der frühchristlichen Denkmäler – und hier zum Christussymbol Adler – stellen.
In dem 1983 geborgenen Grab 77 des Gräberfeldes von (3) Otzberg-Habitzheim lag auch eine Brakteatenfibel. Sie ist in der gängigen Technik wie z. B. bei dem Exemplar von Groß-Rohrheim (Kat. Nr. 199,1) gefertigt, bei der auf einer Bronzeunterplatte mit Nadelhalterung ein silbervergoldetes Preßblech mit Hilfe eines umbördelnden Silberblechrandes und vier Nieten befestigt wurde. Dieser Silberblechstreifen trägt drei Reihen Tremolierstich.
Das Preßblech selbst zeigt innerhalb einer rahmenden Perlleiste einen S-förmigen, geperlten, amulettartig zu verstehenden Tierleib, der in ein regelmäßiges Bandgeflecht übergeht, das in zwei spitzschnabligen Tierköpfen endigt – eine

198,1

198,2

Tier-Flechtband-Dekoration, wie sie für den entwickelten Stil II charakteristisch ist.
Das Preßblech weist deutliche Abnutzungsspuren auf.
Brakteatenfibeln fanden sich am mittleren Neckar, im Neckarmündungsgebiet, in Starkenburg, Rheinhessen und im Rheingau. Darüberhinaus kennt man sie gelegentlich in Burgund sowie in Ost- und Nordostfrankreich. Die Vorbilder für die Darstellungen an sich, die nichts mehr mit der germanischen Tierornamentik zu tun haben, sind in oströmischen Münzprägungen zu sehen (Dannheimer 1967).
Unsere Brakteatenfibel aus Biblis stammt von einem merowingerzeitlichen Gräberfeld, das direkt im Orte Biblis im Bereich der Bahnhofsstraße, Friedhofstraße ans Licht kam.

Jorns (1953) 156; Dannheimer (1967) 199ff.; Dahmlos (1979) 14 Nr. 1b; (3) unpubliziert.

H. Roth/E. Wamers

Ende 7. Jh.; Bronze, Silber; Dm. ca. 3,5 cm; (1) Groß-Rohrheim (Kreis Bergstraße) Grab 43; Hessisches Landesmuseum Darmstadt; (2) Griesheim (Kreis Darmstadt-Dieburg) Grab 311; Grab 184; Landesamt für Denkmalpflege Hessen, Abteilung für Vor- und Frühgeschichte, Außenstelle Darmstadt; (3) Groß-Gerau (Kreis Groß-Gerau); Heimatmuseum Gerauer Land Groß-Gerau (während des Krieges verschollen)

Neben den Preßblechscheibenfibeln mit figürlichen Motiven (vgl. Kat. Nr. 198) steht eine kleine, auf Südhessen beschränkte Gruppe, deren Schauseite mit einem silbernen Blech belegt ist, das eine Kreuzdarstellung zeigt. Diese läßt eine doppelte Lesbarkeit zu, zum einen als flechtbandgefülltes Medaillonkreuz, zum anderen aber auch durch die dazwischenliegenden, dreieckigen Zwickel. Das bei Groß-Rohrheim verwendete Preßblech ist aus einem ehemals etwas größeren Model geschlagen worden, wie die randlichen Reste einer späten fadenförmigen Stil II-Komposition zeigen. Diese Brakteatenfibel stammt aus dem Frauengrab 43 von einem seit dem Ende des vorigen Jahrhunderts bekannten Gräberfeld zwischen Bahnhof und älterem Ortskern. Das zweite Exemplar aus Griesheim ist hochqualitätvoll und vorzüglich erhalten. Die nur ein Flechtband-Dekor aufweisenden Stücke aus Groß-Gerau sind verschollen.

Meier-Arendt (1968) 56ff.; Dahmlos (1979) 15 Nr. 4a; (2) unpubliziert.

H. Roth

198,3

199,1

199,2

200 Kreuzfibel

1. Hälfte 8. Jh.; Silber; L. 2,5 cm; Kirchberg (Niedenstein, Schwalm-Eder-Kreis) Grab 12; Staatliche Kunstsammlungen Kassel, Abteilung Vor- und Frühgeschichte

In einer kleinen Gruppe von Bestattungen des 8. Jahrhunderts, die 1979 unter der evangelischen Kirche von Kirchberg untersucht wurde (Kat. Nr. 205), lag auch das Grab eines fünfjährig verstorbenen Mädchens, dem ein Kamm und Messer, ein silberner Fingerring, eine Halskette aus Glas- und Silberperlen sowie eine silberne Kreuzfibel beigegeben worden waren. Diese im Halsbereich gelegene Fibel ist aus einem Silberblech geschnitten und heute infolge des Erddrukkes leicht verbogen; auf der Rückseite haften Gewebereste, so daß die Nadelkonstruktion verdeckt ist. Fibeln in Kreuzform, die ursprünglich nur im Mittelmeergebiet beheimatet sind, treten seit der Mitte des 7. Jahrhunderts auch nördlich der Alpen und vor allem in fränkischen Gräbern des Rheinlandes auf (Neuffer-Müller 1972, 21 ff.). Hier sind sie unzweifelhaft Ausdruck eines christlichen Bekenntnisses ihrer Trägerinnen, und auch im Falle der Kirchberger Fibel darf dies angenommen werden. In dem vorliegenden Fundstück scheinen sich also wie auch immer geartete christliche Einflüsse zu manifestieren, die im nördlichen Hessen bereits vor der Missionstätigkeit des Bonifatius, die hier 721 beginnt, Aufnahme gefunden haben (dazu M. Werner 1982).

Göldner/Sippel (1980); Göldner/Sippel (1981).

K. Sippel

201 Kreuzfibel, Anhänger

Um 800; Bronze; L. 4 cm, bzw. Bronze, vergoldet; Dm. 1,5 cm; Goddelsheim (Lichtenfels, Kreis Waldeck-Frankenberg) Grab 23; Heimatmuseum Korbach

Im Grab einer jung verstorbenen Frau wurden 1935 auf dem karolingischen Gräberfeld von Goddelsheim (vgl. Kat. Nr. 84) eine Kreuzfibel aus Bronze, ein bronzevergoldeter Anhänger mit Kreuzdarstellung und ein Messer gefunden. Die Fibel, die an den Ecken und in den Zwickeln der Hasten kleine Rundeln aufweist, ist gegossen, nachgeschnitten und mit Kreisaugenpunzen verziert. Sie gehört zu einer Fibelgruppe, die erst ziemlich genau in der Zeit um 800 im mitteleuropäischen Bereich auftritt und entsprechenden Kreuzen mit Eckrundeln aus dem östlichen Mittelmeergebiet nachempfunden wurde (Andrae 1973). So zeugt diese Fibelform nicht nur von weitreichenden Verbindungen, die durch Kaufleute und wohl vor allem Pilger hergestellt und unterhalten wurden, sondern auch vom christlichen Bekenntnis derer, die sich solcher Kreuze als Gewandschließen bedienten. Auch die Frau von Goddelsheim, die eher in einem sächsischen als fränkischen Milieu lebte, dürfte demnach eine Christin gewesen sein. Darauf deutet auch ihr zweites Schmuckstück, ein runder Anhänger mit einem aufgezogenen Preßblech, dessen Schauseite ein gleicharmiges Kreuz erkennen läßt.

Naß (1938); Stein (1967); Gensen (1981a); Gensen (1982).

K. Sippel

202 Riemenzunge

2. Hälfte 8. Jh.; Eisen, Silber-tauschiert; L. 4 cm; Büraburg (Ungedanken, Fritzlar, Schwalm-Eder-Kreis); Staatliche Kunstsammlungen Kassel, Abteilung Vor- und Frühgeschichte

Bei den 1967 bis 1973 durchgeführten archäologischen Untersuchungen innerhalb der Großbefestigung der Büraburg (vgl. Kat. Nr. 166) wurde im Bereich des Südtores eine eiserne Riemenzunge mit rückseitigem Befestigungsstift und vier Löchern gefunden, auf deren Schauseite ein silbertauschiertes Krückenkreuz erscheint. Solche Kreuzdarstellungen sind auch von anderen Riemenzungen bekannt (Böhner 1958, Taf. 44,3e; R. Koch 1969, Taf. 83,13) und zeugen offenbar davon, daß der Träger um die Heilskraft dieses christlichen Symbols wußte und sich seiner amuletthaft bediente (H. Roth 1981b). Das Fundstück datiert nicht, wie bisher angenommen, in das 7. Jahrhundert, sondern gehört aufgrund völliger Formentsprechung mit karolingischen Gurt- oder Riementeilen (Fraenkel-Schoorl 1978) frühestens in die zweite Hälfte des 8. oder gar erst in das 9. Jahrhundert.

N. Wand (1974a); N. Wand (1974b); N. Wand (1975).

K. Sippel

201

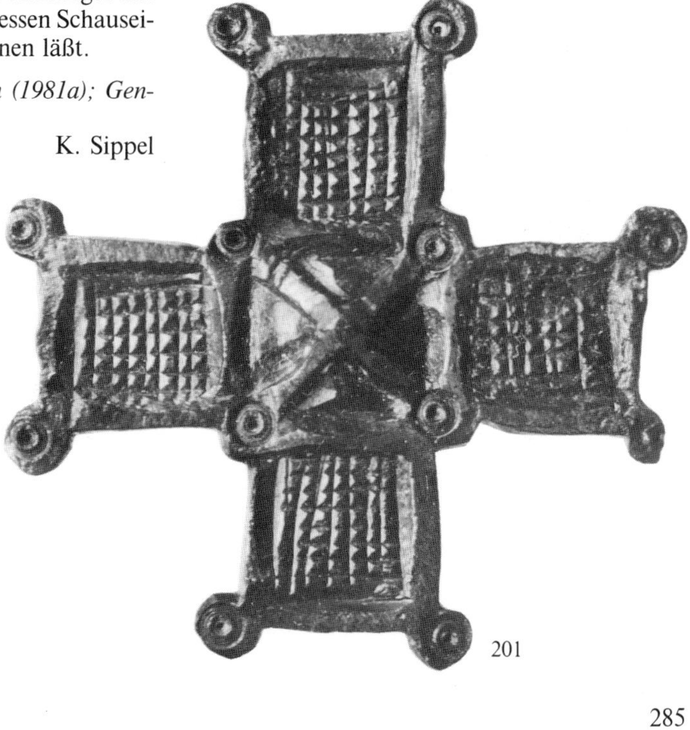

201

203 Lanze

7. Jh.; Eisen; L. 25,8 cm; Bierstadt (Wiesbaden); Museum Wiesbaden, Sammlung Nassauischer Altertümer

Lanzen mit christlicher Symbolik – hier ein vierfach wiederholtes gleicharmiges Kreuz auf dem quadratischen Absatz über der Tülle – sind äußerst selten. Die Form der Lanzenspitze mit schmalem lanzettförmigen, aber kräftigem Blatt und Würfelabsatz ist ungewöhnlich, so daß man durchaus damit rechnen kann, daß es sich hierbei um eine Fahnenlanze handelt, die glück- und erfolgheischend vorangetragen wurde.
Die Lanze stammt vom merowingerzeitlichen Gräberfeld Bierstädter-Wiesbadener Straße, das seit der Mitte des 19. Jahrhunderts bekannt ist.

Schoppa (1969) 44 Nr. 162; Dahmlos (1979) 213f. Nr. 3b.

H. Roth

204 Schildbuckel

2. Drittel 7. Jh.; Eisen, Bronze, vergoldet; Dm. 18,5 cm; Eltville am Rhein (Rheingau-Taunus-Kreis) Grab 25; Museum Wiesbaden, Sammlung Nassauischer Altertümer

Der recht gut ausgestattete Krieger aus Grab 25 besaß in seiner Defensivbewaffnung, dem Schild, ein ungewöhnlich gearbeitetes Stück. Der erhaltene eiserne Mittelteil des Schildes, der sogenannte Schildbuckel, trägt eine aus Bronze gegossene, ehemals vierarmige Applikation mit deutlichem Kreuzdekor in Form des Kruckenkreuzes (vgl. Kat. Nr. 194).
Schildbuckel dieser Art sind aus dem Rhein-Main-Mündungsgebiet, aber auch aus dem mittleren Neckarraum bekannt geworden (R. Koch 1967). Möglicherweise handelt es sich um Stücke, die langobardisch-oberitalische Vorbilder nachahmen.
Kreuzzeichen auf Angriffs- wie auch auf Defensivwaffen sind nicht ganz ungewöhnlich (vgl. Kat. Nr. 203); sie zeigen ein sehr vordergründiges Umgehen mit der christlichen Symbolik im Sinne altheidnischer Abwehr- und Heilszeichen. Die Vermischung von heidnischem mit christlichem Glaubensgut ist im frühen Mittelalter seit dem ausgehenden 6. Jahrhundert allenthalben Realität.
Der Schild stammt vom bekannten Gräberfeld südlich des Steinheimer Hofes (vgl. Kat. Nr. 17;19).

Schoppa (1950) 22 Taf. 14; R. Koch (1967) Taf. 88,8; Dahmlos (1979) 192 Nr. 1b.

H. Roth

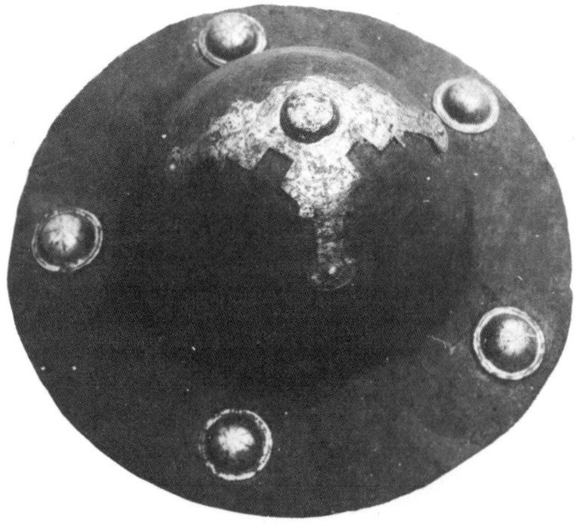

205 Ahnengrab und Kirche

1. Hälfte 8.–8./9. Jh.; Kirchberg (Niedenstein, Schwalm-Eder-Kreis) Grab 9; Staatliche Kunstsammlungen Kassel, Abteilung Vor- und Frühgeschichte

Ausgrabungen des Landesamts für Denkmalpflege Hessen in der evangelischen Kirche von Kirchberg, die 1979 anläßlich des Einbaues einer Fußbodenheizung vorgenommen wurden, führten nicht nur zum Nachweis eines älteren, aus dem 8. oder spätestens 9. Jahrhundert stammenden Vorgängerkirchenbaues, sondern auch zur Entdekkung einer Anzahl beigabenführender Bestattungen des 8. Jahrhunderts.
Eine Gruppe von sechs Gräbern liegt eng beieinander innerhalb der Grundfläche des ältesten Kirchenbaues, doch schräg zu dessen Ausrichtung und muß daher älter sein, was auch die leichte Überschneidung eines Grabes durch die Kirchenmauer zeigt. In einer außergewöhnlich großen Grabkammer fanden sich die infolge einer älteren Störung verworfenen Überreste einer Männer- und einer Frauenbestattung. Unter den vielleicht unvollständig erhaltenen Beigaben waren ein goldener Fingerring mit antiker Gemme, goldene Anhänger einer Schmuckkette, zwei runde Nadelköpfe aus demselben Material, silberne Teile vom Gürtel des Mannes, zwei Sporen mit Schnallen und anderem Zubehör, ferner Glasgefäßreste, ein Kamm, Gerätschaften und zahlreiche Eisenteile wohl von Holzeinbauten der Grabkammer. Von einem kostbaren Gewand zeugen zahllose winzige Goldbrokatfäden, auch Speisebeigaben waren im Grab niedergelegt worden (vgl. Kat. Nr. 177). Die überaus reiche Doppelbestattung und mehrere benachbarte, ebenfalls überdurchschnittlich ausgestattete Gräber zeugen von einer wohlhabenden, zweifellos grund- und machtbesitzenden Familie. Als sich die Nachkommen der hier Bestatteten dann – vielleicht unter dem direkten Einfluß der Missionstätigkeit des Bonifatius – zum Bau einer eigenen Kirche entschließen, wird dieses Gotteshaus auf den Gräbern der Alten errichtet und so die Zweckbestimmung dieses Platzes als kultischer Ort fortgeführt.

Göldner/Sippel (1980); Göldner/Sippel (1981).

K. Sippel

206 Kirche in der Wüstung Hausen

2. Hälfte 8. Jh.; Kirchenstumpf (ehemals Kirche St. Walburgis; ehemals Erzbistum Mainz; Pfarrei Lich; zeitweise selbständige Pfarrei); L. 12,35 m, B. 6,20 m; Lich (Lahn-Dill-Kreis)

1968–69 wurde im Licher Markwald, etwa 3 km ostnordöstlich von Lich, der Grundriß einer Kirche ausgegraben, von der außer den Fundamenten auch das aufgehende Mauerwerk noch in Höhe von einigen Steinlagen (bis zu 70 cm) vielerorts vorhanden war.

Der Kirchenbau gehörte im Mittelalter zu dem Ort Hausen, der 1268 erstmals genannt wird und in dem damals das Wetzlarer Marienstift größere Besitzungen hatte. 1315 wurde die Kirche, Filial von Lich, durch den Kirchenpatron Philipp v. Falkenstein von Lich getrennt und zur Pfarrkirche erhoben. Bereits 1436 war der Ort wüst, die Pfarrkirche war nur noch Kapelle – deren Patrozinium Walburgis erst 1472 erwähnt wird – und wieder Filial von Lich. Gottesdienste sind spätestens seit der Reformation nicht mehr durchgeführt worden; die Kirche selbst wurde 1557–58 teilweise abgebrochen, d. h. daß man vor allem die wiederverwendbaren Ziegel und bearbeiteten Steine einer anderen Nutzung zuführte. Die Ruine verfiel, ihr Schuttberg wurde zum bewachsenen Hügel. Nach der Ausgrabung wurde das Mauerwerk durch Aufmauerung ergänzt, um den Fortbestand der Ruine zu sichern.

Die Grabung ergab als Grundriß einen Saalbau von 7 m Länge und 4,70 m Breite im Schiff, mit eingezogenem, gerade geschlossenem Altarhaus von 4 m Länge und 2,50 m Breite; die Mauerstärke betrug im Schiff 75, im Altarhaus nur 60 cm; das Fundament ist etwa 15 cm breiter. Zwei Zugänge führten in das Schiff, der eine nahe dem Westende der Südwand, der andere nahe dem Ostende der Nordwand. Die Fundamentmauer zwischen Schiff und Altarhaus trug eine zweistufige Schwelle zum höher gelegenen Chor, in dem ein Blockaltar (140 × 90 cm) an die Ostwand gerückt war.

Obwohl die Fundamente der Nord- und der Südwand der Kirche sich in der Technik unterscheiden, werden sie als einheitlich betrachtet, um so mehr, als einerseits die Fundamente der Südwand den Charakter karolingischer Fundamenttechnik tragen, andererseits die Nordmauer sich in der Nordostecke des Schiffes als relativ alt erweist (das nördliche Stück der Ostwand des Schiffes stößt an die durchgemauerte Nordwand an).

Die Grabung hat neben den Resten eines bedeutenden Beinkästchens (vgl. Kat. Nr. 218) im Chor zwei Estriche zu Tage gefördert, die mit zwei übereinander liegenden Schichten von Wandputz zusammenhängen. Unter dem unteren Estrich fand sich Badorfer Keramik des 8. Jahrhunderts, zwischen den Estrichen Keramik des 13.–14. Jahrhunderts. Der Altar ist ohne tiefgehende Fundamentierung gegen den durchlaufenden Verputz der Ostwand gesetzt, also offenbar nicht zeitgleich mit dem Erstbau. Die Nordwand des Schiffes ist im Mauerwerk stark mit Ziegelbruchstücken durchsetzt, was auf eine Erneuerung nach teilweisem Abbruch eines Vorgängerbaues schließen läßt.

Nach diesen Befunden ergibt sich folgende zu vermutende Baugeschichte: In der zweiten Hälfte des 8. Jahrhunderts wird ein Saalbau mit eingezogenem Altarhaus errichtet; ihm gehört das ergrabene Fundament an. Der Altar stand vermutlich von der Wand abgerückt im Altarraum (es sind keine Spuren ergraben). Im 14. Jahrhundert erfolgt eine weitgehende Erneuerung bzw. ein Neubau oberhalb der Fundamente, vielleicht im Zusammenhang mit der Erhebung zur Pfarrkirche (1315); auf eine Einwölbung deutet ein Vorlagenrest am nördlichen Eckpfeiler zum Altarhaus. Zu unbekannter Zeit – ebenfalls um 1315? – wird im nördlichen Winkel zwischen Schiff und Altarhaus ein Anbau errichtet, der mit dem Altarhaus östlich fluchtet, aber über das Schiff nördlich hinausragt. Vermutlich diente er als Sakristei, in der frühen Neuzeit (?) wurden Gebeine aus dem ehemaligen Friedhof in ihm geborgen.

Im Jahre 778 schenkt Abt Beatus von Honau seiner elsässischen Abtei acht Kirchen, von denen eine in Mainz steht und sechs andere im Grenzgebiet Vogelsberg/Wetterau lokalisiert werden können. Abt Beatus hat diese Kirchen wahrscheinlich vor seiner Honauer Zeit teils erworben, teils erbaut, um hier Stützpunkte für eine religiöse Tätigkeit nach irischen Vorstellungen zu errichten. Zu den Kirchen gehört schließlich eine *ecclesia, quae est constructa in silva in Marchlicheo sive Luttenbach,* welche die Forschung im Markwald zwischen Lich und der Wüstung Lauterbach bei Laubach sucht – woraus eine Gleichsetzung mit Hausen gefolgert wurde. Offenbar hatte der Kirchplatz *in silva* 778 noch keinen Namen, was darauf schließen läßt, daß die Kirche älter ist als der Ort. Abt Beatus hätte demnach zuerst eine Kirche gebaut, an die sich ein Ort anschließen sollte; der Umstand, daß der Ortsname »Hausen« nicht mit einem Personennamen verbunden wurde, könnte die Annahme einer kirchlichen Gründung bekräftigen. Honau hat fast alle seine Besitzungen in Oberhessen bereits im Laufe des 9. Jahrhunderts verloren; wie die Schicksale von Hausen bis zum 13. Jahrhundert verliefen, ist durch keinerlei Urkunden belegt.

Material: Örtliche Basalte (Lungstein und Krapp), in den Fundamenten Kalk und Mergel, vermutlich aus dem Limesbereich bei Garbenteich (8 km entfernt), auch Ton und Lehm.

Der Platz um die Kirche war einst in unterschiedlicher Entfernung von einer Mauer umzogen, die stellenweise ergraben wurde.

Fundberichte aus Hessen 9/10, 1969/70, 194f.; Küther (1971); Oswald (1971) 409f.; Dahmlos (1979) 97 Nr. 12a.

D. Großmann

207 Kirche in der Wüstung Udenhausen

Wohl karolingisch; Kirchenstumpf (ehemals Erzbistum Mainz; Pfarrei Ebsdorf, 1222); L. ca. 12 m, B. ca. 8 m; Roßberg (Ebsdorfergrund, Kreis Marburg-Biedenkopf)

Ůdinhausen wird 1222 als Filial der Pfarrei Ebsdorf erwähnt. 1388 wird ein Einwohner genannt, doch soll der Ort schon vor 1400 wüst gewesen sein. Die Kirchenruine wurde 1916 freigelegt.

Die Ruine der Kirche ist in Knie- bis halber Mannshöhe, teilweise bis etwa 1,25 m hoch erhalten. Länge etwas über 12 m, Breite beinahe 8 m, Mauerstärke knapp 1 m. Die trennenden Triumphbogenpfeiler treten sehr stark nach innen vor (etwa 2,25 m) und lassen nur einen verhältnismäßig schmalen Durchgang (nach Küch nur 85 cm). Als Gewändesteine des Westportals sind Monolithe aus örtlich anstehendem Basalt (Dolerit) verwendet worden. Sie werden im Volksmund als »Menhire« bezeichnet (vgl. den Menhir in Langenstein, Kreis Marburg-Biedenkopf, der dem Ort den Namen gegeben hat).

Material: Unregelmäßig geschichtetes Dolerit-Bruchsteinmauerwerk mit gelblichem Mörtelputz.

Ein 1,40 m breiter Altarunterbau *(stipes)* ist in der Apsis an der Ostwand teilweise erhalten.

Schriftliche Quellen über den Kirchenbau fehlen ebenso wie bauplastische Detailformen, doch kann die Häufung ungewöhnlicher Einzelheiten frühen Charakters darauf schließen lassen, daß der Bau aus dem frühen Mittelalter, wohl aus karolingischer Zeit stammt.

Küch (1916/17) 97f.; Meyer-Barkhausen (1959) 72f.; Reclam (1978) 74; Dehio (1982) 753 (»frühromanisch«); Dahmlos (1979) 162 Nr. 43a.

D. Großmann

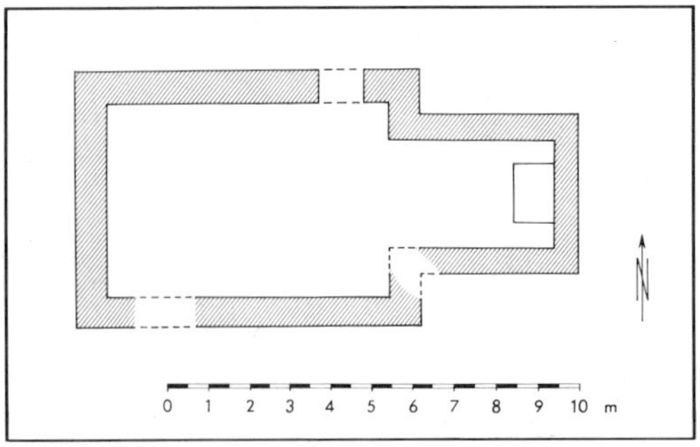

208 Kirche in der Wüstung Kreuzberg

Wohl karolingisch; Kirchenruine (ehemals Erzbistum Mainz; Probstei Johannesberg bei Hersfeld; Heilig-Kreuz-Patrozinium); L. 7,34 m; Unterhaun (Hauneck, Kreis Hersfeld-Rotenburg)

1185 übergab der Abt von Hersfeld der Propstei Johannesberg das Patronat über die *capella in Cruceburg*. Ob dieses Kreuzburg oder Kreuzberg ein selbständiger Ort war, ist nicht ermittelt. Die Kapelle begegnet später als Pfarrkirche des am Fuß des Kreuzberges gelegenen Dorfes Unterhaun, bis dieses 1736 eine neue Kirche in der Dorfmitte errichtete. Die Kreuzkapelle verfiel danach. Erkennbar blieb die Ruine einer einschiffigen Kirche mit Westturm (dem einzigen dörflichen West-Turm im hersfeldischen Raum), vermutlich aus dem 13. Jahrhundert (nach R. Wesenberg 12., nach Handtke 15. Jahrhundert).
R. Wesenberg ergrub 1937 unter der Mitte der Ruine eine ältere vierpaßförmige Anlage. Das freigelegte Mauerwerk verfiel hernach, wurde aber gegen 1975 in Ordnung gebracht und gesichert.
Der größtenteils ergrabene, in fehlenden Teilen gesicherte Grundriß zeigt eine Vierkonchen- oder Vierpaßanlage in Form eines griechischen Kreuzes mit leicht gestelzten Apsiden ohne jede Gliederung. Der längste Durchmesser von einem Apsisscheitel zum anderen beträgt im Lichten 7.34 m, der Apsisdurchmesser 2,48 m. Das aufgehende Mauerwerk mit einer Stärke von 73–80 cm ist bis zu 80 cm Höhe erhalten; die Krone zum Teil restauriert oder ergänzt. Es besteht aus Bruchstein mit ausgleichenden Rollschichten an den vier inneren Ecken. Wesenberg rekonstruiert Tonnengewölbe über den Konchen und eine turmartige Gestaltung des Mittelraums.
Datierung: Nach Wesenberg 1. Hälfte 9. Jahrhundert. Die Frage, ob sich die von Wesenberg vorgeschlagene Rekonstruktion mit dieser Datierung im osthessischen Raum vereinbaren läßt, muß aus Mangel an Vergleichsbeispielen einstweilen offen bleiben.
Bedeutung: Nach R. Wesenberg ursprünglich Grabeskirche oder dem Reliquienkult dienende Kapelle.
Bauplastisches Detail: In der Westwand des hoch- oder spätmittelalterlichen Turmes befindet sich ein gedrückt-rundbogiges Monolithfenster, offenbar in Zweitverwendung. Rahmenhöhe 88 cm, Rahmenbreite 48 cm, lichte Breite 20 cm, Stärke 5 cm. Es besitzt auf der Außenseite einen Anschlagrücksprung. R. Wesenberg ordnet das Fenster der Kapelle auf Vierpaßgrundriß zu und datiert es ebenfalls in karolingischer Zeit.
Grabsteine: Im Bereich der Kirchenruine fanden sich zwei Kreuzgrabsteine, der eine in Ritztechnik, der andere mit erhabenem Kreuz in Spiegelrahmen. Wesenberg (1955) datierte den Ritzgrabstein in karolingische Zeit und schwankte bei dem anderen Grabstein zwischen einer Datierung ins 9. oder 10./11. Jahrhundert. Fr. K. Azzola hat jedoch nachgewiesen, daß der Ritzgrabstein der Zeit um 1100 entstammt, während der Rahmen-Kreuzgrabstein dem Spätmittelalter (14./15. Jahrhundert) zuzuordnen ist. Das Oberteil eines Steinkreuzes gehört nach Azzola (*) nicht in den Bereich der Grabzeichen; es ist auch erst spätmittelalterlich.

Wesenberg (1937); Wesenberg (1955); Dehio (1966) 804; Reclam (1967) 376f.; Azzola (1970); Reclam (1978) 227f.; Dehio (1982) 859; Azzola (*) = freundliche Mitteilung von Herrn Friedrich Karl Azzola vom 29.12.1983; Dahmlos (1979) 124 Nr. 6

D. Großmann

209 Benediktiner-Abteikirche Schlüchtern

1. Hälfte 9. Jh.; (ehemals Bistum Würzburg; Patrozinium: Maria, seit 1166 belegt); Schlüchtern (Main-Kinzig-Kreis)

Die frühe Geschichte des Klosters liegt im Dunkeln. Karl der Große soll die *cellula* Schlüchtern (788) dem Bistum Würzburg übergeben haben; allerdings belegt dies nur eine gefälschte Urkunde. Nach K. Lübeck ist mit dem 817 erwähnten *monasterium Sculturbura... ultra Rhenum* Schlüchtern gemeint. Die erste sichere Erwähnung erfolgt 993; damals spricht Otto II. *Sluohderin* dem Bistum Würzburg zu. Ungewiß ist, ob Schlüchtern vorher bereits würzburgisch oder ob es fuldisch war. Nachdem die Grafen von Hanau 1316 den halben, 1377 den ganzen Ort und danach auch das Kloster erworben hatten, führten sie 1539–43 die Reformation durch und benutzten die Anlage für die Bildung eines evangelischen Schulklosters. Jetzt Gymnasium sowie Landeskirchenmusikschule; Teile der Kirche noch kirchlich genutzt, das Übrige profaniert bzw. zum Teil abgebrochen.
Nachrichten über den oder die frühesten Kirchenbauten sowie über die Klostergebäude fehlen; nur Baubefund und Grabungen geben über sie Aufschluß. Eine Erweiterung oder ein Neubau unter Abt Richard von Amorbach(-Fulda) wird vor 1015 (nach 996) erwähnt. Zahlreiche Umbauten bis in neueste Zeit haben das Bild der ursprünglichen Anlage und auch der ihr folgenden Bauten so sehr verwischt, daß man an Ort und Stelle kaum noch ein Bild gewinnt. Historische Nachrichten und Baubefund sagen folgendes aus:
Vor oder um 1100 wird die ältere Kirche (um zwei Arkadenlängen) nach Westen erweitert und dort durch einen westlichen Einturm abgeschlossen, den (von vornherein?) Kapellen begleiten. Der Turm ist in gotischer Zeit unter Verwendung älterer Säulchen in den Klangarkaden erneuert, die nördlich anschließende Huttenkapelle 1354 neu erbaut, gleichzeitig die südlich anschließende Katharinenkapelle (im Kern ein romanischer Gewölbebau) um ein Joch erweitert. Chor und Krypta werden zu Beginn des 13. Jahrhunderts nach Osten erweitert, an die Nordseite wird die zweistöckige Andreaskapelle angefügt. Sie ersetzt den Ostschluß des nördlichen Seitenschiffes der älteren Kirche. Im Osten schließt sich ihr seit dem 15. Jahrhundert ein zweiter Kirchturm an.

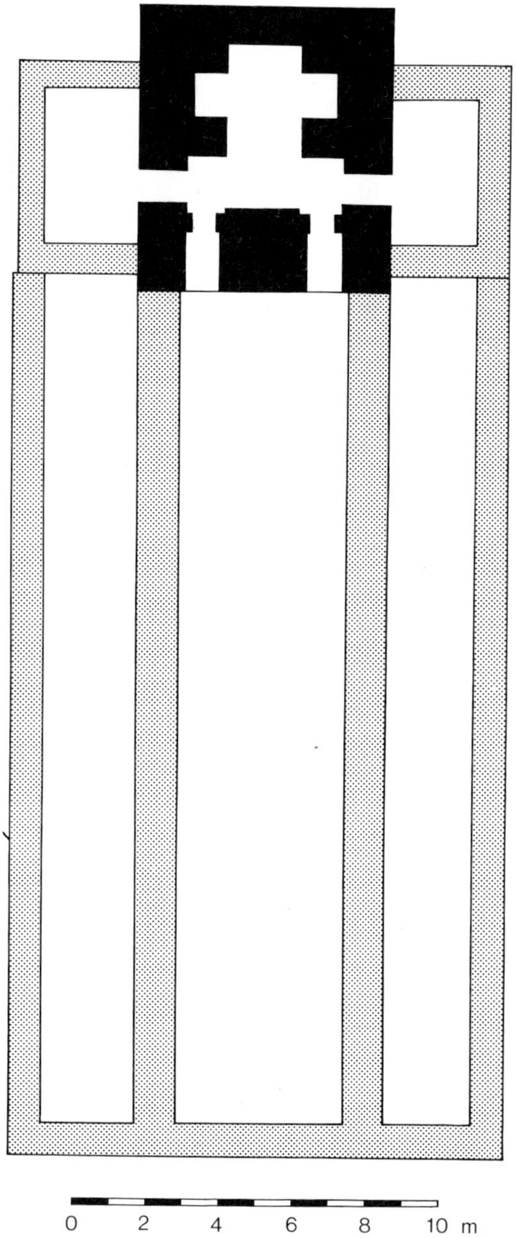

Eine 1446 geweihte Hallenkirche tritt an die Stelle des älteren Baues und seiner salischen Erweiterung, wobei die Kirche auf der klosterabgelegenen Nordseite verbreitert wird. Zerstörungen erfolgen im 30jährigen Krieg, 1820 wird der Chorschluß abgebrochen, 1836 wird die Halle durch den Einbau einer Schulaula zerstört. Krypta und Andreaskapelle sowie die Huttenkapelle werden 1951–56 restauriert. Bauuntersuchungen und Grabungen erfolgten 1914 durch G. Weise, 1955ff. durch K. H. Doll.

Grundriß: Die ursprüngliche Anlage bestand aus einer dreischiffigen Basilika mit quadratischem Chor, der über einer Krypta lag und von etwas zurückstehenden Nebenräumen in Flucht der Seitenschiffe begleitet war. Von diesem Bau ist die Krypta erhalten; bei Grabungen wurden die Fundamente des nördlichen Nebenraumes sowie von einzelnen Partien des Langhauses, darunter der Ansatz der Südwestecke, gefunden.

Aus dem starken Mauermassiv des Chorunterbaues ist die Krypta in T-Form ausgespart: ein breiterer Längsstollen (etwa 2 m breit, seit dem 13. Jahrhundert mit Durchbruch nach Osten) und ein schmalerer Querstollen im Westen. Zu diesem führten von Westen zwei (später vermauerte) Zugänge; in den Stirnseiten des Querstollens befanden sich Durchgänge zu rechteckigen Seitenräumen; diese selbst sind nicht erhalten. Der Längsstollen ist im Osten kreuzförmig erweitert, doch bleiben Höhe und Breite der Kreuzarme unter denen des Stollens. An der Westseite des Querstollens liegt dem Längsstollen eine Nische gegenüber. Beide Stollen sind mit sich durchdringenden Tonnen gewölbt, ebenso auch die Kreuzarme im Osten.

Material: Basalt- und Kalkbruchstein mit nur spärlichem Vorkommen einzelner Sandsteinstükke. Zwei Säulchen in den Schallarkaden des romanisch-gotischen Westturmes, wiederverwendet. Jedes Säulchen ist mit Basis und Kapitell aus einem Stück gearbeitet. Die Basen sind attisch, die Halsringe gegliedert. Die Grundform der Kapitelle ist komposit: über einem Akanthusblattkranz die ionisierende Zone, als Abschluß der Abakus mit Blütenmotiv. Bei dem einen Kapitell sind die Schnecken auf jeder der vier Seiten in Rosetten verwandelt und in der Kapitellmitte durch ein doppeltes Lotos-Motiv verbunden. Das andere Kapitell ist, dem ionischen Typus folgend, »zweiansichtig« angelegt: Die Walzen gehen an den Seiten durch, doch ist ihre Front jeweils wiederum als Rosette gestaltet. Das Material ist weißer Sandstein. Die Beurteilung von Einzelheiten wird durch die starke Verwitterung sehr erschwert.

Datierung: Die Säulchen sind auf jeden Fall vorromanisch; stilistisch passen sie gut zu sonstigen Werken der karolingischen Kapitellplastik in Hessen. Sehr nahe stehen Kapitelle und Kapitellfragmente, die im Fuldaer Dombereich (vgl. Kat. Nr. 211) gefunden wurden und sich heute teils im Fuldaer Dommuseum, teils im Marburger Universitätsmuseum (vgl. Kat. Nr. 237,5) befinden. Meyer-Barkhausen meint, daß alle diese Werkstücke aus der Fuldaer Ratgarbasilika (791–819) stammten. Dies ist möglich, würde aber voraussetzen, daß die Schlüchterner Säulchen gleichzeitig in Fulda überflüssig und in Schlüchtern benötigt wurden. Es spricht aber nichts gegen die Möglichkeit, daß ein Fuldaer Steinmetz z.B. zwischen den Abschlußarbeiten an der Ratgarbasilika (vgl. Kat. Nr. 211,1) und dem Baubeginn der Michaelskapelle auch für Schlüchtern gearbeitet habe (um 819/20). Die Säulchen könnten dann mit dem Kern der Kryptenanlage in Schlüchtern zu einem Bau der 1. Hälfte des 9. Jahrhunderts gehören.

Über die frühmittelalterliche Klosteranlage ist nichts bekannt; ein Neubau ersetzte sie 1508–19.

MGH DD 2, 1, p. 348; v. Dehn-Rotfelser/Lotz (1870) 239ff.; Dersch (1915) 108; (1940) 141f.; Weise (1916) 117ff.; Weise (1920b) 116f.; Holtmeyer (1920) 84ff.; Reimer (1926) 426; Meyer-Barkhausen (1929/30) 133f.; Buschow (1934) 38ff.; Lehmann (1938) 139; Lübeck (1940); Dehio/Gall (1950) 141f.; Claussen (1950) 209; Hallinger (1950) bes. 226ff.; Doll (1959); Backes/Feldtkeller (1962) 167f.; Großmann (1962) 365f.; Kröner (1960; 1967) 404ff.; Dehio (1966) 735ff.; (1982) 784ff.; Reclam (1967; 1978) 500f.; Dahmlos (1979) 200 Nr. 1.

D. Großmann

210 Klosterkirche und -befestigung Bad Hersfeld

(Kreis Hersfeld-Rotenburg)

Der aus der Fritzlarer Klosterschule hervorgegangene Schüler des Bonifatius, der aus Bayern stammende Sturm begab sich mit zwei Gefährten im Jahre 736 an einen schon bestehenden Ort *Haireulfisfelt*. Ob seine dortige Gründung nur eine dem Eremitendasein dienende Einsiedelei war oder ob Sturm hier bereits eine Klostergründung plante und einleitete, ist nicht sicher zu entscheiden. Acht Jahre später zieht Sturm dann im Auftrag seines Lehrers Bonifatius nach Fulda, wobei die größere Entfernung Fuldas von den Althessen bedrohenden Sachsen ausschlaggebend für die Wahl des Platzes gewesen sein mag. Hier, wo der König ihm einen entsprechend großen Bezirk zur Verfügung stellen konnte, gründete Sturm an einem angeblich völlig wüst gelegenen Platz das Kloster Fulda, dessen reiche Ausstattung und zentrale Bedeutung für den östlichen Teil des Karolingerreiches bekannt sind.

Nach dem Märtyrertod des Bonifatius im Jahre 754 trat sein ebenfalls angelsächsischer Schüler Lull die ihm zugedachte Nachfolge als Bischof von Mainz an. Als Lull mit seinem Versuch, in Fulda gegen den um die Errichtung des Klosters verdienten und selbständig gewordenen Abt Sturm Einfluß zu gewinnen, scheiterte, gründete er in Hersfeld auf eigenem Besitz *(in sua proprietate)* ein Benediktinerkloster, das 775 in einem Schutzprivileg Karls des Großen zum Reichskloster erhoben wurde. Den eigenen Besitz in Hersfeld hatte Lull doch wohl als Nachfolger des Bonifatius als Bischof geerbt, so daß anzunehmen ist, daß sich dieses Besitzrecht noch auf die erste 736 im Auftrag des Bonifatius erfolgte Gründung berufen konnte. Vermutlich war die Gründung des Sturm in Hersfeld nach dessen Übersiedlung nach Fulda nie aufgegeben worden und Besitz des Bischofs geblieben. Hersfeld trat nun in die Reihe der Reichsklöster ein und wurde durch umfangreiche Besitzübertragungen des Königs und weltlicher Grundherren zu der neben Fulda reichsten geistlichen Grundherrschaft Nordhessens, deren Besitz im *Breviarium Lulli* für das 9. Jahrhundert aufgezeichnet ist. Nach der Überführung der Gebeine des 747 in Fritzlar als Abt verstorbenen Wigbert wuchs das Ansehen Hersfelds beträchtlich, und in den folgenden Jahrhunderten sind für Hersfeld die meisten Königsaufenthalte in Althessen bezeugt.

Seit J. Vonderau sind in Hersfeld Mauern verschiedener älterer Kirchenbauten in Teilstücken ausgegraben worden, die sich mit einer achsialsymmetrischen nicht unproblematischen Ergänzung zu den Kirchen A, B, C und X rekonstruieren lassen. Gemeinsam ist diesen Vorgängerbauten der heutigen Stiftsruine, daß ihre Längsachsen gegenüber der Mittellinie der großen Stiftsruine weiter südlich liegen. Diese Kirchenbauten haben, wenn die Rekonstruktion richtig ist, folgendes Aussehen: Ältester bei den Untersuchungen erfaßter Kirchenbau ist eine Saalkirche von wohl 16,50 m Länge und im Osten 5,80 m Breite mit einer halbrunden Apsis. Es ist die Kirche A nach J. Vonderau und H. Feldtkeller, bzw. die Kirche I nach G. Binding. Das Mauerwerk war bei der Untersuchung zum Teil noch 0,73 m über dem zugehörigen Estrich 1 erhalten; die Breite der Kirchenmauern schwankte zwischen 0,55 und 0,66 m. Sie bestanden aus kleinteiligem Bruchsteinmauerwerk in kalkarmen Mörtel. In der Apsis und vor den Stirnwänden stand je ein Altar, während der Westabschluß unter der Westmauer der ersten dreischiffigen Kirche (X-Kirche, Kirche III) vermutet wird.

In diese Kirche ist dann ein Zentralbau eingefügt worden (B-Kirche, Kirche II). Er war innen rund bei einem lichten Durchmesser von 4,75 m. Die Innenwand war verputzt und farbig bemalt; der zugehörige Estrich lag nur 2 cm höher als der des ersten Kirchleins. Das Innenrund war von Osten her durch eine 1,60 m breite Tür zugänglich. Außen ist dieser Zentralbau bei Seitenabmessungen von 5,50 bis 5,85 m fast quadratisch. Auf der Ostseite war direkt vor den Zentralbau eine 0,50 m starke Mauer auf den Estrich der Kirche I aufgesetzt, die entsprechend der Tür zum Zentralbau unterbrochen war.

Mit einer dreischiffigen Kirchenanlage, der X-Kirche nach H. Feldtkeller, bzw. der Kirche III nach G. Binding, tritt uns dann ein gegenüber der älteren Kirche um ein mehrfaches größerer Kirchenraum entgegen. Von dieser Anlage sind jeweils Teilstücke in den Grabungskampagnen 1921/22, 1955 und 1963 ausgegraben und schließlich achsialsymmetrisch ergänzt worden.

Unterschiedliche Übertragungen der Teilpläne haben zu einer auch leicht unterschiedlichen Grundrißgestalt bei den Rekonstruktionen des Kirchenbaues durch H. Feldtkeller und G. Binding geführt. Da auf allen vorgelegten Plänen die

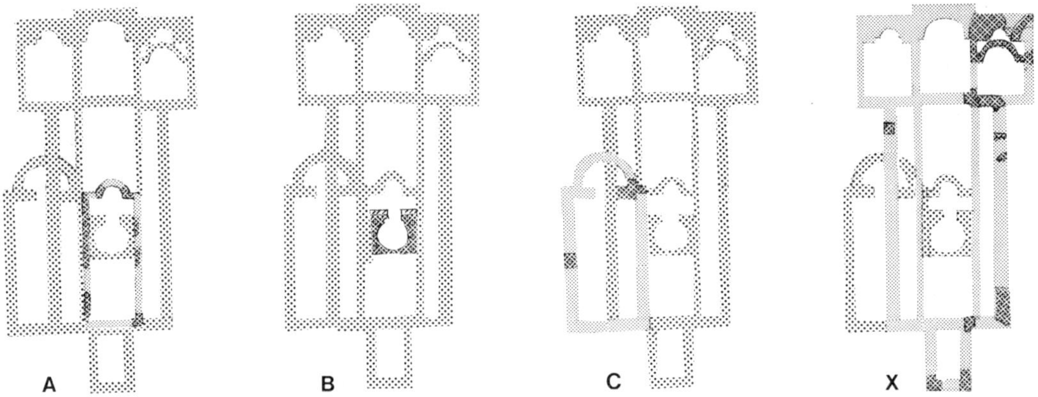

A B C X

Angaben über die Grabungsgrenzen fehlen, sind diese Rekonstruktionen objektiv nicht zu überprüfen. Bei der folgenden Beschreibung wird weitgehend der von G. Binding gefolgt.
Die Kirche wird mit durchlaufendem Mittelschiff, abgetrennten Seitenkapellen mit jeweils rechteckig ummantelten, einmal gestuften Apsiden und einer westlichen Vorhalle rekonstruiert. Der Chorabschluß ist nicht gesichert. Das Mittelschiff besitzt im Westen eine Breite von 5,33 m. Falls die Rekonstruktion über die Apsis der Kirche I nach Osten hinaus richtig ist, erweitert sich diese Breite bis auf 6 m (= 18 Fuß). Dabei werden der Zentralbau II und die Apsis der Kirche I mit einbezogen. Gegenüber der Westbegrenzung der Seitenkapellen um etwa eine halbe Mauerbreite nach Osten zum Chor verschoben ist das Mittelschiff von einem Fundament unterbrochen, das als Unterzug einer Chorschranke gedient haben sollte. Eine Mauerpfeilervorlage auf der westlichen Nordseite des Mittelschiffes wird zu einer Westempore von 2,80 m Tiefe gehören. Im Bereich von Chor und Seitenkapellen beträgt die Gesamtbreite 22 m; Mittelschiff und Seitenschiffe sind im Ostteil 15 m breit. Als Gesamtlänge sind bei der vorgeschlagenen Chorrekonstruktion 53,30 m anzunehmen.
Während die Mittelschiffsmauern nur 0,65 bis 0,68 m breit sind, beträgt die Mauerstärke der westlichen Begrenzung und die der Außenbegrenzung der Seitenschiffe 1,45 m. Östlich des Seitenschiffes der heutigen Stiftsruine ist diese Mauerbreite auf 1 m reduziert, vielleicht ein Hinweis auf verschiedene Bauabschnitte.
Im Westen ist die Vorhalle (bei der Rekonstruktion von G. Binding) gegenüber der Achse der Kirche nach Norden so weit verschoben, daß die Nordmauer dieser Vorhalle in der Verlängerung der nördlichen Mittelschiffsmauer liegt. Die Vorhalle selbst ist 12,80 m lang und 5,40 m breit.
Im Mittelschiff befindet sich auf der Achse der Vorhalle eine ovale gemauerte Grube von 0,65 bis 0,80 m Durchmesser. Sie ist 0,55 m eingetieft, und in der Ostseite des Estriches befindet sich eine kleine Vertiefung.
Die innere verputzte Kirche war im Langhaus mit roter Architekturmalerei auf gelbem Grund, in der Apsis der südlichen Nebenkapelle mit mehrfarbiger figürlicher Malerei und einer roten Majuskel-Inschrift geschmückt. In diese südliche Nebenkapelle ist offensichtlich nach einer Brandkatastrophe eine Nordapsis (Kirche IIIa) eingebaut.
Die Kirche III wird überlagert von einem Stück Quermauer mit dem Ansatz einer Apsis, die als C-Kirche angesprochen wurde. G. Binding hält sie für eine erste begonnene, bald wieder zugunsten der heutigen Stiftskirche aufgegebene Planung.
Nach den Estrichbefunden bestanden in der Kirche III (X-Kirche) die Altarsockel von Kirche I nicht mehr, und auch die reich profilierten Türgewändesockel des Zentralbaues II waren verdeckt. Bei einem um 0,14 m tiefer liegenden Estrich im Rund des Zentralbaus müssen dieser und auch die Apsis I bei der Höhe der erhaltenen Mauern in der Kirche III mindestens bis zu einer gewissen Höhe sichtbar gewesen sein.
Eine westliche, nach Süden weiterführende Mauer und Estrichreste an der Südostecke des Quer-

schiffs der Stiftsruine werden zu einem hier nach Süden anschließendem Kloster gehören, wobei G. Binding eine Größe von etwa 28 × 28 m für das Kreuzgeviert annimmt.
All diese Reste von vorhergehenden Sakralbauten werden von den Mauern der heutigen Stiftsruine überlagert. Diese Benediktiner-Klosterkirche ist eine 103 m lange dreischiffige, flachgedeckte Säulenbasilika. Die Ausladung des Querschiffes beträgt 56,50 m. Unter dem langgestreckten Mönchschor liegt die dreischiffige Krypta, der Westbau besitzt zwei Türme. Die Kirche ist aus sorgfältig behauenen, in Wechselschichten verlegten rötlichen und weißlichen Sandsteinen errichtet, nur die Apsis ist gegliedert. Die drei Schiffe der Krypta sind gleich breit. Die vier Paar Säulen haben steile attische Basen ohne Eckblätter. Der unter der Chorapsis liegende, durch zwei Pfeiler abgetrennte Teil ist schmaler, aber zusammen mit der übrigen Krypta errichtet.
Jeweils in der Mitte der östlichen Querhausmauern befinden sich zwei gestelzte hohe Apsiden mit Vierpaßrundfenstern. Acht Paar Säulen mit attischen Basen ohne Ecksporen mit mächtigen Würfelkapitellen teilen das Langhaus in drei Schiffe, wobei das Mittelschiff 22 m hoch ist. Die Zusammenfügung von breiter Eingangshalle und doppelter Turmfassade bilden den Westbau, der oben eine Apsis besitzt. Unter diesem Westbau stellte J. Vonderau eine Vorgängeranlage fest.
Nach Süden schließt sich um einen Kreuzgang der Klosterbereich an, der im Ostteil mit dem Kapitelsaal (Museum) erhalten und sonst von H. Feldtkeller nachgewiesen worden ist. Die Klostergebäude setzen sich nach Westen hin noch mit zwei in Ansätzen nachgewiesenen Gebäudetrakten fort.
Ungewöhnlich ist der bis vor einiger Zeit mit einer Katharinakapelle verbundene ostnordöstlich des Chores alleinstehende Glockenturm, der zusammen mit einer Eingangshalle an der Nordostecke des Querhausflügels zur Stadt hin orientiert ist.
Die für die Errichtung von Kirchenbauten möglichen Daten seien hier nochmals genannt: 736 ist es die Errichtung der Einsiedelei durch Sturm; zu Anfang der siebziger Jahre des 8. Jahrhunderts ist es die Einrichtung des Klosters durch Lull, das auf dem Reichstag von Quirzy dem Reich unterstellt wird. Um 780 ist die Übertragung der Gebeine des heiligen Wigbert zu nennen, weiterhin der Aufenthalt Karls des Großen im Sommer 782 und die Beisetzung des früheren Büraburgbischofs Willa und schließlich des Erzbischofs Lull 786. Im Jahre 831 wurde unter der Leitung der Äbte Bun von Hersfeld und Hraban von Fulda mit dem Bau einer 850 fertiggestellten Kirche begonnen. Kirchenbrände sind für den Anfang des 10. Jahrhunderts und für 1038 bekannt. Nach dem letzteren wurde 1040 die Krypta – und vielleicht doch auch ein Ostteil – in Anwesenheit des Kaiser Heinrich III. geweiht, die gesamte Kirche 1144. Das Kloster erlosch 1525, und die Kirche brannte 1761 im siebenjährigen Krieg aus. Heute dient sie als Festspielgebäude.
Nun sind von verschiedener Seite Versuche unternommen worden, die Ausgrabungsbefunde mit den dabei nur sehr bruchstückhaft ergrabenen und rekonstruierten Kirchen mit diesen Nachrichten zu verknüpfen. Seit G. Weise 1920 annahm, die jetzige Stiftsruine sei nicht erst nach 1038 entstanden, sondern bis auf den jetzigen Westbau spätkarolingisch, und G. Vonderau 1921/22 unter den Lang- und Querhausmauern spätkarolingische Fundamente vermutete, ist die Diskussion um das Alter der Stiftsruine und damit auch der Vorgängerkirchen nie erloschen. 1971 hat G. Binding versucht, die Kirche I (A-Kirche) mit der Klostergründung durch Lull (770–775) zu verbinden, den Zentralbau II (B-Kirche) in den Bereich einer Grabkirche, einer Art Reliquienkapelle zu stellen und den größeren Kirchenbau III (X-Kirche) als die 831 von Bun und Hraban begonnene und 850 von letzterem geweihte Kirche darzustellen. Dann müßte die jetzige Stiftruine insgesamt eine Planung von 1038 bis 1040 sein, in der ein begonnener Westbau später wieder verworfen worden sei zugunsten der 1144 verwirklichten jetzigen Lösung.
Allerdings ist es wohl schwer vorstellbar, daß das kleine Kirchlein I die Hauptkirche eines 775 dem Reich unterstellten Klosters gewesen sein soll, und auch seine Annahme, die bisherige C-Kirche sei nur ein über ein Planungsstadium kaum hinausgekommenes Anfangsstadium gewesen, überzeugt nicht recht.
Es ist hier nicht die Aufgabe, den bestehenden Meinungen wieder eine neue hinzuzufügen oder sich für eine der Ansichten zu entscheiden. Vielmehr sollte darauf hingewiesen werden, daß nicht auszuschließen ist, daß es auch weitere

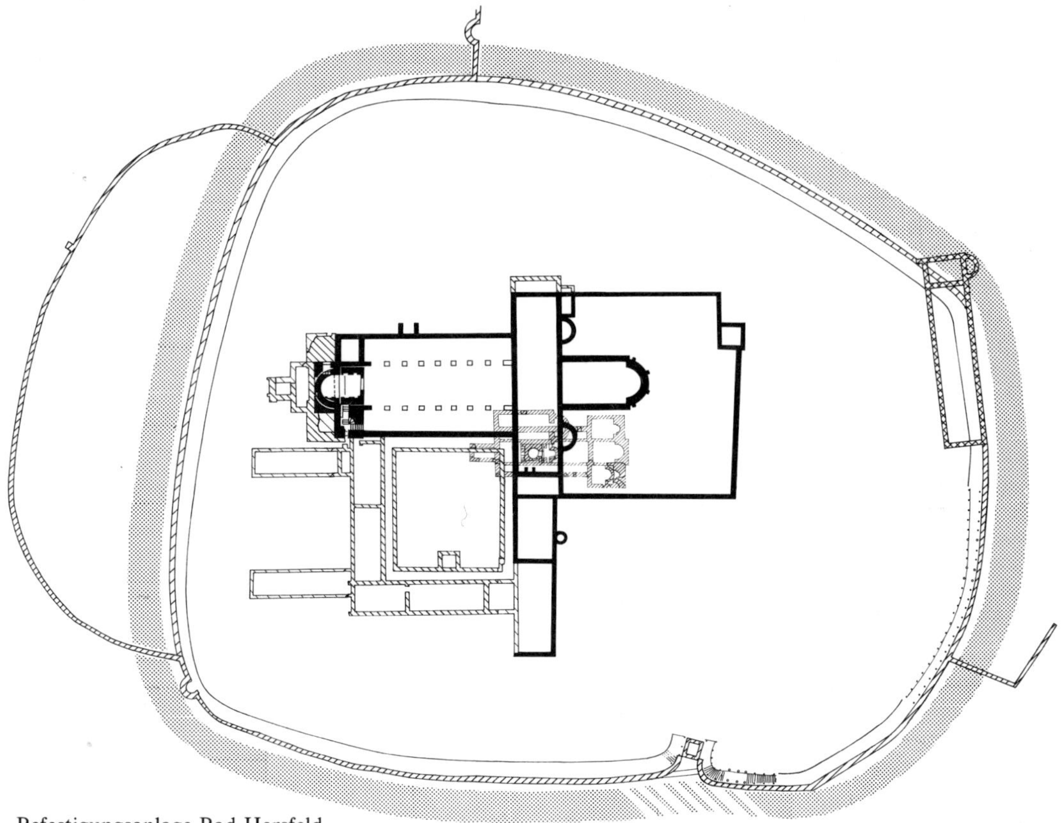

Befestigungsanlage Bad Hersfeld

literarisch nicht auf uns gekommene sakrale Bautätigkeiten gegeben hat.
Im Jahre 831 wurde nach den Plänen der Äbte Hrabanus Maurus von Fulda und Bun von Hersfeld mit dem Bau einer großartigen Basilika begonnen, die dem wirtschaftlichen Wohlstand und der kulturellen Bedeutung des Klosters entsprach. Bereits im Jahre 850 weihte Hrabanus Maurus, inzwischen Erzbischof von Mainz, diese Kirche, deren Ruine heute den größten stehenden frühromanischen Kirchenbau östlich des Rheins darstellt. Diese Abteikirche wurde im Jahre 1038 durch einen Brand zerstört. Doch schon 1040 konnte dank der Initiative des Abtes Meginher der Ostteil im Beisein des Königs Heinrichs III. wieder geweiht werden.
Nach längerer vielfach unterbrochener Bauzeit wurde im Jahre 1144 die Gesamtkirche in Gegenwart König Konrads III. ihrer Bestimmung übergeben, wobei das karolingische Westwerk starke Veränderungen erfahren hatte. Doch in allen wesentlichen Gliederungen entspricht die heutige Stiftsruine wohl dem Bauwerk des 9. Jahrhunderts.
Die Ausschachtungen für den ersten Bauabschnitt eines Altenheimes östlich der Stiftsruine im Grenzbereich zwischen Kloster und Stadt im Jahre 1977 leiteten umfangreiche Ausgrabungen ein, die 1981 vorläufig abgebrochen wurden. Bei den genannten ersten Ausschachtungen gelang es U. Mozer, der die ersten ständig unter Zeitdruck stehenden archäologischen Untersuchungen leitete, die untersten Steinlagen eines nord-südgerichteten Steinbaues von 60 m Länge in den untersten Steinlagen zu erfassen. Im Norden war von dem Gebäude ein kleiner Kapellenraum mit im Osten anschließender Apsis abgetrennt.
Die vielen für Hersfeld bezeugten Königsaufenthalte des frühen und hohen Mittelalters legten es von Anfang an nahe, dieses die Maße von klösterlichen Nebengebäuden weit übertreffende Bauwerk als dem Königtum zugehörig, eben als

Aula Regia eines *Palatiums*, als Zentralbau einer Pfalz anzusehen. Doch konnte es keinesfalls die erste Pfalz sein, denn die Nordostecke des großen Baues überlagerte den zur ältesten Stiftsbefestigung gehörenden Graben, dessen Verfüllung durch einen Münzfund des 11. Jahrhunderts datiert werden konnte. Analog zu den Befunden im Pfalzbereich von Paderborn müßte sich dann ein älterer Pfalzbereich weiter westlich zwischen diesem Bau und der Stiftsruine befunden haben. Doch konnte dieser Bereich nicht in die archäologische Untersuchung einbezogen werden. Die Ausgrabungen folgten im Wettlauf mit der Zeit dem Fortschreiten des Altenheimbaues, wobei sich dabei ureigene Anliegen Hersfelds gegenüber standen. Es galt doch einerseits, die zügige Fertigstellung des Altenheims, andererseits die Erforschung der ältesten Geschichte Hersfeld sicherzustellen.

Die Ergebnisse zur Erforschung der vermutlich im Hauptgebäude angeschnittenen hochmittelalterlichen Pfalz waren zunächst enttäuschend, da spätere Bodenabtragungen und Einplanierungen mögliche Befunde zerstört hatten. Um so aufschlußreicher waren die Aussagen zu den älteren Befestigungen im südöstlichen Klosterbereich. Ihren Stellenwert in der Frühmittelalterforschung Mitteleuropas erhielten sie erst, als es im Süden des Klosterbereichs möglich wurde, die Untersuchung ohne wesentlichen Zeitdruck nach archäologischen Gesichtspunkten großflächig durchzuführen, wobei die Untersuchungen von U. Mozer aus dem Bereich des Altenheims mit einbezogen werden konnten.

Die älteste zur frühmittelalterlichen »Klosterburg« gehörende Befestigung überlagerte eine Siedlungsschicht, die nach dem Fundmaterial in die Zeit um 700 oder in die erste Hälfte des 8. Jahrhunderts gehörte. Das recht reichhaltige Fundmaterial bestand vor allem aus handgeformten Kümpfen und frühen Übergangsformen zu kugeligen Töpfen. Darauf folgte eine ungewöhnlich aufwendige Befestigungsanlage einer Holz-Stein-Erde-Mauer, die wohl kaum der bescheideneren Anlage Sturms, sondern eher der Gründung des dann zum Reichskloster aufgestiegenen Klosters durch Lullus zugewiesen werden muß.

Im unter späteren Überlagerungen ungewöhnlich gut erhaltenen Bereich der Grabungsflächen 7-Ost, 7-West und 26 im südlichen Klosterbereich gelang es, diese Befestigung bis in die letzten Details zu erfassen.

Die älteste Wehranlage – hier als erste Periode der »Klosterburg« bezeichnet – war eine Holz-Stein-Erde-Mauer. Sie bestand aus mächtigen in 3 m großen Quadraten gesetzten und bei der Grabung als 20 mal 30 cm große Hohlräume erhaltenen Pfostenlöchern, die – aneinandergereiht – den Wallverlauf bildeten.

Diese mächtigen rechteckigen Pfosten wurden von jeweils zwei senkrecht zum Wallverlauf verlegten dicht nebeneinanderliegenden Baumstämmen zangenartig umklammert, wobei die horizontalen Hölzer zur Außenfront der Befestigung noch etwa 1 m über die äußere Pfostenlinie herausragten, um dort von der als Trockenmauer gebildeten Frontverkleidung umfangen zu werden und dieser Mauer gleichzeitig einen Halt zu geben. Auch die inneren Enden der Hölzer ragten über die Verbindungslinie der Pfostenreihe hinaus. Entlang der Linie der äußeren und der inneren senkrechten Pfosten waren dann jeweils auf den Wallseiten hochkant gestellte Bohlen in etlichen Lagen übereinander verlegt, die den Erddruck des Wallkörpers auffingen. An den Kreuzungspunkten mit den senkrecht zur Wallrichtung verlegten Hölzern waren diese entsprechend eingekerbt. Das Material des Erdwalls selbst bestand aus dem Aushub des vorgelagerten mächtigen Grabens. In der Fläche 26, in der der Normalbefund der Befestigung angetroffen wurde, folgte dann 0,60 m höher eine nächste Lage von nun eng nebeneinanderliegenden Baumstämmen quer zur Wallrichtung. Diese Baumstämme – in inkohltem Zustand vor allem der Waldkante (Rinde) erhalten – stießen normalerweise an die hochkant gestellten in Wallrichtung verlegten Bohlen. An den senkrechten Pfosten kreuzten sie diese Bohlen und ragten wie schon die unteren Doppellagen nach innen ein Stück über die Pfosten und um 1 m nach außen in die vorgeblendete Trockenmauerfront. Auch dabei waren die hochkant gestellten Bohlen mit den horizontal verlegten Stämmen und wohl auch den Pfosten verzahnt.

Diese Art der Verbindung von senkrechten Pfosten, hochkant gestellten Bohlen und senkrecht zur Wallrichtung verlegten Baumstämmen wiederholt sich 0,90 m höher, also 1,50 m über dem Bauhorizont in völlig gleicher Weise wiederum mit den eng nebeneinander verlegten Baumstämmen. Ob sich nach oben ursprünglich noch weitere kompakte Lagen von quer verlegten Baumstämmen befanden, war nicht zu entscheiden, da der Wallkörper nicht höher erhalten war. Eine leichte Innenneigung der außen die Holzkonstruktion verkleidenden Trockenmauer erlaubt die Annahme, daß sich diese Front und die Pfosten in etwa 4 bis 5 m Höhe trafen und daß sich dort die eigentliche Brustwehr auf dem Wall befunden haben muß. Die horizontal, senkrecht zur Wallrichtung verlegten Hölzer ragten also auch hier in 1,50 m Höhe im Bereich der Pfosten und vielleicht auch jeweils in der Mitte zwischen den Pfosten nach außen durch die Trockenmauerfront hindurch, so daß die Mauerfront im Aussehen einem *Murus Gallicus* der Spätlatènezeit entsprochen haben muß.

Zum Inneren der Klosterburg war dieser durch die sorgfältige Holzkonstruktion verbundene Wallkörper hinterschüttet, wobei das dafür verwendete Material aus einem nicht örtlich anstehenden leicht kiesig-lehmigem und sandigem Erdreich bestand, dessen Herkunft unsicher ist. Dieser Holz-Stein-Erde-Wall bog nun nach innen zu einem breiten Tordurchlaß ein, dessen westliche Gegenseite ebenfalls in Teilbereichen mit Pfosten, hochkant gestellten Bohlen und senkrecht zur Wallrichtung verlegten Stämmen erhalten war. Der Torbereich war durch einen Baggerschnitt, die Anlage des Tores der zweiten Klosterburgmauer und jüngere Überbauungen zwar teilweise gestört, die Konstruktion des Tores war jedoch exakt nachzuweisen. Dabei waren im Bereich der zu einer Art Zangentor einbiegenden Wallenden die horizontalen Baumstämme fächerförmig verlegt.

Die eigentliche Torbreite betrug, wenn man auch im Tor die hier nicht erhaltene Verblendung durch eine Trockenmauerfront annimmt, etwa 4,50 m. Das Tor war in zwei Durchfahrten unterteilt. Die Unterteilung war nachzuweisen in einer in Nord-Süd-Richtung verlaufenden Balkenspur auf der zweiten Pflasterungshöhe. Es liegt daher nahe, daß mit dem darunter liegenden älteren Pflaster ein vorbefestigungszeitlicher Weg an der Stelle des Tores nachgewiesen worden ist, zumal das älteste Pflaster auf der Westseite leicht unter den Wallkörper zog.

Die hier beschriebene Befestigungskonstruktion hatte sicher den Vorteil einer enormen Standfestigkeit. Ihr Nachteil war jedoch, daß sie nach dem Vermodern der vielen verwendeten Eichenhölzer, Pfosten und Bohlen nicht ohne eine vollständige Neuverlegung der Baumstämme und Neusetzung der Pfosten erneuert werden konnte. Da jedoch in Hersfeld inzwischen die Technik der gemörtelten Steinmauer – nachgewiesen auch durch die älteren Kirchenbauten – sicher allgemein bekannt war, wurde statt der älteren Holz-Stein-Erde-Konstruktion in einer zweiten Befestigungsperiode nun ein knapp 1,50 m starke Mörtelmauer direkt vor die ältere Trockenmauerfront gesetzt.

An der Stelle des Tores der ersten Bauperiode bog auch diese vorgesetzte Mauer entsprechend nach innen ein, wodurch sich die Einfahrt entsprechend verengte und für ein Tor mit zwei Durchfahrten keine genügende Breite vorhanden war. Stattdessen wurde an die verkürzt einbiegenden Mauerenden der zweiten Befestigungsbauperiode ein Torturm von 6 mal 5,50 m Größe innen angesetzt, der eine 2,80 m breite Einfahrt frei gab. Wähend die Mauern des Torturmes und der Ansatz der auf der Westseite einbiegenden Mörtelmauer nur in den unteren Steinlagen erhalten waren, stand die östliche Torwangenmauer noch in über 4,50 m Höhe. Es ist auf der Südseite die heute sichtbare Stiftsmauer, die zwar mancherlei Ausflickungen und Veränderungen erfahren hat, aber in ihrem Verlauf und ihrer Grundsubstanz zur zweiten karolingischen Befestigung gehört. Als im Mittelalter für ein Tor auf der Südseite kein Bedürfnis mehr vorhanden war, wurden die westliche einziehende Torwangenmauer wie auch die Mauern des Torturmes bis auf die unteren Steinlagen abgerissen. Die entstandene Lücke wurde durch ein Weiterführen der von Westen ankommenden Klostermauer an den östlichen Torwangenbogen geschlossen.

Die Datierung dieser gemörtelten Mauer der Periode 2 und des zugehörigen Südtores ergab sich vor allem durch technische Befunde hinter dem einbiegenden Torbogen in Fläche 7-Ost und in Fläche 26. Über die hier angetroffenen Spuren einer Salzgewinnungsanlage ist an anderer Stelle berichtet worden (vgl. Kat.Nr. 149). Die zu der Salzsiederei gehörende Holzkohleschicht erbrachte ein sehr zahlreiches Fundgut an karolingisch-ottonischer Keramik. Da diese Schicht an die Rückfront der Befestigung bündig anschloß, die Anlagen der Salzsiederei aber in den älteren Holz-Stein-Erde-Wall eingriffen, und da ausge-

schlossen erscheint, daß zwischen der Zeit der beiden Befestigungsperioden beim klaren Bezug der zweiten Mauer zur ersten die Gesamtanlage unbefestigt war, gehört die noch heute stehende Stiftsmauer in die spätkarolingische Zeit.
Unter der Hinterschüttung des ältesten Torwangenbogens in Fläche 7-Ost wurden dann teilweise im Holz erhaltene, teilweise als Bodenverfärbungen erkennbare Gebäudespuren angetroffen, auf deren Boden sich zahlreiche organische Materialien erhalten hatten. Natürlich war der Befund wegen der Begrenzung der Untersuchungsfläche nach Norden und Osten nur bruchstückhaft. Kombiniert man den angetroffenen Teil der Gebäude mit einem starken horizontalen Eichenbalken auf der Westseite der Fläche 26, so ist die Rekonstruktion eines in zwei Reihen von Räumen unterteilten Holzbaus von 11,50 m Ost-West-Erstreckung und 8 m Breite denkbar. Die über 5 m hohen Profilwände mit darüber aufgetürmtem Grabungsabraum verhinderten eine Ausdehnung der Grabungsfläche und die erwünschte Klärung der ältesten Gebäudebefunde.
Dank der Initiative der Stadt Bad Hersfeld gelang es, die gesamte Anlage des Südtores der zweiten Befestigungsperiode zu restaurieren und in das Gesamtkonzept der Gestaltung des Stiftsplatzes einzubinden, um so eine Fußgängerverbindung zwischen Kurviertel im Süden und Stiftsbereich und Altstadt im Norden zu schaffen. Damit ist ein großartiges Denkmal mitteleuropäischer Geschichte nicht nur erhalten geblieben, sondern der Bevölkerung zur täglichen Benutzung übergeben worden, wodurch an einem der traditionsreichsten Plätze Deutschlands eine Brücke zwischen Vergangenheit und Gegenwart geschaffen worden ist.

Weise (1920a); Vonderau (1925); Ganßauge (1937); Großmann (1955); Beumann (1956); Feldtkeller (1956); Bramm (1957/58); Feldtkeller (1964); Oswald (1965); Binding (1971).

R. Gensen

211, 1 Fulda Domplatz-Bereich

(Vgl. Kat.Nr. 237, 1–10)

Der alte Kern von Fulda ist das Gebiet um den Dom. Fulda ist aus einem die Einsamkeit suchenden Benediktinerkloster erwachsen. Mit diesem am 12. März 744 gegründeten Kloster beginnt die durch Urkunden gestützte Geschichte Fuldas. Das Kloster wurde in einem befestigten Gelände gegründet, das den Namen *Eihloha* trug. Vordem war hier eine *Curtis* gestanden, die, weil zerstört, der Hausmeier Karlmann dem hl. Bonifatius samt Umgelände als Königsgut zu Eigen gab, damit hier ein Kloster entstehen könne, inmitten der vier Völker, bei denen Bonifatius besonders tätig gewesen war. So entstand in Fulda ein Musterkloster der Benediktiner durch den Schüler des hl. Bonifatius, den hl. Sturmi, einem Bayern.
Durch Überwölbung des Waidesbaches und Ausfüllen des trennenden Waidestales hat man die topographische Situation grundlegend verändert. Der alte Klosterbereich, zuvor also die *Curtis*, hat durch diese Maßnahme heute leider die ursprüngliche landschaftliche Eigenständigkeit verloren (1715).
Die Grabungen von G. Vonderau seit 1897 (vgl. S. 15) und von H. Hahn seit 1953 erbrachten folgende Ergebnisse:
Die *Curtis* deckte eine von Fulda und der nahe einmündenden Waides geschützte Muschelkalk-Prallterrasse in einer Ausdehnung von ungefähr 300 m mal 200 m. Befestigt war diese im Umriß gedrückt-ovale Anlage durch eine ungefähr 1 m starke Mauer mit vorliegendem Spitzgraben, der 4,25 m Breite und 1,40 m Tiefe besaß. Vielleicht gehört auch ein gegen 60 m entfernt vorliegender Sohlgraben von 6 m Breite und 2,50 m Tiefe mit abgeböschten Wänden zu diesem Befestigungswerk. Der Sohlgraben riegelte gegen den Frauenberg ab, der aber in frühgeschichtlicher Zeit ebenfalls eine zur *Curtis* gehörende Befestigung getragen haben mag.
Der *Curtis*-Bereich wird von dem späteren Kloster Fulda eingenommen. Wegen der damit verbundenen Überbauung war es bislang nur möglich, folgende Positionen zu fassen:

1. Die drei Zellen
2. Der Winkelbau
3. Der Palastbau
4. Die vorbonifatianische Kirche
5. Die Brücke

6. Befestigung
7. Bedeutung der *Curtis Eihloha*
8. Das Kloster Sturmis
9. Die Ratger-Basilika
10. Das Bonifatius-Grab

1. Die drei Zellen

Die drei Zellen liegen schräg vor dem Südturm des Domes als Rest eines größeren Gebäudes, dessen westlicher Umriß nicht faßbar ist, da er heute vom Dom überbaut ist. Es war ein Steinbau mit 0,70 bis 0,75 m starken, 0,20 m eingetieften Mauern. Drei Räume sind hintereinander geschaltet: Raum I innen gemessen 6 m lang und 4,40 m breit, Raum II ebenso breit und 8 m lang, Raum III auch 4,40 m breit, die Länge nicht mehr greifbar. Auffallend war der Ziegel-Terrazzo-Fußboden. Fachleute sprachen ihn als »römisch« an. Doch hielt man ihn 1919 für frühklösterlich. Die Wände waren mit geglättetem Putz überzogen. In der Zelle II waren die Reste einer Heizanlage festgestellt, doch war die Bauweise nicht in Einzelheiten faßbar. Es gab brandrissige und rußige Ziegel als Reste eines Heizkanales. Leider ergab die Grabung hier kaum Funde. Der Wandputz trug Reste von Malerei und Schrift, dies aber wohl als Zeugnis einer Verwendung in klösterlicher Zeit. So auch das Goldstreifchen, das Randstück eines Glasbechers wie ein Elfenbeinstück, wohl von einem Stab stammend (Vonderau 1924).

Curtisbereich Fulda

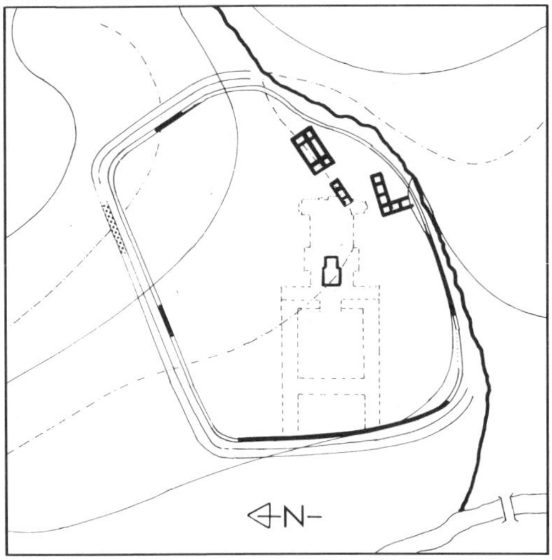

2. Der Winkelbau

Da bei Grabungen am Domplatz Mauerzüge angeschnitten waren, die mit denen des Klosters nicht in der Richtung harmonierten, wie die drei Zellen und Mauern, die 1928 herauskamen, entschloß man sich 1941 im Hinblick auf das 1200jährige Jubiläum 1944 zu einer Grabung. Mit anderer Richtung als die drei Zellen wurde auf der Südseite des Domplatzes ein mit fünf Räumlichkeiten ausgestattetes Gebäude gegriffen, das offensichtlich winkelförmig angelegt, sich mit dem Hofteil zum Waidesbach orientiert.

Raum 1: Von 70 cm starken Mauern außen gefaßt, war 6 m lang und 6,50 m breit. An der östlichen Giebelwand fanden sich zwei Reihen von Pfostenlöchern einer Vorgängerperiode mit chattischen Scherben der Römischen Kaiserzeit. Die Südmauer zum Bach zu war nachträglich durch drei Strebepfeiler gestützt. Am Boden fand sich bemalter Wandputz mit den Farben orange, weinrot, beige und graublau.
Raum 2: Ebenfalls 6,50 m breit und 7 m lang. In drei Ecken sekundär eingebaute Feuerstellen mit Kohle, Asche und Schlacke aus der Klosterzeit. Dagegen fanden sich hier ein Bruchstück eines Hallstatt-Armringes aus Bronze und ein schmaler Streifen Gold.
An der Südwestecke wurde ein Stück Mauer verfolgt, die auf einen nicht faßbaren, südlich anschließenden Raum hindeutet. Auf dieser Mauer fand sich ein Denar Ludwigs des Frommen (vgl. Kat.Nr. 155), ein weiterer Hinweis auf eine sekundäre Verwendung dieses Baues in der Klosterzeit.
Raum 3: Er setzt sich an Raum 2 nach Westen an mit 6,50 m Breite fort. Länge nicht ermittelt, vermutlich 9,50 m
Eckraum: Nicht ausgegraben. Die Innenmaße lassen sich durch die Mauerfluchtlinien auf 6,50 mal 6,70 m bestimmen. Hier ist die Ecke des Klosterbaues Sturmis zu suchen.
In einer zweiten Grabungsfläche wurde der Verlauf der 1928 angetroffenen Mauern verfolgt und führte zur Teiluntersuchung der Räume 4 und 5.
Raum 4: Auch hier Breite der Mauern 70 cm. Scheidemauer 60 cm. Der vorzügliche Fußbodenestrich wurde in 4,35 m Tiefe unter dem Domplatz angetroffen. Die Rauminnenmaße sind zu rekonstruieren: 6,70 m Breite und 8 m

Länge. Auf dem Fußboden lagen Sigillatascherben und Gefäßstücke der Merowingerzeit, darüber waren Steinplatten gebreitet, auf denen die Kulturschicht der Klosterzeit lag. Unter dem Estrich fand sich ein Eichenpfahl als Rest der Vor-Merowingerzeit.
Raum 5: Die Längenausdehnung dieses Raumes ist nicht erfaßt, die Breite beträgt 6,70 m. Der ebenfalls vorzügliche Estrichboden lag hier in einer Tiefe von 4,19 m. In diesem Raum befand sich eine Heizvorrichtung. Es war eine durch Feuereinwirkung gekennzeichnete Plattenlage. Auch der Estrich darüber zeigte unten Hitze-Einwirkungen. Die in Resten angetroffene Heizanlage hatte durch einen Kanal Verbindung zum Raum 4. Sie gilt als die älteste, im rechtsrheinischen Deutschland angetroffene Heizanlage der Merowingerzeit.
Mauern: Die Bauweise der in den Boden eingetieften Mauern war einheitlich, da die beiden untersten Schichten vielfach Säulenbasalte ohne Mörtelbettung waren, darauf saß die gemörtelte Mauer. Diese Methode erwies sich als vorteilhafte Drainage.
Abdeckung: Es wurden für den gewinkelten Bau Leistenziegel wie Hohlziegel verwendet, sie wurden eingeführt wie eine Materialuntersuchung ergab.
Fußboden: Für die Räume 4 und 5 ist die Fußbodenhöhe angegeben. 4,19 und 4,35 m Tiefe unter dem Domplatzniveau. Für die Räume 1 bis 3 liegen keine Angaben vor.
Profil: Von ausschlaggebender Bedeutung dieser Grabung war das bis auf 5 m Tiefe hinuntergreifende Profil, das im Raum 4 angetroffen wurde. Auf eine chattische Periode mit Holzbauten folgte ohne Unterbrechung die merowingische mit Steinbauten. Sie wurde durch Brand zerstört. Die Brandschicht findet sich mit Steinplatten abgedeckt als Unterlage für die klosterzeitlichen Kulturschichten. Somit wurde erwiesen, daß auf dem Klosterbereich zuvor eine Siedlung bestand, die Steinbauten kannte, Forschungsergebnisse, die vielfach übersehen wurden, obwohl es östlich des Rheines merowingerzeitliche Steinbauten und Heizanlagen bislang nicht gab.
Das Fundmaterial stammt aus drei Perioden, so der Römischen Kaiserzeit mit einheimisch chattischer Keramik. Hinzu tritt römische Importware (Terra Sigillata und Terra Nigra). Aus der zweiten Epoche stammen fränkisch-merowingische Gefäßbruchstücke, aus der dritten karolingische Ware der Klosterzeit.
Besonders hervorzuheben sind neben mehreren Metallgegenständen das Bruchstück eines Sandsteinkapitells mit jonischer Volute und stilisiertem Palmettenstück (vgl. Kat.Nr. 237, 3) und aus der klösterlichen Zeit Schreibgriffel aus Bronze (vgl. Kat.Nr. 223, 1) und ein Denar Ludwigs des Frommen (vgl. Kat.Nr. 155).
Als wesentliches Grabungsergebnis ist gegenüber der früheren Vorstellung festzuhalten: Im klösterlichen Bereich gibt es eine vorklösterliche, merowingerzeitliche Periode, deren Steinbauten durch Brand zerstört wurden. Das Kloster nutzte durch Wiederherstellen Teile der alten Bauten, wenigstens bis zur Fertigstellung des 744 gegründeten Klosters. Die Siedlungslücke, *vastitudo,* dürfte gegen 30 Jahre betragen haben (Vonderau 1946).

3. Der Palastbau

Zur Vorbereitung auf das 1200jährige Bonifatiusjubiläum 1954 sollte der Domplatz umgestaltet werden. So bot sich 1953 die Möglichkeit, dieses Gelände zu untersuchen, mit dem Ziel, die Frage des Paradiesbaues zu klären und die Schrägmauer zu verfolgen, auf der der Sarkophag des Otto gestanden hatte.
Es gelang, die Mauerfluchten des jüngeren Paradieses zu fassen wie die des älteren Paradieses. Die Schrägmauer gehörte zu einer vorklösterlichen Periode und war ein zur Waides orientierter großer Bau, der als Steinbau nach dem Typ der *villa rustica* der Römer gestaltet war.
Es fand sich keine Kulturschicht, da die jüngeren Perioden die Fußböden jeweils tiefer anlegten als die Vorgänger, wie durch Nivellieren der Fußbodenhöhen – Umbruchstelle vom Fundament zum aufgehenden Mauerwerk – sich ergab. Deshalb brachte diese Grabung auch kaum datierende Fundstücke.
Der große Stein-Rechteckbau besaß sechs Räume. Vorn war eine Pergola von zwei Quadraträumen gefaßt, dahinter wurde ein großer Saal von zwei Rechteckräumen flankiert. Ein Obergeschoß ist denkbar. Leider konnte hier keine Fußbodenheizung nachgewiesen werden, da die Fußböden nicht mehr vorhanden waren. Der Bau ist nach der vorbeifließenden Waides zu orientiert. Die Mauern haben im Fundament zumeist eine

Breite von 1,10 m, die daraufsitzenden Wände waren 60 bis 70 cm stark. Die vordere südliche Mauer zeigte die unteren Steinschichten des Fundamentes ungemörtelt, wie dies schon bei den anderen merowingerzeitlichen Bauten beobachtet wurde. Die oberen Fundamentschichten wie die Wände sind gemörtelte Mauern.
Die Maße des großen, als »Palast« zu bezeichnenden Baues: Länge 32,75 m, Breite 17,65 m. *Vorderfront:* Pergola, bündig in der Flucht, Länge 17,30 m, Tiefe 5,95 m. Westlicher Eckraum fast quadratisch, Breite 5,85 m, Tiefe 5,60 m. Östlicher Eckraum fast quadratisch, Breite 5,50 m, Tiefe 5,75 m. Hauptteil des Baues, der Saal unmittelbar hinter der Pergola: Saal: Länge 18 m, Tiefe 8,35 m. Westlicher Flankierungsraum: Breite 5,75 m, Tiefe 8,45 m. Östlicher Flankierungsraum: Breite 4,90 m, Tiefe 8,30 m. Die im Hauptraum wie in der Pergola gefundene U-förmige Mauer deutet auf eine sekundäre Verwendung dieses Baues nach Wiederherstellung in der frühklösterlichen Zeit.
Dieser Palastbau bezeugt das Weiterleben römischer Bauformen in merowingischer Zeit bis in die karolingische Epoche, getragen von vermutlich linksrheinischen Bauleuten. Im merowingischen Kerngebiet wurden solche Bauten besonders in den Pfalzen weitergeführt. Deshalb darf man in *Eihloha*-Fulda eine merowingische Pfalz sehen (Hahn 1954).

4. Die vorbonifatianische Kirche

Durch die Bauarbeiten 1977 im Dom zu Fulda (Einbau einer Fußbodenheizung) war Gelegenheit gegeben, die Arbeiten ständig zu beobachten und, wo möglich, an bestimmten Stellen Untersuchungen anzusetzen.
Unmittelbar vor dem Westabschluß der Kirche Sturmis fand sich in 2,06 m Tiefe ein vorzüglicher, betonharter Fußboden. Schon Vonderau hatte ihn gefunden und damals für eine vorgelagerte Westkrypta der Kirche Sturmis gehalten. Der Boden ist in diesen Bereichen in eine breite Muschelkalkrippe eingetieft, so daß bis 1 m hohe, sauber abgespitzte Wände die Grenze angeben. Die Steinmauern sind völlig abgetragen. Mörtel zeigt den Verlauf an. In den westlichen Bereichen ist der Mauerverlauf durch einen Fundamentgraben angezeigt, der die Mauerbreite mit 0,95 m messen läßt. Die Westbegrenzung war nicht faßbar. Sie liegt im Altarbereich des Domes.
Der Bau war eine fränkische Saalkirche mit quadratischem, um eine Stufe erhöhtem, etwas schmalerem Altarraum. Der Fußboden des Kirchenraumes lag in 2,22 m Tiefe. Die Versprungstelle von Altarraum zum Kirchenschiff war nicht greifbar, da beide Stellen durch Barockgräber gestört waren.
Von großer Bedeutung war, daß die Mittelachse dieser vorbonifatianischen Saalkirche, datiert durch den besonderen Fußboden, maßgebend wurde für die Mittelachse der Kirche Sturmis wie für die Mittelachse der nachfolgenden Ratgerbasilika und den barocken Dom. Die Begründung dürfte im Altarraum des heutigen Domes verborgen sein. Nur durch eine Untersuchung dort kann dies Rätsel gelöst werden.
Die zur *Curtis* gehörige Kirche hat 744 noch insoweit gestanden, daß man ihre Bedeutung erkannte. Es ist anzunehmen, daß sie wiederhergestellt der Klostergemeinschaft während der Bauzeit der neuen Klosterkirche als Kirche gedient hat. Sturmi baute die Klosterkirche aber bewußt nach römischen Bauvorstellungen mit Halbkreisapside.
Die Maße der vorklösterlichen Kirche sind zeitgemäß: Breite des Schiffes außen 11,90 m und innen 10 m. Breite des Altarraumes außen 10,50 m und innen 8,60 m. So kann auch die Tiefe des Altarraumes mit 8,60 m Innenmaß angenommen werden. Die Gesamtlänge mag gegen 25 m betragen haben (Hahn 1980).

5. Brücke

Die Fulda floß früher näher an der Begrenzung der *Curtis* wie des nachfolgenden Klosters vorbei. Die Entfernung betrug 60 bis 70 m. Vorgeschichtliche Funde belegen eine Furt wenig oberhalb der Einmündung des Waidesbaches in die Fulda. Doch schon gegen 300 n. Chr. befand sich hier eine Holzbrücke. Die Datierung ist durch ein germanisches Fußgefäß gegeben, das auf einem heruntergebrochenen Gefach der Brücke gefunden wurde. Sie wurde dann im 9. Jahrhundert von der steinernen Langen Brücke abgelöst. Die Holzbrücke verband *Eihloha*-Fulda mit den randlichen Höhenwegen, besonders mit der Untermain-Thüringen- wie Mittelmain-Leinetal-Verbindung (Vonderau 1931a).

6. Befestigung

Die Sockelzonen der westlichen Klosterbegrenzungsmauern dürften den alten Linien der *Curtis* folgen. Diese Befestigung hat offensichtlich das Benediktinerkloster übernommen. Nach einem Ungarneinfall 915 wurden sie verstärkt. Da die Fuldaer Klostermauer keine Mauertürme besaß, dürfte wohl auch die *Curtis*mauer keine Mauertürme besessen haben, anders mag das bei Torbefestigungen gewesen sein. Vermutlich besaß die Michaelsberghöhe eine eigene Burgbefestigung. Bislang ist in der 300 mal 200 m messenden *Curtis* nur die Domplatzfläche untersucht (Vonderau 1931a).

7. Bedeutung der Curtis Eihloha

Durch die Vita Sturmi von Abt Eigil ist überliefert, daß der Bereich des Klosters Fulda zuvor den Namen *Eihloha* trug. Es war dies die vorklösterliche *Curtis*. Die Steinbauten dieser befestigten *Curtis* weisen auf die besondere Bedeutung hin. Man kann sie als »Pfalz« bezeichnen. Darüber hinaus waren Aufgaben der Verwaltung und Sicherung zu erfüllen, möglicherweise im Zusammenhang mit der Auseinandersetzung mit Thüringen, der die Eingruppierung des Maingebietes wie auch der Landschaft zwischen Harz und Thüringer Wald in den Herrschaftsbereich der Merowinger folgt. In dieser Auseinandersetzung hatte *Eihloha*-Fulda vermutlich einen besonderen Platz.

Die Karlmann-Schenkung 743 bezeugt, daß zu der *Curtis* ein spezielles Wirtschaftsgebiet gehörte, das als Königsland dann dem Kloster übereignet wurde. Es war der Umkreis von ungefähr 8 km im Radius. Die Grenzpunkte und der Grenzverlauf sind überliefert.

Wann die *Curtis* durch Brand zerstört wurde, ist nicht sicher. Es kann angenommen werden, daß dies gelegentlich eines kriegerischen Vorstoßes der Sachsen nach dem Süden in der Zeit um 700 geschah. Nicht umsonst warnt Bonifatius seinen Schüler Sturmi, der ab 736 in Hersfeld in einer Einsiedelei lebte, vor der Nähe der Sachsen. Von der zerstörten Anlage und ihrem Wirtschaftsgebiet mag Bonifatius erfahren haben. Er ließ es sich für die Gründung seines Musterklosters schenken. Als »Einöde«, *Vastitudo*, kann *Eihloha*-Fulda gegen 30 Jahre angesprochen werden (Hahn 1980).

8. Das Kloster Sturmis

Sturmi baute seine Kirche unmittelbar mittelachsig vor die fränkische Kirche als dreischiffige Basilika ohne Querhaus. Das Mittelschiff hatte eine Breite von 11 m. Die Gesamtbreite der Kirche ließ sich bei 1,10 m starken, in 20 bis 30 cm tiefen Fundamentgraben geführten Mauern mit 22 m messen. Der Innenradius der um 1,20 m gesteltzten Apside betrug 5,50 m. Es können acht separat fundamentierte Säulen als Träger des Obergadens angenommen werden, die in ihrer Mittelachse 3,03 m voneinander entfernt waren. Die Gesamtlänge der Kirche betrug außen gemessen 39,90 m. Die Innenausdehnung 38,10 m. Das Bonifatiusgrab lag mittelachsig vor der Westwand und wurde als ausgeräumtes Grab 1929 gefunden. Hier war der Heilige von 754 bis 819 begraben.

Die Klosterbauten lagen wie üblich südlich der Kirche. Sie waren um einen viereckigen Hof – 12 m mal 13,50 m – gruppiert. Der südliche 33 m lange Hauptbau war vermutlich gegen 16 m breit. Der 13,50 m lange östliche Verbindungsbau hatte nur 8 m Breite, der westliche dagegen 13,50 m. Die Steinmauern waren innen und außen verputzt. Der Fußboden der Klosterbauten lag 94 cm tiefer als der der Kirche.

Vermutlich war in der ersten klösterlichen Zeit der wiederhergestellte und umgebaute Palastbau noch in Nutzung wie auch der Winkelbau am Waidesbachufer, doch ist die Verbindung zur Südostecke des Klosterbaues nicht geklärt.

Schon das Kloster Sturmis war eine autarke klösterliche Gemeinschaft. Es füllte den Bereich der alten *Curtis* und hatte die alte Befestigungsart wiederhergestellt übernommen. Wahrscheinlich waren im Südwesten die Wirtschaftsbauten angesetzt und im Nordwesten die Schule wie die Handwerkerbauten, doch wohl auch das Krankenhaus. Bislang ist nur ein kleiner Teil erforscht, doch dürfte das Gebäude-Soll des St. Gallener Klosterplanes (vgl. S. 24) bereits weitgehend erfüllt gewesen sein. Gewiß machte Fulda durch die Zell-Orte mit ihren speziellen Wirtschaftsaufgaben eine Ausnahme, bedingt dann durch das Anwachsen der Mönchsgemeinschaft. Noch nicht geklärt ist die Frage des Hauptzuganges zum Kloster wie der Verlauf des Sturmi-Kanales, der Fulda-Wasser in die Anlage brachte (Hahn 1980; Vonderau 1924).

9. Die Ratger-Basilika und das ältere Paradies

Bonifatius hatte Fulda als seine Grablege bestimmt. Da er als Märtyrer gestorben war, wuchs die Klostergemeinschaft überaus schnell, so daß der zweite Abt Baugulf sich 791 bereits gezwungen sah, Kirche und Kloster zu vergrößern. Der Mönch-Architekt Ratger wurde mit dieser Aufgabe betraut. Er war ein genialer Architekt und baute zwischen 791 und 802 eine geostete, dreischiffige Basilika mit einer Ostapside von 7,50 m Innenradius. Die Mauern waren 1,05 m stark. Das Mittelschiff hatte 15,80 m Breite, die Innenwände 0,90 m Stärke, und die Gesamtbreite ist mit 35,80 m zu messen. Vermutlich 12 einzeln fundamentierte Säulen trugen den Obergaden, im Schaft 60 cm stark, die Kapitelle und somit die Wand 90 cm dick. Die Säulen haben einen Mittelabstand von 4,10 m, an den Platten gemessen 3,20 m.

802 selbst Abt geworden, errichtete Ratger westlich anschließend ein 17 m breites und 78 m langes Querhaus mit großer Halbkreisapside in der Mitte, deren Innenradius 8,80 m betrug. Beide Bauten zu einer Einheit verbunden, ergab eine doppelchörige, dreischiffige Basilika mit mächtigem Westquerhaus. Starke Anregungen von St. Peter in Rom sind unverkennbar. Innen gemessen war der Bau 93,20 m lang, die Außenmaße betrugen 96 m.

Östlich legte Ratger ein Paradies vor (das ältere Paradies). Es war ein viereckiger Hof, 24 m breit und 27 m tief, in den die Apside hineinragt. Gefaßt von kreuzgangartigen, 3 m breiten Gängen mit 1 m breiten Mauern. In der Mitte im Osten ein quadratischer, 4,30 m vorspringender Eingangsbau. In ihm dann eine Bestattung. Diese in einer späteren Bauphase gestört durch den Einbau eines trommelartigen Rundfundamentes von 4,70 m Durchmesser und Ansetzen von zwei rechteckigen Treppentürmen. Dieser Umbau hat vermutlich auch eine Veränderung der Dachformen bewirkt.

817 mußte Ratger der Abtswürde entsagen. Unter seinem Nachfolger Eigil baute der Mönch-Architekt Rachulf 817 bis 819 nachträglich in die Apsiden Hallenkrypten ein, dreischiffig im Osten und fünfschiffig im Westen. Am 1. November 819 fand die Weihe statt, gleichzeitig die Übertragung der Gebeine des hl. Bonifatius in den Westchor.

Fuldas Monumentalbau, ein Werk Ratgers, wurde Modell für die großen Anlagen seiner Zeit. Die Doppelchörigkeit wie die Hallenkrypten nehmen von Fulda ihren Ausgang. Rachulf baute nach den Krypten die Michaelskapelle als Zentralanlage. So wurden Baugedanken von Rom wie Jerusalem in die karolingische Kunst eingebracht. Eigil baute *(more romano)* auch das Kloster im Westen, fußend auf dem mächtigen Querhaus. Rabanus vollendete als Abt dieses mächtige Klostergebäude, das mit dem Paradies im Osten die Kirche umrahmte. Rund 194 m mißt die Länge des so zusammenhängenden Baublockes. Erst die Barockzeit wagte wieder solche Ausmaße. Gemessen am Nachfolgebau hatte der Konventbau 12,25 m Breite, der umlaufende Kreuzgang eine lichte Weite von 3,60 m und die Innenräume eine lichte Weite von 6 m. Nur der Sepulturteil parallel zum Querhaus hatte 7,45 m lichte Weite (Vonderau 1919; 1924; Hahn 1954).

Veranlaßt durch einen Brand in der Stiftskirche 937 entschloß sich Abt Hadamar (937–956), die Ostpartie der Kirche zu erneuern. Es entstand eine lisenengegliederte Apside mit 6,35 m Innenradius, gefaßt von zwei Türmen, die aus einem quadratischen Sockel rund aufwachsen, welcher jeweils 6,56 m Seitenlänge besitzt. Dadurch erhielt die Ostpartie eine besondere Akzentuierung, da neben die bisher vorherrschende Horizontale nun durch die Türme auch vertikale Formen traten.

Der Bau der Türme hat offenbar auf die Ostkrypta keine Einwirkung gehabt. Der Ostabschluß, den Rachulf gebaut hatte, blieb bestehen. Dies alles, obwohl eine neue Apside von Grund auf gebaut wurde.

An die Türme wurden seitlich Kapellen angesetzt, die die Fassade verbreiterten und den Zugang vom Paradies her erweiterten. Die Dächer wirkten in Verbindung mit den Türmen wie ein östliches Querhaus. Die Umbauten wurden durch die Weihe 948 abgeschlossen.

Die Umgestaltung der Kirchen-Ostpartie löste die Umgestaltung des Paradieses aus. Es wurde vergrößert. Dies geschah besonders durch Abt Werner (968–982), deshalb Werner-Paradies genannt. Die doppelgeschossige Anlage erhielt bei alter Breite nun eine Tiefe von fast 40 m. Der Südteil behielt im Baukörper die alte Breite von 5 m. Die neue Ostpartie aber, von drei parallelen Mauerzügen gestützt, zeigt eine Breite von knapp

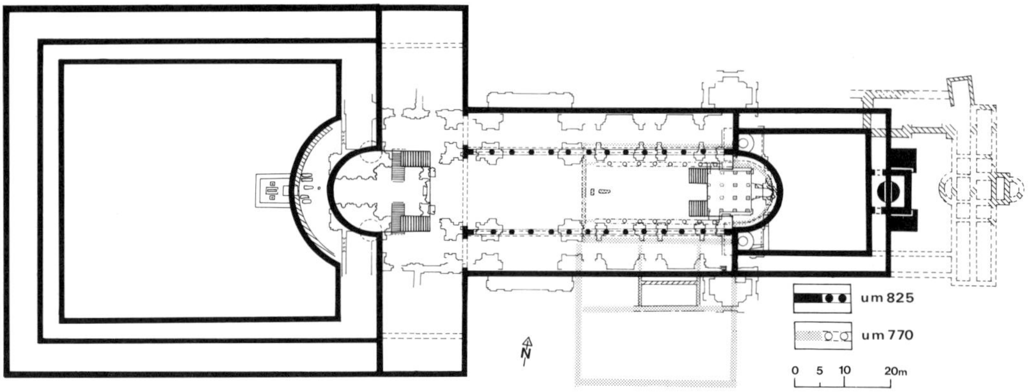

9 m und eine Länge von 45 m. Knapp 9 m breit ist auch der Nordflügel. Hier sind für die Innengliederung des Baues kaum Angaben zu machen. Eine Tür im Nordturm besagt, daß das Obergeschoß der Paradiesbauten den Fußboden in 4,75 m Höhe hatte.
Von Bedeutung ist die Johanneskapelle in der Mitte des Ostbaues. Sie wurde als *sacellum regale* 973 von Bischof Ulrich von Augsburg geweiht. Der doppelgeschossige Baukörper hat im Parterre einen dreischiffigen Raum mit Halbrundapsis im Westen. Darüber liegt, ebenfalls dreischiffig, die Königskapelle, das *sacellum regale*, mit einer Apsis im Westen, doch auch mit einer an eine Chorpartie angesetzten Apsis im Osten, die auf fünf Säulen gestützt aus der Fassade ausschwingt. Eine singuläre Lösung. Das jüngere Paradies war die kaiserlich-königliche Pfalz. Der Raum unter der Kapelle dürfte als Verhandlungsraum verwendet worden sein und später das Paradies-Gericht beherbergt haben.
Da in der Barockzeit der Hang des Michaelsberges abgetragen und von einer Mauer gehalten wurde, sind offensichtlich nördlich liegende Baubereiche der Pfalz in den Grundmauern zerstört worden. Solche Eingriffe zeigten sich bei der Grabung 1953. Über das Aussehen der Pfalz informieren unvollständig wenige Ansichten des 16. und 17. Jahrhunderts.
Nach der Stauferzeit scheint die Pfalz nicht mehr als solche genutzt worden zu sein, denn am Bereich neben dem Heertor zwischen Kloster und Stadt errichtet der Fürstabt sich als Wohnsitz eine Burg. Sie wurde dann von einem Renaissanceschloß abgelöst, dem Anfang des 18. Jahrhunderts das heute noch stehende Barockschloß folgte in dieser Art einmalig in Deutschland (Hahn 1954).
Bei den Beobachtungen und Untersuchungen 1977 im Dom wurden keine Zeugnisse von datierender Bedeutung gemacht. Ebenso sind die Funde gelegentlich der Domplatzgrabung 1953 an Zahl enttäuschend.
Das Hauptgewicht der Funde machten architektonische Teile aus, Kapitelle, Bodenplatten und plastische Zeugnisse (vgl. Kat.Nr. 237, 1–6). Alte Siedlungsreste und Scherbenmaterial brachten die Randzonen wie den Winkelbau und die über Jahrhunderte unbebauten Flächen innerhalb des *Curtis*-Kloster-Geländes.
Die Fundverteilung aber macht trotzdem deutlich, warum im Bereich um den Dom der alte Kern des heutigen Fulda zu suchen ist. Erst sehr spät griff die Besiedlung auf das südliche Waidesufer über (Vonderau 1931a).

10. Das Bonifatiusgrab

Ein bislang noch nicht gelöstes Problem ist die Ausgestaltung des mittelalterlichen Bonifatiusgrabes. 819 bei der Weihe der großen Ratger-Basilika wurden die Gebeine des Heiligen in den Chor der Westapsis übertragen. Altar und Grab wurden als Einheit gesehen. In der spätmittelalterlichen Zeit, entweder nach 1398 oder auch etwas früher, glaubt man den Sarg der Krypta suchen zu müssen, denn eine Quelle aus der Mitte des 16. Jahrhunderts spricht von einem prunkvollen Sarkophag in der Krypta und betont die Ähnlichkeit mit dem Petrusgrab in Rom. Frauen durften erst seit 1398 die Klosterkirche betreten. Der Chor gehört zum Klaustrum, die Krypta nicht. Schwer zu deuten ist eine T-förmige Grabeneintiefung in der Mittelachse der Krypta. Sie stand vermutlich mit dem Sarkophag in Verbindung. Oder war das Bonifatiusgrab so gestaltet, daß man an den Sarkophag von dem Mittelschiff an der Kopfseite des Chores herantreten konnte, wie dies in Petersberg, besonders aber in Neuenberg möglich war? Der Altar selbst aber stand oben im Chor (Pralle 1979; Richter 1905).

Schlußbemerkung

Die archäologischen Untersuchungen im Inneren des heutigen Domes zur Erforschung der Vorgängerbauten dürften vorerst ihren Abschluß gefunden haben, da durch die tiefgreifenden Beton-Heizkanäle weitgehend untersuchungsfähige Flächen zerstört sind. Erschwerend kommen die weitausgreifenden Fundamente und Baugruben der Barockpfeiler hinzu. In Zukunft wird sich die Forschung nur noch mit dem unbebauten Umgelände im alten Klosterbezirk befassen können, hier die Innengliederung der einzelnen Bereiche des Klosters zu klären, so im Domdechaneigarten, im Klosterhof wie wohl auch im Gelände des Michelsberges. Besonders aber gilt es historische Quellen entsprechend auszuwerten.

Vonderau (1899); Richter (1900); Richter (1905); Vonderau (1919); Vonderau (1924); Vonderau (1928) 65ff.; Vonderau (1929) 97ff.; Vonderau (1931a); Vonderau (1931b) 49ff.; Vonderau (1946); Beumann/Großmann (1949) 17ff.; Großmann (1949) 41ff.; Heller (1952); Hahn (1954); Meyer-Barkhausen (1956) 23ff.; Meyer-Barkhausen (1960); Großmann (1962) 344ff.; Hahn (1966) 113ff.; Fischer/Oswald (1968) 268ff.; Oswald/Schäfer/Sennhauser (1966–1970) 84ff.; Engelbert (1980) 17ff.; Hahn (1980); Hahn (1982) 42ff.

H. Hahn

Die Michaelskirche war die Friedhofskapelle des Benediktinerklosters Fulda. Sie entstand als Rundkapelle in den Jahren 820 bis 822. Der Mönch-Architekt Rachulf setzte im Auftrag des Abtes Eigil (818–822), angeregt durch die Anastasis-Rotunde der Grabeskirche von Jerusalem, eine geistige Anregung des Leiters der Klosterschule Rabanus Maurus in steinerne Form um. Der Mönch Brun Candidus überliefert um 840 in seiner Lebensbeschreibung des Abtes Eigil in Versen diese Gedanken:

Aegyl baute (daselbst) ein zirkelförmiges Kirchlein
(wahrlich sehr fromm!) Auf einer unterird'schen Kapelle
Deren umgänglichs's Gewölb auf einem Pfeiler sich stützet,
Steigt dasselbe über der Erde prächtig zur Höhe...
(Candidus: Vita Eigilis pros. MGH 15,1 p. 230, 1.)

Der karolingische Bau

Die karolingische Rundkirche, Eigils *cymiterium*, besaß eine Rundkrypta um eine untersetzte jonische Säule als Mitte sowie einen vermutlich unterteilten Umgang. Im Erdgeschoß stand in der Mitte der Rotunde eine von Osten her zugängliche Nachbildung des Heiligen Grabes von Jerusalem. Sie war umstanden von acht kapitellgeschmückten Säulen. Diese trugen einen Rundbau, der oben von einem durch einen mächtigen Stein geschlossenes Gewölbe abgedeckt war. Ein flachgedeckter Umgang umzog diesen turmartigen Mittelbau. Die Kirche besaß drei Altäre mit metrischen, von Rabanus Maurus verfaßten Inschriften. Der Hauptaltar lag im Osten in einem eckig gefaßten Apsidenbau. Die Mauern besitzen kein besonderes Fundament, sondern sind einfach auf dem Muschelkalkboden gegründet. Am 15. 1. 822 weihte Erzbischof Haistulf von Mainz diesen Rundbau »zu Ehren unseres Herrn Jesu Christi und des hl. Erzengels Michael«. Von diesem Bau ist nur die Krypta erhalten geblieben.

Der ottonische Bau

Die historischen Belege für die Baugeschichte der Michaelskirche sind dürftig. Man bringt die Erneuerung und Ausweitung des Baues mit einem Ungarn-Vorstoß 915 in Verbindung. Wohl ist dabei der Petersberg in Mitleidenschaft gezogen worden, doch Abt Huoggi (891–915) wehrte den Angriff auf das Kloster ab. Die Michaelskirche dürfte dabei nicht beschädigt worden sein. Man verbesserte aber danach die Klosterbefestigungen.

Vermutlich hat der Brand in der Klosterkirche 937, der die Bautätigkeit Abt Hadamars (927–956) auslöste, die neue Ostapside zwischen zwei Türmen – wie die Abt Werners (968–982), Erweiterung des Paradieses und Ausbau der Pfalz mit der Königskapelle, Weihe 973 durch Bischof Ulrich von Augsburg – auch die Weiterentwicklung der Michaelskirche verursacht.

Während die Krypta, die Grablege des Abtes Eigil, unverändert blieb, gestaltete man die Rotunde im ottonischen Stilgefühl um. Auf den alten Plinthen kamen elegante Säulen zu stehen, schlanker als zuvor. Deshalb spitzte man vier ältere, wohl karolingische Kapitelle unten zu, um sie darauf zu passen. Nach Westen fügt man einen einschiffigen Kirchenraum an, der mit einem schweren, fast quadratischen Turm im Westen abschließt. Die Schwere wird durch über Eck gestellte, große Quader vortäuschende alte Grabplatten verstärkt. Das Obergeschoß trägt Schallarkaden. Nach Erhöhen der Rotunde für einen oberen Umgang folgte der Ausbau des Schiffes zu einer doppeletagigen Anlage. Die Wandflächen der beiden übereinanderliegenden Kirchen, besonders die Wände der Rotunde mit Umgängen, wurden mit Freskomalereien überdeckt. Der Rundbau erhielt im Süden und Norden Anbauten, so daß ein kreuzförmiger Grundriß entstand, ähnlich der Busdorfkirche in Paderborn oder der Kirche auf der Krukenburg. Unklar bleibt Ausprägung und Dauer des Nordflügels. Dieser Bau hatte fünf Altäre und wurde am 2. 12. 1092 von Foleram, dem Bischof von Minden, geweiht. Bis ins 18. Jahrhundert hinein wurden in der Folge zahlreiche Umbauten und Veränderungen unternommen, die in der Mitte der dreißiger Jahre weitgehend bereinigt wurden.

Heutiger Bauzustand

Im September 1944 wurde die Michaelskirche von einer Bombe getroffen. Nach einer Bausicherung setzte nach dem Krieg sofort die Restaurierung ein. Sie war 1948 beendet, der alte Zustand wieder hergestellt.

Mit einigen Zugeständnissen stellt der heutige Zustand jenen Bau vor, der 1092 seine Weihe erhielt. Die unverputzten Mauern wirken wegen der kleinen Fenster schlicht. Von großer Bedeutung war die Wiederherstellung der Doppelgeschossigkeit. Im Inneren wird deutlich, daß es sich um eine Addition von zwei Baukörpern handelt. Ein längsgerichtetes, holzgedecktes Kirchenschiff ist mit einem runden Zentralbau verbunden in der Achse West-Ost.

Vom Schiff aus wird deutlich, daß der Rundbau ein Eigenleben hat hinsichtlich Richtung und Höhe.

Der mit violettem Sand angereicherte Putz überzieht die Steine dünn, ist mit einer Fugkelle gebügelt und hat einen zarten gelblich-grauen Farbton. So entsteht eine lebhafte Wand, auf der die farbigen Umrandungen von Kanten und Bögen eine teppichhafte Weichheit bekommen. Dies steht in gutem Zusammenhang zu dem Holzwerk von Decke und Umgang.

Für ein Raumgefühl der ottonischen Zeit typisch ist auch die Addition von Lichträumen, das unvermittelte Aneinanderfügen von dunklen Räumen und durch Fenster erhellten Räumen, dies verstärkt durch die innen helle Rotunde.

Die Addition von zwei Bautypen wie das Übereinanderliegen von zwei Kirchen, wobei man von der Oberkirche durch das Rund der Rotunde nur zum Altar im Obergeschoß der Apside sehen kann, ist das Charakteristikum der Michaelskirche. Daraus ergeben sich die besonderen Einzelheiten.

Das Inventar ist mit Absicht spärlich und dekorativ verwendet. Die schönen Kapitelle mit den Eierstabmustern wie den Akanthusblättern sollen ungestört wirken (vgl. Kat.Nr. 237, 7–9).

Schalkenbach (1950); Pralle (1973); Oswald/Schäfer/Sennhauser (1966–1970) 87ff.

H. Hahn

211, 3 Fulda Petersberg

Die Kirche auf dem Petersberg (vgl. Kat.Nr. 237, 10) – zuvor Ugesberg genannt – krönt einen 403 m hohen Basaltkegel. Dieser liegt dem wenig höheren, mit einer Waldkappe bedeckten Rauschenberg benachbart. Beide Bergkuppen schließen das Fuldaer Becken nach Osten ab.
Die Überlieferung, daß der Gründerabt Sturmi (744–779) schon auf dem Petersberg eine Kirche errichtet habe, ist unsicher (Codex Eberhardi 1157 bei E. F. J. Dronke: Traditiones et Antiquitates Fuldenses. 1844, Cap. 25, S. 60). Eher wahrscheinlich ist der Baubeginn durch Abt Baugulf (779–802) und die Fertigstellung von Kirche und Kloster durch Abt Rabanus Maurus (822–842). Dies schildert sein Biograph († 865) Rudolf von Fulda (Rudolfi miracula sanctorum in Fuldenses ecclesias translatorum. MGH SS 15, 1, p. 339 sowie Catalogus abbatum Fuldensium. MGH SS 13, p. 273). Verbunden mit der Übertragung der Gebeine der hl. Lioba aus der Klosterkirche Fulda auf den Petersberg erfolgte die Weihe am 28. 9. 836 durch den Chorbischof Reginbald aus Mainz.
Die Kirche, eine kleine dreischiffige Basilika mit Zellenquerhaus und halbkreisförmiger Apside sowie einem Westbau, sitzt so auf einer Basaltspitze, daß die Krypta im Osten ebenerdig liegt, zum Kirchenraum selbst aber eine Treppe hinaufführt. Die Krypta – ein tonnengewölbter Quergang mit drei nach Osten führenden gewölbten Stollen, der mittlere breiter und apsidial abgeschlossen – war fast völlig ausgemalt. Vermutlich erhob sich über der Vierung der Kirche ein kleiner Turm. Die Klosterbauten schlossen sich nördlich an um einen wahrscheinlich aufgekofferten, kleinen Klosterhof als *Claustrum.*
Wegen der exponierten Lage hatte das kleine Kloster Petersberg mehr zu leiden als das Hauptkloster Fulda. So wurde es 915 bei einem Vorstoß der Ungarn zerstört, während Abt Huoggi (891–915) diesen von Fulda abwehren konnte. Beim Wiederaufbau schloß man nun die Ostpartie gerade (921). Abt Heicho (917–923) überantwortet das wiederaufgebaute Kloster nun Kanonikern. In der Folgezeit erfuhr die Anlage manche Um- und Anbauten. Kurz nach der Säkularisation fiel der gesamte Komplex der Spitzhacke zum Opfer.
Bei den erhaltenen Zeugnissen aus karolingischer Zeit handelt es sich um Malereien an den Wänden der Krypta wie um Altarplatten mit karolingischer Schrift. Beide Zeugnisgruppen sind aufeinander bezogen. Gegen 1907 wurden die Altarplatten entdeckt. Sie waren in dem Altar der Mittelnische eingemauert. In dieser Zeit entdeckte der zuständige Pfarrer Rübsam unter mehrfacher Kalkschicht Reste von Freskomalerei. Schon 1892 äußerte der Wiener Kunsthistoriker J. V. Schlosser auf Grund karolingischer Quellen die Vorstellung, daß die Petersberger Kirche Malereien an den Wänden besessen habe.

Hauptaltar

Die 915 zerstörte Apside besteht nicht mehr, da seit 921 durch geraden Wandabschluß ersetzt. Die Malerei stellte die Himmelfahrt Christi dar und die 12 Apostel wie die Herabkunft des Heiligen Geistes. In der Gedichtsammlung Rabans steht dazu der Text:
Ecce sator hominum victor super aethera scandit
Discipulisque suis regnis sacra limina pandit,
Quem sic venturum angelica hic oracula spondent.
Coetus apostolicus pariter cum plebe fideli
Dona Paracleti igne micante capit.
Übersetzung: *Siehe! Der Schöpfer der Menschen steigt über den Äther empor und öffnet seinen Jüngern die heiligen Schwellen seines Reiches. Die Weissagung der Engel verspricht feierlich, daß er ebenso wiederkehren wird. Der Kreis der Apostel, gleich dem gläubigen Volke, empfängt durch glitzerndes Feuer die Gaben des Trösters.*
Die Altarplatte des unter diesem Bilde im Hauptschiff der Kirche stehenden Altares wurde in der Krypta in den dortigen Hauptaltar eingemauert gefunden. Die Platte, 80 cm breit und 64 cm hoch sowie 10 cm stark, hat in Majuskelschrift folgende Inschrift:
IN HAC ARA CONTINENTVR RELIQ.SCi SALVATORIS.DE LOCO ASCENSIONIS EIVS.ET RELIQ.XII APOSTOLORUM.
Übersetzung: *In diesem Altare befinden sich Reliquien des hl. Erlösers, von dem Orte seiner Himmelfahrt, und Reliquien der zwölf Apostel.*
Die Altarplatte befindet sich heute in der Krypta als Vorderseite des nördlichen Altares.
Von den beiden Seitenaltären haben sich keine Zeugnisse gefunden. Durch Rabans Gedichte ist bekannt, daß der südliche Altar den heiligen Märtyrern geweiht war und der nördliche allen Bekennern.

Krypta

Die Krypta stammt aus der Erbauungszeit. Der mittlere Altarstollen ist nach dem Ungarneinfall 915 nun nicht mehr apsidial, sondern gerade geschlossen, und der südliche Stollen wurde erweitert als Grundlage für die Ausweitung im Kirchenschiff.
Die Krypta trägt weitgehend Wandmalerei. Die Fresken, besonders in der Nachbarschaft der Altäre, stammen aus der Zeit der Weihe 836. Sie haben mit den Altären zu tun. Leider ist der Erhaltungszustand nicht gut. Nach der letzten Restaurierung (1970) wurden die Übermalungen entfernt. Vor dem Auffinden waren sie mit Kalk überstrichen. Dies geschah entweder gegen 921 oder spätestens zur Stauferzeit. Der Überstrich war öfter wiederholt worden. Die Farbskala der Malereien ist schmal. Warme graugelbe Töne, die Randungen sind dunkler in bräunlichen und rötlichen Tönen. Grün und Blau sind selten. Figuren sind umrandet und haben kaum Innenmodellierung.

Marienaltar

Der ungefähr 3 m nach Osten vorstoßende, tonnengewölbte Stollen ist etwa 2,70 m breit und zeigt an der Decke die Darstellung von Maria mit dem Kind, von einer großen Mandorla gefaßt. An der linken Seitenwand sind stehende weibliche Heilige, an der rechten entsprechend männliche Heilige dargestellt. Darunter ist ein Vorhang zu sehen. Nach vorn ist diese Malerei durch ein breites Band abgeschlossen, in dem acht von Kreisen gefaßte Köpfe eingebettet sind. Die Köpfe stellen offenbar Tugenden dar. Es ist erkennbar, daß die heute gerade Ostwand, in der sich ein aus einem Stein gefertigtes gotisches Dreierfenster befindet, ursprünglich zu einer apsidialen Ausbuchtung ansetzt.
Zuvor stand der Altar in dieser Nische soweit vorn, daß dahinter noch Platz war für den längsgerichteten Sarkophag mit den Gebeinen der hl. Lioba. In diesem Altar waren die beiden karolingischen Altarplatten als Bausteine verarbeitet.
Die zu dem Mairenaltar gehörige Altarplatte, heute wieder an alter Stelle als Antependium, ist 70 cm breit und 62 cm hoch und hat inmitten ein Sepulchrum für die Reliquien. Die Minuskel-Inschrift besagt:
HOC ALTARE DEDICA E IN HONORE SCAE MARIE MATRIS DNI ET OMNIVM SCARVM VIRGINVM.
Übersetzung: *Dieser Altar ist geweiht zu Ehren der hl. Maria, der Mutter des Herrn, und aller heiligen Jungfrauen.*
Für diesen Altar wurde 1612 aus einer alten Handschrift publiziert (Brower: Fuldensium Antiquitatum libri IV, Antwerpen 1612): die von Raban verfaßten Verse:
Virgo Dei genitrix hanc aram rite teneto
Autanc tecum habeat Virgineusque Chorus.
Übersetzung: *Jungfrau und Gottesgebärerin, nach feierlicher Weihe besitzt diesen Altar mit dir der jungfräuliche Chor.*
Es wird deutlich: Weihetitel, Wandgemälde und Inschrift auf der gefundenen karolingischen Altarplatte stehen in einem inneren Zusammenhang: Maria als Mutter des Herrn sowie weibliche und männliche Heilige. Die Zeugnisse datieren sich gegenseitig in die Zeit Rabans, wohl in die Zeit der Weihe 836.

Johannesaltar

Die nördliche linke Altarnische, gerade geschlossen und mit einem aus einem Stein gefertigten Fenster, ist nur gegen 2 m breit und auch nur ungefähr 2 m tief, somit deutlich kleiner als der mittlere Stollen mit dem Marienaltar. Über dem Altar – er besitzt heute die Altarplatte des ehemaligen Hochaltares – zeigt die Deckenkrümmung das Lamm Gottes. Vorn steht Christus, ihm zur Seite zwei Engel, die sein Gewand halten, und zur anderen Johannes der Täufer. Es ist die Taufszene. An den beiden Seitenwänden sind langgewandete, bärtige Prophetengestalten mit Spruchbändern gereiht.
Der Weihevers Rabans ist überliefert. Er lautet:
Hac Baptista potens sacra venerabitur ara
Hac vatum turba atque patrum colitur.
Übersetzung: *Mit diesem heiligen Altar wird der mächtige Täufer geehrt. Durch ihn wird die Schar der Propheten und Väter geehrt.*
Die Altarplatte zu diesem Altar ist verschollen. Titel und Darstellung zeigen an, daß es sich um die Verehrung Johannes des Täufers handelt, zusammen mit den Zeugen des Alten Bundes, dies gesehen bei der Taufe Christi.

Michaelsaltar

Wie die nördliche, so war ehedem auch die südliche Altarnische gebildet. Da dieser Raum nach Süden erweitert wurde, ist nur noch die nördliche Wand vorhanden. Die Ostwand wurde gerade abschließend nach Osten vorgerückt.
Der von Raban verfaßte und überlieferte Weihetitel sagt aus:
Hoc altare Dei Michael Archangelus ornat
Hocque colunt pariter agmina et Angelica.
Übersetzung: *Diesen Altar zeichnet der Erzengel Michael aus, und ihn werten auch die Scharen der Engel.*
Die zu diesem Altar gehörende Altarplatte wurde in ein romanisches Einstein-Fenster umgewandelt und an der Südseite des hier erweiterten Kryptenraumes verwendet. Auf dem eingebauten Stein ist noch zu lesen:
(H)OC ALTARE DEDI ... CORV ANGE-.LORV
Es ist eindeutig, was diese Inschrift aussagt, daß es eine Altarplatte ist, die auch dem Chor der Engel geweiht ist. Daß aber eine geweihte Platte als Baumaterial verwendet wurde, ist erstaunlich. Dies konnte nur in einer Zeit geschehen, die Abstand von der karolingischen Epoche hatte, verursacht durch die Tatsache, daß für eine Zeit die klösterliche Tradition der Benediktiner abgebrochen war, da Kanoniker im Bergkloster wohnten.

Kryptengang

Der quer zur Kirche in Nord-Süd-Richtung verlaufende Kryptengang (ursprünglich 10,20 m lang und 2,26 m breit) hat eine Scheitelhöhe der Tonne von 3,10 m. Decke und Wandflächen sind bemalt, doch nur magere Reste lassen sich erkennen. An der Deckenfläche zwischen der Hauptaltartonne und der nördlichen Altarnische sind gehörnte Ziegen zu sehen und Hirten im östlichen Bereich, denen ein Engel auf der südlichen Seite die Frohbotschaft verkündet. Der entsprechend südliche Bereich läßt an der Ostwand eine Figur erkennen, der auf der Gegenseite andere entsprochen haben mögen. Es ist zu vermuten, daß hier die Anbetung der Heiligen Drei Könige dargestellt war. Undeutlich bleibt, wie die Darstellung in den drei Altartonnen auf die westliche Gegenseite übergriff. Die Taufszene hat hier einen Kopf, kreisförmig gefaßt. Bei den anderen Altartonnen scheint es ebenso gewesen zu sein. War hier die Trinität dargestellt? Zwei Darstellungen im nördlichen Teil – ein Tor mit einer Person darin und daneben zwei Frauen – deuten auf eine übergreifende Darstellung zum Hauptthema.
(Es würde für den Besucher eine Hilfe sein, wenn das heutige Erscheinungsbild der Malereien in geeignetem Maßstab dargestellt und zusätzlich in gleicher Größe eine Rekonstruktion versucht würde, um der Enttäuschung zu begegnen, weil die ältesten Wandmalereien auf deutschem Boden so schwer zu erkennen sind).
Heute liegt die mittlere Tonne zwei Stufen höher, ein 3,45 m breiter Eingangsbogen (80 cm tief) verengt sich auf jeder Seite um 33 cm zu der Haupttonne von 2,87 m Tiefe und 2,78 m Breite, der Scheitel liegt 2,69 m über dem Fußboden.
Die noch erhaltene, gerade geschlossene nördliche Altarnische ist 2,33 m tief und 2,92 m breit mit einer Scheitelhöhe von 2,90 m. Die nördliche Wand biegt nach 1,49 m um 29 cm nach Norden aus. Ebenso wird es bei der Südnische gewesen sein.
Der mittleren Haupttonne entspricht im Süden an der Wand eine um 75 cm eingerückte Nische. Die 1970 freigelegten Reste der Wandmalerei zeigen leuchtende Farben. In 1,45 m Höhe ist eine kastenartige Nische zu sehen, 60 cm hoch und 2,70 m lang. Hier fand sich eine sargartige hölzerne Wandauskleidung für die Bestattung der hl. Lioba. Eine dendrochronologische Untersuchung gibt die Zeit um 830 an.
Heute steht ebenfalls in Nord-Süd-Richtung auf einem Sockel in dieser Nische der »Schreistein«, der steinerne Sarg der hl. Lioba, 1,52 m lang, 57 cm breit und 68 cm hoch, jetzt abgedeckt mit einem gewölbten, plastisch verzierten Deckel aus Bronze.
Es ist zu bedauern, daß die Petersberger Kirche nach der Säkularisation die umgebenden Klostergebäude verlor. Die traditionsreichen Bauten mit ihrem Inventar und die reich ausgestattete Kirche wäre ein Beispiel kulturgeschichtlicher Entwicklung durch mehrere Jahrhunderte.

Richter (1907) 121ff.; Vonderau (1927) 33ff.; Schmitt (1949); Oswald/Schäfer/Sennhauser (1966–1970) 257ff.; Dehio (1982) 716ff.

H. Hahn

212 Einhard-Basilika Steinbach

Anfang 9. Jh.; Kirche St. Maria (ehemalige Benediktinerklosterkirche, im 16. Jh. profaniert; ehemals Erzbistum Mainz); L. 26,40 m, B. 15,40 m; Michelstadt (Odenwaldkreis)

Ludwig der Fromme schenkte 815 die Mark *Michlinstadt* dem Biographen Karls des Großen, Einhard. Dieser übertrug seinen Michelstädter Besitz 819 unter Erbleihe-Vorbehalt an die Abtei Lorsch (vgl. Kat.Nr. 215). In Steinbach errichtete er eine Eigenkirche (nicht die Kirche in Michelstadt, deren Weihe zu 821 berichtet wird). 827 übertrug Einhard die aus Rom entführten Reliquien der hll. Marcellinus und Petrus in die neu erbaute, aber noch nicht geweihte Basilika zu Steinbach. Da die Heiligen durch Wunderzeichen ihre Unzufriedenheit mit dem angewiesenen Ort zu erkennen gaben, ließ Einhard die Reliquien im folgenen Jahr – nunmehr als Eigenkirchenherr rechtens – an ihren endgültigen Aufbewahrungsort nach Seligenstadt (vgl. Kat.Nr. 213) bringen. Nach Einhards Tod (840) ging Steinbach an das Kloster Lorsch über. Abt Udalrich von Lorsch restaurierte die *cella* in Michelstadt, die angeblich 253 Jahre verlassen gestanden hatte (die Zahl der Jahre ist ungenau), 1073 als Propstei. Erst im 12. Jahrhundert wird der Ort Steinbach genannt. Als die Abtei Lorsch 1232 an Mainz überging, wurde Steinbach mit Benediktiner-Nonnen besetzt. Das 1535 (Dehio 1539) aufgehobene Kloster gelangte 1542 durch Kauf an die Grafen von Erbach, die es als Spital einrichteten (später verschiedene Verwendungen).

An die Einhardsbasilika fügte Abt Heinrich von Lorsch (1151–1167) eine Doppelturmanlage; es wird vermutet, daß sie einen Westchor enthielt. Schon im 14. Jahrhundert sollen die Langhausarkaden vermauert worden sein. Die nach 1542 profanierte Kirche verlor 1587 bis 1588 Teile des Westbaues, vielleicht auch damals die Seitenschiffe und den Südchor; die Hauptapsis stürzte 1855 ein, wurde aber bis 1874 wiederhergestellt. Nachdem G. Schäfer die Kirche 1873 als Einhards Basilika identifiziert hatte, erfolgten Untersuchungen und Grabungen durch F. Schneider und R. Adamy zwischen 1874 und 1884. Weitere Grabungen 1930 durch F. Behn, denen sich Untersuchungen durch O. Müller anschlossen. In deren Folge führte man 1972 bis 1973 auf den alten Fundamenten neue Seitenschiffsmauern auf, ohne aber die Langhausarkaden wieder zu öffnen.

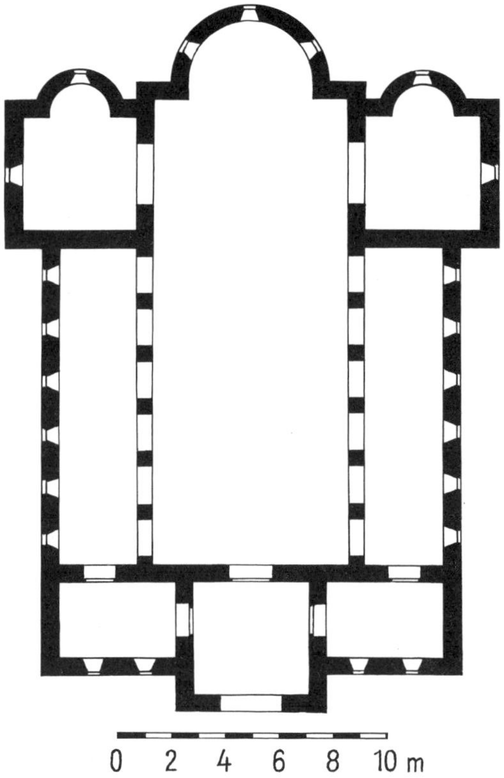

Von der Basilika Einhards sind Mittelschiff, Altarhaus und nördlicher »Nebenchor« mit ihren (restaurierten) Apsiden sowie die Krypta (der Südteil nur ergraben) erhalten, die übrigen Bauteile – Westabschluß, Seitenschiffsmauern und südlicher »Nebenchor« – in ihren Fundamenten ergraben.

Grundriß: An die dreischiffige Basilika mit sechs Arkaden im Langhaus schließt ein leicht querrechteckiges Altarhaus mit eingezogener Apsis, auf beiden Seiten begleitet durch leicht längsrechteckige »Nebenchöre« mit eingezogenen Apsiden. Im Westen (ursprünglich) gerader Abschluß des vorspringenden Mittelschiffes. Unter dem Bau liegt eine Gang- oder Stollenkrypta in Kreuzform mit kurzen kreuzartigen Erweiterungen vor jedem Ende der Kreuzbalken, diejenigen des Längsstollens in Arcosolform. Der

Längsstollen geht von der Langhausmitte bis in den Scheitel der Hauptapsis, der Querstollen von einem Nebenchor in den anderen, wobei die kreuzförmigen Erweiterungen die volle Länge jener Bauteile unterwölben. Die östlichen Kreuzarme der Querstollenkreuze schließen jeweils mit einer Apsidiole. Die Zugänge lagen in den Langhausseitenschiffen und führten gerade nach Osten in die Westarme der Querstollenkreuze.
Der Grundriß des Ostbaues mit den beiden »Nebenchören«, die durch stark eingezogene Rundbögen vom Altarhaus getrennt werden, entspricht einem um 800 weiter verbreiteten Bautypus. Da die Trauflinie der seitlichen Bauteile unter der Obergadenhöhe des Mittelschiffes bleibt, ergibt sich nicht recht der Charakter eines Querhauses. Es handelt sich vielmehr eher um *Pastophorien*, im Sinne der altchristlichen Bauteile *Prothesis* und *Diakonikon*.
Aufbau: Über den vermauerten sechs Arkaden des Langhauses, die auf Backsteinpfeilern ruhen, sind im Obergaden die Fenster axial angeordnet. Der Anschlag liegt in der Außenflucht. Auf Grund einer Vermessung der Sohlbänke und Laibungen der Mittelschiffsfenster hat W. Boekkelmann festgestellt, daß diese auf bestimmte Grund- und Aufrißlinien der Basilika exakt bezogen sind (Mittellinie, Apsisansatz, Kämpfer des Apsisbogens, Pfeilermitte). Die (nach 1855 zuverlässig erneuerte) Hauptapsis hat drei Fenster; die Altarhausostwand ist darüber mit zwei Rundfenstern geschmückt. Das Mittelschiff trug eine flache Balkendecke, heute ist der Kehlbalkendachstuhl zum Schiff hin offen.
Die östlichen Endpfeiler der Langhausarkaden zeigen die Ansatzstellen einer Chorschranke, die quer durch das Mittelschiff lief. Den Westabschluß bildete vor dem 12. Jahrhundert ein leicht unterquadratischer Vorbau, der in der Höhe wohl unter dem Mittelschiff blieb und von flachen Nebenräumen bis zur äußeren Flucht der Seitenschiffe begleitet wurde.
Maße: Gesamtlänge 26,40 m (Arens: 15,78 m); Langhausbreite 15,40 m; Ausdehnung des Querhauses 18,10 m (abgerundet).
Material: Über sorgfältigen Bruchsteinfundamenten sind die Ostteile in Sandsteinquadern kleineren Formates errichtet. Die Langhauspfeiler bestehen aus Backstein mit breiten Mörtelfugen, die Arkadenbögen aus Kalksinter, der Obergaden aus Bruchstein, ebenso die Seitenschiffswände. Mindestens die Bruchsteinteile des Baues waren ursprünglich verputzt. In der Krypta wurden Kalksinter und Backstein verwendet.
Für die Krypta ist ein Mörtelestrich nachgewiesen. Die Gänge und Kreuzarme sind tonnengewölbt (über den Kreuzungsstellen Kreuztonnengewölbe). Am Ostende des Hauptstollens und vor den Apsidiolen der Querstollenkreuze je ein Altar, jedoch keine weitere Ausstattung. Die ursprüngliche Verwendung der Krypta ist nicht gesichert; auf jeden Fall diente sie nicht zur Unterbringung der Märtyrer-Reliquien, für die nur eine Ringkrypta in Betracht gekommen wäre, da es sich um ganze Heiligenleiber handelte (vgl. Seligenstadt, Kat.Nr. 213). Die zweite Übertragung der Gebeine, von Steinbach nach Seligenstadt, hatte wohl kirchenrechtliche Gründe und ist von Einahrd vermutlich von Anfang an geplant gewesen. In diesem Zusammenhang wird Einhard die Absicht aufgegeben haben, sich und seine Gemahlin Imma in (den Arcosolgräbern?) der Stollenkrypta beisetzen zu lassen.
Ausmalung: Unter dem Ansatz der einstigen Decke zieht sich ein perspektivisch gemalter Mäanderfries hin (besonders im Südosten erhalten); Reste figürlicher Darstellungen befinden sich in der Hauptapsis.

Translatio SS M. et P.; Codex Laureshamensis 1, 414ff.; G. Schäfer (1874) 129ff.; Draudt (1874) 385ff.; F. Schneider (1874) 99ff.; Adamy (1885); KDM (1891) 245ff.; Weise (1916) 112ff.; Behn/Kunze (1931) 41ff.; Behn (1932) 1ff.; E. J. R. Schmidt (1932) 154ff.; Buschow (1934) 40ff.; O. Müller (1935/37); Lehmann (1938) 140f.; Claussen (1950) 209ff.; O. Müller (1954) 33ff.; Boeckelmann (1957) 141ff.; O. Müller (1965); Stüve (1968); Vorromanische Kirchenbauten 3 (1971) 320ff.; Arens (1977) 307ff.

D. Großmann

213 Einhard-Basilika Seligenstadt

9. Jh.; (Kreis Offenbach)

Die ehemalige Benediktinerabtei SS Marcellinus und Petrus in Seligenstadt am Main geht auf Einhard, den Biographen Karls des Großen, zurück.
Einhard – um 770 im Maingau geboren und im Kloster Fulda erzogen – kam etwa 794 an den fränkischen Königshof. Dort wurde er von Alkuin (um 730–804), dem Leiter der Hofschule, weitergebildet. Spätestens seit 796 gehörte Einhard dem Gelehrtenkreis um Karl den Großen an und trug dort das Pseudonym *Beseleel*. Der Beiname entsprach seiner Stellung als Leiter der Staatsbauten in Aachen und *doctor artium*. Einhard, der der kaiserlichen Familie sehr nahe stand – Theodulf von Orleans bezeichnete ihn als *familiaris adiutor* (Fleckenstein 1974) –, war darüber hinaus als Diplomat eng mit der Reichspolitik verbunden; 813 setzte er sich auf dem Aachener Reichstag für die Mitregentschaft Ludwigs des Frommen ein. Nach dem Tode Karls des Großen dankte ihm Ludwig seine Ergebenheit durch die Übertragung einer Reihe von Reichsklöstern und am 11. Januar 815 durch die Schenkung der Güter Michelstadt im Odenwald und Mulinheim im Maingau, die sich Einhard als Alterssitz erbeten hatte. Bereits von Aachen aus betrieb er den Ausbau seines Grundbesitzes: Zwischen 820 und 827 entstand die dreischiffige Pfeilerbasilika in Steinbach bei Michelstadt (vgl. Kat.Nr. 212), die bis heute in betont schlichten Formen die Schulung am antiken Erbe bezeugt (O. Müller 1982a; b). Der Wunsch nach Reliquien trug zur Überführung der Gebeine von Marcellinus und Petrus – Märtyrern der diokletianischen Christenverfolgung 305 – bei, die Einhards Geheimschreiber Ratleik 827 auf abenteuerliche Weise aus der Katakombe *ad duos lauros* an der *Via Labicana* in Rom an sich gebracht hatte. Traumerscheinungen der Heiligen veranlaßten die Übertragung der Reliquien von Steinbach nach Mulinheim am 16./17. Januar 828, worüber Einhard selbst ausführlich berichtet (Esselborn 1979). Dort wurden die Gebeine zunächst provisorisch in der nach 815 von Einhard gebauten *nova basilika* untergebracht; die Saalkirche bestand bis 1812 als Pfarrkirche Seligenstadts. Aufgrund ihrer hohen Bedeutung für die Gläubigen des 9. Jahrhunderts – beide Märtyrer waren seit etwa 500 in die römische Meßliturgie aufgenommen, und schon Konstantin hatte über ihrer Katakombe eine Basilika und die Grabrotunde seiner Mutter Helena errichtet – entwickelte sich Mulinheim zu einer berühmten Wallfahrtsstätte des frühen Mittelalters. Seit etwa 830 ist die Existenz einer klösterlichen Gemeinschaft zur Ausübung des Heiligenkults belegt; zur gleichen Zeit zog sich Einhard vom kaiserlichen Hof in Aachen zurück, um sich ganz in den Dienst der Heiligen zu stellen, den er als Dienst am Reich verstand. Der zunehmende Andrang der Gläubigen und die Notwendigkeit, eine endgültige Begräbnisstätte der Reliquien zu schaffen, waren die Voraussetzungen für den Bau der späteren Abteikirche, der zwischen 830 und 836 erfolgte. Die Anziehungskraft der Grabeskirche und die Heilserwartung der Gläubigen brachten den neuen Ortsnamen Seligenstadt hervor. 840 wurde

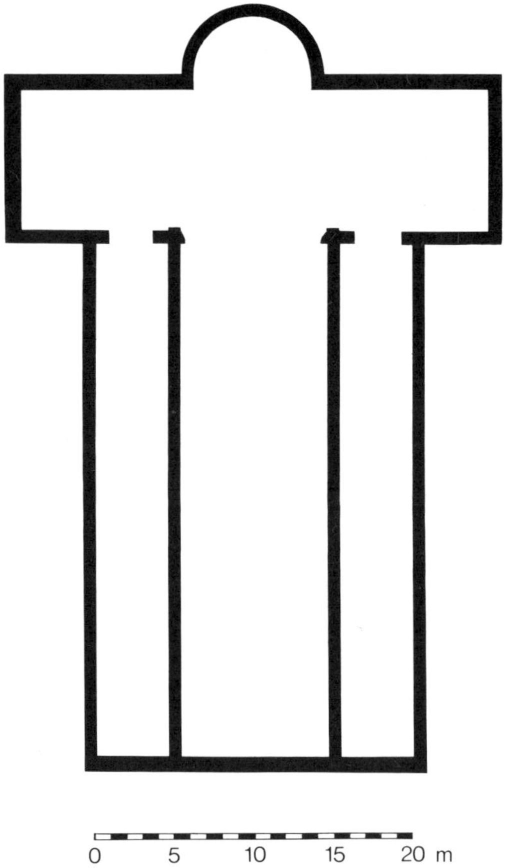

Einhard in der nach ihm benannten Basilika beigesetzt, die bis heute als eindrucksvolles Zeugnis der hochkarolingischen Klassik weitgehend in ihrer ursprünglichen Form erhalten ist. Die dreischiffige Basilika wurde im Osten von einem Querhaus mit halbkreisförmiger Apsis und einer halb in den Boden versenkten Ringkrypta abgeschlossen. Mittelschiff und Querhaus sind in voller Höhe in ihrem karolingischen Mauerwerk erhalten. Es besteht teilweise aus Quadern und Bruchsteinen vom Trümmerfeld des Limeskastells, das – seit trajanischer Zeit bezeugt – um die Mitte des 2. Jahrhunderts in Stein ausgebaut worden war. Vor der turmlosen Westfront der Kirche lag ein annähernd quadratisches Atrium. Drei Eingänge führten von dort ins Innere der Basilika. Das Mittelschiff öffnet sich noch heute in neun weitgespannten Arkaden nach den Seitenschiffen; sie wurden 1872 niedergelegt und an gleicher Stelle neu errichtet. Die Rundbogen bestehen aus keilförmig zulaufenden Ziegeln und ruhen auf rechteckigen, aus flachen hellgebrannten Ziegeln gemauerten Pfeilern. Diese stehen auf attisch profilierten Basisblöcken und am Übergang vom Pfeiler zum Arkadenbogen sitzt ein die ganze Mauerschicht deckender, umlaufend profilierter Kämpferstein; Basis- und Kämpferprofile konnten nach Befund 1938 und 1953 ergänzt werden. Die Mittelschiffwand gliedert ein in halber Höhe eingelassenes Gurtgesims, die darüberliegenden Obergadenfenster wurden im Querhaus bekannten Originalen nachgebildet. Das Mittelschiff hob sich gegen das Querhaus mit einem großen Triumphbogen ab; die Durchgänge der Seitenschiffe haben sich erhalten und mit ihnen die Wandpfeiler samt Basisstein und Kämpfer. Das Querhaus hatte die gleiche Raumhöhe wie das Mittelschiff: Dies belegen Ansatzspuren der ursprünglichen Holzdecke und das übereinstimmende Bodenniveau eines karolingischen Portalgewändes im nördlichen Querhausflügel. Als zentrale Verbindung der Querhausflügel diente eine halbkreisförmige Apsis, deren Verlauf durch die Grabung 1937 gesichert ist. Ihr war eine Ringkrypta eingefügt, die der Neugestaltung des Chorbereichs um 1240 zum Opfer fiel. Sechs Stufen führten in den Querhausflügeln – im Winkel der östlichen Vierungspfeiler – zur Krypta hinab, die sich zunächst als tonnengewölbter, schmaler Gang an der inneren Apsiswand entlang bis zum Scheitelpunkt hinzog. Dort bog dann im rechten Winkel ein Stollen in die Westachse der Kirche ein, der bald an einer gemauerten Wand endete, vor der ein Blockaltar stand. Dahinter lag die Reliquienkammer, auf die noch die Grabstätte des Stifterpaares folgte. Das Fundament der Chortribüne schloß den Mittelstollen ab. Da die Krypta nur zur Hälfte in den Boden versenkt war, entstand eine Art Chortribüne, auf der unmittelbar über der mittleren Reliquienkammer der Hauptaltar stand. Somit ist mit Sicherheit auf eine teilweise Abtrennung der Querhausflügel durch die Chortribüne über dem Kryptagewölbe zu schließen. Durchlaufende Fundamente der Langhausarkaden, kreuzförmiger Querschnitt der letzten Mittelschiffpfeiler und eine nachgewiesene Bruchkante des karolingischen Mauerwerks am Südwestpfeiler der staufischen Vierung geben sogar zu der Vermutung Anlaß, daß das Querhaus entweder durch eine dem Triumphbogen vergleichbare, oder bis auf Türen und Lichtöffnungen geschlossene Wand in drei Abschnitte unterteilt war. Der Zugang zur Chortribüne erfolgte über eine Treppe in der Vierung, Abtsstuhl und Priesterbank können nach frühchristlichem Vorbild an der Apsiswand gestanden haben und zur Betonung des liturgischen Zentrums darf ein einfacher Vierungsturm angenommen werden, der die Glocken der bis ins 11. Jahrhundert turmlosen Kirche aufnahm.

Das Raumbild der Einhard-Basilika ist von auffallender Einfachheit und Klarheit in den Proportionen und Schmuckformen; das Raumkonzept trug den veränderten Gegebenheiten in Seligenstadt Rechnung: Der Prozessionsweg führte über Atrium und Seitenschiffe zum Kryptaeingang in den Querhausflügeln, während der Gottesdienst der Mönche im Vorchor ungestört vor sich gehen konnte. Damit wurde auf einfache aber großartige Weise der Doppelfunktion der Basilika als Kloster- und Wallfahrtskirche entsprochen.

Esselborn (1927); Schuchert (1938); Fleckenstein (1974); Esselborn (1979); Beutler (1982); O. Müller (1982a); O. Müller (1982b).

A. Zöller

214 St. Justinus Höchst am Main

Karolingisch oder romanisch (?); Katholische Pfarrkirche; ehemalige Benediktinerpropsteikirche; ehemals Erzbistum Mainz; Patrozinium bis 1298 St. Justinus, danach St. Margaretha

Ein römisches Kastell über dem Liederbach sicherte den Warenumschlagplatz an der Mündung der Nidda in den Main; 790 wird hier das Dorf Hostat (= Hohe Stätte) zuerst erwähnt. Erzbischof Otgar von Mainz (826–847) bringt 834 aus Rom Reliquien des hl. Bekenners Justinus und läßt für sie eine Kirche erbauen. Da Höchst 1090 im Besitz der Justinus-Reliquien ist, liegt es nahe, die Höchster Kirche für eben diese Justinuskirche zu halten.

Erzbischof Ruthard (1089–1109) übergibt die verfallene Kirche 1090 den Benediktinern von St. Alban in Mainz, die sie wiederherstellen und eine Propstei einrichten. 1419 reformiert der Mainzer Erzbischof das Kloster St. Alban und richtet dort (nicht in Höchst!) ein Ritterstift ein, wobei er die Höchster Kirche zurückerhält. 1441 ziehen die Antoniter aus Roßdorf ein und bleiben bis zur Säkularisation. Seit 1803 Pfarrkirche.

Der vorgotische Kernbau wird 1443 bis 1460/64 durch einen neuen Chor und bis 1513 durch eine Kapellenreihe am nördlichen Seitenschiff erweitert. Restaurierungen finden 1873 und 1930 bis 1932 statt, Grabungen durch K. Becker 1926, durch E. Stiehl 1930 bis 1931.

Nach Abzug der späteren Veränderungen und unter Berücksichtigung der Grabungsergebnisse ist als vorgotischer Kernbau eine dreischiffige Basilika festzustellen, die im Westen wohl mit einer geraden Wand ohne Westbau schloß; im Osten grenzte das Langhaus an ein Querhaus aus drei querrechteckigen Raumabschnitten, von denen die beiden Kreuzflügel niedriger waren als der Mittelraum (»Vierung«). An alle drei Raumteile des Querhauses schlossen unmittelbar eingezogene Apsiden, die mittlere breiter und tiefer als die seitlichen.

Von diesem Bau sind die (veränderte) Westwand, die südliche Seitenschiffswand, die beiden auf Arkaden ruhenden Mittelschiffsgaden, Vierung und nördlicher Kreuzflügel erhalten, ferner Wandstücke der nördlichen Seitenschiffswand, die für die Kapellenzugänge mehrfach durchbrochen worden war; verloren gingen der südliche Querhausflügel und die drei Apsiden.

Obwohl das Mauerwerk in Lang- und Querhaus meist noch der vorgotischen Zeit angehört, läßt sein verputzter Zustand davon kaum etwas erkennen. Die Kapellenwand der Nordseite, die entsprechende Erweiterung der Westwand und der Chor nebst dem südlichen Kreuzflügel sind im Mauerwerk jünger (zumeist gotisch). An Detailformen vorgotischen Charakters sind Rundbogenfenster von gedrungenen Proportionen im südlichen Obergaden, Südseitenschiff und Nordquerhaus sichtbar (die des nördlichen Obergadens sind im Dachraum verborgen, da ein Pultdach vom Mittelschiff über das Seitenschiff bis zu den Kapellen herabschleppt). Die Fenster sind überwiegend Rekonstruktionen von 1930 bis 1932, da der ältere Zustand in der Gotik, Renaissance und Barockzeit zum Teil mehrfach verändert worden war; ein erhaltenes Mittelschifffenster auf der Südseite und ein im Querhaus über gotischer Veränderung original erhaltener Fensterbogen sicherten die Zuverlässigkeit der Wiederherstellung.

Das Innere des Langhauses zeigt sich als flachgedeckte Basilika von steilen Proportionen (etwa 1:2 im Mittelschiff); die Oberwände werden von je sechs Arkaden auf Wandpfeilern und je fünf Säulen getragen. Ein Gurtgesims trennt Arkaden und Obergaden voneinander. Die Vierung ist flachgedeckt, der nördliche Kreuzflügel gotisch überwölbt. Außer einigen Kämpferprofilen finden sich hier keine vorgotischen Detailformen mehr.

Von höchstem Interesse sind die Stützen der Mittelschiffswände. Über quadratischen oder leicht längsrechteckigen Plinthen tragen attische Basen mit gleichmäßiger Ausladung und niedriger Profilierung die Säulen, die sich nach oben leicht verjüngen; diese Säulen bestehen aus je fünf (bzw. einmal aus vier) Trommeln. Der Halsring ist an die oberste Trommel angearbeitet. Die Kapitelle sind korinthisierend mit drei Reihen glatter Blätter, wobei sich die Hüllblätter zu einer Wiederholung der Hochblätter entwickelt haben und sich demgemäß auch nicht mehr aus den hier sehr hochsitzenden Caulisknöpfen entfalten. Zurückhaltender Kerbschnittdekor findet sich vor allem an den Caulisstengeln (Gitterkästchen-, Schnur- und Wirtelschmuck). Auf den Kapitellen stehen stark eingezogene, pyramidenstumpfartig nach oben auskragende Kämpferblöcke mit Kannelurenschmuck (Unregelmäßigkeiten in den Ecklösungen). Eine gewisse Gelassenheit in der Flächenaufteilung verbindet sich mit großer Präzision des Steinschnitts. Formal gehen die Höchster Kapitelle auf die Antike zurück, welche die glatte Form des Blattes (anstelle des ausgearbeiteten Akanthus) in der Römerzeit häufiger verwendet hat. Die auch sonst zu belegende Übernahme des Glattblatt-Typus in die karolingische Kunst (vgl. Fulda, Lorsch, Seligenstadt; Hersfeld?) steht nach W. Meyer-Barkhausen in Höchst unter oberitalienischem Einfluß.

Material: In den Fundamenten Basaltbruchsteine (aus Brücken bei Steinheim bei Hanau). Im aufgehenden Mauerwerk teils sorgfältig geschichteter roter Mainsandstein, darüber graugelber Lautereckener Sandstein. Die Säulenschäfte sind aus hellem Sandstein, die Kapitelle (und Kämpfer) aus Muschelkalk, die Arkaden und die Fensterbögen aus Andernacher Tuffstein.

Maße: Gesamtlänge der vorgotischen Kirche von der Westwand bis zur Hauptapsis (Außenlänge) 29,60 m. Lichte Länge des Langhauses 20,75 m, lichte Breite 12,27 m. Gesamtlänge des Querhauses 19,38 m, lichte Länge 17,74 m. Die Mauerstärken liegen überwiegend zwischen 75 und 82 cm. Die Kapitelle sind 63 cm hoch, die Kämpfer 31,5 cm. Rechnet man zu den Kapitellen den Halsring, so kommt man auf eine Höhe von 67 cm. Nach W. Meyer-Barkhausen sind diese 67 cm als zwei karolingische Fuß zu rechnen: sie wären ein Grundmaß der Kirche. Dieser Auffassung widerspricht aber die klare Beziehung von 1:2 in den Höhen von Kämpfern und Kapitellen. Keines der Hauptmaße der Kirche ergibt bei Zugrundelegung eines Fußmaßes von 33,5 oder 34 cm eine runde Ziffer. Das Gleiche gilt aber auch, wenn man das aus der Kämpferhöhe gewonnene Maß von 31,5 cm annimmt. Nur wenn der römische Fuß von 29,64 cm zugrundegelegt wird, ergeben sich drei auffällige runde Zahlen: Gesamtlänge genau 100', lichte Länge des Langhauses 70', lichte Länge des Querhauses ziemlich genau 60'. Da sich die übrigen Maße mit diesen nicht in ein System fügen lassen, können weitergehende Schlußfolgerungen nicht gezogen werden. Die bei E. J. R. Schmidt gegebenen abgerundeten Fußzahlen führen irre. Noch komplizierter sind die Maßberechnungen bei F. Arens (1977). Von der Mitte der Westwand bis Mitte der Querhausostwand ermittelt er eine Konstruktion aus fünf Quadraten, die der lichten Mittelschiffsbreite (5,36 m) entsprechen. Dann dürfen aber in der Längsrichtung des Querhauses die Außenmauern nicht mitgerechnet werden. Ein karolingisches Fußmaß von 33 cm erlaubt ihm, Kämpfer und Kapitelle wie W. Meyer-Barkhausen in seine Berechnung einzubeziehen, doch nur, indem er die Grenze zwischen Kämpfer und Kapitell ebenso wie die zwischen Kapitell und Halsring völlig vernachlässigt.

In der Forschung ist die *Datierung* der Justinuskirche seit jeher kontrovers. Der These einer karolingischen Entstehung – meist mit Otgars Bau einer Kirche für die Justinusreliquien zwischen 834 und 847 verbunden – steht die Auffassung gegenüber, daß die Mönche von St. Alban nach 1090 einen Neubau auf den alten Fundamenten errichtet hätten. Auch Kompromißlösungen sind vorgeschlagen, aber nicht genauer ausgeführt worden. W. Scriba hat 1930 den gesamten Bau mit Ausnahme der Fundamente und vielleicht von etwas aufgehendem Mauerwerk im südlichen Seitenschiff für romanisch erklärt, insbesondere auch sämtliche Baudetails: Kämpferprofile, Säulenbasen, die Säulen selbst, Kapitelle und Pyramidenstumpfkämpfer. Dagegen hat E. Stiehl (1930–1932) mit Nachdruck die karolingische Datierung des gesamten Baues vertreten, der sich auch E. Lehmann angeschlossen hat. W. Meyer-Barkhausen hat 1933 nachgewiesen, daß die Kapitelle und Pyramidenstumpfkämpfer karolingisch sind, was seither nicht mehr bezweifelt wurde. Dagegen hält L. Schaefer den Bau als solchen wiederum für romanisch, nur unter Verwendung karolingischer Fundamente sowie Kapitelle (und Kämpfer). Nach R. Schäfer erfuhr die Kirche in romanischer Zeit keine wesentliche bauliche Veränderung. Die Mauerzüge wurden erhöht – das hatte allerdings W. Dobisch (1932) für unwahrscheinlich erklärt – und eine Flachdecke (an Stelle einer Balkendecke oder eines offenen Dachstuhls) eingezogen.

W. Scriba führt für seine Spätdatierung Differenzen im Material an: Die Basaltfundamente und der rote Sandstein seien karolingisch, der helle Sandstein, Kalk und Tuff hingegen romanisch. Er gibt an, daß aufgehende Teile (Vierung, Säulenplinthen) mehrfach über die Fundamente überkragten. Entgegen der heutigen Unterteilung des Querhauses hält er das karolingische Querhaus für ungeteilt durchgehend. Mit ausführlichen Proportions-Darlegungen versucht er eine romanische Entstehungszeit sowohl für die Architektur als auch für den Bauschmuck zu belegen.

E. Stiehl widerspricht den Argumenten W. Scribas

und bestreitet zum Teil die von diesem behaupteten Tatbestände. Der Materialwechsel sei nicht scharf abgegrenzt, die aufgehenden Teile kragten entweder nicht über oder seien in diesen Fällen gotisch, die von Scriba angegebenen Messungen seien nicht korrekt.
W. Meyer-Barkhausen hat die vergleichende Methode W. Scribas in Bezug auf den Bauschmuck als unzuverlässig nachgewiesen. Sichere Argumente für eine karolingische Entstehung kann er für die Kapitelle und ihre Kämpfer geben. Eine Wiederverwendung dieser Teile in einem romanischen Neubau schließt er nicht aus, verweist aber auf enge Maßbeziehungen zwischen Bauschmuck und Architektur. Die Kapitelle mit den Halsringen hätten eine Höhe von 67 cm, dieses Maß wiederhole sich in den Säulen im Verhältnis 1:4. Auch die Spannweite der Arkaden habe dieses Maß; weitere Breiten- und Höhenmaße der Architektur schlössen sich an. Hierfür verwendet W. Meyer-Barkhausen aber so abgerundete, zum Teil auf E. J. R. Schmidt basierende Maßangaben, daß seine Folgerungen nicht schlüssig sind. Auch stimmt die Grundvoraussetzung nicht, da man das Maß der Kapitelle in Bezug zu ihren Kämpfern sehen muß, während die Halsringe zu den Säulen gehören, denen sie angearbeitet sind.
L. Schaefer führt für seine Datierung in romanische Zeit vor allem die steilen Raumproportionen an. Dies Argument reicht jedoch angesichts der geringen Zahl erhaltener karolingischer Bauten nicht aus.
Eine abschließende und eindeutige Stellungnahme ist um so weniger möglich, als sich die Kontrahenten noch nicht einmal über den Tatbestand einigen konnten (vgl. die Kontroverse Scriba-Stiehl 1932). Kragen die Mauervorlagen und Säulenplinthen über die Fundamente über oder nicht? Haben die Säulen Entasis oder nicht? Haben die Fenster Anschlag-Falze oder nicht? Sind die Mauerwerkszonen in rotem bzw. hellem Sandstein klar voneinander geschieden oder nicht? Wer von beiden Forschern hat das Gurtgesims richtig gemessen? Angesichts dieser Unsicherheiten sind Kompromißformulierungen zu verstehen, wie sie sich im Dehio/Gall und den nachfolgenden Auflagen des Dehio Handbuches sowie im Reclam-Kunstführer finden. Dehio/Gall: Über den Grundmauern sind als wichtigste Reste Kapitelle und Kämpfer erhalten; die Wiederherstellung nach 1090 benutzte die alten Mauerzüge, erhöhte aber die Räume. M. Backes (Dehio): im wesentlichen außer den Grundmauern das Mittelschiff mit je sechs Arkaden erhalten – die alten Mauerzüge und Räume nach 1090 erhöht. Er beschreibt aber die Kapitelle und Kämpfer im karolingischen, die Säulen im romanischen Abschnitt. Ähnlich G. Bott im Reclam-Kunstführer: er nennt zunächst nur Kapitelle und Kämpfer von (zweimal) sechs Arkaden erhalten und rekonstruiert für den Ursprungsbau eine abgeschnürte Vierung; später spricht er indes nur von einem Umbau, bei dem das flachgedeckte Schiff erhöht worden sei.
Eine eindeutige Entscheidung ist bei der derzeitigen Forschungslage nicht zu fällen. Unter Außerachtlassung der im Tatbestand strittigen Argumente spricht folgendes für die Entstehung in karolingischer Zeit: Die Kapitelle und Pyramidenstumpfkämpfer sind (heute unbezweifelt) karolingisch, sie passen in ihren Maßen zu den Säulen, diese zu den Fundamenten; die Halsringe sind an die Säulen angearbeitet; die Säulenfundamente scheinen in der Regel nicht überzukragen; die Senkungen im Fundament sind bei Einheitlichkeit des Baues besser zu erklären; alle Bauschäden an den Kapitellen und Kämpfern stehen in Zusammenhang mit den Bauschäden am Obermauerwerk, machen hingegen nirgends eine Zweitverwendung wahrscheinlich; ein Neubau nach 1090 hätte sich schwerlich mit den schwachen Fundamenten begnügt, zumal wenn sie bereits nachgegeben hatten, auch wäre ein solcher Neubau vermutlich mit einem Westbau versehen worden; die Form der Fensterlaibungen verweist eher auf karolingische Zeit. Das Fehlen umfassender Maßbeziehungen kann für keine These in Anspruch genommen werden.
Für Entstehung in romanischer Zeit lassen sich folgende Argumente anführen: Ungleichmäßigkeiten zwischen Fundamenten und Oberbau, vor allem im Bereich der »Vierung«; die Raumproportionen; das Vorhandensein eines Gurtgesimses; vielleicht die Profile der Mauerkämpfer und der Säulenbasen (doch wird dieses Argument oft überfordert); die Regelmäßigkeit des Materialwechsels (falls sie überzeugend nachgewiesen werden kann, was bisher aussteht).
Eine Entscheidung ist also von einer unvoreingenommenen Untersuchung abhängig, die alle Argumente – besonders die aus den Grabungsberichten und -fotos – sorgfältig prüft, wobei sowohl neue Nachgrabungen als auch Mauerwerks-

prüfungen wahrscheinlich unumgänglich wären. Vielleicht kann, wie vielerorts, die Dendrochronologie auf einfachere Weise helfen.

Lotz (1880) 228ff.; Becker (1926); Scriba (1930); Stiehl (1931); Dobisch (1932); Scriba/Stiehl (1932); E. J. R. Schmidt (1932) 109ff.; Meyer-Barkhausen (1933); Lehmann (1938) 117f.; (1949) 103; Dehio/Gall (1955) 46ff.; Reclam (1960) 209f.; (1967) 106ff.; (1978) 135ff.; Dehio (1966) 408ff.; (1982) 431ff.; Vorromanische Kirchenbauten 1 (1966) 124; R. Schäfer (1973); Arens (1977) 311ff.

D. Großmann

215, 1–4 Klosterreste, Kirchenfragment, Torhalle Lorsch

Karolingisch; ehemals Benediktinerkloster und -kirche St. Petrus, Paulus und Nazarius; ehemals Erzbistum Mainz; Lorsch (Kreis Bergstraße) (vgl. Kat.Nr. 236, 1–8)

Geschichte des Klosters

Um 760 schenken der fränkische Gaugraf Cancor und seine Mutter Williswinda dem Bischof Chrodegang von Metz ihr Hofgut Laurissa (Lauresham) zur Gründung eines Klosters, das von Gorzer Mönchen besiedelt wird. 764 wird es erstmals erwähnt; erster Abt ist Chrodegang († 766), Nachfolger sein Bruder Gundeland (765–778). Chrode-

gang erwirbt 765 in Rom die Reliquien des Märtyrers Nazarius für das Kloster. 767 schenkt ein Bruder Cancors, Thurincbert, hochwasserfreies Gelände, vom alten Kloster 500 m entfernt, zum Bau einer größeren Anlage, deren Kirche 774 von Erzbischof Lullus von Mainz († 786) in Anwesenheit Karls des Großen geweiht wird. Durch Übergabe an den König 772 erhält das nunmehrige Reichskloster freies Abtswahlrecht (das später verlorenging) und Immunität. Der vierte Abt, Richbod (784–804), baut die Klosteranlage südlich der Kirche.
Ludwig der Jüngere (876–882) läßt für seinen Vater, Ludwig den Deutschen (840–876), eine Gruftkirche, die *ecclesia varia* errichten, in der noch weitere Angehörige des Königshauses bestattet werden. 1052 weiht Papst Leo IX. die *ecclesia varia* neu zu Ehren Mariä, der Apostel und aller Heiligen.
1090 zerstört ein Brand die Kirche und wohl auch Teile des Klosters. Doch findet man hinter dem Nazariusaltar die Gebeine des Klosterpatrons. Abt Anselm (1088–1101) stellt die Kirche her und setzt die Reliquien wieder im Chor bei. Obwohl diese Arbeiten erst 1130 mit einer Weihe abgeschlossen werden, sieht sich bereits Abt Folcnand (1141–1148) veranlaßt, das »durch Ärmlichkeit und Alter seiner Würde kaum entsprechende« Gebäude zu erneuern und zu bereichern, doch ist von einem Neubau nicht direkt die Rede.
Erzbischof Brun von Köln hatte das Kloster um 948/51 nach den Grundsätzen des reichsfreundlichen lothringischen Klosters Gorze reformiert. 1005 berief Heinrich II. den ebenfalls gorzisch geprägten Ramwold-Schüler Poppo aus Regensburg-St. Emmeran als Abt. Dagegen wurde 1105 ein Abt (Gebhardt) aus dem kaiserfeindlichen Hirsau in Lorsch eingesetzt, dem das Kloster aber erfolgreich Widerstand leistete, bis er 1111 auf Veranlassung Heinrichs V. wieder abberufen wurde. Lorsch blieb danach der Gorzer Reform wenigstens bis 1167 treu. 1232 fiel das Kloster an Mainz; die Benediktiner wurden von Zisterziensern, diese 1248 von Prämonstratensern abgelöst. Kurpfalz, seit 1461 (so Dehio und Oswald; Kröner 1960: 1463) Pfandschaftsinhaber, führte 1555 (KDM 1969: 1556) die Reformation ein; Lorsch war dann bis 1619 weltliche Propstei.
Einem Brand von 1247 war 1266 eine Neuweihe gefolgt. Die Türme hatten 1358 durch Blitzschlag Schäden erlitten und waren dann abgetragen worden. Um 1620/22 verwüsteten spanische Truppen das Kloster und äscherten es ein. Lorsch fiel 1623 wieder an Mainz, doch blieb die Kirche Ruine und wurde seit dem frühen 18. Jahrhundert als Speicher benutzt, im späteren 18. Jahrhundert aber bis auf einen Teil des Mittelschiffes, der weiterhin als Scheune diente, abgetragen. Abgesehen von älteren Raubgrabungen (um 1800 im Chorbereich) fanden erste wissenschaftliche Ausgrabungen 1890 durch R. Adamy statt, denen weitere 1902 und 1907 bis 1908 durch H. Gieß und 1920 durch Chr. Rauch folgten. Eine erneute und systematische Gesamtausgrabung nahm F. Behn 1927 bis 1928, 1932 bis 1933 und 1934 bis 1937 vor. Nachuntersuchungen von W. Selzer folgten gegen 1955; in diesem Jahr wurde der noch vorhandene Bestand gesichert. Für einige der Ausgrabungskampagnen fehlt eine entsprechende Dokumentation (1920, 1934–1937).

1. Altenmünster (Kloster auf der Kreuzwiese)

Die bei den Ausgrabungen auf diesem Platz des ältesten Klosters zu Tage geförderten schuttgefüllten Fundamentgräben ermöglichten eine Konstruktion des Grundrisses; wieweit er aber auf karolingische Zeit zurückgehen kann, ist äußerst fraglich. Denn wenn sich die Mönche nach der Übersiedlung an den endgültigen Klosterplatz 774 tatsächlich jahrzehntelang mit Holzbauten für das neue Kloster begnügten, ist kaum einzusehen, wie sie in der kurzen Zeit von 764 bis 767 zu einem steinernen Klosterbau gekommen sein sollten. Das Kloster auf der Kreuzwiese war nach der Übersiedlung vernachlässigt, und erst Abt Ulrich (1055–1075) richtete dort 1071 eine Petrus-Propstei (kein Priorat) ein. Der ergrabene Grundriß stammt demnach mit größerer Wahrscheinlichkeit erst aus dieser Zeit.

2. Benediktinerkirche

Die 767 bis 774 erbaute Kirche erhielt durch Abt Helmerich (778–784) eine Kassettendecke und den Fußboden sowie Gold- und Silberschmuck für das Nazariusgrab. Abt Richbod (784–804) ließ vor dem Hauptaltar einen Marmorfußboden legen, der von den Äbten Gerhard (951–972) und Salmann (972–998/99) anscheinend bis zum Kreuzaltar verlängert wurde. Auch ließ Abt Gerhard das Paradies mit Blei decken und vor dessen Türen *pulpita* errichten. Abt Reginbald (1018–1032)

schmückte die Kirchenfront mit *coronae* und vermehrte *corum altius exstructum desuper arcubus fabrefactis*. (Die Deutung dieser Angaben ist umstritten. – Die späteren Nachrichten betreffen erst die Wiederherstellung nach dem Brande von 1090 und bleiben hier außer Betracht.)
Da die Kirche im 18. und 19. Jahrhundert als Steinbruch benutzt worden ist, haben sich bei den Grabungen im wesentlichen nur Fundamentgräben gefunden, so daß weder die präzise Form noch das Alter der einzelnen Fundamentzüge (Ursprungsbau und Erweiterungen) einwandfrei zu bestimmen waren. Entsprechend unterschiedlich sind die Deutungen und Rekonstruktionen (Behn 1934; Meyer-Barkhausen 1935; Walbe 1937; Gall 1954). Ansichten des 16. bis 18. Jahrhunderts stellen die Kirche mit einem polygonalen Chor dar. Die westliche Turmgruppe, welche die Ansichten zeigen, stand am Ostende eines Atriums und ist dem Ursprungsbau nachträglich angefügt worden (vielleicht 11. Jahrhundert, aber vor 1090). Die erhaltenen Kirchenjoche gehören, nach den Formen der Pfeiler und Kapitelle zu schließen, der Mitte des 12. Jahrhunderts an, also wohl der Bauphase unter Abt Folcnand (1141–1148). Von der Deutung dieses Baurestes als ehemalige Vorkirche ist man abgekommen.
Es ergibt sich folgender Befund für den karolingischen Bau: Das Langhaus war dreischiffig – sicherlich eine Basilika, das Mittelschiff mehr als doppelt so breit wie die Seitenschiffe. Der ursprüngliche Ostabschluß ist wegen des späteren Anbaues der *Ecclesia varia* nicht zu rekonstruieren (halbrund oder gerade), war aber wohl eingezogen. Ein Querschiff bestand nicht. Der Westbau war querrechteckig mit von der Front zurückgesetzten Seitentürmen in der Flucht der Seitenschiffe; eine Rekonstruktion als Dreiturmgruppe (Gall 1954) hat den meisten Anklang in der Forschung gefunden. Für eine Rekonstruktion als Westwerk reichen die Fundamente nicht aus. Vor diesem Westbau lag ein Atrium mit seitlich offenen Gängen, davor wiederum ein breiterer äußerer Vorhof, in dessen Westteil frei die Torhalle stand, die als einziges karolingisches Gebäude der Klosteranlage noch aufrecht ist.
Die von Ludwig dem Jüngeren östlich an die Kirche angefügte *Ecclesia varia* war ein einschiffiger Bau mit (nur innen?) eingezogener Halbkreisapsis, etwa 14 m lang, 10 m breit, mit der ungewöhnlichen Mauerstärke von 3 m im Schiff und 5 m in der Apsis. Das Niveau der Gruftkirche lag etwa 4 m tiefer als das der Kirche und war von dieser über eine rampenartige Treppe zu erreichen. Auch wenn eine Wölbung des gesamten Raumes vorausgesetzt wird, befriedigt die Deutung nur als Außenkrypta (Oswald) eigentlich nicht, da der Bau ja an die Stelle des ursprünglichen – sicherlich kleineren – Ostabschlusses trat und da eine so enorme Mauerstärke für eine Krypta allein nicht notwendig gewesen wäre. Dies scheint darauf zu weisen, daß die Krypta einen darüber stehenden neuen Altarraum (Chor) zu tragen hatte. Dem widerspricht aber der von Einsingbach (1980) gegebene Ausgrabungsplan, nach dem der gotisch erneuerte Chorschluß westlich vor der *Ecclesia varia* liegt, deren ungewöhnliche Mauerstärke somit unerklärt bleibt. Reste der Ausmalung, welcher die Gruftkirche die Bezeichnung *varia* verdankt, sind gefunden worden.

3. Ecclesia triplex St. Petrus (und St. Stephanus?)

Zu den Klostergebäuden, die Abt Richbod (784–804) errichtete, gehörte *dormitorium quoque cum ecclesia triplici*. Weitere Nennungen der Kirche als *indormitorio* oder *ante ipsum dormitorium* bestätigen ihre Lage. Abt Adalung (805–838) ließ *altare sancti petri in ecclesia triplici* schmükken. Vielleicht bezieht sich auch eine *dedicatio ad S. Stephanum in dormitorio* in einem Lorscher Kalendarium auf diesen Bau. Bei der Ausgrabung des Dormitoriums 1934 bis 1937 fand Behn auch eine kleine Kirche östlich davon (nicht ausreichend veröffentlicht). Der kleine Bau war dreischiffig. Kunze rekonstruiert den Bau als dreigeschossig, um den Namen *triplex* zu erklären.

4. Torhalle (»Königshalle«)

Als einzigartiges Zeugnis karolingischer Baukunst ist die Lorscher Torhalle eines der wichtigsten Baudenkmäler in Deutschland. Ihre Datierung ist allerdings nur stilistisch zu ermitteln, ihre Bedeutung nur hypothetisch zu erschließen, denn es gibt keine mittelalterlichen Quellen, die auf sie Bezug nehmen. (Eine Erhöhung des Daches wird erwähnt [Glöckner 1929; Kröner 1960] mit dem Datum 1385; die KDM kennen eine solche Nachricht nicht.)
Erst 1632 wird die im Obergeschoß befindliche Kapelle erwähnt, erst 1724 ist das Michaelspatrozinium nachgewiesen. Nach Verwüstung im

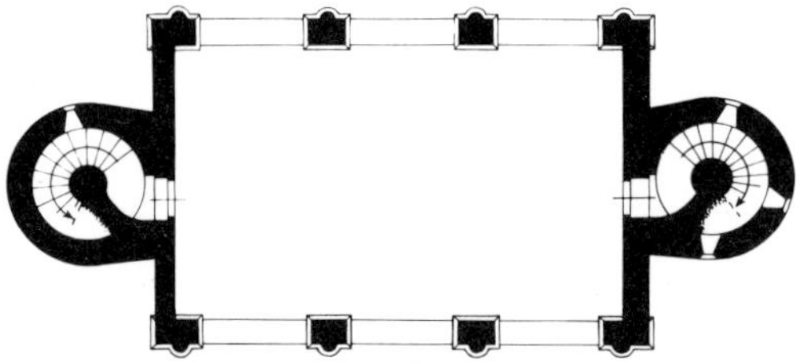

Grundriß der Torhalle Lorsch

Pfalzkrieg wurden 1697 bis 1698 die Erdgeschoßarkaden vermauert, die Zwischendecke entfernt und der Bau mit Emporen als Kurfürstliche Hauskapelle eingerichtet. Die noch gotische Spitztonne machte 1724 einer stuckierten Volutendecke Platz. 1861 bis 1863 Teilrestaurierung. Bei der großen Restaurierung 1934 bis 1935 wurden der 1842 eingestürzte nördliche Treppenturm wiederaufgebaut, die barocken Einbauten entfernt, dafür Zwischendecke und Holztonne wiedereingefügt. Zugleich entdeckte man verschiedene Ausmalungsschichten aus dem späten 14. Jahrhundert (H. Walbe um 1385) und aus vorgotischer Zeit. Die Bauuntersuchungen fanden durch F. Behn und H. Walbe statt.

Das querrechteckige Gebäude steht frei, urspünglich hinter dem Westtor der Abtei im großen Vorhof der Kirche. Das Untergeschoß öffnet sich mit je drei großen Rundbögen nach Westen und Osten, außen von Wandstücken gerahmt, die sich im Obergeschoß fortsetzen, zwischen den Bögen durch Halbsäulen mit Kompositkapitellen geschmückt, die ein Band mit Palmetten-Lotos-Muster tragen. Dieses Band bildet das Obergesims eines dreistufigen Gebälks, dessen Frieszone mit karoförmiger Steinsetzung geschmückt ist. Die Wand des Obergeschosses ist aus einem rautenförmigen Netzwerk von Wabenmustern gebildet, wobei rote und weiße Steine miteinander abwechseln. (Der Bau kann also nur lasierend, nicht deckend verputzt gewesen sein).

Vor diesem fast teppichhaft wirkenden Grund ist eine schmückende Blendarkatur aus Pilastern mit Spitzgiebeln gestellt, so daß je drei Spitzeckarkaden einem Rundbogen im Untergeschoß entsprechen. Jeweils die mittlere Arkade umrahmt ein kleines Rundbogenfenster. Ein Traufgesims mit kleinen Konsolen schließt gegen das Dach hin ab. Seitlich sind innen runde, außen hufeisenförmige Treppentürme angebracht, die sich durch vollständigen Verputz von dem reich gegliederten Mauerwerk der eigentlichen Torhalle abheben. Auf der Ostseite ist das mittlere Fenster später durch eine Nische gestört und schließlich 1934 vermauert worden. Die übrigen Fenster haben weitgehend originale Laibungen, aber 1934 bis 1935 erneuerte steinerne Fensterrahmen.

Inneres des Obergeschosses: Es war ursprünglich flachgedeckt. Die älteste Malschicht stammt aus karolingischer Zeit und läßt große Figuren erkennen. Die folgende Schicht trägt eine Architekturausmalung, die 1935 weitgehend rekonstruiert wurde, soweit es nicht die Rücksicht auf die gotischen Wandbilder im Norden und Süden (zu Ehren Christi und Mariä) verbot. In der Architekturausmalung umzieht ein Quadersockel den Raum; darauf steht eine Folge von ionischen Säulen mit kräftigem Architrav. Auch diese Malschicht scheint noch karolingisch zu sein.

Material: Im Fundament Bruchsteine und grobe Flußgeschiebe, einzelne römische Spolien. Aufgehendes Mauerwerk aus Bruchstein, alle Gliederungselemente aus rotem und weißem Sandstein sowie Kalkstein. Kapitelle aus örtlichem Kalkstein.

Maße (nach Arens): Länge an der Ostseite (ohne Treppentürme) 10,91 m (Arens: = 37,5′ bei einer – erschlossenen! – Fußlänge von 29,1 cm), Breite 7,18–7,25 m, Höhe (ohne Dach) um 7,15 m, Durchmesser der Treppentürme 3,58–3,60 m. Dieser Durchmesser, die Breite und Höhe, sowie schließlich die Länge des Baues ohne Türme, stehen demnach im Verhältnis 1:2:3. Doch kann der Durchmesser der Türme in diese Maßbeziehungen nicht voll eingerechnet werden, da die Türme in das Mauerwerk der Torhalle einschneiden.

Die *Deutung* der Torhalle ist ungewiß, da es an Quellenangaben fehlt. Zweifellos hat sie bei ihrer freien Stellung in der Hauptachse, jedoch losgelöst von der Klostermauer, die Bedeutung eines triumphalen Empfangstores und schließt damit an die antike Tradition an (z. B. Konstantinsbogen in Rom, der sogar in der Attika eine Kapelle besitzt). Oft ist an eine Funktion als Gerichtshalle gedacht worden; und wenn Einzug oder Gerichtssitzung des Königs hier auch nur selten stattgefunden haben werden, so ist die Bezeichnung als »Königshalle« hiermit doch begründet worden und auch nicht zu verwerfen. Strittig ist vor allem die ursprüngliche Verwendung des Obergeschosses – ob sakral oder profan? Viele Forscher neigten dazu, das Obergeschoß als Kapelle von vornherein anzusehen, doch ist dagegen eingewendet worden, daß auf dem Holzfußboden im ursprünglichen Zustand kein (steinerner) Altar gestanden haben kann (Fuchs 1929). Die von Binding (1977) erneut präzisierte Deutung als Repräsentationssaal hat daher mehr für sich, auch wenn die Bezeichnung als »Königssaal« vielleicht etwas zu einschränkend gedacht ist. Sicherlich war die Lorscher Torhalle, wie so viele andere Gebäude des Mittelalters, ein »Mehrzweckbau«.

Datierung: Die Erbauung der Torhalle wird heute allgemein in karolingische Zeit gesetzt, doch ist die Entstehungszeit im einzelnen umstritten. Hierüber berichtet Binding (1977) ausführlich. Wie er, so setzen viele Forscher – z. B. Walbe (1937) – den Bau der Torhalle in die erste Bauzeit der Kirche, 767–74; dies wird von Einsingbach (1980) bezweifelt, der vielmehr »das letzte Drittel des 8. Jahrhunderts« vorschlägt (zu dem die Jahre 767–74 aber gehören!). Fleckenstein datiert um 800, weil die »karolingische Renaissance« [besser »Renovatio«] erst damals so weit gewesen sei, an die römische Tradition in dieser Form anschließen zu können. Doch sollte die Frühdatierung angesichts der zu vermutenden Bedeutung des Gebäudes als Triumphtor und der Anwesenheit Karls des Großen bei der Weihe 774 nicht ohne sorgfältige Überlegung verworfen werden.

Falk (1866); A. Hauck (1912); KDM (1914) 201ff.; Weise (1916) 45ff.; Codex Laureshamensis; Fuchs (1929; 1978); Meyer-Barkhausen (1929/30); E. J. R. Schmidt (1932) 142ff.; Behn (1934); Kunze (1934); Meyer-Barkhausen (1935); Walbe (1937); Lehmann (1938) 123f.; (1949) 108f.; Minst (1949); Hallinger (1950) v. a. 178ff., 452ff., 472, 634ff., 805; Walbe (1950; Gall (1954); Juraschek (1954); Kröner (1960) 285ff., bearb. v. K. Glöckner; Reclam (1960) 486ff., bearb. v. E. Herzog; Minst/Huth (1962); Laurissa jubilans (1964); Behn (1964; 1977); Minst (1964; 1978); Dehio (1966) 546ff.; (1982) 577ff.; Vorromanische Kirchenbauten (1966–71); KDM (1969) 338ff.; Altenmünster 374ff.; Knöpp (1977); Binding (1977); Arens (1977); Spiess (1977); Reclam (1978) 387ff., bearb. v. E. Herzog und G. U. Großmann; Rezension: Einsingbach (1980); Beiträge (1978); Fleckenstein (1978); Zeilinger-Bücheler (1978).

D. Großmann

216 Fragment eines Reliquiares

2. Hälfte 8. Jh.; Bronze, vergoldet; 2,3 × 2,6 cm; Kesterburg auf dem Christenberg (Münchhausen, Kreis Marburg-Biedenkopf); Staatliche Kunstsammlungen Kassel, Abteilung Vor- und Frühgeschichte

Das in der frühkarolingischen Anlage Kesterburg auf dem Christenberg bei Münchhausen (vgl. Kat.Nr. 167) zutage getretene Bronzeblechfragment trägt auf seiner Zierfläche ein Tierornament, das dem insularen Stil kontinentaler Prägung zugeordnet werden kann. Diese Kunstrichtung wird allgemein als Tassilokelchstil (Haseloff 1951; 1977) bezeichnet. Der Kreis jener insular geprägten Kunst entsteht unter dem Einfluß nordenglischer, bzw. northumbrischer Werkstätten und zeigt seine größte Blüte vor allem in der zweiten Hälfte des 8. Jahrhunderts. Die engsten Parallelen für das Christenberg-Fragment finden sich in einigen der bedeutendsten Vertretern des genannten Tassilokelchstiles, nämlich dem bursenförmigen Reliquienkästchen im Domschatz von Chur, Graubünden (Schweiz), und den marmornen Chorschranken von Müstair, Graubünden (Schweiz), sowie dem älteren Lindauer Buchdeckel, heute in der Pierpont-Morgan-Library, New York (Elbern 1962 Abb. 192; Braunfels 1968 Abb. 40, 63; Farbtaf.; Hubert/Porcher/Volbach 1969 Abb. 192; Haseloff 1977 Textabb. 5), oder auch Handschriften aus dem angelsächsischen Bereich wie etwa das Manuskript B. II. 30 (fol. 81b) in der Kathedralbibliothek von Durham,

Großbritannien (Nordenfalk 1977 85 Taf. 27; Alexander 1978 Nr. 17).
Den historischen und künstlerischen Hintergrund für jenen insularen Stil kontinentaler Prägung bietet die im 8. Jahrhundert auf dem Kontinent tätig werdende irisch-angelsächsische Mission. Entscheidend für Beginn und Ausbreitung dieses Stiles ist, daß angelsächsische Mönche im 8. Jahrhundert mit Billigung Roms und unter politischem Schutz der fränkischen Herrscher ihre Missionstätigkeit auf dem Kontinent aufnahmen. Einer von ihnen war der hl. Bonifatius.
Die Verbreitung des frühkarolingisch-insularen Stiles auf dem Kontinent umfaßt den gesamten karolingischen Herrschaftsbereich, einschließlich seiner Ausstrahlungen an die Nordseeküste, nach Mittelitalien und das altkroatische Jugoslawien (Vinski 1977/78; 1983).
Die stilistische, kompositorische und technische Ausführung unseres Fragmentes zeigt eine besondere Verwandtschaft zu dem Reliquiar von Chur. Dies bedeutet, daß wir es hier ebenfalls mit dem Rest einer metallenen Bekleidung eines hölzernen bursen-, bzw. hausförmigen Reliquienkästchens zu tun haben dürften. Das Blech saß an der Schmalseite, unter Ergänzung eines giebelförmigen Oberteiles. Die geringen Maße des Christenberg-Beschlages sind nicht außergewöhnlich, da es unter den erhaltenen Reliquiaren des 7. bis 8. Jahrhunderts durchaus noch kleinere Exemplare gibt.

Gensen (1975a) 144; U. Roth (1977/78) 315ff.

U. Roth

217 Fragmente eines Reliquiares

1. Hälfte 9. Jh.; Elfenbein, Bronze/Kupfer, vergoldet; H. ca. 10 cm; Seligenstadt (Kreis Offenbach); Landschaftsmuseum Seligenstadt

1939 sandte das bischöfliche Ordinariat Mainz einen Priester nach Seligenstadt, um die Reliquien der dortigen Basilika zu inventarisieren. Pater Timotheos stieß bei seiner Materialaufnahme im alten Holzschrein des Hochaltars auf einen kleinen, verstaubten Beutel, der aus einem 36 × 29 cm großen Stück byzantinischen Bildgewebes bestand. In einem zweiten inneren Säckchen aus Leinen fand er Elfenbein- und Metallfragmente: Bei diesen handelt es sich um kleine Nägel und Stifte aus Bronze/Kupfer sowie um ein vergoldetes Beschlagbruchstück und ein Bügelfragment. 23 auch im Beutel aufgefundene Elfenbeinplättchen sind angekohlt, zerbrochen oder verbogen. 19 dieser Plättchen tragen Zirkelschlagmuster; eines zeigt eingeritzte Diagonalen. Die interessantesten Elfenbeinfragmente sind jedoch 12 Bruchstücke vollplastischer Miniatursäulen, darunter zwei ionische Kapitelle und zwei leicht unterschiedliche attische Basen. Die Säulen sind kanneliert und verjüngen sich ein wenig nach oben. Die Vorderseite der Kapitelle zeigt eingerollte, plastische Voluten, dazwischen einen Eierstab und – als untere Begrenzung – ein Perlband. Auf der Nebenseite sind beiderseits eines Wellenbandes Palmettbänder angeordnet.
Kapitelle und Basen gehören nicht unbedingt zueinander (Büchler/Zeilinger 1971, 22); sie sind auf einer Drehbank gefertigt und nachbearbeitet, so wurden z.B. der Eierstab und die Palmetten geschnitzt. Diese Arbeiten erfolgten äußerst exakt und sorgfältig.
Proportionen und Ausformung der Säulenfragmente stimmen erstaunlich gut mit den Angaben des römischen Architekten und Ingenieurs Vitruv (1. Jh. v.Chr.) überein, so daß man vermuten darf, der Künstler habe diese Texte gekannt. Antikisierende Säulen finden sich in der zeitgleichen Architektur; die besten Parallelen zu den vorliegenden Miniatursäulchen sind aus Fulda bekannt (vgl. Kat.Nr. 237).
Die Abtei Seligenstadt (Kat.Nr. 213) steht in engster Beziehung zu Einhard (*~770 – †~840 Seligenstadt), dem Vertrauten und Biographen Karls des Großen. Von ihm erhielt er die Abtei als Schenkung. Einhard wurde 794 Kunstberater am Hof und prägte in entscheidender Form die

Entwicklung der sogenannten karolingischen Renaissance. Man weiß von ihm, daß er die Schriften Vitruvs kannte. Unter seinen Briefen findet sich einer an den »sehr lieben Sohn Vussin«, dem mitgeteilt wird, er solle sich ein Kästchen mit Elfenbeinsäulen im antiken Stil aus dem Besitz eines Meisters E. ansehen, um Klarheit über eine Vitruvstelle zu erlangen (*in capsella quam domnus E. columnis eburneis ad instar antiquorum opreum fabricavit* MGH 3, 1897, 137f.). Eventuell sind nun die vorliegenden Fragmente tatsächlich die Relikte jener *capsella* von Meister E., mit dem sehr wahrscheinlich Einhard gemeint sein dürfte. Das würde auch die penible Aufbewahrung der Überreste durch die späteren Mönche erklären.

Die vorliegenden Fragmente wurden nach 1030/40, dem Entstehungsdatum des byzantinischen Stoffs, sorgsam eingesammelt, nachdem sie durch Feuer zerstört worden waren. Daraus läßt sich schließen, daß selbst die Bruchstücke noch als verehrungswürdig galten und daß das ursprüngliche Objekt sehr kostbar und sakrosankt war.

Büchler/Zeilinger (1971) 19ff.; Dahmlos (1979) 188 Nr. 18f.

D. v. Reitzenstein

218 Beinplatte eines Reliquiares

2. Hälfte 8. Jh.; Knochen; L. 7,6 cm; Wüstung Hausen (Lich, Lahn-Dill-Kreis); Privatbesitz Marburg (Sammlung Küther) (Abb. Einband)

Bei den Grabungen der Jahre 1968 bis 1970 in der Wüstung Hausen (vgl. Kat.Nr. 206) fand man im Chorraum der steinernen Kirche über dem ursprünglichen Estrich – zusammen mit Scherben Badorfer Art – fünf Beinfragmente. Aus diesen Bruchstücken ließ sich eine rechteckige, in Durchbruchstechnik hergestellte Platte rekonstruieren. Im oberen Teil erkennt man zwei sich voneinander abwendende Tiere im Profil. Sie sind gekennzeichnet durch lange, naturalistische Beine, einen schlanken Körper und einen langen, am Ende eingerollten Schwanz, der parallel zum Rücken geführt wird; der Kopf ist rückwärts gewandt. Ein senkrechtes Zickzackband trennt die beiden Tierkörper. Im unteren Teil der Platte sind sechs gleicharmige Kreuze mit getreppten Armen und darüber fünf unregelmäßige Kreise dargestellt. Vier Durchbohrungen in den äußeren Ecken weisen darauf hin, daß die Beinplatte ursprünglich auf einem (Holz-)Körper befestigt war. Am linken Rand springt eine kleine Zunge hervor, vielleicht ein Indiz, daß mehrere Beinplatten zusammengefügt waren.
Tiere mit rückwärts gewandtem Kopf sind in der frühgeschichtlichen Kunst häufig anzutreffen. Gute Parallelen sind etwa die durchbrochen gearbeiteten Tierfiguren vom Reliquienkasten und Tragaltar aus Essen-Werden (E. Schumacher 1983, 97ff.).
Auch die getreppten Kreuzchen in Durchbruchstechnik sind hier wie von anderen frühmittelalterlichen Beinarbeiten bekannt, so etwa dem Kamm aus Oßmannstedt/Thüringen (Behm-Blanke 1973, 342 Abb. 64). Der Werdener Kasten gibt den entscheidenden Hinweis auf die ursprüngliche Verwendung der Beinplatte aus Hausen, nämlich als Reliquiar. Dafür spricht auch der Fundort im Chor einer Kirche.
Das vorliegende Reliquiar wurde sehr wahrscheinlich im fränkischen Bereich während der 2. Hälfte des 8. Jahrhunderts hergestellt. In der gleichen Zeit wird auch die erste Hausener Kirche erbaut, wie in einer Urkunde aus dem Jahr 778 bezeugt (Gockel/M. Werner 1971, 167ff.).

Elbern (1971) 73ff.; Herrmann (1979); Dahmlos (1979) 97 Nr. 12a.

D. v. Reitzenstein

219 Reliquiar

8.–10. Jh.; Knochen; L. 6,2 cm; Flensungen (Mücke, Vogelsbergkreis); Hessisches Landesmuseum Darmstadt

Am 28. Juli 1933 wurden bei der Renovierung der evangelischen Pfarrkirche im hohlgemauerten mittelalterlichen Kastenaltar ein Beinkästchen, eine Bleikapsel (vgl. Kat.Nr. 221), ein Stück von einer Rippe und eine nicht mehr lesbare Urkunde gefunden. Im Winter 1967/68 kamen die Objekte in das Hessische Landesmuseum Darmstadt.
Das Beinkästchen besteht aus Röhrenknochen, die gesägt und geschliffen sind. Die einzelnen Platten wurden mit Beinstiften zusammengefügt. Der Klappdeckel ist an zwei Stellen durch ineinander verschlungene Kupferdrähte mit der Rückseite verbunden.
Die rein geometrische Verzierung des Kästchens besteht aus wenigen Elementen: Kreisaugen, Halb- und Viertelkreisen, geraden Linien und Schrägschraffuren. Die Bearbeitung erfolgte recht nachlässig. Vorder- und Rückseite sind beide in drei Teile durch je zwei parallele Linien unterteilt. Die Dekoration des Deckels ist ebenfalls aus einfachsten geometrischen Elementen aufgebaut: Je zwei parallele Linien begrenzen an den Schmalseiten zwei annähernd rechtwinklige Dreiecke, die mit doppelten Kreisaugen gefüllt sind. An den Längsseiten sind zwei Trapeze zu sehen, die als Mittelfeld wiederum ein annähernd rechtwinkliges Dreieck einbeschrieben haben, in dem sich ein dreifacher Punktkreis befindet. Das rechteckige Mittelfeld, durch fünf einfache Punktkreise gegliedert, trennt die einzelnen geometrischen Felder voneinander. Die scheinbar so einfache Ornamentierung des Deckels vermittelt den Eindruck eines von oben zu betrachtenden Walmdaches.
Durch die Fundumstände ist das Beinkästchen sicher als Reliquiar anzusprechen, das beim Bau der gotischen Kirche zusammen mit den anderen Funden (vgl. Kat.Nr. 221) im Altargrab deponiert wurde (Braun 1924). Diese Art der Reliquiendeponierung, die auf die frühchristliche Tradition, Kapellen über Märtyrergräbern zu errichten, zurückgeht, war später zur Weihe der Kirche unerläßlich.
Beinkästchen, die als Reliquiar dienten, waren im frühen Mittelalter bis ins 12. Jahrhundert weit verbreitet (Elbern 1972; 1973a; 1973b). In der Regel sind sie um etliches größer als das Flensun-

ger Exemplar. Die nächste Parallele für das Kästchen in bezug auf die Größe und das einfache geometrische Ornament ist ein kleines Beinkästchen, das sich im Klosterschatz von Conques, Dép. Aveyron, befindet und das in das 8. bis 9. Jahrhundert datiert wird (Molinier 1895). Allerdings muß beachtet werden, daß der Deckel des Flensunger Kästchens ein Walmdach zu imitieren scheint; Beinkästchen mit Walmdach und rein geometrischer Verzierung sind aus Zug und aus Esztergom bekannt (Elbern 1973b; 1978; 1980), sie werden jedoch in die Zeit nach der Jahrtausendwende zu datieren sein.

Die Machart ordnet das Flensunger Reliquiar in die große Gruppe frühmittelalterlicher Beinarbeiten ein, zu der vor allem auch zahlreiche Kämme gehören (vgl. Kat.Nr. 62), die auf den meisten Gräberfeldern zu finden sind, ohne daß sich ein Werkstattkreis abzeichnete.

Degen (1971); Elbern (1972); Dahmlos (1979) 11 Nr. 3.

D. v. Reitzenstein

220 Elfenbeinkamm

7. Jh.; L. ca. 10,5 cm; Griesheim (Kreis Darmstadt-Dieburg) Grab 285; Landesamt für Denkmalpflege Hessen, Abteilung für Vor- und Frühgeschichte, Außenstelle Darmstadt

Unter den äußerst zahlreichen Funden von Kämmen aller Art (vgl. Kat.Nr. 62), die zur Standardgrabbeigabe des frühen Mittelalters gehören, steht der Griesheimer Kamm völlig singulär da. Für ihn gibt es im gesamten merowingischen Kulturbereich kein Vergleichsstück, da er beidseitig figürlich verziert ist. Die besser erhaltene Seite zeigt in flachem Relief die wundersame Weinvermehrung auf der Hochzeit zu Kanaan. Links Christus vor den Weinfässern, rechts einige der staunenden Hochzeitsgäste. Auf der Rückseite des Kammes ist – schlecht erhalten – die Auferweckung des Lazarus dargestellt. Beide Szenen erweisen den Kamm als eine Arbeit, die im mediterranen Bereich anzusiedeln ist. Hierbei spielt das koptische Ägypten – vor allem wegen der dort herrschenden guten Erhaltungsbedingungen – eine besondere Rolle. Ein auch in der Größe vergleichbares Stück liegt in Kairo (Koptisches Museum Inv.Nr. 3655 oder 7117; Erwekkung des Lazarus – Blindenheilung) aus Deir Abu Hennis bei Antinoe.

Charakteristisch für diese Kämme – mit anderen biblischen Szenen noch aus Hippo Regius (Bône, Algerien), Gise (Ägypten) und Achmin (Ägypten) bekannt – sind Themen, die mit der christlichen Heilsvorstellung zu verbinden sind. Sie deswegen sämtlich in den Bereich der liturgischen Kämme zu verweisen, wäre verfehlt. Dort haben sie nur von Fall zu Fall ihre Rolle gespielt.

Der Kamm aus Griesheim ist am ehesten als ein Pilgerandenken einzustufen; man kann ihn sich aber auch als ein Produkt des Fernhandels (vgl. Kat.Nr. 146; 148) vorstellen, zumal die reisenden Pilger – vor allem auf der Route ins Heilige Land – sich der Handelsschiffahrt bedienen mußten.

Unpubliziert; zu den Vergleichsstücken Svoboda (1963).

H. Roth

221 Kapsel

8.–11. Jh.; Blei; L. 1,8 cm; Flensungen (Mücke, Vogelsbergkreis); Hessisches Landesmuseum Darmstadt (verschollen)

Zusammen mit dem Beinkästchen (Kat.Nr. 219) wurde auch die vorliegende Bleikapsel im hohlgemauerten Altar der evangelischen Kirche Flensungen gefunden.
Die Bleikapsel im Miniaturformat besteht aus zwei rechteckigen Körpern, die einander überlappen. Auf der Vorder- und der Oberseite des Hauptkörpers (Deckels) sind Buchstaben eingeritzt: DEO – durchgestrichenes L oder ein Krükkenkreuz – SNICOL. Die Lesung ist nicht sicher vorzunehmen. Eine Möglichkeit besteht darin, die ersten Buchstaben als DEO, das folgende Zeichen als Krückenkreuz und die restlichen Buchstaben dann als S(anctus) NICOL(aus) zu lesen. Es kann sich aber auch folgende Lesart ergeben: DE OL(eo) S(ancti) NICOL(ai), »Vom Öl des heiligen Nicolaus«.
Der Überlieferung nach floß wohlriechendes Öl aus dem Sarkophag des heiligen Nikolaus von Myra. Dieses wurde sicherlich von Pilgern in Flaschen und Ampullen gesammelt und in die heimischen Kirchen mitgebracht. Blei- und Tonampullen, in denen sich heilige Flüssigkeiten befanden, sind aus dem 1. Jahrtausend in großer Menge bekannt (Grabar 1958; Delahaye 1975). Sie sind allerdings nicht ohne weiteres mit unserer Bleikapsel zu vergleichen, da sie immer Flaschen- oder Ampullenform haben.
Bei der Flensunger Bleikapsel sprechen die durchlässigen Ränder und der nur lockere Verschluß eher gegen eine Verwendung als Behälter heiligen Öls; jedenfalls wird man an eine Reliquienkapsel in Zusammenhang mit dem hl. Nikolaus denken müssen.

Degen (1971) 7f., 17; Dahmlos (1979) 11 Nr. 3.

D. v. Reitzenstein

222 Altarretabel

Ende 12. Jh., mit älterem Aufsatz des 8. Jhs.; Bronze, gegossen, vergoldet; L. 14,2 cm; Fritzlar (Schwalm-Eder-Kreis); Domschatz zu Fritzlar

Das aus dem hohen Mittelalter stammende prächtige, mit Goldblech- und Elfenbeinfiguren dekorierte Altarretabel, wahrscheinlich rheinischer Herkunft, wurde wohl bereits zur Zeit seiner Herstellung mit einem älteren verehrungswürdigen Relikt bekrönt. In der mündlichen Tradition »Kamm des heiligen Bonifatius« genannt, wird man heute sagen dürfen, daß es sich hierbei um einen Aufsatz eines nicht mehr erhaltenen, älteren, haus- oder bursaförmigen Reliquiares handelt. Die Parallelen im ebenmäßigen Flechtbanddekor der geschwungenen Platte und des zentralen Kreuzes sowie die sich ihm zuwendenden Tierköpfe mit blauen Glasaugen weisen sämtlich auf den Kunstkreis angelsächsisch-irischer Prägung hin, wo wir besonders von Steindenkmälern enge Übereinstimmungen kennen. Viele jener Reliquiare sind sogenannte Reisereliquiare wandernder Kleriker; darauf weisen nicht nur seitliche Haltevorrichtungen hin, die denen von Umhängetaschen gleichen, sondern gelegentlich auch Inschriften (Chrismarium-Reisereliquiar). So wurde dem heiligen Wilfried bei seiner Rückkehr von einer seiner Romreisen ein solches Reliquiar von Straßenräubern »vom Halse abgezogen«.

Die Zerstörung eines einst auch in Fritzlar befindlichen Reliquiares dieser Art und die lediglliche Erhaltung seines Aufsatzes könnte durchaus während des Krieges Heinrichs IV. erfolgt sein, als es 1079 zur Eroberung und weitgehenden Zerstörung Fritzlars durch die Sachsen kommt.

Zuletzt H. Roth (1981c) 1ff.

H. Roth

222: Rekonstruktionsversuche

222: Aufsatz des 8. Jahrhunderts

222a Einhardbogen Seligenstadt

9. Jh.; Rekonstruktion (Modell) nach einer Zeichnung des 17. Jhs. in der Bibliothéque Nationale Paris, Fr. 10440

Erst vor wenigen Jahrzehnten entdeckte B. de Montesquiou-Fésenzac (1957) eine Zeichnung des 17. Jahrhunderts, die eines der ältesten figurengeschmückten Goldschmiedewerke des Mittelalters wiedergibt. Der Kreuzfuß in Gestalt eines Triumphbogens befand sich bis zum 18. Jahrhundert im St. Servatius Stift in Maastricht. Eine Inschrift bezeugt Einhard als Auftraggeber: *Ad tropaeum aeternae victoriae sustinendum Einhardus peccator hunc arcum ponere ac Deo dedicare curavit.*

Der mit getriebenem Silberblech verkleidete Bogen hatte eine Höhe von 37,8 cm; er trug ein Kreuz, das bereits im 17. Jahrhundert verloren gegangen war und wahrscheinlich eine Kreuzreliquie enthalten hatte. Die Dekoration des altarähnlichen Aufsatzes und der Palmettenfries am oberen Rand des Bogens wiederholen die Formensprache der Aachener Pfalzkapellengitter; sein reiches Figurenprogramm steht stilistisch Werken der Aachener Hofschule nahe. Auf den Innenseiten des Durchgangs sind zwei Reiter als Sieger über das Böse in Gestalt einer Schlange dargestellt – der eine ist auf römische, der andere auf karolingische Art gewappnet. Die Stirn- und Außenseiten geben vier Krieger und vier Bannerträger wieder, alle mit einem Nimbus versehen. In der Mittelzone sitzen an den Stirnseiten die vier Evangelisten vor Schreibpulten; auf den Außenseiten sind die Verkündigung an Maria und Johannes der Täufer zu sehen. Drei Reihen sitzender Apostel, die um den lehrenden Christus versammelt sind, sowie die von zwei Engeln flankierte Inschrifttafel erkennt man in der obersten Bildzone des Bogens.

1971 setzte sich in Münster ein Colloquium mit dem Einhardbogen, seinem Aufbau und Figurenprogramm auseinander (K. Hauck 1974). Die Diskussion ergab die Annahme, daß Einhard unter dem Eindruck der karolingischen Reichskrise zwischen 820 und 830 für den Kreuzfuß die Architektur des Titusbogen zitierte und diese mit einem christlichen Bildprogramm schmückte, das er eklektisch aus spätantiken und frühchristlichen Kunstwerken der Schatzkammer Karls des Großen zusammenstellte. Neuerdings wird die Existenz einer frühbyzantinischen Goldschmiedearbeit im Besitz des Kaisers angenommen, die auf eine ältere Tradition zurückgreift und die Einhard als Ganzes kopiert haben könnte (Grabar 1978; Beutler 1982).

Der Einhardbogen belegt die Erneuerung der spätaniken Staatskunst durch das karolingische Kaisertum. Beutler versteht den Bogen als ein Symbol für den Brückenschlag zwischen Spätantike und beginnendem Mittelalter und deutet die beiden Reiterdarstellungen als die Kaiser Konstantin und Karl den Großen, den Begründer und den Erneuerer eines christlichen Kaisertums.

de Montesquiou-Fésenzac (1957) 43ff.; Katalog Karl der Große (1965) Nr. 9; K. Hauck (1974); Grabar (1978) 61ff.; Beutler (1982) 102ff.

A. Zöller

223, 1–2 Schreibgriffel

Karolingisch; Bronze; L. 9 cm bzw. 12,1 cm; (1) Bad Hersfeld (Kreis Hersfeld-Rotenburg); Städtisches Museum Bad Hersfeld; (2) Fulda (Kreis Fulda); Vonderau-Museum Fulda

Die beiden bronzenen Schreibstifte wurden im Bereich der Stiftsruine Bad Hersfeld geborgen. Sie sind an einem Ende zugespitzt und laufen am anderen in eine trapezoide, breitgehämmerte Platte aus. Der größere von 12,1 cm Länge hat zwei Polyederknäufe auf dem Schaft zur besseren Handhabung, der andere von 9 cm Länge ist am Schaftende mehrfach profiliert, ebenfalls mit Knauf.

Solche Schreibgriffel *(stilus)*, die auch aus Eisen, Bein oder Holz gefertigt wurden, sind in Hessen und im sonstigen barbarischen Bereich seit der römischen Kolonialzeit in stets der gleichen Grundform vertreten. Mit der Spitze ritzte man die Buchstaben in Wachstäfelchen ein, mit dem breiten, spatelförmigen Ende wurde das Wachs wieder glattgestrichen. Bis zur Erfindung des Papiers war diese Schreibtechnik die einfachste, preiswerteste und praktischste – das Schreiben mit Tusche auf Pergament blieb auf Urkunden und Sakralschriften beschränkt.

Wachstafel und *stilus* waren seit der Antike ständige Begleiter des Schreibkundigen für Notizen und Entwürfe: So war der *stilus* die einzige Waffe, die Caesar nach Sueton zur Hand hatte, um sich seiner Mörder zu erwehren. Mit der Erneuerung der spätantiken Schreibkultur durch Karl den Großen sind auch die *stili* vermehrt im karolingischen Fundstoff anzutreffen. Daß sie auch im Stiftsbereich Bad Hersfeld und auf dem Domplatz Fulda gefunden wurden, überrascht nicht, denn die Klöster (und Kirchen) waren zu dieser Zeit die Zentren des offiziellen kulturellen Lebens schlechthin (vgl. Kat.Nr. 210; 211).

So offenbart sich an so unscheinbaren Bodendenkmälern nicht nur die kulturelle Kontinuität vom Altertum zum Mittelalter, sondern auch die von der Antike zur Moderne, ist doch der heutige Stilbegriff von der Funktion und Eigenart des antiken Schreibgeräts *stilus* abgeleitet.

Ziegler (1969) 13; Dahmlos (1979) 122 Nr. 1b 1.

E. Wamers

224 Hildebrandslied

1. Hälfte 9. Jh.; Landesbibliothek und Murhard'sche Bibliothek Kassel

Das Hildebrandslied ist der einzige Rest eines germanischen Heldenliedes im Althochdeutschen. Vom Ganzen sind nur 68 stabende Langzeilen erhalten, die nicht abgesetzt, sondern fortlaufend in Prosa geschrieben sind, der Schluß fehlt. Vor dem Hintergrund des Sagenkreises um Theoderich schildert das Lied in Bericht und Dialog die tragische Begegnung von Vater und Sohn. Hildebrand, der Gefolgsmann Dietrichs von Bern, hat seine Frau und den unmündigen Sohn zurückgelassen, als er vor Odoaker floh. Nach dreißig Jahren der Verbannung kehrt er mit Hilfe des Hunnenkönigs an der Spitze eines Heeres zurück und trifft in der Grenzmark auf das Heer des Gegners. Dort stellt sich ihm ein Kämpfer entgegen, um im Zweikampf, der Sitte gemäß, die Entscheidung über den Sieg eines der beiden Heere vorwegzunehmen. In Frage und Antwort der Zweikampfrede erfährt Hildebrand, daß ihm sein Sohn Hadubrand gegenübersteht. Der Versöhnungsversuch des Vaters wird von dem mißtrauischen Sohn in höhnischer Rede abgewiesen.

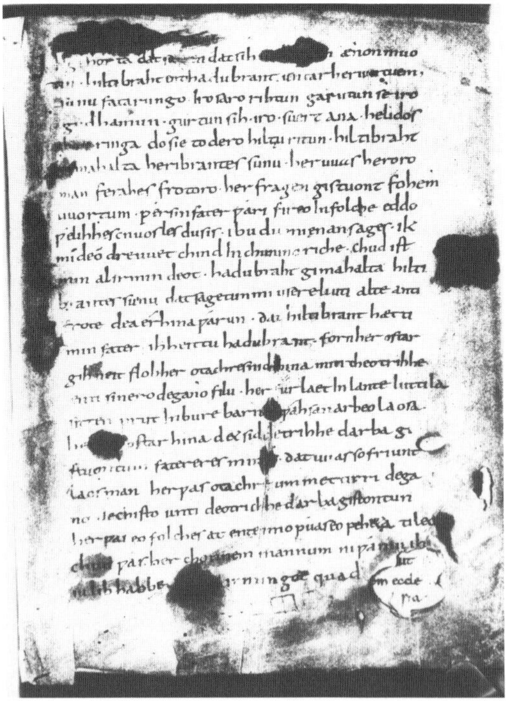

Hadubrands verletzende Worte machen den Kampf unausweichlich. Hildebrand faßt diese Situation in eine erschütternde Klage, die er mit einer Anrufung Gottes eröffnet. In der Schilderung des Zweikampfes bricht das Lied ab. Es endete vermutlich tragisch.
Germanisches Rechtsempfinden und Schicksalsglaube sind hier verbunden mit christlich geprägten Denkformen.
Das Motiv des Vater-Sohn-Kampfes begegnet auch in der mittelalterlichen Literatur der Iren, Perser und Russen.
Der Stoff des Hildebrandsliedes wird in der deutschen Literatur der folgenden Jahrhunderte mehrfach in abgewandelter Form verarbeitet.
Die ursprünglich aus der Fuldaer Klosterbibliothek stammende Handschrift wurde um 1715 in der fürstlichen Landesbibliothek zu Kassel, jetzt Landesbibliothek und Murhard'sche Bibliothek, von dem Gelehrten Johann Georg Eckhart entdeckt. Von ihm stammt die Erstausgabe (1729) in den *Commentarii de rebus Franciae orientalis et episcopatus Wirceburgensis* mit lateinischer Übersetzung und Erläuterungen. Bekannt wurde das Hildebrandslied erst durch die Ausgabe von Jakob und Wilhelm Grimm, Kassel 1812.
Der Text des Hildebrandsliedes steht in einer theologischen Sammelhandschrift, Kassel, Theol. 2°, fol. 54, auf der Rückseite des ersten und der Vorderseite des letzten Blattes. Die Schrift ist die karolingische Minuskel mit einigen Zeichen angelsächsischer Insularschrift, geschrieben von zwei Schreibern zwischen 830 und 840 in althochdeutscher Sprache, untermischt mit altsächsischen Elementen.
Im Zweiten Weltkrieg kam das nach Bad Wildungen ausgelagerte Manuskript während der Besetzung der Stadt durch amerikanische Truppen abhanden. Die beiden Teile wurden an verschiedenen Orten im Abstand von mehreren Jahren in Amerika ausfindig gemacht und konnten durch Vermittlung offizieller Stellen 1954 und 1972 der Stadt Kassel zurückgegeben werden.

Ehrismann (1959); Gutenbrunner (1976); de Boor (1979); Braune (1979).

H. Rössing

225 Fragment in angelsächsischer Minuskel

Fulda (?) Ende 8. – Anfang 9. Jh.; Hessische Landesbibliothek Fulda, Fragment 1

Die beiden zusammengehörenden Teile eines Pergamentblattes (H. 28,7, B. 22 cm) fand Norbert Eickermann 1964, unter Papierspiegeln verborgen, als Buchbindematerial in Vorder- und Hinterdeckel der Inkunabel Fulda LB Ink 4° Aß 70 (Martial und Boethius, Hain 10816 und 3376). Der Einband mit Einzelstempeln in Blindpressung stammt aus der Zeit um 1500, ist aber einstweilen nicht zu lokalisieren. Etwa ein Viertel des Blattes wurde später herausgetrennt, wie Schnittspuren im Holzdeckel beweisen. Der Text der Fragmente gehört zum Matthäuskommentar des hl. Hieronymus (Buch I, Cap. 5, 5–12 = CC 77, 444–480), geschrieben in einer für das bonifatianische Missionsgebiet typischen angelsächsischen Minuskel des 8./9. Jahrhunderts.
Schon Eickermann erkannte die Zugehörigkeit eines weiteren Doppelblattes zu demselben Codex (Marburg, Staatsarchiv, Hr 2, 4d mit dem Text aus Buch III, Cap. 17–18 = CC 77, Buch III, 397–434 und 507–537). H. Spilling konnte 1978 noch die auch im Marburger Staatsarchiv aufbewahrte Siegeltasche der Hersfelder Urkun-

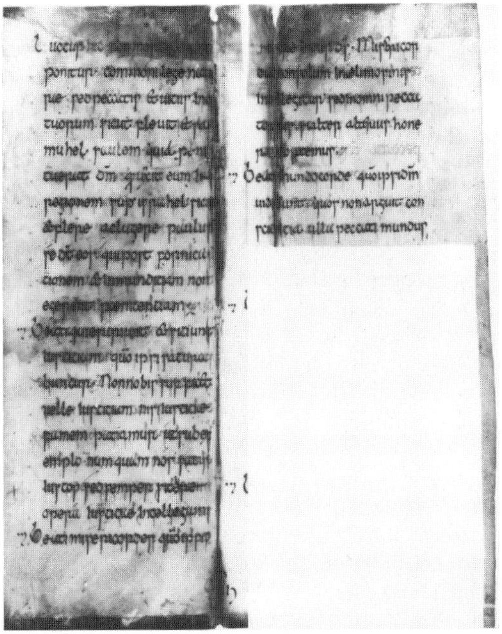

de für Petersberg vom 16. X. 1312 hinzufügen (Bruchstücke aus Buch I, Cap. 10 = CC 77, 1619–1657). Das Doppelblatt war als Aktendeckel in Verwendung gewesen, und dies wohl schon im 16. Jahrhundert. Über seine Herkunft ist nichts bekannt. Für die Siegeltasche fehlt ein sicheres chronologisches Argument, doch wurde sie wohl eher vor als nach der Überführung des Hersfelder Archivs nach Kassel angefertigt. Fulda und Hersfeld kommen gleichermaßen als mittelalterliche Bibliotheksheimat der Hieronymus-Handschrift in Betracht.

Fast ebenso unlösbar ist die Frage nach der Schriftheimat. Die Tatsache, daß ein Fuldaer Katalog des 9. Jahrhunderts den Text verzeichnet, hat angesichts seiner weiten Verbreitung wenig Gewicht. Anders steht es in dieser Hinsicht um die Fragmente aus der Grammatik des Julian von Toledo in Gotha (Landesbibliothek II 193 = CLA 1210), die paläographisch die allernächste Parallele zu Fulda Fragment 1 bilden: ihr Text ist eine Rarität. Nur drei alte Bibliothekskataloge verzeichnen ihn, darunter die von Fulda und Lorsch, nur sieben Handschriften, die meisten fragmentarisch, sind erhalten, eine der besten aus Lorsch (Vat. Pal. lat. 1746), und diese in enger textkritischer Beziehung zu den Gothaer Fragmenten. Deren Schrift und Initialornamentik aber ist eng verwandt einer Abschrift der *Admonitio generalis* Karls des Großen von 789 (Wolfenbüttel Helmst. 496a = CLA 1381), die als Kronzeuge angelsächsischer Schrift in Fulda gilt (Spilling 1978). Über eine allgemeine Verwandtschaft der Schrift hinaus, die sich in weitem Zeilenabstand, in schlanken, vertikalbetonten Buchstaben mit langen Unterlängen und einem Nebeneinander von (angelsächsischen) spachtelförmigen und keulenförmigen Oberlängen, im lang gezogenen, einer 3 ähnlichen g, im Überwiegen der Unzialform des d und dem aus zwei parallelen Bögen schlank gebildeten offenen a ausdrückt, sind das Fuldaer Fragment, das Gothaer und die Wolfenbütteler Handschrift durch eine Eigentümlichkeit verbunden, die so häufig nicht ist: die Schreibung von ae durch Ligatur des offenen a mit e. Auch ein codicologisches Argument verbindet sie: die Kennzeichnung der Lagenfolge durch römische Ziffern zwischen vier schmückenden Bogenstrichen am Anfang der Lagen, was ebenfalls nicht das Übliche ist. Die in den Fragmenten von Gotha und Fulda vorkommende falsche Aspiration (hordo statt ordo, honera statt onera), in der Regel ein Indiz für Einfluß oder Vorlagenherkunft aus romanischen Ländern, mag dagegen verschiedener Ursache und hier zufällig sein. Es bliebe dennoch ein eindeutiges Übergewicht zugunsten einer Fuldaer Lokalisierung, wäre nicht am Matthäuskommentar, faßbar im Marburger Doppelblatt, eine andere Schreiberhand beteiligt, die die Ligatur mit dem offenen a nicht kennt und auch sonst mit dem Überwiegen des geschlossenen a und stark gebrochenen Formen der Bögen von a und q eher mit CLA 1055 und 1202 zusammengeht, deren – freilich neuzeitliche – Herkunft eindeutig hersfeldisch/hessisch ist. Auch die unter CLA 1698 aufgeführten, als dem Schrifttyp nach ähnlichen Fragmente (CLA 146, **146, 1181, **1181, 1731 und 1732) waren zum größten Teil schon vor dem Dreißigjährigen Krieg in kurhessischem Besitz. Solange nicht noch mehr Fragmente aus Fulda oder Hersfeld genauer untersucht sind, bleibt das Fragezeichen.

CLA Suppl. (1971) Nr. 1698; Spilling (1978) 61; Reinelt (1980) 66 Abb. 2; Schausammlung Fulda (1981) 14.

H. Köllner

226 Victor-Codex

Capua (?) vor 546/47; 503 Blatt Pergament; H. 28,5 cm, B. 14 cm; Hessische Landesbibliothek Fulda, Codex Bonifatianus 1

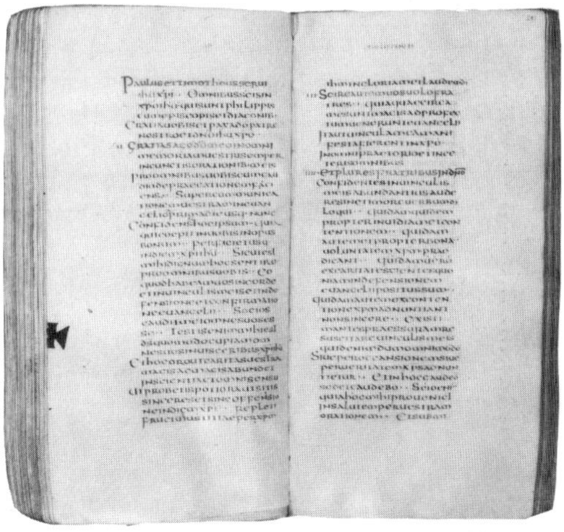

Der ungewöhnlich schmale, vielleicht auf das Format spätantiker, zum ersten Einband bestimmter Elfenbeindiptychen zugeschnittene Band gehört nach Inhalt, Schrift und Geschichte zu den berühmtesten Handschriften der Welt. Auch sein heutiger Einband ist historisch von hohem Wert (vgl. Kat.Nr. 231).

Auftraggeber, Redaktor und Korrektor des Textes war der hl. Victor, Bischof von Capua 541 bis 554, der die letzten Phasen der Herstellung am 19. April und am 2. Mai 546 und nach letzter Durchsicht am 12. April 547 eigenhändig abzeichnete. Inhalt ist das vollständige lateinische Neue Testament, mit der Besonderheit, daß die vier Evangelien hier in einen einzigen fortlaufenden Text auf der chronologischen Grundlage des Johannes, eine sogenannte Evangelienharmonie, zusammengefaßt sind. Victor hatte hierfür eine altlateinische Fassung des sogenannten Diatessaron des Syrers Tatian (2. Jahrhundert n. Chr.) zur Verfügung, die er, unter Benutzung eines süditalienischen Evangeliars, in Vulgata-Text, die lateinische Bibelübersetzung des hl. Hieronymus, umsetzte und mit einer eigenen Vorrede versah. Auf dieses süditalienische Evangeliar geht auch die sechzehnseitige Anlage der Kanontafeln zurück. Die übrigen Texte der Handschrift – die Paulusbriefe, die Apostelgeschichte, der Jakobusbrief, die Petrus- und Johannesbriefe und die Apokalypse – folgen anderen Vorlagen, haben aber textkritisch einen ebenso hohen Stellenwert. Es gibt fast keine Studie zum lateinischen Neuen Testament, die nicht den »Codex Fuldensis« (Sigle: F) heranzieht.

Ebensowenig fehlt seine Schrift in paläographischen Handbüchern. Es ist eine hervorragend stilisierte italienische Unziale, noch ohne Wortabstand und Initialen. Satzanfänge sind durch einen deutlichen Abstand, Versanfänge durch am Rand herausgerückte leicht vergrößerte Versalien in Unzialform hervorgehoben. Bei Überschriften, Seitenüberschriften und Schlußschriften begegnet Capitalis Rustica als Auszeichnungsschrift. Rote Tinte dient vor allem der Gliederung durch Hervorhebung der ersten Zeile eines Kapitels. Nur bei den Kanontafeln – es sind durchweg vier Bögen ohne Kapitelle und mit ganz einfachen Basen von rechteckigem Profil – wird Farbe schmückend verwendet (Mennigrot, Sandbeige und helles Oxydgrün, das das Pergament durchfressen hat). Bogenfelder und Giebel in den Zwickeln zwischen den Bögen sind durch rote Punktreihen angedeutet.

Sporadisch finden sich Lesevermerke, Korrekturen und Randglossen verschiedener Hände, von schräger Unziale des 6. bis zu karolingischer Minuskel des 9. Jahrhunderts. Ausführlicher kommentiert ist nur der Jakobusbrief fol. 435^{v} bis 441^{v}: hier arbeiteten zwei Hände gleicher Schulung unmittelbar nacheinander. Die Schrift ist eine spitze angelsächsische (nicht irische) Kursivminuskel, die vor allem in zwei südwestenglischen Handschriften des 8. Jahrhunderts wiederkehrt (Oxford Douce 140 = CLA 237 und Leningrad Q. v. I. 15 = CLA 1618). Als Verweiszeichen dienen Runen. M. B. Parkes hat vor einigen Jahren nachgewiesen, daß die erste der Kommentarhände im Victor-Codex auch an den beiden anderen Handschriften beteiligt ist, und wahrscheinlich gemacht, daß es sich dabei um die Hand des hl. Bonifatius handelt.

Nach alter fuldischer Überlieferung ist der Victor-Codex eines der drei Bücher, die der »Apostel der Deutschen« immer mit sich führte, und die seit seinem Tode in Fulda aufbewahrt werden (vgl. Kat.Nr. 227). Wie Bonifatius in seinen Besitz kam, ist nicht bekannt. Im allgemeinen wird angenommen, Bonifatius habe die Hand-

schrift aus seiner englischen Heimat mitgebracht, wo sie ja auch ihren heutigen Einband bekommen habe. Dem hat allerdings die Textkritik mit dem Hinweis widersprochen, daß sich keinerlei Einflüsse dieses doch sehr eigentümlichen Bibeltextes im insularen Bereich nachweisen ließen. Bonifatius könne die Handschrift auch von einer seiner Reisen nach Rom mitgebracht haben. Dann wären die Glossen zum Jakobusbrief erst auf dem Kontinent entstanden. Ihr Inhalt stimmt, wie Parkes erneut nachwies, gut zur Tätigkeit der Missionare, die Schrift gehört in jene Schriftprovinz, in der der Heilige seine Ausbildung erfuhr (Wessex). Ähnliche Schriften finden sich auch in drei Handschriften bzw. Fragmenten des 8. Jahrhunderts, die mehr oder weniger eng mit Fulda in Verbindung stehen (CLA 1139, 1803 und 1806). Hier dürfte es sich um Gefährten oder Schüler des Bonifatius handeln. Im zweiten Viertel des 9. Jahrhunderts jedenfalls war der Victor-Codex in Fulda Vorlage für die lateinisch-deutsche Ausgabe der Evangelienharmonie, die in St. Gallen 56 erhalten ist, und damit, wie vor allem J. Rathofer betonte, eine der Hauptquellen für den althochdeutschen Tatian.
Einige Textpassagen der Handschrift sind, wohl zu Anfang dieses Jahrhunderts, durch Reagenztinte völlig zerstört worden, so z. B. Teile der Jakobusbrief-Glossen fol. 435^{v}. Einer frühen Fotografie, die E. Ranke seiner Publikation von 1860 beigab, kommt heute Quellenwert zu.

Ranke (1860); Ranke (1868); Scherer (1905) 6 ff.; CLA 8 (1959) und Suppl. (1971) Nr. 1196; B. Fischer (1963) 545 ff.; Rathofer (1971); Rathofer (1972); Köllner (1976) XI, XXX, Abb. 1–3, 921–922; Parkes (1977); Schausammlung Fulda (1981) 8.

H. Köllner

227 Ragyndrudis-Codex

Luxeuil (?) 1. Hälfte 8. Jh.; 143 Blatt Pergament; H. 28,5 cm, B. 19 cm; Dommuseum Fulda, Codex Bonifatianus 2

Fast noch berühmter als der Victor-Codex (Kat.Nr. 226), wenn auch in einem engeren geistlichen Bereich, ist die hier vorgestellte Handschrift. Sie wird verehrt als das Buch, das der hl. Bonifatius sich schützend aufs Haupt gelegt hatte, als die Mörder ihn trafen. So jedenfalls vermag es die Utrechter Vita Bonifatii glaubhaft zu machen, deren Verfasser sich noch auf eine Augenzeugin des Geschehens berufen kann. Der Band weist in der Tat mehrere durch Holzdeckel und Pergament gehende Einschnitte auf, die nur durch eine sehr scharfe Klinge und sehr schnell geführte Hiebe und Stiche zu erklären sind.
Der Inhalt der Handschrift setzt sich aus zwei Teilen zusammen. Der größere (bis fol. 97) enthält dreizehn verschiedene Stücke. Die meisten sind theologisch-dogmatischen, anti-arianischen Inhalts. Elf von ihnen waren einst in einer oberitalienischen Handschrift des 8. Jahrhunderts (Rom, Bibl. Nazionale, Codex Sessorianus 77 = CLA 423) in genau der gleichen Reihenfolge enthalten. Sie sind uns leider nur noch durch das Inhaltsverzeichnis bekannt, so daß ein die Abhängigkeit klärender Textvergleich nicht mehr möglich ist. Eine gemeinsame südfranzösische Vorlage ist wahrscheinlich. Daß der Sessorianus der Bekämpfung des Arianismus, jener vor allem die Trinitätslehre betreffenden Irrlehre, bei den Langobarden diente, steht außer Zweifel. Zum gleichen Zweck dürfte Bonifatius unsere Handschrift in seinem Missionsgebiet benutzt haben: Nicht um Heidenmission ging es in Hessen und Thüringen, sondern um Bekämpfung und Bekehrung haeretischer Priester und ihrer Anhänger, wobei, wie der Briefwechsel des Heiligen und die Vita Willibalds belegen, die Trinitätslehre noch eine bedeutende Rolle spielte. – Der zweite Teil der Handschrift bringt Isidors *Synonyma de lamentatione animae peccatricis*, eine im Mittelalter viel gelesene Erbauungsschrift. Geringe formale Abweichungen dieses Teiles dürften wohl aus einer anderen Vorlage zu erklären sein.
Die Schrift ist eine schwungvoll stilisierte, leicht linksgeneigte Halbkursive mit charakteristischen Ligaturen von g und t durch Herunterziehen des Deckstriches. Die damals noch als »altlombardisch« angesehenen Züge hat J. Fr. Schannat

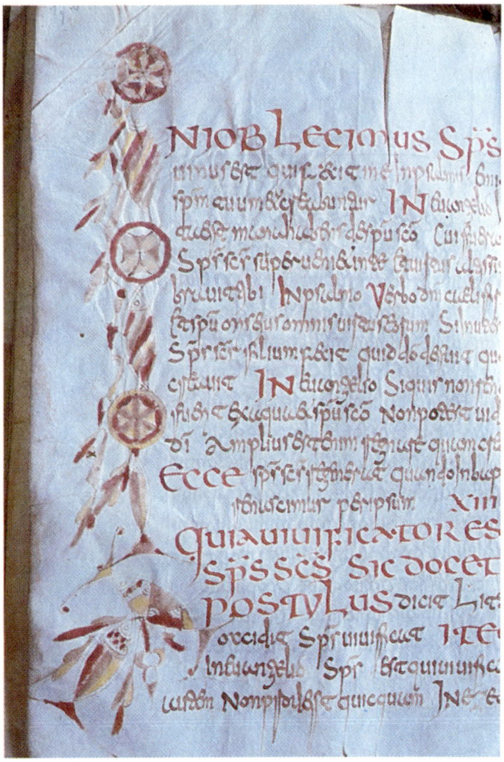

schon 1723 abgebildet. C. Scherer war es, der 1905 als erster auf den Zusammenhang mit dem aus Luxeuil stammenden Lektionar in Paris (BN lat. 9427 = CLA 579) aufmerksam machte. Etwa gleichzeitig hatte L. Traube in seinen Vorlesungen den Begriff der »Scriptura Luxoviensis« geprägt, von der E. A. Loew 1910 schon 11 Handschriften aufzeigen konnte, darunter auch den Bonifatianus 2. Ein Jahr später sieht A. Wilmart in ihm die dem namengebenden Pariser Lektionar nächstverwandte Handschrift. 1953 stellte E. A. Lowe 30 Handschriften zusammen (CLA 6, 1953, XV–XVII), nachdem er einige, wie das Burghard-Evangeliar in Würzburg, bereits wieder ausgeschieden hatte.

Von Anfang an war mit dem Vergleich der Schrift ein Vergleich der Ornamentik einhergegangen, der es E. H. Zimmermann ermöglichte, 1916 im Rahmen seiner »Vorkarolingischen Miniaturen« eine Schule von Luxeuil zu konstituieren und ihr eine relative Chronologie zu unterlegen, die freilich an historischen Daten wenig Stütze hat. So gibt es keinen Grund, mit Zimmermann eine Spätdatierung des Bonifatianus »um 750« anzunehmen. Alle Handschriften der Gruppe können durchaus vor 732, dem Jahr der Zerstörung Luxeuils durch die Araber, entstanden sein. Die Lokalisierungsfrage wurde lange heftig umstritten, zumal sich herausstellte, daß das Pariser Lektionar vielleicht für die Kirche von Langres und eine zweite liturgische Prachthandschrift, das »Missale Gothicum« (Vat. Reg. lat. 317 = CLA 106), für den Gebrauch in der Diözese Autun bestimmt waren. »Luxeuil« ist somit mehr zu einer Typenbezeichnung geworden, obwohl gerade in jüngerer Zeit (Lowe 1953) gute Gründe dafür aufgezeigt wurden, daß die vom hl. Columban gegründete Abtei in den südlichen Vogesen die Heimat des schöpferischen Scriptoriums gewesen ist. Fraglich bleibt dennoch in manchen Fällen, ob eine Handschrift in Luxeuil selbst oder in einem Tochterkloster wie Corbie entstand oder von Luxeuil-Händen in der Fremde gefertigt wurde. Diese Frage ist auch für den Bonifatianus noch nicht eindeutig geklärt. Zuletzt hat G. Haseloff Argumente für eine Lokalisierung nach Mainz beigesteuert. Eine gründliche paläographische und kunstgeschichtliche Untersuchung der gesamten Luxeuil-Gruppe wäre dringend erwünscht.

Der Schmuck des Bonifatianus 2 besteht aus 74 Initialen, vier Zierseiten und 15 Randornamenten am Lagenschluß. Wo immer es möglich war, hat der Zeichner mit dem Zirkel gearbeitet. Eine locker tupfende Kolorierung hat die Präzision der Zeichnung bisweilen verunklärt. Die Farben sind licht und warm: Mennigrot, Gelb (Auripigment) und ein helles Sandbraun. Nur an einer Stelle (fol. 99r) kommt etwas Grün hinzu. Die Hauptmotive sind geometrische Formen, Fische und Girlanden. Dagegen fehlen die Vögel, die in allen anderen bedeutenden Schmuckhandschriften der Luxeuil-Gruppe auftreten, hier ganz. Auch die sonst häufigen Hufeisenbögen und Dreiecksgiebel der Rahmungen fehlen. Sieht man von den vielen kleinteiligen, zum Teil noch spätantiken Mustern ab, die parzellierend die Schäfte und Bögen der Initialen und die Rahmenleisten füllen, lassen sich sechs Grundmotive herauslesen: 1. ein Malteserkreuz im Kreis (Kreuzmedaillon); 2. eine sechsblättrige Sternblüte im Kreis (»Zirkelschlagmuster«); 3. Fische aus zwei gegeneinander gerichteten Zirkelschlägen von gleichem Radius (dicke Fische); 4. bei leicht versetztem Einstich von der gleichen Seite gezirkelte Fische (dünne Fische); 5. Büschel von Tropfen- oder Herzblättern (Blattbüschel); 6. pendelnde Gehänge aus kurvolinearen Dreiecken, keltischen »Kommata« verwandt, mitunter mit Blattbüscheln besetzt.

Von diesen Motiven sind die ersten drei in der Luxeuilgruppe am häufigsten vertreten. Der dicke Fisch begegnet schon in der ältesten für Luxeuil gesicherten Handschrift von 669 (New York P. M. 334 = CLA 1659); Zirkelschlagmuster und dicker Fisch bilden eine Initiale in der für Langres bestimmten Sammelhandschrift in Paris (BN lat. 14086 = CLA 664); in dem auch mit Langres verknüpften »Luxeuil«-Lektionar (BN lat. 9427 = CLA 579) kommen noch dünne Fische und Blattbüschel hinzu. Kreuzmedaillon und Zirkelschlagmuster sind am reichsten vertreten im Missale Gothicum (Vat. Reg. lat. 317 = CLA 106): siebzehn- bzw. siebenmal, wozu man noch drei zwölfblättrige Sternblüten hinzurechnen darf, die in Fulda auch vorkommen. Die Gregorhandschrift aus Corbie (Leningrad Q. v. I. 14 = CLA 1617) ist dagegen die einzige, in der außer den ersten drei Motiven auch ein Gehänge erscheint (fol. 129; Zimmermann 1916, Taf. 65b), das dem Motiv 6, das sonst in der Gruppe nicht belegt ist, wenigstens ähnlich ist. Zum engeren kunstgeschichtlichen Ambiente darf man auch den aus Weißenburg im Elsaß stammenden Augustinus rechnen (Wolfenbüttel Weißenb. 99 = CLA 1396). Er steht als einziges der bisher genannten Beispiele dem Bonifatianus auch in der Schrift nahe. Näher noch kommen ihm darin aber die ganz oder fast schmucklosen Handschriften und Fragmente in London (BL Add. 29972 = CLA 173, aus Reims?), München (Clm. 29338, olim 29033a = CLA 1328, aus Regensburg), Würzburg (UB Mp. theol. fol. 64a = CLA 1419, wahrscheinlich aus Luxeuil) und Paris (BN lat. 9377 = CLA 1745, im Elsaß erworben). Das letztgenannte Fragment zeigt noch eine mit dem Bonifatianus gemeinsame Besonderheit: erste Worte oder Wortteile am Satzanfang werden auch in der Zeile durch rote vergrößerte Unziale hervorgehoben.

Auf der letzten Seite der Handschrift nennt sich die Stifterin: ... *ego Ragyndrudis ordinavi librum istum*... . Der Eintrag in gut lesbarer, aber etwas spröder Unziale dürfte nicht vom Schreiber des Textes stammen, obwohl dieser als Auszeichnungsschrift eine ähnlich geschulte Unziale verwendet. Wer Ragyndrudis war, ist bisher nicht sicher erwiesen. Als wahrscheinlich gilt die Identifizierung mit der in einem Brief des Mainzer Bischofs und Bonifatiusnachfolgers Lullus (753–786) als Wohltäterin seiner Kirchen genannten *Raegenthryth*.

Zum Einband vgl. Kat.Nr. 232.

Der Ragyndrudis-Codex ist Eigentum des Fuldaer Domkapitels. Nach langem Aufenthalt in der Hessischen Landesbibliothek ist er seit 1954 wieder im Dommuseum ausgestellt. In der Landesbibliothek wird seit 1980 ein Faksimile gezeigt.

Schannat (1723) 221ff.; Scherer (1905) 12ff.; Loew (1910) 32; Zimmermann (1916) 56f.; 175f.; Taf. 45, 68, 69; Lowe (1953) 140; CLA 8 (1959) und Suppl. (1971) Nr. 1197; Köllner (1976) XI, XXX, Abb. 4–16, 924; Haseloff (1978) 1 ff.; Haseloff (1981b) 72; Schausammlung Fulda (1981) 9.

H. Köllner

K. Dekor und Kunst:

Metallarbeiten: 228–230a Buchbindekunst: 231–233
Glasmalerei: 234 Steinmetzkunst: 235–239
Wandmalerei: 240

Die Kunst des frühen Mittelalters vor allem bis zur karolingischen Renovatio ist eine angewandte Kunst. Die Dinge des täglichen Gebrauches, besonders im Bereich der adligen Lebensführung und bei den freien Bauern werden – auch in unserem heutigen Sinne – künstlerisch ausgestattet. Es ist nicht nur Dekor, sondern auch Inhalt, der mitgeteilt werden will. Dies gilt vor allem für die in heidnischer Tradition stehende Tierornamentik, die jedoch in unserem Raum kaum eine selbständige Rolle gespielt hat (vgl. Kat. Nr. 33, 37). Aus diesem Grunde können wir diese Erscheinungen bei uns vernachlässigen. – Dem Handwerker des frühen Mittelalters war das Wissen im Können nicht fremd, d. h. in seinem Tun beachtete er stets auch die Inhalte der Formen, die wir oft schlicht Dekor nennen. Dagegen erscheint die Kunst der Karolingerzeit januskopfig: Einmal reißt der Strom der alten Traditionen in Form und Inhalt nicht ab (vgl. Kat. Nr. 50, 218, 219, 227), andererseits wird ein vollständiger Bruch in Stil und Inhalt durch das Programm der »renovatio« herbeigeführt – neu natürlich auch die dienende Funktion der Kunst im religiösen Leben. Diese Wiederaufnahme und Subvention der imperialen Kunst und Ästhetik der alt- und neurömischen Weltreiche umfaßt schließlich alle Bereiche. Die mit der Mission des 8. Jahrhunderts einsetzende Phase der insularen Kunst (Kat. Nr. 216, 222, 230a, 231) bleibt nur Episode.

H. Roth/E. Wamers

228 Riemendurchzug

Mitte – 2. Hälfte 9. Jh.; Gold; L. 3 cm; Seeheim (Kreis Darmstadt-Dieburg); Hessisches Landesmuseum Darmstadt

Mit diesem goldenen Riemendurchzug einer Sporengarnitur haben wir eines der wenigen kontinentalen Beispiele der höfisch-adligen Kleinkunst des 9. Jahrhunderts vor uns, die im Rückgriff auf antike Motive die *renovatio imperii* zum Programm erhoben hatte. Dieses Anknüpfen an die antike Kunst (vgl. Kat.Nr. 217) – wohl bekannt und gut verfolgbar in der Buchmalerei und Architektur – brachte klassische Pflanzenornamentik – Akanthus-, Wein- und Efeudarstellungen – auch auf profane Ornamentträger wie Riemenbeschläge und anderes und verdrängte die Tierornamentik germanischer und insularer Tradition mit einem Schlag.

Die auf den eigentlichen Durchzug aufgelötete Zierplatte des Seeheimer Schmuckstücks zeigt in

halbplastischem Guß drei Akanthuspalmetten, die von aufgelöteten Perlschnüren eingezogen sind. Seitlich schließt sich je ein antikisierender Löwe mit zurückgewandtem Kopf, um die Flanke herumgeschlagenem Schwanz mit Palmettenquaste und herausgestreckter, geschweifter Zunge an. Auch schräg über die Tierleiber wurden Perlschnüre gelegt.
Neben seiner kunsthistorischen Bedeutung ist dieser Seeheimer Verlustfund ein Zeugnis für die exklusive Ausrüstung karolingischer Adliger des 9. Jahrhunderts im Raum des Klosters Lorsch, das zur Zeit Ludwigs des Deutschen einer der geistigen und kulturellen Mittelpunkte des ostfränkischen Reiches war (vgl. Kat. Nr. 215).

Degen (1962); Elbern (1965) 382f. Nr. 563; J. Werner (1969) 504ff. Taf. 25d; Fraenkel-Schoorl (1978) 364 Nr. 21; Dahmlos (1979) 34 Nr. 14.

E. Wamers

229 Riemenbeschlag

9. Jh.; Bronze; L. 3,2 cm; Fulda (Kreis Fulda); Vonderau-Museum Fulda

Wie die hinsichtlich des Materials wie auch der Ornamentik einfacheren Schmuckstücke der Karolingerzeit aussahen, kann ein schlichter Bronzebeschlag aus Fulda illustrieren. Auf der Unterseite wurden zwei Niete zur Befestigung des Riemens mitgegossen.
Die Schauseite zeigt einen geperlten Doppelrahmen und einen geperlten Mittelsteg, beidseitig davon einfache Spiralhaken, die verkürzte Akanthuspalmetten darstellen.
Es handelt sich hierbei um einen Riemenbeschlag vom Wehrgehänge des Mannes.

Vonderau (1899) 28 Taf. 7, 11; J. Werner (1969) 498 Taf. 26b; Dahmlos (1979) 89 Nr. 2b.

E. Wamers

230 Beschlag

8. Jh.; Eisen, Silbereinlagen; L. 7,41 cm; Büraburg (Ungedanken, Fritzlar, Schwalm-Eder-Kreis); Staatliche Kunstsammlungen Kassel, Abteilung Vor- und Frühgeschichte

Das Beschläg hat eine Gesamtlänge von 7,41 cm und eine größte Breite von 2,46 cm. Die Silberplatte hat eine Stärke von 2,1 bis 2,4 cm und trägt auf der Oberseite einen oben abgeplatteten Mittelknopf. Die gesamte Oberfläche von Platte und Knopf ist mit kleinen rautenförmigen, dreieckigen und wabenartigen Niello-Mustern verziert. Von der Mittelachse der Platte springt vorn ein größeres, ebenfalls rautenverziertes Verbindungsstück zu einem langgestreckten und ähnlich reichverzierten Tierkopf heraus. Hinter dem Mittelknopf spaltet sich das Beschläg in zwei Arme, die in je einem von oben gesehenen Tierkopf auslaufen (nur einer erhalten). Unmittelbar hinter den Tierköpfen befindet sich ein Silberniet mit halbkugeliger Oberseite, der wie ein zweiter unter dem Mittelknopf auf der Unterseite der Platte der Befestigung des Beschlägs diente.
Ein Gegenstück zu dem Büraburger Beschläg ist bisher nicht bekannt. G. Haseloff hat dem Gegenstand aufgrund der Verzierung und der Form der Tierköpfe eine Zwischenstellung zwischen dem auslaufenden Tierstil II (um 700) und dem Tassilokelchstil in der zweiten Hälfte des 8. Jahrhunderts zuerkannt. Dem widerspricht auch nicht der Fundort (Kulturschicht eines kasemattenartigen Gebäudes hinter der Ostmauer der »fortgeschrittenen« Periode IIa der Büraburg) (vgl. Kat.Nr. 166).

Haseloff (1974) 177ff.; Dahmlos (1979) 84 Nr. 26c.

N. Wand

230

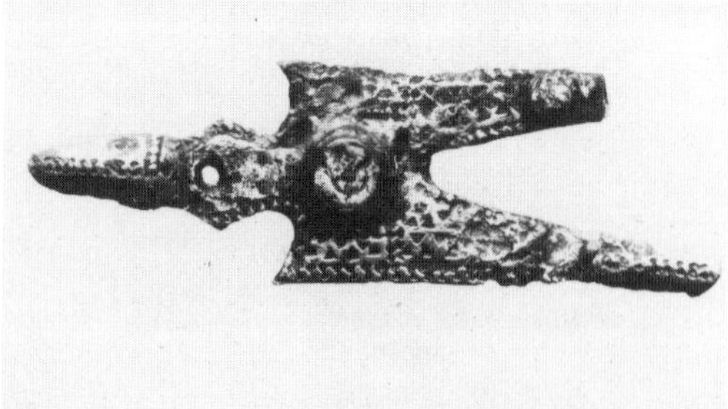

230a Bronzebeschlag

8. Jh. (?); Bronze, vergoldet; L. 5 cm; Holzhausen am Hahn (Edermünde, Schwalm-Eder-Kreis); Heimatmuseum Fritzlar

Das Bronzeobjekt mit rautenförmigem Grundriß trat als Oberflächenfund auf der Burg auf dem Hahn zutage. Eine leicht gebogene Platte mit je zwei zahnartigen Fortsätzen an den Langseiten weist in der Mitte eine langrechteckige Aussparung auf. Die an beiden Seiten entstehenden Felder sind mit einer stilisierten Ranke verziert, die aus zwei Bögen mit sich einrollenden Ästen und kleinen Dreiecken als Füllmuster besteht.
Die Ranken der beiden Zierfelder stehen spiegelbildlich zueinander. Die Stilisierung und lineare Auflösung der vegetabilen Ornamentik weist zunächst – mit allen Vorbehalten – in den insularen Kunstkreis, und hier etwa auf irische Metallarbeiten vom Ende des 9./Anfang des 10. Jahrhunderts: eine Durchbruchsarbeit aus der Nähe von Clonmacnoise (MacDermott 1954) oder ein im Britischen Museum aufbewahrter Bischofsstab irischer Herkunft (»Kells Crosier«; MacDermott 1955) wie auch altverwendete Teile auf dem metallenen Schrein für eine Handschrift in der Royal Irish Academy, dem sogenannten Cathach des hl. Columba (U. Roth 1977/78, Abb. 14–15). Rankenmotive ähnlicher Art lassen sich allerdings bis in das 12. Jahrhundert verfolgen. Sie zeigen sich auch später noch etwa auf Gürteln des 15. und 16. Jahrhunderts (J. Fingerlin 1971; Steuer 1979).
Vegetabile Ornamentik hat in der frühchristlichen Kunst Irlands eine nur geringe Rolle gespielt, ist aber zweifelsohne aus dem Kunstkreis Nordenglands übernommen worden. Hier spielte die neue, aus dem ostmediterranen Bereich kommende Weinstock- und Weinrankenornamentik (auch in Verbindung mit Tierdarstellungen) seit dem Ende des 7. Jahrhunderts eine bedeutende Rolle, wie etwa auf den northumbrischen Steinkreuzen, in Handschriften und der Kleinkunst. Im 8. Jahrhundert gelangt dann auch dieser Stil mit der insularen Mission auf den Kontinent (vgl. Tassilokelchstil; vgl. Kat.Nr. 216).
Die Funktion des Bronzeobjektes wirft ebenfalls gewisse Probleme auf. Wenn auch die äußere Form an das Stichblatt eines Messers oder kleinen Dolches erinnert, so muß diese Lösung wegen fehlender Vergleichsstücke offen bleiben. In Betracht gezogen werden sollte vornehmlich auch die Verwendung als Zierbeschlag eines Buchdeckels etwa oder als Teil des Verschluß- oder Tragemechanismus eines Reliquienkästchens. Ein solcher Vorschlag wird unterstützt durch ein Reliquiar (mit angelsächsischer Inschrift in Runen) in Mortain, Kollegialskirche Saint-Evroult (Hubert/Porcher/Volbach 1968, Abb. 313), wo an jeder Giebelspitze ein ähnlich durchbrochenes Metallteil aufgesetzt ist, das wohl zum Tragemechanismus gehörte.

U. Roth (1977/78) 315ff.

U. Roth

231 Einband des Victor-Codex

1. Hälfte 8. Jh.; Holz, Lederüberzug, Bronzebeschläge; L. 28 cm; Hessische Landesbibliothek Fulda, Codex Bonifatianus 1

Der Einband des sogenannten Victor-Codex (vgl. Kat.Nr. 226) ist für eine italische Handschrift des 6. Jahrhunderts gefertigt, die wahrscheinlich mit den angelsächsischen Missionaren (Benedict Biscop, Ceolfrid) aus Italien nach Northumbrien gebracht worden war und dort ihren jetzigen Einband erhalten hat.

Die beiden Holzdeckel, die Vorder- und Rückseite des Einbandes bilden, sind mit Leder bezogen, in das in Preßtechnik ein Palmetten- sowie ein kleineres und ein größeres Rosettenmuster in verschiedener Anordnung geprägt sind. Zur Verstärkung des Einbandes – die Handschrift besteht aus 503 folios und ist daher sehr stark und schwer – wurden beide Einbanddeckel mit Metallbeschlägen versehen. Diese bestanden aus je vier Eckbeschlägen und sechs länglichen dreieckigen Beschlägen, von denen je zwei an den Langseiten und je einer an den Schmalseiten angebracht waren. Die dreieckigen Beschläge bestehen aus einem silbernen, auf der Oberseite leicht abgeflachten Rahmen, der an den drei Ecken in eine Öse ausläuft, in der je ein Niet das Beschläg mit dem Holzdeckel verbindet. In dem freien Innenraum des Beschlägrahmens befindet sich ein bronzenes Preßblech, das mit einem Knotenflechtwerk verziert ist. Wie D. Wilson wahrscheinlich machen konnte, stellen die Preßbleche northumbrische Arbeiten der ersten Hälfte des 8. Jahrhunderts dar. Alle an der Handschrift verwendeten Preßbleche – von einer Ausnahme abgesehen – haben das gleiche Muster.

Die vier zu jedem Deckel gehörenden Eckbeschläge haben annähernd rechteckige Form. Sie haben einen C-förmigen Querschnitt, um die Ecken des Holzdeckels umgreifen zu können. Die freien Enden sind in Gestalt von Raubvogelköpfen gestaltet, wobei das Auge durch den Niet gebildet wird, mit dem das Beschläg befestigt ist. Die Innenzeichnung der Vogelköpfe ist in skizzenhafter Weise ausgeführt, die eine in der angelsächsischen Kunst seit dem 7. Jahrhundert nachweisbare Tradition fortführt. Die Raubvogelköpfe selbst entsprechen den in der northumbrischen Kunst des späten 7. und 8. Jahrhunderts üblichen.

Die an den Außenkanten des Vorderdeckels befindlichen dreieckigen Beschläge haben knopfartige Vorsprünge, die zur Befestigung von nicht erhaltenen Buchschließen, sei es aus Leder, sei es aus Metall, dienten. – Der Victor-Codex stellt den einzigen erhaltenen vorkarolingischen Bucheinband dar, der mit derartigen Metallbeschlägen versehen ist.

Scherer (1905) 6ff.; Wilson (1961) 199ff.; Haseloff (1981b) 65ff.

G. Haseloff

232 Einband des Ragyndrudis-Codex

Mitte 8. Jh.; Holz, farbiger Lederüberzug; L. 28,5 cm; Dommuseum Fulda, Codex Bonifatianus 2

Der Ragyndrudis-Codex (vgl. Kat.Nr. 227), der der Überlieferung nach von Bonifatius bei seinem Märtyrertod über dem Kopf gehalten und dabei von Schwerthieben getroffen worden sein soll, wie es die auffallenden durch Handschrift und Einband gehenden Beschädigungen wahrscheinlich machen, stellt eine Handschrift dar, die kontinentalen Ursprungs ist. Sie wird der Schule von Luxeuil zugeschrieben und um die Mitte des 8. Jahrhunderts datiert, so daß die Verbindung mit Bonifatius auch in chronologischer Hinsicht begründet erscheint.

Der ursprüngliche Einband der Handschrift ist in stark beschädigtem Zustand erhalten. Die Holzdeckel für Vorder- und Rückseite waren mit zwei Schichten von Leder bezogen. Das untere war vergoldet, während das darüberliegende rot gefärbt war. In das obere rot gefärbte Leder waren Ornamente ausgeschnitten bzw. ausgestanzt, durch die das darunterliegende goldgefärbte Leder zu sehen war. Zusätzlich war auf die obere rote Lederschicht ein Teil des Ornaments mit schwarzer Farbe gemalt. Obwohl der ursprüngliche Einband nur fragmentarisch erhalten ist, läßt sich das ornamentale Schema des rückwärtigen Deckels rekonstruieren. Dies besteht aus einem großen, den Einband in Höhe und Breite bedekkenden Kreuz, das von einer äußeren rahmenden Leiste umschlossen wird. Die Vierung des Kreuzes ist als vergrößertes Quadrat hervorgehoben, desgleichen sind die Endigungen der Kreuzarme mit Querbalken versehen. Das Kreuz und die Rahmenleiste sind mit reihenweise angeordneten Kreuz-Medaillons verziert. Diese bestehen aus einem in einen Kreis eingeschriebenen Kreuz mit sich stark nach außen erweiternden Armen. Diese Kreuzfiguren sind mit schwarzer Farbe auf das rote Leder gemalt. Die zwischen den Kreuzarmen befindlichen Zwickel sind ausgeschnitten, so daß der darunterliegende Goldgrund zu sehen ist.

In den vier zwischen den Kreuzarmen sitzenden Feldern befinden sich Zirkelschlagmuster in Form einer sechsblättrigen Rosette unter Verwendung von sphärischen Dreiecken. Die über und unter dem Zirkelschlagornament verbleibenden freien Flächen sind mit tropfen- und punktförmigen Figuren gefüllt.

Die Kreuzmedaillons haben ihre nächste Entsprechung in den Kanontafeln des Burghard-Evangeliars in Würzburg und auf kleinen Emailfibeln des 8. Jahrhunderts (vgl. Kat.Nr. 50,1), die in Mainz in größerer Zahl gefunden sind, im übrigen fast ausschließlich im Nordwesten Deutschlands angetroffen werden.

Die Zirkelschlagmuster, die in den Feldern zwischen den Kreuzarmen verwendet sind, bilden ein beliebtes ornamentales Motiv der merowingischen Buchmalerei, insbesondere der Schule von Luxeuil. Die Handschrift des Ragyndrudis-Codex ist mit zahlreichen Zirkelschlagmustern und Kreuzmedaillons verziert, so daß ein enger Zusammenhang zwischen dem Herstellungsort der Handschrift und des Einbandes anzunehmen ist. Als ein möglicher Entstehungsort sowohl für die Handschrift als auch für den Einband ist Mainz vorgeschlagen worden, das der Sitz von Bonifatius als Erzbischof gewesen ist.

Die dem Einband zugrundeliegende Technik, eine untere vergoldete Lederschicht mit einer darüberliegenden roten, aus Saffianleder bestehenden Schicht mit durchbrochen gearbeiteten Mustern und schließlich schwarze Bemalung der roten Lederschicht findet sich auf koptischen Einbänden, die bis in das 6. Jahrhundert zurückreichen. Im Abendland ist diese Einbandtechnik unbekannt. Der Ragyndrudis-Codex mit einem der wenigen erhaltenen frühmittelalterlichen Einbände dürfte daher auf Einflüsse zurückgehen, die vom Mittelmeergebiet in die Missionszentren gekommen sind.

Scherer (1905) 12ff.; Adam (1928) 4ff.; Köllner (1976) 215; Haseloff (1978) 1ff.; Haseloff (1981b) 64f.

G. Haseloff

233 Elfenbeinbuchdeckel vom Lorscher Evangeliar

Um 810; 37,7 cm mal 27,4 cm; Victoria and Albert-Museum London

Der aus fünf Einzelplatten zusammengesetzte und gefaßte Elfenbeindeckel bildete ursprünglich die Vorderseite des Lorscher Evangeliars, während das Gegenstück aus dem Vatikan auf dem Rückendeckel montiert war. Bereits gegen 830 im Benediktinerkloster Lorsch (vgl. Kat.Nr. 215) mit seinen Buchdeckeln registriert, erhielt das Evangeliar 1479, nachdem die Abtei 1461 an Kurpfalz gekommen war, einen neuen Einband, wobei nun die Rückseite mit der zentralen Christusdarstellung die Vorderseite schmückte und mit den anderen Lorscher Bibliotheksbeständen 1623 in den Vatikan gelangte.

Der ursprüngliche Vorderdeckel tauchte 1856 im Kölner Kunsthandel wieder auf und befindet sich seit 1866 in London. Er zeigt auf der zentralen Langplatte Maria mit dem Kinde, links und rechts Johannes den Täufer und Zacharias mit Weihrauchbehälter und Räuchergefäß, damit wohl anspielend auf die Parallelverkündigung Johannes' und das Opfer des Zacharias sowie auf die Weissagung der Jungfrauengeburt durch diese beiden Propheten. Auf der oberen Platte halten zwei schwebende Engel ein Medaillon mit der Halbfigur Christi, auf der unteren erkennt man die Geburt Jesu und die Verkündigung an die Hirten.

Vorder- und Rückdeckel des Lorscher Evangeliars wurden der Hofwerkstatt Karls des Großen, etwa um 810, zugeschrieben, könnten vielleicht ein Geschenk Karls an das Reichskloster sein. Die Einzelstücke jedes Deckels stammen jeweils aus einer Hand, doch ist deutlich, daß beide Tafeln von verschiedenen Künstlern geschaffen wurden. Als Vorbilder dienten spätantike byzantinische Elfenbeine und andere oströmische Arbeiten; der Unterschied zeigt sich im neuen karolingischen Stil, der gleichzeitig noch im frühgeschichtlich-germanischen Kunstwollen wurzelt: Betonung des Flächigen gegenüber der plastischen Gestaltung und ornamentaler Detailreichtum.

Braunfels (1968) 369, 384 Farbtafel XXXII, Taf. 201–203, 206–207; Goldschmidt (1969) 13f. Taf. VIII.

E. Wamers

234 Glasfenster (Rekonstruktion)

9. Jh.; H. 31 cm; Lorsch (Kreis Bergstraße); Hessisches Landesmuseum Darmstadt

Rekonstruierte Fragmente eines bemalten Glasfensters. Sie wurden bei Grabungen im Klosterbereich 1933 (vgl. Kat.Nr. 215) geborgen. Rekonstruierbar war ein frontales, vollbärtiges Haupt mit Haarkranz und Nimbus, Splitter von nackten Füßen, Gewandung, (Fell-?)Zotteln und anderem belegen eine Vollfigur. Verwendet wurden verschieden starke Gläser in Grünlich-Weiß für das Gesicht, Hellviolett für den Haarkranz und geädertes Blau für den Nimbus. Konturbemalung in Braunrot.

Es wurde vermutet, daß es sich um die Darstellung eines Apostels oder Heiligen handele, eventuell um Johannes Baptista oder Benedikt. Da die Scherben mit Bauschutt der karolingischen Klosterkirche in einer Abfallgrube gefunden wurden, wird eine Datierung ins 9. Jahrhundert für wahrscheinlich gehalten, der auch die Ausführung von Augen, Mund und Haarzeichnung nicht widerspricht. Vielleicht stammen die Fragmente von einem Fenster der Gruftkirche Ludwigs des Deutschen (vgl. Kat.Nr. 235), die hier nach seinem Tod 876 errichtet wurde.

Das Lorscher Fenster zeigt, daß neben Buchmalerei, Steinplastik, Wandmalerei und Metallkunst auch die Glasmalerei in die künstlerische Neuorientierung der Karolingerzeit einbezogen wurde, wenn hier auch insuluare Traditionen unverkennbar sind.

Behn (1949b) 29 Taf. 18; Gerke (1950) 186ff.; Frenzel (1965) 467f. Nr. 641 Abb. 113; Beeh-Lustenberger (1973) 15ff.; Taf. 1; Abb. 1; Dahmlos (1979) 20 Nr. 9b 6.

E. Wamers

235 *Sarkophag Ludwigs des Deutschen*

2. Hälfte 9. Jh.; Sandstein; L. 2,05 m, B. 0,73 m, H. 0,67 m, Steinstärke 7 cm; Lorsch, Lapidarium im Westteil der ehemaligen Abteikirche

Der kastenförmige Sarkophag ist aus einem einzigen Stein gehauen; Seitenwände und Boden sind in einer Stärke von etwa 7 cm stehengeblieben. Ein Deckel ist nicht mehr vorhanden. Die Innenwände des Sarkophags sind gleichmäßig behauen, aber etwas rauher als die Außenseite. Diese zeigt Reliefschmuck in architektonischer Form. Eine breite friesartige Leiste umzieht den Sarkophag am unteren Rand; den oberen Rand umzieht in entsprechender Weise ein Karnies zwischen zwei Plättchen. Die beiden Friese werden durch Pilaster miteinander verbunden, die an den Ecken geknickt sind; die Langseiten sind je mit drei weiteren Pilastern besetzt, die Schmalseiten nur von den Eckpilastern gerahmt. Die dazwischenliegenden Felder erscheinen als Blenden. Die Pilaster stehen auf Basen, die nur seitlich profiliert sind (mit Platte und Wulst oder Karnies, z. T. beschädigt). Die Pilasterschäfte tragen ein Rahmenmuster mit durchlaufendem senkrechtem Mittelsteg, die beiden verbleibenden senkrechten Streifen sind flach-wulstig. Da alle fünf Streifen gleich breit sind, ergibt sich der Charakter einer Kannelierung. Den oberen Abschluß der Pilaster bilden unter einer schmalen Deckplatte ionisierende Kapitelle mit seitlichen Schnecken, Lochbohrungen an Stelle des Eierstabes, und waagerechten Streifen darunter – der mittlere ein Perlstab. In der Einzelausführung sind die Schmuckmotive einander ähnlich, aber nicht identisch.

Der Sarkophag wurde im Jahre 1800 gefunden, als der Oberforstmeister von Hausen nach etwa vergrabenen Schätzen suchen ließ. Nach den Berichten v. Hausens und den Ausgrabungen Behns kann als Fundort die *Ecclesia varia* mit ziemlicher Sicherheit identifiziert werden – also die Gruftkirche, die Ludwig der Jüngere nach dem Tode (876) seines Vaters Ludwigs des Deutschen vollendete. Von Hausen fand außer dem Pilastersarkophag noch weitere vier (oder acht?) einfachere Sarkophage (die Überlieferung ist über die Zahl im Zweifel); diese anderen Sarkophage sind verloren. Im Pilastersarkophag befand sich ein Skelett in braunkariertem Seidengewand mit goldenen Borten und Sporen; unter dem Haupt ein Blatt Pergament »in fremder Sprache beschrieben«, daneben eine Schiefertafel »mit unbekannter Schrift«. Diese Fundstücke wurden dem Kurfürsten von Mainz in seine damalige Residenz nach Aschaffenburg übersandt und sind seitdem verschollen. Doch war in dem Sarkophag offensichtlich eine hochstehende weltliche Persönlichkeit bestattet.

Unter den Personen, die in der *Ecclesia varia* bestattet worden sind, war Ludwig der Deutsche (840–876) der Vornehmste, und so hat man geschlossen, daß eben Ludwig diese besonders prunkvolle Beisetzung in dem Pilastersarkophag gefunden hat. Historische oder kunstgeschichtliche Bedenken erheben sich dagegen nicht, wenn auch ein einwandfreier Beweis nicht zu erbringen ist.

Falk (1866) 41, 192; KDM (1914) 212; Friederich (1932) 47; Berlett (1933a) 269ff.; Berlett (1933b); Behn (1934) 110f.; Behn (1964) 115ff.; Behn (1977) 259ff.; Minst (1964); Berlett (1978) 165ff.; Minst (1978) 135ff.

D. Großmann

236, 1–8 Architekturteile aus Lorsch

1 Acht Kompositkapitelle

Frühes 9. Jh.; Kalkstein; H. 48 cm (mit Schaftring), B. 50/51 cm, unter Dm. ca. 30 cm; Lorsch (Kreis Bergstraße) Torhalle, Hauptgeschoß, West- und Ostseite, außen (vgl. Kat.Nr. 215, 4)

Die Kapitelle sind mäßig verwittert. An den Seiten sind die Blattspitzen zum Teil abgeschlagen, und zwar schon beim Versetzen in die Mauer.

Die Kapitelle zeigen einen sehr schlanken Aufbau und halten sich verhältnismäßig eng an das antike Vorbild. Zuunterst wachsen aus dem angearbeiteten Schaftring die schlanken Kranzblätter heraus, auf der Westseite der Torhalle in fein geästeltem Akanthusblattwerk, auf der Ostseite in einfachen stilisierten Palmettformen. In entsprechender Gestaltung sitzen darüber die Hochblätter, ebenfalls in Akanthusformen auf der Westseite und in Palmettformen auf der Ostseite. Zwischen den Hochblättern tritt der Kalathos frei und unverziert hervor, ohne Caulisstengel. Nach oben folgt sodann ein Perlstab und darüber der Eierstab, beidersetis übergriffen von den kräftigen, aber gleichwohl feinteilig ornamentierten Voluten mit eingelegtem Blattwerk, welches in den Volutenzentren in Blüten ausläuft. Der angearbeitete Abakus schwingt an den Ecken kräftig vor und ist in der Mitte durch ein Blattmotiv geschmückt.

Die Kapitelle werden gewöhnlich mit der Torhalle um 774 oder um 800 datiert. Sie sind aber allem Anschein nach erst sekundär in die Torhalle bei deren Errichtung eingesetzt worden. Der neuerdings vorgeschlagene Datierungsansatz der Torhalle um 880 setzt jedenfalls nur den Terminus ante quem für die acht Kompositkapitelle. Für sie darf am ehesten vielleicht eine Entstehung im frühen 9. Jahrhundert angenommen werden.

Adamy (1891) 29f.; KDM (1914) 207f.; Meyer-Barkhausen (1929/30) 131; Meyer-Barkhausen (1933) 82f., 86f.; Behn (1934) 78f.; Licht (1935) 14f.; Weigert (1936) 10f.; Behn (1949b) 16f.; Meyer-Barkhausen (1953) 28ff.; KDM (1969) 354f.; Jacobsen (1983).

W. Jacobsen

2 Zwanzig kannelierte Pilaster mit Kehlbasen und ionischen Kapitellen

Ende 9. Jh.; roter Sandstein (Pilasterschäfte und Basen), Kalkstein (Kapitelle); Kapitelle: H. 29,5 cm, B. 33,5 cm, untere B. 17,5 cm; Schäfte: H. 136 cm, B. 17,5 cm; Basen: H. 8,5 cm, B. 22,5 cm; Lorsch (Kreis Bergstraße) Torhalle, Obergeschoß, West- und Ostseite, außen (vgl. Kat.Nr. 215, 4)

Die Pilaster zeigen kannelierte Schäfte, einfache Kehlbasen und ionische Kapitelle. Sie sind mäßig verwittert.

Die Kapitelle haben eine sehr flächige Front mit einfacher klarer Zonenteilung: zuoberst das Volutenpolster mit den beiden seitlichen, gleichmäßig gedrehten Voluten, zwischen denen ein blasenartiger Eierstab liegt; darunter, abgesetzt durch ein Plättchen, ein zweiter ebensolcher Eierstab, seitlich durch gesteilte Kehlen gerahmt. Dieser gesamte Kapitellbereich ist durch ein stärkeres Plättchen nach unten abgesetzt. Darunter, leicht zurückspringend, folgt eine Gliederung aus einem fleischigen Perlstab zwischen zwei Platten. Die Schäfte sind in jeder ihrer Hälften mit drei

Kannelüren geschmückt. In die unteren Enden der Kannelüren sind wie bei dem Lorscher Pilasterschaft (Kat.Nr. 236, 5) jeweils Blattspitzen eingestellt.
Die Basen bestehen sehr einfach aus einer starken Platte und einer darüber aufsitzenden Kehle, welche gesteilt nach oben zieht.
Die Pilaster einschließlich ihrer Kapitelle und Basen werden gewöhnlich mit der Torhalle selbst um 774 oder um 800 datiert. Einzelformen des Baues wie auch die Kehlformen an den Seiten der Pilasterkapitelle und die Kehlbasen sprechen hingegen für eine gemeinsame Entstehung um 880. Eine Stütze solcher Spätdatierung bilden die ganz ähnlich geformten ionischen Kapitelle des Essener Westwerkes, auf deren Zusammenhang schon Hans Weigert beiläufig hinwies.

Adamy (1891) 30; KDM (1914) 208f.; Weigert (1936) 15; KDM (1969) 354ff.; Jacobsen (1983).

W. Jacobsen

3 Zwei Pilasterkapitelle

Ende 8. Jh.; Kalkstein; (1) H. 35 cm, B. 33 cm, untere B. 27 cm; (2) H. 34 cm, B. 32 cm, untere B. 28 cm; Lorsch (Kreis Bergstraße) Gelände der ehemaligen Abteikirche; Lorsch, Lapidarium (vgl. Kat.Nr. 215)

(1) Das Kapitell wurde in den Mauern der 1890 abgebrochenen Remise gefunden. Es ist gut erhalten, nur die rechte Ecke und die Voluten der rechten Seite sind ausgebrochen.
Das Kapitell ist streng in zwei Zonen unterteilt, die untere Zone hat die doppelte Höhe der oberen. Über einem unteren Wulst erheben sich zwei Reihen von Akanthusblättern mit überfallenden dreiteiligen Blattspitzen. Die darüber liegende obere Zone ist mit zwei Palmetten geschmückt, deren äußere Blattspitzen zu Voluten ausrollen. In die Öffnungen der Palmettenkelche sind Blumenmotive aus dreizackigem Flechtwerk gestellt. Die Mitte füllen ein dreilappiges Blatt und zwei ähnliche, darunter gesetzte Blätter aus. Der Abakus ist leicht geschwungen und greift in der Mitte halbrund aus; er besteht aus Plättchen und Karnies. Das Blattwerk ist fein, aber flächig gearbeitet, mit unscharfer, aber gleichmäßig breiter Kerbung. Es sitzt dem Untergrund nur flach auf.
(2) Wie Kapitell (1), nur daß die Blätter der unteren Zone nicht in zwei gesonderten Blattreihen, sondern nur in einer Blattreihe mit unterschiedlich hohen Einzelblättern angeordnet sind.

Datierung: Beide Stücke stammen wahrscheinlich von der Ausstattung der Lorscher Abteikirche aus dem letzten Viertel des 8. Jahrhunderts.

Adamy (1891) 34, 50; KDM (1914) 213; Meyer-Barkhausen (1929/30) 131ff.; Minst (1967) 28; Jacobsen (1983) Anhang Nr. 6/7.

W. Jacobsen

4 Zungenblattkapitell

1. Hälfte 9. Jh.; Kalkstein; H. 20,5 cm, B. 20 cm, unterer Dm. 12,5 cm; Lorsch (Kreis Bergstraße), ehemalige Abteikirche; Hessisches Landesmuseum Darmstadt (vgl. Kat.Nr. 215)

Gefunden in den Mauern der 1890 abgebrochenen Waschküche im Bereich der ehemaligen Abtei Lorsch.
Das korinthisierende Kapitell besteht aus je acht Kranz- und darüber auf Lücke stehenden Hochblättern sowie der darüber liegenden Volutenzone. Die Kranz- und Hochblätter sind einheitlich als Zungenblätter gestaltet, mit leicht gegrateten Mittelrippen und sonst glatter Oberflächenbehandlung. Sie sind verhältnismäßig schlank gehalten und treten nur leicht aus dem Kapitellkern hervor. Untereinander stehen sie in geringem, aber durch tiefe Schnitte kräftig markiertem Ab-

stand. Die Volutenzone zeigt knorpelhaft herausgedrehte Voluten, welche mit Rundstegen von den Hochblättern gestützt werden, und zwischenliegenden unkanonischen breitlappigen Mittelblättern, ebenfalls in Zungentechnik. Zuoberst ist der sternförmig ausschwingende Abakus angearbeitet.
Die vier ganz ähnlichen Zungenblattkapitelle in Seligenstadt (Kat.Nr. 239) lassen an eine verwandte Entstehungszeit des Lorscher Zungenblattkapitells in der ersten Hälfte des 9. Jahrhunderts denken. Es mag, gemeinsam mit den übrigen in Lorsch gefundenen Zungenblattkapitellen gleicher Form und Größe, in Zusammenhang mit den überlieferten Ausschmückungsarbeiten des Abtes Adalung (804–837) entstanden sein.

Adamy (1891) 35; KDM (1914) 213; Meyer-Barkhausen (1929/30) 131f.; Meyer-Barkhausen (1933) 83f.; Mann (1965) 459 Nr. 628; Fath (1970) 115 Nr. 2; Jacobsen (1983) Anhang Nr. 10.

W. Jacobsen

5 Pilasterschaft (?) mit Kannelüren und Blattstaude

2. Hälfte 9. Jh.; roter Sandstein; H. 43,5 cm (abgebrochen), B. 24,5 cm; Lorsch (Kreis Bergstraße) Ecclesia varia (?); Lorsch, Lapidarium (vgl. Kat.Nr. 215, 2)

Gefunden um 1890 in den Mauern einer Lorscher Scheune. Unten abgebrochen, sonst sehr gut erhalten.
Das Stück zeigt zuunterst eine Blattstaude in asymmetrischer Ausformung: in der Mitte steht ein säulenartiger Blütenstengel, aus welchem oben ein Dreiblatt in Kerbschnitt herauswächst, während unten nach beiden Seiten Palmetten herauswachsen und in weitem Schwung den Raum ausfüllen. Die Blattspitzen der Palmetten sind gekerbt und laufen spitz zu, nur die drei Innenblätter der rechten Palmette enden löffelförmig breit.
Über der Blattstaude beginnt eine Kannelürengliederung, welche in ein gesondertes Rahmenfeld von 17 cm Breite eingelassen ist. Die mittlere und die äußeren Kannelüren sind am unteren Beginn mit Blattzungen besetzt. Zwischen diesen drei Kannelüren verlaufen etwa gleichbreite kannelürenartige, jedoch weniger eingetiefte Rillen, in welche dickfleischige Astragale eingelegt sind.
Der Pilasterschaft wurde bisher stets in die Jahre um 800 datiert, ohne daß hierfür hinreichende Gründe genannt wurden. Von den Lorscher Pilasterkapitellen der karolingischen Abteikirche (Kat.Nr. 236, 3) ist der Schaft in Gesamt- und Einzelformen grundverschieden. Seine Formen kehren aber auf mehreren ähnlichen Pilaster- und Laibungssteinen des Lorscher Lapidariums in gleicher Größe wieder und lassen sich über diese unmittelbar an die Detailformen des Lorscher Pilastersarkophages (Kat.Nr. 235) anschließen. Mit ihm dürften die Stücke allesamt aus der zwischen 876 und 882 errichteten *Ecclesia varia*, der Grabkapelle der ostfränkischen Könige, stammen.

Adamy (1891) 35, 50; Meyer-Barkhausen (1953) 28, 30; Mann (1965) 451 Nr. 615; Minst (1967) 28; Jacobsen (1983) Anhang Nr. 48.

W. Jacobsen

6 Palmettenfries, Bruchstück

2. Hälfte 9. Jh.; roter Sandstein; H. 22 cm, B. 30,5 cm; Lorsch (Kreis Bergstraße) ehemaliges Forstwarthaus; Hessisches Landesmuseum Darmstadt (vgl. Kat.Nr. 215, 2)

Gefunden in den Mauern des 1887/88 abgebrochenen Forstwarthauses unmittelbar südlich der Lorscher Torhalle. Bereits 1888 in das Hessische Landesmuseum Darmstadt gelangt. Das Friesstück ist oben, unten und an der linken Seite glatt gearbeitet, auf der rechten Seite hingegen abgebrochen. Unten stark verwittert.
Hauptglied der Dekoration ist ein Band aneinandergefügter Palmettenkelche. Sie sind auffallend breit gelagert und gehen an den Blattenden ineinander über. Die Blattfieder enden jeweils halbrund und sind mit überkräftigen Mittelstegen bis fast zu den Spitzen gegratet. Sie rollen zur Kelchmitte hin stärker ein. Die Kelche lassen zwischen sich in der unteren Hälfte einen scharfen begrenzten Dreieckraum frei. In die freibleibenden Kelchöffnungen reichen von oben jeweils Lotosblüten hinein. Der Palmettenfries wird nach oben und unten von Zierleisten abgeschlossen: oben von einem Kerbsteg zwischen zwei Plättchen, unten von einem Perlstab, ebenfalls zwischen zwei Plättchen.
In Form und Größe paßt das Stück genauestens zum Palmettenfries der Lorscher Torhalle. Deshalb wurde es bisher stets als von der Torhalle stammend angesehen. Diese Ansicht ist aber kaum haltbar: Da das Bruchstück bereits in zweiter Verwendung in den Wänden des 1887/88 abgerissenen Forstwarthauses vermauert gewesen war, kann es nicht bei Restaurierung der Torhalle 1934/35 als ausgewechseltes Stück angefallen sein. Ob es bei den überlieferten älteren Wiederherstellungen und Umbauten der Torhalle im 17., 18. und frühen 19. Jahrhundert anfiel, bleibt ebenfalls sehr fraglich, zumal es mit seiner erhaltenen linken Werkkante nicht in das Gesims der Torhalle paßt. Neun weitere Fragmente dieses Palmettenfrieses, zum Teil mit leichten Variationen in Höhe und Einzelformen, welche ebenfalls in Lorsch gefunden wurden und dort auch verwahrt werden (Jacobsen, Anhang Nr. 31–39), deuten eher auf einen weiteren, ähnlich gezierten Bau der ehemaligen Reichsabtei Lorsch, in welchem vielleicht die überlieferte *Ecclesia varia,* die Grabkapelle der ostfränkischen Karolingerkönige, zu sehen ist. Damit müßte das Darmstädter Palmettenfragment jedenfalls ebenso wie die gesamte Torhalle – bisher stets in die Regierungszeit Karls des Großen um 774 oder »um 800« gesetzt – vielmehr in die Bauzeit der *Ecclesia varia* zwischen 876 und 882 gesetzt werden.

Mann (1965) 456 Nr. 623; Fath (1970) 117 Nr. 5; Jacobsen (1983) Anhang Nr. 30.

W. Jacobsen

7 Würfelkapitell aus Viernheim

8.–11. Jh. (?); roter Sandstein; H. 36 cm, B. 40/47,5 cm, unterer Dm. 29 cm; Lorsch (Kreis Bergstraße) ehemalige Abteikirche (?); Lorsch, Lapidarium (vgl. Kat.Nr. 215, 2)

Gefunden in Viernheim bei Lorsch, offenbar in Zweitverwendung.
Der Würfelkörper ist deutlich erkennbar mit allseits kräftig vortretenden halbkreisförmigen Schildflächen, unter denen der Kapitellkörper unauffällig zum angearbeiteten Schaftring überleitet. Die Schildflächen werden von kräftigen Gabeln gerahmt, welche oben zu kleinen Voluten ausrollen. Die Schilde sind jeweils axial durch einen schlanken Blütenstengel mit lilienartiger Spitze in zwei Hälften geteilt, welche von stilisierten Palmetten mit sehr flach gekerbten löffelartigen Blattfiedern ausgefüllt werden. Zwischen den Innenblättern ist der freibleibende Raum mit Noppen besetzt; solche Noppen finden sich auch an den oberen Schildrändern zwischen Dreiblatt- und Diamantmotiven. Der angearbeitete Abakus

besteht aus einem großen karniesausschwingenden Deckwulst, darunter einem kleineren Wulst sowie zuunterst zwei Plättchen. Stilistisch verwandte Stücke, welche im nahegelegenen Lorsch gefunden wurden und heute ebenfalls im dortigen Lapidarium aufbewahrt werden, lassen unter Vorbehalt eine gleiche Herkunft erwägen.
Die übliche Frühdatierung »um 800« (Mann 1965; Minst 1967) ist auf jeden Fall nicht aufrecht zu erhalten. F. Oswald (KDM 1969) schlägt weit glaubwürdiger eine Datierung in das 11. Jahrhundert vor. Nach den Lorscher Baunachrichten könnte es demnach mit den Umbaumaßnahmen des Abtes Reginbald (1018–1032) in Verbindung gebracht werden, sofern das Stück nicht sogar noch später anzusetzen ist.

Behn (1934) 120; Mann (1965) 452 Nr. 616; Minst (1967) 28; KDM (1969) 352; Jacobsen (1983) Anhang Nr. 59.

W. Jacobsen

8 Ornamentstein aus Bensheim

8.–11. Jh. (?); gelbbrauner Sandstein; H. 50,5 cm, B. 52,5 cm (abgearbeitet); Lorsch (Kreis Bergstraße) ehemalige Abteikirche (?); Hessisches Landesmuseum Darmstadt (vgl. Kat.Nr. 215, 2)

Der Ornamentstein wurde in der Gartenmauer des ehemaligen Kapuzinerklosters in Bensheim gefunden, in sekundärer Vermauerung. An den Seiten ist das Stück abgearbeitet.
Das Zentrum der Platte wird ausgefüllt durch eine große Rosette aus acht löffelförmigen Blättern, welche um einen zentralen Blütenkreis geordnet sind. Die Rosette umfassen auf beiden Seiten dichte Palmettwedel mit ähnlichen löffelartigen Blattspitzen. Unten ist ein Sockelband mit Diamantmotiven zwischen Blütenkreisen abgetrennt. Die Seiten führten nach vertikalen Trennfurchen ähnliches Palmettblattwerk weiter, oben übergriffen von volutenartigen Rollblättern, von denen die Hälften noch erkennbar sind. Den oberen Abschluß bildet ein Fries aus Halbkreisen mit dreifacher Noppenfüllung, zwischen denen von oben löffelartige Blattspitzen hereinreichen.
Die löffelförmigen, kaum gekerbten Blattfieder sowie die Noppen- und Diamantmotive entsprechen weitgehend den Einzelformen des Viernheimer Würfelkapitells (Kat. Nr. 236, 7) und lassen damit an eine verwandte Entstehungszeit denken.

KDM (1914) 81; Behn (1934) 121; Mann (1965) 453 Nr. 618; Fath (1970) 116 Nr. 4; Jacobsen (1983) Anhang Nr. 62.

W. Jacobsen

237, 1–10 Architekturteile aus Fulda

1 Ionisierendes Kapitell und Polsterbasis

Ende 8. Jh.; weißer Sandstein Kapitell: H. 32 cm, B. 65 cm, unterer Dm. 34 cm, Volutendm. 19 cm; Basis: H. 25 cm, B. 60 cm; Fulda (Kreis Fulda) ehemalige Abteikirche St. Bonifatius; Dommuseum Fulda (vgl. Kat.Nr. 211, 1)

Gefunden 1929 bei den Ausgrabungen J. Vonderaus im Fuldaer Dom, und zwar in umgekehrter Lage im Spannfundament der älteren Westkrypta vermauert. Kapitell und Basis sind den Umständen entsprechend nur leicht bestoßen und verwittert.
Das unbeholfen wirkende Kapitell besteht lediglich aus einem grobwülstigen Körper ohne Ornamentzier und zwei beidseits unvermittelt angesetzten Volutenwalzen mit glatten Tellerabschlüssen und darin lediglich geritzten Voluten, welche aus der oben angearbeiteten einfachen, aber kräftigen Deckplatte herauszuwachsen scheinen.
Die Basis besteht aus einem unförmigen Wulstkörper, welcher zu den vier Ecken hin ausgratet. Auf der relativ breiten Basis hat nur ein schlanker Säulenschaft Platz, ebenso wie auch das Kapitell nur für einen schlanken Säulenschaft gearbeitet ist.
Beide Stücke sind spätstens in der karolingischen Westkrypta der Abteikirche (erst 817–819 eingerichtet) verbaut gewesen. Zu diesem Zeitansatz paßt auch die engstens verwandte Kryptasäule von St. Michael (Kat.Nr. 211, 2). Stilistisch sind diese Stücke jedoch überhaupt nicht mit der bekannten Fuldaer Kapitellplastik jener Jahre um 820 (Kat.Nr. 237, 5 und 6) in Einklang zu bringen. Ihr archaischer Charakter mit den noch in merowingischer Tradition stehenden Sockelbasen (vgl. z. B. die gefundenen Basen der frühkarolingischen Abteikirche Saint-Denis bei Paris) spricht eher für eine wesentlich frühere Entstehung, noch deutlich vor den Großkapitellen des Baugulflanghauses vom ausgehenden 8. Jahrhundert (Kat.Nr. 237, 2). Demnach läßt sich für diese Stücke nur ein Zusammenhang mit der frühkarolingischen Klosteranlage des ersten Abtes Sturmius erkennen, welche um 820 in ihren letzten Resten aufgegeben wurde und nun möglicherweise diese Säulen zu einer Zweitverbauung in der Westkrypta der neuen Abteikirche sowie in der Krypta der nun gegründeten Michaelskirche freigab. Gerade die weitgehende Maßübereinstimmung zwischen Kapitell und Basis des Fuldaer Dommuseums und der Kryptasäule von St. Michael spricht gegen eine separate Anfertigung für die jeweiligen Standorte um 820, sondern im Gegenteil für einen gemeinsamen älteren Bauzusammenhang. Indes läßt sich nicht mehr feststellen, aus welchem ursprünglichen Bauzusammenhang diese Stücke stammen. Sie können mit ihrer Größe durchaus zu Mittelschiffsarkaden einer eventuell dreischiffigen Sturmiuskirche (Mauerstärken von 60 cm ließen sich für diese Frühzeit durchaus vertreten), aber genauso gut zu Kreuzgangarkaden oder Ausstattungsteilen gehört haben. Vielleicht sind sie mit den Umbaumaßnahmen des Sturmius nach dessen Rückkehr aus Jumièges 765 in Verbindung zu bringen, bei denen für Kirche und Klausur neue »columnae«, neue Balken und ein neues Dach errichtet wurden (Vita Sturmi, cap. 21).

Vonderau (1931b) 58f.; Großmann (1962) 352; Fischer/Oswald (1968) 275; Pralle (1979) 7f.

W. Jacobsen

2 Zwei Kompositkapitelle

Ende 8. Jh.; weißer Sandstein; (1) H. 40 cm, B. 83 cm (an der Seite abgebrochen, ursprünglich ca. 90 cm), unterer Dm. ca. 55 cm (jetziger Zustand); (2) H. 39,5 cm, B. 90 cm, unterer Dm. 60 cm (jetziger Zustand); Fulda (Kreis Fulda) ehemalige Abteikirche St. Bonifatius; Dommuseum Fulda (vgl. Kat.Nr. 211,1)

(1) Gefunden 1919 bei den Ausgrabungen J. Vonderaus, sekundär vermauert in der Verbindungswand zwischen Sakristei und südlichem Seitenschiff.
Von dem Kapitell sind nur die Volutenzone und die Hochblätter noch vorhanden, wenn auch links und auf der Rückseite abgeschlagen. Die jetzige Unterseite ist noch nicht in die Kreisfläche überführt und setzt auf jeden Fall eine zweite untere Blattreihe voraus.
Die sechzehn Hochblätter zeigen spitz gefurchtes Akanthusblattwerk in breiten Blattlappen mit überfallenden dickfleischigen Spitzen. Die Eckblätter sind schmaler gehalten und treten weiter hervor, um die Voluten zu stützen. Die Volutenwalzen sind mit ebensolchem spitzfiedrigem Blattwerk besetzt. Zwischen ihnen tritt der Kalathos breitflächig hervor, mit geritztem Eierstab

geschmückt und nach unten durch einen fleischigen Perlstab abgesetzt. Zuoberst ist ein schmaler Abakus angearbeitet, unter welchem die Enden der Volutenwalzen weit hervortreten.
(2) Wie Kapitell (1), jedoch besser erhalten. Auch hier sind nur die Voluten- und die Hochblattzone erhalten. Die Hochblätter sind gegenüber Kapitell (1) schmaler und spitzer gefertigt; sie stehen in weiten Abständen mit tiefen Höhlungen zwischen sich. Anstelle des geritzt angedeuteten Eierstabes des Kapitells (1) stehen hier gereihte Palmetten, welche sich auch in die Voluten hineinziehen.
Datierung: Es besteht kein Zweifel, daß beide Kapitelle aus den Mittelschiffsarkaden der karolingischen Fuldaer Abteikirche stammen. Sie sind damit eindeutig zu datieren: Langhaus und Ostapsis dieser Kirche wurden nach Auskunft des Fuldaer Abtskataloges unter Abt Baugulf (790–802) durch den Mönchsarchitekten Ratgar errichtet, welcher nach 802, als er selbst Abt geworden war (802–817), noch das Westquerhaus mit Westapsis anfügte. Die beiden vorliegenden Kapitelle sind demnach als Teile des Baugulf-Langhauses im letzten Jahrzehnt des 8. Jahrhunderts entstanden.

Vonderau (1924) 19, 24; Meyer-Barkhausen (1929/30) 133; Meyer-Barkhausen (1933) 86; Licht (1935) 20; Weigert (1936) 10; Meyer-Barkhausen (1953) 29f.; Pralle (1979) 11.

W. Jacobsen

3 Blattkapitell, Bruchstück

9.–10. Jh.; heller Sandstein; H. 18 cm, B. 13 cm; Fulda (Kreis Fulda) Atrium der ehemaligen Abteikirche St. Bonifatius; Dommuseum Fulda (vgl. Kat.Nr. 211, 1)

Gefunden 1913 bei den Grabungen J. Vonderaus im Bereich des heutigen Domplatzes, und zwar unter einer ca. 50 cm starken Schicht von Steinsplittern im Bereich des runden Einbaues des älteren Paradieses.
Das Bruchstück zeigt eine linke Volute, welche von unten her von einem Akanthusblattlappen umfahren wird. Rechts sind die Teile eines weiteren Lappens noch vorhanden. Das Blattwerk ist im einzelnen kräftig gefurcht und endet in langen, eng zulaufenden Spitzen. Die Zwischenräume sind tief gehöhlt. Die Gesamtform und Größe des

ehemaligen Kapitells dürfte entsprechend dem nordöstlichen Blattkapitell der Michaelsrotunde in Fulda (Kat.Nr. 237, 9, Kapitell 1) rekonstruiert werden, mit welchem es trotz der von W. Meyer-Barkhausen genannten Stilunterschiede engsten ursprünglichen Bauzusammmenhang vermuten läßt.
Die Datierung des Fragments ist diffizil. Seine Fundlage in einer Werkstattschicht über den Fundamenten des abgebrochenen runden Einbaues des älteren Paradieses ließ W. Meyer-Barkhausen eine Datierung in das 10. Jahrhundert vermuten, in dem Glauben, jenes damals einzig ergrabene Paradies sei das durch Schriftquellen einzig überlieferte, welches Abt Werner (968–982) errichtet und Bischof Ulrich von Augsburg (923–973) geweiht hatte und welches bis zum 18. Jahrhundert bestand. Kurz darauf konnte H. Hahn jedoch – über den Fundamenten dieses bisher ergrabenen Paradieses liegend und weiter ausgreifend – das tatsächliche Werner-Paradies durch Grabung nachweisen. Das ältere Paradies mit dem runden Einbau, welcher auf dessen Achse, nicht aber auf die Achse des Werner-Paradieses Bezug nimmt und demnach zum älteren Paradies gehörte, muß also um 970 vor Errichtung des Werner-Paradieses aufgegeben worden sein. Andererseits ist der runde Einbau erst nachträglich an die Paradiesfundamente angefügt worden, und auch er muß nicht notwendigerweise mit dem Blattfragment in Verbindung gebracht werden. Mit Hilfe des engstens verwandten Blattkapitells der Michaelsrotunde (Kat.Nr. 237, 9) läßt sich aber folgende Datierungseingrenzung vornehmen: Das Blattkapitell der Michaelsrotunde wurde – nach Auskunft des Bauzusammenhanges – im späten 10. oder frühen 11. Jahrhundert sekundär vermauert. Es

stammt nach Form und Größe wahrscheinlich aus demselben Bauzusammenhang, aus dem auch das Blattfragment stammt, nämlich aus dem Paradies der Abteikirche. Das Werner-Paradies kommt hierfür nicht in Frage, da es bis zum 18. Jahrhundert bestehen blieb, sondern nur das ältere, um 970 abgerissene Paradies. Dessen Entstehungszeit ist über schriftliche Nachrichten nicht bekannt, kann aber für die Jahre bald nach Fertigstellung der Abteikirche 819 angenommen werden. Falls die Kapitelle jedoch zum nachträglichen runden Einbau gehörten, wäre auch eine spätere Entstehung bis vor 970 denkbar.

Vonderau (1913) 141; Vonderau (1919) 24, 27; Denkmalpflegearbeiten (1920) 49; Meyer-Barkhausen (1952) 17f.; Hahn (1954) 665; Meyer-Barkhausen (1956) 30; Pralle (1974) 15; Pralle (1979) 12.

W. Jacobsen

4 Trapezkämpfer mit Kannelüren

1. Hälfte 9. Jh.; weißer Sandstein; H. 23,5 cm, L. 58 cm, B. 30,5 cm; Fulda (Kreis Fulda); Dommuseum Fulda (vgl. Kat.Nr. 215)

Der Kämpfer vermittelt in einfachster geometrischer Weise von einer kleinen quadratischen zu einer größeren längsrechteckigen Fläche über. Die vier Freiseiten sind zum Schmuck mit Spiegelfeldern ausgelegt, welche von kannelürenartigen Riefelungen ausgefüllt werden. Nur im oberen Teil des Kämpfers bleibt der Steinkörper frei und bildet eine einfache glatte Deckplatte aus.
Das tektonische Prinzip dieses Trapezkämpfers begegnet sowohl im frühen als auch im hohen Mittelalter zur Überleitung des Gewichtes einer breiten Mauer auf eine schlanke tragende Säule, vornehmlich bei kleinen unterteilten Fenstern (z. B. Schallarkaden in Glockentürmen). Der hier gezeigte Trapezkämpfer mit Kannelüren findet formale Verwandtschaft in ganz ähnlichen Trapezkämpfern aus Ingelheim (jetzt im Mittelrheinischen Landesmuseum zu Mainz und im Historischen Museum zu Ingelheim aufbewahrt) sowie in den Kämpfern der Justinuskirche in Höchst (Kat.Nr. 214). In allen Fällen kann eine Datierung in die erste Hälfte des 9. Jahrhunderts durchaus erwogen werden.

Meyer-Barkhausen (1933) 71f.; Licht (1935) 16; Pralle (1979) 11.

W. Jacobsen

5 Ionisierendes Kleinkapitell mit Blattwerk

Anfang 9. Jh.; weißer Sandstein; H. 23 cm (mit Schaftansatz 26,5 cm), B. 20,5 cm, unterer Dm. 12,5 cm; Fulda (Kreis Fulda) ehemalige Abteikirche St. Bonifatius; Universitätsmuseum für Kunst und Kulturgeschichte Marburg (vgl. Kat.Nr. 211, 1)

Gefunden in den achtziger Jahren des 19. Jahrhunderts bei Grabungen im Bereich des Fuldaer Domes. Das Kapitell ist nur wenig bestoßen und verwittert, vornehmlich jedoch im Bereich des Abakus. Unten ist der Säulenschaft mit Schaftring angearbeitet.
Das Kapitell wird in seiner Gesamtform bestimmt durch einen steilen Kern und zwei anliegende, eng stehende Volutenwalzen. Kern und Walzen sind rundum dicht mit Blattwerk besetzt, die Volutenteller zudem mit blattartigen Rosetten geschmückt. Die Blätter haben im einzelnen einen steilen Aufbau mit starker Mittelrippe und abzweigenden gefurchten und spitz auslaufenden Lappen. In dem kleinen Raum zwischen den Voluten bleibt ein geriefeltes Band sichtbar. Der leicht ausschwingende Abakus ist in drei horizontale Schichten unterteilt; anstelle der Abakusblüte kröpfen diese Schichten blockartig vor. Zuunterst ist der Schaft mit Schaftring aus Band und aufgelegtem kleineren Wulst angearbeitet, wenn auch abgeschlagen.
Nach Fundort und stilistischer Verwandtschaft zu den großen Fuldaer Kompositkapitellen (Kat.Nr. 237, 2) muß dieses Kleinkapitell ebenfalls der Ratgarbasilika zugewiesen werden. Es

kann nach seiner Größe zu urteilen nur als Ausstattungsstück aus der letzten Bauphase der Kirche unter Abt Eigil 817–819 angesprochen werden.

Meyer-Barkhausen (1929/30) 133; Licht (1935) 19f.; Graepler (1964) 13; Mann (1965) 458 Nr. 626.

W. Jacobsen

6 Zwei Säulchen mit ionisierenden Blattkapitellen

Anfang 9. Jh.; weißer Sandstein; (1) Kapitell: H. 22 cm, B.20,7 cm, unter Dm. 12,5 cm; Schaft: H. 61 cm, unterer Dm. 15,3 cm; Basis: H. ca. 15 cm; (2) Kapitell: H. 23,5 cm, B. 21,5 cm, unterer Dm. 11,5 cm; Schaft: H. 58 cm, unterer Dm. 14,5 cm; Basis: H. 16 cm; Fulda (Kreis Fulda) ehemalige Abteikirche St. Bonifatius (?); Schlüchtern, Westturm der ehemaligen Abteikirche, westliche Schallarkaden, (1) Südsäule, (2) Nordsäule (vgl. Kat.Nr. 209; 211,1)

(1) Die Säule ist im gotischen Oberturm der Benediktiner-Abteikirche Schlüchtern sekundär vermauert. Sie besteht mit Schaft, Basis und Kapitell aus einem Stück. Starke Verwitterungsspuren auf allen Seiten.
Das Kapitell zeigt mit seinen beiden Volutenwalzen eine ionisierende Form. Die Walzen stehen eng zusammen und lassen zwischen sich nur wenig Raum für ein unterlegtes geriefeltes Band. Die Walzenteller sind mit Rosetten besetzt, die Walzen selbst wie auch der untere freie Kapitellkern mit akanthusartigem, nicht sehr eng stehendem Blattwerk geziert, welches nur flach dem Untergrund aufgelegt ist. Der in Plättchen unterteilte Abakus schwingt nur wenig aus und kröpft in der Mitte anstelle einer Abakusblüte blockartig vor.
Der Säulenschaft mit Entasis ist dem Kapitell angearbeitet; er schließt oben zum Kapitell hin mit einem Schaftring aus Band und aufgelegtem kleineren Wulst ab, während er nach unten ohne Absatz in den Oberwulst der attischen Basis ausläuft (ähnlich der einen der Seligenstädter Elfenbeinsäulchen, Kat.Nr. 217).
(2) Wie Säule (1). Nur ist das Kapitell nicht mit zwei Volutenwalzen ausgestattet, sondern es zeigt nach allen vier Seiten hin je zwei Volutenteller mit Rosettenbesatz wie das Kapitell der Säule (1).
Datierung: Die unmittelbare Verwandtschaft beider Kapitelle in Typus, Einzelformen und Abmessungen zum Marburger Blattkapitell (Kat.Nr. 237,5) läßt gleicherweise eine Herkunft aus der Fuldaer Ratgarbasilika und eine Entstehung in deren Ausstattungsphase 817–819 vermuten.

Weise (1920b) 116f.; Meyer-Barkhausen (1929/30) 137.

W. Jacobsen

7 Säule mit ionisierendem Kapitell

Ende 8. Jh.; heller Sandstein; Kapitell: H. über 24 cm (Deckplatte unter Putz), B. 62,5 cm, unterer Dm. 39 cm, Volutendm. 20 cm; Schaft: H. 85 cm, unterer Dm. 39 cm; Basis: H. 17–18 cm; Fulda (Kreis Fulda) St. Michael; Krypta, Zentralstütze (vgl. Kat.Nr. 211,2)

Die altertümliche Säule bildet die zentrale Stütze der kreisförmigen Krypta von St. Michael. Diese Krypta stammt nach der Bauuntersuchung J. Schalkenbachs noch weitestgehend vom Grün-

dungsbau des Abtes Eigil aus den Jahren 820–822. Damit darf die Vermauerung der Säule in jenen Jahren angenommen werden. Strengenommen setzt die Bauzeit der Krypta 820–822 aber nur den Terminus ante quem für die Entstehungszeit der Säule. Die Säule besteht aus Basis, Schaft und Kapitell. Basis und Kapitell entsprechen in ihren Ausformungen genauestens den Gegenstücken im Fuldaer Dommuseum (Kat.Nr. 237,1). Die Zusammenstellung mit dem Schaft läßt aber durchaus nicht an eine einheitliche Entstehung denken: Der Schaft, obwohl er alt ist und gleiche Bearbeitungstechnik wie Kapitell und Basis zeigt, gehört in seiner heutigen Form nicht zur Basis (er ist im Durchmeser zu klein für die konzipierte Schaftstandfläche der Basis und läßt einen Teil von ihr frei) und schließt auch unvermittelt zum Kapitell ab, wo er trotz des breiten Putzringes Abarbeitungsspuren zeigt. Vielleicht wurde auch der Unterteil des Kapitells noch abgearbeitet, damit es auf den dicken Schaft paßte. Die Säule ist offensichtlich bei Errichtung der Krypta aus älteren Stücken zusammengestükkelt und hier in der Krypta als Spolie verbaut worden.
Stilistisch paßt sie auch ganz und gar nicht zu dem, was an Fuldaer Bauplastik aus den Jahren um 820 bekannt geworden ist (Kat. Nr. 237,5 und 6), selbst nicht zu den großen Kompositkapitellen der Ratgarbasilika um 790/800 (Kat.Nr. 237,2). Ein Schlüssel der Erklärung bietet die zweite Säule dieser Art, welche bei den Grabungen J. Vonderaus im Fuldaer Dom 1929 gefunden wurde und heute im Dommuseum aufbewahrt wird (Kat.Nr. 237,1). An deren Datierungs- und Bestimmungserwägungen (siehe dort) muß auch die Kryptasäule von St. Michael angeschlossen werden.

Richter (1913) 49ff.; Richter (1922) 49ff./105ff.; Schalkenbach (1938) 34ff.; Pralle (1974) 63.

W. Jacobsen

8 Kompositkapitell

Frühes 9. Jh.; weißer Sandstein; H. 38 cm (abgearbeitet), B. 55 cm, unterer Dm. 37 cm (in der abgearbeiteten Form); Fulda (Kreis Fulda) St. Michael; Rotunde, südwestliche Säule (vgl. Kat.Nr. 211, 2)

In den oberen Teilen ist das Kapitell vollständig erhalten, unten an seinem Blattkranz jedoch gänzlich auf einen kleineren Schaftdurchmesser abgearbeitet.
Das Kapitell folgt weitgehend dem antiken Komposittypus: Die Voluten eines ionischen Eckkapitells sind mit dem Blattwerk eines korinthischen Kapitells kombiniert. Erhalten ist die Volutenzone: Die fleischigen, mit eingelegtem Blattwerk verzierten Voluten greifen weit über den Kalathos vor, welcher mit einem Eierstab und einem darunter sitzenden Perlstab geschmückt ist. Der angearbeitete Abakus schwingt zu den Ecken hin aus und wird in der Mitte anstelle einer Abakusblüte von einem Zierblatt überspannt, welches aus dem Eierstab des Kalathos herauswächst. Unter der Volutenzone sind die Spitzen der abgearbeiteten Hochblätter noch vorhanden. Zwischen ihnen liegt der Kalathos frei und ist hier lediglich mit eingerollten Caules verziert. An den Hochblättern sind trotz der weitgehenden Abarbeitung noch Akanthusblattformen zu erkennen, die Hochblätter müssen also ehemals vollständig mit Akanthus ausgestaltet gewesen sein. Die Kranzblätter als zweite untere Blattzone sind völlig verschwunden, aber sicherlich ehemals vorhanden gewesen.
In der Gesamtform wie in den Einzelheiten kommt das Kapitell den Kompositkapitellen der Lorscher Torhalle (Kat.Nr. 236,1) auffallend nahe, wenn hier auch alle Einzelheiten fleischiger und gröber, jedenfalls weniger fein durchgebildet sind. Trotzdem wird ein ähnlicher Zeitansatz wie bei den Lorscher Kapitellen zu erwägen sein, auch oder gerade weil unbekannt bleibt, aus

welchem baulichen Zusammenhang das Fuldaer Kapitell genommen wurde, um unter Abarbeitung seines Unterteiles in der Michaelsrotunde sekundär vermauert zu werden.

Licht (1935) 18; Weigert (1936) 7, 10; Schalkenbach (1938) 38; Meyer-Barkhausen (1952) 20; Meyer-Barkhausen (1953) 29f.

W. Jacobsen

9 Drei korinthisierende Kapitelle

9.–11. Jh.; heller Sandstein; (1) H. 38 cm (abgearbeitet), B. 57 cm, unterer Dm. 37 cm (in der abgearbeiteten Form); (2) H. 39 cm (abgearbeitet), B. 58 cm, unterer Dm. 36 cm (in der abgearbeiteten Form); (3) H. 41 cm, B. 59 cm, unterer Dm. 38 cm; Fulda (Kreis Fulda) St. Michael; Rotunde (1) nordöstliche Säule (2) nordwestliche Säule, (3) südöstliche Säule (vgl. Kat.Nr. 211, 2)

(1) Der untere Teil des Kapitells ist stark abgearbeitet. Der Kalathos ist von Akanthusblattwerk dicht und flächig überwuchert und nur an den Ecken in seiner tiefen Ausarbeitung einsehbar. Auf den Frontseiten wachsen über dem Blattwerk weit ausschwingende Voluten und stärker eingerollte Helices hervor. Letztere liegen niedriger und lassen die wülstige Kalathoslippe frei vortreten. Zuoberst ist der kaum ausschwingende Abakus angearbeitet, abgesetzt in zwei Plättchen und in den Seitenmitten mit dickfleischigen Blüten geschmückt.
Das Kapitell zeigt in den Einzelformen größte Verwandtschaft zum Blattfragment des Fuldaer Dommuseums (Kat.Nr. 237,3).
(2) Der untere Teil des Kapitells ist stark abgearbeitet. Der tief zurückliegende Kalathos ist nur in den tiefen Höhlungen zwischen dem Blattwerk zu erkennen. Von den Hochblättern sind nur noch die Spitzen als Steinkörper erhalten; nach den wenigen Spuren zu urteilen handelte es sich um Akanthusblätter. Darüber liegt die Volutenzone noch weitgehend unversehrt. Hüllblätter mit kräftig wuchernden Blattfiedern bilden Rahmenformen um die ehemaligen Hochblätter. Darüber steigen gleichgebildete Voluten und Helices empor, unter denen die Kalathoslippe nur erahnt werden kann. Der kaum ausschwingende Abakus ist mittig mit dickfleischigen Blüten verziert.
(3) Das Kapitell ist im Gegensatz zu den beiden anderen Kapitellen nicht abgearbeitet.
Der Kalathos wird von kleinteilig durchgebildetem Akanthusblattwerk umhüllt. Die kurzen kräftigen Kranzblätter fallen stark über und halten einen rund umlaufenden Perlstab mit ihren Spitzen. Die Hochblätter sind stark gelängt und haften im Gegensatz zu den beiden anderen Kapitellen weitgehend am Kapitellkern. Zwischen den Hochblättern wachsen die Hüllkelche mit den gleichgestalteten Voluten und Helices hervor und rahmen die Hochblätter flach ein. Die frei stehenden Voluten jeder Seite sind mit Stegen zusammengehalten. Der Abakus schwingt nur unmerklich aus und ist mittig mit Blattformen geschmückt.
Datierung: Die Kapitelle (1) und (2) sind nach Baubefund im späten 10. oder frühen 11. Jahrhundert in Zweitverwendung in der Rotunde vermauert worden. Sie gehören jedoch nach Größe und Bearbeitungsart trotz ihrer formalen Unterschiede zusammen. Die enge Verwandtschaft des Kapitells (1) mit dem Blattfragment im Fuldaer Dommuseum (Kat.Nr. 237,3) läßt eine entsprechende Datierung und Bauherkunft naheliegend erscheinen.
Kapitell (3) dagegen ist nicht abgearbeitet und kann auch stilistisch, wie schon E. Licht zu Recht hervorhob, nicht mit den beiden anderen Kapitellen in Zusammenhang gesehen werden. Es ist jedenfalls nicht karolingisch, und die Tatsache, daß es nicht abgearbeitet ist und gut zum Säulenschaft des Rotundenneubaues paßt, dem es aufsitzt, läßt mit hoher Wahrscheinlichkeit annehmen, daß es gemeinsam mit der heutigen Rotunde in spätottonischer oder frühromanischer Zeit hergestellt wurde.

Meyer-Barkhausen (1933) 86; Licht (1935) 17ff.; Weigert (1936) 7, 10; Schalkenbach (1938) 38; Meyer-Barkhausen (1952) 18ff.

W. Jacobsen

10 Vier Zungenblattkapitelle

Vorromanisch (?); rot gefaßter Sandstein; (1) H. 25 cm, B. 31,5 cm, unterer Dm. 16 cm; (2) H. 24,5 cm, B. 29 cm, unterer Dm. 16 cm; (3) H. 21,5 cm, B. 29,5 cm, unterer Dm. 19 cm; (4) H. 24 cm, B. 29 cm, unterer Dm. 17 cm; Fulda (Kreis Fulda) Petersberg, ehemalige Abteikirche St. Peter; Chorraum (1) westliches Säulchen der Nordarkade, (2) östliches Säulchen der Nordarkade, (3) östliches Säulchen der Südarkade, (4) westliches Säulchen der Südarkade (vgl. Kat.Nr. 211, 3)

(1) Das Kapitell sitzt auf einem wohl romanischen Säulenschaft. Es ist bis auf die abgeschlagenen Kranzblätter gut erhalten. Das Kapitell zeigt einen eigenartigen Typus: Die Hochblätter sind in der Mitte zu Helices umgebildet; darüber erhebt sich zusätzlich die vollständig ausgebildete Volutenzone. Zuoberst sitzt ein sternförmig ausschwingender Abakus, welcher seinerseits aus zwei gegeneinander abgesetzten Plättchen besteht. Die Voluten sind durch aufsitzende Nasen mit den Abakusspitzen verbunden, zugleich mittels Stegen durch die darunter sitzenden Eckblätter gestützt. Besondere Aufmerksamkeit verdient die Blattbehandlung: Die Zungenblätter sind in der Mitte und an den Rändern gefurcht, eine Behandlungsart, welche nach heutigem Kenntnisstand für karolingische Zeit einzigartig wäre.
(2) Wie Kapitell (1). Jedoch sind hier zugunsten des Hochblattkranzes zwei volle Volutenzonen ausgebildet. Die darunter sitzenden Kranzblätter sind schilfartig schmal und stehen auf Abstand. Die Voluten zeigen aber die gleiche knollenartige Ausformung wie bei Kapitell (1). Die Zungenblätter sind nicht gefurcht.
(3) Wie Kapitell (1), jedoch mit zwei vollständigen Blattkränzen und nur einer Volutenzone. Die Zungenblätter sind hier sehr kurz und fleischig gehalten – ganz im Gegensatz zu Kapitell (2) – und in der Mitte lediglich gegratet. Ihre Spitzen fallen breit über. Einzig unter den Voluten sind die Hochblätter steil emporgezogen und bis zu den Voluten gestreckt. Sie sind aber nicht gefurcht wie bei Kapitell (1).
(4) Wie Kapitell (1), ebenfalls mit Umbildung der mittleren Hochblätter zu zusätzlichen Helices. Die Hochblätter unter den Voluten sind ebenso wie bei Kapitell (3) bis zu den Voluten gestreckt und enden mit dem gleichen knappen Überfall. Die Kranzblätter sind allesamt lang gezogen und stehen eng. Ihre Mittelgrate teilen sich im unteren Bereich und schwingen zu einem je zwei Blätter verbindenden Ornamentbogenkranz aus. Auch hier sind die Zungenblätter aber nicht gefurcht.

Datierung: Die Entstehungszeit der vier Kapitelle ist schwer zu beurteilen. W. Meyer-Barkhausen schlug mit Blick auf italienische Zungenblattkapitelle sowie auf die kleinen Lorscher Zungenblattkapitelle (Kat.Nr. 236,4) eine Datierung in die Gründungszeit der Abteikirche Petersberg (geweiht 836) vor. Jedoch sind die italienischen Vergleichsbeispiele in ihren Datierungen selbst nicht zweifelsfrei, und die Lorscher Kapitelle ebenso wie die verwandten Seligenstädter Kapitelle (Kat.Nr. 239) zeigen in den entscheidenden Einzelheiten andere Formen. Das Ornamentbogenmotiv auf den Kranzblättern des Kapitells (4) deutet mit ziemlicher Sicherheit in romanische Zeit. Kapitell (3) könnte mit seinen kurzen fleischigen, weit vorkippenden Blättern auch schon in die ottonische Kapitellplastik eingeordnet werden, wenn auch seine Volutenzone an die Kapitelle der Aachener Bronzegitter erinnern mag. Bei Kapitell (2) sind die isoliert stehenden schilfartigen Kranzblätter ebenso schwer in der Kapitellkunst des 9. Jahrhunderts unterzubringen wie die Rahmenfurchen der Hochblätter an Kapitell (1). Andererseits sind die vorromanische Kapitellplastik und ihre Entwicklung bislang noch so wenig bekannt und erforscht, daß hier kein vorschnelles Urteil erlaubt ist.

Meyer-Barkhausen (1933) 84, 87.

W. Jacobsen

238 Säulenkapitelle, Kämpfer, Säulenschäfte und -basen (?) aus Rasdorf

Wohl karolingisch; Rasdorf (Kreis Fulda); Katholische Pfarrkirche (ehemals Stiftskirche) St. Johannes d. T. und hl. Cäcilia; ehemals Abtei Fulda

Durch eine Gemeinschaftsschenkung erhielt die Reichsabtei Fulda 780–81 Besitzungen in der Mark *Ratestorph* zwischen Haune und Ulster. Diese Angabe ist wohl auf Rasdorf zu beziehen, nicht dagegen Rostorp 781 (Kröner 1960: = Roßdorf bei Marburg). Fulda richtet 815 (Schannat 1727) ein Filialkloster oder eine Propstei in Rasdorf ein; die Kirche (nach Kröner ohne Beleg vielleicht ein achteckiger Zentralbau, in der kunstgeschichtlichen Forschung nicht bekannt) ist zur Zeit des Abtes Hrabanus Maurus bereits verfallen. Sie war wohl ein Holzbau, an dessen Stelle Hraban (nach Sturm 1971: 831) eine steinerne Kirche errichtet, die er ausmalen und ausstatten läßt. 838 läßt Hraban Reliquien der hl. Cäcilia sowie der hll. Tiburtius und Valerianus nach Rasdorf übertragen und in einem steinernen Sarkophag hinter dem Altar beisetzen; darüber errichtet Hraban, »wie er es zu tun pflegte«, eine hölzerne *Tumba,* mit Gold und Silber geschmückt (Miracula Rudolfi). Die hl. Cäcilia wird von nun an zur Mitpatronin. Trotz der Klostergründung und des Kirchenneubaues bezeichnet Hraban die Anlage noch um 844 in einem Brief an Ludwig den Frommen als *cellula* des Klosters Fulda.
In einer Fälschung des 11. Jahrhunderts auf das Jahr 977 werden *religiosi clerici* in Radesdorf erwähnt; diese Angabe ist wohl glaubwürdig und aus ihr ist zu schließen, daß das Kloster vor 977 in ein Kollegiatstift umgewandelt worden ist. Einwandfrei bezeugt wird das Stift 1190. 1803 wird es aufgehoben.
Die Kirche stürzt 1274 vor Alter zusammen und wird danach – in einem merkwürdig altertümlichen Stil, nämlich mit Flachdecke in Langhaus und Kreuzflügeln sowie mit einem achteckigen Vierungsturm – wiedererrichtet, dabei haben in der Westpartie Architekturteile (Empore) und im Langhaus Fundamente und Basen in situ Wiederverwendung gefunden. Die neuen Stützen sind zum Teil weniger tief dimensioniert als die alten, deren Basen über sie hinausragen (Beobachtung H. Klotz).

Die nach 1274 errichtete Anlage ist eine dreischiffige flachgedeckte Basilika mit Querhaus und kreuzgewölbtem ⅝-Chor; ihre späteren Schicksale sind hier nicht von Bedeutung. Die Mittelschiffsarkaden werden auf jeder Seite von vier Freistützen getragen: von Osten folgt auf eine Säule ein Pfeiler, dann zwei Säulen bis zur westlichen Zungenmauer. Gegen das Mittelschiff öffnet sich hier in ganzer Breite eine Westempore, deren Brüstung von einer Drillingsarkade auf zwei Säulen getragen wird. Alle acht Säulenkapitelle, mindestens die Mehrzahl ihrer Kämpfer und einige weitere Architekturstücke (vor allem der Kämpfer am südwestlichen Wandpfeiler) sind Spolien, die aus einem Vorgängerbau stammen.

Bei den sechs Langhauskapitellen handelt es sich um korinthisierende Blattkapitelle. Sie zeigen eine außerordentlich große Typenvielfalt und auch erhebliche Unterschiede in der Detailbehandlung, sind aber dennoch als miteinander gleichzeitig anzusehen. Verflechtungen mit Fundstücken aus dem Fuldaer Dombereich und vor allem mit den älteren (hochkarolingischen) Kapitellen im Erdgeschoß der Michaelskirche zu Fulda sprechen für eine Datierung in karolingische Zeit (vgl. Kat.Nr. 211,2). Zugehörig sind vier profilierte Kämpfer; ungewiß ist die Zugehörigkeit eines abweichend gestalteten Kämpfers (Mitte der Südseite), der in einem Rahmen von »Eistüten«-Motiven Palmetten- und Zangenschmuck sowie eine Löwendarstellung bringt. Der Kämpfer der östlichen Säule auf der Südseite gehört dem 13. Jahrhundert an.

Während die Säulenbasen aus dem 12. oder 13. Jahrhundert zu stammen scheinen, lassen sich die Säulenschäfte mit leichter Entasis und Verjüngung nach oben wohl der selben Zeit wie die Kapitelle zuweisen.

Die Säulen unter der Westempore sind möglicherweise etwas verkürzt worden, der Halsring fehlt. Die niedrigen attischen Basen gehen mit einer abgesetzten Kehle in den Säulenschaft über. Die Kapitelle tragen figürlichen Schmuck: das südliche hat über einem Blattkranz Blatt- bzw. Adlerornament in der Mitte, Doppelrumpftiere mit gemeinsamem Kopf an den Ecken (Löwen und Widder – beides mögliche Symbole Christi).

An allen vier Seiten des nördlichen Kapitells hält eine Figur, in der Regel ein Mann, mit erhobenen Unterarmen zwei Tiere am Zügel, die sich an den Ecken wiederum jeweils zu Doppelrumpftieren mit gemeinsamem Kopf zusammenschließen, hier Löwen (?) und Stiere (Ochsen?). An der Nordseite des nördlichen Kapitells tritt ein sirenenartiges Gebilde an die Stelle des Mannes. Der Kämpfer des südlichen Kapitells ist profiliert (zeitgleich oder 12. Jahrhundert?), der des nördlichen mit tief gehöhlten Rosetten und eichenblattartigen Motiven besetzt; ähnlich tiefgehöhlte Rosetten besitzt neben flachbandiger Palmettenranke und einem flachen Tierrelief der Kämpfer an der südlichen Wandzunge unter der Westempore.
Enge stilistische Übereinstimmungen in der Arbeitsweise und in Details – in einer Weise, die auch verschiedenartige Bildungen immer wieder miteinander verknüpft – beweist die Zusammengehörigkeit der westlichen Kapitelle mit denen des Langhauses. Die früher angezweifelte Möglichkeit, Tier- und figürliche Kapitelle in karolingische Zeit zu datieren, ist auf Grund byzantinischer Vergleichsbeispiele nicht mehr abzuweisen. In der Spezialforschung zur karolingischen Kapitellplastik Hessens ist die Datierung in karolingische Zeit jetzt vielfach, wenn auch zunächst nur mündlich, anerkannt (Hahn, R. Meyer; anders Jacobsen); schriftlich wird sie zuletzt durch E. Sturm (1971 a) vertreten. Im übrigen stimmt diese Annahme mit der nur wenig beachteten Tradition überein, nach der das Säulenwerk Hrabans beim Neubau nach 1274 wieder verwendet worden sei (Schannat 1727: *opus columnarium Rabani aetatem prae se fert*).

MGH Epp. 5, Nr. 33, 465ff.; Miracula Rudolfi 338 Z. 46 – 339 Z. 12; Schannat (1727) 211ff.; Dehn-Rotfelser/Lotz (1870) 217ff.; Hoffmann (1893) 395ff.; A. Hauck (1912) II, 584 Anm. 3 u. 823; Dersch (1915) 101; (1940) 133; Weise (1920b) 111ff.; Reimer (1926) 474; Scriba (1930); Mehler (1933) 207ff.; Licht (1935) 60f.; Moller-Racke (1942) 63f.; Meyer-Barkhausen (1952) 10ff.; Kluckhohn (1955) 18ff.; Großmann (1957/58) 11ff.; Kröner (1960) 338; (1967) 368; Dehio (1966) 682; (1982) 727f.; Reclam (1967) 320f.; (1978) 472; Sturm (1971a); Sturm (1971b) 310ff.

D. Großmann

239 Säule mit Kapitell aus Seligenstadt

Um 835; Säule mit Basis: heller Kalkstein; H. 101 cm, oberer Dm. 11 cm, Plinthe 18×18 cm; Kapitell: feinkörniger hellgrauer Sandstein; H. 18 cm; unterer Dm. 11 cm, Abakus 21×21 cm; Seligenstadt (Kreis Offenbach); Landschaftsmuseum Seligenstadt

Säulen und Kapitelle werden im Lapidarium des Landschaftsmuseums in Seligenstadt aufbewahrt. Sie wurden nach dem Abbruch der bereits 815 in der Schenkungsurkunde Ludwigs des Frommen erwähnten Laurentiuskapelle – wo sie offenbar in zweiter Verwendung als Schallarkaden des romanischen Glockenturms dienten (Meißner 1907) – zur Gestaltung einer »Alterthumshalle« herangezogen, die 1936 abgetragen wurde (Schäfer 1885). Den Säulen ist eine attische Basis mit Plinthe angearbeitet. Die Entasis des monolithen Säulenschafts, der mit einem Wulst abschließt, vermittelt den Eindruck gespannter Kraft.
Die Kapitelle von annähernd kelchförmiger Grundform umzieht ein doppelter Kranz von je acht breitlanzettförmigen Blättern, deren obere auf Lücke gestellt sind. In der obersten Zone wechseln sie sich mit gegeneinander gerichteten Voluten ab. Den Abschluß des Kapitells bildet ein abgestufter Abakus, der über den Voluten verkröpft ist.
Vergleichbare Kapitelle befinden sich in der 834 von Erzbischof Otgar von Mainz errichteten Justinuskirche in Höchst am Main (vgl. Kat. Nr. 214; Meyer-Barkhausen 1933). Größte Ähnlichkeit und nahezu übereinstimmende Maße weisen Kapitelle aus dem Kloster Lorsch auf, die 1890 in das Hessische Landesmuseum in Darmstadt kamen (Fath 1970) (vgl. Kat.Nr. 215).
Der gute Erhaltungszustand der Werkstücke spricht für eine Verwendung im Innern der um 830/836 errichteten Seligenstädter Abteikirche. Man vermutet, daß sie als Ziborium des Hauptaltars die Märtyrergrabstätte betonten (Beutler 1982): Einhard erwähnt in seinem Bericht über die Reliquienüberführung einen provisorisch aus Holz errichteten Baldachin für die bereits 828 fertiggestellte Saalkirche in *Mulinheim,* die bis 1812 als Pfarrkirche Seligenstadts bestand. Zwei weitere Säulenschaftfragmente gleichen Durchmessers und Materials lassen jedoch vermuten, daß die Säulen zu Lichtöffnungen der Zwischenwände gehörten, die möglicherweise das Quer-

haus der Einhardsbasilika in drei Abschnitte untergliederten (vgl. Kat.Nr. 213).

G. Schäfer (1885) 171; Meißner (1907) 160ff.; Meyer-Barkhausen (1933) 83ff..

A. Zöller

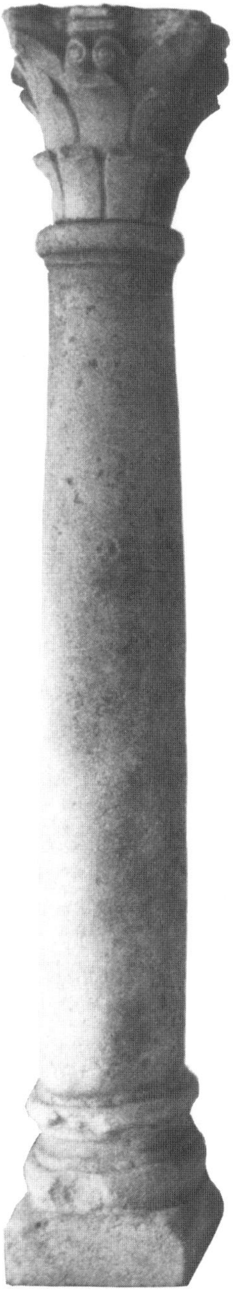

240 Wandmalereien

8. – 9. Jh.; Höfe bei Dreihausen (Ebsdorfergrund, Kreis Marburg-Biedenkopf); Landesamt für Denkmalpflege Hessen, Abteilung für Vor- und Frühgeschichte, Außenstelle Marburg.

Aus dem Versturz im Bereich der halbrunden Apsis der in den Höfen entdeckten Rundkirche (vgl. Kat.Nr. 164) stammt eine größere Anzahl von Bruchstücken bemalten Wandputzes. Obwohl dieser Fund noch nicht in seiner Gesamtheit geordnet ist, kann jetzt schon notiert werden, daß auf den nur ausnahmsweise bis zu 20 × 20 cm großen Fragmenten sowohl figürliche, als auch ornamentale und Architekturteile zur Darstellung gekommen sind. An Farben sind ein dunkles Blau, Schwarz, Ocker, Rosa, Hellgrün und Gelbbraun vorhanden. Weiß dient offensichtlich dazu, in linearer Verwendung Kontraste zu schaffen und flächige Borten (Architekturteile) voneinander abzusetzen.

Bislang ist es außerordentlich schwer zu erkennen, um welchen Bereich christlicher Darstellungen es sich gehandelt hat. Mit Sicherheit kann man lediglich sagen, daß ein Flügelwesen, dessen einer Federflügel deutlich zu erkennen ist, abgebildet wurde. Ein Fragment von nur 8 cm Seitenlänge scheint die äußere Stirnpartie mit dem Rest einer Augenbraue eines menschlichen Antlitzes zu tragen.

Trotz dieser bislang nur geringen Anhaltspunkte möchten wir die Vermutung aussprechen, daß die Apsis der Dreihäuser Rundkirche mindestens mit einer von zwei Engeln gehaltenen Mandorla ausgemalt gewesen sein kann.

Die Malweise – besonders gut erkennbar an den Engelsflügeln und der Stirnpartie mit Augenbraue – scheint eine gleichermaßen sorgfältig, wie sicher geführte Hand zu verraten.

Will man beim jetzigen Stand der Dinge bereits Vergleiche ziehen, so bieten sich die in nur verschwindender Zahl auf uns gekommenen Fresken aus karolingischer Zeit an. Von vorneherein scheiden die Malereien aus Castelseprio (Braunfels 1968) und Cividale (Belluno 1973) wegen ihrer strengen »Ikonenhaftigkeit« aus. Andererseits können aber auch jene recht bäuerlichen Malereien von Naturns (Braunfels 1968) und hier besonders der Engel auf der Chorwand nicht mit Dreihausen verglichen werden, wenn wir an die doch gut und sicher gemalte Stirnpartie denken. Am nächsten dürften Mals, Müstair (Braunfels

1968) und Fulda (vgl. Kat.Nr. 211,3) kommen. Jedenfalls wird man die Fragmente von Dreihausen in ihrer Wichtigkeit nicht nur für Hessen auch am Kontext (Herrschaftshof, Curtis, Pfalz?) messen müssen. Daß man hier durchaus international agieren konnte, zeigt nicht zuletzt das Porphyrfragment (Huckriede/Dürr 1975) vom Altar der Dreihäuser Kirche. An hervorragenden Plätzen des Karolingerreiches, sowohl in geistlichen, als auch in weltlichen Bereichen (vgl. Kat. Nr. 164) gefunden, unterstreicht jener bedeutungsvolle Stein die Weihe des Ortes.

Unpubliziert.

H. Roth

Literaturverzeichnis

Abels (1983/84):
B. U. Abels, Ausgrabungen und Funde in Oberfranken 3, 1981–1982. Staffelberg. Jahrbuch Colloquium Historicum Wirsbergense 14, 1983/84, 25ff.

Adam (1911/12):
P. Adam, Der Einband des Ragyndrudis-Kodex in Fulda. Archiv für Buchbinderei 11, 1911/12, 5ff.

Adam (1928):
P. Adam, Der Einband des Ragyndrudis-Codex in Fulda (Codex Bonifatianus 2). Aus der Landesbibliothek Fulda 1, 1928, 4ff.

Adamy (1885):
R. Adamy, Die Einhard-Basilika zu Steinbach im Odenwald (1885).

Adamy (1891):
R. Adamy, Die Fränkische Thorhalle und Klosterkirche zu Lorsch an der Bergstraße (1891).

Adamy (1897):
R. Adamy, Großherzoglich Hessisches Museum. Die archäologischen Sammlungen (1897).

Alexander (1978):
J. J. G. Alexander, Insular manuscripts 6th to the 9th century. Band 1 (1978).

Almgren (1955):
B. Almgren, Bronsnycklar och djurornamentik vid övergången från vendeltid till vikingatid (1955).

Ament (1970):
H. Ament, Fränkische Adelsgräber von Flonheim in Rheinhessen (1970).

Ament (1970/71–1980):
H. Ament, Archäologie des Merowingerreiches. Literaturbericht 1971–1980. Berichte der Römisch-Germanischen-Kommission 51/52, 1970/71–60, 1980.

Ament (1975):
H. Ament, Merowingische Grabhügel. In: Althessen im Frankenreich. Nationes 2 (1975) 63ff.

Ament (1977):
H. Ament, Zur archäologischen Periodisierung der Merowingerzeit. Germania 55, 1977, 133ff.

Ament (1978):
H. Ament, Franken und Romanen im Merowingerreich als archäologisches Forschungsproblem. Bonner Jahrbücher 178, 1978, 377ff.

Andrae (1973):
R. Andrae, Mosaikaugenperlen. Untersuchungen zur Verbreitung und Datierung karolingerzeitlicher Millefioriglasperlen in Europa. Acta Praehistorica et Archaeologica 4, 1973, 101ff.

Andrae (1977):
R. Andrae, Griesheim, Kreis Darmstadt-Dieburg. Fränkische Grabfunde. Archäologische Denkmäler in Hessen 1 (1977).

Annalen... für Nassauische Alterthumskunde... 1 (1827):
Annalen des Vereins für Nassauische Alterthumskunde und Geschichtsforschung 1, 1827, Anlagen 131ff.

Anthes (1912):
E. Anthes, Die Befestigung und die Ansiedlung auf dem Stutz bei Kailbach im Odenwald. Quartalblätter des Historischen Vereins für das Großherzogtum Hessen N. F. 3, 1912 (in Nr. 15, 1904), 508ff.

Anthes (1917):
E. Anthes, Der Ringwall Heuneburg bei Lichtenberg i. O. Germania 1, 1917, 151.

Anthes (1918):
E. Anthes, Frühchristliche Inschrift aus Goddelau im Ried. Germania 2, 1918, 25ff.

Archiv für Frankfurts Geschichte... 1 (1839):
Archiv für Frankfurts Geschichte und Kunst 1, 1839, Vorwort IIIff.

Archiv für Frankfurts Geschichte... Neue Folge (1860):
Archiv für Frankfurts Geschichte und Kunst N.F., hrsg. von dem Verein für Geschichte und Alterthumskunde zu Frankfurt am Main (1860).

Arends (1978):
U. Arends, Ausgewählte Gegenstände des Frühmittelalters mit Amulettcharakter (1978).

Arens (1977):
F. Arens, Die Maßverhältnisse der Torhalle zu Lorsch und gleichzeitiger Bauten der Umgebung. In: Knöpp (1977) 299ff.

Arnold (1875):
W. Arnold, Ansiedelungen und Wanderungen deutscher Stämme zumeist nach hessischen Ortsnamen (1875).

Arntz/Zeiß (1939):
H. Arntz und H. Zeiß, Die einheimischen Runendenkmäler des Festlandes (1939).

Azzola (1970):
F. K. Azzola, Neues zur Datierung der beiden Grab=Kreuzsteine von St. Crucis bei Unterhaun im Kreis Hersfeld. Zeitschrift des Vereins für hessische Geschichte und Landeskunde 81, 1970, 231ff.

Baatz (1956):
D. Baatz, Die Ausgrabung auf dem Burgberg in Königstein 1956. Heimatliche Geschichtsblätter Königstein im Taunus 4, 1957, 81f.

Baatz (1973):
D. Baatz, Die Ringwälle auf dem Brüler Berg bei Butzbach. Fundberichte aus Hessen 13, 1973 (1975) 195ff.

Baatz (1982):
D. Baatz, Zullestein HP. Spätrömischer Burgus. In: D. Baatz und F.-R. Herrmann (Hrsg.), Die Römer in Hessen (1982) 504ff.

Baatz/Herrmann (1982):
D. Baatz und F.-R. Herrmann (Hrsg.), Die Römer in Hessen (1982).

Bach (1953/54):
A. Bach, Deutsche Namenkunde II: Die deutschen Ortsnamen (1953/54).

Bach (1973):
A. Bach, Zur Frankonisierung des deutschen Ortsnamenschatzes. Zuletzt in: F. Petri (Hrsg.), Siedlung, Sprache und Bevölkerungsstruktur im Frankenreich (1973) 183ff.

Backes/Feldtkeller (1962):
M. Backes und H. Feldtkeller, Kunstwanderungen in Hessen (1962).

Bakka (1982):
E. Bakka, Die Eimerattaschen aus dem Knabengrab unter dem Kölner Dom. Archäologisches Korrespondenzblatt 12, 1982, 389ff.

Bauer (1971):
W. Bauer, Reste einer karolingischen Pfalzanlage bei Burg (Dillkr.). Fundberichte aus Hessen 11, 1971, 100ff.

Bauer (1972):
W. Bauer, Die Keramik des Gronauer »Alten Schlosses« über der Salzböde. Fundberichte aus Hessen 12, 1972 (1974) 1ff.

Becker (1926):
K. Becker, Grabungsergebnisse bei der St.-Justinus-Kirche in Höchst a. Main. Zeitschrift für Denkmalpflege 1, 1926, 104ff.

Beckmann (1972):
B. Beckmann, Die Gickelsburg. Führer zu vor- und frühgeschichtlichen Denkmälern 21 (1972) 186ff.

Beeh-Lustenberger (1973):
S. Beeh-Lustenberger, Glasmalerei um 800–1900 im Hessischen Landesmuseum in Darmstadt (1973).

Behm-Blanke (1973):
G. Behm-Blanke, Gesellschaft und Kunst der Germanen. Die Thüringer und ihre Welt (1973).

Behn (1925):
F. Behn, Urgeschichte von Starkenburg (1925[1]).

Behn (1932):
F. Behn, Neue Ausgrabungen und Untersuchungen an der Einhards-Basilika

zu Steinbach i. Odenwald. Mainzer Zeitschrift 27, 1932, 1ff.

Behn (1934):
F. Behn, Die karolingische Klosterkirche von Lorsch an der Bergstraße nach den Ausgrabungen von 1927–1928 und 1932–1933 (1934).

Behn (1936):
F. Behn, Urgeschichte von Starkenburg (1936²).

Behn (1949a):
F. Behn, Aus europäischer Vorzeit (1949).

Behn (1949b):
F. Behn, Kloster Lorsch (1949²).

Behn (1963):
F. Behn, Römertum und Völkerwanderung (1963).

Behn (1964; 1977):
F. Behn, Die Ausgrabungen. In: Laurissa jubilans (1964) 115ff. Auch in: Knöpp (1977) 259ff.

Behn/Kunze (1931):
F. Behn und H. Kunze, Die Einhard-Basilika zu Steinbach im Odenwald. Die Denkmalpflege 2, 1931, 41ff.

Behrends (1973):
R.-H. Behrends, in: Fundberichte aus Hessen 13, 1973 (1975) 360 (Fundchronik).

Behrens (1933):
G. Behrens, Ein frühmerowingischer Grabfund von Groß-Karben. Germania 17, 1933, 200ff.

Behrens (1937):
G. Behrens, Fränkische Gräber des 7. Jahrhunderts aus Hessen. Germania 21, 1937, 270ff.

Behrens (1939):
G. Behrens, Die Bad Nauheimer Gegend in Urzeit und Frühgeschichte (1939).

Behrens (1944/45):
G. Behrens, Merowingische Preßblechscheibenfibeln. Mainzer Zeitschrift 39/40, 1944/45, 17ff.

Belluno (1973):
E. Belluno, L'oratorio di Santa Maria in Valle (1973).

Berghaus (1965):
P. Berghaus, Das Münzwesen. In: Katalog Karl der Große. Werk und Wirkung (1965) 149ff.

Berghaus (1978):
P. Berghaus, Zur Deutung der karolingischen Fundmünze von Bad Nauheim. In: L. Süß, Die frühmittelalterliche Saline von Bad Nauheim (1978) 177ff.

Berlett (1933a; 1978):
E. Berlett, Der Sarkophag Ludwigs des Deutschen. Volk und Scholle 11, 1933, 269ff. Auch in: Beiträge zur Geschichte des Klosters Lorsch (1978) 165ff.

Berlett (1933b):
E. Berlett, Die Steinsarkophage in der Königshalle zu Lorsch. Starkenburger Heimatblätter 1933, Nr. 9 u. 1934, Nr. 14.

Betzler/Küthe (1964):
P. S. Betzler und H. Küthe, Merowingerzeitliche Gräber bei Nieder-Weisel, Kr. Friedberg. Fundberichte aus Hessen 4, 1964, 117ff.

Beumann (1956):
H. Beumann, Hersfelds Gründungsjahr. Hessisches Jahrbuch für Landesgeschichte 6, 1956, 1ff.

Beumann/Großmann (1949):
H. Beumann und D. Großmann, Das Bonifatiusgrab und die Klosterkirche zu Fulda. Marburger Jahrbuch für Kunstwissenschaft 14, 1949, 17ff.

Beutler (1982):
Chr. Beutler, Statua. Die Entstehung der nachantiken Statue und der europäische Individualismus (1982).

Bieder (1921, 1922, 1925):
Th. Bieder, Geschichte der Germanenforschung. 3 Teile (1921, 1922, 1925).

Binding (1971):
G. Binding, Die karolingisch-salische Klosterkirche Hersfeld. Aachener Kunstblätter 41, 1971, 189ff.

Binding (1977):
G. Binding, Die karolingische Königshalle. In: Knöpp (1977) 273ff.

Birkner (1927):
H. Birkner, Bericht über die Bodenfunde im Bezirk des Hanauer Geschichtsvereins, Vereinsjahr 1926–27. Hanauisches Magazin 6, 1927, Nr. 11.

Blechschmidt/Herrmann (1975):
M. Blechschmidt und F.-R. Herrmann, Vorbericht über die Ausgrabungen auf dem Schiffenberg bei Gießen 1973 bis 1976. Fundberichte aus Hessen 15, 1975 (1977) 79ff.

Boeckelmann (1957):
W. Boeckelmann, Zur Konstruktion der Fensterbank- und Laibungsschrägen in der Einhartsbasilika zu Steinbach im Odenwald. In: Karolingische und ottonische Kunst (1957) 141ff.

Böhme (1974a):
H. W. Böhme, Völkerwanderungszeitliche Metallgegenstände vom Büraberg bei Fritzlar. Archäologisches Korrespondenzblatt 4, 1974, 165ff.

Böhme (1974b):
H. W. Böhme, Germanische Grabfunde des 4. bis 5. Jahrhunderts zwischen unterer Elbe und Loire (1974).

Böhme (1983):
H. W. Böhme, Die Turmhügelburg bei Alsbach-Hähnlein und die Territorialentwicklung an der mittleren Bergstraße im Früh- und Hochmittelalter. Jahrbuch des Römisch-Germanischen Zentralmuseums Mainz 30, 1983, 503ff.

Böhner (1948):
K. Böhner, Das Langschwert des Frankenkönigs Childerich. Bonner Jahrbücher 148, 1948, 218ff.

Böhner (1956):
K. Böhner, Die merowingerzeitlichen Altertümer des Saalburgmuseums. Saalburgjahrbuch 15, 1956, 102ff.

Böhner (1958):
K. Böhner, Die fränkischen Altertümer des Trierer Landes (1958).

Böhner (1983):
K. Böhner, Der Beginn des Mittelalters im Land zwischen Taunus und Main. In: Bad Homburg vor der Höhe 782–1982. Beiträge zur Geschichte, Kunst und Literatur. Vortragsreihe zur 1200-Jahrfeier (1983) 9ff.

de Boor (1979):
H. de Boor, Geschichte der deutschen Literatur von den Anfängen bis zur Gegenwart. Band 1: Die deutsche Literatur von Karl dem Großen bis zum Beginn der höfischen Dichtung. 9. Auflage, bearbeitet von H. Kolb (1979).

Boppert (1971):
W. Boppert, Frühchristliche Inschriften des Mittelrheingebietes (1971).

v. Both/Vogel (1973):
W. v. Both und H. Vogel, Landgraf Friedrich II. von Hessen-Kassel. Ein Fürst der Zopfzeit (1973) 74ff., 84, 226f.

Bramm (1957/58):
O. Bramm, Neue Funde in der Krypta der Stiftsruine zu Bad Hersfeld. Hessische Heimat 7, 1957/58, Heft 2, 18ff.

Braun (1924):
J. Braun, Der christliche Altar und seine geschichtliche Entwicklung (1924).

Braune (1979):
W. Braune, Althochdeutsches Lesebuch. 16. Auflage, bearbeitet von E. A. Ebbinghaus (1979).

Braunfels (1968):
W. Braunfels, Die Welt der Karolinger und ihre Kunst (1968).

Brenner (1913/14):
E. Brenner, Die Lipporner Schanze. Nassauische Heimatblätter 17, 1913/14, 33ff.

Briefe des Bonifatius:
M. Tangl (Hrsg.), Die Briefe des heiligen Bonifatius und Lullus (1916; MGH Epp. sel. 1).

Buchner (1970):
Gregor von Tours, Zehn Bücher Geschichten. Drei Bände. Auf Grund der Übersetzung W. Giesebrechts neubearbeitet von R. Buchner (1970).

Büchler/Zeilinger (1971):
R. Büchler und H. Zeilinger, Reste einer karolingischen Elfenbeinarbeit in Seligenstadt. Kunst in Hessen und am Mittelrhein 11, 1971, 19ff.

Büttner (1948–1963/1975):
H. Büttner, Zur frühmittelalterlichen Reichsgeschichte an Rhein, Main und Neckar, hrsg. A. Gerlich (1975). – Darin: Frühes Christentum in Wetterau und Niddagau (1948); Die Franken und die Ausbreitung des Christentums bis zu den Tagen von Bonifatius (1951); Frühes fränkisches Christentum am Mittelrhein (1951); Christentum und Kirche zwischen Neckar und Main im 7. und frühen 8. Jahrhundert (1954); Die Mainlande um Aschaffenburg im frühen Mittelalter (1957); Das Bistum Worms und der Nekkarraum während des Früh- und Hochmittelalters (1958); Ladenburg am Nekkar und das Bistum Worms bis zum Ende des 12. Jahrhunderts (1963).

Buschhausen (1971):
H. Buschhausen, Die spätrömischen Metallscrinia und frühchristlichen Reliquiare (1971).

Buschow (1934):
H. Buschow, Studien zur Entwicklung der Krypta im deutschen Sprachgebiet (1934).

Cahn (1922):
Versteigerungskatalog 49 der Fa. A. Cahn Frankfurt a. M. (1922).

Capelle (1978):
T. Capelle, Die karolingische Funde von Schouwen 1–2. Berichten van de Rijksdienst voor het Oudheidkundig Bodemonderzoek 7, 1978, 1ff.

Capelle/Vierck (1971):
T. Capelle und H. Vierck, Modeln der Merowinger- und Wikingerzeit. Frühmittelalterliche Studien 5, 1971, 42ff.

Capelle/Vierck (1975):
T. Capelle und H. Vierck, Weitere Modeln der Merowinger- und Wikingerzeit. Frühmittelalterliche Studien 9, 1975, 110ff.

CC:
Corpus Christianorum, Series latina (1954ff.)

Christlein (1973):
R. Christlein, Besitzabstufungen zur Merowingerzeit im Spiegel reicher Grabfunde aus West- und Süddeutschland. Jahrbuch des Römisch-Germanischen Zentralmuseums Mainz 20, 1973, 147ff.

Christlein (1974):
R. Christlein, Der Runde Berg bei Urach 1. Die frühgeschichtlichen Kleinfunde außerhalb der Plangrabungen (1974).

Christlein (1978):
R. Christlein, Die Alamannen (1978).

CIL:
Corpus Inscriptionum Latinarum XIII, 1 (1899–1904).

CLA:
E. A. Lowe, Codices Latini Antiquiores, Band 1–11 und Supplementband (1934–1971).

Classen (1929):
W. Classen, Die kirchliche Organisation Althessens im Mittelalter (1929).

Claude (1981):
D. Claude, Die Handwerker der Merowingerzeit nach den erzählenden und urkundlichen Quellen. In: Das Handwerk in vor- und frühgeschichtlicher Zeit. Hrsg. von H. Jankuhn u. a. (1981) 204ff.

Clauß (1976):
G. Clauß, Beobachtungen an merowingerzeitlichen Gräbern bei Hockenheim, Rhein-Neckar-Kreis. Archäologisches Korrespondenzblatt 6, 1976, 55ff.

Claussen (1950):
H. Claussen, Heiligengräber im Frankenreich (Masch. Dissertation Marburg 1950).

Codex Laureshamensis:
K. Glöckner (Bearb.), Codex Laureshamensis 1–3 (1929–1936).

v. Cohausen (1879):
K. A. v. Cohausen, Die Wallburgen, Landwehren und alten Schanzen des Regierungsbezirks Wiesbaden. Nassauische Annalen 15, 1879, 343ff.

Dahmlos (1977):
U. Dahmlos, Francisca – bipennis – securis. Germania 55, 1977, 141ff.

Dahmlos (1979):
U. Dahmlos, Archäologische Funde des 4. bis 9. Jahrhunderts in Hessen (1979).

Dannheimer (1962):
H. Dannheimer, Die germanischen Funde der späten Kaiserzeit und des frühen Mittelalters in Mittelfranken (1962).

Dannheimer (1967):
H. Dannheimer, Frühmittelalterlicher Brakteatenschmuck vom Goldberg im Ries, Markung Goldburghausen (Kr. Aalen). Fundberichte aus Schwaben 18, I, 1967, 199ff.

Dannheimer (1976):
H. Dannheimer, Zur Trageweise der durchbrochenen Bronzezierscheiben der Merowingerzeit. Archäologisches Korrespondenzblatt 6, 1976, 49ff.

Degen (1955):
K. Degen, Frühmittelalterliches Kunsthandwerk (1955).

Degen (1962):
K. Degen, Das Schmuckstück aus Seeheim. Kunst in Hessen und am Mittelrhein 1/2, 1962, 117ff.

Degen (1971):
K. Degen, Ein frühmittelalterliches Reliquienkästchen aus Oberhessen. Kunst in Hessen und am Mittelrhein 11, 1971, 7ff.

Dehio (1966; 1982):
G. Dehio, Handbuch der deutschen Kunstdenkmäler: Hessen, bearb. von M. Backes (1966[1]; 1982[2]).

Dehio/Gall (1950; 1955):
G. Dehio, Handbuch der Deutschen Kunstdenkmäler. Neu bearb. von E. Gall. Südliches Hessen (1950[1]; 1955[2]).

v. Dehn-Rotfelser/Lotz (1870):
H. v. Dehn-Rotfelser und W. Lotz, Die Baudenkmäler im Regierungsbezirk Cassel (1870).

Delahaye (1975):
G. R. Delahaye, Deux ampoules de St. Menas conservées aux Seine et Marne. Bulletin du Groupement Archeologique de Seine et Marne 16, 1975, 111ff.

B. Demandt (1966):
B. Demandt, Die mittelalterliche Kirchenorganisation in Hessen südlich des Mains (1966).

K. E. Demandt (1936):
K. E. Demandt, Der Besitz des Fritzlarer Petersstiftes im 13. Jahrhundert. Zeitschrift des Vereins für hessische Geschichte und Landeskunde N. F. 51, 1936, 109f.

K. E. Demandt (1953):
K. E. Demandt, Hessische Frühzeit. Hessisches Jahrbuch für Landesgeschichte 3, 1953, 35ff.

Demolon (1972):
P. Demolon, Le village mérovingien de Brebières (1972).

Denkmalpflegearbeiten (1920):
Denkmalpflegearbeiten. Jahrbuch der Denkmalpflege im Reg.-Bez. Cassel 1, 1920, 6ff.

Dersch (1915; 1940):
W. Dersch, Hessisches Klosterbuch (1915[1]; 1940[2]).

Dieffenbach (1829):
Ph. Dieffenbach, Über Althertümer in und um Friedberg (Gießen 1829).

Dieffenbach (1843):
Ph. Dieffenbach, Zur Urgeschichte der Wetterau, zugleich als Beitrag zur Alterthumskunde (Darmstadt 1843).

Dilich (1605):
W. (Scheffer gen.) Dilich, Hessische Chronica (Kassel 1605).

Dinkler-von Schubart (1980):
E. Dinkler-von Schubart, Arca und scrinium. Zur Ikonographie und Zweckbestimmung spätrömischer Kästchen. Jahrbuch für Antike und Christentum 23, 1980, 141ff.

Dobisch (1932):
W. Dobisch, Die Wiederherstellung der St.-Justinus-Kirche in Höchst am Main. Die Denkmalpflege 3, 1932, 128ff.

Dölling (1958):
H. Dölling, Haus und Hof in westgermanischen Volksrechten (1958).

Doll (1959):
K. H. Doll, Die späteren Chorabschlüsse der Klosterkirche in Schlüchtern. Bergwinkel-Bote 9, 1959.

Draudt (1874):
Draudt, Das Kloster Michelstadt, Steinbach im Odenwald. Archiv für hessische Geschichte und Altertumskunde 13, 1874, 385ff.

Düwel (1983):
K. Düwel, Runenkunde (1983[2]).

Duncker (1884):
A. Duncker, Der Verein für hessische Geschichte und Landeskunde in den ersten fünfzig Jahren seines Bestehens 1834–1884. Festschrift zur Feier des fünfzigsten Stiftungstages am 16. August 1884. Überreicht vom Vorstande des Vereins für hessische Geschichte und Landeskunde (Zeitschrift des Vereins N. F. X. Supplement) (1884).

Eggers (1951):
H. J. Eggers, Der römische Import im freien Germanien (1951).

Ehrismann (1959):
G. Ehrismann, Geschichte der deutschen Literatur bis zum Ausgang des Mittelalters. Teil 1: Die althochdeutsche Literatur. 2. Auflage 1932 (Nachdruck 1959).

Eigil, Vita Sturmi:
P. Engelbert, Die Vita Sturmi des Eigil von Fulda (1968) 129ff.

Einsingbach (1980):
Reclams Kunstführer Deutschland Band IV: Hessen (1978[5]). Rezension durch W. Einsingbach, Nassauische Annalen 91, 1980, 460ff.

Elbel (1982):
M. Elbel, Die Ausgrabungen auf der Burg- und Festruine Königstein im Taunus 1975–1977. Fundberichte aus Hessen 22, 1982, (im Druck).

Elbern (1962):
V. H. Elbern (Hrsg.), Das erste Jahrtausend. Kultur und Kunst im Werdenden Abendland an Rhein und Ruhr (1962).

Elbern (1965):
V. H. Elbern, Die Goldschmiedekunst. In: Katalog Karl der Große. Werk und Wirkung (1965) 360ff.

Elbern (1971):
V. H. Elbern, Das frühmittelalterliche Beinrelief aus Hausen. Mitteilungen des Oberhessischen Geschichtsvereins 25, 1971, 73ff.

Elbern (1972):
V. H. Elbern, Ein neuer Beitrag zur Ikonographie des Unfigürlichen. Das Münster 25, 1972, 313ff.

Elbern (1973a):
V. H. Elbern, Das Beinkästchen im Essener Münsterschatz. Aachener Kunstblätter 44, 1973, 87ff.

Elbern (1973b):
V. H. Elbern, Das frühmittelalterliche Beinkästchen im Museum von Zug. Zuger Neujahrsblatt 1973.

Elbern (1978):
V. H. Elbern, Aus dem Zauberreich des Mittelalters. Kunst als Bedeutungsträger. Festschrift G. Bantelmann (1978).

Elbern (1980):
V. H. Elbern, Chiffren des Paradiesischen. Jahres- und Tagungsbericht der Görres-Gesellschaft 1980 (1981) 56ff.

Ellmers (1970):
D. Ellmers, Zur Ikonographie nordischer Goldbrakteaten. Jahrbuch des Römisch-Germanischen Zentralmuseums Mainz 17, 1970, 201ff.

Engelbert (1968):
P. Engelbert, Die Vita Sturmi des Eigil von Fulda (1968).

Engelbert (1980):
P. Engelbert, Eigil, Das Leben des Abtes Sturmi. Lateinischer und deutscher Text. Fuldaer Geschichtsblätter 1980, 17ff.

Ennen/Janssen (1979):
E. Ennen und W. Janssen, Deutsche Agrargeschichte (1979).

Esselborn (1927):
K. Esselborn, Einhards Leben und Werk (1927).

Esselborn (1934):
K. Esselborn, Hundert Jahre Historischer Verein für Hessen. Archiv für hessische Geschichte und Altertumskunde N. F. 18, 1934, 1ff.

Esselborn (1979):
Einhard, Die Übertragung und Wunder der Heiligen Marcellinus und Petrus, verdeutscht von K. Esselborn (Neuauflage 1979).

Evison (1967):
V. I. Evison, The Dover ring-sword and other swordrings and beads. Archaeologia 101, 1967, 65ff.

Falk (1866):
F. Falk, Geschichte des ehemaligen Klosters Lorsch (1866).

Falkenstein (1981):
L. Falkenstein, Karl der Große und die Entstehung des Aachener Marienstiftes (1981).

Fath (1970):
M. Fath, Katalog der Architekturfragmente im Hessischen Landesmuseum in Darmstadt. Kunst in Hessen und am Mittelrhein 10, 1970, 113ff.

Feist (1919):
S. Feist, Die Namen aus der frühchristlichen Inschrift aus Goddelau im Ried. Germania 3, 1919, 48ff.

Feldtkeller (1956):
H. Feldtkeller, Vorbericht über eine Grabung auf dem Stiftplatz südlich der Stiftsruine in Hersfeld im Herbst 1955. Kunstchronik 9, 1956, 241ff.

Feldtkeller (1964):
H. Feldtkeller, Eine bisher unbekannte karolingische Großkirche im Hersfelder Stift. Deutsche Kunst- und Denkmalpflege 22, 1964, 1ff.

Figge (1981):
J. Figge, Osteologische und osteometrische Studien an Knochenfunden von Pferden aus dem sächsischen Gräberfeld in Liebenau, dem fränkischen Friedhof in Griesheim, dem Gräberfeld aus Esch (Groß-Gerau) und einer Opferstätte bei Goddelau (Dissertation Gießen 1981).

G. Fingerlin (1974):
G. Fingerlin, Imitationsformen byzantinischer Körbchen-Ohrringe nördlich der Alpen. Fundberichte aus Baden-Württemberg 1, 1974, 597ff.

I. Fingerlin (1971):
I. Fingerlin, Gürtel des hohen und späten Mittelalters (1971).

B. Fischer (1963):
B. Fischer, Bibelausgaben des frühen Mittelalters. Settimane di studio del Centro Italiano di studi sull'alto medioevo 10, 1963, 519ff.

U. Fischer (1971):
U. Fischer, Aus Frankfurts Vorgeschichte (1971).

U. Fischer (1975):
U. Fischer, Altstadtgrabung Frankfurt am Main. In: Ausgrabungen in Deutschland 2 (1975) 426ff.

Fischer/Oswald (1968):
M. F. Fischer und F. Oswald, Zur Baugeschichte der Fuldaer Klosterkirche.

Rheinische Ausgrabungen 1 (1968) 268ff.

Fleckenstein (1974):
J. Fleckenstein, Einhard, seine Gründung und sein Vermächtnis in Seligenstadt. In: K. Hauck (Hrsg.), Das Einhardkreuz, Vorträge und Studien der Münsteraner Diskussion zum arcus Einhardi (1974).

Fleckenstein (1978):
J. Fleckenstein, Erinnerung an Karl den Großen. Beiträge zur Geschichte des Klosters Lorsch (1978) 63ff.

Fraenkel-Schoorl (1978):
N. Fraenkel-Schoorl, Carolingian jewellery with plant ornament. Berichten van de Rijksdienst voor het Oudheidkundig Bodemonderzoek 28, 1978, 345ff.

Franz (1983):
E. G. Franz, Geschichtsverein und Geschichtsbewußtsein. Zur 150-Jahrfeier des Historischen Vereins für Hessen 1833/1983. Archiv für hessische Geschichte und Altertumskunde N. F. 41, 1983, IIIff.

v. Freeden (1979):
U. v. Freeden, Untersuchungen zu merowingerzeitlichen Ohrringen bei den Alamannen. Berichte der Römisch-Germanischen Kommission 60, 1979, 227ff.

Frenzel (1965):
G. Frenzel, In: Karl der Große. Werk und Wirkung. Katalog der Ausstellung (1965) 467f., Nr. 641.

Frère (1977):
H. Frère, Le denier carolingien, spécialement en Belgique. Numismatica Lovanensia (1977).

Friederich (1932):
K. Friederich, Die Steinbearbeitung in ihrer Entwicklung vom 11. bis zum 18. Jahrhundert (1932).

Fritzlar im Mittelalter (1974):
Fritzlar im Mittelalter. Festschrift zur 1250-Jahr-Feier (1974).

Fuchs (1929):
A. Fuchs, Die Königshalle des Klosters Lorsch (1929).

Fuhrmann (1975):
M. Fuhrmann, Nachwort zu Tacitus Germania. (1975) 93ff.

Gall (1954):
E. Gall, Zur Frage der Westwerke. Jahrbuch des Römisch-Germanischen Zentralmuseums Mainz 1, 1953 (1954), 245ff.

Ganßauge (1937):
G. Ganßauge, Die Stiftskirche zu Hersfeld. Deutsche Kunst- und Denkmalpflege 1937, 232ff.

Gariel (1884):
E. Gariel, Les monnaies royales de France sous la race carolingienne (1883–1884).

Gensen (1968):
R. Gensen, Der Christenberg bei Münchhausen und seine Bedeutung. Hessisches Jahrbuch für Landesgeschichte 18, 1968, 14ff.

Gensen (1969):
R. Gensen, Beobachtungen zur Lage und Umgebung des Oppidums Amöneburg, Kr. Marburg. Festschrift W. Dehn. Fundberichte aus Hessen, Beiheft 1 (1969) 20ff.

Gensen (1969/70):
R. Gensen, Ein Adelsgrab aus Eschwege-Niederhone. Fundberichte aus Hessen 9/10, 1969/70, 92ff.

Gensen (1972):
R. Gensen, Ein Frauengrab des 7. Jahrhunderts aus Fritzlar. Fundberichte aus Hessen 12, 1972, 34ff.

Gensen (1974):
R. Gensen, Die Frühgeschichte des Fritzlarer Raumes. Fritzlar im Mittelalter, Festschrift zur 1250-Jahrfeier (1974).

Gensen (1975a):
R. Gensen, Christenberg, Burgwald und Amöneburger Becken in der Merowinger- und Karolingerzeit. In: Althessen im Frankenreich. Nationes 2 (1975) 121ff.

Gensen (1975b):
R. Gensen, Frühmittelalterliche Burgen und Siedlungen in Nordhessen. In: Ausgrabungen in Deutschland 2 (1975) 313ff.

Gensen (1978):
R. Gensen, Die chattische Großsiedlung von Fritzlar-Geismar, Schwalm-Eder-Kreis. Archäologische Denkmäler in Hessen 2 (1978).

Gensen (1979):
R. Gensen, Althessens Frühzeit (1979).

Gensen (1980):
R. Gensen, Die Schwalenburg bei Schwalefeld im Upland. Archäologische Denkmäler in Hessen 11 (1980).

Gensen (1981a):
R. Gensen, Burgring, Gräberfeld, Kirche, Klosterruine in der Gemarkung Goddelsheim. Archäologische Denkmäler in Hessen 19 (1981).

Gensen (1981b):
R. Gensen, Der Ringwall »Hünenkeller« bei Lengefeld. Archäologische Denkmäler in Hessen 14 (1981).

Gensen (1982):
R. Gensen, Zeugnisse der Vor- und Frühgeschichte. Land an Eder und Diemel. Der Landkreis Waldeck-Frankenberg (1982) 109ff.

Gensen (1983):
R. Gensen, Von den eiszeitlichen Mammutjägern zu den ersten Hessen. Die Vor- u. Frühgeschichte Hessens. In: Die Geschichte Hessens (Hrsg. U. Schulz) (1983) 11ff.

Gensen (1984):
R. Gensen, Zu verschiedenen Fundstellen und Ringwällen. Führer zu archäologischen Denkmälern in Deutschland 7 u. 8 (1984).

Gensen/Hellwig/Küthe (1973):
R. Gensen, W. Hellwig und H. Küthe, Der Ringwall »Hünenkeller« bei Korbach-Lengefeld, Kr. Waldeck-Frankenberg. Fundberichte aus Hessen 13, 1973 (1975) 203ff.

Gensicke (1958):
H. Gensicke, Spuren des Frankenkönigs Mallbaudes? Beobachtungen zur frühfränkischen Geschichte des Unterlahngebietes. Nassauische Annalen 69, 1958, 19ff.

Gerke (1950):
Fr. Gerke, Das Lorscher Glasfenster. In: Beiträge zur Kunst des Mittelalters (1950) 186ff.

Giegerich (1969):
W. Giegerich, Bad Vilbel – Landschaft, Geschichte, Kunstdenkmäler und Kultur (1969).

Giegerich (1979):
W. Giegerich, Bad Vilbel mit seinen Stadtteilen Dortelweil, Gronau und Massenheim (1979).

Giesler (1978):
J. Giesler, Zu einer Gruppe mittelalterlicher Emailscheibenfibeln. Zeitschrift für Archäologie des Mittelalters 6, 1978, 57ff.

Glöckner (1929):
K. Glöckner (Bearb.), Codex Laureshamensis 1–3 (1929–1936).

Gockel (1970):
M. Gockel, Karolingische Königshöfe am Mittelrhein (1970).

Gockel/Werner (1971):
M. Gockel und M. Werner, Hausen im 8. Jahrhundert. Mitteilungen des Oberhessischen Geschichtsvereins 56, 1971, 167ff.

Göldner/Sippel (1980):
H. Göldner und K. Sippel, Kirchberg, Gde. Niedenstein, Schwalm-Eder-Kreis. Grabfunde des 8.–17. Jahrhunderts. Archäologische Denkmäler in Hessen 12 (1980).

Göldner/Sippel (1981):
H. Göldner und K. Sippel, Spätmerowingische Gräber unter der Kirche von

Niedenstein-Kirchberg, Schwalm-Eder-Kreis. Archäologisches Korrespondenzblatt 11, 1981, 65ff.

Görich (1936/48):
W. Görich. Frühmittelalterliche Straßen und Burgen in Oberhessen. Maschinenschriftl. Dissertation Marburg (1936/48).

Görich (1951):
W. Görich, Das Gronauer »Alte Schloß« über der Salzböde. Hessisches Jahrbuch für Landesgeschichte 1, 1951, 25ff.

Görich (1952):
W. Görich, Rast-Orte an alter Straße? Festschrift E. E. Stengel (1952) 473ff.

Görich (1954):
W. Görich, Taunus-Übergänge und Wetterau-Straßen im Vorland von Frankfurt. Mitteilungen des Vereins für geschichtliche Landeskunde Bad Homburg vor der Höhe 23, 1954, 1ff.

Görich (1960):
W. Görich, Frühfränkische Zeit. In: Geschichtlicher Atlas von Hessen (1960ff.) Karte 7a.

Görich (1962):
W. Görich, Eine Waldecker Burgenkunde II. »Burgring« und »Hünenkeller«. Geschichtsblätter für Waldeck und Pyrmont 54, 1962, 55ff.

Goldschmidt (1969):
A. Goldschmidt, Die Elfenbeinskulpturen aus der Zeit der karolingischen und sächsischen Kaiser. 8.–11. Jahrhundert, I. (1914; Nachdruck 1969).

Gombert (1940):
H. Gombert, Frühchristliche Grabsteine vom Mittelrhein. Wegweiser des Römisch-Germanischen Zentralmuseums 17 (1940).

Grabar (1958):
A. Grabar, Les ampoules de Terre Sainte (1958).

Grabar (1978):
A. Grabar, Observations sur l'arc de triomphe de la dit Arc d'Eginhard et sur d'autres bases de la croix. Cahiers Archéologiques 27, 1978, 61ff.

Graepler (1964):
C. Graepler, Marburger Universitätsmuseum für Kunst und Kulturgeschichte (1964).

Grierson (1965):
Ph. Grierson, Money and coinage under Charlemagne. In: W. Braunfels u. a. (Hrsg.), Karl der Große. Lebenswerk und Nachwirkung 1 (1965) 501ff.

Groß (1960):
A. Groß, Zwei neue Ringwälle im Kreisgebiet. In: Der Unter-Taunus. Heimat-Jahrbuch des Untertaunuskreises (1960) 41ff.

Großmann (1949):
D. Großmann, Die Baugeschichte der Fuldaer Klosterkirchen. Marburger Jahrbuch für Kunstwissenschaft 14, 1949, 41ff.

Großmann (1955):
D. Großmann, Die Abteikirche zu Hersfeld (1955).

Großmann (1957/58):
D. Großmann, Die Rasdorfer Stiftskirche und ihre Kapitelle. Hessische Heimat 7, 1957/58, 11ff.

Großmann (1962):
D. Großmann, Kloster Fulda und seine Bedeutung für den frühen deutschen Kirchenbau. In: V. H. Elbern (Hrsg.) Das erste Jahrtausend 1 (1962) 344ff.

Gutenbrunner (1976):
S. Gutenbrunner, Von Hildebrand und Hadubrand. Lied – Sage – Mythos (1976).

Hahn (1954):
H. Hahn, Ausgrabungen am Fuldaer Domplatz im Jahre 1953. In: St. Bonifatius. Gedenkgabe zum zwölfhundertjährigen Todestag (1954) 641ff.

Hahn (1966):
H. Hahn, Die Bedeutung der Architektur Fuldas in karolingischer Zeit. Fuldaer Geschichtsblätter 42, 1966, 113ff.

Hahn (1980):
H. Hahn, Eihloha – Sturm und das Kloster Fulda. Fuldaer Geschichtsblätter 56, 1980, 50ff.

Hahn (1982):
H. Hahn, Die Ostkrypta in der Fuldaer Stiftskirche. Fuldaer Geschichtsblätter 58, 1982, 42ff.

Hain (1826–38):
L. Hain, Repertorium Bibliographicum. 4 Bände (1826–38).

Hall/Metcalf (1972):
E. T. Hall und D. M. Metcalf, Methods of chemical and metallurgical investigation of ancient coinage. Royal Numismatic Society, Special Publication 8 (1972).

Hallinger (1950):
K. Hallinger, Gorze – Kluny. Studia Anselmiana 22/23 (1950).

Haseloff (1951):
G. Haseloff, Der Tassilokelch (1951).

Haseloff (1958):
G. Haseloff, Fragments of a hanging bowl from Bekesbourne, Kent, and some ornamental problems. Medieval Archaeology 2, 1958, 72ff.

Haseloff (1974):
G. Haseloff, Das Silberbeschläg von der Büraburg. In: N. Wand, Die Büraburg bei Fritzlar (1974) 177ff.

Haseloff (1977):
G. Haseloff, Zum Stand der Forschung über den Tassilokelch. Baiernzeit in Oberösterreich. Katalog des Oberösterreichischen Landesmuseums Linz 96 (1977) 221ff.

Haseloff (1978):
G. Haseloff, Der Einband des Ragyndrudis-Codex in Fulda. Codex Bonifatianus 2. In: A. Brall (Hrsg.), Von der Klosterbibliothek zur Landesbibliothek. Beiträge zum zweihundertjährigen Bestehen der Hessischen Landesbibliothek Fulda (1978) 1ff.

Haseloff (1981 a):
G. Haseloff, Die germanische Tierornamentik der Völkerwanderungszeit (1981).

Haseloff (1981 b):
G. Haseloff, Bucheinband. Reallexikon der Germanischen Altertumskunde, Band 4 (1981²) 59ff.

A. Hauck (1912):
A. Hauck, Kirchengeschichte Deutschlands (1912).

K. Hauck (1974):
K. Hauck (Hrsg.), Das Einhardkreuz, Vorträge und Studien der Münsteraner Diskussion zum arcus Einhardi (1974).

Hecht (1983):
K. Hecht, Der St. Galler Klosterplan (1983).

Heiler (1980):
F. Heiler, Die Religionen der Menschheit (1980²).

K. Heinemeyer (1971):
K. Heinemeyer, Königshöfe und Königsgut im Raum Kassel (1971).

K. Heinemeyer (1979):
K. Heinemeyer, Das Erzbistum Mainz in römischer und fränkischer Zeit, 1: Die Anfänge der Diözese Mainz (1979).

K. Heinemeyer (1980):
K. Heinemeyer, Die Gründung des Klosters Fulda im Rahmen der bonifatianischen Kirchenorganisation. Hessisches Jahrbuch für Landesgeschichte 30, 1980, 1ff.

K. Heinemeyer (1983):
K. Heinemeyer, Die Ausbreitung des Christentums und der heilige Bonifatius. In: U. Schultz (Hrsg.), Die Geschichte Hessens (1983) 38ff.

W. Heinemeyer (1978):
W. Heinemeyer (Hrsg.), Die Historische Kommission für Hessen 1897–1977 (1978) 4f.

Heller (1952):
D. Heller, Die ältesten Geschichtsschreiber des Klosters Fulda (1952).

Henkel (1896):
F. Henkel, Der Lorscher Ring (1896).

Henry (1936):
F. Henry, Hanging bowls. Journal of the Royal Society of Antiquaries of Ireland 66, 1936, 210ff.

Herrmann (um 1976):
F.-R. Herrmann, Bodendenkmäler. Denkmalpflege in Hessen. Hrsg. vom Landesamt für Denkmalpflege Hessen (o. J.) (um 1976) 38ff.

Herrmann (1977):
F.-R. Herrmann, Der Johannisberg bei Bad Nauheim in vor- und frühgeschichtlicher Zeit. Wetterauer Geschichtsblätter 26, 1977, 1ff.

Herrmann (1979):
F.-R. Herrmann, Wüstung Hausen bei Lich, Lahn-Dill-Kreis. Archäologische Denkmäler in Hessen 4 (1979).

Herrmann (1982a):
F.-R. Herrmann, Archäologische Forschung in Niederhessen. Führer zu vor- und frühgeschichtlichen Denkmälern 50 (1982) 1ff.

Herrmann (1982b):
F.-R. Herrmann, Die archäologische Erforschung der Römerzeit in Hessen. In: D. Baatz und F.-R. Herrmann (Hrsg.), Die Römer in Hessen (1982).

Herrmann (1983a):
F.-R. Herrmann, Die Schwedenschanze bei Kelsterbach, Kreis Groß-Gerau. Archäologische Denkmäler in Hessen 28 (1983).

Herrmann (1983b):
F.-R. Herrmann, Der Kapellenberg bei Hofheim am Taunus. Archäologische Denkmäler in Hessen 30 (1983).

Herrmann (1983c):
F.-R. Herrmann, Die Alteburg im Schlingswald bei Lorsbach (Hofheim a.T., Main-Taunus-Kreis). Archäologische Denkmäler in Hessen 31 (1983).

Herrmann (1983d):
F.-R. Herrmann, Die frühmittelalterliche Burg auf dem Holdersberg (Idstein, Niederauroff, Rheingau-Taunus-Kreis). Archäologische Denkmäler in Hessen 34 (1983).

Heß (1962):
W. Heß, Geldwirtschaft am Mittelrhein in karolingischer Zeit. Blätter für deutsche Landesgeschichte 98, 1962, 26ff.

v. Hessen (1971):
O. v. Hessen, Durchbrochene italisch-langobardische Lanzenspitzen. Frühmittelalterliche Studien 5, 1971, 37ff.

Hinz (1966):
H. Hinz, Am langen Band getragene Bergkristallanhänger der Merowingerzeit. Jahrbuch des Römisch-Germanischen Zentralmuseums Mainz 13, 1966, 212ff.

Hoffmann (1893):
F. Hoffmann, in: Zeitschrift für Bauwesen 43, 1893, 395ff.

Holtmeyer (1920):
A. Holtmeyer, Denkmalpflegearbeiten. Jahrbuch der Denkmalpflege im Reg.-Bez. Cassel 1, 1920, 84ff.

Hoppe (1952):
W. Hoppe, Einhundert Jahre Gesamtverein. Blätter für deutsche Landesgeschichte 89, 1952, 1ff.

Hrabani epistolae:
Hrabani (Mauri) abbatis fuldensis et archiepiscopi moguntiacensis Epistolae. MGH Epp. 5, IX, 379ff.

Hubert/Porcher/Volbach (1969):
J. Hubert, J. Porcher und W. F. Volbach, Die Kunst der Karolinger (1969).

Huckriede/Dürr (1975):
R. Huckriede und St. Dürr, Geologisches und Kulturgeschichtliches zu einigen verschleppten Gesteinen in Hessens Boden (Devon-Kalke, Muschelkalk, lakonischer Porfido verde antico). Geologica et Palaeontologica 9, 1975, 125ff.

Hübener (1972):
W. Hübener, Gleicharmige Bügelfibeln der Merowingerzeit in Westeuropa. Madrider Mitteilungen 13, 1972, 211ff.

Hug (1940):
E. Hug, Die Schädel der frühmittelalterlichen Gräber aus dem solothurnischen Aaregebiet in ihrer Stellung zur Reihengräberbevölkerung Mitteleuropas. Zeitschrift für Morphologie und Anthropologie 38, 1940, 359ff.

Huld-Zetsche (1979):
I. Huld-Zetsche, 150 Jahre Forschung in Nida-Heddernheim. Nassauische Annalen 90, 1979, 5ff.

Hundt (1937):
H.-J. Hundt, Neue Funde auf dem fränkischen Reihengräberfeld in Goddelsheim, Kr. d. Eisenbergs. Hessenland 48, 1937, 307ff.

Hundt/Fischer (1958):
H.-J. Hundt und U. Fischer, Die Grabungen in der Altstadt von Frankfurt/Main 1953–1957. In: Neue Ausgrabungen in Deutschland (1958) 391ff.

Ilakovac (1978):
B. Ilakovac, Unbekannte Funde aus Novalja. Atti del IX congresso internazionale di archeologia cristiana (1978) 333ff.

Jacobi (1977):
G. Jacobi, Die Metallfunde vom Dünsberg (1977).

Jacobsen (1983):
W. Jacobsen, Die Lorscher Torhalle. Zum Problem ihrer Datierung und Deutung. Mit einem Katalog der bauplastischen Fragmente als Anhang. Jahrbuch des Zentralinstituts für Kunstgeschichte in München 1, 1983.

Janke (1978):
H. Janke, Vor- und Frühgeschichte des Kreises Wetzlar. Mitteilungen aus Wetzlar 7/8, 1978.

Jankuhn (1976):
H. Jankuhn, Archäologie und Geschichte, Vorträge und Aufsätze. Band 1: Beiträge zur siedlungsarchäologischen Forschung (1976).

Jorns (1953):
W. Jorns (Hrsg.), Neue Bodenurkunden aus Starkenburg(1953).

Jorns (1961):
W. Jorns, Zu merowingerzeitlichen Neufunden aus Oberhessen und Starkenburg. Fundberichte aus Hessen 1, 1961, 82ff.

Jorns (1969/70a):
W. Jorns, Professor Dr. Heinrich Richter †. Fundberichte aus Hessen 9/10, 1969/70, 1ff.

Jorns (1969/70b):
W. Jorns, in: Fundberichte aus Hessen 9/10, 1969/70, 190 (Fundchronik).

Jorns (1973):
W. Jorns, Der spätrömische Burgus mit Schiffslände und die karolingische Villa Zullestein. Archäologisches Korrespondenzblatt 3, 1973, 75ff.

Jorns (1979):
W. Jorns, Zullenstein. In: Deutsche Königspfalzen 3 (1979) 111ff.

Jorns/Süß (1961):
W. Jorns und L. Süß, Salzgewinnung in Bad Nauheim während der karolingischen Zeit. Fundberichte aus Hessen 1, 1961, 117ff.

Juraschek (1954):
F. Jurascheck, Die Rauten der Königshalle in Lorsch und die Triumphalarchitektur der Spätantike. Neue Beiträge zur Kunstgeschichte des 1. Jahrtausends, 2. Halbband: Frühmittelalterliche Kunst, 1954, 115ff.

Katalog Karl der Große (1965):
Katalog Karl der Große. Werk und Wirkung (1965).

Katalog Werdendes Abendland (1956):
Katalog der Ausstellung Werdendes Abendland Essen (1956).

KDM (1891):
Kunstdenkmäler im Großherzogtum Hessen. Provinz Starkenburg, Band 2, Kreis Erbach, bearbeitet von G. Schäfer (1891).

KDM (1914):
Die Kunstdenkmäler im Großherzogtum Hessen. Provinz Starkenburg. Kreis

Bensheim, bearbeitet von W. H. Dammann (1914).

KDM (1969):
Die Kunstdenkmäler des Landes Hessen. Kreis Bergstraße, bearbeitet von E. Einsingbach, W. Jorns, F. Koob, F. Oswald und W. Schäfer (1969).

Keil (1972):
B. Keil, Menschliche Skelettreste der Merowinger- und Karolingerzeit aus Holzheim, Kreis Gießen. Mitteilungen des Oberhessischen Geschichtsvereins N. F. 57, 1972, 152ff.

Keil (1977/78):
B. Keil, Eine Prothese aus einem fränkischen Grab von Griesheim, Kr. Darmstadt-Dieburg. Fundberichte aus Hessen 17/18, 1977/78 (1980) 195ff.

Keil (1982):
B. Keil, Fränkische Skelettreste aus Heppenheim, Kr. Bergstraße. Geschichtsblätter des Kreises Bergstraße 15, 1982, 45ff.

Kellenbenz (1977):
H. Kellenbenz, Deutsche Wirtschaftsgeschichte 1 (1977).

Keßler (1932):
P. T. Keßler, Schlüssel aus spätmerowingisch-karolingischer Zeit. Mainzer Zeitschrift 27, 1932, 96ff.

Kindler (1957):
W. Kindler, 1300 Jahre alter Grabfund einer tödlichen Schädelverletzung bei einem fränkischem Edelmann. Deutsche Medizinische Wochenschrift 82, 1957, 41ff.

Klauser/Meyer (1966):
R. Klauser und O. Meyer, Clavis mediaevalis. Kleines Wörterbuch der Mittelalterforschung (unveränderter Nachdruck 1966).

Kleinfeldt/Weirich (1937):
G. Kleinfeldt und H. Weirich, Die mittelalterliche Kirchenorganisation im oberhessisch-nassauischen Raum (1937).

Kluckhohn (1955):
E. Kluckhohn, Die Bedeutung Italiens für die romanische Baukunst und Bauornamentik in Deutschland. Marburger Jahrbuch für Kunstwissenschaft 16, 1955, 1ff.

Knögel (1936):
E. Knögel, Schriftquellen zur Kunstgeschichte der Merowingerzeit. Bonner Jahrbücher 140/41, 1936, 1ff.

Knöpp (1973/77):
F. Knöpp (Hrsg.), Die Reichsabtei Lorsch. Festschrift zum Gedenken an ihre Stiftung 764 (1973/77).

Knöpp (1974):
F. Knöpp, Der Zullestein. Fundberichte aus Hessen 14, 1974, 123ff.

A. Koch (1937):
A. Koch, Vor- und Frühgeschichte Starkenburgs (1937).

R. Koch (1967):
R. Koch, Bodenfunde der Völkerwanderungszeit aus dem Main-Taubergebiet (1967).

R. Koch (1969):
R. Koch, Katalog Esslingen. Die vor- und frühgeschichtlichen Funde im Heimatmuseum. Teil 2: Die merowingischen Funde (1969).

U. Koch (1968):
U. Koch, Die Grabfunde der Merowingerzeit aus dem Donautal um Regensburg (1968).

U. Koch (1969):
U. Koch, Alamannische Gräber der ersten Hälfte des 6. Jahrhunderts in Südbayern. Bayerische Vorgeschichtsblätter 34, 1969, 162ff.

U. Koch (1973):
U. Koch, Grabräuber als Zeugen frühen Christentums. Archäologische Nachrichten aus Baden 11, 1973, 22ff.

U. Koch (1977):
U. Koch, Das Reihengräberfeld bei Schretzheim (1977).

Köllner (1976):
H. Köllner, Die illuminierten Handschriften der Hessischen Landesbibliothek Fulda. Teil 1, Handschriften des 6. bis 13. Jahrhunderts, Bildband (1976).

Körber (1900):
Körber, Inschriften des Mainzer Museums. 3. Nachtrag (1900).

Kofler (1890):
F. Kofler, Archäologische Karte des Großherzogthums Hessen. Sonderdruck (1890) (auch in: Archiv für hessische Geschichte und Alterthumskunde des Historischen Vereins für das Großherzogtum Hessen N. F. 1, 1894).

Kohlhausen (1949):
H. Kohlhausen, Unveröffentlichte frühe deutsche Schmuck- und Minnekästchen. Zeitschrift für Kunstwissenschaft 3, 1949, 1ff.

Kolb (1830):
Kolb, Bericht über die Nachgrabungen auf der Dornburg bei Hadamar. Nassauische Annalen 1, 2/3, 1830, 110ff.; vgl. auch Nassauische Annalen 2, 1, 1832, 267; 2, 2, 1834, 214f.

Kramer (1908a):
K. Kramer, Gießen B: Frühfränkische Gräber auf dem Exerzierplatz. Römisch-Germanisches Korrespondenzblatt 1, 1908, 17ff.

Kramer (1908b):
K. Kramer, Bericht des Konservators. Mitteilungen des Oberhessischen Geschichtsvereins N. F. 16, 1908, 93ff.

Kramer (1910a):
K. Kramer, Gießen: Fränkisches Grab auf dem Exerzierplatz. Römisch-Germanisches Korrespondenzblatt 3, 1910, 4ff.

Kramer (1910b):
K. Kramer, Bericht des Konservators. Mitteilungen des Oberhessischen Geschichtsvereins N. F. 18, 1910, 137ff.

Kramer (1911):
K. Kramer, Leihgestern (Kr. Gießen). Reihengräber aus merowingischer Zeit. Römisch-Germanisches Korrespondenzblatt 4, 1911, 54ff.

Kramer (1925):
K. Kramer, Fränkische Funde aus dem Oberhessischen Museum und den Gailschen Sammlungen zu Gießen. Volk und Scholle 3, 1925, 202f.

Kraus (1890):
F. X. Kraus, Die altchristlichen Inschriften der Rheinlande 1 (1890).

Krause/Jankuhn (1966):
W. Krause und H. Jankuhn, Die Runeninschriften im älteren Futhark (1966).

Kröner (1960; 1967):
A. Kröner, Handbuch der Historischen Stätten Deutschlands 4: Hessen. Hrsg. von G. W. Sante (1960^1; 1967^2).

Kroeschell (1972):
K. Kroeschell, Deutsche Rechtsgeschichte 1 (bis 1250) (1972).

Krüger (1970):
H. Krüger, Die Ausgrabungen der Jahre 1965 bis 1967 im merowingisch/karolingischen Gräberfeld des Dorfes Holzheim (Kr. Gießen) (4.–9. Jh.). Mitteilungen des Oberhessischen Geschichtsvereins N. F. 55, 1970, 9ff.

Küch (1916/17):
F. Küch, in: Mitteilungen an die Mitglieder des Vereins für Hessische Geschichte und Landeskunde 1916/17, 97ff.

Kühn (1935):
H. Kühn, Die vorgeschichtliche Kunst Deutschlands (1935).

Kühn (1940):
H. Kühn, Die germanischen Bügelfibeln der Völkerwanderungszeit in der Rheinprovinz (1940; 1965^2).

Kühn (1974):
H. Kühn, Die germanischen Bügelfibeln der Völkerwanderungszeit (1974).

Kühn (1976):
H. Kühn, Geschichte der Vorgeschichtsforschung (1976).

Küther (1971):
W. Küther, Die Wüstung Hausen. Mitteilungen des Wetzlarer Geschichtsvereins 25, 1971.

Kunkel (1926):
O. Kunkel, Oberhessens vorgeschichtliche Altertümer (1926).

Kunter (1971):
M. Kunter, Merowingerzeitliche Skelettreste vom Hofe Wasserbiblos bei Crumstadt, Kreis Groß-Gerau. Fundberichte aus Hessen 11, 1971, 94ff.

Kunter (1974):
M. Kunter, Frühkarolingische Skelettreste vom Zullestein, Gem. Nordheim, Lkr. Bergstraße. Zeitschrift für Morphologie und Anthropologie 65, 1974, 305ff.

Kunter (1981):
M. Kunter, Frakturen und Verletzungen des vor- und frühgeschichtlichen Menschen. Archäologie und Naturwissenschaften 2, 1981, 221ff.

Kunter (1984):
M. Kunter, Menschliche Überreste aus frühmittelalterlichen Grabfunden in Nordhessen (7–9. Jh.) (1984; in Vorbereitung).

Kunter (in Vorbereitung):
M. Kunter, M. Schultz, B. Keil, G. Ehrhardt, R. Philipp u. a., Zur Anthropologie der frühmittelalterlichen Bevölkerung von Griesheim, Krs. Darmstadt-Dieburg (In Vorbereitung).

Kunze (1934):
H. Kunze, Die Ecclesia triplex – die dreifache Kirche des Klosters Lorsch. Hessische Chronik 21, 1934, 56ff.

Kutsch (1921):
F. Kutsch, Frühfränkisches Grab aus Biebrich. Germania 5, 1921, 27ff.

Kutsch (1923):
F. Kutsch, Kataloge west- und süddeutscher Altertumssammlungen, V: Hanau. Teil 1. (1923).

Kutsch (1926):
F. Kutsch, Hanau. Museum des Hanauer Geschichtsvereins (1926).

Kutsch (1927):
F. Kutsch, Ein christliches Frankengrab aus Hochheim am Main. Nassauische Annalen 48, 1927, 24ff.

Kutsch (1930a):
F. Kutsch, Die Vor- und Frühgeschichte. In: A. Henche (Hrsg.), Der ehemalige Landkreis Wiesbaden. Ein Heimatbuch (1930) 42ff.

Kutsch (1930b):
F. Kutsch, in: Prähistorische Zeitschrift 21, 1930, 285ff.

Kyll (1972):
N. Kyll, Tod, Grab, Begräbnisplatz, Totenfeier (1972).

Lafaurie (1983):
J. Lafaurie, The novi denarii and forgery in the ninth century. In: Studies in numismatic method, presented to Philip Grierson (1983) 137ff.

Landau (1849):
G. Landau, Beiträge zur Geschichte der Jagd und Falknerei in Deutschland. Die Geschichte der Jagd und der Falknerei in beiden Hessen (1849).

Landau (1958):
G. Landau, Beiträge zur Geschichte der alten Heer- und Handelsstraßen in Deutschland (Nachdruck 1958).

Laskowski (1982):
R. Laskowski, Die Abschnittsbefestigung auf dem Kitzenhardt bei Bad Honnef, Rhein-Sieg-Kreis. Bonner Jahrbücher 182, 1982, 449ff.

Laurissa jubilans (1964):
Laurissa jubilans. Festschrift zur 1200-Jahrfeier von Lorsch (1964).

Lehmann (1938; 1949):
E. Lehmann, Der frühe deutsche Kirchenbau (1938[1]; 1949[2]).

Licht (1935):
E. Licht, Ottonische und frühromanische Kapitelle in Deutschland (1935).

Lindenschmit (1858):
L. Lindenschmit, Alterthümer unserer heidnischen Vorzeit 1 (1858).

Lindenschmit (1870):
L. Lindenschmit, Alterthümer unserer heidnischen Vorzeit 2 (1870).

Lindenschmit (1880–1889):
L. Lindenschmit, Handbuch der deutschen Alterthumskunde 1 (1880–1889).

Lindenschmit (1881):
L. Lindenschmit, Alterthümer unserer heidnischen Vorzeit 3 (1881).

Lindenschmit (1900):
L. Lindenschmit, Alterthümer unserer heidnischen Vorzeit 4 (1900).

Lindenschmit (1911):
L. Lindenschmit, Alterthümer unserer heidnischen Vorzeit 5 (1911).

Lindner (1972):
K. Lindner, Untersuchungen zur Frühgeschichte des Bistums Würzburg und des Würzburger Raumes (1972).

Lindqvist (1926):
S. Lindqvist, Vendelkulturens ålder och ursprung (1926).

Loew (1910):
E. A. Loew, Studia Paleographica (1910).

Löwe (1853):
M. L. Löwe, Vorwort. Über den Zweck des Correspondenzblattes, entwickelt aus dem gegenwärtigen Standpunkte der alterthumforschenden Bestrebungen. Correspondenz-Blatt des Gesammtvereines der deutschen Geschichts- und Alterthums-Vereine 1, 1853, 1f.

Lotz (1880):
W. Lotz, Die Baudenkmäler im Reg.-Bez. Wiesbaden (1880).

Lowe (1953):
E. A. Lowe, The »Script of Luxeuil«. Revue Bénédictine 63, 1953, 132ff.

Lübeck (1940):
K. Lübeck, Die Anfänge des Klosters Schlüchtern. Zeitschrift des Vereins für hessische Geschichte und Landeskunde 62, 1940, 160ff.

MacDermott (1954):
M. MacDermott, An openwork crucifixion plaque from Clonmacnoise. Journal of the Royal Society of Antiquaries of Ireland 84, 1954, 36ff.

MacDermott (1955):
M. MacDermott, The Kells Crosier. Archaeologia 96, 1955, 59ff.

Mainzer UB:
M. Stimming (Bearb.), Mainzer Urkundenbuch 1 (1932).

Mann (1965a):
A. Mann, Karolingische Baukunst. In: Katalog Karl der Große. Werk und Wirkung (1965) 389ff.

Mann (1965b):
A. Mann, Karolingische Kapitellplastik. In: Katalog Karl der Große. Werk und Wirkung (1965) 438ff.

Martin (1976):
M. Martin, Das fränkische Gräberfeld von Basel-Bernerring (1976).

Mathias (1984):
M. Mathias, Ein karolingischer Töpferofen aus Neuental-Zimmersrode, Schwalm-Eder-Kreis. Fundberichte aus Hessen (im Druck).

Matthäus (1940):
K. Matthäus, Fränkische Reihengräberschädel aus dem Rheingau. Anthropologischer Anzeiger 17, 1940, 155ff.

Meaney (1981):
A. Meaney, Anglo-Saxon amuletts and curing stones. British Archaeological Reports 96 (1981).

Mehler (1933):
E. Mehler, Bau- und Kunstdenkmale in Fulda und im Fuldaer Land (1933).

Meier-Ahrendt (1968):
W. Meier-Ahrendt, Inventar der ur- und frühgeschichtlichen Geländedenkmäler und Funde des Kreises Bergstraße (1968).

Meißner (1907):
P. Meißner, Zur Baugeschichte der Abtei Seligenstadt. Archiv für hessische Geschichte und Altertumskunde 4, 1907, 160.

Mende (1970):
G. Mende, Geigerzähler testen die Alteburg im Kasseltal. Heimat-Jahrbuch Kreis Gelnhausen (1970) 88ff.

Menghin (1974):
W. Menghin, Schwertortbänder der frühen Merowingerzeit. Festschrift J. Werner (1974) 435ff.

Menghin (1977):
W. Menghin, Frühmerowingische Schmuckkästchen aus Kalteneggers, Kr. Koblenz. Anzeiger des Germanischen Nationalmuseums Nürnberg, 1977, 7ff.

Menghin (1983):
W. Menghin, Das Schwert im Frühen Mittelalter (1983).

v. Merhart (1935):
G. v. Merhart, in: Germania 19, 1935, 172.

Metz (1960):
W. Metz, Das karolingische Reichsgut (1960).

Meyer (1974):
D. Meyer, Die merowingerzeitlichen Funde aus dem Gebiet zwischen Taunus und Westerwald. Maschinenschriftl. Dissertation Bochum o. J. (etwa 1974).

Meyer-Barkhausen (1929/30):
W. Meyer-Barkhausen, Karolingische Kapitelle in Hersfeld, Höchst a. M. und Fulda. Zeitschrift für Bildende Kunst 63, 1929/30, 126ff.

Meyer-Barkhausen (1933):
W. Meyer-Barkhausen, Die Kapitelle der Justinuskirche in Höchst a. M. Jahrbuch der Preußischen Kunstsammlungen 54, 1933, 69ff.

Meyer-Barkhausen (1935):
W. Meyer-Barkhausen, Die »Ecclesia triplex« des Klosters Lorsch. Zeitschrift des Vereins für Kunstwissenschaft 2, 1935, 351ff.

Meyer-Barkhausen (1952):
W. Meyer-Barkhausen, Die Westarkadenwand von St. Maria im Kapitol im Zusammenhang ottonischer Kapitellkunst. Wallraf-Richartz-Jahrbuch 14, 1952, 9ff.

Meyer-Barkhausen (1953):
W. Meyer-Barkhausen, Die Lorscher Torhalle und die karolingische Renaissance (1953).

Meyer-Barkhausen (1956):
W. Meyer-Barkhausen, Die Ausgrabungen auf dem Fuldaer Domplatz 1953 in neuer Sicht. Hessische Zeitschrift für Geschichte und Landeskunde 67, 1956, 23ff.

Meyer-Barkhausen (1959):
W. Meyer-Barkhausen, Kleinkirchenforschung in Hessen. Mitteilungen des Oberhessischen Geschichtsvereins 43, 1959, 68ff.

Meyer-Barkhausen (1960):
W. Meyer-Barkhausen, Die karolingische Klosterkirche zu Fulda in ihren baugeschichtlichen Beziehungen zu Rom. Hessisches Jahrbuch für Landesgeschichte 10, 1960, 1ff.

MGH:
Monumenta Germaniae Historica. – DD: Diplomata; Epp.: Epistulae; SS: Scriptores.

Mildenberger (1966):
G. Mildenberger, Nordhessen in der Völkerwanderungszeit. Hessisches Jahrbuch für Landesgeschichte 16, 1966, 1ff.

Mildenberger (1972):
G. Mildenberger, Römerzeitliche Siedlungen in Nordhessen (1972).

Mildenberger (1977/78):
G. Mildenberger, Die germanische Besiedlung des Dünsbergs. Fundberichte aus Hessen 17/18, 1977/78 (1980) 157ff.

Mildenberger (1978):
G. Mildenberger, Germanische Burgen (1978).

Mildenberger (1981):
G. Mildenberger, Chatten. Reallexikon der Germanischen Altertumskunde. Band 4 (1981^2) 385ff.

Mildenberger (1982):
G. Mildenberger, Die römische Kaiserzeit in Niederhessen. Führer zu vor- und frühgeschichtlichen Denkmälern 50 (1982) 159ff.

Minst (1949):
K. J. Minst, Das Königskloster Lorsch (1949).

Minst (1964; 1978):
K. J. Minst, Die Beisetzungen in der Königsgruft. In: Laurissa jubilans (1964). Auch in: Beiträge zur Geschichte des Klosters Lorsch (1978) 135ff.

Minst (1967):
K. J. Minst, Kloster Lorsch. Einheimische Überlieferung in der Steinmetzkunst des frühen Mittelalters (1967^2).

Minst/Huth (1962):
K. J. Minst und H. Huth, Kloster Lorsch (1962).

Miracula Rudolfi:
Miracula Sanctorum in fuldenses Ecclesias translatorum Auctore Rudolfo. MGH SS 15, 1, 328ff.

Mittheilungen... Frankfurt a. M. (1860):
Mittheilungen an die Mitglieder des Vereins für Geschichte und Alterthumskunde in Frankfurt a. M. 1, 1860, Chronik des Vereins 1ff.

Mittheilungen... Waldeck und Pyrmont (1866):
Mittheilungen über den Historischen Verein für die Fürstenthümer Waldeck und Pyrmont. Beiträge zur Geschichte der Fürstenthümer Waldeck und Pyrmont 1866, 220ff.

Möller (1976/77):
J. Möller, Zur Funktion der Nadel in der fränkisch-alamannischen Frauentracht. Jahrbuch des Römisch-Germanischen Zentralmuseums Mainz 23/24, 1976/77, 14ff.

Molinier (1895):
E. Molinier, Le trésor de la Cathedrale de Coire (1895).

Moller-Racke (1942):
R. Moller-Racke, Studien zur Bauskulptur um 1100 am Ober- und Mittelrhein. Oberrheinische Kunst 10, 1942, 399ff.

de Montesquiou-Fésenzac (1957):
Bl. de Montesquiou-Fésenzac, L'arc de triomphe d'Eginhard. In: Karolingische und ottonische Kunst (1957) 43ff.

Morrison/Grunthal (1967):
K. F. Morrison und H. Grunthal, Carolingian coinage. Numismatic Notes and Monographs, hrsg. von der American Numismatic Society (1967).

Müller (1935; 1937):
O. Müller, Die Einharts-Basilika zu Steinbach bei Michelstadt im Odenwald (1935; 1937).

Müller (1954):
O. Müller, Was geschieht für die Einharts-Basilika in Steinbach? Deutsche Kunst und Denkmalpflege 12, 1954, 33ff.

Müller (1965):
O. Müller, Die Einhards-Basilika in Steinbach bei Michelstadt (1965).

Müller (1982a):
O. Müller, Kurze Beschreibung der Einhardsbasilika Seligenstadt (1982).

Müller (1982b):
O. Müller, Einhardsbasilika Michelstadt-Steinbach (1982).

Müller-Karpe (1949):
H. Müller-Karpe, Die beiden Frankengräber von Windecken und Dörnigheim, Kreis Hanau. In: H. Müller-Karpe (Hrsg.), Hessische Funde von der Altsteinzeit bis zum frühen Mittelalter (1949) 58ff.

R. Müller-Karpe (1949):
R. Müller-Karpe, Die Emailscheibenfibel vom Büraberg bei Fritzlar. In: H. Müller-Karpe, Hessische Funde von der Altsteinzeit bis zum frühen Mittelalter (1949) 66ff.

Müller-Wille (1970/71):
M. Müller-Wille, Pferdegrab und Pferdeopfer im frühen Mittelalter. Berichten van de Rijksdienst voor het Outheidkundig Bodemonderzoek 20/21, 1970/71, 119ff.

Müller-Wille/Oldenstein (1981):
M. Müller-Wille und J. Oldenstein, Die ländliche Besiedlung des Umlandes von Mainz in spätrömischer und frühmittelalterlicher Zeit. Berichte der Römisch-Germanischen Kommission 62, 1981, 262ff.

Mütherich/Gaehde (1976):
F. Mütherich und J. Gaehde, Karolingische Buchmalerei (1976) 22f.

Nahrgang (1967):
K. Nahrgang, Die Bodenfunde der Ur- und Frühgeschichte in Stadt- und Landkreis Offenbach am Main (1967).

Naß (1938):
K. Naß, Karolingische Reihengräberfelder aus Hessen. Germania 22, 1938, 41ff.

Nehlsen (1978):
H. Nehlsen, Der Grabfrevel in den germanischen Rechtsaufzeichnungen. In: Zum Grabfrevel in vor- und frühgeschichtlicher Zeit. Hrsg. von H. Jankuhn, H. Nehlsen und H. Roth (1978) 107ff.

Neuffer (1971):
E. M. Neuffer, Die Ausgrabungen in Bopfingen und Kirchheim/Ries. Ellwanger Jahrbücher 23, 1971, 31ff.

Neuffer (1972):
E. M. Neuffer, Der Reihengräberfriedhof von Donzdorf (Kreis Göppingen) (1972).

Neuffer-Müller (1972):
Chr. Neuffer-Müller, Das fränkische Gräberfeld von Iversheim, Kreis Euskirchen (1972).

Neuffer-Müller/Ament (1973):
Ch. Neuffer-Müller und H. Ament, Das fränkische Gräberfeld von Rübenach, Stadt Koblenz (1973).

Niemeyer (1952):
W. Niemeyer, Zur Klärung hessischer Stammesfragen des frühen Mittelalters. Zeitschrift des Vereins für hessische Geschichte und Landeskunde 65, 1952, 13ff.

Niemeyer (1957):
W. Niemeyer, Ein bemerkenswerter merowingischer Fund aus Niedervellmar bei Kassel. Zeitschrift des Vereins für hessische Geschichte und Landeskunde 68, 1957, 209ff.

Niemeyer (1964):
W. Niemeyer (Hrsg.), Johann Hermann Schminckes und Johannes Österlings Dissertation über die Graburnen und Steinwaffen der alten Chatten vom Jahre 1714 (1964).

Nordenfalk (1977):
C. Nordenfalk, Insulare Buchmalerei. Illuminierte Handschriften der Britischen Inseln 600–800 (1977).

Opitz (1977):
St. Opitz, Südgermanische Runeninschriften im älteren Futhark aus der Merowingerzeit (1977[1]; 1980[2]).

Oswald (1965):
F. Oswald, Zur Stellung der neugefundenen Kirche zu Hersfeld in der Baugeschichte des Klosters. Deutsche Kunst- und Denkmalpflege 1965, 29ff.

Oswald (1971):
F. Oswald, Vorromanische Kirchenbauten, Nachträge (1971).

Oswald (1974):
F. Oswald, Die bauliche Entwicklung des Fritzlarer Domes nach den Untersuchungen von 1969. In: Fritzlar im Mittelalter. Festschrift zur 1250-Jahr-Feier (1974) 59ff.

Oswald/Schäfer/Sennhauser (1966–70):
F. Oswald, L. Schäfer und H. R. Sennhauser, Vorromanische Kirchenbauten (1966, 1968, 1970).

Pales (1930):
L. Pales, Paléopathologie et pathologie comparative (1930).

Parkes (1977):
M. B. Parkes, The handwriting of St. Boniface: a reassessment of the problems. Beiträge zur Geschichte der deutschen Sprache und Literatur 98, 1977, 161ff.

Patze (1976):
H. Patze (Hrsg.), Die Burgen im deutschen Sprachraum. Ihre rechts- und verfassungsgeschichtliche Bedeutung (1976).

Periodische Blätter (1845–1861):
Periodische Blätter für die Mitglieder des Vereins für hessische Geschichte und Landeskunde usw. (1845–1861).

Perret (1938):
G. Perret, Cro-Magnon. Typen vom Neolithikum bis heute. Ein Beitrag zur Rassengeschichte Niederhessens. Zeitschrift für Morphologie und Anthropologie 37, 1938, 1ff.

Pralle (1973):
L. Pralle, Die Michaelskirche zu Fulda (1973[12]).

Pralle (1974):
L. Pralle, Fulda. Dom und Abteikirche (1974).

Pralle (1979):
L. Pralle, Das Dommuseum zu Fulda (1979[6]).

Prou (1896):
M. Prou, Les monnaies carolingiennes (1896; Neudruck 1969).

Rademacher (1947):
F. Rademacher, Fränkische Gläser aus dem Rheinland. Bonner Jahrbücher 147, 1947, 299ff.

Ranke (1860):
E. Ranke, Specimen Codicis Novi Testamenti Fuldensis (1860).

Ranke (1868):
E. Ranke, Codex Fuldensis. Novum Testamentum latine... ex manuscripto Victoris Capuani (1868).

Rathofer (1971):
J. Rathofer, Zur Heimatfrage des althochdeutschen Tatian. Das Votum der Handschriften. Istituto Universitario Orientale Napoli. Annali, Sezione Germanica 14, 1971, 7ff.

Rathofer (1972):
J. Rathofer, »Tatian« und Fulda. Die St. Galler Handschrift und der Victor-Codex. In: Festschrift F. Tschirch (1972) 337ff.

Reclam (1960):
Reclams Kunstführer Baudenkmäler Band IV: Niedersachsen · Hansestädte · Schleswig-Holstein · Hessen (1960[1]; 1962[2]).

Reclam (1967; 1978):
Reclams Kunstführer – Deutschland Band IV: Hessen, bearbeitet von E. Herzog, D. Großmann und G. Bott (1967[3]); bearbeitet von G. Bott, D. Großmann, G. U. Großmann und E. Herzog (1978[5]).

Reimer (1926):
H. Reimer, Historisches Ortslexikon für Kurhessen (1926).

Reinelt (1980):
H. Reinelt, Hraban als Exeget. In: W. Böhne (Hrsg.), Hrabanus Maurus und seine Schule. Festschrift der Hrabanus-Maurus-Schule (1980) 64ff.

Reinerth (1940):
H. Reinerth, Vorgeschichte der deutschen Stämme 1: Urgermanen und Westgermanen; 2: Westgermanen (1940).

Renner (1970):
D. Renner, Die durchbrochenen Zierscheiben der Merowingerzeit (1970).

Richter (1900):
G. Richter, Die ersten Anfänge der Bau- und Kunsttätigkeit des Klosters Fulda (1900).

Richter (1905):
G. Richter, Beiträge zur Geschichte der Grabeskirche des hl. Bonifatius in Fulda. Festgabe zum Bonifatius-Jubiläum 1905 (1905).

Richter (1907):
G. Richter, Altertumsfunde auf dem Petersberg bei Fulda. Fuldaer Geschichtsblätter 1907, 121ff.

Richter (1913):
G. Richter, Nachrichten über die St. Michaelskirche zu Fulda. Fuldaer Geschichtsblätter 12, 1913, 49ff.

Richter (1922):
G. Richter, Nachrichten über die St. Michaelskirche zu Fulda. Fuldaer Geschichtsblätter 16, 1922, 49ff., 105ff.

Richter (1934):
G. Richter, Der Glauberg. Volk und Scholle 12, 1934, 289ff.

Röder (1958):
J. Röder, Antike Steinbrüche in der Vordereifel. In: Neue Ausgrabungen in Deutschland (1958) 268ff.

Rösing/Schwidetzky (1977):
F. W. Rösing und I. Schwidetzky, Vergleichend statistische Untersuchungen zur Anthropologie des frühen Mittelalters (500–1000 n. d. Z.). Homo 28, 1977, 65ff.

H. Roth (1971):
H. Roth, Handel und Gewerbe vom 6.–8. Jh. östlich des Rheins. Vierteljahrschrift für Sozial- und Wirtschaftsgeschichte 58, 1971, 323ff.

H. Roth (1973a):
H. Roth, Die Ornamentik der Langobarden in Italien (1973).

H. Roth (1973b):
H. Roth, Die langobardischen Goldblattkreuze. In: W. Hübener (Hrsg.), Die Goldblattkreuze des frühen Mittelalters (1973) 31ff.

H. Roth (1978):
H. Roth, Archäologische Beobachtungen zum Grabfrevel im Merowingerreich. In: Zum Grabfrevel in vor- und frühgeschichtlicher Zeit. Hrsg. von H. Jankuhn, H. Nehlsen und H. Roth (1978) 53ff.

H. Roth (1979):
H. Roth (Hrsg.), Kunst der Völkerwanderungszeit. Propyläen Kunstgeschichte. Supplementband 4 (1979).

H. Roth (1979/80):
H. Roth, Bronzeherstellung und -verarbeitung während der späten Römischen Kaiserzeit in Geismar bei Fritzlar, Schwalm-Eder-Kreis, und Altendorf bei Bamberg (Oberfranken). Fundberichte aus Hessen 19/20, 1979/80, 795ff.

H. Roth (1980a):
H. Roth, Urcei alexandrini: Zur Herkunft gegossenen »koptischen« Buntmetallgerätes aufgrund von Schriftquellen. Germania 58, 1980, 156ff.

H. Roth (1980b):
H. Roth, Almandinhandel und -verarbeitung im Bereich des Mittelmeeres. Beiträge zur Allgemeinen und Vergleichenden Archäologie 2, 1980, 309ff.

H. Roth (1981a):
H. Roth, New chronological aspects of runic inscriptions: the archeological evidence. Michigan Germanic Studies 7, 1981, 62ff.

H. Roth (1981b):
H. Roth, Christentum der Bekehrungszeit. Reallexikon der Germanischen Altertumskunde. Band 4 (1981²) 585ff.

H. Roth (1981c):
H. Roth, Der sog. Kamm des Heiligen Bonifatius im Domschatz zu Fritzlar. Hessisches Jahrbuch für Landesgeschichte 31, 1981, 1ff.

U. Roth (1977/78):
U. Roth, Zwei bemerkenswerte Funde des 8. Jahrhunderts aus Nordhessen. Fundberichte aus Hessen 17/18, 1977/78 (1980) 315ff.

Sage (1965):
W. Sage, Zur archäologischen Untersuchung karolingischer Pfalzen. In: Katalog Karl der Große. Werk und Wirkung (1965) 323ff.

Salin (1904):
B. Salin, Die altgermanische Thierornamentik (1904).

Sangmeister (1951):
E. Sangmeister, Gräberfeld der Merowingerzeit in Niedermörlen. Wetterauer Fundberichte 1, 1951, 46ff.

Sante (1964):
G. W. Sante, Zum 100. Jahrgang der »Blätter für deutsche Landesgeschichte« und des »Correspondenzblattes«. Blätter für deutsche Landesgeschichte 100, 1964, 1ff.

G. Schäfer (1874):
G. Schäfer, Die Einhard-Basilika bei Michelstadt im Odenwald. Zeitschrift für bildende Kunst 9, 1874, 129ff.

G. Schäfer (1885):
G. Schäfer, Handbuch der Kunstdenkmäler im Großherzogtum Hessen, Provinz Starkenburg, Kreis Offenbach (1885).

R. Schäfer (1973):
R. Schäfer, Die Kirche St. Justinus zu Höchst am Main. Höchster Geschichtshefte 18/19, 1973.

W. Schäfer (1966):
W. Schäfer, Die Baugeschichte der Stiftskirche St. Lubentius zu Dietkirchen im Lahntal (1966).

Schalkenbach (1938):
J. Schalkenbach, Die Wiederherstellung der Michaelskirche zu Fulda. Deutsche Kunst und Denkmalpflege 1938, 34ff.

Schalkenbach (1950):
J. Schalkenbach, Die Michaelskirche zu Fulda (1950²).

Schalles-Fischer (1969):
M. Schalles-Fischer, Pfalz und Fiskus Frankfurt (1969).

Schannat (1723):
J. Fr. Schannat, Vindemiae Literariae 1 (1723).

Schannat (1727):
J. Fr. Schannat, Dioecesis et Hierarchia Fuldensis (Frankfurt/M. 1727).

Schausammlung Fulda (1981):
Die Schausammlung der Hessischen Landesbibliothek Fulda (1981).

Scherer (1905):
C. Scherer, Die Codices Bonifatiani in der Landesbibliothek zu Fulda. Festgabe zum Bonifatius-Jubiläum 1905 (1905).

Schieffer (1954):
Th. Schieffer, Winfrid-Bonifatius und die christliche Grundlegung Europas (1954; Nachdruck 1972).

Schlesinger (1965):
W. Schlesinger, Die Pfalzen im Rhein-Main-Gebiet. Geschichte in Wissenschaft und Unterricht 16, 1965, 487ff.

Schlesinger (1975):
W. Schlesinger (Hrsg.), Althessen im Frankenreich. Nationes 2 (1975).

Schlesinger (1975):
W. Schlesinger, Zur politischen Geschichte der fränkischen Ostbewegung vor Karl dem Großen. In: Althessen im Frankenreich. Nationes 2 (1975) 9ff.

Schlesinger (1979):
W. Schlesinger, Die Hufe im Frankenreich. In: Untersuchungen zur eisenzeitlichen und frühmittelalterlichen Flur in Mitteleuropa und ihre Nutzung. Hrsg. von H. Beck, D. Dehnecke und H. Jankuhn (1979) 41ff.

Schlott (1982):
Ch. Schlott, Spätrömische Zeit und frühes Mittelalter. In: Archäologie um Königstein. Heimatliche Geschichtsblätter Königstein im Taunus 8, 1982, 119ff.

Schmid (1978):
K. Schmid (Hrsg.), Die Klostergemeinschaft von Fulda im frühen Mittelalter (1978).

E. J. R. Schmidt (1932):
E. J. R. Schmidt, Kirchliche Bauten des frühen Mittelalters in Südwestdeutschland (1932).

R. H. Schmidt (1975):
R. H. Schmidt, Das merowingerzeitliche Holzkästchen mit Bronzebeschlag von Darmstadt-Bessungen. Jahresbericht des Vereins für Heimatgeschichte Ober-Ramstadt 1973 (1975) 231ff.

Schmincke/Österling (1714):
J. H. Schmincke und J. Österling, Dissertatio historica de urnis sepulchralibus et armis lapideis veterum Cattorum (Marburg 1714).

Schmitt (1949):
A. Schmitt, Fuldaer Wandmalerei des frühen Mittelalters (1949).

A. Schneider (1971):
A. Schneider, Stadt und Amt Amöneburg (1971).

F. Schneider (1874):
F. Schneider, Die karolingische Basilika zu Steinbach-Michelstadt im Odenwald. Annalen des Vereins für Nassauische Altertumskunde 13, 1874, 99ff.

Schnellenkamp (1932):
W. Schnellenkamp, Ein Grabhügel bei Wallerstädten in Hessen-Starkenburg mit Bestattungen der Hallstatt-, Latène- und Merowingerzeit. Mainzer Zeitschrift 27, 1932, 59ff.

Schnellenkamp (1936):
W. Schnellenkamp, Ein Gräberfeld aus fränkischer Zeit in Bischofsheim bei Mainz. Mainzer Zeitschrift 31, 1936, 1ff.

v. Schnurbein (1974):
S. v. Schnurbein, Zum Ango. Festschrift J. Werner (1974) 411ff.

Schoenberger (1927):
G. Schoenberger, Beiträge zur Baugeschichte des Frankfurter Doms (1927).

Schönberger (1966):
H. Schönberger, Friedberg in römischer und fränkischer Zeit. Wetterauer Geschichtsblätter 15, 1966, 21ff.

Schollmayer (1983):
E. Schollmayer, Skelettfunde aus fränkischen Reihengräberfriedhöfen in Eltville und Langenlonsheim. Vergleiche mit anderen merowingerzeitlichen Serien. Zeitschrift für Morphologie und Anthropologie 74, 1983, 173ff.

Schoppa (1949/50):
H. Schoppa, Merowingische Frauengräber. Prähistorische Zeitschrift 34/35, 1949/50, 266ff.

Schoppa (1950):
H. Schoppa, Der fränkische Friedhof bei Eltville im Rheingau-Kreis. Nassauische Annalen 61, 1950, 1ff.

Schoppa (1953):
H. Schoppa, Ein fränkisches Holzkästchen aus Weilbach. Germania 31, 1953, 44ff.

Schoppa (1956):
H. Schoppa, Das fränkische Gräberfeld von Hochheim/Main-Taunus-Kreis. Bodenaltertümer in Nassau (1951–1960 = Nassauische Heimatblätter) 6, 1956, 41ff.

Schoppa (1959):
H. Schoppa, Die fränkischen Friedhöfe von Weilbach, Main-Taunus-Kreis (1959).

Schoppa (1961):
H. Schoppa, in: Fundberichte aus Hessen 1, 1961, 164ff. (Fundchronik).

Schoppa (1964):
H. Schoppa, in: Fundberichte aus Hessen 4, 1964, 219 (Fundchronik).

Schoppa (1965):
H. Schoppa, Eine spätrömische Gürtelschnalle vom Dünsberg. Fundberichte aus Hessen 5/6, 1965/66, 94ff.

Schoppa (1966):
H. Schoppa, Zur Siedlungsgeschichte des Rheingaues in fränkischer Zeit. Nassauische Annalen 77, 1966, 1ff.

Schoppa (1969):
H. Schoppa, Die Völkerwanderungszeit (1969).

Schoppa (1974):
H. Schoppa, Zeugnisse aus römischer Zeit in der Biebricher Gemarkung. In: Biebrich am Rhein 874–1974, hrsg. von R. Faber (1974) 19ff.

Schotten/Wand/Weiß (1977/78):
J. H. Schotten, N. Wand und U. Weiß, Ausgrabungen in jüngerkaiserzeitlichen und früh- bis spätmittelalterlichen Siedlungsbereichen der Dorfwüstung Holzheim bei Fritzlar, Schwalm-Eder-Kreis. Fundberichte aus Hessen 17/18, 1977/78 (1980) 213ff.

Schubert (1979/80):
E. Schubert, Zur vorgeschichtlichen Besiedlung des Stoppelbergmassivs. Fundberichte aus Hessen 19/20, 1979/80, 83ff.

Schuchert (1938):
A. Schuchert, Die Gruftanlage der Märtyrer Marcellinus und Petrus zu Rom und Seligenstadt am Main (1938).

Schulz (1853):
H. W. Schulz, Angelegenheiten des Gesammtvereines. Correspondenz-Blatt des Gesammtvereines der deutschen Geschichts- und Alterthums-Vereine 1, 1853, 3ff.

Schulze (1976):
M. Schulze, Einflüsse byzantinischer Prunkgewänder auf die fränkische Frauentracht. Archäologisches Korrespondenzblatt 6, 1976, 149ff.

E. Schumacher (1983):
E. Schumacher, Der fränkische Tragaltar zu Werden. Duisburg und die Wikinger (1983) 97ff.

K. Schumacher (1925):
K. Schumacher, Siedelungs- und Kulturgeschichte der Rheinlande von der Urzeit bis ins Mittelalter 3 (1925).

Schummer (1976):
F. Schummer, Neue Funde vom Ringwall Hünerberg im Taunus. Mitteilungen des Vereins für Geschichte und Heimatkunde Oberursel 20, 1976, 27ff.

Schweitzer (1975/76):
J. Schweitzer, Leibersheim. Bulletin du Musée Historique Mulhouse 83, 1975/76, 67ff.

Schwidetzky (1953):
I. Schwidetzky, Beiträge zur Rassengeschichte Starkenburgs zur fränkischen Reihengräberzeit. In: W. Jorns (Hrsg.), Neue Bodenurkunden aus Starkenburg (1953) 171ff.

Schwidetzky (1961):
I. Schwidetzky, Menschliche Überreste aus fränkischen Reihengräbern der Wetterau. Fundberichte aus Hessen 1, 1961, 110ff.

Schwind (1974):
F. Schwind, Fritzlar zur Zeit des Bonifatius und seiner Schüler. In: Fritzlar im Mittelalter (1974) 69ff.

Schwind (1975):
F. Schwind, Die Franken in Althessen. In: Althessen im Frankenreich. Nationes 2 (1975) 211ff.

Schwind (1976):
F. Schwind und Chr. Bär-Palmié, Bibliographie zur Archäologie des Mittelalters in Hessen 1945–1975. Zeitschrift für Archäologie des Mittelalters 4, 1976, 131ff.

Schwind (1977):
F. Schwind, Beobachtungen zur inneren Struktur des Dorfes in karolingischer Zeit. In: H. Jankuhn, R. Schützeichel und F. Schwind (Hrsg.), Das Dorf der Eisenzeit und des frühen Mittelalters (1977) 444ff.

Schwind (1979):
F. Schwind, Zur Geschichte der nördlichen Wetterau und des Hüttenberg-Gebietes im frühen Mittelalter. Wetterauer Geschichtsblätter 28, 1979, 1ff.

Scriba (1930):
W. Scriba, Der karolingisch-romanische Bau der Justinuskirche in Höchst a. M. (1930).

Scriba/Stiehl (1932):
W. Scriba und E. Stiehl, Die Justinus-Kirche in Höchst a. M. [Kontroverse]. Die Denkmalpflege 3, 1932, 160ff.

v. See (1970):
K. v. See, Deutsche Germanenideologie vom Humanismus bis zur Gegenwart (1970).

Semmler (1973):
J. Semmler, Die Geschichte der Abtei Lorsch von der Gründung bis zum Ende der Salierzeit 764 bis 1125. In: F. Knöpp (Hrsg.), Die Reichsabtei Lorsch 1 (1973) 75ff.

Semmler (1980):
J. Semmler, Die Anfänge Fuldas als Benediktiner- und als Königskloster. Fuldaer Geschichtsblätter 56, 1980, 181ff.

Semmler (1982):
J. Semmler, Mission und Pfarrorganisation in den rheinischen, mosel- und maasländischen Bistümern. Settimane di studio del Centro italiano di studi sull'alto medioevo 28, 1982, 813ff.

Sippel (1977):
K. Sippel, Die Grasburg bei Hohenroda-Mansbach, Kr. Hersfeld-Rotenburg. Fuldaer Geschichtsblätter 53, 1977, 49ff.

Sippel (1977/78):
K. Sippel, Die Grasburg bei Mansbach und benachbarte Hügelgräber. Fundberichte aus Hessen 17/18, 1977/78 (1980) 261ff.

Sippel (1980):
K. Sippel, Die Kenntnis vorgeschichtlicher Hügelgräber im Mittelalter. Germania 58, 1980, 137ff.

Sippel (1981):
K. Sippel, Die Grasburg bei Mansbach in der Vorderrhön. Archäologische Denkmäler in Hessen 16 (1981).

Sippel (1984):
K. Sippel, Die frühmittelalterlichen Grabfunde in Nordhessen. Maschinenschriftl. Dissertation Marburg (1984).

Sirat (1972):
J. Sirat, La céramique mérovingienne du Vexin Français. Septentrion 2, 1972, 69ff.

Spiess (1977):
H. Spiess, Die Maße der Torhalle. In: Knöpp (1977) 319ff.

Spilling (1968):
H. Spilling, Angelsächsische Schrift in Fulda. In: A. Brall (Hrsg.), Von der Klosterbibliothek zur Landesbibliothek. Beiträge zum zweihundertjährigen Bestehen der Hessischen Landesbibliothek Fulda (1978) 47ff.

Staab (1975):
F. Staab, Untersuchungen zur Gesellschaft am Mittelrhein in der Karolingerzeit (1975).

Stamm (1955):
O. Stamm, Zur karolingischen Königspfalz in Frankfurt/Main. Germania 33, 1955, 391ff.

Stamm (1962):
O. Stamm, Spätrömische und frühmittelalterliche Keramik der Altstadt Frankfurt a. M. (1962).

Stamm (1975):
O. Stamm, Frankfurt, karolingische Pfalz und staufischer Saalhof. In: Das neue Bild der alten Welt. Kölner Römer-Illustrierte 2, 1975, 279.

Stamm (1979/80):
O. Stamm, Gab es in Frankfurt am Main eine staufische Pfalz? Fundberichte aus Hessen 19/20, 1979/80, 819ff.

Stein (1967):
F. Stein, Adelsgräber des 8. Jahrhunderts in Deutschland (1967).

Steingräber (1956):
E. Steingräber, Alter Schmuck (1956).

Stemmermann (1934):
P. H. Stemmermann, Die Anfänge der deutschen Vorgeschichtsforschung. Deutschlands Bodenaltertümer in der Anschauung des 16. u. 17. Jahrhunderts (1934).

Stengel (1960):
E. E. Stengel, Der Stamm der Hessen und das Herzogtum Franken. Zuletzt in: Abhandlungen und Untersuchungen zur hessischen Geschichte (1960) 355ff.

Stephan (1982):
H.-G. Stephan, Mittelalterliche Keramik in Niederhessen. Führer zu vor- und frühgeschichtlichen Denkmälern 50 (1982) 209ff.

Steuer (1970):
H. Steuer, Zur Gliederung frühgeschichtlicher Gräberfelder am Beispiel der Münzbeigabe. Neue Ausgrabungen und Forschungen in Niedersachsen 6, 1970, 146ff.

Steuer (1977):
H. Steuer, Zusammenklappbare Waagen des Hohen Mittelalters. Archäologisches Korrespondenzblatt 7, 1977, 295ff.

Steuer (1979):
H. Steuer, Mittelalterliche Stachelsporen in den Historischen Museen der Stadt Köln. Archäologisches Korrespondenzblatt 9, 1979, 363ff.

Steuer (1982):
H. Steuer, Frühgeschichtliche Sozialstrukturen in Mitteleuropa (1982).

Stiehl (1931):
E. Stiehl, Die karolingische Säulenbasilika (Justinuskirche) in Höchst. Die Denkmalpflege 2, 1931, 52ff.

Struck (1972):
W.-H. Struck, Die Stiftsgründungen der Konradiner im Gebiet der mittleren Lahn. Rheinische Vierteljahrsblätter 36, 1972, 28ff.

Struck (1973):
W.-H. Struck, Gründung und Entwicklung des Vereins für Nassauische Altertumskunde und Geschichtsforschung. Nassauische Annalen 84, 1973, 98ff.

Stüve (1968):
H. Stüve, Grundriß-Proportionen der Einhards-Basilika in Steinbach. Hessische Heimat 18, 1968, 101ff.

Sturm (1971a):
E. Sturm, Die Bau- und Kunstdenkmale des Fuldaer Landes 2: Kreis Hünfeld (1971).

Sturm (1971b):
E. Sturm, Rasdorf, Geschichte und Kunst (1971).

Suchodolski (1982):
St. Suchodolski, Moneta i obrót pieniężny w Europie zachodniej. Kultura Europy Wczesnośredniowiecznej, hrsg. v. Polska Akademia Nauk, Instytut Historii Kultury Materialnej 13 (1982).

Süß (1978):
L. Süß, Die frühmittelalterliche Saline von Bad Nauheim (1978).

Svoboda (1963):
F. Svoboda, Die liturgischen Kämme (1963).

Thieme (1978):
B. Thieme, Filigranscheibenfibeln der Merowingerzeit aus Deutschland. Berichte der Römisch-Germanischen Kommission 59, 1978, 381ff.

Thiry (1939):
G. Thiry, Die Vogelfibeln der germanischen Völkerwanderungszeit (1939).

Thomas (1904):
Ch. L. Thomas, Die Ringwälle im Quellengebiet der Bieber im Spessart. Nassauische Annalen 34, 1904, 179ff.

Thomas (1908/09a):
Ch. L. Thomas, Die Rentmauer bei Reichenbach im Taunus. Nassauische Mitteilungen 12, 1908/09, 71ff.

Thomas (1908/09b):
Ch. L. Thomas, Unsere Taunus-Ringwälle. Nassauische Mitteilungen 12, 1908/09, 97ff.

Thomas (1909/10):
Ch. L. Thomas, Die Rentmauer bei Rod a. d. Weil im Taunus. Nassauische Mitteilungen 13, 1909/10, 81ff.

Thomas (1910/11):
Ch. L. Thomas, Die Hünerburg bei Cronberg i. T. Nassauische Annalen 41, 1910/11, 1ff.

Translatio:
Translatio et miracula SS. Marcellini et Petri auctore Einhardo. MGH SS 15, 1, 238ff.

Troost (1873):
J. Troost, Die Dornburg und die praktische Ausnutzung der an derselben vorkommenden Erscheinungen (1873).

UB Fulda:
E. E. Stengel (Bearb.), Urkundenbuch des Klosters Fulda 1 (1913–1958).

UB Hersfeld:
H. Weirich (Bearb.), Urkundenbuch der Reichsabtei Hersfeld 1,1 (1936).

Uenze (1953):
O. Uenze, Vorgeschichte der hessischen Senke in Karten. Eine historisch-geographische Betrachtung nach den Bodenfunden (1953).

Uenze (1960):
O. Uenze, Ein spätmerowingisches Brandgrab von Rüdigheim, Kr. Marburg (Lahn). Germania 38, 1960, 195ff.

Uenze (1976):
O. Uenze, in: G. W. Sante (Hrsg.), Hessen. Handbuch der historischen Stätten Deutschlands 4 (1976[3]).

Uenze/Mildenberger (1971):
O. Uenze und G. Mildenberger, Völkerwanderungszeitliche Gräber aus Nordhessen. Fundberichte aus Hessen 11, 1971, 80ff.

Uhlig (1982):
Chr. Uhlig, Zur paläopathologischen Differentialdiagnose von Tumoren an Skeletteilen. Materialhefte zur Vor- und Frühgeschichte in Baden-Württemberg, Heft 1 (1982).

v. Uslar (1964):
R. v. Uslar, Studien zu frühgeschichtlichen Befestigungen zwischen Nordsee und Alpen (1964).

v. Uslar (1972):
R. v. Uslar, Zu den tumuli paganorum und corpora flamma consumpta. Festschrift M. Zender (1972) 481ff.

Veeck (1931):
W. Veeck, Die Alamannen in Württemberg (1931).

Vierck (1970):
H. Vierck, Cortina tripodis. Zu Aufhängung und Gebrauch subrömischer Hängebecken aus Britannien und Irland. Frühmittelalterliche Studien 4, 1970, 8ff.

Vierck (1978):
H. Vierck, in: Sachsen und Angelsachsen. Ausstellungskatalog des Helms-Museums Hamburg (1978) 231ff.

Vinski (1977/78):
Z. Vinski, Novi ranokarolinški nalazi u Jugoslaviji (Frühkarolingische Neufunde in Jugoslawien). Vjesnik Zagreb, 3. Ser. 10/11, 1977/78, 143ff.

Vinksi (1983):
Z. Vinski, Zu karolingischen Schwertfunden aus Jugoslawien. Jahrbuch des Römisch-Germanischen Zentralmuseums Mainz 30, 1983, 465ff.

Völckers (1952):
H. H. Völckers, Die Christiana-Religio-Gepräge. Hamburger Beiträge zur Numismatik 6/7, 1952/53, 9ff.

Völckers (1965):
H. H. Völckers, Karolingische Münz-Funde der Frühzeit (751–800) (1965).

Voigt (1952):
Th. Voigt, Große Porzellanschneckenhäuser in vorgeschichtlichen Gräbern. Jahresschrift Halle 36, 1952, 171ff.

Vonderau (1899):
J. Vonderau, Pfahlbauten im Fuldathale (1889).

Vonderau (1913):
J. Vonderau, Vorläufiger Bericht über die Ausgrabungen am Dome zu Fulda. Fuldaer Geschichtsblätter 12, 1913, 113ff.

Vonderau (1919):
J. Vonderau, Die Ausgrabungen am Dome zu Fulda in den Jahren 1908–1913 (1919).

Vonderau (1924):
J. Vonderau, Die Ausgrabungen am Dome zu Fulda in den Jahren 1919–1924 (1924).

Vonderau (1925):
J. Vonderau, Die Ausgrabungen an der Stiftskirche zu Hersfeld in den Jahren 1921–1922 (1925).

Vonderau (1927):
J. Vonderau, Zum Grundriß der Krypta am Petersberg bei Fulda. Fuldaer Geschichtsblätter 20, 1927, 33ff.

Vonderau (1928):
J. Vonderau, Weitere Überreste von Steinbauten am Dom zu Fulda aus den Tagen des hl. Sturmius. Fuldaer Geschichtsblätter 21, 1928, 65ff.

Vonderau (1929):
J. Vonderau, Alte Fundamente unter der Andreaskapelle des Fuldaer Domes. Fuldaer Geschichtsblätter 22, 1929, 97ff.

Vonderau (1931a):
J. Vonderau, Denkmäler aus vor- und frühgeschichtlicher Zeit im Fuldaer Land (1931).

Vonderau (1931b):
J. Vonderau, Zum Grundriß der karolingischen Krypten in der Stiftskirche zu Fulda. Fuldaer Geschichtsblätter 24, 1931, 49ff.

Vonderau (1934):
J. Vonderau, Die Ausgrabungen am Büraberg bei Fritzlar 1926/1931 (1934) 1ff.

Vonderau (1946):
J. Vonderau, Die Ausgrabungen am Domplatz zu Fulda im Jahre 1941 (1946).

Vorromanische Kirchenbauten (1966–71):
Vorromanische Kirchenbauten. Katalog der Denkmäler bis zum Ausgang der Ottonen. Bearbeitet von F. Oswald, L. Schäfer, H. R. Sennhauser (1966–1971).

Wagner (1901; 1902):
P. Wagner, Beiträge zur Geschichte der Gründung des Vereins für nassauische Altertumskunde und Geschichtsforschung. Annalen des Vereins für Nassauische Altertumskunde und Geschichtsforschung 31, 1901, 223ff. und Fortsetzung und Schluß; ebenda 32, 1902, 209ff.

Wagner/Hussong u. a. (1939):
K. H. Wagner, L. Hussong und H. Mylius, Fränkische Siedlung bei Gladbach, Kr. Neuwied. Rheinische Vorzeit in Wort und Bild 2, 1939, 27ff.

Wahle (1950/51):
E. Wahle, Geschichte der prähistorischen Forschung. Anthropos 45/46, 1950/51, 497ff., 49ff.

Walbe (1937):
H. Walbe, Vom Kloster Lorsch. Zeitschrift des Deutschen Vereins für Kunstwissenschaft 4, 1937, 51ff.

Walbe (1950):
H. Walbe, Das Kloster Lorsch (1950).

G. Wand (1982):
G. Wand, Beobachtungen zu Bestattungssitten auf frühgeschichtlichen Gräberfeldern Westfalens. Studien zur Sachsenforschung 3, 1982, 249ff.

N. Wand (1973):
N. Wand, »Oppidum Büraburg« – der Beitrag der Büraburg bei Fritzlar zur frühen Stadt östlich des Rheins. In: Vor- und Frühformen der europäischen Stadt im Mittelalter, Teil 1. Hrsg. von H. Jankuhn, W. Schlesinger, H. Steuer (1973) 163ff.

N. Wand (1974a):
N. Wand, Die Büraburg bei Fritzlar,

Burg – »oppidum« – Bischofssitz in karolingischer Zeit (1974).

N. Wand (1974b):
N. Wand, Der Büraberg bei Fritzlar. Führer zur nordhessischen Ur- und Frühgeschichte 4 (1974).

N. Wand (1975):
N. Wand, Die Büraburg und das Fritzlar-Waberner Becken in der merowingisch-karolingischen Zeit. In: Althessen im Frankenreich. Nationes 2 (1975) 173ff.

N. Wand (1983):
N. Wand, Ausgrabungen in einer mittelalterlichen Dorfwüstung. Holzheim bei Fritzlar, Schwalm-Eder-Kreis (1983).

Wand/Schwind (1975):
N. Wand und F. Schwind, Büraburg. In: Reallexikon der Germanischen Altertumskunde. Band 4 (1975^2) 98ff.

Weber (1719):
I. Weber, Immanuel Webers vorläuffige Sentiments, über die für kurtzer Zeit allernächst bey der Vestung Giessen in dem so genannten Philosophischen Wäldgen eruirten Urnis & Ollis Sepulchralibus, oder Heydnische Todten-Töpffen (Gießen 1719).

Wegweiser (1950):
Wegweiser des Römisch-Germanischen Zentralmuseums 20 (1950).

K. Weidemann (1972a):
K. Weidemann, Das Taunusvorland im frühen Mittelalter. Führer zu vor- und frühgeschichtlichen Denkmälern 21 (1972) 45ff.

K. Weidemann (1972b):
K. Weidemann, Ausgewählte Beispiele zur Siedlungsgeschichte des frühen und hohen Mittelalters im Hochtaunus und seinem Vorland. Führer zu vor- und frühgeschichtlichen Denkmälern 21 (1972) 60ff.

K. Weidemann (1975a):
K. Weidemann, Archäologische Zeugnisse zur Eingliederung Hessens und Mainfrankens in das Frankenreich vom 7. bis zum 9. Jahrhundert. In: Althessen im Frankenreich. Nationes 2 (1975) 95ff.

K. Weidemann (1975b):
K. Weidemann, Germanische Burgen rechts des Rheins im 5. Jahrhundert. Kommentar zur Karte. In: Ausgrabungen in Deutschland 3 (1975) 361ff.

K. Weidemann (1982):
K. Weidemann, Niederhessen im frühen und hohen Mittelalter. Führer zu vor- und frühgeschichtlichen Denkmälern 50 (1982) 190ff.

M. Weidemann (1982):
M. Weidemann, Kulturgeschichte der Merowingerzeit nach den Werken des Gregor von Tours (1982).

Weigert (1936):
H. Weigert, Das Kapitell in der deutschen Baukunst des Mittelalters. Zeitschrift für Kunstgeschichte 5, 1936, 7ff., 103ff.

Weise (1916):
G. Weise. Untersuchungen zur Geschichte der Architektur und Plastik des früheren Mittelalters (1916).

Weise (1920a):
G. Weise, Beiträge zur Baugeschichte der Stiftskirche zu Hersfeld. Jahrbuch der Denkmalpflege im Reg.-Bez. Cassel, 1. Sonderheft, 1920.

Weise (1920b):
G. Weise, Vorromanische Architekturreste im Regierungsbezirk Cassel. Zwei karolingische Säulchen im Westturm zu Schlüchtern. Jahrbuch der Denkmalpflege im Reg.-Bez. Cassel 1, 1920, 116f.

Welcker (1928):
R. Welcker, Die Glauburg. Heimatblätter, Kr. Büdingen, Beilage zum Büdinger Allgemeinen Anzeiger (1928) 2ff.

Welcker (1939):
R. Welcker, Ein Eisenfund im Büdinger Wald. Saalburgjahrbuch 9, 1939, 104ff.

J. Werner (1935):
J. Werner, Münzdatierte austrasische Grabfunde (1935).

J. Werner (1936):
J. Werner, Italisches und koptisches Bronzegeschirr des 6. und 7. Jahrhunderts nordwärts der Alpen. Festschrift Th. Wiegand (1936) 74ff.

J. Werner (1950):
J. Werner, Das alamannische Fürstengrab von Wittislingen (1950).

J. Werner (1951/52):
J. Werner, Ein langobardischer Schild von Ischl an der Ilz, Gem. Seeon (Oberbayern). Bayerische Vorgeschichtsblätter 18/19, 1951/52, 45ff.

J. Werner (1954):
J. Werner, Waage und Geld in der Merowingerzeit (1954).

J. Werner (1961a):
J. Werner, Fernhandel und Naturalwirtschaft im östlichen Merowingerreich nach archäologischen und numismatischen Zeugnissen. Berichte der Römisch-Germanischen Kommission 42, 1961, 307ff.

J. Werner (1961b):
J. Werner, Katalog der Sammlung Diergardt. Völkerwanderungszeitlicher Schmuck (1961).

J. Werner (1962):
J. Werner, Die Langobarden in Pannonien (1962).

J. Werner (1964):
J. Werner, Herkules-Keule und Donar-Amulett. Jahrbuch des Römisch-Germanischen Zentralmuseums Mainz 11, 1964, 176ff.

J. Werner (1965):
J. Werner, Zu den alamannischen Burgen des 4. und 5. Jahrhunderts. Festschrift J. Spörl (1965) 439ff.

J. Werner (1969):
J. Werner, Sporn von Bacharach und Seeheimer Schmuckstück. Festschrift P. Grimm (1969) 497ff.

J. Werner (1974):
J. Werner, Merowingisches vom Glauberg. Fundberichte aus Hessen 14, 1974, 389ff.

J. Werner (1977):
J. Werner, Ein Preßmodel des 7. Jahrhunderts aus Leibersheim/Riedisheim (Dép. Haut-Rhin). Germania 55, 1977, 166ff.

J. Werner (1980):
J. Werner, Der goldene Armring des Frankenkönigs Childerich und die germanischen Handgelenkringe der jüngeren Kaiserzeit. Frühmittelalterliche Studien 14, 1980, 1ff.

J. Werner (1981):
J. Werner, Zu einer elbgermanischen Fibel des 5. Jahrhunderts aus Gaukönigshofen, Ldkr. Würzburg. Bayerische Vorgeschichtsblätter 46, 1981, 225ff.

M. Werner (1982):
M. Werner, Iren und Angelsachsen in Mitteldeutschland. In: H. Löwe (Hrsg.), Die Iren und Europa im früheren Mittelalter 1 (1982) 239ff.

Wesenberg (1937):
R. Wesenberg, Die Freilegung eines Zentralbaues in Unterhaun. Hessische Heimat 1, 1937, 52ff.

Wesenberg (1955):
R. Wesenberg, St. Crucis bei Hersfeld. Zeitschrift für Kunstgeschichte 18, 1955, 61ff.

Willems (1973):
J. Willems, Le quartier artisanal Gallo-Romain et Mérovingien de »Batta« à Huy. Archaeoligia Belgica 148, 1973, 5ff.

Willibald, Vita Bonifatii:
Vita Bonifatii auctore Willibaldo. In: W. Levison (Hrsg.), Vitae sancti Bonifatii archiepiscopi Moguntini (1905; MGH SS rer. Germ.) 1ff.

Wilson (1961):
D. M. Wilson, An Anglo-Saxon bookbinding at Fulda (Codex Bonifatianus 1). The Antiquaries Journal 41, 1961, 199ff.

Winkelmann (1977):
W. Winkelmann, Vor- und frühgeschichtliche Siedlungsräume und Siedlungen und die politische Raumbildung in Westfalen. Spieker 25, 1977, 427ff. (erneut in: Geschichte, Politik und ihre Didaktik 8, 1980, 137ff.).

Winkelmann (1980):
W. Winkelmann, Zur Frühgeschichte des Münsterlandes. Führer zu vor- und frühgeschichtlichen Denkmälern 45 (1980) 175ff.

Woelcke (1925):
K. Woelcke, Die Erwerbungen des Museums in den Jahren 1913 bis 1925. Schriften des Historischen Museums 1, 1925, 70ff.

Woelcke (1937):
K. Woelke, Das Museum für heimische Vor- und Frühgeschichte, seine Entwicklung und seine Aufgaben. In: Das Museum für heimische Vor- und Frühgeschichte 1 (1937) 1ff.

Wolff (1913):
G. Wolff, Die südliche Wetterau in vor- und frühgeschichtlicher Zeit (1913).

Wolff (1922):
G. Wolff, Die Entwicklung der römisch-germanischen Altertumsforschung in den letzten Jahrzehnten. Frankfurter Universitätsfestschrift (1922) 41ff.

Wolff (1924):
G. Wolff, Tacitus' Germania und deutsche Frühgeschichte (1924).

Woringer (1909):
A. Woringer, Der Verein für hessische Geschichte und Landeskunde in den Jahren 1884–1909. Zeitschrift des Vereins für hessische Geschichte und Landeskunde 43, (N. F. 33) 1909, 335ff.

Zeilinger-Büchler (1978):
R. Zeilinger-Büchler, Kunstgeschichtliche Betrachtungen zur Datierung der Lorscher Königshalle. Beiträge zur Geschichte des Klosters Lorsch (1978) 79ff.

Zeiß (1934):
H. Zeiß, Hessische Brandbestattungen der jüngeren Merowingerzeit. Germania 18, 1934, 279ff.

Zeiß (1941):
H. Zeiß, Das Heilsbild (1941).

Zeitschrift... hessische Geschichte 1 (1837):
Zeitschrift des Vereins für hessische Geschichte und Landeskunde 1, 1837 (Anastatischer Neudruck 1980) Einleitung Iff.

Zeller (1974):
G. Zeller, Zum Wandel der Frauentracht vom 6. zum 7. Jahrhundert in Austrasien. Festschrift J. Werner (1974) 381ff.

Ziegler (1969):
E. Ziegler, Anno 769. Die Gründung der Benediktinerabtei Hersfeld: Bad Hersfelder Jahreshefte 1969, 6ff.

Zimmermann (1916):
E. H. Zimmermann, Vorkarolingische Miniaturen (1916).

Abbildungsnachweis

P. Berghaus: Kat. Nr. 153.
Bildarchiv Photo Marburg: Kat. Nr. 226; 235; 236,3,7; 237,3,4; 238.
Britisches Museum: Kat. Nr. 47.
Einhard Arbeitsgemeinschaft e.V.: Kat. Nr. 217.
Geographisches Institut der Universität Marburg (G. Füllenbach): Textkarte Beitrag H. Roth.
H. Göldner: Kat. Nr. 124 (nach Entwurf H. Roth); 210 (nach Entwurf Gensen); 211 (nach Entwurf Hahn).
J. Gorecki, H. Schubert: Kat. Nr. 8: 20; 21; 32; 152.
D. Großmann: Kat. Nr. 215.
G. Haseloff: Kat. Nr. 227; 230; 231; 232.
Hessisches Landesamt für geschichtliche Landeskunde (F. Fischer): Kat. Nr. 116; 123. 125; 126; 127; 129 (nach Entwurf Sippel); 144a (nach Entwurf Süß). 152; 153 (nach Entwurf Berghaus). 206; 207; 208; 209; 212; 213; 215.
Hessische Landesbiliothek Fulda: Kat. Nr. 225.
Hessische Landesbibliothek und Murhard'sche Bibliothek Kassel: Kat. Nr. 224.
Hessisches Landesmuseum Darmstadt: Kat. Nr. 15; 27; 38; 40; 48; 130; 147; 189; 198,2.
W. Jacobsen: Kat. Nr. 236,2,5.
M. Kunter: Kat. Nr. 112; 113; 114; 115; 116.
Landesamt für Denkmalpflege Hessen: Kat. Nr. 111; 122; 149; 158; 161; 162; 163; 164; 167; 168; 169; 170; 171; 174.
Landschaftsmuseum Seligenstadt: Kat. Nr. 222,a; 239.
M. Mathias: Kat. Nr. 151.
Museum für Vor- und Frühgeschichte Frankfurt: Kat. Nr. 105. 156,1; 175.
Museum Wiesbaden, Sammlung Nassauischer Altertümer: Kat. Nr. 3; 203.
Römisch-Germanisches Zentralmuseum Mainz: Kat. Nr. 75; 205.
H. Roth: Kat. Nr. 11; 14; 16; 17; 19; 20; 22; 23; 26; 28; 29; 30; 31; 33; 34; 37; 41; 42; 43; 45; 50; 51; 52; 53; 54,2; 59; 60; 61; 62; 72; 74; 77;83; 88; 92; 93; 93,a; 94; 95; 97; 99; 101; 102; 104; 105; 108; 139; 140; 141; 143; 144,a; 146; 165; 179; 181; 182; 184; 188; 191; 192; 194; 195; 196; 198,1–3; 199,1–2; 204; 216; 219; 220,2; 222,1–3.
K. Roth: Kat. Nr. 117; 118; 119; 120; 121 (nach Entwurf Kunter); 5 (nach Entwurf Wamers).
Saalburg-Museum: Kat. Nr. 4.
K. Sippel: Kat. Nr. 24; 132; 162; 200; 201.
H. Steuer: Kat. Nr. 133; 134; 135; 136; 137; 138.
E. Wamers: Kat. Nr. 46; 91; 98; 107; 145; 180; 228; 236,8.
Repros: Kat. Nr. 1 (nach Dilich 1604); 25 (nach J. Werner 1981); 57 (nach Lindenschmit 1880); 60, a (nach J. Werner 1935); 66(nach Süß 1978); 76 (nach Keßler 1932); 82 (nach Jorns 1961); 85 (nach Behrens 1939); 90 (nach Stein 1967); 150 (nach Süß 1978); 187 (nach Böhner 1956); Textabbildung Wamers (nach Schmincke/Österling 1714).
Die Luftbilder der Katalog-Nummern 165 und 166 sind unter den Nummern 956 und 955 freigegeben vom Regierungspräsidenten in Gießen.